Praxisorganisation, Praxisverwaltung und Wirtschaftskunde für Medizinische und Zahnmedizinische Fachangestellte

von
Helmut Nuding – Oberstudienrat
Gudrun Nuding – Steuerberaterin
Josef Haller – Oberstudienrat
Dr. Winfried Stollmaier – Arzt
Sibylle Runckel – Arztfachhelferin

unter Mitarbeit von
Dr. Frank Marahrens – Zahnarzt

9., überarbeitete Auflage

Handwerk und Technik – Hamburg

Das vorliegende Werk ist eine erweiterte, modifizierte und aktualisierte Lizenzausgabe des Titels „Wirtschaftskunde" von Helmut Nuding, Josef Haller, Ernst Klett Verlag Stuttgart, ISBN 978-3-12-882741-4

Ein Arbeitsheft zum vorliegenden Buch erhalten Sie beim Ernst Klett Verlag.

Die „Praxisorganisation, Praxisverwaltung und Wirtschaftskunde für Medizinische und Zahnmedizinische Fachangestellte" enthält des Öfteren Berufsbezeichnungen und Gruppenbezeichnungen nur in der männlichen Form. Wir bitten, diese sinngemäß als Doppelbezeichnungen wie z. B. Ärztin/Arzt, Patientin/Patient, Käuferin/Käufer usw. zu interpretieren und anzuwenden. Dem Anteil der weiblichen Angehörigen in Beruf und Bevölkerung soll auf diese Weise entsprochen werden, gleichzeitig jedoch soll die Übersichtlichkeit nicht zusätzlich beeinträchtigt und der Lesefluss nicht unnötig gehemmt werden.

ISBN 978-3-582-30132-1 Best.-Nr.: 5896

Verlag Handwerk und Technik GmbH,
Lademannbogen 135, 22339 Hamburg; Postfach 63 05 00, 22331 Hamburg – 2020
E-Mail: info@handwerk-technik.de – Internet: www.handwerk-technik.de

Satz und Layout: L101 Mediengestaltung, Fürstenwalde
Umschlagfotos: mauritius images GmbH, Mittenwald: 1 (senior images); Shutterstock Images LLC, New York, USA: 2 (Hanna Kuprevich), 3 (wrangler), 4 (Robert Kneschke)
Grafiken: Martin Pfaender, Stuttgart
Einstiegsseiten: Aurel Voigt, Waiblingen
Druck: appl druck GmbH, 86650 Wemding

Vorwort

Schülerinnen und Schüler sollen mit diesem Buch gern arbeiten und – möglichst selbstständig – lernen. Deshalb wurde besonderer Wert auf eine einfache und **leicht verständliche Sprache** gelegt.

Der Arbeitsteil am Ende eines jeden Teilgebietes enthält **Wiederholungsfragen** zur Lernkontrolle sowie zur Vorbereitung auf Klassenarbeiten und Prüfungen. Etliche Aufgaben des Arbeitsteils haben weiterführenden Charakter; ihre Bearbeitung erfordert kompetenzorientiertes Vorgehen. An den Kapitelenden befinden sich zudem fallorientierte **Prüfungsaufgaben**, die mit dem Wissen des entsprechenden Kapitels gelöst werden können.

Diese Konzeption soll ein möglichst vielseitiges Lernen mit dem Buch ermöglichen: sowohl herkömmliches Arbeiten mit dem Buchtext als auch selbstständiges und handlungsorientiertes Vorgehen für Schüler, die es vorziehen, sich direkt mit den Problemstellungen und Materialien des Arbeitsteils zu befassen.

Die meisten Menschen haben ein visuelles Gedächtnis, d. h., sie können sich Abbildungen wesentlich besser merken als Texte. Deshalb sind alle wesentlichen Sachzusammenhänge als **Schaubilder zusammengefasst**.

Ein ausführliches **Sachwortverzeichnis** ermöglicht das schnelle Auffinden aller Themen. Auf den letzten Seiten finden Sie darüber hinaus je einen **Lernfeldkompass** für die Berufe Medizinische(r) und Zahnmedizinische(r) Fachangestellte(r) zur Unterstützung und Orientierung im Lernfeldunterricht.

Das Werk wurde zur vorliegenden 9. Auflage umfassend überarbeitet und aktualisiert, insbesondere in den Bereichen **Sozialversicherungen** (z. B. **Grundrente**), Steuerrecht (neue **Steuertabellen**) und **Zahlungsmöglichkeiten**. Wichtige internationale Entwicklungen (z. B. **„Brexit"**) galt es in ihren diversen Konsequenzen ebenso zu berücksichtigen wie im Bereich der Auszubildenden die neue „Mindestvergütung".

Des Weiteren zeichnet sich das Buch aus durch:

- ganzseitige **Fallbeispiele** an den Kapitelenden, die zu einem umfassenden Blick auf die Zusammenhänge der Problemsituation herausfordern, zur Entwicklung von Lösungsstrategien motivieren und damit wichtige Bausteine bei der Erlangung von **Handlungskompetenz** sind
- umfassende Musterprüfungen mit Bezügen zu allen Hauptkapiteln
- Methodenseiten zu Themen wie „Auswertung von Statistiken", **„Internetrecherche"** und „Präsentation von Arbeitsergebnissen".

Damit auf die einzelnen wiederkehrenden Elemente des Buches schnell zugegriffen werden kann, sind sie wie folgt farblich hervorgehoben:

☞ **Einstieg**

☞ **Arbeitsteil**

☞ **Zusammenfassung**

☞ **Prüfungsaufgabe**

☞ **Fallbeispiel**

Verfasser und Verlag

Inhaltsverzeichnis

Eintritt in das Berufsleben im Gesundheitsdienst

Grundlagen des Vertragsrechts

Der Behandlungsvertrag

Praxisabläufe organisieren

Umgang mit Geld

Sparen und Kredit

Grundlagen des Arbeitsrechts

Öffentliche Abgaben

Entlohnung der Arbeit

Soziale Marktwirtschaft

Bildquellenverzeichnis

adpic.de, Bonn, S. 90 u., 106 – akg images, Berlin, S. 129 o., 364 o. – American Express, Frankfurt/Main, S.227 – Arbeit und Gesundheit 11/93, S. 39 o. – Argum (Frank Heller), München, S.324 o. – Baaske/Erik Liebermann, München, S. 61 – Baden-Württembergische Bank, Stuttgart, S. 236 o. – Bayerisches Landesamt für Steuern, Nürnberg, S. 341 o.r. – Bergmoser + Höller Verlag AG, Aachen, S. 301 u., 312, 325, 338, 340, 379 – Berufliche Schule Direktorat 8, 90491 Nürnberg, S. 21, 27, 370 o. l. – Berufsgenossenschaft für Gesundheitsdienst und Wohlfahrtspflege, Hamburg, S. 195 o. – Bulls Press, Frankfurt/Main, S. 90 o., 102, 112, 116, 123, 129 u., 131, 141, 142, 147, 274, 286 – Bundesinstitut für Arzneimittel und Medizinprodukte, Bonn, S. 136 – Bundesministerium der Finanzen, Berlin, S. 190 m. Andreas Ahrens, Foto: picture alliance, Bundesverband der Deutschen Volksbanken und Raiffeisenbanken – BVR, Berlin, S. 135 u. – CCC, München, S. 48 u. By Feeeesey Own work, CC BY-SA 4.0, https://commons.wikimedia.org/w/index.php?curid-54417822, S. 327 – CEDIP GmbH, Ismaning, S. 171 – CompuGroup Medical Deutschland AG, Koblenz, S. 179 u., 240 – DGUV, Deutsche gesetzliche Unfallversicherung, Berlin S. 50 u., – Das Fotoarchiv, Essen, S. 422/4 (Ernst Horwarth), 414 r.u.(Jürgen Schmidt), 414 r.o. (Martin Sasse), 428 (Toma Babovic), 414 m. (Vera A. Leutz) – Deutsche Post AG, Danetzki B. Weidner, S. 225 – Deutsche Post AG, Stuttgart, S. 190 m. (Stefan Klein & Olaf Neumann), 190 u. (Janet Horton / Alamy Stock Photo), 192, 193, 196, 197 m., 224, 269 o., 348 – Deutsche Post World Net, S. 91 – Deutsche Presse-Agentur, Frankfurt/Main, S. 236 m., 296 o. r., 300 o., 422/5 – Deutscher Mieterbund e. V., Berlin, S. 391 r. – DGZ DekaBank, Frankfurt/Main, S. 268 o. – dpa (Heinz Wieseler), dpa-Picture-Alliance GmbH, Frankfurt a.M., S. 26 u., 35, 38, 49, 51 m. (Jochen Eckel), 60, 249 u., 250, 253, 260, 266, 269 u., 301 o., 305 o. (Christian Charisius), 305 u., 306, 322 u., 324 u., 357, 345 (Keystone), 358, 365, 412, 415 u., 418 o., 431, 433 – Ernst Klett Verlag, Stuttgart, S. 225, 222, 252, 267 o., 287 m., 300 u., 361 o. r. (vitaliy_melnik), 361 u.l. (auremar), 361 u.r. (goodluz), 376 m., 387, 388, 411, 422/6 – Europäische Kommission, Brüssel, Belgien, S. 396 – F1online, Frankfurt/Main, S. 12 – Fotolia Deutschland, Berlin, © www.fotolia.de, S. 32, 46 o. (stokkete), 50 o. (Piotr Marcinski), 53 (Colourbox Deutschland), 57 (© Gina Sanders), 58 (© Dan Race), 85 u. (©js-photo), 92 (flairimages), 118 (Erwin Wodicka), 122 l., 236 u. (ldprod), 278 u. (JiSign), 284 (Stockfotos-MG), 288 (wildworx), 296 o.r. (contrastwerkstatt), 296 u., 330 (Doc Rabe, New York), 341 o. l. (contrastwerkstatt), 350 o. l., 354 (Cherries), 433 (Sonja Birkelbach) u.r. – Fotosearch Stock Photography (Digital Vision), Waukesha, WI, S. 366 u. – FR-Karikatur/Thomas Plaßmann, S. 282 – Gesellschaft für ökologische Forschung e. V., München, S. 422/1 – Haitzinger, Horst, München, S. 263 – Hauptverband der gewerblichen Berufsgenossenschaften, Sankt Augustin, S. 40 m., 43 – Herrmann, Bettina, Stuttgart, S. 256 o. – Verlag Handwerk und Technik GmbH, Hamburg, S. 56, 180, 203 o., 273 o., 422/2 – Ihre Unfallversicherung, Hamburg, S. 38 o. – Illustrationsbüro Müller-Wegner, Hamburg, S. 409 o. – imago (Rüdiger Wölk), Berlin, S. 236 u., 386 – imu-Infografik, Essen, S. 287 o., 366 – Infratest, München, S. 409 o. – intercard AG, Taufkirchen, S. 236 o. interfoto,München, S. 364 u. – iStockphoto, Berlin, S. 41 m. (Zukovic), 207 l. (ZU_09), 216 (Ikonoklast_Fotografie), 278 o. (kadmy), 433 (Denis Linine) u.l.- JOMO Zuckerbäckerei Ges.m.b.H.,Leobendorf, S. 394 m.- Kaczmarek, Peter, München, S. 23 – Kleine, Jürgen, Ammerbuch, S. 66 – Kramer, Angelika, Stuttgart, S. 154, 155, 157, 210, 301, 303, 384 – Kropf, Hans-Hermann, Syrgenstein, S. 203 u. – Lade, Helga, Frankfurt/Main, S. 50 o., 59, 418 u. – Landesärztekammer Baden-Württemberg, Stuttgart, S. 10 m., 22 – manwalk/ www.pixelio.de, S.256 u. – Mastercard, Frankfurt/Main, S. 236 o., 238 m., 237 l. – Mauritius, Mittenwald, S. 62, 64 o. (Westend61/ creatives), 162 u.l. (Jochen Tack/imageBROKER), 235 o. (P. Widmann), 283, 350 u.r. – MED+ORG A. Reichert GmbH, Niedereschbach, S. 171 – MEDZERT GmbH, Niedernberg, S.175 – MELAG Medizintechnik, Berlin, S. 100 – MEV Verlag, Augsburg, S. 33, 41 o., 337 – Meyer Wagenfeld, Espelkamp, S. 162 o., 172, 207 – Munz, Eckhart, Stuttgart, S.432 – PantherMedia GmbH, München, S. 267 m. (paulfleet) – Paul-Georg Meister/www.pixelio.de, S. 406 – PCS Systemtechnik GmbH, München, S. 40 u. – perimed COMpliance Verlag, Erlangen, S. 130 – Presse- und Informationsamt der Bundesregierung, Berlin, S. 261 u., 371 o., 374 o. und u., 381, 382 u. – Rauschenbach, Erich, Berlin, S. 103 u. – Reuters News Pictures, Berlin, S. 413 o. – Shutterstock Images LLC, New York, USA, S. 28(Halfpoint), 41 u., 48 o., 57 (Albina Tiplyashina) o, 57 m. (ESB Professional), 81, 122 r. (Phovoir), 190 o. (Milkovasa), 205 (junpiiiiiiiiiii), 211 (Roman Zaiets), 224, 229 (wavebreakmedia), 235 r.u., 261 o. (Sergio Delle Vedove), 270 o. l. (Fresh Design), 270 o.r. (r.classen), 270 m. (Dukesn), 270 u. (ghrzuzudu), 296 o.l. (VGstockstudio), 296 o.m. (Oksana Kuzmina), 322 (WeAre), 328 (Stasique), 347 (Dejan Dundjerski), 350 o.r. (junrong), 350 u.l. (ENRIQUE ALAEZ PEREZ), 370 u. (Video Media Studio Europe), 383 m. (ironwas), 400 (EdBockStock), 447 r.o. (Victor Metelskiy), 447 r.u. (Yuliyan Velchev), (vladwel) – Sipa Press, Paris, S. 42 – Stiftung Warentest, Berlin, S. 390 – Stiftung Warentest, H. Klank-Neuendorf, Berlin, S. 399 – Stihler Medizintechnik, Stuttgart, S. 74 – Stuttgarter Volksbank AG, Stuttgart, S. 235 m. – Susanne Schmich/www.pixelio.de, S. 361 o. – Techniker Krankenkasse, S. 46 – Telefonica Germany GmbH &. Co. OHG, München, S. 207 r. – The Cartoon Bank, New York, S. 144 – Thunig, Hans-Werner, Winterbach, S. 64 u., 273 m., 323 u., 360, 413 u., 421 – Tomaschoff, Jan, Düsseldorf, in: Die Welt, S. 415 – Tscherne, Gaby, Boll, S. 344 – Ullstein Bilderdienst, Berlin, S. 404 – Universum Verlagsanstalt, Wiesbaden, S. 310 – Verbraucherzentrale Hamburg e. V., S. 391 m.l. – Verbraucherzentrale NRW e.V.,Düsseldorf, S. 391 l., m.r. – Verlag C.H. BECK oHG, München, S. 117 – Vodafone GmbH, Düsseldorf, S. 207 m. – Voigt, Aurel, Waiblingen, S. 2, 10, 45, 84, 104, 109, 120, 148, 249 o., 266 o., 316 o., 388, 389, 394 u., 416 o, 417, 434-448 – Walle, Andreas, Hamburg, S. 165 – Weber, Axel, Wiesbaden, S. 44 – Widmann, Peter, Tutzing, S. 58 o., 422/3 – Zentralbild (W. Thieme), Berlin, S. 53 – Zschiedrich, Dirk, S. 305 m.

Trotz intensiver Bemühungen ist es uns nicht gelungen die Urheber einiger Abbildungen zu ermitteln; die Rechte dieser Urheber werden selbstverständlich vom Verlag gewahrt. Die Urheber oder deren Rechtsnachfolger werden gebeten sich mit dem Verlag in Verbindung zu setzen.

Eintritt in das Berufsleben im Gesundheitsdienst

1 Berufsausbildung

Melanie und Bernd waren früher zusammen in der Schule. Zufällig treffen sie sich beim Einkaufsbummel wieder.

Bernd: „Hallo, Melanie, lange nicht mehr gesehen! Wie geht's dir denn so, lernst du immer noch Medizinische Fachangestellte?"

Melanie: „Klar, manchmal ist es zwar recht stressig, aber dafür wird's nie langweilig. Der Beruf ist sehr abwechslungsreich, immer wieder darf ich was Neues machen."

Bernd: „Wenn ich das nur von mir behaupten könnte. Eigentlich wollte ich Friseur werden, und was mache ich? Ich wasche immer nur Haare. Mir wird schon übel, wenn ich nur Shampoo sehe. Bis heute habe ich noch kein einziges Haar abgeschnitten."

Melanie: „Das würde ich mir aber nicht gefallen lassen, da hätte ich mich schon längst beschwert."

Bernd: „Hab ich schon mehrfach, aber das hat bei meinem Chef nichts gebracht."

Melanie: „Dann musst du dich eben an die zuständige Stelle wenden."

Bernd: „Zuständige Stelle?"

Welche zuständige Stelle meint Melanie?
Kennen Sie weitere Aufgaben dieser Stelle?

1.1 Zuständigkeit für die Berufsausbildung

LZK Baden-Württemberg

Die Berufsausbildung ist für das Handwerk in der **Handwerksordnung (HwO)** und im **Berufsbildungsgesetz (BBiG)** geregelt, für alle übrigen Wirtschaftszweige im Berufsbildungsgesetz. Die Überwachung einer korrekten Berufsausbildung obliegt den dafür **zuständigen Stellen**. Das sind: die Handwerkskammern für die Handwerksbetriebe, die Industrie- und Handelskammern für Industrie-, Dienstleistungs- und Handelsbetriebe, die **Ärztekammern**, die **Zahnärztekammern**, die **Tierärztekammern**, die Apothekerkammern, die Steuerberaterkammern und die Rechtsanwaltskammern für die Auszubildenden, die in diesen Berufen tätig sind. Die zuständigen Stellen müssen **Ausbildungsberater** bestellen, an die sich jeder Auszubildende oder Ausbilder mit Problemen oder Beschwerden wenden kann.
Nach dem Berufsbildungsgesetz werden den Kammern folgende Aufgaben zugewiesen:

- Führung des Verzeichnisses der Berufsausbildungsverhältnisse
- Kürzung bzw. Verlängerung der Ausbildungsdauer auf Antrag des Auszubildenden
- Überwachung der Eignung der Ausbildungsstätten
- Überwachung der Berufsausbildung
- Bildung von Prüfungsausschüssen und Durchführung der Prüfung
- berufliche Fortbildung

Gesetzestexte sind im Internet zu finden bei: www.gesetze-im-internet.de

Damit die zuständigen Stellen ihre Aufgabe uneingeschränkt wahrnehmen können, sind alle Betriebe verpflichtet, die Besichtigung der Ausbildungsstätten jederzeit zu gestatten, alle notwendigen Auskünfte zu erteilen und die erforderlichen Unterlagen vorzulegen.

1.2 Ausbildungsberufe, Berufsfelder

Insgesamt können sich Berufsanfänger derzeit unter 328 (Stand: Oktober 2016) staatlich anerkannten Ausbildungsberufen entscheiden. Das Bundesinstitut für Berufsbildung (BIBB) in Berlin veröffentlicht jedes Jahr ein **Verzeichnis der anerkannten Ausbildungsberufe**. Die nicht in diesem Verzeichnis genannten Ausbildungsberufe gelten als nicht anerkannte Ausbildungsberufe. Anmerkung: Neben den nicht anerkannten Ausbildungsberufen kennt man in der Bundesrepublik Deutschland mehr als 20.000 verschiedene Berufstätigkeiten. Jugendliche unter 18 Jahren dürfen in diesen Berufen nicht ausgebildet werden, sondern nur in den staatlich anerkannten.

www.bibb.de

Die anerkannten Ausbildungsberufe sind 54 **Berufsfeldern** zugeordnet. Damit soll erreicht werden, dass einander verwandte Berufe zumindest im ersten Berufsjahr (Grundstufe) nach gleichen Bildungsplänen unterrichtet werden können.

Ausbildungsberufe im Berufsfeld Gesundheit		
Berufsfeld	**Fachrichtung**	**Beruf**
Gesundheit	**Helferinnenberufe**	• Medizinische(r) Fachangestellte(r) • Tiermedizinische(r) Fachangestellte(r) • Zahnmedizinische(r) Fachangestellte(r) • Pharmazeutisch-kaufmännische(r) Angestellte(r) • Pharmazeutisch-technische(r) Assistent(in)
	Handwerksberufe . . .	• Augenoptiker(in) • Chirurgiemechaniker(in) • Hörakustiker(in) • Orthopädietechnik-Mechaniker(in) • Zahntechniker(in) :

Als Folge der technischen und gesellschaftlichen Entwicklung unterliegt die Arbeits- und Berufswelt ständigen Veränderungen. Neue Berufe entstehen, alte fallen weg. So wurden unter anderem die industriellen Metallberufe neu geordnet.

Auch in anderen Bereichen werden Ausbildungsordnungen der heutigen Arbeitswelt angepasst. Bei einem großen Teil der Neuordnungen handelt es sich um eine **Stufenausbildung**. Zunächst werden gemeinsame Kenntnisse und Fertigkeiten für eng verwandte Berufsgruppen vermittelt. Auf dieser breiten **Grundstufe** bauen dann die **Fachstufe I** und **Fachstufe II** auf, in denen im zweiten und dritten Ausbildungsjahr eine Spezialisierung nach Schwerpunkten und nach Einzelberufen erfolgt. Danach erreicht man einen **Abschluss.** Diese Regelung soll die Berufswahl erleichtern. Gleichzeitig wird eine umfassende Grundbildung vermittelt, die größere Wahlmöglichkeiten im Berufsleben gestattet. Außerdem kann aufgrund der unterschiedlichen Fachrichtungen besser nach betrieblichen Gegebenheiten ausgebildet werden.

Ausbildungsordnung

Grundlage für eine geordnete und bundeseinheitliche Berufsausbildung sind die staatlich anerkannten Ausbildungsberufe. Maßgebend für die einzelnen Ausbildungsberufe sind die **Ausbildungsordnungen**. Sie werden vom jeweils zuständigen Bundesministerium erlassen und sollen eine einheitliche Ausbildung in dem entsprechenden Ausbildungsberuf ermöglichen.

BBIG § 5 Abs. 1

> **!** Nach dem Berufsbildungsgesetz (§ 5) hat eine **Ausbildungsordnung** folgende Mindestinhalte:
> - die genaue **Bezeichnung des Ausbildungsberufs**
> - die **Ausbildungsdauer**
> - das **Ausbildungsberufsbild** (Es enthält Kenntnisse und Fertigkeiten, die zu vermitteln sind.)
> - den **Ausbildungsrahmenplan** (Er gliedert sachlich und zeitlich auf, wie die Kenntnisse vermittelt werden sollen.)
> - die **Prüfungsanforderungen**

Um eine korrekte Berufsausbildung sicherzustellen, überwachen die zuständigen Kammern die Einhaltung dieser Vorschriften. Die derzeit gültige Ausbildungsordnung für Medizinische Fachangestellte stammt aus dem Jahr 2006, die der Zahnmedizinischen Fachangestellten aus dem Jahr 2001.

Berufsbild und Arbeitsbereiche der Medizinischen und Zahnmedizinischen Fachangestellten

Durch das Berufsausbildungsverhältnis sollen die Auszubildenden umfassend auf die künftigen Aufgaben vorbereitet werden. Deshalb umfasst das **Ausbildungsberufsbild** mindestens folgende **Fertigkeiten** und **Kenntnisse**, die im Laufe der Berufsausbildung vermittelt bzw. erworben werden müssen:

1. Kenntnisse über das Gesundheitswesen und die ärztliche bzw. zahnärztliche Praxis
2. Arbeitsschutz, Umweltschutz und rationelle Energieverwendung
3. Maßnahmen der Praxishygiene
4. Anwenden und Pflegen von medizinischen Geräten und Instrumenten
5. Anwenden von Röntgenstrahlen in der Zahnarztpraxis (gilt nur für Zahnmedizinische Fachangestellte)
6. Betreuen von Patienten in der Praxis
7. Hilfeleistung in Notfällen
8. Durchführen von therapeutischen Maßnahmen unter Anleitung und Aufsicht
9. Durchführen von Laborarbeiten
10. Umgehen mit Arznei-, Hilfs- und Heilmitteln
11. Medizinische Fachausdrücke und Grundkenntnisse über Krankheiten anwenden
12. Anatomie, Physiologie und Pathologie
13. Durchführen von Präventions-, Prophylaxe- und Rehabilitationsmaßnahmen
14. Organisieren der Praxisabläufe einschließlich Textverarbeitung
15. Durchführen des Abrechnungswesens
16. Durchführen von Verwaltungsarbeiten
17. Umgehen mit den Bestimmungen der Sozialgesetzgebung

Ausbildungsrahmenplan

Nachfolgend ist ein Auszug aus dem Ausbildungsrahmenplan für die Berufsausbildung zur Medizinischen Fachangestellten abgebildet.

Auszug aus dem Ausbildungsrahmenplan für die Berufsausbildung zum Medizinischen Fachangestellten/zur Medizinischen Fachangestellten		
Sachliche Gliederung		
Lfd. Nr.	**Teil des Ausbildungsberufsbildes**	**zu vermittelnde Fertigkeiten, Kenntnisse und Fähigkeiten**
1	2	3
1	Der Ausbildungsbetrieb (§ 4 Nr. 1)	
1.1	Berufsbildung, Arbeits- und Tarifrecht (§ 4 Nr. 1.1)	a) Bedeutung des Ausbildungsvertrages, insbesondere Abschluss, gegenseitige Rechte und Pflichten, Dauer und Beendigung erklären b) Inhalte der Ausbildungsordnung und den betrieblichen Ausbildungsplan erläutern c) die im Ausbildungsbetrieb geltenden Regelungen über Arbeitszeit, Vollmachten und Weisungsbefugnisse beachten d) wesentliche Bestimmungen der für den Ausbildungsbetrieb geltenden Tarifverträge und arbeitsrechtlichen Vorschriften beschreiben e) wesentliche Inhalte des Arbeitsvertrages erläutern f) lebensbegleitendes Lernen als Voraussetzung für berufliche und persönliche Entwicklung nutzen und berufsbezogene Fortbildungsmöglichkeiten ermitteln
1.2	Stellung des Ausbildungsbetriebes im Gesundheitswesen; Anforderungen an den Beruf (§ 4 Nr. 1.2)	a) Aufgaben, Struktur und rechtliche Grundlagen des Gesundheitswesens und seiner Einrichtungen sowie dessen Einordnung in das System sozialer Sicherung in Grundzügen erläutern b) Formen der Zusammenarbeit im Gesundheitswesen an Beispielen aus dem Ausbildungsbetrieb erklären c) soziale Aufgaben eines medizinischen Dienstleistungsberufes und ethische Anforderungen darstellen d) Belastungssituationen im Beruf erkennen und bewältigen
1.3	Organisation und Rechtsform des Ausbildungsbetriebes (§ 4 Nr. 1.3)	a) Struktur, Aufgaben und Funktionsbereiche des Ausbildungsbetriebes erläutern b) Organisation, Abläufe des Ausbildungsbetriebes mit seinen Aufgaben und Zuständigkeiten darstellen; Zusammenwirken der Funktionsbereiche erklären c) Rechtsform des Ausbildungsbetriebes beschreiben d) Beziehungen des Ausbildungsbetriebes und seiner Beschäftigten zu Selbstverwaltungseinrichtungen, Wirtschaftsorganisationen, Berufsvertretungen, Gewerkschaften und Verwaltungen darstellen

ZUSAMMENFASSUNG

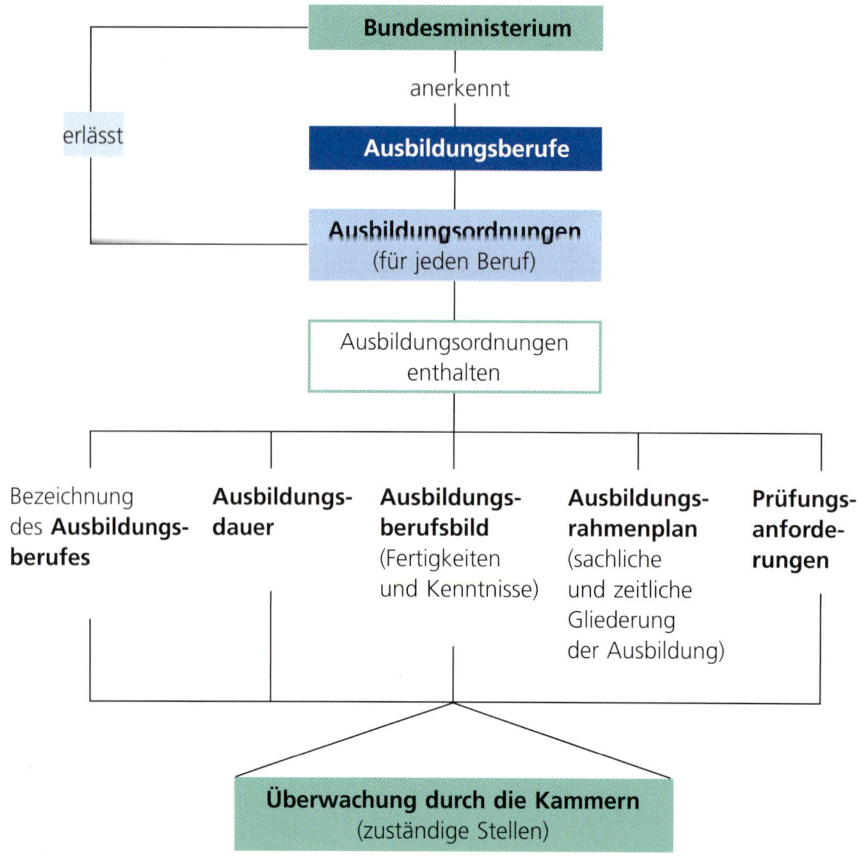

ARBEITSTEIL

1. Wie lässt sich feststellen, ob ein Ausbildungsberuf anerkannt ist oder nicht?
2. Warum sind im Berufsbildungsgesetz verbindlich die Mindestinhalte von Ausbildungsordnungen festgelegt?
3. Nennen Sie Gründe dafür, dass die staatlich anerkannten Ausbildungsberufe verschiedenen Berufsfeldern zugeordnet sind.
4. Weshalb regelt der Staat durch Gesetze (z. B. HwO, BBiG) die Berufsausbildung?
5. Suchen Sie Beispiele für Ausbildungsberufe, die vom Aussterben bedroht sind, und solche, die neu entstanden sind.

2 Die Arzt- und Zahnarztpraxis als Teil des Gesundheitswesens

Karin Unger, 17 Jahre alt, wird seit 10 Monaten zur Zahnmedizinischen Fachangestellten ausgebildet. Niedergeschlagen trifft sie abends ihre Freundin Mandy.

Karin: „Schade, unser gemeinsames Shopping muss morgen leider ausfallen. Mein Chef hat gesagt, dass ich wieder länger bleiben muss."

Mandy: „Das geht doch nicht. Seit Monaten arbeitest du jede Woche zu viel, du hast ja gar keine Freizeit mehr."

Karin: „Das habe ich meinem Chef auch schon gesagt, genützt hat es aber nichts."

Mandy: „Dann musst du dich eben bei der Kassenzahnärztlichen Vereinigung beschweren. Das hilft bestimmt."

Halten Sie eine Beschwerde bei der Kassenzahnärztlichen Vereinigung für sinnvoll?

In welche Bereiche gliedert sich das Gesundheitswesen in Deutschland?

Welche berufsständischen Organisationen im Gesundheitswesen kennen Sie?

2.1 Bereiche des Gesundheitswesens

Unter dem Gesundheitswesen versteht man alle Einrichtungen und Personen, die in unserem Staat dazu beitragen, dass die Gesundheit der Menschen gefördert und erhalten wird; durch Vorbeugung (Prävention und Prophylaxe), Erkennung (Diagnostik) und Behandlung (Therapie) von Erkrankungen.

Das Gesundheitswesen in Deutschland gliedert sich in drei Bereiche:

Gesundheitswesen

Öffentlicher Gesundheitsdienst	**Stationäre Versorgung**	**Ambulate Versorgung**
Er besteht aus Einrichtungen von Bund, Ländern und Gemeinden, z. B. den Gesundheitsämtern, dem schulzahnärztlichen Dienst oder dem medizinischen Dienst der Versorgungsämter.	Sie erfolgt in Krankenhäusern und Kliniken.	Sie erfolgt in Praxen und Krankenhäusern. Die Patienten erscheinen zum Eingriff. Ist dieser erfolgt, werden sie nach Hause entlassen.

Auf **Bundesebene** ist das Bundesministerium für Gesundheit zuständig. Es ist die **oberste Gesundheitsbehörde**. Unter anderem ist es zuständig für

- das Ausarbeiten von Gesetzesvorlagen, den Erlass von Verordnungen sowie die Überwachung von Gesetzen und Verordnungen.
- die gesetzliche Kranken- und Pflegeversicherung

- die Gebührenordnung der Ärzte und Zahnärzte (GOÄ, GOZ)
- die Studienordnungen und Approbationsordnungen für Ärzte und Zahnärzte.

Dem Bundesministerium für Gesundheit unterstehen zahlreiche Einrichtungen wie das *Bundesinstitut für Arzneimittelprodukte und Arzneimittelsicherheit (BfArM)*, dessen Hauptaufgabe die Prüfung und Zulassung bzw. das Verbot von Arzneimitteln ist, oder das *Bundesamt für Sera und Impfstoffe und Forschung*, das hauptsächlich für die Prüfung, Zulassung und Überwachung von Sera und Impfstoffen zuständig ist.

Auf **Länderebene** sind die jeweiligen Ministerien zuständig, in Baden-Württemberg beispielsweise das Ministerium für Soziales und Integration. Die Länderministerien sorgen dafür, dass die vom Bund erlassenen Gesetze durchgeführt werden. Des Weiteren stellen sie im Rahmen ihrer Zuständigkeit eigene Gesetzesvorlagen vor und erlassen Verordnungen, z. B. für die Gesundheitsämter oder das Rettungswesen.

In den **Landkreisen** und in den **kreisfreien Städten** nehmen die **Gesundheitsämter** die Aufgaben des staatlichen Gesundheitsdienstes wahr. Sie leisten die eigentliche praktische Arbeit vor Ort. Unter anderem sind sie zuständig für die

- Aufsicht und Kontrolle über das Gesundheitswesen, z. B. über Arztpraxen, Zahnarztpraxen, Apotheken, Krankenhäuser, Pflegeheime und Altenheime
- Überwachung meldepflichtiger Krankheiten nach dem Infektionsschutzgesetz
- Überwachung von Apotheken nach dem Betäubungsmittelgesetz
- Erstellung von amtsärztlichen Zeugnissen, z. B. für Arbeitsunfähigkeit oder Pensionierungen
- Erstellung von Gutachten, z. B. für Führerscheinbewerber.

2.2 Berufe des Gesundheitswesens

In den Einrichtungen des Gesundheitswesens sind unterschiedliche Berufe tätig.

Berufe des Gesundheitswesens

Heilberufe
- Ärzte
- Zahnärzte
- Tierärzte
- Heilpraktiker
- Apotheker

Heilhilfsberufe
- Medizinische Fachangestellte
- Zahnmedizinische Fachangestellte
- Pharmazeutisch-technische Assistenten/Assistentinnen
- Pharmazeutisch-kaufmännische Angestellte
- Krankenpfleger/-innen
- Masseure/Masseurinnen
- Krankengymnastiker/-innen
- Logopäden/Logopädinnen
- Hebammen

Veterinärhilfsberufe
- Tiermedizinische Fachangestellte
- Pfleger/-innen
- Assistenten/Assistentinnen

2.3 Berufsständische Organisationen

Unterschiedliche Einrichtungen und Organisationen nehmen die Interessen von Ärzten und Zahnärzten wahr. So gibt es zahlreiche freie Verbände, in denen die Mitgliedschaft freiwillig ist. Daneben ist jeder Arzt oder Zahnarzt Pflichtmitglied in der Ärztekammer bzw. Zahnärztekammer. Vertragsärzte und Vertragszahnärzte müssen zusätzlich noch Mitglied in der Kassenärztlichen bzw. Kassenzahnärztlichen Vereinigung sein.

Ärztekammer

Mit Erlangen seiner Approbation ist jeder Arzt kraft Gesetzes Pflichtmitglied der Ärztekammer seines Bundeslandes. Jede der 17 Ärztekammern ist eine Körperschaft des öffentlichen Rechts. In dieser Funktion nehmen sie zahlreiche hoheitliche Aufgaben wahr, die ihnen vom Gesetzgeber auferlegt sind.
Die Kammern haben u. a. folgende Aufgaben:

- Wahrnehmung der beruflichen Belange der Ärzte
- Erstellen einer **Berufsordnung**. Sie regelt alle Rechte und Pflichten der Ärzte untereinander und gegenüber den Patienten. Die Berufsordnung ist für jeden Kammerangehörigen bindend.
- Durch die **Weiterbildungsordnung** legt die Kammer Art, Umfang und Dauer der Weiterbildung fest sowie die dazugehörigen Bezeichnungen.
- Bei der beruflichen **Fortbildung** bestimmt die Kammer die Art und den Umfang der Fortbildung. Sie kann ihre Mitglieder auch zu einer Fortbildung verpflichten.
- In der Regel hat jede Kammer eigene **Fürsorge-** und **Versorgungseinrichtungen** für die Ärzte eingerichtet.
- Die Kammer **überwacht die Ausbildung** der medizinischen Fachangestellten und führt deren Zwischenprüfung und Abschlussprüfung durch.
- Sie **schlichtet Streitigkeiten** zwischen Kammerangehörigen oder zwischen Ärzten und Patienten. Hierzu gehört auch die **Gutachtertätigkeit** bei Streitigkeiten.
- Die Unterstützung des öffentlichen Gesundheitsdienstes gehört ebenfalls zu ihren Aufgaben.

Mit Ausnahme von Nordrhein-Westfalen (2 Kammern) hat jedes Bundesland eine Landesärztekammer. Abhängig von der Größe des Kammerbereichs verfügt jede **Landesärztekammer** über eine unterschiedliche Anzahl von Bezirksstellen bzw. Bezirkskammern.
Alle Landesärztekammern haben sich in der **Bundesärztekammer** zu einer Arbeitsgemeinschaft zusammengeschlossen. Die Bundesärztekammer ist keine Körperschaft des öffentlichen Rechts, sondern ein eingetragener Verein und hat als solcher keine hoheitlichen Aufgaben zu erfüllen, sondern hauptsächlich die Zusammenarbeit der Landesärztekammern zu fördern.

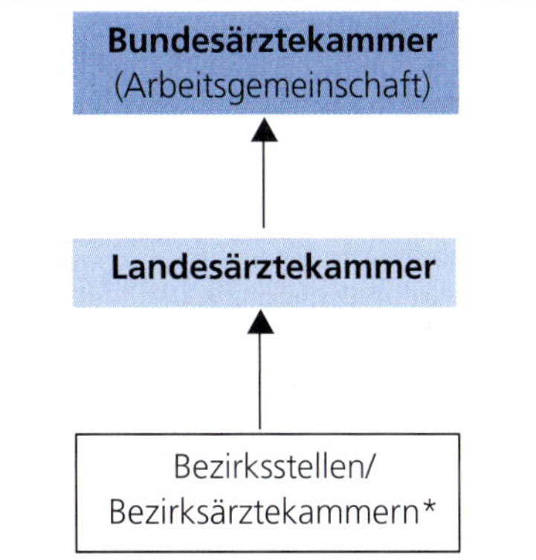

Eigene Bezirksärztekammern gibt es nur in Baden-Württemberg, Hessen und Rheinland-Pfalz

Kassenärztliche Vereinigung (KV)

Jeder Vertragsarzt, d. h. jeder Arzt, der aufgrund einer Kassenzulassung berechtigt und verpflichtet ist, Kassenpatienten zu behandeln, muss Mitglied in der **Kassenärztlichen Vereinigung (KV)** seines Bezirks sein. Die Kassenärztlichen Vereinigungen nehmen als Körperschaft des öffentlichen Rechts hoheitliche Aufgaben wahr, die ihnen vom Gesetzgeber zugewiesen worden sind. Des Weiteren vertreten sie die wirtschaftlichen Interessen der Vertragsärzte.
Die KV hat u. a. folgende **Aufgaben:**

- Sie stellt die **vertragsärztliche Versorgung** der Versicherten und die Zulassung der Vertragsärzte sicher. Bei Überversorgung einer Region kann sie vorübergehend sogar einen Zulassungsstopp verhängen.
- Sie nimmt **Interessen der Vertragsärzte** gegenüber den Krankenkassen wahr und handelt die Honorare der Ärzte mit den Krankenkassen aus.
- Über die KV erfolgt die **Abrechnung** der vertragsärztlichen Leistungen und die Verteilung der Honorarüberweisungen der Krankenkassen an die Vertragsärzte.
- Die KV sorgt dafür, dass nachts und am Wochenende immer ein Arzt für Notfälle zur Verfügung steht, indem sie den **Notdienst** organisiert.
- Sie führt **Fortbildungsveranstaltungen** durch, zu deren Teilnahme sie ihre Mitglieder verpflichten kann, z. B. bei Änderung der Abrechnungsvorschriften.
- Sie führt das **Vertragsarztregister**.

Alle Kassenärztlichen Vereinigungen sind in der **Kassenärztlichen Bundesvereinigung (KBV)** zusammengeschlossen. Zu deren Aufgaben gehört u. a. die Vereinbarung von Bundesmantelverträgen.

Zahnärztekammern und Kassenzahnärztliche Vereinigungen

Sie sind eigene Einrichtungen der Zahnärzte. In ihrer Rechtspersönlichkeit, ihrem Aufbau und ihren Aufgaben entsprechen sie den Einrichtungen der Ärzteschaft.

Ärztliche Berufsverbände

Im Gegensatz zu Ärztekammer und Kassenärztlicher Vereingung sind die nachfolgend genannten Verbände freiwillige Zusammenschlüsse, die dazu beitragen sollen, die Interessen des jeweiligen Berufsstandes durchzusetzen. Bekannte ärztliche Berufsverbände sind z. B.

- der **Hartmannbund** und der **NAV-Virchow-Bund**, sie vertreten die Interessen der niedergelassenen Ärzte,
- der **Marburger Bund**, der die Interessen der angestellten und verbeamteten Ärzte wahrnimmt,
- der **Deutsche Ärztinnenbund,**
- der **Freie Verband Deutscher Zahnärzte.**

Hartmannbund
Verband der Ärzte Deutschlands

marburger bund
Verband der angestellten und beamteten Ärztinnen und Ärzte Deutschlands e.V.

Deutscher Ärztinnenbund e.V.
Matris Animo Curant

Freier Verband Deutscher Zahnärzte e.V.

Organisationen der Medizinischen und Zahnmedizinischen Fachangestellten

Medizinische Fachangestellte, Zahnmedizinische Fachangestellte und Tiermedizinische Fachangestellte können sich in folgenden Verbänden organisieren:

- im **Verband medizinischer Fachberufe e. V. (VMF)**
  Der VMF ist in 4 Landesverbänden vertreten. Als unabhängige Gewerkschaft ist er keiner Dachorganisation untergeordnet.
  Kontakt:
  – Verband medizinischer Fachberufe e. V. (VMF), Gesundheitscampus-Süd 33, 44801 Bochum
  – www.vmf-online.de, info@vmf-online.de

Verband medizinischer Fachberufe e.V.

vmf-online.de

- in der **Gewerkschaft „ver.di"**, Fachbereich Gesundheit. „ver.di" ist mit rund 2,18 Millionen Mitgliedern die größte Einzelgewerkschaft des Deutschen Gewerkschaftsbunds (DGB).
  Kontakt:
  – Gewerkschaft ver.di Bundesverwaltung, 10112 Berlin
  – www.verdi.de

Vereinte Dienstleistungs-gewerkschaft

Beide Organisationen vertreten die Interessen der Fachangestellten. So setzen sie sich dafür ein, dass ihre Mitglieder in Tarifverträgen angemessene Arbeitsbedingungen und Vergütungen bekommen und dass qualifizierte Arbeitsplätze erhalten bleiben. Des Weiteren beraten sie ihre Mitglieder in allen arbeitsrechtlichen Fragen und vertreten sie zum Teil vor Arbeits- und Sozialgerichten. Im Bereich der beruflichen Fort- und Weiterbildung bieten sie ein umfangreiches Programm.

ZUSAMMENFASSUNG

ARBEITSTEIL

1. a) Welchen Organisationen muss ein Arzt angehören?
   b) Welche Aufgaben haben diese Organisationen?
   c) Wie sind diese Organisationen auf Landesebene und Bundesebene zusammengeschlossen?

2. a) Welche Organisationen vertreten die beruflichen Interessen von Medizinischen und Zahnmedizinischen Fachangestellten?
   b) Nennen Sie weitere wichtige Leistungen dieser Interessenverbände.

3. Geben Sie an, ob in den folgenden Beispielen die Ärztekammer, die Landeszahnärztekammer, die Kassenärztliche Vereinigung oder die Kassenzahnärztliche Vereinigung zuständig ist.
   a) Die Zwischenprüfung einer Medizinischen Fachangestellten.
   b) Die Organisation des ärztlichen und zahnärztlichen Notdienstes.
   c) Patienten beklagen sich, weil Dr. med. Rauh elementare Berufspflichten fortwährend verletzt.
   d) Eine verbindliche Fortbildung über neue Abrechnungsvorschriften wird angesetzt.
   e) Eine verbindliche Fortbildung bezüglich aktueller Gesetzesänderungen im Gesundheitsbereich wird angesetzt.
   f) Die Interessenvertretung der Ärzte gegenüber den Krankenkassen.

3 Berufsausbildungsvertrag

Die 16-jährige Ariane hat am 1. September eine Ausbildung als Zahnmedizinische Fachangestellte begonnen. Ihre Chefin vereinbart mit ihr mündlich eine Probezeit bis zum 31. Dezember. Nach Ablauf der Probezeit soll dann ein schriftlicher Ausbildungsvertrag erstellt werden.

Beurteilen Sie die Rechtslage.
War hier alles rechtens?

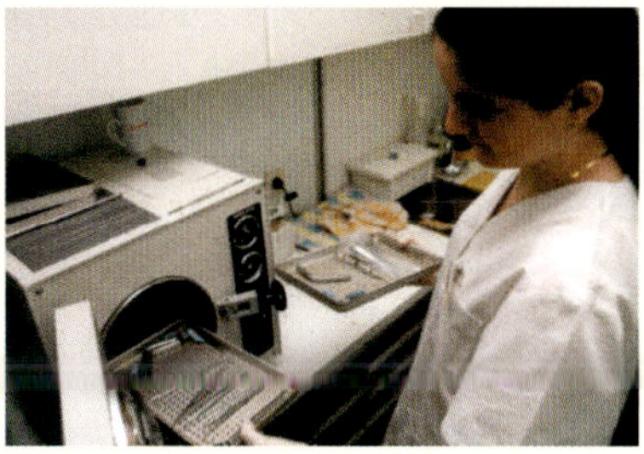

3.1 Der Inhalt des Berufsausbildungsvertrags

www.gesetze-im-internet.de

Um eine qualifizierte und einheitliche Berufsausbildung zu ermöglichen, wurde die Vertragsfreiheit beim Abschluss des Berufsausbildungsvertrags stark eingeschränkt. Die Vertragspartner müssen eine große Anzahl gesetzlicher Bestimmungen beachten. Die wichtigste Grundlage sind das **Berufsbildungsgesetz (BBiG)** und die **Handwerksordnung (HwO)** für Handwerksberufe. Zusätzlich müssen weitere Gesetze, Verordnungen und Vorschriften eingehalten werden, wie z. B. das Jugendarbeitsschutzgesetz (JArbSchG). Entsprechend den gesetzlichen Grundlagen muss der **Berufsausbildungsvertrag** von den Beteiligten, dem **Ausbildenden** und dem **Auszubildenden**, unverzüglich nach Abschluss, spätestens jedoch vor Beginn der Berufsausbildung schriftlich abgeschlossen werden. Bei Minderjährigen ist zusätzlich die Unterschrift des gesetzlichen Vertreters notwendig.

BBiG § 11

Der von allen Beteiligten unterschriebene Vertrag muss anschließend bei der zuständigen **Kammer** eingereicht werden. Die Kammer überprüft, ob folgende Voraussetzungen erfüllt werden:

- die **persönliche Eignung des Ausbildenden**
  Personen ohne bürgerliche Ehrenrechte oder Personen, die gegen Ausbildungsvorschriften verstoßen haben, sind z. B. ungeeignet.
- die **fachliche Eignung des Ausbildenden**
  Der Ausbildende muss die erforderlichen beruflichen Qualifikationen und die Ausbildungsbefähigung besitzen (Meisterprüfung oder Ausbildereignungsprüfung).
- die **Eignung der Ausbildungsstätte**.

BBiG § 11

! Diese **Mindestangaben** muss der Berufsausbildungsvertrag enthalten:

1. Art, sachliche und zeitliche Gliederung sowie Ziel der Berufsausbildung
2. Beginn und Dauer der Berufsausbildung – mindestens 2, in der Regel 3 Jahre
3. Ausbildungsmaßnahmen außerhalb der Ausbildungsstätte
4. Dauer der regelmäßigen täglichen Ausbildungszeit
5. Dauer der Probezeit – mindestens 1 Monat, höchstens 4 Monate
6. Zahlungstermine und Höhe der Ausbildungsvergütung
7. Dauer des Urlaubs
8. Kündigungsvoraussetzungen
9. Hinweis auf Tarifverträge, Betriebs- oder Dienstvereinbarungen, die auf das Berufsausbildungsverhältnis anzuwenden sind
10. die Form des Ausbildungsnachweises (schriftlich oder elektronisch) nach § 13 Satz 2 Nr. 7 BBiG

Wurden sämtliche Voraussetzungen erfüllt, trägt die Kammer den vorliegenden Vertrag in das Verzeichnis der Berufsausbildungsverhältnisse („Lehrlingsrolle") ein. Hiermit ist ein anerkanntes **Berufsausbildungsverhältnis** begründet.

Berufsausbildungsvertrag für Medizinische Fachangestellte
(§§ 10, 11 Berufsbildungsgesetz i.d.F. des Gesetzes zur Reform der beruflichen Bildung – Berufsbildungsreformgesetz – BerBiRefG BGBl I 2005, S. 931 ff)

Zwischen
der ausbildenden Ärztin/dem ausbildenden Arzt
Frau/Herrn: Dr. Andrea Munz
(Titel, Vor- und Zuname)

Praxisanschrift: Goethestraße 4, 75882 Langen
oder
Tel.: 07430 6993

Anschrift der Einrichtung: ______

Tel.: ______

und der/dem Auszubildenden
Frau/Herrn: Melanie Lächler
(Vor- und Zuname)

Anschrift: Parkstraße 20, 78843 Kurzhausen

Tel.-Nr., E-Mail-Anschrift: (Angaben sind freiwillig) 07429 1234 mellaech@gmx.de

geboren am / in: 21.6.2003 / Soden

gesetzlich vertreten durch: (wenn unter 18 Jahre) Hans Lächler
(Vater/Mutter/Vormund)

Anschrift: Parkstraße 20, 78843 Kurzhausen

wird nachstehender Vertrag zur Ausbildung im Ausbildungsberuf Medizinischer Fachangestellter/Medizinische Fachangestellte nach der Ausbildungsverordnung* geschlossen. Der Ausbildungsplan (§ 6)* regelt die zeitliche und inhaltliche Gliederung nach Maßgabe des Ausbildungsrahmenplans (§ 5)*.

§ 1 Ausbildungs- und Probezeit, Weiterbeschäftigung

(1) Die gesetzliche Ausbildungszeit beträgt drei Jahre.
Das Berufsausbildungsverhältnis beginnt am 01.08.2020 und endet am 31.07.2023

(2) Die Probezeit beträgt vier Monate. Wird die Ausbildung während der Probezeit um mehr als 1/4 dieser Zeit unterbrochen, so verlängert sich die Probezeit um den Zeitraum der Unterbrechung.

(3) Besteht die/der Auszubildende vor Ablauf der vereinbarten Ausbildungszeit die Abschlussprüfung, so endet das Berufsausbildungsverhältnis mit Bekanntgabe des Ergebnisses durch den Prüfungsausschuss (§ 21 Abs. 2 BBiG).

(4) Besteht die/der Auszubildende die Abschlussprüfung nicht, so verlängert sich das Berufsausbildungsverhältnis auf ihr/sein Verlangen bis zur nächstmöglichen Wiederholungsprüfung, höchstens jedoch um ein Jahr (§ 21 Abs. 3 BBiG).

(5) In Ausnahmefällen kann die Ärztekammer auf Antrag der/des Auszubildenden die Ausbildungszeit verlängern, wenn die Verlängerung erforderlich ist, um das Ausbildungsziel zu erreichen (§ 8 Abs. 2 BBiG).

(6) Werden Auszubildende im Anschluss an das Berufsausbildungsverhältnis beschäftigt, ohne dass hierüber ausdrücklich etwas vereinbart worden ist, so gilt ein Arbeitsverhältnis auf unbestimmte Zeit als begründet (§ 24 BBiG).

§ 2 Pflichten der/des ausbildenden Ärztin/Arztes

Die/der ausbildende Ärztin/Arzt verpflichtet sich,

(1) dafür zu sorgen, dass der/dem Auszubildenden die berufliche Handlungsfähigkeit vermittelt wird, die zum Erreichen des Ausbildungszieles erforderlich ist. Kann diese in der Praxis nicht vermittelt werden, muss die/der Ausbildende dafür Sorge tragen, dass die berufliche Handlungsfähigkeit außerbetrieblich innerhalb der Arbeitszeit vermittelt wird;

(2) die Berufsausbildung in einer durch ihren Zweck gebotenen Form planmäßig, zeitlich und sachlich gegliedert so durchzuführen, dass das Ausbildungsziel in der vorgesehenen Ausbildungszeit erreicht werden kann;

(3) der/dem Auszubildenden kostenlos die Berufs- und Schutzkleidung nach den geltenden Bestimmungen sowie die Ausbildungsmittel zur Verfügung zu stellen, die für die Ausbildung und zur Ablegung von Zwischen- und Abschlussprüfungen, auch soweit solche nach Beendigung des Berufsausbildungsverhältnisses und in zeitlichem Zusammenhang damit stattfinden, erforderlich sind.

---

* Verordnung über die Berufsausbildung zum Medizinischen Fachangestellten/zur Medizinischen Fachangestellten vom 26. April 2006, BGBl. Teil I, S. 1097 ff

Rechte und Pflichten der Vertragspartner

Durch den Berufsausbildungsvertrag entstehen den Vertragspartnern, dem Ausbildenden und dem Auszubildenden, Rechte und Pflichten.

BBiG § 13, 14

!

Pflichten des Ausbildenden

- **Ausbildungspflicht** – d. h. Vermittlung von Kenntnissen, Fertigkeiten und beruflicher Handlungsfähigkeit
- Kostenlose **Bereitstellung der Ausbildungsmittel**
- Freistellung zum **Berufsschulbesuch**
- Zahlung der **Ausbildungsvergütung** (2020 beträgt die **Mindestvergütung** 515 €)
- **Fürsorgepflicht** – d. h. Zahlung der Beiträge zur gesetzlichen Sozialversicherung, Einhaltung des Jugendarbeitsschutzgesetzes, Beachtung der Unfallschutzbestimmungen
- Ausbilder darf nur **Arbeiten anordnen**, die zum Ausbildungsberuf gehören
- Pflicht zur Ausstellung eines **Zeugnisses**

= **Rechte des Auszubildenden**

Die Nichteinhaltung kann zur außerordentlichen Kündigung (= fristlos) berechtigen und zur Schadensersatzpflicht führen.

Pflichten des Auszubildenden

- **Lernpflicht** – d. h., der Auszubildende soll bemüht sein, sich die nötigen Kenntnisse und Fertigkeiten anzueignen
- **Sorgfaltspflicht** – d. h., ihm übertragene Arbeiten muss der Auszubildende sorgfältig ausführen
- **Gehorsamspflicht** – d. h., Weisungen des Ausbilders sind zu befolgen
- Pflicht zum **Berufsschulbesuch**
- Pflicht, **schriftlichen Ausbildungsnachweis** zu führen
- **Schweigepflicht**
- Pflicht zur Einhaltung des **Wettbewerbsverbots**, d. h., dem Ausbildenden darf keine Konkurrenz gemacht werden

= **Rechte des Ausbildenden**

3.2 Die Beendigung des Berufsausbildungsvertrags

Am Anfang der Berufsausbildung steht eine **Probezeit**, die mindestens einen und höchstens vier Monate beträgt. Während der Probezeit sollen der Ausbildende und der Auszubildende feststellen können, ob der Auszubildende für diese Tätigkeit geeignet ist und ob sie ihm gefällt. Daher können beide Vertragspartner während der Probezeit ohne Einhaltung einer Frist (also jederzeit) und ohne Angabe von Gründen kündigen.

BBiG § 20

Ist die Probezeit abgelaufen, kann der Ausbildende nur aus wichtigem Grund kündigen – zum Beispiel bei Schweigepflichtverletzung, Diebstahl oder Beleidigung. Eine solche Kündigung erfolgt fristlos. Der Auszubildende kann bei Berufsaufgabe und bei Berufswechsel mit einer Frist von vier Wochen kündigen. Außerdem kann der Auszubildende aus wichtigen Gründen fristlos kündigen – zum Beispiel wegen Tätlichkeiten oder Beleidigungen.

BBiG § 22 Abs. 3; 21

Unabhängig vom Kündigungsgrund schreibt das Berufsbildungsgesetz vor, dass ein Berufsausbildungsvertrag immer schriftlich gekündigt werden muss. Wird der Berufsausbildungsvertrag nicht gekündigt, so endet er automatisch mit dem Ablauf der vereinbarten Ausbildungszeit.

3.3 Die Überwachung des Berufsausbildungsvertrags

Die Überwachung einer korrekten Berufsausbildung obliegt den dafür zuständigen Stellen. Das sind in der Regel die Kammern. Siehe hierzu Seiten 10/11 und 17/18.

ZUSAMMENFASSUNG

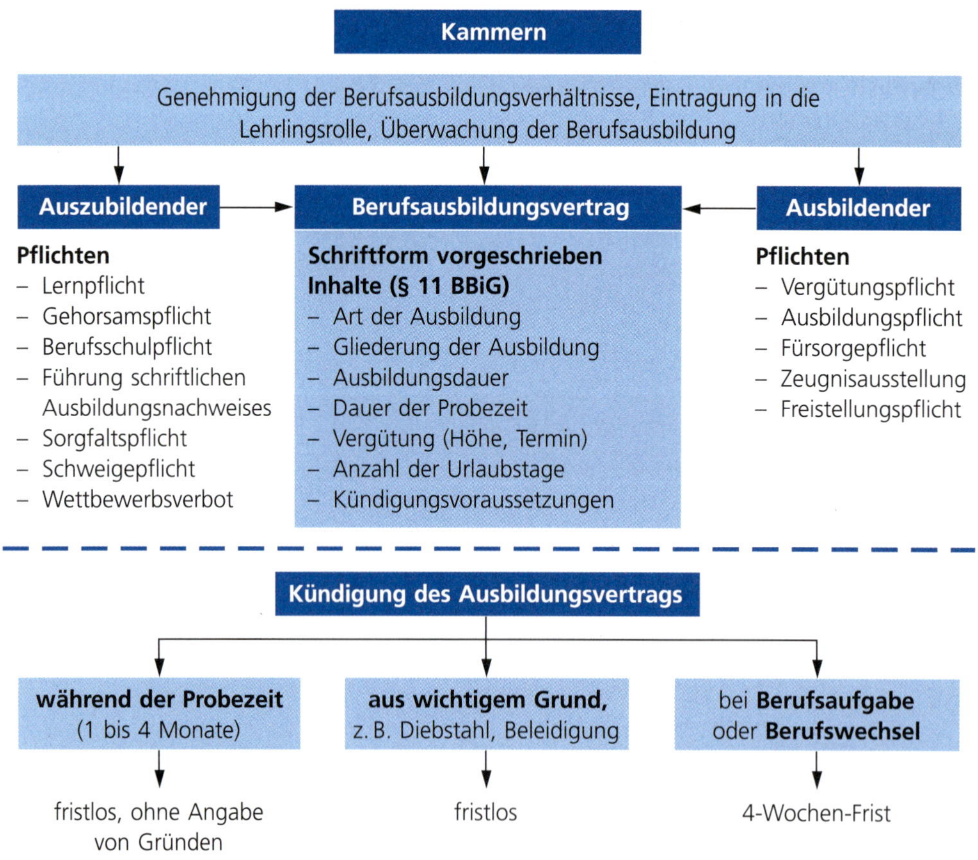

ARBEITSTEIL

1. Welche Gesetze regeln die Berufsausbildung?

2. Zählen Sie mithilfe des Formulars auf S. 22 drei Mindestangaben auf, die ein Berufsausbildungsvertrag enthalten muss.

3. Wie werden die Vertragspartner beim Berufsausbildungsvertrag genannt?

4. Nennen Sie drei Pflichten, die durch den Abschluss eines Ausbildungsvertrags entstehen

   a) für den Auszubildenden,

   b) für den Ausbildenden.

5. Die 16-jährige Yasmin erhält einen Ausbildungsvertrag als Medizinische Fachangestellte.

   a) Wer muss den Ausbildungsvertrag unterschreiben? Begründen Sie.

   b) Welche Voraussetzungen sind, bezogen auf den Ausbildungsbetrieb, von der zuständigen Ärztekammer zu prüfen?

   c) Wodurch wird das Ausbildungsverhältnis letztendlich rechtswirksam begründet?

6. a) Wie lange dauert die Probezeit?

   b) Weshalb wird in Berufsausbildungsverträgen eine Probezeit vereinbart?

7. Unter welchen Voraussetzungen kann nach der Probezeit

   a) vom Auszubildenden

   b) vom Ausbildenden gekündigt werden?

8. Untersuchen Sie die Wirksamkeit der nachfolgenden Kündigungen. Begründen Sie Ihre Entscheidung.

   a) Simone wird innerhalb der vereinbarten Probezeit fristlos von ihrem Chef mündlich gekündigt.

   b) Paul möchte nach 6 Monaten eine neue Lehre in einem anderen Beruf beginnen und kündigt fristlos. Die Kündigung erfolgt schriftlich.

   c) Ines wird nach einem heftigen Streit mit ihrem Chef von diesem geohrfeigt. Obwohl sie schon 12 Monate Ausbildung hinter sich hat, kündigt sie fristlos.

   d) Hans kommt zum zweiten Mal innerhalb eines Jahres 15 Minuten zu spät an seinen Ausbildungsplatz. Sein Chef kündigt ihm daraufhin fristlos mit den Worten: „Für notorische Zuspätkommer ist kein Platz in meinem Betrieb. Sie sind ab sofort gekündigt!"

9. Ein Arzt lässt seine Auszubildende im ersten Ausbildungsjahr nur Karteiarbeiten erledigen. Gegen welche Pflicht des Ausbildungsvertrags verstößt er damit?

10. Warum gibt es Ihrer Meinung nach strenge Mindestanforderungen an Inhalt und Form des Berufsausbildungsvertrags?

11. a) Welche Stellen überwachen die Berufsausbildung?

    b) Nennen Sie die für Ihren Ausbildungsberuf zuständige Stelle.

    c) Welche Aufgaben haben diese Stellen im Bereich der Berufsbildung?

4 Ausbildungsformen

Frank und Petra, beide Auszubildende im ersten Ausbildungsjahr, führen auf dem Nachhauseweg von der Berufsschule folgende Unterhaltung:

Frank: „Ganz schön stressig, so ein Berufsschultag!"

Petra: „Finde ich auch! Ich musste heute Morgen eine Stunde früher aufstehen als sonst, wenn ich zur Arbeit gehe. Meine Chefin meint, die Berufsschule sei sowieso überflüssig. Ich könnte alles, was ich für meinen Beruf brauche, in ihrem Betrieb lernen."

Frank: „Ich weiß nicht. Und wenn du später mal den Betrieb wechseln möchtest?"

Petra: „Ist doch überall gleich, außerdem habe ich keine Lust auf Deutsch und Wirtschaftskunde. Was soll ich damit? Ich dachte, ich wäre den Schulstress endlich los."

Frank: „Stell dir vor, mein Kumpel Emil macht seine Berufsausbildung ganz an der Schule."

Petra: „Kann ich mir nicht vorstellen. Geht das denn?"

Wie beurteilen Sie die in diesem Gespräch gemachten Aussagen?
Warum wird in den beruflichen Schulen auch Allgemeinbildung vermittelt?

Heutzutage wollen nur wenige Schulabgänger eine Tätigkeit als Ungelernte ausüben, denn eine Berufsausbildung zahlt sich in jedem Falle aus. Sie erleichtert es, einen Arbeitsplatz zu finden, und gilt somit als bester Schutz vor Arbeitslosigkeit. Des Weiteren ermöglicht sie ein höheres Einkommen und somit einen höheren Lebensstandard.

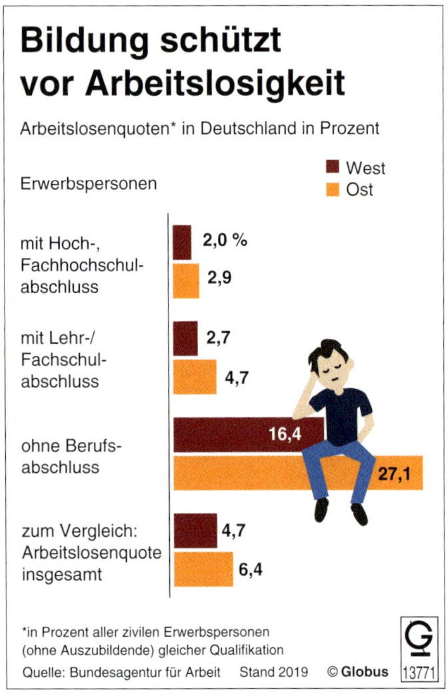

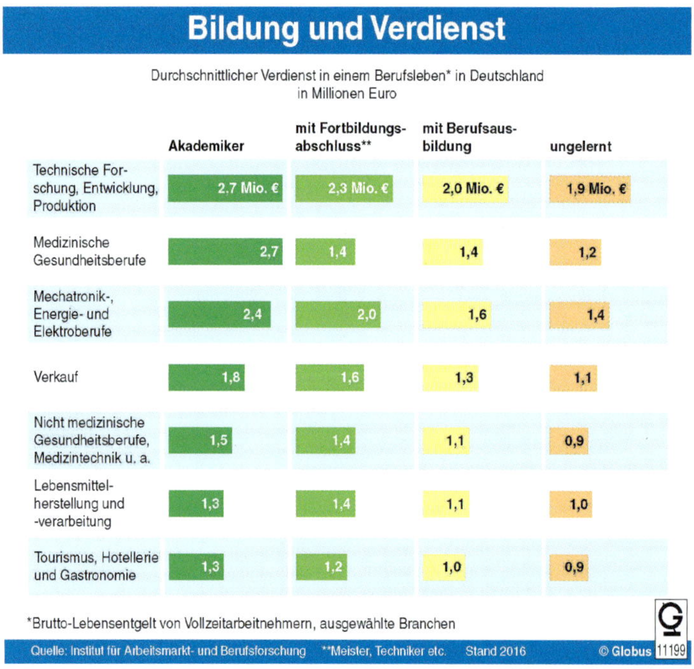

Das Berufsausbildungssystem der Bundesrepublik Deutschland gilt im Ausland als vorbildlich. Es sieht zwei Ausbildungsformen vor:

die Berufsausbildung im dualen System
die Berufsausbildung im schulischen System

4.1 Die Berufsausbildung im dualen System

In der Bundesrepublik Deutschland sind an der beruflichen Ausbildung zwei Partner beteiligt, nämlich **Berufsschule** und **Ausbildungsbetrieb**.

Berufsschule

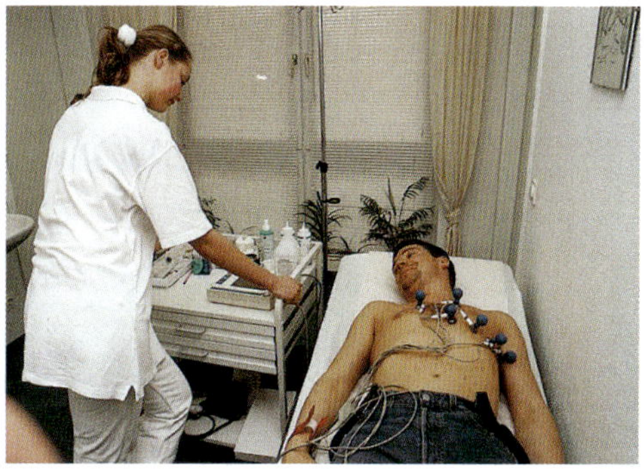

Arztpraxis

Diese Art der Berufsausbildung wird als **duales System** bezeichnet, weil sich zwei Partner die Ausbildungsaufgabe teilen.
Die Hauptaufgabe der Betriebe besteht in der Vermittlung fachtheoretischer und fachpraktischer Kenntnisse. Die Schule hingegen vermittelt vorwiegend Allgemeinbildung und Fachtheorie. Im Ausbildungsbetrieb erworbene fachpraktische Fertigkeiten werden in der Schule im praktischen Unterricht sinnvoll ergänzt, entsprechend den berufsbezogen gestalteten Lehrplänen.
Eine erfolgreiche Ausbildung wird nachgewiesen durch eine bestandene Schulabschlussprüfung und durch das Bestehen der entsprechenden Kammerprüfung. Die erfolgreiche Teilnahme an diesen Prüfungen wird durch das **Schulabschlusszeugnis** und vonseiten der Kammern durch den **Brief Medizinische Fachangestellte bzw. Zahnmedizinische Fachangestellte, Gesellen- oder Gehilfenbrief** bescheinigt.

Vorteile des dualen Systems	**Nachteile des dualen Systems**
▶ Die Ausbildung erfolgt praxisbezogen, da sie vorwiegend im Betrieb stattfindet. ▶ Die Steuerzahler sparen Geld, da eine rein schulische Ausbildung wesentlich teurer wäre. ▶ Die Ausbildung wird abwechslungsreicher.	▶ Die von den Betrieben angebotenen Ausbildungsplätze reichen häufig nicht aus. ▶ Die Qualität der Ausbildungsplätze ist unterschiedlich. ▶ Die Abstimmung der Ausbildungsinhalte zwischen Betrieb und Schule ist schwer zu organisieren.

4.2 Die Berufsausbildung im schulischen System

Berufliche Qualifikationen können auch durch den Besuch einer **beruflichen Vollzeitschule** erworben werden. Man unterscheidet die ein- und mehrjährige Form. Berufliche Vollzeitschulen können im gewerblichen, kaufmännischen, hauswirtschaftlichen und landwirtschaftlichen Bereich besucht werden. Die beruflichen Vollzeitschulen vermitteln eine berufliche Vorbereitung, eine berufliche Grundbildung und unter Umständen eine volle Berufsausbildung.

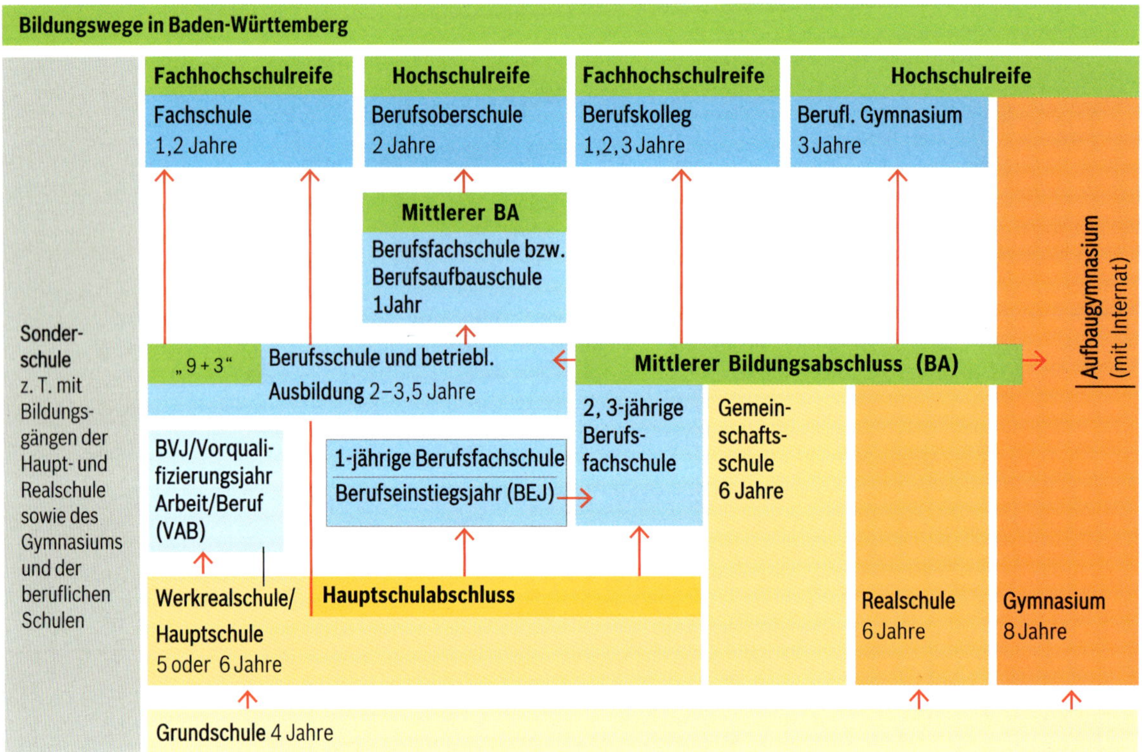

Quelle: Ministerium für Kultus, Jugend und Sport, Baden-Württemberg

Bedingt durch die Kulturhoheit der Bundesländer gibt es innerhalb Deutschlands Abweichungen von diesem System.

Berufliche Vorbereitung

Berufsvorbereitungsjahr (BVJ) Das BVJ ist ein Bildungsangebot an alle Jugendlichen, die ihre neunjährige Pflicht zum Besuch einer allgemeinbildenden Schule erfüllt haben und noch kein Ausbildungsverhältnis beginnen konnten oder wollten. Das Berufsvorbereitungsjahr soll die Allgemeinbildung vertiefen, in berufliche Fächer einführen und die handwerkliche Geschicklichkeit fördern. Des Weiteren soll es die Vermittlungsfähigkeit für ein späteres Ausbildungsverhältnis erhöhen. Außerdem können die Jugendlichen am Ende des Berufsvorbereitungsjahres an einer Abschlussprüfung teilnehmen. Das Zeugnis dieser Prüfung ist dem Hauptschulabschluss gleichgesetzt. Durch Zusatzprüfung kann auch der Hauptschulabschluss erworben werden. In Baden-Württemberg wurde das BVJ durch das **Vorqualifizierungsjahr Arbeit/Beruf (VAB)** ersetzt. Jugendliche Migranten ohne Deutschkenntnisse werden in eigenen Klassen gezielt gefördert (VABO). Schwerpunkt ist der Erwerb von Deutschkenntnissen.

Berufseinstiegsjahr (BEJ) Dieser neue Bildungsgang wird in Baden-Württemberg angeboten. Er richtet sich an berufsschulpflichtige Jugendliche mit Hauptschulabschluss, die keinen Ausbildungsplatz gefunden haben und keine weiterführende Schule besuchen können. Das BEJ baut auf dem bereits erworbenen Hauptschulabschluss auf, mit dem Ziel, die Schülerinnen und Schüler ausbildungsreif zu machen und so ihre Chancen auf einen Ausbildungsplatz zu erhöhen. Unter anderem soll dies erreicht werden durch eine Vorqualifikation in einem Berufsfeld sowie eine verstärkte Förderung in Deutsch, Mathematik, Projekt- und Sozialkompetenz.

Berufliche Grundbildung

Die immer größer werdende Spezialisierung vieler Ausbildungsbetriebe bewirkt häufig, dass sie ihren Auszubildenden keine umfassende und systematische berufliche Grundbildung ermöglichen können. Vielfach wird versucht – durch überbetriebliche Einrichtungen von Kammern oder anderen Organisationen –, diesem Problem gerecht zu werden. In letzter Zeit jedoch wird diese Aufgabe verstärkt von schulischen Einrichtungen übernommen.

Berufsgrundbildungsjahr (BGJ) Das BGJ ist eine Vollzeitpflichtschule für alle berufsschulpflichtigen Jugendlichen ohne Ausbildungsverhältnis. Es vermittelt eine Vertiefung der Allgemeinbildung sowie eine berufliche Grundbildung in einem Berufsfeld (z. B. Gesundheit, Körperpflege, Ernährung, Metalltechnik). Erfolgreichen Absolventen des BGJ wird auch ein eventuell fehlender Hauptschulabschluss zuerkannt. Im Berufsgrundbildungsjahr erwerben die Jugendlichen entsprechende Grundkenntnisse und Grundfertigkeiten des 1. Ausbildungsjahres. Dies soll es ihnen erleichtern, sich für einen Einzelberuf aus dem betreffenden Feld zu entscheiden. Der Besuch des Berufsgrundbildungsjahres wird bei einer großen Zahl von Ausbildungsberufen auf die Ausbildungszeit angerechnet. Das Berufsgrundbildungsjahr kann vollschulisch oder in Verbindung mit Ausbildungsbetrieben erfolgen. Bei der letzteren Form erfolgt die praktische Ausbildung im Betrieb. Hier bestehen auch Ausbildungsverträge mit dem Ausbildungsbetrieb.

Einjährige Berufsfachschule (Einjährige BFS) Diese ergänzt das duale System. Sie entspricht dem ersten Jahr der Berufsausbildung (sogenannte Grundstufe) in dem gewählten Beruf. Der Unterschied zur normalen Ausbildung im dualen System besteht darin, dass auch die praktische Ausbildung an der Schule erfolgt.
Die Einjährige BFS vermittelt also die Kenntnisse und Fertigkeiten des 1. Ausbildungsjahres. Dieses Jahr wird auf die Gesamtdauer einer Berufsausbildung angerechnet. Außerdem sollen „kleine" Ausbildungsbetriebe durch die Einjährige Berufsfachschule entlastet werden. Ein weiteres wichtiges Ziel dieser BFS liegt darin, dass ihr Besuch die Chance erhöht, einen Ausbildungsplatz zu finden.

Zweijährige Berufsfachschule (Zweijährige BFS) Durch ihren Besuch erhalten Hauptschüler eine berufliche Grundbildung und die **Fachschulreife.** Bei einer anschließenden Berufsausbildung kann der Ausbildungsbetrieb die Ausbildungsdauer um ein Jahr verkürzen. Der Erwerb der Fachschulreife ermöglicht es, weiterführende Schulen – wie z. B. ein Technisches Gymnasium – zu besuchen.

Berufliche Vollausbildung

Dreijährige Berufsfachschulen (Dreijährige BFS) Sie ermöglichen eine berufliche Vollausbildung, also einen vollwertigen Berufsabschluss. *Beispiele:* Berufsfachschule für Feinwerktechnik, Uhrmacher und Weberei.

Berufskolleg (BK) Man unterscheidet zwei- und dreijährige Berufskollegs. *Beispiele:* Zweijähriges Berufskolleg für Chemisch-technische Assistenten, Dreijähriges Berufskolleg für Grafik und Gestaltung.
Sie bauen auf einem mittleren Bildungsabschluss (z. B. Fachschulreife) auf und vermitteln einen qualifizierten Berufsabschluss. *Beispiele:* Facharbeiter, staatlich geprüfter Berufskollegiat. Durch Zusatzunterricht und Zusatzprüfung kann die **Fachhochschulreife** erworben werden, die ein Studium an der Fachhochschule ermöglicht.

4.3 Formen der Berufsausbildung in anderen europäischen Ländern

Unterschiedliche wirtschaftliche, gesellschaftliche und staatliche Entwicklungen haben in den einzelnen Mitgliedsländern der EU auch zu unterschiedlichen Ausbildungsformen geführt. In zahlreichen Ländern spielen private Ausbildungsstätten eine größere Rolle als bei uns.
Eine Ausbildung im dualen System wird außer in Deutschland z. B. in Dänemark, Österreich und Portugal durchgeführt.
Eine Vollzeitschulausbildung im Rahmen des jeweils bestehenden Bildungssystems findet man z. B. in Belgien, Frankreich und Italien.
Daneben gibt es z. B. in Großbritannien (seit 1. Februar 2020 nicht mehr EU-Mitglied), Griechenland, Irland sowie den Niederlanden eine Ausbildung im Betrieb und in der Berufsschule bzw. in der entsprechenden Schule des bestehenden Bildungssystems, allerdings nicht als duales System.

ZUSAMMENFASSUNG

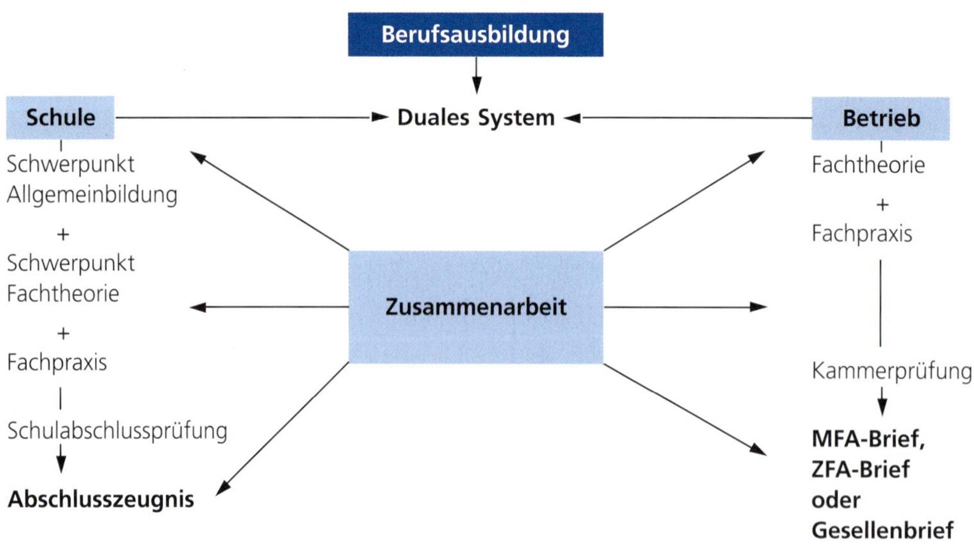

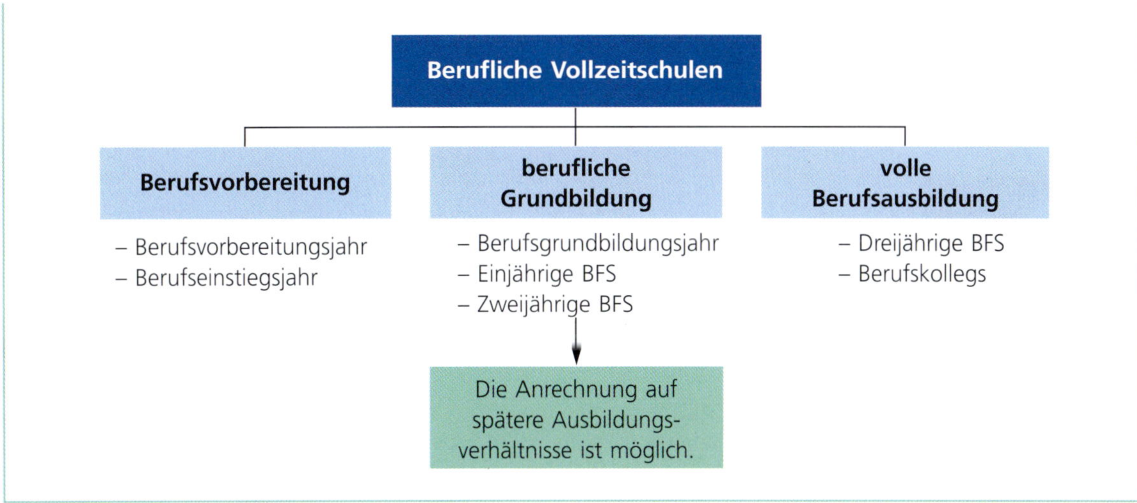

ARBEITSTEIL

1. Erläutern Sie, was man unter Ausbildung im dualen System versteht.

2. Welche Aufgaben haben im dualen Berufsausbildungssystem
   a) die Betriebe?
   b) die Schulen?

3. Welche Vorteile und welche Nachteile hat das duale System?

4. Welchen Hauptvorteil sehen Sie in einer beruflichen Grundbildung durch schulische Einrichtungen?

5. Nennen Sie schulische Ausbildungsgänge, die eine duale Ausbildung
   a) ergänzen können,
   b) ersetzen können.

6. Petra hat nach Abschluss der Hauptschule keinen Ausbildungsplatz gefunden. Sie hofft, nach dem Besuch des BVJ einen Ausbildungsplatz zu erhalten.
   a) Wozu dient das BVJ?
   b) Welche Hilfen bietet das BVJ für Petra?

7. Der sehnlichste Wunsch von Paul ist es, Ingenieur zu werden, obwohl er die Hauptschule ohne Abschluss verlassen hat.
   Ist dies trotzdem noch möglich? Wenn ja, zeigen Sie mögliche Wege auf.

8. a) Carsten möchte nach erfolgreichem Besuch der Hauptschule die Fachschulreife erwerben.
   b) Thorsten hat die Realschule besucht und möchte parallel zu seiner Berufsausbildung die Fachhochschulreife erwerben.
   Welche Möglichkeiten bietet das berufliche Schulwesen den beiden, ihr Ziel zu erreichen?

5 Lebenslanges Lernen

Simone, 22 Jahre alt und seit vier Jahren Medizinische Fachangestellte, bewirbt sich um eine Stelle in einer großen Praxis. Sie soll als erste Kraft den Praxisinhaber entlasten und Führungsaufgaben übernehmen.
Ausschnitt aus dem Vorstellungsgespräch mit dem Praxisinhaber, Herrn Dr. Frisch:

Dr. Frisch: „Wie ich Ihren Bewerbungsunterlagen entnehmen kann, haben Sie ein sehr gutes Arbeitszeugnis."

Simone: „Ich habe mir stets Mühe gegeben, meine Arbeit zur Zufriedenheit meines Chefs zu erledigen."

Dr. Frisch: „Schön. Haben Sie außerhalb Ihrer Ausbildung zur Medizinischen Fachangestellten an irgendwelchen Fortbildungsmaßnahmen teilgenommen?"

Simone: „Welche Fortbildungsmaßnahmen?"

Welche Fortbildungsmaßnahmen hätte Simone besuchen können?

Welche Vorteile könnten diese Fortbildungsmaßnahmen für Simone haben?

5.1 Förderung der Mobilität

GD Bildung und Kultur
Programm für lebenslanges Lernen

Internationale Kompetenzen und Auslandserfahrung sind heute sowohl für die Wirtschaft als auch für den Einzelnen zunehmend von Bedeutung. Die Wirtschaft benötigt qualifizierte Fachkräfte, die über internationale Erfahrung, Fremdsprachenkenntnisse und Schlüsselqualifikationen wie z. B. Teamfähigkeit, interkulturelles Verständnis und Belastbarkeit verfügen. Der Einzelne verbessert dadurch seine Chancen auf dem Arbeitsmarkt national wie international.

Erasmus+

14,8 Milliarden Euro investierte die Europäische Union (EU) von 2014 bis 2020 in das neue Programm **„Erasmus+"**, das alle bisherigen Programme unter einem Dach zusammenfasst. Ziel ist ein Europäischer Bildungsraum, in dem die Europäerinnen und Europäer miteinander und voneinander lernen.

„Erasmus+ Berufsbildung" ist das Einzelprogramm für die Zusammenarbeit in der beruflichen Aus- und Weiterbildung und fördert u. a. berufliches Lernen im Ausland. Eine Zielgruppe sind Lernende, die eine Ausbildung abgeschlossen haben oder über vergleichbare Berufserfahrung verfügen. In der Regel werden die Teilnehmer von den Projektorganisatoren, also den Antragstellern (Betriebe etc.), benannt. Es wird ein finanzieller Zuschuss zu den Kosten für den Aufenthalt, die Fahrt, die sprachliche Vorbereitung der Teilnehmer sowie die Vorbereitung des Projektes gewährt.

europass Deutschland
www.europass-info.de

Auf der Seite www.europass-info.de werden die Formulare für einen europaweit einheitlichen **EUROPASS** zur Verfügung gestellt. Der Europass bietet eine neue Möglichkeit, berufliche Qualifikationen und Kompetenzen in den EU-Mitgliedstaaten klar und leicht verständlich zu präsentieren. Er kann bei der Arbeitssuche oder bei der Teilnahme an Bildungs- und Berufsbildungsprogrammen eingesetzt werden. Besonders eignet er sich für diejenigen, die in einem anderen Land lernen oder arbeiten wollen. Da er Arbeitgebern hilft, die Qualifikationen und Kompetenzen von Arbeitsuchenden aus anderen EU-Mitgliedstaaten besser zu verstehen, ist es wesentlich leichter, sich damit im Ausland zu bewerben und Auslandserfahrung während oder nach der Ausbildung zu sammeln.

Er umfasst
- Europass-Lebenslauf
- Europass-Sprachenpass
- Europass-Mobilität
- Europass-Zeugniserläuterung (für die Berufsbildung)
- Europass-Diploma Supplement (für Hochschulen)

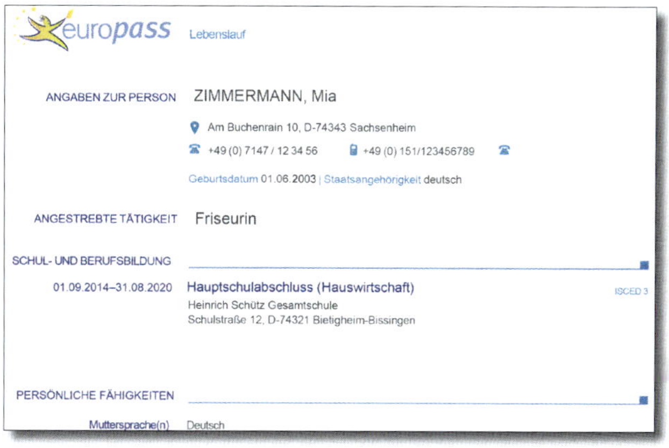
europass Lebenslauf

ANGABEN ZUR PERSON ZIMMERMANN, Mia
Am Buchenrain 10, D-74343 Sachsenheim
+49 (0) 7147 / 12 34 56 +49 (0) 151/123456789
Geburtsdatum 01.06.2003 | Staatsangehörigkeit deutsch

ANGESTREBTE TÄTIGKEIT Friseurin

SCHUL- UND BERUFSBILDUNG
01.09.2014–31.08.2020 Hauptschulabschluss (Hauswirtschaft) ISCED 3
Heinrich Schütz Gesamtschule
Schulstraße 12, D-74321 Bietigheim-Bissingen

PERSÖNLICHE FÄHIGKEITEN
Muttersprache(n) Deutsch

Europass-Lebenslauf: Online-Vorlage als Word-Dokument

5.2 Potenzialanalyse

Die Potenzialanalyse ist ein Verfahren zur Ermittlung der persönlichen Stärken und Schwächen, um von diesen Ergebnissen ausgehend eine berufliche Neuorientierung vorzunehmen. Dieses Verfahren wird auch genutzt, um in Unternehmen eine große Bewerberzahl zu reduzieren. Im Mittelpunkt steht die Frage: Was kann ich? Die Testverfahren sind sehr unterschiedlich. Dazu gehören Interviewtechniken, PC-unterstützte Testverfahren, psychologische Testverfahren, Systeme zur Leistungsbeurteilung und Assessment-Center. Assessment kommt aus dem Englischen und bedeutet so viel wie Abschätzung, Bewertung. Das Assessment-Center ist eine Kombination aus verschiedenen Tests, Planspielen und Gesprächen. Vertreter des Unternehmens prüfen und begutachten die Bewerber ein bis drei Tage lang in Gruppen und Einzelübungen. Immer mehr Unternehmen organisieren Potenzial-Assessments für ihre Mitarbeiter, um hausintern die Kompetenzen der Angestellten zu überprüfen und richtig einzusetzen. Alle Formen basieren aber auf dem gleichen Schema: Die Teilnehmer werden mittels verschiedener Aufgabentypen getestet.

5.3 Berufliche Fortbildung und Weiterbildung

Der Abschluss des Berufsausbildungsvertrages stellt für viele junge Arbeitnehmer nur den ersten Schritt ihres Berufslebens dar.
Da die moderne Arbeitswelt laufend durch technische Neuerungen weiterentwickelt wird, müssen sich alle daran Beteiligten ständig informieren, d. h., sie müssen ihre Kenntnisse und Fertigkeiten dem neuesten Stand der Technik anpassen. Schätzungen gehen davon aus, dass sich das verfügbare Wissen der Menschheit alle fünf bis zehn Jahre verdoppelt.

Fortbildung

Die berufliche Fortbildung, die auf einer abgeschlossenen Berufsausbildung aufbaut, ist für alle Fachangestellten eine wichtige Voraussetzung um den steigenden Anforderungen am Arbeitsplatz gerecht zu werden, z. B. durch den Einsatz von EDV oder neuen medizinischen Geräten. Wer beruflich aufsteigen will, muss meistens zusätzliche Qualifikationen vorweisen können.
Für ausgebildete Fachangestellte gibt es ein breites Angebot an Fortbildungsmaßnahmen, die dazu beitragen, Kenntnisse und Fertigkeiten an die permanenten Veränderungen im Beruf anzupassen. Zahlreiche Fortbildungsveranstaltungen werden angeboten von einzelnen Ärztekammern und Zahnärztekammern, aber auch von den Berufsverbänden der Fachangestellten. *Beispiele:* Fortbildungsmaßnahmen zur Abrechnung, über Marketing in der Praxis, über das neue Infektionsschutzgesetz, Fortbildungsveranstaltungen zum Strahlenschutz, Kurse über Prophylaxe oder Prothetische Assistenz.

Weiterbildung

Die meisten Fachangestellten sind mit ihrem Arbeitsumfeld sehr zufrieden – andererseits wechseln viele direkt nach der Ausbildung in andere Berufe. In den letzten Jahren wurden deshalb vielfältige Weiterbildungsmöglichkeiten im Gesundheitsbereich geschaffen. Aufgrund dieser Zusatzqualifikationen kann den Fachangestellten mehr Verantwortung übertragen werden. Dies wirkt sich natürlich auch in den Tarifverträgen aus, da zusätzlich qualifizierte Fachangestellte in eine höhere Tätigkeitsgruppe eingestuft werden. Die Folge: eine Gehaltsverbesserung von bis zu 25 %.

Weiterbildungsmöglichkeiten für MFAs

- Fachwirtin für ambulante medizinische Versorgung
- Gesundheitspädagogin
- Diätberaterin
- Präventionsfachkraft

Medizinische Fachangestellte Medizinische Fachangestellte, die über eine mehrjährige Berufserfahrung verfügen, können in fast jedem Bundesland an einer Ausbildung zur **Fachwirtin für ambulante medizinische Versorgung** teilnehmen. In Kursen von 300 bis 400 Stunden wird eine umfassende Kenntniserweiterung vermittelt. Neben medizinischen Schulungen, wie z. B. Patientenbetreuung oder Arbeiten im Labor, erstreckt sich die Weiterbildung auch auf die Praxisorganisation, die Abrechnung oder die Unterstützung bei der MFA-Ausbildung. Vereinfacht ausgedrückt: Die Medizinische Fachangestellte soll auf eine Tätigkeit als erste Kraft in einer Praxis vorbereitet werden.
Eine weitere Zusatzqualifikation ist die Weiterbildung zur **Gesundheitspädagogin**, die der Verband medizinischer Fachberufe (VMF) in Zusammenarbeit mit dem Arbeitskreis für Gesundheitspädagogik anbietet. Gesundheitspädagoginnen sind gesuchte Kräfte, die vielseitig eingesetzt werden können, z. B. in Arztpraxen, Kliniken, Bildungsstätten oder Krankenkassen.
Weitere Fortbildungskurse vermitteln eine Zusatzausbildung zur **Diätberaterin** oder **Präventionsfachkraft**. Besonders in diesem Bereich wird in Zukunft der Bedarf zunehmen.

Weiterbildungsmöglichkeiten für Zahnmedizinische Fachangestellte

- Zahnmedizinische Fachassistentin (ZMF)
- Zahnmedizinische Verwaltungsassistentin (ZMV)
- Zahnmedizinische Prophylaxeassistentin (ZMP)
- Dentalhygienikerin (DH)

Zahnmedizinische Fachangestellte

Die Arbeit in der Zahnarztpraxis hat sich in den letzten Jahren sehr stark gewandelt. Neue Aufgabenfelder, wie z. B. Prophylaxe, Parodontologie, neue Technologien (Datenverarbeitung, Kommunikationssysteme) stellen andere Anforderungen an das Praxisteam. Neben einer auf die Stuhlassistenz und begleitende Tätigkeiten spezialisierten Fachangestellten werden auch Mitarbeiterinnen benötigt, die über vertiefte Kenntnisse im verwaltungstechnischen Bereich verfügen. Interessierte Zahnmedizinische Fachangestellte können sich deshalb zur **Zahnmedizinischen Verwaltungsassistentin (ZMV)** weiterbilden. Sie sind dadurch in der Lage, selbstständig sämtliche Tätigkeiten der Praxisorganisation und der Verwaltung einer Zahnarztpraxis zu erledigen.
In fast allen Kammergebieten wird die Ausbildung zur **Zahnmedizinischen Fachassistentin (ZMF)** angeboten. In Kursen von 300 bis 400 Stunden wird eine umfassende Kenntniserweiterung vermittelt. Theorie und Praxis dieser Ausbildung erstrecken sich u. a. auf die Prophylaxe sowie auf Hilfeleistungen bei zahnärztlichen Eingriffen. Des Weiteren erstreckt sich die Weiterbildung beispielsweise auch auf die Arbeit im Labor, auf die Praxisorganisation oder die Abrechnung. Ausgebildete Zahnmedizinische Fachassistentinnen können sich zur **Dentalhygienikerin (DH)** weiterbilden. Bei einigen Kammern können sich Zahnmedizinische Fachangestellte zur **Zahnmedizinischen Prophylaxeassistentin (ZMP)** weiterbilden. Die ZMP entlastet den Zahnarzt bei der zahnmedizinischen Vorsorge.

Tiermedizinische Fachangestellte Für Tiermedizinische Fachangestellte wird in einigen Bundesländern die Weiterbildung zur **Tierarztfachhelferin** angeboten.

5.4 Berufliche Umschulung

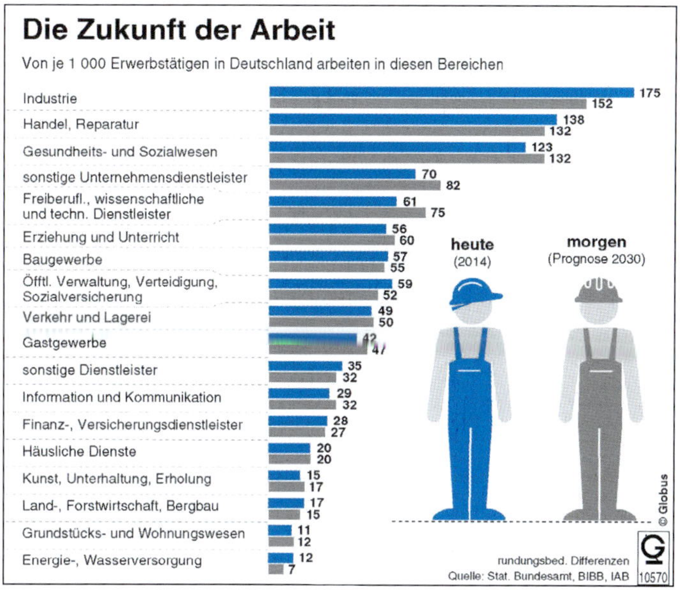

Das nebenstehende Schaubild zeigt, dass das Erlernen nur eines Berufes häufig nicht für ein ganzes Arbeitsleben ausreicht. Diese Tatsache beruht auf folgenden Ursachen:

- Aussterben des erlernten Berufes (z. B. Korbmacher, Wagenbauer)
- erworbene Kenntnisse sind überholt oder werden durch die Veränderung der Arbeitswelt nicht mehr benötigt
- längere Arbeitslosigkeit
- Berufsunfähigkeit (hervorgerufen durch Berufskrankheit oder Arbeitsunfall)
- Unzufriedenheit mit dem früher erlernten Beruf.

5.5 Fördermaßnahmen

Arbeitsförderung nach dem Sozialgesetzbuch III (SGB III)

www.arbeitsagentur.de

Die **Bundesagentur für Arbeit** fördert nach dem Sozialgesetzbuch (SGB), Drittes Buch (III) – Arbeitsförderung – die **Berufsausbildung** sowie notwendige **Fortbildungs- oder Umschulungsmaßnahmen**, wenn der Antragsteller dazu selbst finanziell nicht in der Lage ist. Der Interessent muss bei der örtlichen Agentur für Arbeit einen entsprechenden Antrag stellen.
Gefördert werden Bildungsmaßnahmen, die berufliche Kenntnisse erweitern, erhalten oder dem technischen Fortschritt anpassen. Auch Bildungsmaßnahmen, die einen beruflichen Aufstieg ermöglichen, können unterstützt werden. Für die Ausbildung in einem anerkannten Ausbildungsberuf können **Berufsausbildungsbeihilfen** gewährt werden. Allerdings müssen im Einzelfall für die Gewährung von Fördermaßnahmen eine Reihe von Voraussetzungen erfüllt sein.
Liegen diese vor, erhalten die Antragsteller einen monatlichen Unterhaltsbetrag. Daneben werden Ausgaben für Lehrgangsgebühren, Fahrtkosten, Arbeitskleidung, Lernmittel usw. unterstützt. Die Förderungsmaßnahmen werden voll, teilweise oder auch als Darlehen gewährt.

Bundesausbildungsförderungsgesetz (BAföG)

www.bafög.de

Ziel des Ausbildungsförderungsgesetzes (BAföG) ist es, jedem jungen Menschen die Möglichkeit zu geben, unabhängig von seiner sozialen und wirtschaftlichen Situation eine Ausbildung zu absolvieren, die seinen Fähigkeiten und Interessen entspricht. Die Förderung erstreckt sich auf allgemeinbildende und berufliche Schulen ab Klasse 10. **Berufliche Schulen** sind beispielsweise berufliche Gymnasien, Berufskollegs, Berufsfachschulen und das Berufsvorbereitungsjahr. **Allgemeinbildende Schulen** sind z. B. allgemeinbildende Gymnasien, Fachhochschulen, wissenschaftliche Hochschulen.
Allerdings wird „BAföG" nur bei Bedürftigkeit des Antragstellers gewährt. Das Amt für Ausbildungsförderung hat in allen Stadt- und Landkreisen öffentliche Beratungsstellen eingerichtet. Hier werden Beratungen durchgeführt, Antragsformulare ausgegeben und Anträge entgegengenommen. Für Studierende werden BAföG-Mittel derzeit zu 50 % auf Darlehensbasis vergeben, d. h., nach Abschluss der geförderten Ausbildung muss der Antragsteller die Hälfte der gewährten Förderungsmittel zurückzahlen.

Aufstiegsfortbildungsförderungsgesetz (AFBG)

Durch das Aufstiegsfortbildungsförderungsgesetz, das sogenannte Meister-BaföG, werden auch anerkannte Fort- und Weiterbildungen in Gesundheits- und Pflegeberufen gefördert. Ebenso werden die Unterstützungen für Familien, Frauen und Alleinerziehende beim Meister-BAföG verbessert.

ZUSAMMENFASSUNG

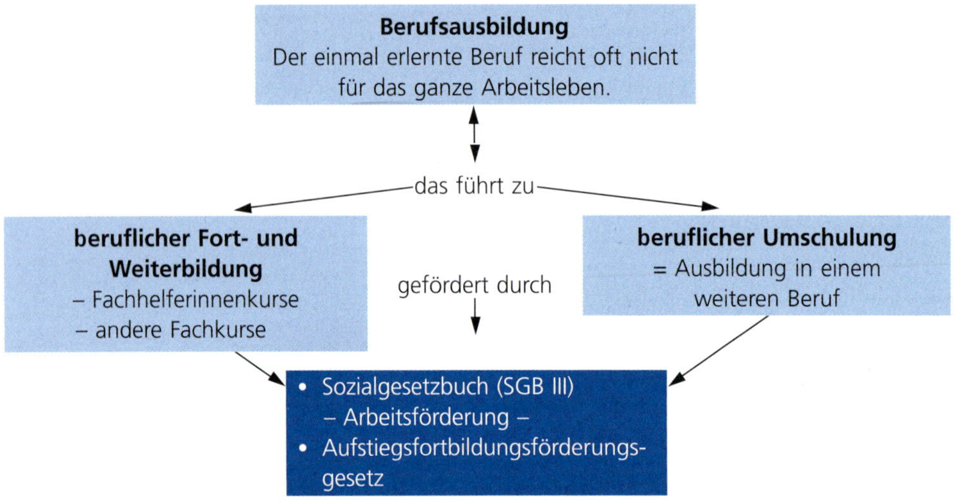

- Mittel nach dem **Bundesausbildungsförderungsgesetz** werden Bedürftigen gewährt für die Ausbildung an beruflichen und an allgemeinbildenden Schulen.
- **Erasmus+:** Programm der EU zur Unterstützung grenzüberschreitender Aus- und Weiterbildung

ARBEITSTEIL

1. Erläutern Sie, welche Bereiche nach dem Berufsbildungsgesetz unter den Begriff Berufsbildung fallen.
2. Welche Möglichkeiten der allgemeinen und beruflichen Bildung kennen Sie?
3. Weshalb ist eine berufliche Fortbildung und Weiterbildung für jede Fachangestellte empfehlenswert?
4. Nennen Sie drei Fälle, in denen für einen Arbeitnehmer eine berufliche Umschulung erforderlich sein kann.
5. **Wissen sichert Lebensstandard**

   Der Reichtum der Bundesrepublik beruht nicht auf Bodenschätzen oder Vorzügen der Natur und des Klimas; er besteht allein in dem Wissen, den Fähigkeiten und dem Fleiß ihrer Bürger.

   a) Welche Maßnahmen könnten sich bezüglich der Aus- und Fortbildung aus dieser Aussage ergeben?
   b) Welche Folgen hätten Ihrer Meinung nach einschneidende Sparmaßnahmen bei der Fortbildung?
   c) Weshalb sollte in wirtschaftlichen Krisenzeiten die Förderung eher verstärkt werden?
6. a) Welche Bildungsmaßnahmen werden durch Mittel nach dem Bundesausbildungsförderungsgesetz (BAföG) unterstützt?
   b) Was spricht dafür und was dagegen, dass BAföG-Mittel auf Darlehensbasis vergeben werden?
7. Wofür erhält ein Bildungswilliger Unterstützung nach dem Sozialgesetzbuch III – Arbeitsförderung?
8. Überlegen Sie, weshalb der Staat Berufsbildungsmaßnahmen fördert.
9. Untersuchen Sie anhand des beigefügten Gesetzestextes, ob eine Förderung nach dem Sozialgesetzbuch (SGB III) möglich ist.
   Carsten hat den Beruf des Gerbers erlernt und einige Jahre ausgeübt. Änderungen der Verbrauchergewohnheiten und der Produktionsverfahren sowie die Verlagerung großer Teile der Produktion ins Ausland machten seinen Beruf zu einer für ihn höchst unsicheren Sache. Als seine drohende Entlassung immer wahrscheinlicher wird, beschließt er, sich zum Bau- und Möbeltischler umschulen zu lassen.

Auszug Sozialgesetzbuch (SGB), Drittes Buch (III) – Arbeitsförderung –

§ 81 Grundsatz

(1) Arbeitnehmerinnen und Arbeitnehmer können bei beruflicher Weiterbildung durch Übernahme der Weiterbildungskosten gefördert werden, wenn

1. die Weiterbildung notwendig ist, um sie bei Arbeitslosigkeit beruflich einzugliedern, eine ihnen drohende Arbeitslosigkeit abzuwenden oder weil bei ihnen wegen fehlenden Berufsabschlusses die Notwendigkeit der Weiterbildung anerkannt ist,
2. die Agentur für Arbeit sie vor Beginn der Teilnahme beraten hat und
3. die Maßnahme und der Träger der Maßnahme für die Förderung zugelassen sind.
   Als Weiterbildung gilt die Zeit vom ersten Tag bis zum letzten Tag der Maßnahme mit Unterrichtsveranstaltungen, es sei denn, die Maßnahme ist vorzeitig beendet worden. [...]

§ 83 Weiterbildungskosten

(1) Weiterbildungskosten sind die durch die Weiterbildung unmittelbar entstehenden

1. Lehrgangskosten und Kosten für die Eignungsfeststellung,
2. Fahrkosten,
3. Kosten für auswärtige Unterbringung und Verpflegung,
4. Kosten für die Betreuung von Kindern. [...]

10. Zählen Sie Organisationen auf, die berufliche Fort- und Weiterbildungsmaßnahmen durchführen.
11. Welche Weiterbildungsmöglichkeiten haben Sie nach Abschluss Ihrer Berufsausbildung?
12. „Der Europass dient der Schaffung eines einheitlichen europäischen Transparenzrahmens für Bildung und Qualifizierung." Begründen Sie diese Aussage.
13. Erläutern Sie, welche Bildungsmaßnahme nach Ihrer Ausbildung durch das Programm Erasmus+ von der EU gefördert wird.

6 Schutzvorschriften in der Arbeitswelt

Welche Einrichtung versucht, durch derartige Plakate Arbeitsunfälle zu verhindern?

Wie können Arbeitnehmer vor Arbeitsunfällen geschützt werden?

Überlegen Sie, welche Folgen Arbeitsunfälle für die Arbeitnehmer, die Betriebe und die Gesellschaft haben.

6.1 Notwendigkeit des Arbeitsschutzes

Die Schaubilder lassen unschwer erkennen, dass die arbeitende Bevölkerung erheblichen Gefahren für Gesundheit und Leben ausgesetzt ist. Strenge Sicherheitsvorschriften und verstärkte Aufklärung in den Betrieben lassen zwar seit Jahren die Unfallzahl in den Betrieben konstant zurückgehen, dennoch ist sie immer noch erschreckend hoch.

Setzt man die ca. 1,2 Mio. gemeldeten Versicherungsfälle des Jahres 2018 ins Verhältnis zu den rund 45 Mio. Erwerbstätigen, so erlitt ca. jeder 38. Arbeitende einen mehr oder minder schweren Schaden. Bei den Unfällen überwogen Arbeitsunfälle mit rund 83 % die Wegeunfälle mit rund 17 % deutlich. Die Zahl der **Berufskrankheiten** erscheint verhältnismäßig gering (2018: 40.096 bestätigte Berufskrankheiten). Allerdings darf nicht vergessen werden, dass die Folgen einer Berufskrankheit ganz erheblich sein können. Besonders tragisch sind die immer noch sehr vielen tödlich verlaufenden Arbeitsunfälle. Außer dem persönlichen Leid für die Betroffenen selbst und deren Angehörige werden riesige Kosten für die Versichertengemeinschaft und die Betriebe verursacht. Selbst Arbeitsunfälle ohne tödlichen Ausgang können enorme Folgekosten erforderlich machen (z. B. bei einer Erwerbsunfähigkeit), ganz abgesehen von den Unfallfolgen für den betroffenen Arbeitnehmer.

Die häufigsten Berufskrankheiten in Deutschland 2018

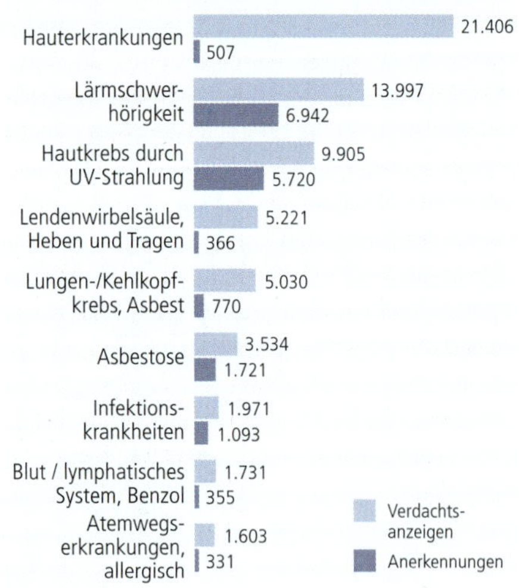

www.baua.de

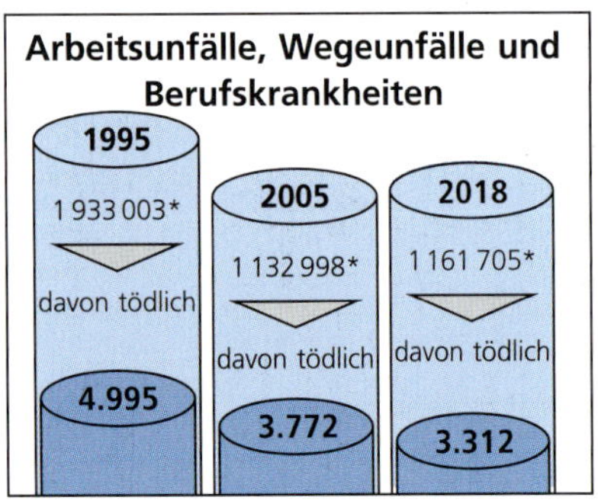

* ohne anerkannte Berufskrankheiten, die versicherungsrechtliche Voraussetzungen nicht erfüllen.

Wenn auch in den einzelnen Wirtschaftszweigen und Berufen die Unfallgefahr unterschiedlich groß ist, so haben die meisten Arbeitsunfälle folgende Ursachen:

- menschliches Versagen in ca. 80 % der Fälle. Dieses menschliche Versagen kann verschiedene Ursachen haben wie fehlende Information, Leichtsinn, Alkohol oder auch nur Bequemlichkeit;
- technische Fehler und ungenügende Sicherheitseinrichtungen in ca. 20 % der Fälle.

6.2 Der technische Arbeitsschutz

Der technische Arbeitsschutz soll durch zahlreiche Vorschriften die Gefahren am Arbeitsplatz und im Betrieb bekämpfen. Wichtige Vorschriften des technischen Arbeitsschutzes sind z. B. die Gewerbeordnung, die Arbeitsstättenverordnung (inkl. der Anforderungen der 2016 abgeschafften Bildschirmarbeitsverordnung), das Arbeitssicherheitsgesetz, die Gefahrstoffverordnung, das Produktsicherheitsgesetz, die Arbeitsmittelbenutzungsverordnung oder das Arbeitsschutzgesetz.

Gesetze sind zu finden unter: www.gesetze-im-internet.de

Gewerbeordnung

Bereits 1869 wurde vom Staat die Notwendigkeit von Unfallverhütungsmaßnahmen erkannt. Die in diesem Jahr erlassene Gewerbeordnung enthielt neben arbeitsrechtlichen Regelungen auch die grundlegenden Bestimmungen unserer Unfallverhütung. Heute enthält die Gewerbeordnung keine Unfallschutzvorschriften mehr. Solche sind mittlerweile z. B. in der Arbeitsstättenverordnung, im Produktsicherheitsgesetz, in der Gefahrstoffverordnung, in den Unfallverhütungsvorschriften oder im Arbeitsschutzgesetz zu finden. Mittlerweile soll die Gewerbeordnung hauptsächlich sicherstellen, dass von Gewerbebetrieben keine Gefahr ausgeht.

Arbeitsstättenverordnung

Die zuletzt 2016 geänderte Arbeitsstättenverordnung hat den Arbeitsschutz der Gewerbeordnung erheblich erweitert. Sie enthält die notwendigen Anforderungen für eine menschenfreundliche Gestaltung der Arbeitsräume, d. h. Vorschriften über Temperaturen, Lärmschutz, Beleuchtung, Schutz vor schädlichen Dämpfen und Staub, den Nichtraucherschutz, Mindestanforderungen an Toiletten, Waschräume und Umkleideräume, das Vorhandensein gekennzeichneter Notausgänge usw.

Arbeitssicherheitsgesetz

Durch dieses Gesetz, das eigentlich **„Gesetz über Betriebsärzte, Sicherheitsingenieure und andere Fachkräfte für Arbeitssicherheit"** heißt, werden die Arbeitgeber verpflichtet, Betriebsärzte und Sicherheitsfachkräfte einzustellen. Wenn die Größe des Betriebes keinen eigenen Betriebsarzt sinnvoll erscheinen lässt, kann der Arbeitgeber auf einen der arbeitsmedizinischen Dienste zurückgreifen. Die Arbeitssicherheitsexperten überprüfen bestehende Betriebsanlagen, Maschinen, Werkzeuge und Arbeitsverfahren darauf, ob sie die Gesundheit der Benutzer gefährden. Hauptaufgabe der Betriebsärzte ist es, im Betrieb für gesunde Arbeitsbedingungen zu sorgen. Derzeit sind mehr als 82.000 Fachkräfte für Arbeitssicherheit und 610.000 Sicherheitsbeauftragte in den Betrieben tätig.

Produktsicherheitsgesetz

Das **Produktsicherheitsgesetz (ProdSG)** setzt eine EU-Richtlinie über die allgemeine Produktsicherheit in nationales Recht um. Es verpflichtet alle Hersteller, nur solche Geräte und Produkte in den Verkehr zu bringen, die diesem Gesetz und den darin umgesetzten EU-Richtlinien entsprechen (gekennzeichnet durch CE- oder GS-Zeichen). Auf Produkten für Verbraucher muss der Hersteller angegeben werden. Für etwaige Rückrufaktionen ist eine eindeutige Kennzeichnung vorgeschrieben. Des Weiteren ist umfassend über eine sichere Anwendung und die Gefahren einer Falschanwendung zu informieren. Neben staatlichen Stellen haben sich auch privatrechtliche Vereine die Einhaltung der Gerätesicherheit zur Aufgabe gemacht. Dazu gehören der Verband der Deutschen Elektrotechniker e. V. (VDE) oder der Technische Überwachungs-Verein (TÜV), deren Zeichen heute allgemein bekannt sind. Schwere und wiederholte Verstöße gegen das Produktsicherheitsgesetz können Geldstrafen bis zu 100.000 Euro zur Folge haben. Selbst einfache Verstöße kosten bis zu 10.000 Euro. Händlern oder Herstellern, die vorsätzlich oder fahrlässig Verbraucher schädigen, weil sie ihre Pflichten aus dem ProdSG vernachlässigen, drohen sogar Freiheitsstrafen von bis zu einem Jahr.

Unfallverhütungsvorschriften

www.dguv.de

„Haste den Helm, den du mir geliehen hast, etwa schon vermisst?"

Zuständig sind die **Berufsgenossenschaften** der einzelnen Wirtschaftszweige. Sie erlassen die entsprechenden Unfallverhütungsvorschriften und überwachen in den Betrieben deren Einhaltung durch eigene Aufsichtsbeamte. Unternehmer, welche die Unfallverhütungsvorschriften nicht beachten, können sie mit Ordnungsstrafen (bis 10.000 €) belegen und gegebenenfalls für die finanziellen Unfallfolgen aufkommen lassen.
Auch die staatlichen **Gewerbeaufsichtsämter** kontrollieren die Beachtung der Unfallverhütungsvorschriften. Bei Missachtung von Schutzvorschriften können auch sie Geldbußen verhängen. Geschehen dennoch Arbeitsunfälle, müssen Berufsgenossenschaften und Gewerbeaufsichtsämter über den Unfallhergang informiert werden.

6.3 Der soziale Arbeitsschutz

Der soziale Arbeitsschutz soll die Belastung der Arbeitnehmer begrenzen, indem er sie durch zahlreiche Gesetze vor körperlicher und seelischer Überforderung schützt.

Arbeitszeitregelungen für Erwachsene

ArbZG §§ 3–13

Das Arbeitszeitgesetz bestimmt für alle Arbeitnehmer, die älter als 18 Jahre sind:

- Die tägliche Arbeitszeit ist auf 8 Stunden begrenzt.
- Die tägliche Arbeitszeit kann auf 10 Stunden ausgedehnt werden, wenn innerhalb von 6 Monaten der Durchschnitt von 8 Stunden pro Werktag nicht überschritten wird.
- Sonntags- und Feiertagsarbeit sind verboten.
- In bestimmten Bereichen ist die Sonntags- und Feiertagsarbeit erlaubt, z. B. in Bäckereien und Konditoreien, im Gastgewerbe, in Verkehrsbetrieben, in Krankenhäusern.
- In Bereichen, wo Sonntagsarbeit gestattet ist, muss diese innerhalb von 2 Wochen durch Freizeit ausgeglichen werden, erlaubte Feiertagsarbeit innerhalb einer Woche.
- Die Ruhezeit zwischen 2 Arbeitstagen muss mindestens 11 Stunden betragen.
- Mindestens 15 Sonntage im Jahr sind beschäftigungsfrei.
- Bei einer Arbeitszeit von 6 bis 9 Stunden betragen die Ruhepausen mindestens 30 Minuten, 45 Minuten bei einer Arbeitszeit von mehr als 9 Stunden.
- Im Tarifvertrag können auch Überstunden (Mehrarbeit) vereinbart werden, z. B. gegen Mehrarbeitszuschlag.

Die meisten Tarifverträge verbessern diese Bestimmungen: So liegt z. B. die gesetzliche Höchstarbeitszeit von 48 Stunden weit über dem heutigen Stand der Tarifverträge. Zahlreiche Studien beweisen, wie wichtig es ist, die Regelungen des Arbeitszeitgesetzes einzuhalten. So steigt das Risiko, einen Arbeitsunfall zu erleiden, ab der achten Arbeitsstunde,

BUrlG § 3

ab der zwölften ist es bereits doppelt so hoch. Angestellte, die häufig Überstunden leisten, nehmen das Risiko einer Herz-Kreislauf-Erkrankung und eines Infarkts auf sich. Sie leiden überdurchschnittlich oft an Schlafstörungen, um nur drei mögliche Folgen zu nennen. Die Fehlerquote steigt bei überlanger Arbeitszeit. Man ist nicht mehr so konzentriert, das Reaktionsvermögen sinkt. Viel bewirkt also nicht unbedingt viel.

Das Bundesurlaubsgesetz sichert jedem Arbeitnehmer einen jährlichen **Mindesturlaub** von 24 Werktagen. Den Zeitpunkt bestimmt der Arbeitgeber. Allerdings muss er die Wünsche des Arbeitnehmers berücksichtigen, sofern nicht dringende betriebliche Belange dem entgegenstehen. Der Urlaub ist zusammenhängend zu gewähren. Ein Anspruch auf vollen Urlaub besteht erst nach einer Beschäftigungsdauer von 6 Monaten. Der gesetzliche Mindesturlaub darf nicht ausbezahlt werden, er muss als Freizeit genommen werden. Eine Ausnahme ist nur gestattet, wenn das Arbeitsverhältnis beendet wird und kein Urlaub mehr gewährt werden kann.
Werktage sind die Tage von Montag bis Samstag, außer Feiertage. **Arbeitstage** sind die Tage von Montag bis Freitag, außer Feiertage, die auf einen Wochentag von Montag bis Freitag fallen. Wird Urlaub in Werktagen gewährt, hat die Woche sechs Tage, bei Arbeitstagen fünf Tage.

Das Mutterschutzgesetz

MuSchG § 3f.

Eine besonders geringe Belastbarkeit haben schwangere Frauen. Durch das Mutterschutzgesetz versucht der Staat diesen besonderen Schutzanspruch zu berücksichtigen. Wichtige Bestimmungen dieses Gesetzes sind:

- **6 Wochen** vor und **8 Wochen** nach der Entbindung besteht ein **Beschäftigungsverbot**. In dieser Zeit wird **Mutterschaftsgeld** gezahlt.
- Schwere Arbeiten, gefährliche Arbeiten, Nachtarbeit, Akkord- und Fließbandarbeit **sind verboten**.
- Sonntagsarbeit und Feiertagsarbeit sind nur auf freiwilliger Basis möglich und können von der Schwangeren jederzeit widerrufen werden.
- Während der Schwangerschaft und bis 4 Monate nach der Entbindung besteht ein **besonderer Kündigungsschutz**.

Bundeselterngeld- und Elternzeitgesetz

BEEG §§ 1 ff., 15 ff.

Nach diesem Gesetz kann nach der Entbindung eine 36-monatige **Elternzeit** genommen werden. Eltern können diese Elternzeit vom 1. Tag bis zum 3. Lebensjahr des Kindes ganz oder zeitweise gemeinsam in Anspruch nehmen. Auch ohne Zustimmung des Arbeitgebers ist eine Übertragung von 24 Monaten Elternzeit auf die Zeit zwischen dem 3. und 8. Geburtstag des Kindes möglich. Während der Elternzeit genießen die Eltern Kündigungsschutz. Für die Kinder erhalten die Eltern ein **einkommensabhängiges Elterngeld**, wenn ein zuvor berufstätiger Elternteil zu Hause bleibt. Das Elterngeld beträgt 65–67 % des bisherigen Nettoeinkommens des erziehenden Elternteils, höchstens jedoch 1.800 € monatlich. Es kann höchstens 12 Monate lang bezogen werden. Zwei weitere Monate werden gewährt, wenn auch der zweite Elternteil mindestens zwei Monate Elternzeit nimmt. Alleinerziehende erhalten das Elterngeld 14 Monate lang. Ein Mindestelterngeld von 300 € erhalten alle erziehenden Elternteile, auch wenn sie vor der Geburt des Kindes nicht gearbeitet oder weniger verdient haben.

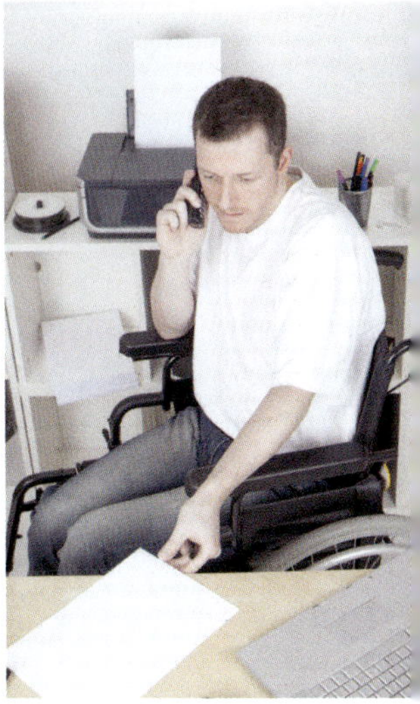

Das Schwerbehindertengesetz im Sozialgesetzbuch

Personen, deren Erwerbsfähigkeit auf Dauer um mindestens 50 % eingeschränkt ist (2017 mehr als 7,8 Millionen), stehen unter dem **Schwerbehindertenschutz** des Sozialgesetzbuchs (SGB, IX. Buch) und des Bundes-Teilhabe-Gesetzes. Sie erhalten beispielsweise zusätzlich 5 Tage Jahresurlaub, sind nicht verpflichtet Mehrarbeit zu leisten und genießen einen besonderen Kündigungsschutz.

Um trotzdem sicherzustellen, dass Schwerbehinderte einen Arbeitsplatz erhalten, fördert der Staat deren Beschäftigung durch besondere Zuschüsse. Betriebe, die weniger als 5 % der Arbeitsplätze für Schwerbehinderte zur Verfügung stellen, müssen für jeden nicht besetzten Platz monatlich bis zu 320 € Ausgleichsabgabe zahlen. Am meisten zahlt eine Firma, die weniger als 2 % Schwerbehinderte beschäftigt. Für Kleinbetriebe gelten Sonderregelungen.

Das Jugendarbeitsschutzgesetz

Durch das **„Gesetz zum Schutz der arbeitenden Jugend" (JArbSchG)** wird die besondere Situation der Jugendlichen berücksichtigt. Sie stehen noch in ihrer geistigen und körperlichen Entwicklung und bedürfen deshalb eines besonderen Schutzes. Jugendliche im Sinne des Gesetzes sind alle Arbeitnehmer, die noch keine 18 Jahre alt sind. Wer noch keine 15 Jahre alt ist, gilt als Kind. Kinderarbeit ist verboten, es gibt jedoch Ausnahmen. So dürfen 13-jährige Kinder beispielsweise Werbeprospekte und Zeitungen austragen, Botengänge erledigen, Nachhilfeunterricht erteilen, Haustiere betreuen, Einkaufstätigkeiten erledigen oder leichte Tätigkeiten in der Landwirtschaft übernehmen. Allerdings ist die Arbeitszeit in diesen Fällen auf zwei Stunden täglich begrenzt, bei leichten Tätigkeiten in der Landwirtschaft auf drei Stunden.
In der folgenden Zusammenfassung sind die wichtigsten Bestimmungen des Jugendarbeitsschutzgesetzes aufgeführt:

JArbSchG § 8	**Arbeitszeit**	Höchstens 8 Std. am Tag, 40 Std. in der Woche. Nur an 5 Tagen pro Woche soll gearbeitet werden. (Ausnahme: bei 8½ Std. bei Verkürzung an einzelnen Werktagen.)
§ 11	**Ruhepausen**	Bei einer Arbeitszeit von 4½ bis 6 Std.: 30 Min., bei mehr als 6 Std. Arbeitszeit: 60 Min.
§ 12	**Schichtzeit**	Arbeitszeit + Pausen: höchstens 10 Std.
§ 13	**Freizeit**	Mindestens 12 Std. zwischen 2 Arbeitstagen
§ 14	**Arbeitsbeginn**	Keine Beschäftigung vor 6 Uhr morgens Ausnahmen: in Bäckereien, Konditoreien und in der Landwirtschaft dürfen 16-Jährige bereits ab 5 Uhr arbeiten, 17-Jährige in Bäckereien ab 4 Uhr.
§ 14	**Arbeitsende**	Keine Beschäftigung nach 20 Uhr Ausnahmen: 16-Jährige dürfen in Gaststätten bis 22 Uhr und in mehrschichtigen Betrieben bis 23 Uhr arbeiten.
§ 19	**Urlaub**	Jugendliche, die zu Beginn des Kalenderjahres noch nicht 16 Jahre alt sind: 30 Werktage noch nicht 17 Jahre alt sind: 27 Werktage noch nicht 18 Jahre alt sind: 25 Werktage
§ 9	**Berufsschulzeit**	Der Jugendliche muss hierzu freigestellt werden. Mehr als 5 Unterrichtsstunden entsprechen 1 Arbeitstag.
§ 22–23	**Verbotene Arbeiten**	Arbeiten, welche die Leistungsfähigkeit übersteigen, z. B. Akkordarbeit, Fließbandarbeit, gefährliche Arbeiten
§ 32–33	**Ärztliche Untersuchungen**	Ohne Erstuntersuchung vor Beschäftigungsaufnahme dürfen Jugendliche nicht beschäftigt werden. In den letzten 3 Monaten des 1. Arbeitsjahres muss eine Nachuntersuchung durchgeführt werden, wenn das 18. Lebensjahr noch nicht vollendet ist.

6.4 Die Überwachung der Schutzvorschriften

Damit die Bestimmungen des Arbeitsschutzes Arbeitnehmer auch wirklich schützen, muss ihre Einhaltung kontrolliert werden.
Nach dem Betriebsverfassungsgesetz kommt dem **Betriebsrat** eine besondere Bedeutung bei der Kontrolle des Arbeitsschutzes zu. Regelungen zur Verhütung von Arbeitsunfällen bedürfen seiner Zustimmung. Des Weiteren ist es seine Aufgabe, zu kontrollieren, ob die bestehenden Arbeitsschutzvorschriften im Betrieb eingehalten werden. In Betrieben, die mehr als 20 Beschäftigte haben, müssen sogenannte **Sicherheitsbeauftragte** vorhanden sein. Sie sollen die Arbeitgeber bei der Durchführung des Arbeitsschutzes unterstützen. In großen Betrieben ist der Arbeitgeber außerdem gesetzlich verpflichtet, weitere Fachkräfte für die Arbeitssicherheit einzustellen. Dies sind z. B. Sicherheitsingenieure und Betriebsärzte. Auch durch außerbetriebliche Einrichtungen wird die Einhaltung des Arbeitsschutzes überwacht.

! Die wichtigsten Organe des Arbeitsschutzes sind:
- die **Berufsgenossenschaften**
- die **staatlichen Gewerbeaufsichtsämter**

Gewerbeaufsichtsämter sind staatliche Behörden. Ihre Beamten, die Betriebskontrollen durchführen, dürfen die Arbeitsräume jederzeit betreten. Werden ihre Anordnungen nicht befolgt, so können sie durch polizeiliche Maßnahmen erzwungen werden. Für die Unfallverhütung sind besonders die **Berufsgenossenschaften** zuständig. Auch sie kontrollieren durch eigene Aufsichtsbeamte die Einhaltung ihrer Unfallverhütungsvorschriften.
Unabhängig davon muss jeder Arbeitgeber im Rahmen seiner Fürsorgepflicht alle entsprechenden Schutzvorschriften einhalten. Kommt er dieser Verpflichtung nicht nach, so kann der Arbeitnehmer die Arbeit verweigern oder Schadenersatz verlangen.

ZUSAMMENFASSUNG

Arbeitsschutz

Technischer Arbeitsschutz
- Produktsicherheitsgesetz: Sicherheitsvorschriften für Geräte und Produkte
- Gewerbeordnung: Grundlage des Unfallschutzes
- Arbeitssicherheitsgesetz: Einstellung von Betriebsärzten und Sicherheitsfachkräften
- Arbeitsstättenverordnung: Menschenfreundliche Arbeitsplätze
- Unfallverhütungsvorschriften: Zuständig: Berufsgenossenschaft

Sozialer Arbeitsschutz
- Arbeitszeitgesetz
- Bundesurlaubsgesetz
- Mutterschutzgesetz
- Bundeselterngeld- und Elternzeitgesetz
- Schwerbehindertenschutz (Sozialgesetzbuch)
- Jugendarbeitsschutzgesetz

Überwachung
Berufsgenossenschaften, Gewerbeaufsichtsämter, Betriebsräte, Fachkräfte für Arbeitssicherheit

ARBEITSTEIL

1. Welchen Gefahren sind arbeitende Menschen ausgesetzt?
2. a) Unterscheiden Sie zwischen Berufskrankheiten und allgemeinen Krankheiten.
   b) Welches sind die häufigsten Berufskrankheiten?
3. a) Welches sind die häufigsten Ursachen von Arbeitsunfällen?
   b) Wie wirkt sich ein Arbeitsunfall aus für den *Verletzten* und für die *Gesellschaft*?
4. a) Unterscheiden Sie zwischen technischem und sozialem Arbeitsschutz.
   b) Geben Sie zu jedem Bereich zwei Gesetze oder Vorschriften an.
   c) Welche Personengruppen werden durch den sozialen Arbeitsschutz besonders geschützt?
5. Nennen Sie je drei
   a) Schutzbestimmungen für schwangere Frauen,
   b) Bestimmungen des Jugendarbeitsschutzgesetzes,
   c) Bestimmungen des Arbeitszeitgesetzes.
6. Wie sollte sich Ihrer Meinung nach ein Jugendlicher verhalten, wenn in seinem Betrieb fortwährend gegen das Jugendarbeitsschutzgesetz verstoßen wird?

7. a) Teilen Sie die nebenstehenden Sicherheitszeichen nach folgendem Schema ein:
   1. Warnzeichen 2. Verbotszeichen 3. Gebotszeichen
   b) Geben Sie die Bedeutung dieser Zeichen an.
   c) Die 16-jährige Nadine wird in einem Lackierbetrieb zur Fahrzeuglackiererin ausgebildet. Welche Warn-, Verbots- und Gebotszeichen sind in ihrem Ausbildungsbetrieb wichtig?
8. Die nachfolgenden Warnzeichen sollen auf Gefahren bei der Verwendung von verpackten Stoffen hinweisen. Wovor warnen diese Zeichen, wenn sie auf einer Verpackung abgebildet sind?

Auszug aus dem Mutterschutzgesetz

§ 3 Schutzfristen vor und nach der Entbindung (1) Der Arbeitgeber darf eine schwangere Frau in den letzten sechs Wochen vor der Entbindung nicht beschäftigen (Schutzfrist vor der Entbindung), soweit sie sich nicht zur Arbeitsleistung ausdrücklich bereit erklärt. Sie kann die Erklärung nach Satz 1 jederzeit mit Wirkung für die Zukunft widerrufen. [...]
(2) Der Arbeitgeber darf eine Frau bis zum Ablauf von acht Wochen nach der Entbindung nicht beschäftigen (Schutzfrist nach der Entbindung). [...]
§ 15 Ärztliches Beschäftigungsverbot (1) Der Arbeitgeber darf eine schwangere Frau nicht beschäftigen, soweit nach einem ärztlichen Zeugnis ihre Gesundheit oder die ihres Kindes bei Fortdauer der Beschäftigung gefährdet ist.

9. Die Zahntechnikerin Michaela Hartwig ist im 9. Monat schwanger. Aus Angst, ihren Arbeitsplatz zu verlieren, arbeitet sie noch im 9. Monat.
   a) Beurteilen Sie den Fall mithilfe des Gesetzestextes.
   b) Wie ist die Rechtslage, wenn der Frauenarzt wegen Komplikationen strikte Bettruhe verordnet?
10. a) Erläutern Sie die Aussage auf dem beschrifteten Spiegel.
    b) Wer überwacht die Einhaltung des Arbeitsschutzes?
    c) Womit muss ein Unternehmer rechnen, wenn er die Bestimmungen des Arbeitsschutzes missachtet?

7 Sozialversicherungen

Tanja hat soeben die erste Abrechnung ihrer Ausbildungsvergütung erhalten. Aufgebracht stürmt sie in das Büro ihres Chefs.

Tanja: „Herr Doktor, gerade habe ich meine erste Gehaltsabrechnung angesehen. Da stimmt was nicht. Im Ausbildungsvertrag hatten wir 850 € vereinbart. Auf der Abrechnung steht aber, dass Sie mir nur 681,91 € ausbezahlen wollen. So war das aber nicht ausgemacht!"

Dr. Uhl: „Im Ausbildungsvertrag steht die Bruttovergütung, ausgezahlt wird selbstverständlich die Nettovergütung."

Tanja: „Was heißt hier Nettovergütung?"

Dr. Uhl: „Ist doch logisch, vom Bruttolohn gehen noch die Sozialversicherungsbeiträge ab."

Tanja: „Da wüsste ich doch was davon, wenn ich eine Versicherung abgeschlossen hätte, und außerdem bin ich schließlich Auszubildende."

Dr. Uhl: „Die Sozialversicherung ist eine Pflichtversicherung, die alle Arbeitnehmer zahlen müssen; aus gutem Grund."

Tanja: „Aus gutem Grund? Na, da bin ich aber mal gespannt, wie Sie das begründen wollen."

Kennen Sie die einzelnen Zweige unseres Sozialversicherungssystems?

Begründen Sie anhand von drei selbst gewählten Beispielen die Notwendigkeit unserer Sozialversicherungen.

Entstehung und Bedeutung der Sozialversicherungen

Das 19. Jahrhundert war gekennzeichnet durch die Verelendung der Arbeiterschaft. Niedrige Löhne, überlange Arbeitszeiten, Arbeitsunfälle, Krankheit, schlechte Wohnverhältnisse und Arbeitslosigkeit gehörten zum Alltag der Arbeitnehmer. Auf Druck der Arbeiterbewegung wurde deshalb von Reichskanzler Bismarck die Sozialgesetzgebung angeregt. Bereits 1881 wurde sie durch eine „Kaiserliche Botschaft" eingeleitet und ständig – selbst heute noch – verbessert. Unser heutiges Sozialversicherungssystem umfasst:

Sozialversicherung

- Krankenversicherung (1883)
- Unfallversicherung (1884)
- Rentenversicherung (1889)
- Arbeitslosenversicherung (1927)
- Pflegeversicherung (1995)

Auch wenn sich die Situation der Arbeiter inzwischen erheblich verbessert hat, ist die Bedeutung der Sozialversicherung keineswegs zurückgegangen. Während früher die drückendste Not gelindert werden sollte, ist ihre derzeitige Aufgabe, den Versicherten bei Krankheit, Alter, Unfall oder Arbeitslosigkeit eine angemessene Lebensführung zu ermöglichen. Da auch heutzutage nur wenige Arbeitnehmer genügend Geld zurücklegen können, um sich gegen alle Risiken selbst abzusichern, sind die Sozialversicherungen **Pflichtversicherungen** für alle Arbeitnehmer. Für einzelne Personengruppen wie beispielsweise Beamte, Arbeitnehmer mit bestimmten Einkommenshöhen und Selbstständige gelten Sonderregelungen. Weitere Merkmale dieses Systems sind:

- Die Versicherten bringen die Hälfte der Versicherungsbeiträge selbst auf.
- Die andere Hälfte tragen die Arbeitgeber, die Unfallversicherung bezahlen diese ganz.
- Die Versicherten haben einen Rechtsanspruch auf die Versicherungsleistungen.
- Die Sozialversicherungen sind nach dem Selbstverwaltungsgrundsatz aufgebaut. Ihre Organe werden gewählt und bestehen zur Hälfte aus Arbeitnehmern und Arbeitgebern.
- Sozialversicherungen arbeiten nach dem Solidaritätsprinzip. Dies bedeutet, dass die Beitragshöhe des Versicherten von dessen Einkommen abhängt. Die Versicherungsleistungen dagegen richten sich in der Regel danach, was der Versicherte benötigt.
- Die Sozialversicherungen erhalten erhebliche Staatszuschüsse.

Die Krankenversicherung

Die **gesetzliche Krankenversicherung** ist eine Versicherung zum Schutz des Arbeitnehmers und seiner Familie in allen Krankheitsfällen. Sie tritt in erster Linie dann ein, wenn es gilt, die Gesundheit zu erhalten oder wiederherzustellen.

Versicherungsträger sind die Allgemeinen Ortskrankenkassen, Ersatzkassen, Innungskrankenkassen, Betriebskrankenkassen, landwirtschaftlichen Krankenkassen, die Bundesknappschaft und die Seekrankenkasse.

!

Leistungen

- Maßnahmen zur **Früherkennung** von Krankheiten (Vorsorgeuntersuchungen) können ab bestimmten Altersgrenzen beansprucht werden.
- **Krankenhilfe:**
  - **Krankenpflege** beinhaltet ärztliche und zahnärztliche Behandlung, Arzneimittel, Verbandsmittel, usw.
  - **Krankenhauspflege** erhält ohne zeitliche Begrenzung jeder, der in ein Krankenhaus aufgenommen werden muss.
  - **Krankengeld** beträgt 70 % des Bruttoverdienstes, jedoch nicht mehr als 90 % des letzten Nettoverdienstes. Von dem ermittelten Krankengeld sind im Normalfall noch Beiträge zur Renten-, Pflege- und Arbeitslosenversicherung zu entrichten. Während der ersten sechs Krankheitswochen müssen die Arbeitgeber den vollen Arbeitslohn weiterzahlen (Entgeltfortzahlung).
- **Mutterschaftshilfe** wird geleistet bei Schwangerschaft und Entbindung. Sie besteht aus ärztlicher Behandlung, Hebammenhilfe, Arzneien, Heilmitteln, stationärer Pflege und Mutterschaftsgeld. Das Mutterschaftsgeld wird sechs Wochen vor und acht Wochen nach der Entbindung gezahlt.
- **Familienhilfe** erhalten Ehegatten und Kinder, sofern sie nicht selbst versichert sind.

73 Millionen Versicherte sind mit der Gesundheitskarte ausgestattet.

Bei Krankheit kann jeder der rund 73 Mio. Versicherten einen Arzt seiner Wahl aufsuchen. Als Versicherungsnachweis dient die elektronische **Gesundheitskarte**. Ärzte und Krankenhäuser rechnen mit deren Hilfe direkt mit der Krankenversicherung ab. Alle wichtigen Daten des Versicherten sind auf der Karte abgebildet und zusätzlich in einem Mikrochip gespeichert. Um Missbrauch zu verhindern, ist außerdem ein Foto des Versicherten abgebildet. Bei einem Arztbesuch muss der Patient lediglich seine Karte überreichen. Die Medizinische Fachangestellte führt die Chip-Karte in ein Lesegerät ein. Durch einen angeschlossenen Drucker können Abrechnungsscheine, Bescheinigungen usw. erstellt werden. Auf der Gesundheitskarte sollen in Zukunft Untersuchungsdaten, Arzneimittelverordnungen, Impfungen sowie Notfalldaten gespeichert sein. Dies soll die medizinische Versorgung verbessern. Des Weiteren soll die Karte helfen, Arzneimittelunverträglichkeiten und Doppeluntersuchungen zu vermeiden. Nach der Umstellung auf die Gesundheitskarte soll das Papierrezept durch ein elektronisches Rezept ersetzt werden.

Die Kartenrückseite ist als **Europäische Krankenversichertenkarte** gestaltet, um den Auslandskrankenschein zu ersetzen.

Beiträge übernehmen **Arbeitgeber** und **Arbeitnehmer jeweils zur Hälfte.** Bei Auszubildenden mit geringem Einkommen (2020: 325 € monatlich) übernimmt allein der Arbeitgeber die Beiträge. Der Beitragssatz beträgt bei allen gesetzlichen Krankenkassen einheitlich 14,6 % vom Bruttolohn (Stand: 2020). Somit ergeben sich ein Arbeitnehmeranteil von 7,3 % und ein Arbeitgeberanteil von 7,3 %. Siehe auch **Niedriglohnjobs** S. 49, **Minijobs** S. 49.

Für Empfänger von Arbeitslosengeld zahlt die Bundesagentur für Arbeit die Beiträge. Das Gesetz gibt den Krankenkassen die Möglichkeit unterschiedliche Tarife anzubieten, z. B. für chronisch Kranke oder Kostenerstattungs- und Selbstbehalttarife sowie Vorsorgetarife.

Rund 95 % der Krankenkassenleistungen schreibt der sogenannte **Pflichtleistungskatalog** vor. Neben anerkannten Behandlungsmethoden, Arznei- und Verbandsmitteln oder medizinischen Rehabilitationsmaßnahmen enthält der Pflichtleistungskatalog auch finanzielle Pflichtleistungen wie Krankengeld oder Mutterschaftsgeld. Die gesetzlichen Krankenkassen unterscheiden sich deshalb vor allem durch die **Zusatzleistungen** und den Service. Hierzu gehören z. B. Behandlungsmethoden, Operationstechniken und Therapien, die noch nicht im Pflichtkatalog enthalten sind. Welche Kasse die beste ist, kommt neben dem Beitrag auf die speziellen Bedürfnisse im Einzelfall an.

Alle Beiträge von Arbeitgebern und Arbeitnehmern sowie erhebliche Steuermittel fließen in den **Gesundheitsfonds.** Aus dem Fonds erhalten alle Kassen für jeden Versicherten eine Grundpauschale. Gleichgültig, in welcher Krankenkasse jemand versichert ist, die Höhe des Beitragssatzes ist überall gleich. Beitragsunterschiede gibt es nur durch einen **prozentualen Zusatzbeitrag.** Den darf eine Kasse einfordern, wenn sie mit dem Geld aus dem Gesundheitsfonds nicht auskommt. Je nach Krankenkasse betragen die Zusatzbeiträge zwischen 0 und 2,7 %. Auch die Zusatzbeiträge zahlen Arbeitnehmer und Arbeitgeber jeweils zur Hälfte. Die Wahl einer günstigeren Krankenkasse kann sich also lohnen.

Wechseln der Krankenkasse:

Erst nach 18 Monaten Mitgliedschaft kann man die Krankenkasse wechseln. Eine **normale** Kündigung ist dann jederzeit mit einer Kündigungsfrist von zwei Monaten möglich, also ab dem Ende des übernächsten Monats. Nach einem Wechsel ist man erneut 18 Monate gebunden.
Ein **Sonderkündigungsrecht** besteht, wenn die Krankenkasse einen Zusatzbeitrag erhebt, auch wenn man noch keine 18 Monate versichert war. Die Kündigungsfrist beträgt zwei Monate ab Inkrafttreten der Erhöhung.

Versicherungspflichtig sind alle Einwohner Deutschlands. Arbeitnehmer sind nur dann bei einer gesetzlichen Krankenkasse pflichtversichert, wenn ihr Einkommen eine bestimmte Grenze, die **Versicherungspflichtgrenze,** nicht übersteigt (2020: 5.212,50 €). Liegt ihr Einkommen über dieser Versicherungspflichtgrenze, dann können sie in eine private Krankenversicherung wechseln. Selbstständige, Freiberufler (z. B. Ärzte, Rechtsanwälte) und Beamte sind in der gesetzlichen Krankenversicherung ebenfalls nicht pflichtversichert: Sie müssen eine private Krankenversicherung abschließen. Obergrenze für die Beitragsberechnung ist die **Beitragsbemessungsgrenze,** ihre Höhe 2020: 4.687,50 € (siehe auch: Beitragsbemessungsgrenze, geringfügig Beschäftigte, Minijobs S. 49).

Die Rentenversicherung

Die **gesetzliche Rentenversicherung** schützt die Versicherten und ihre Familien vorwiegend, indem sie bei Erwerbsunfähigkeit, Alter und Tod Renten zahlt.

www.deutsche-rentenversicherung.de

Versicherungsträger ist die **„Deutsche Rentenversicherung"**. Unter diesem Dach haben sich alle Träger der gesetzlichen Rentenversicherung zusammengeschlossen. Im Einzelnen sind dies die **„Deutsche Rentenversicherung Bund"**, die **„Deutsche Rentenversicherung Regional"** und die **„Deutsche Rentenversicherung Knappschaft, Bahn, See"**.

Leistungen

- **Rehabilitation** werden alle Maßnahmen genannt, welche die Erwerbstätigkeit sichern oder wiederherstellen. Die gesundheitliche Förderung soll die Arbeitskraft erhalten und so eine frühzeitige Rentenzahlung verhindern. *Beispiele:* Kuren oder berufliche Umschulung.
- **Rentenleistungen**
  - **Erwerbsminderungsrente** wird bezahlt bei teilweiser oder voller Erwerbsminderung. Versicherte, die täglich weniger als 3 Stunden arbeiten können, erhalten eine volle Erwerbsminderungsrente. Wer noch mindestens 3, aber nicht mehr 6 Stunden täglich arbeiten kann, erhält eine halbe Erwerbsminderungsrente.
  - **Altersrente** wird gewährt, wenn der Versicherte ein bestimmtes Lebensalter erreicht hat, wobei unterschiedliche Altersgrenzen gelten, z. B. derzeit 67 Jahre für die Regelaltersrente. Für ältere Versicherte gelten Übergangsregelungen. Je nach Geburtsjahr erreichen sie die Regelaltersgrenze von 67 Jahren spätestens 2029. Wer 45 Jahre Beiträge gezahlt hat, kann mit 65 Jahren ohne Abzüge in Rente gehen.
  - **Witwen-/Witwerrente** erhalten Ehegatten des Versicherten. Heiratet der überlebende Ehegatte erneut, entfällt die Rente.
  - **Waisenrente** erhalten die Kinder der verstorbenen Versicherten.

Wie alle Leistungen der Rentenversicherung werden die Renten nur gezahlt, wenn der Versicherte sie beantragt. Dies kann er beim Versicherungsamt der Gemeinde oder direkt beim zuständigen Versicherungsträger tun. Anträge können nur gestellt werden, wenn die entsprechenden **Anwartschaftszeiten** (Wartezeiten) erfüllt wurden. Für die normale Regelaltersrente nach dem 67. Lebensjahr werden 5 Versicherungsjahre verlangt, die Altersrente von Schwerbehinderten nach dem 65. Lebensjahr erfordert derzeit 35 Jahre. Bei einer Erwerbsminderungsrente werden derzeit 5 Jahre vorausgesetzt. Mit 63 Jahren können alle Versicherten die **flexible Altersgrenze** in Anspruch nehmen, sofern sie mindestens 35 Jahre Wartezeit nachweisen können. Allerdings müssen sie dafür Abschläge in Kauf nehmen, und zwar 0,3 % für jeden Monat, den sie vor der gesetzlichen Regelaltersgrenze in Ruhestand gehen. Zu den Beitragszeiten werden noch Ersatzzeiten (z. B. Wehrdienst) und Ausfallzeiten (z. B. Berufsausbildung, Studium) hinzugerechnet. Jeder Rentenberechtigte kann entscheiden, ob er seine Rente als **Vollrente** oder als **Teilrente** erhalten will. Die Versicherten können so einerseits einen Teil der ihnen zustehenden Altersrente in Anspruch nehmen und andererseits hinzuverdienen. Auf diese Weise ist es möglich, langsam in den Ruhestand hineinzugleiten.

Generationenvertrag – Probleme der Rentenversicherung Die Leistungen der Rentenversicherung werden im Wesentlichen aus den laufenden Beiträgen der jetzigen Arbeitnehmer (= Beitragszahler) finanziert. Sie kommen für die Altersversorgung der jetzigen Rentner auf – in der Erwartung, dass die Generation danach dieselbe Pflicht trägt. In der Bevölkerungsentwicklung Deutschlands liegt jedoch eine Gefährdung dieses **Generationenvertrages**. Gemäß den Statistiken vermindert sich die Bevölkerung bis zum Jahr 2040 um etliche Millionen. Auch wird eine erhebliche Strukturveränderung eintreten: Die Zahl der Rentner nimmt stark zu, die der Erwerbstätigen stark ab, d. h., immer weniger Arbeitnehmer müssen immer mehr Rentner versorgen.

Die gesetzliche Rente reicht künftig als Alterssicherung nicht mehr aus. Seit der **Rentenreform** von 2002 soll eine zusätzliche kapitalgedeckte private Altersvorsorge die Lücke schließen („Riester-Rente" und „Rürup-Rente"): Der Staat fördert mit Zulagen und Steuervergünstigungen die eigenverantwortliche Altersvorsorge der Arbeitnehmer. Die **private Vorsorge** ist **freiwillig**, die Förderung abhängig von Kinderzahl, Familienstand und Einkommenshöhe. Gefördert werden bestimmte rentenähnliche Anlageformen in der betrieblichen oder privaten Altersvorsorge (siehe auch Kapitel Soziale Marktwirtschaft).

Rentenhöhen Die Höhe der Rente hängt von verschiedenen Faktoren ab, z.B. von der Zahl der Versicherungsjahre eines Rentners und von der Höhe der Beitragszahlungen. Diese Werte werden noch ins Verhältnis gesetzt zu den durchschnittlichen Verdiensten aller Rentenversicherten. Des Weiteren soll auch die Bevölkerungsentwicklung die Rentenhöhe beeinflussen. Ab 2021 soll eine **Grundrente** sicherstellen, dass Versicherte, die gearbeitet haben, im Alter mehr erhalten als die Grundsicherung (Sozialhilfe). Die Grundrente ist ein Zuschlag auf Rentenansprüche von Geringverdienern, die mindestens 35 Beitragsjahre durch Arbeit, Kindererziehung oder Pflege haben. Eine Einkommensprüfung soll vermeiden, dass Menschen Grundrente erhalten, obwohl sie andere Einkommen beziehen.

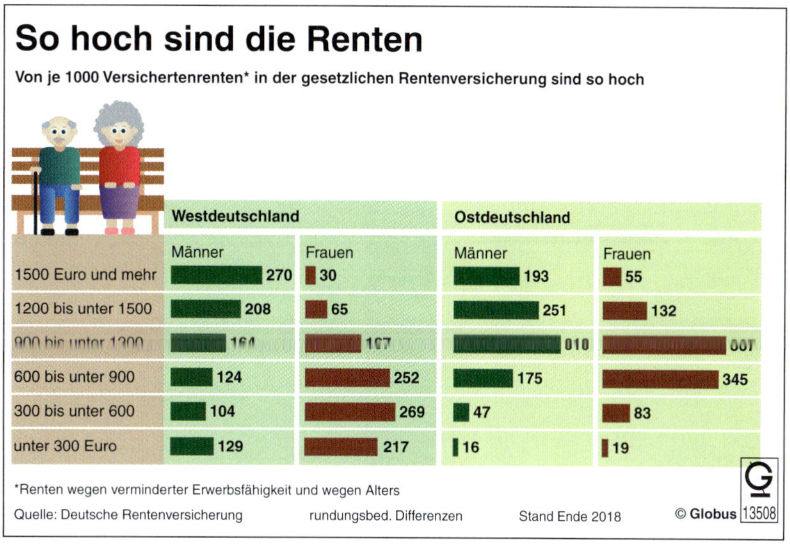

Beiträge übernehmen **Arbeitgeber** und **Arbeitnehmer jeweils zur Hälfte** (Beitragssatz 2020: insgesamt 18,6 % des Bruttolohnes). Bei Auszubildenden mit geringem Einkommen übernimmt der Arbeitgeber die Beiträge alleine. Diese Regelung gilt 2020 für Einkommen, die maximal 325 € betragen. Arbeitnehmer in **Niedriglohnjobs** (450,01–1.300 €) zahlen einen ermäßigten Beitragssatz, der nach dem Einkommen gestaffelt ist.

Beitragsbemessungsgrenze Die Sozialversicherungsbeiträge werden nur bis zu den **Beitragsbemessungsgrenzen** errechnet. Sie betragen monatlich (Stand 2020):

- 6.900 € in der Renten- und Arbeitslosenversicherung (neue Bundesländer 6.450 €)
- 4.687,50 € in der Kranken- und Pflegeversicherung

So zahlt z.B. bei der Rentenversicherung ein Arbeitnehmer, der 10.000 € im Monat verdient, trotzdem nur Beiträge aus 6.900 (bzw. 6.450) €.

Versicherungspflichtig sind Arbeitnehmer, Handwerker, Landwirte und Auszubildende. Wer nicht versicherungspflichtig ist, kann sich freiwillig versichern.
Nicht sozialversicherungspflichtig sind z.B. **geringfügige Beschäftigungen (Minijobs)**. Diese liegen vor, wenn pro Monat weniger als 450 € (Stand: 2020) verdient werden. Die Folge: Die fälligen Beiträge muss der Arbeitgeber zahlen. Er zahlt einen Pauschalbetrag von 15 % als Beitrag zur Rentenversicherung und 13 % an die Krankenversicherung sowie 2 % Pauschalsteuer. Der Arbeitnehmer zahlt keine Steuer. In der Rentenversicherung muss er nur 3,6 % übernehmen, nämlich die Differenz zwischen den 15 % Pauschalbeitrag des Arbeitgebers und dem gültigen Beitragssatz. Er erhält dafür auch keine Leistungen aus der Krankenversicherung, sofern er nicht aus einem anderen Arbeitsverhältnis sozialversichert ist. Jeder, der einen 450-€-Job hat, kann seinem Arbeitgeber schriftlich mitteilen, dass er von der Rentenversicherungspflicht befreit werden will. Dann zahlt nur noch der Arbeitgeber den Pauschalbeitrag von 15 %. Wird der Minijob im Privathaushalt ausgeübt, dann betragen die gesamten Abzüge lediglich 12 %.

www.dguv.de

Die Unfallversicherung

Die wichtigste Aufgabe der **gesetzlichen Unfallversicherung** ist die Verhütung von Arbeitsunfällen. Sollte dennoch ein Arbeitsunfall geschehen, so hat sie die Betroffenen finanziell zu sichern und ihre Erwerbsfähigkeit wiederherzustellen.

Versicherungsträger sind die nach verschiedenen Gewerbezweigen aufgegliederten **Berufsgenossenschaften,** z. B. BG für Gesundheitsdienst und Wohlfahrtspflege, BG Bau sowie die Unfallkassen der öffentlichen Hand.

Versichert sind alle Arbeitnehmer, Schüler und Studenten, Hilfeleistende bei Unglücksfällen sowie freiwillig versicherte Unternehmer.

!

Leistungen

- **Unfallverhütung (Prävention)** ist die wichtigste Aufgabe der Unfallversicherung. Hierzu erlassen die Berufsgenossenschaften Unfallverhütungsvorschriften und überwachen deren Einhaltung. Bei Verstößen können sie Geldbußen bis zu 10.000 € festsetzen.
- **Heilbehandlung** umfasst ärztliche Behandlung, Arzneimittel, Krankenhausaufenthalt und andere Leistungen.
- **Verletztengeld** ersetzt den Verdienstausfall bei Arbeitsunfähigkeit. Es wird wie das Krankengeld der Krankenversicherung berechnet.
- **Berufshilfe** wird mit dem Ziel gezahlt, den Verletzten wieder ins Arbeitsleben einzugliedern. Kann der Verletzte seinen alten Beruf nicht mehr ausüben, werden die Ausbildungskosten für einen anderen Beruf übernommen (Umschulung).
- **Pflegegeld** bis zu 1.491 €, wenn Pflege und Unterstützung benötigt werden.
- **Verletztenrente** wird gewährt, wenn die Erwerbsfähigkeit nicht wiederhergestellt werden kann. Ihre Höhe ist abhängig vom Grad der Erwerbsminderung.
- **Hinterbliebenenrente** (Witwen-, Witwer-, Waisenrente) in unterschiedlicher Höhe.
- **Sterbegeld** als Zuschuss zu den Bestattungskosten.

Leistungsanspruch Nicht durch jeden Unfall wird ein Anspruch begründet. Drei Ereignisse sind es, die einen Versicherungsanspruch auslösen können:

- **Arbeitsunfall** wird ein Unfall genannt, den ein Versicherter während der Arbeit und auf Dienstwegen erleidet. Auch Betriebsveranstaltungen und Ähnliches zählen dazu.
- **Wegeunfall** nennt man einen Unfall, der sich ereignet auf dem Weg von der Wohnung zur Arbeitsstätte und umgekehrt. Versichert ist jeweils der kürzeste Weg.
- **Berufskrankheiten** sind die Folge von gesundheitsschädigenden Tätigkeiten, z. B. Staublungen, Bleivergiftungen, Hauterkrankungen durch Chemikalien.

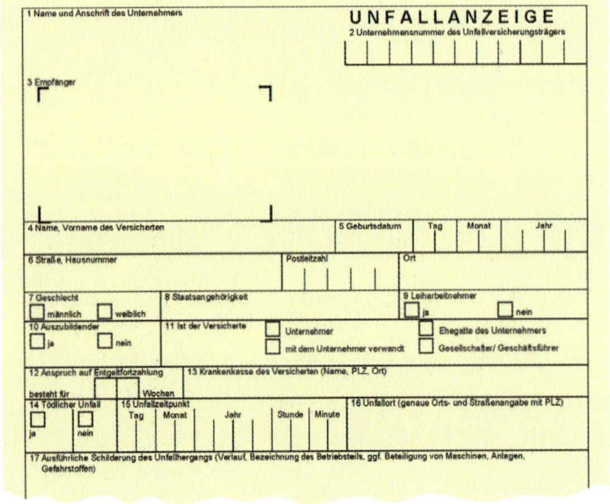

UNFALLANZEIGE

1 Name und Anschrift des Unternehmers
2 Unternehmensnummer des Unfallversicherungsträgers
3 Empfänger
4 Name, Vorname des Versicherten
5 Geburtsdatum Tag Monat Jahr
6 Straße, Hausnummer Postleitzahl Ort
7 Geschlecht ☐ männlich ☐ weiblich
8 Staatsangehörigkeit
9 Leiharbeitnehmer ☐ ja ☐ nein
10 Auszubildender ☐ ja ☐ nein
11 Ist der Versicherte ☐ Unternehmer ☐ mit dem Unternehmer verwandt ☐ Ehegatte des Unternehmers ☐ Gesellschafter/ Geschäftsführer
12 Anspruch auf Entgeltfortzahlung besteht für Wochen
13 Krankenkasse des Versicherten (Name, PLZ, Ort)
14 Tödlicher Unfall ☐ ja ☐ nein
15 Unfallzeitpunkt Tag Monat Jahr Stunde Minute
16 Unfallort (genaue Orts- und Straßenangabe mit PLZ)
17 Ausführliche Schilderung des Unfallhergangs (Verlauf, Bezeichnung des Betriebsteils, ggf. Beteiligung von Maschinen, Anlagen, Gefahrstoffen)

Beiträge bringen die Arbeitgeber alleine auf. Die Höhe hängt ab vom Verdienst der Versicherten in den jeweiligen Unternehmen sowie vom Grad der Unfallgefahr. Gewerbezweige, in denen die Unfallgefahr größer ist, zahlen auch entsprechend höhere Beiträge.

Unfallanzeige Wird ein Versicherter durch einen Arbeitsunfall getötet oder mehr als drei Tage arbeitsunfähig, dann ist der Arbeitgeber verpflichtet, den Arbeitsunfall durch eine Unfallanzeige zu melden. Er muss dabei den gelben Vordruck der Berufsgenossenschaft verwenden (2 Exemplare an die Berufsgenossenschaft, 1 Exemplar an das Gewerbeaufsichtsamt).

Die Arbeitslosenversicherung

Die eigentlichen Aufgaben der **Arbeitslosenversicherung,** die finanzielle Absicherung bei Arbeitslosigkeit und die Sicherung von Arbeitsplätzen, wurden durch das Arbeitsförderungsrecht des Sozialgesetzbuches erheblich erweitert.

Versicherungsträger ist die **Bundesagentur für Arbeit (BA)**. Sie gliedert sich in die Hauptstelle mit Sitz in Nürnberg, 10 Regionaldirektionen (frühere Landesarbeitsämter) und die Agenturen für Arbeit vor Ort (frühere Arbeitsämter).

Versicherungspflichtig sind alle Arbeitnehmer und Auszubildenden. Versicherungsfrei sind **geringfügig Beschäftigte (Minijobs),** siehe auch Seite 49.

**www.
arbeitsagentur.de**

Bundesagentur für Arbeit

aus: Zahlenbilder 152110

Leistungen

- **Arbeitsförderung** nennt man Maßnahmen, welche die Bundesanstalt für Arbeit ergreift, um die Beschäftigung zu sichern. Diese Maßnahmen umfassen:
  - **Arbeitsmarkt- und Berufsforschung**
  - **Arbeitsvermittlung und Berufsberatung**
  - Förderung der **beruflichen Bildung**, also der Berufsausbildung, der Fortbildung und der Umschulung.
- **Kurzarbeitergeld** wird zur Sicherung von Arbeitsplätzen gezahlt.
- **Saison-Kurzarbeitergeld** soll dafür sorgen, dass Arbeitnehmer in Baubetrieben ganzjährig beschäftigt werden können. Für Arbeitsausfälle während der sogenannten Schlechtwetterzeit (1. Dez. bis 31. März) erhalten sie 60 % ihres letzten Nettolohnes.
- **Berufliche Rehabilitation** fördert die Teilhabe Behinderter am Arbeitsmarkt.
- **Arbeitslosengeld I** erhalten Arbeitslose, die sich arbeitslos gemeldet haben und die der Arbeitsvermittlung zur Verfügung stehen. Einen **Rechtsanspruch** darauf hat jeder, der die erforderliche **Anwartschaftszeit** (= erforderliche Beitragszeit) erfüllt hat. Um Arbeitslosengeld zu erhalten, muss ein Arbeitnehmer in den letzten 2 Jahren für mindestens 12 Monate Beiträge gezahlt haben. Gewährt wird Arbeitslosengeld höchstens 12 Monate. Ältere Arbeitnehmer, die über 50 Jahre alt sind, erhalten es bis zu 15 Monate. Ab 55 Jahren wird es dann bis zu 18 Monaten gezahlt, ab 58 Jahren sogar bis zu 24 Monaten. Die Dauer der Zahlung hängt davon ab, wie lange Beiträge entrichtet wurden. Versicherte mit Kind erhalten derzeit (2020) 67 % ihres pauschalierten Nettoverdienstes, Versicherte ohne Kind bekommen 60 %.
- **Arbeitslosengeld II** erhalten alle erwerbsfähigen Sozialgeldempfänger (früher: Sozialhilfeempfänger) sowie alle Arbeitslosen, die noch keinen Anspruch auf Arbeitslosengeld I haben oder deren Anspruch abgelaufen ist (Langzeitarbeitslose). Für den Erhalt von Arbeitslosengeld II muss der Antragsteller **Bedürftigkeit** nachweisen. Im Gegensatz zum Arbeitslosengeld wird Arbeitslosengeld II zeitlich unbegrenzt gewährt. Es ist identisch mit dem Sozialgeld und beträgt monatlich 432 € (Stand 2020). Hinzu kommen noch andere Leistungen wie Wohngeld.

Anmerkung: Arbeitsloseneld II ist keine Leistung der Arbeitslosenversicherung, da es aus Steuern finanziert wird. Durch die Bundesagentur für Arbeit erfolgt lediglich die Auszahlung.

Bezugsdauer von Arbeitslosengeld I (ALG I)

Stand 2020

Beschäftigungszeit	Bezugsdauer ALG I
12 Monate	6 Monate
16 Monate	8 Monate
20 Monate	10 Monate
24 Monate	12 Monate

Arbeitslosengeld I und Arbeitslosengeld II werden ab dem Tag der Arbeitslosmeldung gezahlt. Wer die Arbeitslosigkeit jedoch selbst verschuldet hat, erhält erst nach **einer Sperrfrist** von 12 Wochen Arbeitslosenunterstützung. *Beispiele:* eigene Kündigung, absichtliches Herbeiführen der Kündigung, Weigerung an Fortbildungs- und Umschulungsmaßnahmen teilzunehmen, Ablehnung von zumutbarer Arbeit. Grundsätzlich muss ein Arbeitsloser der Arbeitsvermittlung zur Verfügung stehen, wenn er Arbeitslosenunterstützung erhalten will.

Auszubildende werden nach bestandener Abschlussprüfung häufig von ihren Ausbildungsbetrieben nicht übernommen – sie werden arbeitslos. Die Grundlage der Berechnung ihres Arbeitslosengeldes ist die Ausbildungsvergütung oder, wenn sich dadurch ein höherer Betrag ergibt, 50 % des erzielbaren Tariflohnes. Haben Auszubildende die Prüfung nicht bestanden, wird die Ausbildungsvergütung für die Berechnung zugrunde gelegt.

Beiträge übernehmen Arbeitgeber und Arbeitnehmer jeweils zur Hälfte (Beitragssatz 2020: insgesamt 2,4 % des Bruttolohnes). Bei Auszubildenden mit geringem Einkommen übernimmt der Arbeitgeber die Beiträge. Diese Regelung gilt 2020 für Einkommen, die maximal 325 € **betragen.** Siehe auch **Beitragsbemessungsgrenze,** Seite 49. Arbeitnehmer in **Niedriglohnjobs** (450,01–1.300 €) zahlen einen ermäßigten Beitragssatz, der nach dem Einkommen gestaffelt ist.

Die Pflegeversicherung

Die Aufgabe der **gesetzlichen Pflegeversicherung** ist die finanzielle Absicherung bei Pflegebedürftigkeit. Bereits heute sind über 3,4 Millionen Menschen pflegebedürftig. Wegen Überalterung werden im Jahr 2030 rund 4,1 Millionen Pflege benötigen. Ohne Pflegeversicherung würden die meisten Pflegeheiminsassen zum „Sozialfall" – sie wären auf Sozialhilfe angewiesen, da nur wenige die hohen Pflegekosten selbst bezahlen könnten.

Versicherungsträger sind die **Pflegekassen,** die bei den Krankenkassen eingerichtet wurden.

Pflegeheime – kaum noch bezahlbar

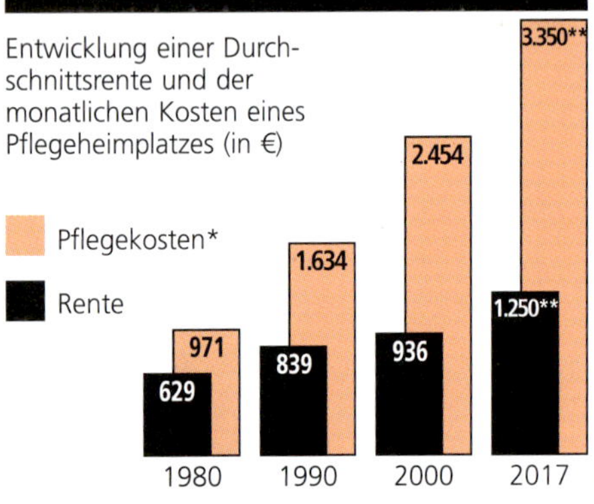

Jeder Bundesbürger kann zum Pflegefall werden. Von den heute 25-jährigen Männern wird statistisch gesehen jeder Vierte im Laufe seines Lebens pflegebedürftig. Für die gleichaltrigen Frauen ist das Risiko noch größer. Jede Dritte wird irgendwann nicht mehr ohne fremde Hilfe leben können.

* Pflegestufe III, 2017: Pflegegrad 5

** Bundesdurchschnitt

Versicherungspflichtig sind alle Personen, die auch krankenversicherungspflichtig sind. Wer eine private Krankenversicherung hat, muss eine private Pflegeversicherung abschließen. Versicherungsfrei sind sogenannte Minijobs, siehe auch **geringfügige Beschäftigung (Minijobs),** Seite 49.

Beiträge leisten Arbeitgeber und Arbeitnehmer jeweils zur Hälfte (Beitragssatz 2020: insgesamt 3,05 % des Bruttolohnes). Kinderlose Arbeitnehmer zwischen 23 und 65 Jahren zahlen 0,25 % mehr. Hierfür gibt es keinen Arbeitgeberzuschuss.
Um die Kosten der Arbeitgeber auszugleichen wurde auf einen Feiertag verzichtet. In Bundesländern, in denen kein Feiertag gestrichen wurde (Sachsen: Arbeitnehmer 2,025 %, Arbeitgeber 1,025 %), tragen die Arbeitnehmer einen höheren Anteil. Bei Auszubildenden mit geringem Einkommen übernimmt der Arbeitgeber die Beiträge alleine. Diese Regelung gilt 2020 für Einkommen, die maximal 325 € betragen. Siehe auch **Beitragsbemessungsgrenze,** Seite 49.
Arbeitnehmer in Niedriglohnjobs (450,01–1.300 €) zahlen einen ermäßigten Beitragssatz, der nach dem Einkommen gestaffelt ist.

Leistungen

Die Leistungen der Pflegeversicherung richten sich nach der Pflegebedürftigkeit, die in fünf **Pflegegrade** eingeteilt ist (Stand: 2020).

- **Häusliche Pflege**
  Für die Betreuung zu Hause wird der Einsatz einer Pflegekraft erstattet:
  - 0 € monatlich in **Pflegegrad 1** für Pflegebedürftige mit geringer Beeinträchtigung der Selbstständigkeit, allerdings erhalten sie eine Kostenerstattung von 125 € für Betreuungs- und Entlastungsleistungen
  - 689 € monatlich in **Pflegegrad 2** bei erheblich beeinträchtigter Selbstständigkeit
  - 1.298 € monatlich in **Pflegegrad 3** bei schwer beeinträchtigter Selbstständigkeit
  - 1.612 € monatlich in **Pflegegrad 4** bei schwerster Beeinträchtigung der Selbstständigkeit
  - 1.995 € monatlich in **Pflegegrad 5** bei schwerster Beeinträchtigung der Selbstständigkeit und besonderen pflegerischen Anforderungen.

  Anstelle dieser **Sachleistungen** sind auch **Geldleistungen** möglich. Wer Angehörige oder Bekannte pflegt, kann für seine Dienste je nach Pflegegrad ein Pflegegeld von 125 €, 316 €, 545 €, 728 € oder 901 € pro Monat erhalten.
- **Stationäre Pflege**
  Bei stationärer Pflege werden höhere Kosten übernommen, z. B. bis 2.005 € monatlich bei Pflegegrad 5. Die Kosten für Unterkunft und Verpflegung muss der Pflegebedürftige jedoch selbst tragen.

Sozialgerichtsbarkeit

Gegen Entscheidungen der einzelnen Sozialversicherungsträger, z. B. die Ablehnung eines Antrages auf Erwerbsminderungsrente, kann ein Betroffener **Widerspruch** einlegen. Gibt die zuständige Sozialversicherung dem Widerspruch statt und ändert sie ihren Bescheid, dann ist der Fall erledigt. Hält sie jedoch die Entscheidung aufrecht, so kann der Betroffene Klage beim **Sozialgericht** einreichen.

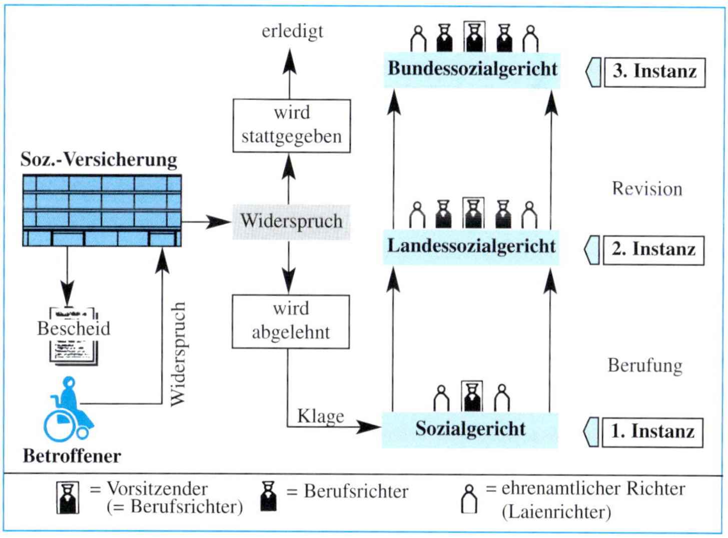

Sozialgerichte sind zuständig für Streitigkeiten aus dem Sozialrecht, also für das Kindergeld, die Sozialhilfe usw. Beim **Landessozialgericht** kann **Berufung** gegen Urteile des Sozialgerichtes eingelegt werden. Die **Revisionsinstanz** für Urteile des Landessozialgerichtes ist das **Bundessozialgericht**.

Alle Gerichtsinstanzen setzen sich aus Berufs- und Laienrichtern (Vertreter der Arbeitgeber und Arbeitnehmer) zusammen. Für die Gerichtskosten gilt der bedeutende Grundsatz, dass alle Instanzen der Sozialgerichtsbarkeit **kostenfrei** sind. Bei außergerichtlichen Aufwendungen, wie den Kosten für den Rechtsanwalt, entscheidet das Gericht, wer diese zu tragen hat.

ZUSAMMENFASSUNG

Die Sozialversicherung

Arten	**Krankenversicherung**	**Unfallversicherung**	**Rentenversicherung**	**Arbeitslosenversicherung**	**Pflegeversicherung**
Versicherungsträger	**Krankenkassen**	**Berufsgenossenschaften**	**Deutsche Rentenversicherung**	**Bundesagentur für Arbeit**	**Krankenkassen**
Leistungen	– Krankenhilfe, z. B. Arztbesuch – Krankengeld – Krankenhauspflege – Mutterschaftshilfe – Familienhilfe	– Unfallverhütung – Heilbehandlung – Berufshilfe – Renten – Sterbegeld bei: – Wegeunfall – Berufskrankheit – Arbeitsunfall	– Altersrente – Erwerbsminderungsrente – Hinterbliebenenrente	– Arbeitsförderung – Arbeitssicherung – Arbeitslosengeld I – Arbeitslosengeld II (steuerfinanziert, lediglich Auszahlung durch BA)	– Kostenzuschuss zur häuslichen Pflege – Kostenzuschuss zur stationären Pflege
Beiträge	50 % Arbeitgeber 50 % Arbeitnehmer (+ evtl. Zusatzbeitrag, jeweils zur Hälfte)	100 % Arbeitgeber	50 % Arbeitgeber 50 % Arbeitnehmer	50 % Arbeitgeber 50 % Arbeitnehmer	50 % Arbeitgeber 50 % Arbeitnehmer

ARBEITSTEIL

1. a) Nennen Sie die fünf Zweige der Sozialversicherung und deren Träger.

   b) Wer bezahlt die Beiträge zu den einzelnen Versicherungen?

   c) Welche Personengruppen sind nicht sozialversicherungspflichtig?

   d) Nennen Sie drei Merkmale unseres Sozialversicherungssystems.

   e) Begründen Sie, weshalb unsere Sozialversicherung eine Pflichtversicherung ist.

2. Mit einem schweren Herzinfarkt wird ein Arbeitnehmer ins Krankenhaus eingeliefert.

   a) Wie wird der Unterhalt des Arbeitnehmers während der 14 Krankheitswochen geregelt?

   b) Nennen Sie vier Leistungen der Krankenversicherung.

   c) Erläutern Sie die Bedeutung der Beitragsbemessungsgrenze der Krankenversicherung.

3. a) Wie finanziert die Rentenversicherung die Rentenzahlungen?
   Erklären Sie in diesem Zusammenhang den Begriff „Generationenvertrag".

   b) Wie wirkt sich die künftige Bevölkerungsentwicklung auf den Generationenvertrag aus?
   Welche Lösungsvorschläge werden hierzu diskutiert?

   c) Geben Sie je zwei Beispiele an für Versichertenrenten und für Hinterbliebenenrenten.

   d) Welche Faktoren bestimmen die Höhe der Altersrente?

4. a) Worin besteht die wichtigste Aufgabe der Unfallversicherung und wie wird sie erfüllt?

   b) Welche Ereignisse können einen Unfallversicherungsanspruch auslösen?

   c) Nennen Sie drei Leistungen der gesetzlichen Unfallversicherung.

   d) Wem und wie muss ein Arbeitsunfall gemeldet werden?

5. Welcher Zweig der gesetzlichen Sozialversicherung ist in den folgenden Fällen zuständig?

   a) In ihrem Skiurlaub erleidet eine 17-jährige Auszubildende einen komplizierten Beinbruch.

   b) Eine Friseurin, die auf Haarfärbemittel mit heftigen allergischen Hautausschlägen reagiert, muss ihren Beruf aufgeben und zur Zahnmedizinischen Fachangestellten umschulen.

   c) Nach einem schweren Schlaganfall muss ein 76-jähriger Rentner in ein Pflegeheim.

   d) Nach bestandener Gesellenprüfung wird Martin L. nicht von seinem Ausbildungsbetrieb übernommen. Eine neue Stelle hat er noch nicht gefunden.

   e) Nach einer schweren Krankheit wird eine 48-jährige Arbeitnehmerin erwerbsunfähig.

6. a) Nennen Sie drei Arbeitsförderungsmaßnahmen der Arbeitslosenversicherung.

   b) Unterscheiden Sie Arbeitslosengeld I und Arbeitslosengeld II.

7. a) Geben Sie an, wer in der Pflegeversicherung pflichtversichert ist.

   b) Welche Leistungen erbringt die Pflegeversicherung?

   c) Begründen Sie die Notwendigkeit einer Pflegeversicherung.

8. Auf der Fahrt zur Arbeit tankt eine Fachangestellte. An der Tankstelle läuft sie aus Unachtsamkeit in ein herannfahrendes Auto und wird erheblich verletzt. Die Berufsgenossenschaft lehnt die Kostenübernahme ab, da der Unfall nicht auf dem direkten Weg zur Arbeit passiert sei.

   a) Wie kann die Betroffene zunächst gegen den ablehnenden Bescheid vorgehen?

   b) Welches Gericht wäre bei einer gerichtlichen Auseinandersetzung zuständig und wie ist es zusammengesetzt?

   c) Welche Besonderheit unterscheidet diese Gerichtsbarkeit von anderen Gerichten?

8 Private Zusatzversicherungen (Individualversicherungen)

Bei einem Sturz in seiner Freizeit verletzt sich ein 17-jähriger Auszubildender schwer.

Welcher Zweig der Sozialversicherung hilft?

Weshalb könnte in diesem Fall eine private Zusatzversicherung von Nutzen sein?

Welche privaten Zusatzversicherungen kennen Sie?

Im Gegensatz zu den Sozialversicherungen, deren Mitgliedschaft gesetzlich vorgeschrieben ist, werden **Individualversicherungen (Privatversicherungen) freiwillig** abgeschlossen. Für bestimmte Bereiche gelten Ausnahmeregelungen, z. B. müssen Kraftfahrzeugbesitzer eine Kfz-Haftpflichtversicherung abschließen.
Der Versicherungsnehmer stellt auf einem Vordruck einen Versicherungsantrag und erhält bei Annahme durch den Versicherer die **Police** (Versicherungsschein).

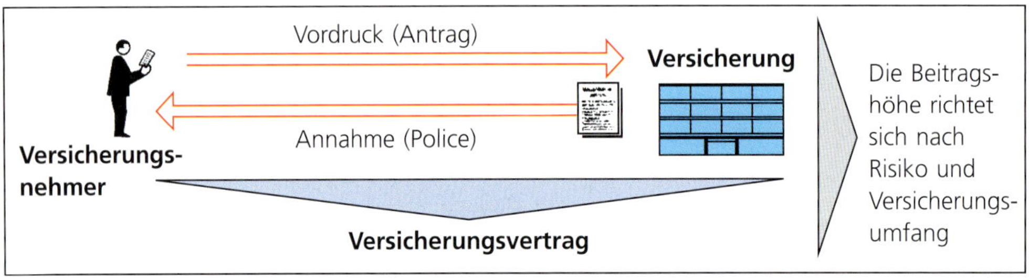

Träger der Privatversicherungen sind Unternehmungen, die einen Gewinn erzielen wollen. Die **Beitragshöhe** richtet sich deshalb, anders als bei der Sozialversicherung, nicht nach dem Einkommen des Versicherten, sondern nach **Risiko** und **gewünschtem Versicherungsumfang**. Beispielsweise zahlt ein Neuling eine höhere Prämie in der Kfz-Versicherung als ein Versicherter, der lange unfallfrei gefahren ist. Die **Beiträge** muss der Versicherte allein aufbringen. Die große Bedeutung der Individualversicherungen liegt vor allem darin, dass sie auch Bereiche abdecken, die von den Sozialversicherungen nicht erfasst werden, z. B. kommt die gesetzliche Unfallversicherung nicht für Privatunfälle auf.

Die gesetzliche Grundlage für die Privatversicherungen ist das Versicherungsvertragsgesetz, das durch die allgemeinen Geschäftsbedingungen der einzelnen Versicherungen ergänzt wird. Am 1. Januar 2008 wurde das aus dem Jahr 1908 stammende Versicherungsvertragsgesetz an einen modernen Verbraucherschutz angepasst. Die Versicherer müssen seitdem vor Abschluss eines Vertrages umfassend beraten und informieren. Die Beratung muss dokumentiert werden und die Ratschläge müssen klar und verständlich sein.

Verletzen Versicherer oder Versicherungsvermittler ihre Beratungspflicht, sind sie schadenersatzpflichtig. Neben zahlreichen weiteren Verbesserungen für die Kunden gibt es nun auch ein **allgemeines Widerrufsrecht**. Innerhalb von **2 Wochen** kann jeder Versicherungsnehmer seine Vertragserklärung widerrufen, bei einer **Lebensversicherung** beträgt die Frist sogar **30 Tage**. Erst mit Zugang der gesamten Unterlagen beginnt die Frist zu laufen.

Seit 2012 zahlen Männer und Frauen in neuen Versicherungsverträgen gleiche Beiträge. **Unisex** heißt die Gleichheit. Die Benachteiligung der Frauen in der Personenversicherung ist hiermit beendet.

Die Personenversicherung

Die Personenversicherung versichert **Personen** gegen Krankheit, Unfall und auf ihr Leben. Sie ist ein wichtiger Schutz von Personen, die nicht der Sozialversicherungspflicht unterliegen, wie z. B. Beamte oder Selbstständige.

Leistungskürzungen bei den Sozialversicherungen haben in den letzten Jahren dazu geführt, dass Arbeitnehmer vielfach nicht genügend abgesichert sind. Die Personenversicherung wird hier zur wichtigen **Zusatzversicherung**.

Private Krankenversicherung Sie übernimmt Krankheitskosten von Personen, die in der gesetzlichen Krankenversicherung nicht pflichtversichert sind, z. B. Beamten, Selbstständigen und besser verdienenden Arbeitnehmern. Seit 1.1.2009 gilt eine generelle Krankenversicherungspflicht. Die Folge: Jeder Einwohner von Deutschland muss krankenversichert sein, entweder gesetzlich oder privat.

Teilweise übernehmen Privatversicherungen Kosten, die von der gesetzlichen Krankenversicherung nicht gedeckt sind. *Beispiele:* volle Erstattung bei Zahnersatz, Zweibettzimmer im Krankenhaus. Viele Krankenversicherungspflichtige schließen deshalb **private Zusatzversicherungen** ab. Neben den **Krankheitskosten** kann auch **Tagegeld** versichert werden. Arbeitnehmer erhalten im Krankheitsfall Lohnfortzahlung, deshalb empfiehlt sich eine Tagegeldversicherung vor allem für Selbstständige, deren Verdienst ausfallen würde.

Private Unfallversicherung Sie soll den Versicherten oder dessen Angehörige bei privaten Unfällen absichern, da hier die gesetzliche Unfallversicherung nicht hilft. Jedes Jahr verletzen sich rund 10 Millionen Menschen bei Unfällen, mehr als die Hälfte davon in der Freizeit. Zwar springt bei einer Invalidität die gesetzliche Rentenversicherung ein. Bei Berufsanfängern allerdings sind die Ansprüche sehr gering, sofern überhaupt welche vorhanden sind. Auch selbstverschuldete Freizeitunfälle von Kindern können teure und langwierige Behandlungen verursachen, insbesondere wenn eine Behinderung bleibt. Deshalb ist eine private Unfallversicherung sinnvoll. Hier wird eine bestimmte Versicherungssumme vereinbart, z. B. 100.000 €. Die Versicherung wird ausbezahlt, wenn durch Unfall eine Invalidität entsteht. Die Höhe der Zahlung hängt ab vom Grad der Invalidität. Wer z. B. ein Auge oder ein Bein verliert, erhält 50 % der Versicherungssumme. Gegen höhere Prämien kann auch Tagegeld oder Heilbehandlung vereinbart werden. Dies ist für Arbeitnehmer nur bedingt sinnvoll, da deren Krankheitskosten die Krankenkasse übernimmt und durch die Lohnfortzahlung Tagegeld nicht unbedingt erforderlich ist.

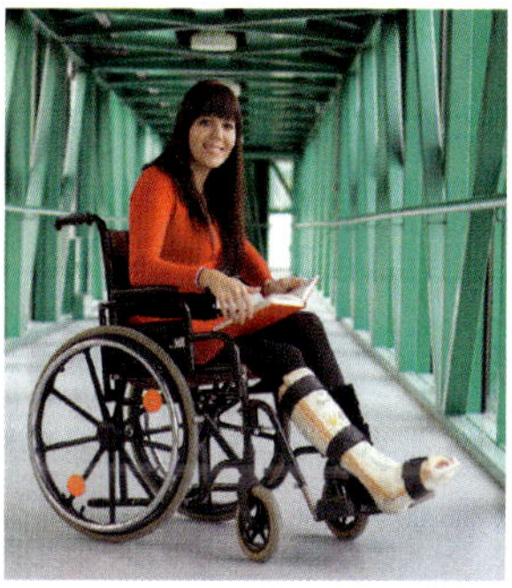

Invalidität infolge einer Krankheit wie etwa Krebs oder Diabetes ist in einer Unfallversicherung meist nicht abgedeckt. Eltern sollten deshalb darauf achten, dass diese Risiken ebenfalls durch die Police versichert sind.

Lebensversicherung Sie versorgt die Hinterbliebenen des Versicherten oder ihn selbst im Alter. Da die gesetzlichen Renten weit unter den Nettobezügen der Arbeitnehmer liegen, ist sie eine wichtige Altersvorsorge.

- Bei der **Risiko-Lebensversicherung** erhalten die **Hinterbliebenen** die Versicherungssumme. Dadurch soll das finanzielle Risiko eines vorzeitigen Todes abgesichert werden.

Förderung privater Altersvorsorge („Riester-Rente") Stand 2020	
Grundzulage pro Person/Ehegatte	175 €
Zulage je Kind Zulage je Kind	185 € 300 €*[1]
Beitragssatz	4 %*[2]
Maximalbeitrag	2.100 €

[1] ab 2008 geborene Kinder
[2] des sozialversicherungspflichtigen Vorjahreseinkommens

Seit 2014 kann der Schutz von Riesterverträgen erweitert werden um Berufsunfähigkeit, verminderte Erwerbsfähigkeit und die Absicherung von Hinterbliebenen.

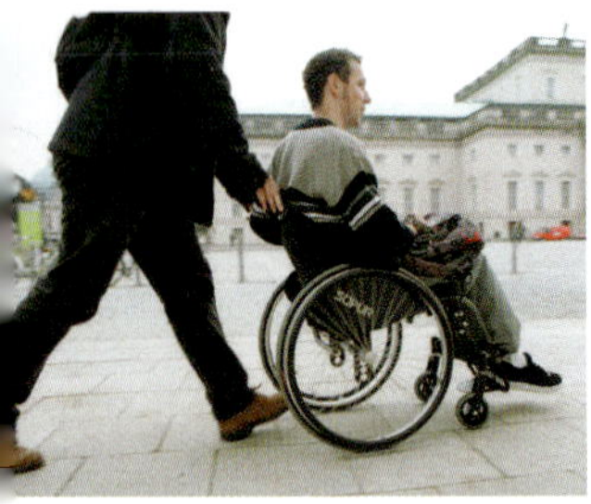

- Die **Kapitalversicherung** wird für den Todesfall und den Erlebensfall abgeschlossen. Einerseits erhalten bei vorzeitigem Tod die **Hinterbliebenen** die Versicherungssumme, auch wenn der Vertrag nur kurze Zeit bestanden hat. Andererseits bekommt der **Versicherte** selbst diese Summe ausbezahlt, wenn er das vereinbarte Alter erreicht hat.

Private Rentenversicherung Zunehmend ergänzen Bundesbürger ihre Altersvorsorge durch eine private Rentenversicherung. Besonders sinnvoll ist sie für Alleinstehende, die keine Familie absichern müssen, da es keine Versicherungssumme beim Tode des Versicherten gibt. In der Regel zahlt die Versicherung nach Vertragsablauf eine lebenslange Rente. Gegen Zahlung höherer Beiträge kann bei vielen Versicherungen auch eine Rente für Hinterbliebene vereinbart werden. Bei der sog. **Riester-Rente** fördert der Staat mit Zulagen und Steuervorteilen die **freiwillige private Altersvorsorge**. Die Förderung ist abhängig von Kinderzahl, Familienstand und Einkommenshöhe. Durch den Rückgang des Auszahlungsbetrages der gesetzlichen Rentenversicherungen in den nächsten Jahrzehnten auf ca. 40 % des letzten Nettoverdienstes ist die Notwendigkeit einer privaten Rentenversicherung so hoch wie nie. Die Riester-Rente bietet dabei die Möglichkeit des Sparens für das Alter mit staatlichen Zuschüssen. Auch Betriebsrenten und fondsgebundene Anlagen für die Zweitrente berücksichtigen immer stärker wirtschaftliche und ökologische Anlagestrategien, um dem Prinzip der Nachhaltigkeit zu entsprechen. Beiträge für eine Basisversorgung im Alter, wie z. B. die Rürup-Rente, können in der Einkommensteuererklärung bis zu bestimmten Höchstbeträgen geltend gemacht werden. So mindern sie die Steuerschuld, dafür werden später die ausbezahlten Renten besteuert.

Berufsunfähigkeitsversicherung Sind Arbeitnehmer in ihrer Erwerbsfähigkeit gemindert, dann erhalten sie zwar eine Erwerbsminderungsrente der gesetzlichen Rentenversicherung; diese ist allerdings viel niedriger als die normale Altersrente. Betroffene Arbeitnehmer geraten deshalb meist in finanzielle Not. Besonders in den ersten Berufsjahren sollte darum eine Berufsunfähigkeit abgesichert werden. Denn Ansprüche aus der gesetzlichen Rentenversicherung sind entweder gering oder noch gar nicht vorhanden. Der Gesetzgeber verlangt nämlich den Nachweis von 60 Beitragsmonaten, bevor überhaupt ein Rentenanspruch entsteht. Wer dagegen eine Berufsunfähigkeitsversicherung hat, erhält eine monatliche Rente.

Rund jeder vierte Arbeitnehmer muss seinen Beruf wegen Berufsunfähigkeit vorzeitig aufgeben. Mit mehr als 90 Prozent sind schwere Krankheiten – nicht die Unfälle – die Hauptursache. Die Absicherung gegen Berufsunfähigkeit zählt deshalb zu den wichtigsten Privatversicherungen überhaupt.

Die Vermögensversicherung

Diese Art der privaten Versicherung schützt das **Vermögen** des Versicherten vor einer Verminderung durch eingetretene Haftpflichtansprüche (Schadenersatz).

Die **Haftpflichtversicherung** deckt Schäden, die der Versicherte einem Dritten zugefügt hat. Wer keine Haftpflichtversicherung besitzt, muss mit seinem gesamten Vermögen geradestehen, das kann ihn ruinieren. Man unterscheidet folgende Arten:

!

- **Privathaftpflichtversicherung:** z. B. wirft ein Kunde in einem Kaufhaus versehentlich eine teure Vase um
- **Berufshaftpflichtversicherung:** z. B. entstehen durch die falsche Installation des Elektrikers schwere Verletzungen
- **Kfz-Haftpflichtversicherung:** z. B. verschuldeter Verkehrsunfall
- **Gebäudehaftpflichtversicherung:** z. B. wird durch eine schadhafte Treppe ein gefährlicher Sturz verursacht
- **Tierhaftpflichtversicherung:** z. B. beißt ein Hund einen Passanten.

Rechtsschutzversicherung Sie hilft, eigene Ansprüche durchzusetzen und fremde Ansprüche abzuwehren, indem sie Anwalts- und Gerichtskosten übernimmt. Diese können sehr teuer werden. So verursacht z. B. ein verlorener Prozess bei einem Streitwert von 750 € allein in der ersten Instanz – dem Amtsgericht – Kosten in gleicher Höhe.

Die Sachversicherung

Hier werden **Sachen** gegen Feuer, Einbruch, Naturkatastrophen oder Ähnliches versichert.

!

Leistungen

- Die **Feuerversicherung** ersetzt Schäden, die durch Ereignisse wie Brand, Explosion und Blitzschlag sowie durch Löschen eingetreten sind. In manchen Bundesländern ist die Versicherung von Gebäuden durch die Gebäudebrandversicherung gesetzlich vorgeschrieben.
- Die **Leitungswasserversicherung** übernimmt Leitungswasserschäden im Haus und an der Einrichtung.
- Die **Einbruch-Diebstahlversicherung** kommt für Gegenstände auf, die bei einem Einbruch gestohlen oder beschädigt wurden.
- Die **Glasversicherung** trägt Schäden an den im Versicherungsvertrag angegebenen Glasflächen.

Die verbundene **Hausratversicherung** sichert diese Risiken (Schäden) in einem Vertrag ab.

Jeder Versicherungsnehmer sollte darauf achten, dass bei seiner Sachversicherung der Versicherungswert der Versicherungssumme entspricht. Denn wenn eine **Unterversicherung** vorliegt, werden alle entstandenen Schäden nur anteilig ersetzt. In unserem Beispiel beträgt die Versicherungssumme nur 50 % des Versicherungswertes. Die Folge: Alle Schäden werden lediglich zu 50 % erstattet. Ebenso ist eine **Überversicherung** ungünstig, da alle Schäden höchstens mit 100 % des Versicherungswertes bezahlt werden. Die Folge: Der Versicherungsnehmer bezahlt eine überhöhte Prämie.

Versicherungssumme 40.000 €	— entspricht →	**Versicherungswert** 40.000 €	← Vollversicherung
Versicherungssumme 40.000 €	— kleiner als →	**Versicherungswert** 80.000 €	← Unterversicherung
Versicherungssumme 40.000 €	— größer als →	**Versicherungswert** 30.000 €	← Überversicherung

ZUSAMMENFASSUNG

Privatversicherungen

Personenversicherungen	**Sachversicherungen**	**Vermögensversicherungen**
Lebensversicherung	Leitungswasserversicherung	Haftpflichtversicherung
Private Krankenversicherung	+ Glasversicherung	► Privathaftpflichtversicherung ► Berufshaftpflichtversicherung
Private Unfallversicherung	+	► Gebäudehaftpflichtversicherung
Private Rentenversicherung	Einbruch-Diebstahlversicherung	► Kfz-Haftpflichtversicherung ► Tierhaftpflichtversicherung
	=	
Berufsunfähigkeitsversicherung	Verbundene Hausratversicherung	Rechtsschutzversicherung

Möglichkeiten privater Vorsorge

ARBEITSTEIL

1. a) Wie kann man Privatversicherungen einteilen? Geben Sie zusätzlich je zwei Beispiele an.
   b) Unterscheiden Sie Privatversicherungen und Sozialversicherungen.
   c) Weshalb muss einer Privatversicherung eine Gefahrenerhöhung mitgeteilt werden?
2. a) Für welche Personen ist der Abschluss einer privaten Krankenversicherung Pflicht?
   b) Unterscheiden Sie zwischen Risiko- und Kapitallebensversicherungen.
   c) Bei Freizeitunfällen übernimmt die Krankenkasse die Krankheitskosten. Dennoch kann eine private Unfallversicherung sinnvoll sein. Erklären Sie diese Aussage.
3. a) Welche Schäden werden von einer verbundenen Hausratversicherung übernommen?
   b) Erläutern Sie, was man unter einer Unterversicherung versteht.
   c) Welche Folgen ergeben sich für den Versicherten, wenn er unterversichert ist?
4. a) Nennen Sie zwei Haftpflichtversicherungsarten.
   b) Welche Aufgabe hat eine Haftpflichtversicherung?
5. a) Werten Sie das Schaubild aus und begründen Sie die Rangfolge.
   b) Empfehlen Sie sinnvolle Privatversicherungen für:

      Sabine K. (19): Die ledige Medizinische Fachangestellte wohnt in einer Einzimmerwohnung, die sie sich nach und nach einrichtet. Ihr Hobby ist Drachenfliegen.

      Anton B. (25): Anton ist verheiratet, hat zwei kleine Kinder und wohnt in einer großen Wohnung, die teuer eingerichtet ist.
   c) Überlegen Sie, weshalb der Staat ein Interesse daran hat, dass sich seine Bürger privat versichern, und erläutern Sie, wie er dies unterstützt.

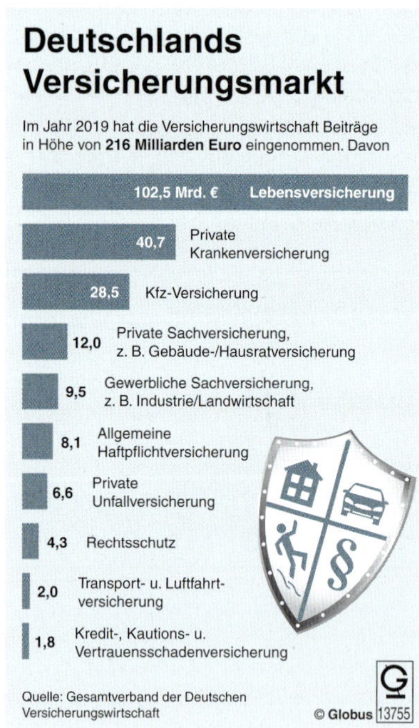

PRÜFUNGSAUFGABE

Andreas (17) und Tanja (16), beide Auszubildende, genießen gerade ihre Mittagspause. Andreas blättert seine Zeitung durch, dabei fällt ihm die abgebildete Karikatur auf.

Andreas: „Tanja, sieh mal, hoffentlich passiert uns so was nicht mal."
Tanja: „Nicht, wenn man clever ist."

a) Auf welches Problem der neuen Technologien weist die Karikatur hin?

b) Erläutern Sie, was Tanja meint. Durch welche Maßnahmen können Sie dieser Gefahr vorbeugen?

c) Welche Ziele verfolgt ein Unternehmer, wenn er Roboter „einstellt"?

d) „Roboter vernichten Arbeitsplätze, sichern zugleich Arbeitsplätze, machen Arbeit gesünder." Beurteilen Sie diese Aussage.

Schwere Rückenverletzungen

Zementplatten auf Lagerarbeiter gestürzt

Bei einem Unfall in einer Firma an der Esperantostraße im Gewerbegebiet Vogelsang beim Westbahnhof ist am Samstag ein 18-jähriger Mann durch herabstürzende Zementplatten schwer verletzt worden. Ein 30-jähriger Handwerker hatte in der Lagerhalle eine Palette Faserzementplatten mittels eines Schwebekrans versetzt. In dem Moment, als der 18-Jährige unter der Krangabel durchging, stürzten acht der zwölf unzureichend gesicherten Platten hinunter und trafen den jungen Mann am Rücken. hsw

Andreas, der weiter seine Zeitung liest, stößt auf nebenstehenden Bericht.

Andreas: „Jetzt weiß ich, warum am Samstag der Notarztwagen bei uns vorbeigerast ist. Zwei Querstraßen weiter muss sich einer übel verletzt haben. Da, lies selber."

Tanja: „Armer Kerl, wovon der wohl lebt, wenn er nie mehr arbeiten kann? Der ist ja erst 18."

Andreas: „Der ist doch versichert. Du wirst dich noch wundern, was man dir von deinem ersten Lohn alles abzieht."

e) Welche Versicherungen werden Tanja von ihrem Lohn abgezogen?

f) Welche Versicherung hilft in diesem Fall? Welche Leistungen erbringt diese Versicherung?

g) Erklären Sie, weshalb bereits ein Auszubildender Sozialversicherungsbeiträge zahlen muss?

h) Ein Bekannter hat Tanja geraten, auch einige Privatversicherungen abzuschließen. Wie beurteilen Sie für eine 16-jährige Auszubildende den Abschluss
- einer Kapitallebensversicherung
- einer Unfallversicherung
- einer Berufsunfähigkeitsversicherung?

i) Wie unterscheiden sich Lebensversicherung und gesetzliche Rentenversicherung (zwei Angaben)?

FALLBEISPIEL: ENDE DER BERUFSAUSBILDUNG

Mia und Christina, beide 18 Jahre alt, absolvieren in der Praxis von Dr. Krüger eine Ausbildung zur Medizinischen Fachangestellten. Als Ausbildungsdauer wurde im Ausbildungsvertrag 01.09.2017 – 31.08.2020 vereinbart.

Ihre schriftliche Abschlussprüfung hat Mia bereits hinter sich gebracht. Am 05. Juli 2020 steht nur noch die mündliche Prüfung an, die sie erfolgreich besteht. Überglücklich zeigt sie am nächsten Tag Dr. Krüger die Bescheinigung über die bestandene Prüfung. Bestens gelaunt stoßen beide auf das gute Ergebnis an. Danach stürzt sich Mia voller Freude auf ihre Arbeit. Am 31.08.2020 erklärt ihr Dr. Krüger plötzlich, dass ihr Ausbildungsvertrag heute ablaufe. Leider könne er sie nach der Ausbildung nicht übernehmen, da er zwei neue Auszubildende eingestellt habe. Er wünscht ihr für ihren weiteren Lebensweg alles Gute. Mia darf am nächsten Tag nicht mehr in die Praxis.

Auch Christina, die die Abschlussprüfung nicht bestanden hat, soll die Praxis verlassen. Dr. Krüger teilt ihr mit, dass sie am 31.08.2020 gehen müsse, weil da ihr Ausbildungsvertrag auslaufe.

Problemsituation:
Wann endet ein Ausbildungsvertrag? Welche Folgen ergeben sich, wenn Auszubildende nach der Prüfung nicht übernommen werden?

Arbeitsauftrag:
Arbeiten Sie in Gruppen zusammen.

1. Klären Sie anhand des Gesetzestextes, wodurch ein Berufsausbildungsverhältnis beendet wird.
2. Wann endet Mias Berufsausbildungsverhältnis?
3. Prüfen Sie, ob zwischen Mia und Dr. Krüger ein Arbeitsvertrag besteht. Falls ja: Wie kann dieser von Dr. Krüger beendet werden?
4. Muss Mias Kollegin Christina die Praxis am 31.08.2020 verlassen, obwohl sie ihre Ausbildung beenden will?
5. Mia und Christina können sich mit Dr. Krüger nicht einigen. Wie können sie gegen seine Entscheidung vorgehen?
6. Recherchieren Sie im Internet, ob Auszubildende, die nach der Ausbildung nicht übernommen werden, Arbeitslosengeld erhalten. Falls ja: in welcher Höhe? Wann müssen sich die Auszubildenden bei der Agentur für Arbeit melden, um Sperrfristen zu vermeiden?
7. Wie können sie gegen einen ablehnenden Bescheid der Agentur für Arbeit vorgehen?

Mia und Dr. Krüger können sich nicht einigen

§ 21 BBiG – Beendigung

(1) Das Berufsausbildungsverhältnis endet mit dem Ablauf der Ausbildungsdauer. Im Falle der Stufenausbildung endet es mit Ablauf der letzten Stufe.

(2) Bestehen Auszubildende vor Ablauf der Ausbildungsdauer die Abschlussprüfung, so endet das Berufsausbildungsverhältnis mit Bekanntgabe des Ergebnisses durch den Prüfungsausschuss.

(3) Bestehen Auszubildende die Abschlussprüfung nicht, so verlängert sich das Berufsausbildungsverhältnis auf ihr Verlangen bis zur nächstmöglichen Wiederholungsprüfung, höchstens um ein Jahr.

§ 24 BBiG – Weiterarbeit

Werden Auszubildende im Anschluss an das Berufsausbildungsverhältnis beschäftigt, ohne dass hierüber ausdrücklich etwas vereinbart worden ist, so gilt ein Arbeitsverhältnis auf unbestimmte Zeit als begründet.

§ 622 BGB – Kündigungsfristen bei Arbeitsverhältnissen

(1) Das Arbeitsverhältnis eines Arbeiters oder eines Angestellten (Arbeitnehmers) kann mit einer Frist von vier Wochen zum Fünfzehnten oder zum Ende eines Kalendermonats gekündigt werden.

Grundlagen des Vertragsrechts

1 Rechts- und Geschäftsfähigkeit

Verkaufsraum des Elektronik-Fachmarkts Watt. Die 17-jährige Sina möchte eine Heimkinoanlage kaufen.

Verkäufer: Sie haben sich für eine Spitzenanlage entschieden.

Sina: „1.789 € sind auch eine Menge Geld. Hat lange gedauert, bis ich das zusammen hatte. Kann ich sie gleich mitnehmen?"

Verkäufer: „Entschuldigen Sie die Frage, aber sind Sie schon 18?"

Sina: „Nein, erst in drei Monaten, ist das von Bedeutung?"

Verkäufer: „Tut mir leid, ohne die Einwilligung Ihrer Eltern kann ich Ihnen die Anlage nicht verkaufen."

Sina: „Meiner Eltern? Da kann ich Sie beruhigen. In der Berufsschule habe ich gelernt, dass ich rechtsfähig bin."

Verkäufer: „Natürlich sind Sie rechtsfähig, aber leider nicht voll geschäftsfähig."

Sina: „Das ist doch Haarspalterei. Außerdem ist das mein Geld, schließlich bekomme ich jeden Monat 650 € Ausbildungsvergütung. Und mit meinem Taschengeld darf ich doch wohl kaufen, was ich will."

Verkäufer: „1.789 € gehen über ein Taschengeld hinaus. Erst neulich habe ich einer 17-Jährigen eine Musikanlage verkauft. Am nächsten Tag stand der Vater da und hat sich beschwert, weil ich an eine Minderjährige so etwas Teures verkauft habe. Dann hat mich mein Chef noch zur Schnecke gemacht. Nein danke, das hat gereicht. Ihre Eltern müssen den Kaufvertrag schon unterschreiben."

Sina: „Also gut, wenn 1.789 € auf einmal zu hoch sind, vereinbaren wir eben Ratenzahlung. Hier steht, dass die Anlage auch mit 24 Monatsraten zu jeweils 94,50 € bezahlt werden kann, ist mir sowieso lieber, dafür reicht sogar mein Taschengeld."

Besteht ein Unterschied zwischen Rechtsfähigkeit und Geschäftsfähigkeit?
Kann Sina für die Heimkinoanlage einen rechtsgültigen Kaufvertrag eingehen?
Wie beurteilen Sie Sinas Vorschlag, die Heimkinoanlage auf Raten mit ihrem Taschengeld zu kaufen?

1.1 Die Rechtsfähigkeit

!

Wer rechtsfähig ist, hat Rechte und Pflichten.

Bürgerliches Gesetzbuch (BGB)

§ 1 (Beginn der Rechtsfähigkeit)

Die Rechtsfähigkeit des Menschen beginnt mit der Vollendung der Geburt.

Jeder Mensch ist rechtsfähig, d. h., er kann Träger von Rechten und Pflichten sein. Die **Rechtsfähigkeit** des Menschen beginnt mit der Geburt und endet mit dem Tod.
Beispiel: Durch einen Verkehrsunfall verliert ein 3-jähriges Kind seine Eltern. Da jeder Mensch rechtsfähig ist, hat das Kind das Recht, das Vermögen der Eltern zu erben. Gleichzeitig erwachsen ihm auch Pflichten. Es muss z. B. die Erbschaftsteuer bezahlen. Allerdings ist ein Kind nicht in der Lage, seine Rechte selbst wahrzunehmen sowie seine Pflichten zu erfüllen. Für Kinder handeln deshalb ihre gesetzlichen Vertreter. Dies sind die Eltern oder ein Betreuer.
Nicht rechtsfähig sind Tiere. Deshalb ist es beispielsweise nicht möglich, eine Katze als Erben einzusetzen.

Lebende Menschen bezeichnet man als **natürliche Personen**.
Außer den natürlichen Personen können auch **juristische Personen** rechtsfähig sein. Juristische Personen sind Vermögensmassen oder Personenvereinigungen, denen eine eigene Rechtsfähigkeit zuerkannt wird. Dadurch haben sie vergleichbare Rechte und Pflichten. Man unterscheidet hierbei:

- **juristische Personen des Privatrechts**
  Beispiele: eine Aktiengesellschaft (AG), eine Gesellschaft mit beschränkter Haftung (GmbH) oder ein eingetragener Verein (e. V.).
  Juristische Personen des Privatrechts erlangen die Rechtsfähigkeit durch die Eintragung in einem öffentlichen Register (Handelsregister, Vereinsregister usw.). Sie verlieren die Rechtsfähigkeit, wenn sie in diesen Registern gelöscht werden.
- **juristische Personen öffentlichen Rechts**
  Beispiele: die Bundesrepublik Deutschland, die Bundesländer, Gemeinden oder Handwerkskammern.
  Juristische Personen des öffentlichen Rechts werden rechtsfähig durch staatliche Verleihung. Sie verlieren ihre Rechtsfähigkeit durch staatlichen Entzug.

Obwohl juristische Personen rechtsfähig sind, können sie nicht selbstständig im Wirtschaftsleben tätig werden. Hierzu benötigen sie die Hilfe von natürlichen Personen. Für die juristischen Personen handeln deshalb ihre **Organe**. Dies sind z. B. der Vorstand eines Vereins oder einer Aktiengesellschaft. *Beispiel:* Ein Vorstandsmitglied eines Sportvereins bestellt neue Sportgeräte. Käufer ist der Sportverein. Wird die Lieferung nicht bezahlt, haftet der Verein und nicht das Vorstandsmitglied.

1.2 Die Geschäftsfähigkeit

> **!** **Wer geschäftsfähig ist, darf selbstständig voll gültige Geschäfte abschließen.**

siehe „Umgang mit Rechtsfällen" → S. 434 ff.

Die Rechtsfähigkeit des Menschen ist zu unterscheiden von der Geschäftsfähigkeit. Darunter versteht man die Fähigkeit, Rechtsgeschäfte selbstständig und voll gültig abzuschließen. Ein Rechtsfähiger ist dazu nicht in jedem Fall in der Lage. Unsere Rechtsordnung setzt hierfür ein bestimmtes Maß an Urteilsvermögen voraus. *Beispiel:* Ein 3-jähriges Kind kann zwar einen größeren Geldbetrag erben, da es rechtsfähig ist. Um mit dem Geld etwas kaufen zu können, müsste es jedoch geschäftsfähig sein.

Im Gesetz werden drei Stufen der Geschäftsfähigkeit unterschieden:

Geschäftsfähigkeit

- Geschäftsunfähigkeit
- Beschränkte Geschäftsfähigkeit
- Volle Geschäftsfähigkeit

unter 7 Jahren
→ **geschäftsunfähig**

Geschäftsunfähigkeit

Geschäftsunfähig sind Kinder unter 7 Jahren sowie Personen, die dauernd geistesgestört sind. Rechtsgeschäfte, die ein Geschäftsunfähiger abschließt, sind nichtig (ungültig). *Beispiel:* Ein 6-Jähriger kauft in einem Supermarkt ein. Dieser Kaufvertrag ist nichtig. Für Geschäftsunfähige handeln die gesetzlichen Vertreter, also die Eltern, ein Vormund oder ein Betreuer. Wenn jedoch ein geschäftsunfähiges Kind von der Mutter zum Einkaufen geschickt wird, handelt es als Bote, d. h., es überbringt eine Willenserklärung der Mutter und nicht seine eigene. Der abgeschlossene Kaufvertrag ist folglich gültig.

Beschränkte Geschäftsfähigkeit

Beschränkt geschäftsfähig sind Minderjährige zwischen dem vollendeten 7. und dem vollendeten 18. Lebensjahr. Beschränkt Geschäftsfähige können Rechtsgeschäfte abschließen, gültig sind sie allerdings nur mit Zustimmung der gesetzlichen Vertreter. Ohne deren Zustimmung ist ein Rechtsgeschäft eines beschränkt Geschäftsfähigen schwebend unwirksam. *Beispiel:* Ein 16-Jähriger kauft ohne Wissen der Eltern ein Trekkingrad. Der Kaufvertrag ist schwebend unwirksam. Er wird erst gültig, wenn die Eltern nachträglich zustimmen, nichtig, wenn sie ihre Genehmigung verweigern.

zwischen 7 und 18 Jahren
→ **beschränkt geschäftsfähig**

Bei folgenden Ausnahmen benötigt ein beschränkt Geschäftsfähiger keine Zustimmung der gesetzlichen Vertreter:

- Geschäfte, die er mit eigenen Mitteln (Taschengeld) begleicht.
  Allerdings gilt diese Regelung nur für Bargeschäfte, nicht für Ratenkäufe. Über zukünftiges Taschengeld kann nicht verfügt werden.
- Geschäfte, die nur rechtliche Vorteile bringen.
  Beispiel: Ein 12-Jähriger erhält von einem Onkel, den die Eltern nicht mögen, 100 € geschenkt. Da dieses Geschäft nur rechtliche Vorteile bringt, ist es auch ohne Zustimmung der Eltern gültig.
- Geschäfte, die ein von den Eltern erlaubtes Arbeitsverhältnis betreffen.
  Beispiele: Kauf von Essensmarken der Betriebskantine, Kauf von Berufskleidung, Auflösung des Arbeitsverhältnisses.

ab 18 Jahren
→ **voll geschäftsfähig**

Volle Geschäftsfähigkeit

Voll geschäftsfähig sind alle Personen ab dem vollendeten 18. Lebensjahr. Sie können selbstständig voll gültige Rechtsgeschäfte abschließen und müssen auch selbst die volle Verantwortung dafür übernehmen.

Solange sie existieren, sind juristische Personen ebenfalls voll geschäftsfähig.
Beispiel: Bis zu ihrer Löschung im Handelsregister ist eine GmbH ohne Einschränkungen voll geschäftsfähig.

ZUSAMMENFASSUNG

Rechtsfähigkeit

= Fähigkeit, Träger von Rechten und Pflichten zu sein

Natürliche Personen

= alle Menschen von der Geburt bis zum Tod

Juristische Personen

- Juristische Personen des privaten Rechts
  z. B. AG, GmbH
  durch Eintragung in ein Register (z. B. Handelsregister)
- Juristische Personen des öffentlichen Rechts
  z. B. Länder, Gemeinden
  durch staatliche Verleihung

→ Träger von Rechten und Pflichten

Geschäftsfähigkeit

= Fähigkeit, Rechtsgeschäfte selbstständig und voll gültig abzuschließen

Geburt – 7 Jahre	7 Jahre – 18 Jahre	18 Jahre – Tod
Geschäftsunfähigkeit	**beschränkte Geschäftsfähigkeit**	**volle Geschäftsfähigkeit**
Rechtsgeschäfte sind **nichtig**	Rechtsgeschäfte sind **schwebend unwirksam**	Rechtsgeschäfte sind **voll gültig**
↓ der gesetzliche Vertreter handelt	↓ der gesetzliche Vertreter muss zustimmen	

↓

Ausnahmen:
eigene Mittel – rechtlicher Vorteil – Arbeitsverhältnis

ARBEITSTEIL

Weitere Aufgaben zum Umgang mit Rechtsfällen: Seiten 434 ff.

1. Unterscheiden Sie zwischen Rechtsfähigkeit und Geschäftsfähigkeit.
2. Wann beginnt und wann endet die Rechtsfähigkeit von
   a) natürlichen Personen
   b) juristischen Personen?
3. Welche der folgenden Personen sind juristische Personen?
   a) Staatsanwalt
   b) Siemens AG
   c) Hans Huber
   d) Richter
4. Ordnen Sie die folgenden Personen den einzelnen Stufen der Geschäftsfähigkeit zu:
   a) ein 20-Jähriger
   b) eine 6-Jährige
   c) ein 16-Jähriger.
5. Weshalb ist der Grad der Geschäftsfähigkeit abhängig vom Lebensalter?
6. Welche Rechtsgeschäfte können beschränkt Geschäftsfähige auch ohne Zustimmung des gesetzlichen Vertreters abschließen?
7. Lösen Sie die Rechtsfälle mithilfe der nachfolgend abgebildeten Auszüge aus dem BGB.
   a) Die 6-jährige Anna holt aus ihrer Spardose 10 € und kauft damit eine Puppe. Ist dieser Kaufvertrag gültig?
   b) Die 16-jährige Martina kauft von ihrem Taschengeld einen MP3-Player für 45 €.
      1. Ist dieser Kaufvertrag gültig?
      2. Wie verhält es sich, wenn Martina den Kaufpreis nicht sofort bezahlen kann und sie deshalb mit dem Händler Ratenzahlung vereinbart?
   c) Der 17-jährige Anton kauft ohne Wissen seiner Eltern für 750 € einen Computer. Welche rechtliche Wirkung hat dieser Vertrag?
   d) Der 14-jährige Kurt kauft bei einem Totalausverkauf eine Musikanlage für 250 €, die normalerweise 750 € kosten würde. Er glaubt, dass er wegen des erheblichen Preisvorteils auf die Erlaubnis seiner Eltern verzichten kann. Stimmt das?

Auszüge aus dem Bürgerlichen Gesetzbuch (BGB)

§ 104 Geschäftsunfähigkeit. Geschäftsunfähig ist: 1. wer nicht das siebente Lebensjahr vollendet hat, . . .
§ 105 Nichtigkeit der Willenserklärung. (1) Die Willenserklärung eines Geschäftsunfähigen ist nichtig.
§ 106 Beschränkte Geschäftsfähigkeit Minderjähriger. Ein Minderjähriger, der das siebente Lebensjahr vollendet hat, ist ... in der Geschäftsfähigkeit beschränkt.
§ 107 Einwilligung des gesetzlichen Vertreters. Der Minderjährige bedarf zu einer Willenserklärung, durch die er nicht lediglich einen rechtlichen Vorteil erlangt, der Einwilligung seines gesetzlichen Vertreters.
§ 108 Vertragsabschluss ohne Einwilligung. (1) Schließt der Minderjährige einen Vertrag ohne die erforderliche Einwilligung des gesetzlichen Vertreters, so hängt die Wirksamkeit des Vertrages von der Genehmigung des Vertreters ab.
§ 110 Bewirken der Leistung mit eigenen Mitteln. Ein von dem Minderjährigen ohne Zustimmung des gesetzlichen Vertreters geschlossener Vertrag gilt als von Anfang an wirksam, wenn der Minderjährige die vertragsmäßige Leistung mit Mitteln bewirkt, die ihm zu diesem Zwecke oder zu freier Verfügung von dem Vertreter oder mit dessen Zustimmung von einem Dritten überlassen worden sind.

2 Rechtsgeschäfte

Die 18-jährige Auszubildende Manuela Sorg möchte einen gebrauchten Motorroller kaufen. In der Zeitung entdeckt sie folgende Anzeige:

Einmalige Gelegenheit
Motorroller, 2.500 km, 1 Jahr alt, neuwertig, 990 €, (Neupreis 2.035 €). Tel. [redacted]

Sofort meldet sich Manuela telefonisch auf die Anzeige und einigt sich mit dem Verkäufer, Herrn Fuchs, dass sie den Roller am nächsten Tag abholen und gleich bar bezahlen wird. Als sie wie vereinbart den Roller abholen möchte, ereignet sich Folgendes:

Manuela: „Guten Tag, Herr Fuchs, ich bin Manuela Sorg. Ich möchte den Roller abholen. Hier ist das Geld."

Herr Fuchs: „Oh, Sie. Tut mir leid, den Roller habe ich gestern Abend noch einem jungen Mann verkauft. Der ist sofort gekommen und hat sogar 50 € mehr gezahlt."

Manuela: „Wie bitte? Wir hatten doch vereinbart, dass ich heute bezahle und den Roller gleich mitnehme."

Herr Fuchs: „Ja, schon. Aber ich konnte nicht sicher sein, ob Sie auch wirklich kommen, und der junge Mann hat, wie gesagt, 50 € mehr bezahlt. Außerdem haben wir ja nichts Schriftliches vereinbart und mündliche Abmachungen sind sowieso nicht gültig. Tut mir wirklich leid, aber da hätten Sie schneller sein müssen."

Kam zwischen Manuela und Herrn Fuchs ein rechtsgültiger Kaufvertrag zustande?
Müssen solche Verträge schriftlich abgeschlossen werden, damit sie gültig sind?

2.1 Willenserklärung

Rechtsgeschäfte entstehen durch die Abgabe von **Willenserklärungen**, z. B. die Kündigung des Arbeitsvertrages oder das Ja-Wort auf dem Standesamt.

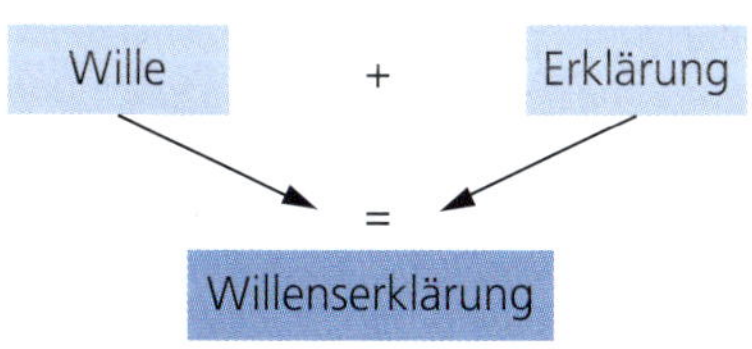

Beispiel: Sie gehen die Straße entlang und winken einer Bekannten zu, die auf der anderen Straßenseite steht. Ein Taxifahrer sieht Ihr Winken, hält an und schaltet den Taxometer ein. Ihre Erklärung ist rechtlich gegenstandslos, da der Wille auf einen rechtlichen Erfolg fehlte, d. h., Sie wollten nicht Taxi fahren.

Willenserklärungen sind möglich:

- durch **ausdrückliche Erklärung**: Sie kann mündlich oder schriftlich erfolgen. *Beispiel:* die schriftliche Bestellung bei einem Versandhaus.
- durch **schlüssige Handlung**: *Beispiel:* Ein Fahrgast steigt in die Straßenbahn und gibt dem Fahrer einen Fünfeuroschein. Dieser händigt wortlos den Fahrschein und das Wechselgeld aus.
- durch **Schweigen**: Schweigen bedeutet grundsätzlich Ablehnung. Unter Kaufleuten jedoch kann es in bestimmten Fällen als Zustimmung gelten. *Beispiel:* Ein Kaufmann schweigt auf eine abgeänderte Auftragsbestätigung.

2.2 Einseitige und zweiseitige Rechtsgeschäfte

Einseitige Rechtsgeschäfte

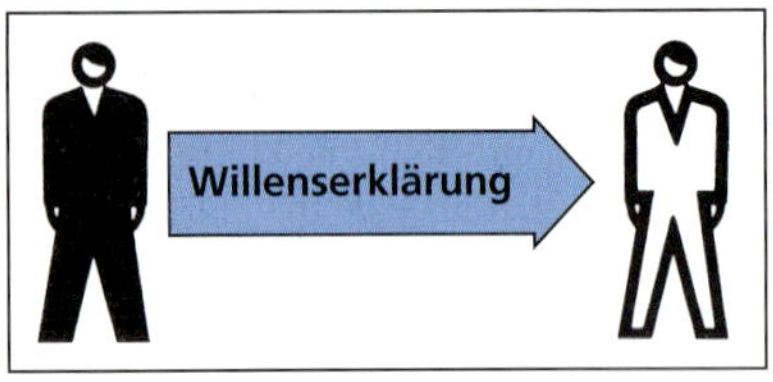

Sie entstehen, wenn nur eine Person oder Partei eine Willenserklärung abgibt.
Beispiele: Kündigung, Testament, Anfechtung. Kündigung und Anfechtung sind empfangsbedürftige Willenserklärungen, d.h., sie sind erst dann wirksam, wenn die betroffene Person sie erhalten hat. Eine nicht empfangsbedürftige Willenserklärung ist beispielsweise ein Testament. Es erlangt seine Gültigkeit bereits bei der Niederschrift, auch wenn die Erben nichts von seinem Inhalt wissen.

Zweiseitige Rechtsgeschäfte

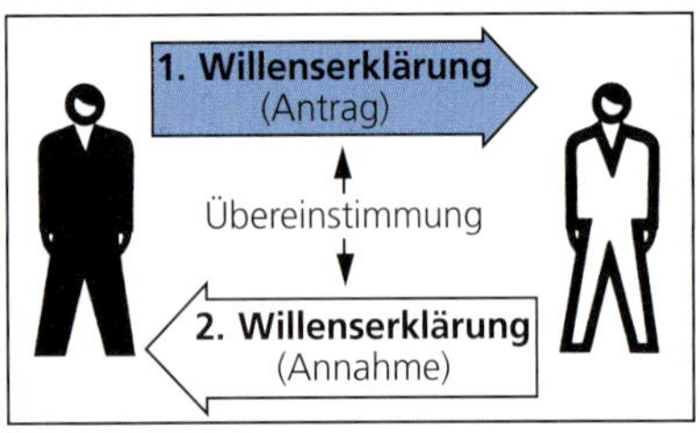

Sie entstehen durch übereinstimmende Willenserklärungen von mindestens zwei Beteiligten. Diese Willenserklärungen nennt man Antrag und Annahme. Zweiseitige Rechtsgeschäfte werden auch als Verträge bezeichnet.
Beispiele: Arbeitsvertrag, Schenkungsvertrag, Kaufvertrag.
Verträge können einseitig oder zweiseitig verpflichten. So wird z.B. bei einer Schenkung nur der Schenker verpflichtet, nämlich zu schenken. Bei einem Kaufvertrag dagegen haben sich beide Vertragspartner verpflichtet, bestimmte Leistungen zu erbringen.

2.3 Besondere Formvorschriften

Nach dem **Grundsatz der Formfreiheit** können Rechtsgeschäfte in beliebiger Form abgeschlossen werden. So kann z.B. ein Kaufvertrag mündlich oder auch schriftlich zustande kommen. Damit man bei späteren Streitigkeiten ein Beweismittel besitzt, ist es jedoch sinnvoll, wichtige Verträge schriftlich niederzulegen.
Bei manchen wichtigen Rechtsgeschäften schreibt das Gesetz eine bestimmte Form vor. Wird dieser gesetzliche „Formzwang" nicht eingehalten, dann kann das betreffende Rechtsgeschäft nichtig (ungültig) sein. Dadurch soll die Rechtssicherheit erhöht und der Bürger vor Übereilung und Leichtfertigkeit bewahrt werden. Solche Formvorschriften sind:

- Die **Schriftform**, d.h., verlangt wird ein Schriftstück mit der eigenhändigen Unterschrift der Beteiligten.
  Beispiele: Berufsausbildungsverträge, Ratenkaufverträge, Bürgschaftserklärungen von Nichtkaufleuten, die Kündigung von Mietverträgen über Wohnraum, die Kündigung von Arbeitsverträgen.
- Die **öffentliche Beglaubigung** umfasst ein Schriftstück, bei dem die eigenhändige Unterschrift von einem Notar oder einer Behörde beglaubigt wurde. Öffentliche Beglaubigungen beziehen sich nur auf die Echtheit der Unterschrift.
  Beispiele: Anträge auf Eintragung ins Grundbuch, Handelsregister oder Vereinsregister.
- Die **notarielle Beurkundung** liegt vor, wenn ein Notar die Willenserklärung schriftlich festhält, also die Echtheit von Unterschrift und Inhalt bestätigt.
  Beispiele: Grundstückskaufverträge, Eheverträge, Schenkungsversprechen.

2.4 Anfechtbarkeit und Nichtigkeit von Rechtsgeschäften

Manche zustande gekommenen Rechtsgeschäfte sind nichtig, d. h., sie sind von Anfang an unwirksam:

Nichtig sind Geschäfte,

- die gegen ein **gesetzliches Verbot** verstoßen. BGB § 134
  Beispiele: Rauschgifthandel, illegaler Zigarettenhandel
- die mit **Geschäftsunfähigen** abgeschlossen werden. BGB § 105
  Beispiel: Der 6-jährige Paul verkauft seinen Roller für 20 €.
- die gegen **die guten Sitten** verstoßen. BGB § 138
  Beispiele: Kreditvertrag bei 50 % Zinsen; Herr Müller erklärt sich bereit, für 500 € seine Religion zu wechseln.
- die als **Scherz** gedacht sind. BGB § 118
  Beispiel: Ein gut gelaunter Oktoberfestbesucher bestellt für sich und seine vier Begleiter 1.000 Maß Bier.
- die zum **Schein** abgeschlossen wurden. BGB § 117
  Beispiel: Um Grunderwerbsteuer zu sparen wird im notariellen Kaufvertrag ein Preis angegeben, der erheblich unter dem wirklich gezahlten Preis liegt.
- bei denen die gesetzlich **vorgeschriebene Form** nicht beachtet wurde. BGB § 125
  Beispiele: mündliche Kündigung eines Arbeitsvertrags, Grundstücksverkauf gegen Quittung.

Im Gegensatz zum nichtigen Rechtsgeschäft ist ein anfechtbares zunächst voll gültig. Nachträglich kann es jedoch durch die Anfechtung für ungültig erklärt werden. Es ist dann rückwirkend, also von Anfang an, nichtig.

Anfechtbar sind Geschäfte,

- die durch **widerrechtliche Drohung** zustande gekommen sind. BGB § 123
  Beispiel: Ein Hauseigentümer droht im Winter Heizung und Strom abzudrehen, wenn der Mieter sein Auto nicht kauft.
- die durch **arglistige Täuschung** herbeigeführt wurden. BGB § 123
  Beispiel: Ein Händler verkauft einen Wagen als unfallfrei, obwohl er ihn selbst nach einem Totalschaden repariert hat.
- denen ein **Irrtum** oder **falsche Übermittlung** zugrunde liegt. BGB §§ 119, 120
  Beispiel: Der kurzsichtige Juwelier verkauft eine echte Perlenkette als Modeschmuck.

Eine Anfechtung wegen Irrtums muss unverzüglich nach Entdeckung des Irrtums erfolgen. Allerdings hat der Anfechtende einen dadurch entstandenen Schaden zu tragen. Rechtsgeschäfte, die durch arglistige Täuschung oder aufgrund einer widerrechtlichen Drohung zustande gekommen sind, können innerhalb eines Jahres angefochten werden.

ZUSAMMENFASSUNG

Einseitige Rechtsgeschäfte

eine Willenserklärung

- **empfangsbedürftig** – z. B. Kündigung
- **nicht empfangsbedürftig** – z. B. Testament

Zweiseitige Rechtsgeschäfte

zwei übereinstimmende Willenserklärungen

- **einseitig verpflichtend** – z. B. Schenkung
- **zweiseitig verpflichtend** – z. B. Kaufvertrag

Form der Rechtsgeschäfte

- **grundsätzlich formlos**
- **Schriftform**: Jede Partei muss unterschreiben, z. B. Ratenkaufvertrag (= Teilzahlungsgeschäft)
- **öffentliche Beglaubigung**: Beglaubigt wird die Unterschrift, z. B. Antrag auf Eintragung ins Vereinsregister
- **notarielle Beurkundung**: Beurkundet werden Inhalt und Unterschrift, z. B. Grundstückskauf

Schriftform, öffentliche Beglaubigung, notarielle Beurkundung → **Formzwang,** bei Nichtbeachtung: evtl. Nichtigkeit

---

Rechtsgeschäfte

Nichtigkeit bei

- Verstoß gegen gesetzliches Verbot
- Geschäftsunfähigkeit
- Sittenwidrigkeit
- Formmangel
- Scherzgeschäft
- Scheingeschäft

→ von Anfang an nichtig

Anfechtbarkeit bei

- widerrechtlicher Drohung
- arglistiger Täuschung
- Irrtum (evtl. Schadenersatz)

→ erst durch Anfechtung nichtig

ARBEITSTEIL

1. a) Wodurch entstehen Rechtsgeschäfte? b) Wie kommt ein Vertrag zustande?
2. Wie können Willenserklärungen abgegeben werden?
3. Zeigen Sie an einem Beispiel, wie durch schlüssiges Handeln ein Vertrag entstehen kann.
4. a) Welcher Unterschied besteht zwischen einseitigen und zweiseitigen Rechtsgeschäften?
   b) Geben Sie bei den nachfolgenden Rechtsgeschäften an, ob es sich um einseitige oder um zweiseitige Rechtsgeschäfte handelt.
   1. Kaufvertrag 2. Schenkung 3. Testament 4. Kündigung 5. Mietvertrag
5. a) Welche Bedeutung hat der Grundsatz der Formfreiheit bei Rechtsgeschäften?
   b) Für bestimmte Rechtsgeschäfte besteht ein gesetzlicher Formzwang. Erläutern Sie die Bedeutung und den Grund dieses Formzwangs.
   c) Welche Formvorschrift besteht für
   1. Grundstückskäufe 2. Ratenkaufverträge 3. Berufsausbildungsverträge?
6. Unterscheiden Sie zwischen anfechtbaren und nichtigen Rechtsgeschäften und geben Sie jeweils zwei Beispiele dazu an.
7. Begründen Sie mithilfe der unten stehenden Auszüge aus dem BGB, ob die folgenden Rechtsgeschäfte anfechtbar oder nichtig sind.
   a) Ein Händler verkauft normale Erzeugnisse als besonders gesundes „Bio-Gemüse" zu einem überhöhten Preis.
   b) Von einem Verkäufer wird die 18-jährige Susanne überredet, einen Ratenkaufvertrag für einen Gebrauchtwagen zu unterschreiben. Der effektive Jahreszins soll 28,5 % betragen.
   c) Die Renovierungsarbeiten eines Hauses belaufen sich auf 30.000 €. Um Steuern zu sparen einigen sich Hausbesitzer und Handwerker auf eine „offizielle Rechnung" von lediglich 10.000 €. Der Hausbesitzer will deshalb nur noch 10.000 € bezahlen.
   d) Bei einem Grundstückskauf fallen Notargebühren an. Um diese zu sparen schließt ein Käufer mit dem Verkäufer nur einen schriftlichen Kaufvertrag ab, worin sie vereinbaren, dass nach Zahlung des Kaufpreises der Verkäufer das Grundbuch ändern lässt.
   e) Uwe erhält vom Chef den Auftrag, 5 Dutzend Flaschen Berghausener Riesling nachzubestellen. Uwe, ein schwacher Rechner, bestellt 600 Flaschen.

Bürgerliches Gesetzbuch (BGB)

§ 117 Scheingeschäft. (1) Wird eine Willenserklärung, die einem anderen gegenüber abzugeben ist, mit dessen Einverständnisse nur zum Schein abgegeben, so ist sie nichtig.
(2) Wird durch ein Scheingeschäft ein anderes Rechtsgeschäft verdeckt, so finden die für das verdeckte Rechtsgeschäft geltenden Vorschriften Anwendung.

§ 119 Anfechtbarkeit wegen Irrtums.
(1) Wer bei der Abgabe einer Willenserklärung über deren Inhalt im Irrtum war oder eine Erklärung dieses Inhalts überhaupt nicht abgeben wollte, kann die Erklärung anfechten, wenn anzunehmen ist, dass er sie bei Kenntnis der Sachlage und bei verständiger Würdigung des Falles nicht abgegeben haben würde.

§ 120 Anfechtung wegen falscher Übermittlung. Eine Willenserklärung, welche durch die zur Übermittlung verwendete Person oder Anstalt unrichtig übermittelt worden ist, kann unter der gleichen Voraussetzung angefochten werden wie nach § 119 eine irrtümlich abgegebene Willenserklärung.

§ 123 Anfechtbarkeit wegen Täuschung oder Drohung. (1) Wer zur Abgabe einer Willenserklärung durch arglistige Täuschung oder widerrechtlich durch Drohung bestimmt worden ist, kann die Erklärung anfechten.

§ 125 Nichtigkeit wegen Formmangels. Ein Rechtsgeschäft, welches der durch Gesetz vorgeschriebenen Form ermangelt, ist nichtig (...)

§ 138 Sittenwidriges Rechtsgeschäft; Wucher. (1) Ein Rechtsgeschäft, das gegen die guten Sitten verstößt, ist nichtig.
(2) Nichtig ist insbesondere ein Rechtsgeschäft, durch das jemand unter Ausbeutung der Zwangslage, der Unerfahrenheit, des Mangels an Urteilsvermögen oder der erheblichen Willensschwäche eines anderen sich oder einem Dritten für eine Leistung Vermögensvorteile versprechen oder gewähren lässt, die in einem auffälligen Missverhältnis zu der Leistung stehen.

3 Der Kaufvertrag

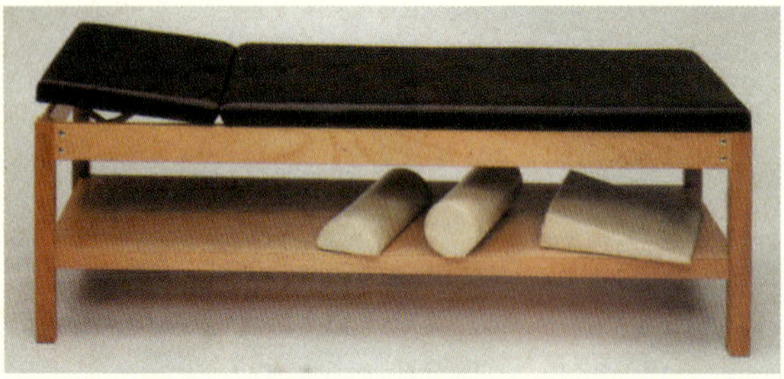

Dr. Möller möchte seine Sprechzimmer mit neuen Untersuchungsliegen ausstatten.
Um sich einen Überblick zu verschaffen, beauftragt er seine MFA, Melissa Clever, bei verschiedenen Anbietern Prospekte und Preislisten anzufordern.
Einige Wochen später – Dr. Möller hat inzwischen etliche Prospekte erhalten und durchgesehen – zeigt er Melissa den Prospekt der Firma Gruber Medizintechnik:

Dr. Möller: „Melissa, inzwischen bin ich etwas schlauer. Ich denke, diese Liege würde am Besten in unsere Sprechzimmer passen, auch der Preis ist soweit in Ordnung. Schreiben Sie deshalb eine Anfrage an die Firma Gruber und fragen Sie nach, welchen Preisnachlass ich erhalte bei Abnahme von 5 Liegen. Erkundigen Sie sich auch gleich nach den Zahlungsbedingungen. Ach ja, fragen Sie auch nach den Lieferbedingungen. Holen Sie danach sicherheitshalber noch zwei Vergleichsangebote ein."

Melissa: „Ich weiß nicht, können Sie das nicht selber machen? Wenn ich da was falsch mache, zahlen wir vielleicht zu viel. Schließlich geht es hier um eine Menge Geld. Und Sie müssen die Liegen dann abnehmen und bezahlen."

Halten Sie Melissas Bedenken für gerechtfertigt?
Wo kann Melissa neue Bezugsquellen finden?

3.1 Waren beschaffen – Bezugsquellen

Die Sicherheit und die Gesundheit der Patienten stehen in einer Arzt- und Zahnarztpraxis an erster Stelle. Bei jeder Bestellung muss deshalb auf die Qualität des bestellten Praxismaterials geachtet werden. Andererseits soll eine Praxis auch wirtschaftlich betrieben werden, d. h., das Praxisteam muss versuchen Kosten zu senken, ohne dabei die Leistungen zu verschlechtern. Bei der Auswahl von Praxismaterial ist deshalb zu beachten, dass es in guter Qualität zu einem günstigen Preis beschafft wird. Nicht immer ist der Preis für eine Bestellung ausschlaggebend, da z. B. eine möglichst schnelle Lieferung in manchen Fällen wichtiger sein kann.
In der Regel ist es auch nicht einfach, Lieferanten mit einem ausnahmslos guten Preis-Leistungs-Verhältnis zu ermitteln. Die meisten Anbieter arbeiten nämlich mit Mischkalkulationen. Die Folge: Einige Artikel werden mit einer sehr geringen Gewinnspanne kalkuliert, damit sie recht preiswert angeboten werden können. Zum Ausgleich werden andere Produkte mit hohen Spannen angesetzt. Sie können dann teurer sein als bei anderen Anbietern. Verzichtet das Praxisteam bei Bestellungen darauf, die Preise mehrerer Anbieter zu vergleichen, dann werden diese hohen Preise übersehen und bezahlt. Eine wichtige Möglichkeit, die Kosten der Praxis zu senken, wurde nicht genutzt.
Damit Angebote auch zu einer Kostenersparnis führen, müssen alte Bezugsquellen ständig überprüft werden. Daneben müssen Hinweise auf neue Produkte oder mögliche neue Lieferanten gesammelt und bei Bedarf in die Entscheidung mit einbezogen werden.

Apotheken

Die meisten Praxen arbeiten mit ein oder zwei nahe gelegenen Apotheken zusammen. Dadurch sind die Lieferwege kurz, dringend benötigte Materialien stehen in kürzester Zeit zur Verfügung. Durch die enge Zusammenarbeit kennt der Apotheker die speziellen Wünsche, den gewöhnlichen Bedarf sowie die Besonderheiten seiner Praxen. Er ist von seinem Sortiment auf Bestellungen bestens vorbereitet. Die Apotheke in der Nähe hat unbestreitbare Vorteile, wenn es besonders eilt oder wenn bestimmte Medikamente und Impfstoffe in einer lückenlosen Kühlkette in die Praxis geliefert werden müssen. Zwar gibt es auch im Internet zahlreiche Versandapotheken. Unter Umständen bieten sie sogar etliche Artikel preisgünstiger an. Abgesehen davon, dass die persönliche Beziehung zum Apotheker vor Ort fehlt, dauert auch die Zustellung der bestellten Materialien erheblich länger. Falls die Versandapotheke ihren Sitz im Ausland hat, kommt hinzu, dass bei Sachmängeln nicht das deutsche Recht zugrundegelegt wird.

Bekannte Lieferanten mit bestehender Geschäftsverbindung

Lieferanten, bei denen der Arzt oder Zahnarzt bereits Bestellungen vorgenommen hat, senden in regelmäßigen Abständen neue Kataloge oder Werbeprospekte zu. Häufig werden die Praxen auch von Vertretern der Firmen aufgesucht. Viele Hersteller bieten ihren Kunden auch Informationsveranstaltungen an, wo sie beispielsweise über neue Produkte informieren.

Neue Lieferanten

Für einen aussagekräftigen Angebotsvergleich sollten die Angebote nicht nur durch bereits bekannte Lieferanten erfolgen, sondern es sollten auch Angebote von neuen Firmen einfließen. Anschriften anderer Anbieter erhält man unter anderem

- in **Branchenbüchern (Gelbe Seiten)**: Sie enthalten die in Frage kommenden regionalen Anbieter.
- im **Internet**: Eine riesige Anzahl von Anbietern kann über das Internet erreicht werden. Je nach verwendeter Suchmaschine erhält man eine unterschiedlich große Anzahl Treffer. Beispielsweise erhält man unter dem Stichwort Ärztebedarf rund 266.000 Treffer bei Google (www.google.de), etwa 1.400.000 bei Yahoo (www.yahoo.de). Unter dem Begriff Praxisbedarf sind es rund 754.000 Treffer bei Google und 2.190.000 bei Yahoo.
- in **Fachzeitschriften**: In jeder Ausgabe inserieren zahlreiche Anbieter aus allen Bereichen.
- durch **Außendienstmitarbeiter**: Außendienstmitarbeiter von Herstellern medizinischer Geräte, Praxissoftware sowie Pharmareferenten besuchen regelmäßig die Praxen, informieren über Neuigkeiten und hinterlassen Proben, Prospekte oder Kataloge.

3.2 Anfrage und Angebot

Anfrage

Beim Kauf einer Ware kann der Käufer heute zwischen vielen verschiedenen Lieferanten auswählen. Deshalb ist es notwendig, Preise, Qualität, Lieferungs- und Zahlungsbedingungen der möglichen Anbieter sorgfältig zu vergleichen. Dazu richtet man an ausgewählte Firmen eine **Anfrage.** Dies kann sowohl schriftlich als auch mündlich erfolgen. Im rechtlichen Sinne ist eine Anfrage keine Willenserklärung, deshalb hat sie auch **keine rechtliche Wirkung,** d. h., sie ist immer **unverbindlich.**
Grundsätzlich unterscheidet man zwei verschiedene Arten von Anfragen:

- Die **allgemeine Anfrage** liegt vor, wenn man sich noch auf kein bestimmtes Produkt festgelegt hat, sondern lediglich wissen möchte, was die Firma im Angebot hat. Mit dieser Anfrage bittet man um die Zusendung von Katalogen, Prospekten, Preislisten oder um Vertreterbesuche.
- Die **spezielle Anfrage** wird an eine Firma gerichtet, wenn man schon ganz genau weiß, was man möchte. Mit dieser Anfrage bittet man um genaue Auskunft über eine bestimmte Ware, über Qualität, Preis, Lieferzeit, Lieferungs- und Zahlungsbedingungen.

Dr. Georg Möller
Chirurg · Unfallchirurg

Dr. Georg Möller · Neckarstraße 20 · 74072 Heilbronn

Sprechstunden:
Montag bis Freitag 8.30–11.30 Uhr, 14.30–17.30 Uhr,
außer Mittwochnachmittag, und nach Vereinbarung
Notfälle: 8.00–18.00 Uhr

Gruber Medizintechnik
Musterstraße 00
99999 Mustermannshausen

Ihre Zeichen, Ihre Nachricht vom	Unsere Zeichen	☎ 07131/638135	Heilbronn
	Mö/mc		2020-09-26

Anfrage nach Untersuchungsliegen

Sehr geehrte Damen und Herren,

der Fachzeitschrift „Praxis" lag Ihr Farbprospekt über Praxismöbel bei. Da ich meine Sprechzimmer mit neuen Untersuchungsliegen ausstatten möchte, bitte ich Sie um ein Angebot über

5 Untersuchungs- und Behandlungsliegen, Best.-Nr. 60325.

Welchen Preisnachlass gewähren Sie bei dieser Stückzahl? Wie sind Ihre Lieferungs- und Zahlungsbedingungen?

Bitte senden Sie mir Ihr Angebot rasch zu. Sofern es günstig ist, können Sie mit einer Bestellung rechnen.

Mit freundlichen Grüßen

Dr. G. Möller

Dr. Möller

Praxisräume
Neckarstraße 20
74072 Heilbronn

Telefon
07131/
638135

Kontoverbindung
Handelsbank Heilbronn
IBAN DE44 7001 1110 0003 2105 55

Normbrief nach DIN 5008

Angebot

Einem ausführlichen Angebot muss der Kaufinteressent alle wichtigen Informationen entnehmen können, die er für seine Kaufentscheidung benötigt. Im Einzelnen sind dies folgende Punkte:

BGB § 145 ff.

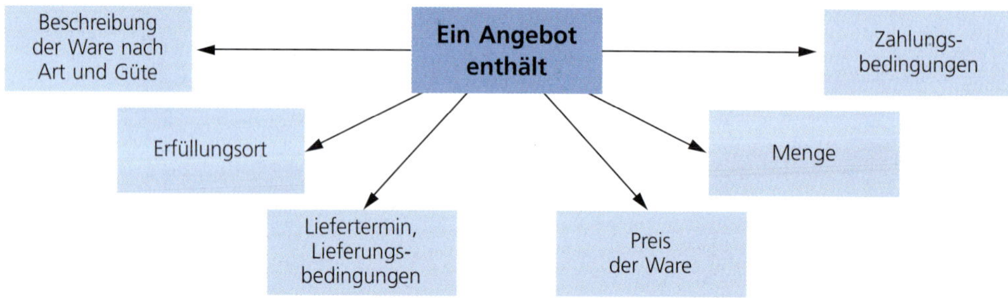

GRUBER MEDIZINTECHNIK
Fachversand für Arzt- und Laborbedarf

Gruber Medizintechnik · Musterstr. 00 · 99999 Mustermannshausen

Musterstraße 00
99999 Mustermannshausen
Tel. 91199/3333333
Fax 91199/4444444

Herrn
Dr. med. Georg Möller
Neckarstr. 20
74072 Heilbronn

Ihre Zeichen, Ihre Nachricht vom	Unsere Zeichen	Mustermannshausen
Mö/mc 2020-09-26	Kü	2020-10-02

Angebot für Untersuchungsliegen

Sehr geehrter Herr Dr. Möller,

wir bedanken uns für Ihre Anfrage. Die gewünschten Untersuchungsliegen können wir zu folgenden Bedingungen anbieten:

> Untersuchungsliege, Best.-Nr. 60325, massiv Buche,
> Kopfteil höhenverstellbar, 40 mm Qualitätspolsterung,
> strapazierfähiger Kunstlederbezug, schwarz oder braun,
> Länge 195 cm, Breite 65 cm, Höhe 65 cm.
> Preis je Stück: 360,00 € zuzüglich 19 % Umsatzsteuer

Lieferung erfolgt frei Haus, innerhalb von 6 Wochen ab Eingang der Bestellung.
Bei Abnahme von 5 Stück gewähren wir 10 % Nachlass.
Der Rechnungsbetrag ist zahlbar 4 Wochen nach Lieferung. Bei Zahlung innerhalb von 8 Tagen erhalten Sie 2 % Skonto.
Wir erwarten gerne Ihre Bestellung und sichern Ihnen pünktliche Lieferung zu.

Mit freundlichen Grüßen

A. Kürmann
Gruber Medizintechnik

Inhalt von Angebot und Kaufvertrag

Bei normalen Käufen des Alltags, z. B. dem Einkauf beim Bäcker oder im Supermarkt, ist es nicht nötig, die einzelnen Bedingungen des Kaufs besonders auszuhandeln oder gar schriftlich niederzulegen. Dies empfiehlt sich jedoch unbedingt bei wichtigen Kaufverträgen. Um spätere Streitigkeiten zu vermeiden, sollte man alle Einzelheiten des Vertrags vorher genau vereinbaren und danach schriftlich festhalten. Wenn im Angebot oder Kaufvertrag nichts besonders vereinbart wurde, dann gelten die folgenden gesetzlichen Regelungen:

BGB § 434

- ***Art und Güte der Ware:*** Wurde vertraglich nichts vereinbart, ist die gewöhnliche Verwendung maßgebend, d. h. eine Beschaffenheit wie bei gleichartigen Sachen üblich.

BGB § 271

- ***Lieferzeit:*** Wenn keine Lieferzeit festgelegt wurde, ist sofort zu liefern. Wurde ein genauer Liefertermin vereinbart, z. B. Lieferung am 28.8..., dann liegt ein **Fixkauf** vor. Von einem **Terminkauf** spricht man, wenn eine bestimmte Lieferfrist vereinbart wurde, z. B. Lieferung innerhalb von einer Woche.

BGB § 448

- ***Verpackungskosten und Beförderungskosten:*** Die Kosten der Übergabeverpackung gehen zulasten des Verkäufers. Eigentlich müsste der Käufer die Ware beim Verkäufer abholen, da Warenschulden Holschulden sind. Lässt er sich sie jedoch durch Post, Bahn, private Paketdienste oder Speditionen zuschicken, dann muss er alle anfallenden Versandkosten und Verpackungskosten tragen. Auch eine eventuelle Transportversicherung geht zu seinen Lasten.
  Es ist aber auch möglich, abweichende Vereinbarungen zu treffen. So sind bei vielen Anbietern Lieferungen ab einem bestimmten Auftragswert versandkostenfrei. Bei niedrigeren Bestellsummen muss dagegen der Käufer die Kosten tragen. Spezielle Regelungen erfolgen meist mit festen Klauseln wie z. B.:
  - *frei Haus,* d. h., der Verkäufer übernimmt alle Versandkosten
  - *ab Werk,* d. h., der Käufer übernimmt alle Versandkosten.

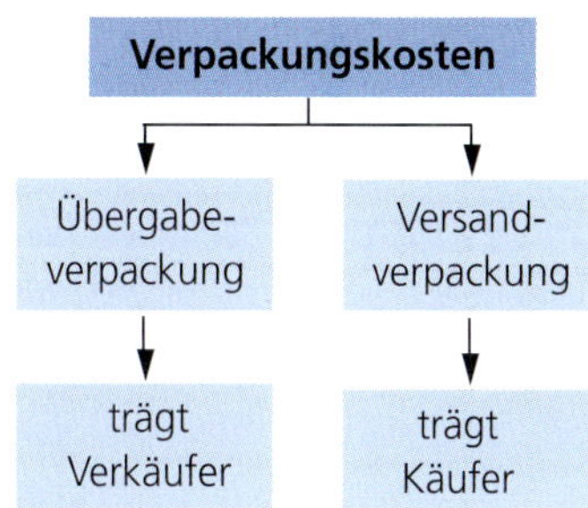

BGB § 271

- ***Zahlungsbedingungen:*** Der Käufer muss auf eigene Gefahr und Kosten das Geld überbringen. Wenn kein besonderer Zahlungstermin vereinbart wurde, sieht das Gesetz die sofortige Zahlung bei der Warenübergabe vor. Angeboten können unterschiedliche Zahlungsbedingungen zugrunde liegen, z. B.:
  - *Zahlung bei Lieferung oder Lieferung per Nachnahme (sog. Barkauf).* Diese Zahlungsbedingung ist häufig im Versandhandel anzutreffen, vor allem bei Neukunden.
  - *Zahlung nach Lieferung (sog. Zielkauf).* Beispiel: „Zahlung innerhalb von 30 Tagen"
  - *Zahlung vor Lieferung,* z. B. durch Vorauskasse oder Anzahlung. Diese Zahlungsbedingung ist üblich bei Neukunden oder Spezialanfertigungen.

- ***Preisnachlässe:*** Preisabzüge wie Rabatt und Skonto dürfen nur dann vorgenommen werden, wenn sie vorher vereinbart wurden.
  Skonto ist ein Preisnachlass für die vorzeitige Zahlung, weil eine eingeräumte Zahlungsfrist vom Käufer nicht ausgenutzt wird.
  Rabatt ist ein Preisnachlass, der aus unterschiedlichen Gründen eingeräumt werden kann, z. B.
  - *Treuerabatt* für Stammkunden
  - *Mengenrabatt* beim Kauf größerer Mengen
  - *Sonderrabatt* zu bestimmten Anlässen wie Räumungsverkauf, Firmenjubiläum, Sortimentswechsel usw.
  - *Einführungsrabatt* bei neuen Produkten, zur Geschäftseröffnung oder um neue Kunden zu gewinnen.

BGB § 269

- ***Erfüllungsort:*** Hier muss der Schuldner seine vertraglichen Pflichten erfüllen. Kosten und Risiko gehen hier auf den Gläubiger über. Der gesetzliche Erfüllungsort gilt immer dann, wenn kein anderer Erfüllungsort vereinbart wurde. Er ist immer der Wohn- bzw. Firmensitz des jeweiligen Schuldners. Beim Kaufvertrag gibt es zwei Schuldner, den Verkäufer als Warenschuldner und den Käufer als Geldschuldner.

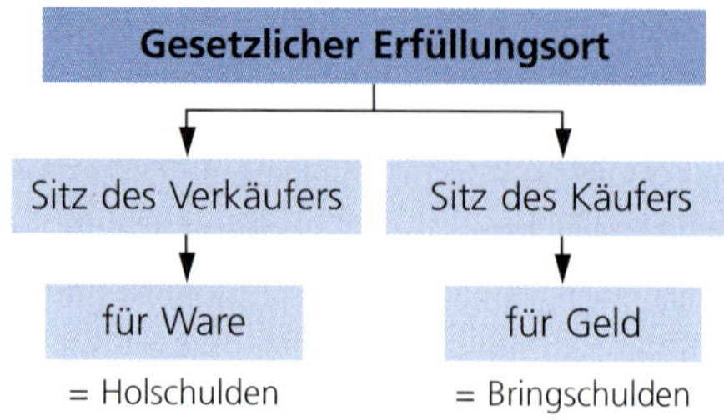

BGB § 447

Warenschulden sind nach dem Gesetz **Holschulden**. Der Verkäufer erfüllt also den Vertrag, wenn er die Ware am Ort seiner Niederlassung bereithält und übergibt. Der Käufer muss sie auf eigene Gefahr und Kosten abholen. Lässt er sie durch den Verkäufer zusenden, dann trägt er das Risiko, falls die Ware auf dem Transport beschädigt wird. **Geldschulden** sind nach dem Gesetz **Bringschulden** bzw. **Schickschulden,** d. h., der Käufer muss das Geld auf seine Kosten rechtzeitig an den Verkäufer übermitteln. Er trägt das Verlustrisiko, bis die Zahlung eingegangen ist. Vertraglich kann ein anderer Erfüllungsort vereinbart werden.

- ***Gerichtsstand:*** Das ist der Ort, an dem der Schuldner wegen Nichterfüllung verklagt werden kann. Wenn kein besonderer Gerichtsstand vereinbart wurde, gilt immer der gesetzliche Gerichtsstand. Er ist der Erfüllungsort des jeweiligen Schuldners, also sein Wohn- und Geschäftssitz. Vertraglich kann ein anderer Gerichtsstand vereinbart werden.

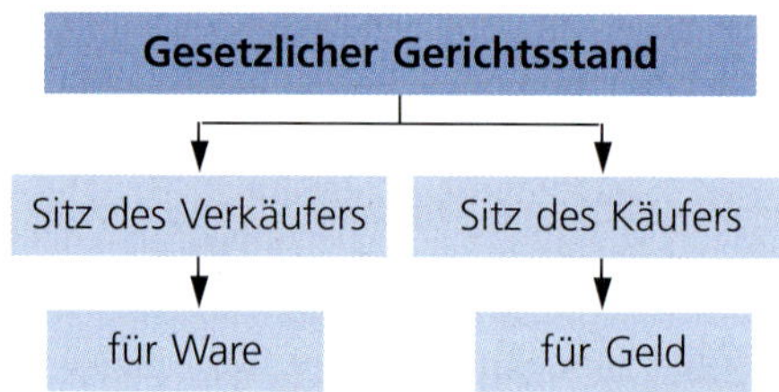

Nach den Bestimmungen des Verbraucherschutzes können Privatkäufer jedoch immer nur am zuständigen Gericht ihres Wohnsitzes klagen und auch nur dort verklagt werden. Gegenüber Privatkäufern ist eine Gerichtsstandsvereinbarung jedoch unwirksam.

BGB § 145

Grundsätzlich ist jeder an sein Angebot gebunden. Diese Bindung wird aufgehoben:

- durch **Freizeichnungsklauseln**, d. h., der Absender macht seinen Antrag unverbindlich mit Formulierungen wie z. B. „Angebot freibleibend", „solange Vorrat reicht", „unverbindlich".

BGB § 146 ff.

- durch eine **verspätete oder abgeänderte Annahme**. Unter Anwesenden muss ein Antrag sofort angenommen werden, schriftliche Angebote schnellstmöglich. Unter Berücksichtigung der Beförderungsdauer muss bei einem schriftlichen Angebot ca. nach 1 Woche die Annahme vorliegen. Eine verspätete oder abgeänderte Annahme verpflichtet den Antragsteller nicht mehr. Nimmt er dennoch an, entsteht ein Vertrag (eine verspätete bzw. abgeänderte Annahme ist demnach rechtlich ein neuer Antrag).

Jeder ist an seinen Antrag gebunden:

15. 12. 2020
Um Platz für neue Ware zu schaffen, geben wir 20 % Rabatt auf alle Modelle des Jahres 20.

außer bei:

Freizeichnungsklauseln

15. 12. 2020
Um Platz für neue Ware zu schaffen, geben wir 20 % Rabatt auf alle Modelle des Jahres 20, **solange der Vorrat reicht.**

verspäteter Bestellung

28. 12. 2020
Wir bedanken uns für Ihr Angebot vom 15. 12. 20 und bestellen hiermit …

abgeänderter Bestellung

18. 12. 2020
Wir bedanken uns für Ihr Angebot vom 15. 12. 20 und bestellen mit **25 % Rabatt …**

Schaufensterauslagen, Kataloge, Zeitungsanzeigen oder Postwurfsendungen sollen den Kunden nur auffordern, selbst ein Angebot abzugeben. Ein Angebot ist immer an eine bestimmte Person gerichtet. *Beispiel:* Ein Kunde sieht im Schaufenster einen sehr preiswert ausgezeichneten Mantel. Er besteht auf dem Kauf. Da Schaufensterauslagen kein Angebot sind, sondern der Antrag erst durch den Kunden erfolgt, ist der Verkäufer nicht zum Verkauf verpflichtet.

Angebot

mündlich	telefonisch	per E-Mail	per Fax	per Brief
Annahme **sofort,** Schweigen gilt als Ablehnung	Annahme **sofort,** Schweigen gilt als Ablehnung	Annahme **am selben Tag,** telefonisch, per Fax oder E-Mail	Annahme **am selben Tag,** telefonisch, per Fax oder E-Mail	Annahme **spätestens nach ca. einer Woche**

Angebotsvergleich

Sie erinnern sich: Dr. Möller hat seine Medizinische Fachangestellte Melissa Clever gebeten, verschiedene Angebote für 5 neue Untersuchungs- und Behandlungsliegen einzuholen.

Lieferer	Gruber	Praximed	Meditec
Listenpreis (ohne 19 % MwSt)	360,00 €	330,00 €	405,00 €
Rabatt	10 % Rabatt ab 5 Stück	3 % Rabatt ab 150,00 € Nettobestellwert 5 % Rabatt ab 250,00 € Nettobestellwert	8 % Treuerabatt
Zahlungsbedingungen	Zahlung innerhalb von 8 Tagen nach Lieferung mit 2 % Skonto oder Zahlung innerhalb von 30 Tagen ohne Abzüge	Zahlung innerhalb von 30 Tagen nach Lieferung ohne Abzüge	Zahlung innerhalb von 10 Tagen nach Lieferung mit 3 % Skonto oder innerhalb von 30 Tagen ohne Abzüge.
Lieferzeit	innerhalb von 6 Wochen	innerhalb von 14 Tagen	sofort
Lieferbedingungen	frei Haus	Fracht und Verpackung: 80,00 € Transportversicherung: 15,00 €	Transportkostenpauschale: 75,00 €

Auf den ersten Blick scheint das Angebot der Firma Praximed sehr günstig zu sein. Gewissheit verschafft letztendlich nur ein **rechnerischer Angebotsvergleich**. Weichen die einzelnen Angebote bezüglich Qualität, Sachmangelhaftung, Lieferzeit und Service nicht wesentlich voneinander ab, dann wird der **Bezugspreis** den Ausschlag geben. Der Bezugspreis wird nach folgendem Schema ermittelt.

		Gruber		Praximed		Meditec	
	Listenpreis	5 x 360,00 €	1.800,00 €	5 x 330,00 €	1.650,00 €	5 x 405,00	2.025,00 €
–	Rabatt	10 %	180,00 €	5 %	82,50 €	8 %	162,00 €
=	Zieleinkaufspreis		1.620,00 €		1.567,50 €		1.863,00 €
–	Skonto	8 Tage 2 %	32,40 €			10 Tage 3 %	55,89 €
=	Bareinkaufspreis		1.587,60 €		1.567,50 €		1.807,11 €
+	Bezugskosten (Fracht, Verpackung, Porto, Transportversicherung)		–		95,00 €		75,00 €
=	**Bezugspreis**		**1.587,60 €**		**1.662,50 €**		**1.882,11 €**

3.3 Abschluss und Erfüllung des Kaufvertrags

Wie alle Verträge entsteht auch der **Kaufvertrag** durch mindestens zwei übereinstimmende Willenserklärungen, den **Antrag** und dessen **Annahme**.

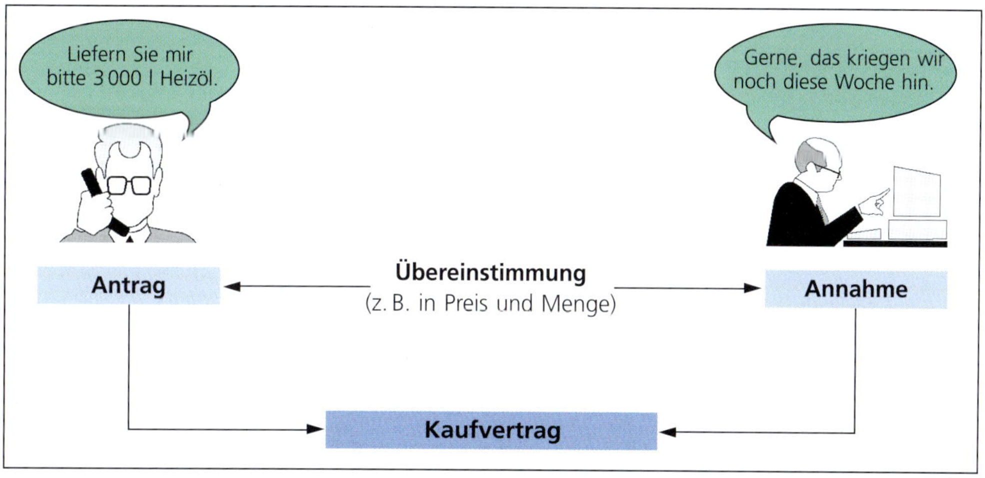

Antrag und Antragsannahme können sowohl durch den Käufer als auch durch den Verkäufer erfolgen. Die häufigsten Möglichkeiten sind folgende: **BGB § 145 ff.**

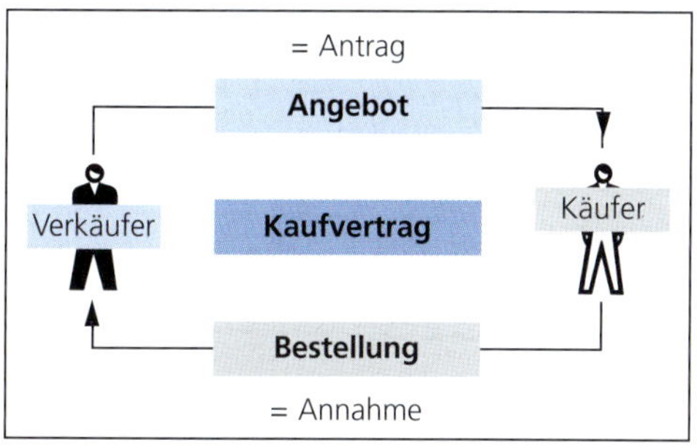

Der Verkäufer macht dem Käufer ein Angebot. Dieser bestellt rechtzeitig, ohne das Angebot abzuändern. Dadurch ist ein Kaufvertrag entstanden.

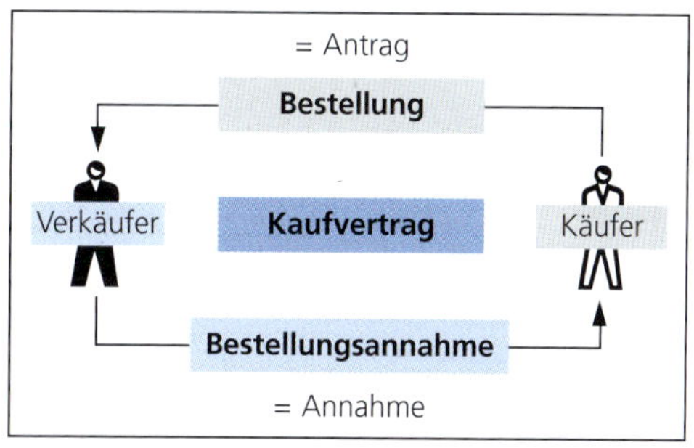

Bestellt der Käufer ohne ein vorhergehendes Angebot, entsteht ebenfalls ein Kaufvertrag, wenn der Verkäufer die Bestellung annimmt.

Rechte und Pflichten der Vertragspartner

Die Abgabe eines Antrags und dessen Annahme erfolgen freiwillig. Mit dem Abschluss des Kaufvertrags jedoch werden Käufer und Verkäufer verpflichtet, den abgeschlossenen Vertrag auch zu erfüllen. **BGB § 433**

Die Pflichten des Verkäufers sind:
- Lieferung und Übereignung der Ware (mängelfrei, zur rechten Zeit, am rechten Ort)
- Annahme des Kaufpreises

= **Rechte des Käufers**

Die Pflichten des Käufers sind:
- Annahme der Ware
- Zahlung des Kaufpreises

= **Rechte des Verkäufers**

BGB §§ 433, 362 ff.

Ein Kaufvertrag besteht also aus zwei Teilen. Durch den Vertragsabschluss entsteht zunächst ein **Verpflichtungsgeschäft**, da Käufer und Verkäufer sich zu bestimmten Leistungen verpflichtet haben. Dieses gegenseitige Schuldverhältnis erlischt, wenn jeder Vertragspartner seinen Pflichten nachgekommen ist, also das sogenannte **Erfüllungsgeschäft** bewirkt wurde. Verpflichtungsgeschäfte kann man nahezu unbegrenzt abschließen, allerdings muss man sie dann auch erfüllen.

Weitere Informationen zum Kaufvertrag finden Sie

- *auf S. 79: Inhalt von Kaufvertrag und Angebot*
- *auf S. 401: Allgemeine Geschäftsbedingungen*
- *auf S. 404: Fernabsatzverträge*

3.4 Besitz und Eigentum

Ersatz-Navigationssysteme

Auch fest installierte Navigationssysteme werden bei ebay oft günstig angeboten. Doch Interessenten sollten vorsichtig sein, denn die meisten Geräte sind geklaut.

Neun von zehn Navis, die beim Auktionshaus ebay angeboten werden, sind gestohlen. Insgesamt werden in Deutschland pro Jahr rund 50 000 Navigationssysteme gestohlen. Wie die Zeitschrift „Auto Bild" gemeinsam mit der Polizei Passau ermittelt hat, werden vor allem VW-, Audi- oder Skoda-Navigationssysteme über ebay verschoben. Die Hehlerware stammt dabei meist aus Deutschland, den Niederlanden, Belgien, Frankreich und Tschechien. So haben Redakteure das VW-Navigationssystem RNS 510 für 950 Euro ersteigert. Doch erst als die Auktion drei Tage lief, wurde das entsprechende Gerät im Rheinisch-Bergischen Kreis geklaut. Da oft auch falsche ebay-Konten zum Verkauf dienen, ist den Dieben nicht auf die Schliche zu kommen. Ein Leiter der Passauer Polizei rät von einem Gebrauchtkauf im Internet ab. *SP-X/fh*

Weshalb warnt die Polizei vor dem Ankauf solcher Geräte?

> **!** **Eigentum** ist die **rechtliche Gewalt** über eine Sache, **Besitz** ist die **tatsächliche Gewalt**.

Meistens ist der Besitzer einer Sache auch deren Eigentümer.

BGB § 903

Der **Eigentümer** übt die **rechtliche Gewalt** über eine Sache aus. Soweit nicht das Gesetz oder Rechte Dritter entgegenstehen, kann er darüber verfügen wie er will. Er kann sie beispielsweise verkaufen, verschenken, vermieten, verpfänden oder sogar zerstören. Er kann anderen ihren Besitz erlauben oder sie von jeder Einwirkung ausschließen.

BGB § 854

Der **Besitzer** einer Sache übt die **tatsächliche Gewalt** über einen Gegenstand aus. *Beispiel:* Herr Baumann fährt einen Geschäftswagen, d. h., er besitzt zwar einen Pkw, aber er ist nicht der Eigentümer, weil das Auto seiner Firma gehört.

Wird dem Eigentümer oder dem rechtmäßigen Besitzer eine Sache widerrechtlich entzogen, dann darf er sich zur Wehr setzen. Ertappt er den Dieb auf frischer Tat, darf er ihm die Sachen wieder abnehmen, notfalls sogar mit Gewalt. Mithilfe des Gerichts kann er verlangen, dass ihm der Besitz wieder eingeräumt wird. Bei Beeinträchtigung des Besitzes kann er verlangen, dass die Störung beseitigt wird, notfalls kann er auf Unterlassung klagen.

Die Eigentumsübertragung

Mit Abschluss des Kaufvertrags verpflichtet sich der Verkäufer, die Ware zu übereignen. Wie das Eigentum übertragen wird, hängt von der Sache ab. Ein Eigentumsübergang erfolgt:

- bei **beweglichen Sachen** normalerweise durch Einigung der Vertragspartner und Übergabe. Befindet sich die Sache bei einem Dritten, dann wird der Herausgabeanspruch abgetreten.

BGB § 929

- bei **unbeweglichen Sachen** (Grundstück, Haus) durch Auflassung (= Einigung über den Eigentumsübergang vor dem Notar) und Eintragung im Grundbuch.

BGB § 925

Auch von jemand, der nicht Eigentümer ist, kann Eigentum erworben werden. Dies ist der Fall, wenn der Käufer **gutgläubig** handelte und den Verkäufer für den Eigentümer hielt. *Beispiel:* Herr Fuchs mietet ein Trekkingrad. Danach verkauft er es unberechtigt Herrn Sorg für 300 € und übergibt es ihm. Da dieser annahm, dass das Rad Herrn Fuchs gehörte, hat er es gutgläubig erworben und ist somit Eigentümer geworden.

Gestohlene oder **verloren gegangene Sachen** können **nicht gutgläubig** erworben werden. Der rechtmäßige Eigentümer kann in diesem Fall auch von einem Gutgläubigen die Herausgabe seines Eigentums verlangen, ausgenommen es handelt sich um Geld oder Wertpapiere.

Eigentumsvorbehalt

BGB § 449

In den meisten Kaufverträgen taucht in den Lieferbedingungen das Wort „Eigentumsvorbehalt" auf. Das bedeutet: Der Verkäufer bleibt Eigentümer der gelieferten Ware bis zur vollständigen Bezahlung. Dem Käufer wird die Ware zwar übergeben, aber er wird zunächst nur ihr Besitzer. Kommt er mit der Zahlung in Verzug, dann kann der Verkäufer die Ware zurücknehmen und vom Vertrag zurücktreten, wenn er zuvor erfolglos eine Nachfrist gesetzt hat. Beantragt der Käufer ein Insolvenzverfahren, dann kann der Verkäufer die Herausgabe seiner Ware verlangen.
Der Eigentumsvorbehalt erlischt jedoch, wenn die Ware einem gutgläubigen Dritten weiterverkauft wird, wenn sie verarbeitet, verbraucht oder zerstört wird.

3.5 Besondere Arten des Kaufvertrags

Jeden Tag werden unzählige Kaufverträge abgeschlossen. Zur leichteren Handhabung unterscheidet man deshalb besondere Arten des Kaufvertrags.

	Kaufvertragsart	Inhalt des Vertrags	Beispiele
BGB § 454 f.	**Kauf auf Probe**	Der Käufer hat das Recht, innerhalb einer festgesetzten Frist zu entscheiden, ob er den gekauften Gegenstand behalten will oder nicht. Er kann ihn also zurückgeben und hat dann keinerlei Verpflichtung mehr gegenüber dem Verkäufer.	Dr. Groß kauft für seine Frau eine Perlenkette. Falls diese ihr nicht gefällt, kann er die Kette innerhalb einer Woche zurückbringen.
	Kauf nach Probe	Es wird ein Kaufvertrag geschlossen, bei dem die Eigenschaften der vorher gezeigten Probe als zugesichert angesehen werden. Der Verkäufer ist verpflichtet, solche Ware zu liefern, die mit der gezeigten Probe übereinstimmt.	Aufgrund einer Weinprobe bestellt Frau Braun 4 Kisten Riesling bei der Kellerei Schluck & Specht.
	Kauf zur Probe	Zuerst wird ein Kaufvertrag über eine kleine Menge abgeschlossen. Der Käufer stellt dem Verkäufer hierbei in Aussicht, eine größere Menge zu bestellen, wenn ihm die Ware zusagt.	Ein Arzt kauft eine kleinere Menge eines neuen Verbandsstoffes, um die Ware auszuprobieren. Sollte das Produkt seine Erwartungen erfüllen, stellt er in Aussicht, mehr zu bestellen.
	Kauf auf Abruf	Der Käufer hat eine größere Menge an Waren fest gekauft, ruft aber nach Bedarf nur in Teilmengen beim Verkäufer ab.	Um Lagerkosten zu sparen, bestellt ein Fachversand bei einem Hersteller 100 Untersuchungsliegen. Er bezieht monatlich je nach Bedarf 8–10 Liegen.
HGB § 375	**Fixkauf**	Die Lieferung erfolgt zu einem bestimmten Termin. Der Kaufvertrag enthält den Zusatz „fix".	Ein Fachversand sagt Dr. Groß die Lieferung seiner Wartezimmereinrichtung zum 30.6. „fix" zu.
BGB § 491 ff.	**Ratenkauf**	Die Zahlung des Kaufpreises erfolgt in mehreren Raten innerhalb eines bestimmten Zeitraumes. Der Käufer hat ein Widerrufsrecht von 14 Tagen. Siehe auch S. 402/403.	Renate kauft ihre neue Espressomaschine für 598 €. Der Kaufpreis wird in 12 Monatsraten bezahlt.
BGB § 312b	**Kauf an der Haustür („außerhalb von Geschäftsräumen")**	Der Kauf erfolgt an der Wohnungstür, auf der Straße, am Arbeitsplatz. Der Käufer hat ein Widerrufsrecht von 14 Tagen. Siehe auch S. 401/402.	An der Wohnungstür abonniert Frau Sorg eine Tageszeitung.
BGB § 312c	**Kauf als Fernabsatzvertrag**	Der Kaufvertrag wurde per Telefon, Fax, Internet, Katalog oder Brief abgeschlossen. Der Käufer hat ein Widerrufsrecht von 14 Tagen. Siehe auch S. 404/405.	Anhand des neuen Sommerkataloges bestellt Tina beim Modeversandhaus Schicki verschiedene Kleidungsstücke.

Kaufvertragsarten nach der rechtlichen Stellung der Vertragspartner

Hier wird unterschieden, ob die Vertragspartner einen Kaufvertrag als Privatpersonen oder als Kaufleute abschließen. Für Kaufleute und Privatleute gelten nämlich unterschiedliche Regelungen, weil unterschiedliche Sachkenntnis auch eine unterschiedliche rechtliche Behandlung zur Folge hat. Für alle Kaufverträge gilt zunächst grundsätzlich das BGB (Bürgerliches Gesetzbuch). Auf Kaufleute werden zusätzlich die strengeren Regelungen des HGB (Handelsgesetzbuchs) angewendet. Im HGB ist auch geregelt, wer Kaufmann ist. Ärzte sind normalerweise keine Kaufleute. Aber auch bei Kaufleuten kommt es darauf an, ob sie bei einem Geschäft als Kaufmann handeln. Beispiel: Der Inhaber eines Warenhauses ist zwar Kaufmann, handelt jedoch als Privatperson, wenn er im Urlaub eine Badehose kauft. Grundsätzlich unterscheidet man:

- den **bürgerlichen Kauf,** d. h., beide Vertragspartner sind Privatleute. Rechtsgrundlage ist das BGB. **BGB § 433 ff.**
- den **einseitigen Handelskauf,** d. h., ein Vertragspartner ist Kaufmann (Unternehmer), der andere nicht. Für den Nichtkaufmann gilt das BGB, für den Kaufmann gelten die strengeren Regeln des HGB. **BGB § 433 ff., HGB § 345**
- den **zweiseitigen Handelskauf,** d. h., beide Vertragspartner sind Kaufleute (Unternehmer). Für beide gilt das HGB. **HGB § 343 ff.**
- den **Verbrauchsgüterkauf,** d. h., der Verkäufer ist Unternehmer (Kaufmann) und verkauft eine bewegliche Sache, der Käufer ist Privatmann. Beim Verbrauchsgüterkauf muss der Verkäufer mindestens 2 Jahre für Sachmängel haften.

ZUSAMMENFASSUNG

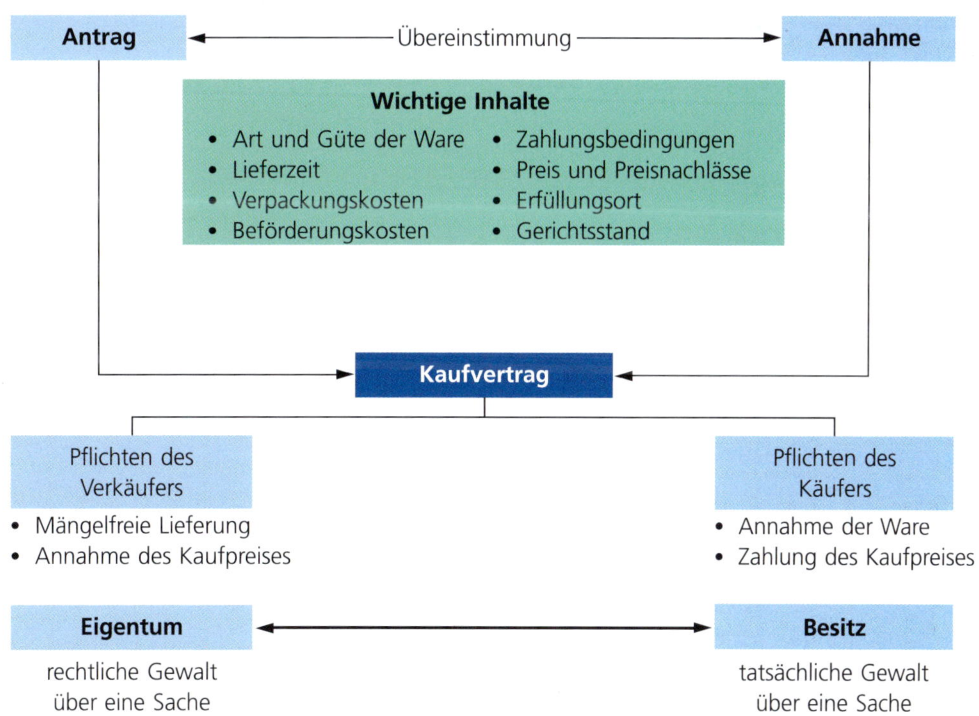

ARBEITSTEIL

1. Zählen Sie verschiedene Möglichkeiten auf, wie günstige Bezugsquellen ermittelt werden können.

2. Auch wenn in einer Praxis mit günstigen Lieferern zusammengearbeitet wird, empfiehlt es sich dennoch, vor einer Bestellung Vergleichsangebote einzuholen. Begründen Sie diese Aussage.

3. Wie kommt ein Kaufvertrag zustande und welche Pflichten ergeben sich dadurch für die Vertragspartner?

4. Häufig geht einem Angebot die Anfrage des Kunden voraus.
   a) Welchem Zweck dient die Anfrage?
   b) Welche Rechtswirkung hat die Anfrage?

5. a) Welche rechtliche Wirkung hat normalerweise ein Angebot für den Anbieter?
   b) Welche Rechtswirkung hat ein Angebot für den Empfänger?

6. a) Welche Angaben sollten Sie einem Angebot entnehmen können?
   b) Auch der Käufer kann ein Angebot machen. Welche Willenserklärung entspricht rechtlich dem Angebot?

7. a) Wodurch kann ein Verkäufer die Bindung an sein Angebot ausschließen?
   b) Welche rechtliche Wirkung hat eine verspätete oder abgeänderte Annahme?

8. Muss ein Händler auf Wunsch des Kunden seine Schaufensterauslage verkaufen? Begründen Sie Ihre Antwort.

9. Es sollen 8 neue Stühle für das Wartezimmer der Praxis bestellt werden. Führen Sie einen Angebotsvergleich zwischen folgenden Angeboten durch und ermitteln Sie den günstigsten Bezugspreis.
   Angebot A:
   140,00 € für einen Stuhl, ab 4 Stück 5 % Rabatt, 3 % Skonto bei Zahlung innerhalb von 7 Tagen, keine Versandkosten
   Angebot B:
   260,00 € für zwei Stühle, ab 10 Stück 10 % Rabatt, zahlbar ohne Abzüge bei Lieferung, Versandkosten 115,00 €
   Angebot C:
   500,00 € für vier Stühle, ab 8 Stück 5 % Rabatt, 2 % Skonto bei Zahlung innerhalb von 10 Tagen, Versandkosten 80,00 €

10. Frau Huber wird in 6 Wochen ihre neue Wohnung beziehen. Aus diesem Anlass bestellt sie eine neue Einbauküche. Der Verkäufer versichert ihr, dass die bestellte Küche ganz sicher innerhalb der nächsten 6 Wochen geliefert würde, also auf jeden Fall vor ihrem Einzugstermin. Nachdem sie auch nach 7 Wochen noch keine Küche hat, ruft sie im Küchenstudio an und beschwert sich. Der Verkäufer bedauert, dass der Hersteller immer noch nicht geliefert hätte. Dass er einen Liefertermin mündlich zugesagt hätte, streitet er jetzt entschieden ab.
    a) Begründen Sie am Fall von Frau Huber, weshalb es bei wichtigen Kaufverträgen empfehlenswert ist, alle Bedingungen des Kaufvertrags genau auszuhandeln und schriftlich festzuhalten.
    b) Welche wichtigen Inhalte sollten in einem Kaufvertrag geregelt werden?

11. a) Wann muss der Verkäufer liefern, wenn keine Lieferzeit vereinbart wurde?
b) Welche Bedeutung hat der gesetzliche Erfüllungsort beim Kaufvertrag?
c) Welche Bedeutung hat der Gerichtsstand?
d) Welche Bestimmungen über den Gerichtsstand enthält der Verbraucherschutz?

12. Beurteilen Sie mithilfe des unten stehenden Auszuges aus dem BGB, ob ein Angebot oder eine Bestellung vorliegt bzw. ob eine rechtliche Bindung besteht.
a) Anna fragt telefonisch bei einem Computerversand nach, wie viel das Modell Profiline 2000 kostet. Der Verkäufer bietet das Gerät für 799 € an. Anna bestellt nicht sofort, sondern will sich wieder melden.
b) In der Tageszeitung sieht sie die Anzeige eines anderen Händlers, der das Gerät für 789 € anbietet.
c) Firma Häcker sendet Anna am 3.4. einen Brief, in dem sie ihr Profiline 2000 für 749 € anbietet. Anna bestellt den Computer am 20. 4.

Bürgerliches Gesetzbuch (BGB)

§ 147 Annahmefrist. (1) Der einem Anwesenden gemachte Antrag kann nur sofort angenommen werden. Dies gilt auch von einem mittels Fernsprecher von Person zu Person gemachten Antrage.

(2) Der einem Abwesenden gemachte Antrag kann nur bis zu dem Zeitpunkt angenommen werden, in welchem der Antragende den Eingang der Antwort unter regelmäßigen Umständen erwarten darf.

13. Welche Arten des Kaufvertrages liegen in den folgenden Fällen vor? Geben Sie außerdem an, ob ein *bürgerlicher Kauf*, ein *einseitiger Handelskauf* oder ein *zweiseitiger Handelskauf* vorliegt.
a) Um einen günstigen Mengenrabatt zu erhalten, kauft ein Arzt für seine Praxis 800 Packungen Verbandsmaterial. Geliefert werden jeweils 100 Stück, entsprechend dem Bedarf des Arztes.
b) Die Kellerei Schluck & Specht verschickt an ihre Stammkunden kostenlos Probeflaschen des neuen Jahrgangs, die daraufhin bestellen.
c) Tanja bestellt über das Internet einen Mixer. Sie kann ihn innerhalb von 4 Wochen zurückgeben.
d) Frau Dr. Berger blättert im Einrichtungshaus ein Tapetenbuch durch. Sie entscheidet sich für eine moderne Tapete mit Leinenstruktur.
e) Der Elektrohändler Herbert Volt kauft einen neuen Schreibtisch bei der Büromöbelgroßhandlung Schill. Der Händler verspricht, den Schreibtisch „fix" am 20. 6. .. zu liefern.

4 Pflichtverletzungen bei der Erfüllung von Kaufverträgen

„Kannst du dich erinnern, wo ich diesen Anzug gekauft habe?" © BULLS

Welche Kaufvertrags-Pflichtverletzung liegt vor?

Wie lange sollte das Kaufvertragsdatum höchstens zurückliegen?

Die mangelhafte Lieferung

Der Käufer hat einen Anspruch darauf, dass die Ware in einwandfreiem Zustand geliefert wird. Hat sie nicht die vertraglich **vereinbarte Beschaffenheit,** liegt ein **Sachmangel** vor. Wurde nichts festgelegt, ist die gewöhnliche Verwendung maßgebend, d. h. eine Beschaffenheit wie sie bei gleichartigen Sachen üblich ist. Eine **mangelhafte Lieferung** kann demnach folgende Mängel aufweisen:

BGB §§ 433, 434

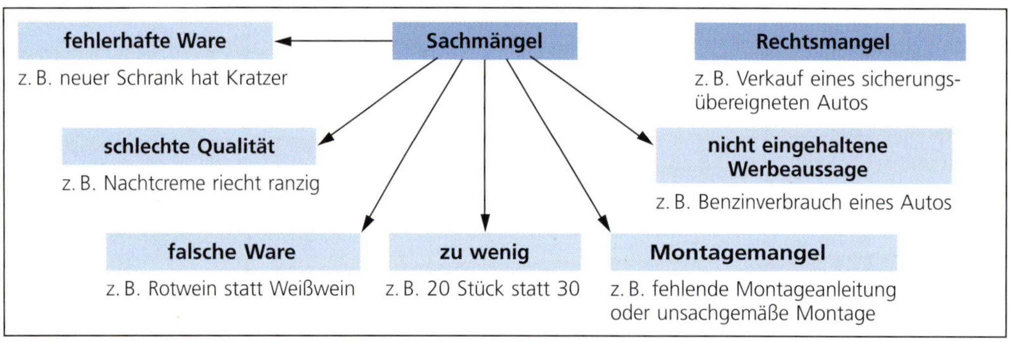

Sachmangelhaftung und Verjährungsfristen Der Umfang der Sachmangelhaftung hängt davon ab, ob ein Privatmann oder ein Unternehmer auf Einkaufstour geht.

Verbrauchsgüterkauf

Kauft ein privater Kunde von einem Unternehmer eine bewegliche Sache, dann liegt ein **Verbrauchsgüterkauf** vor. Beim Verbrauchsgüterkauf muss der Verkäufer mindestens **zwei Jahre** haften. Dies gilt für alle **neuen Produkte,** gleichgültig ob Autos, Maschinen, Spielzeug, Computer, Sportgeräte usw. Der Verkäufer darf diese Frist weder umgehen noch verkürzen, lediglich bei **gebrauchten Produkten,** etwa einem Gebrauchtwagen, kann der Unternehmer die Frist auf **ein Jahr** herabsetzen. Von der Sachmangelhaftung ausgeschlossen ist der allgemein übliche Verschleiß. *Beispiel:* Wenn die Autoreifen schon nach einem Jahr kein Profil aufweisen, aber 80.000 Kilometer gefahren wurden, ist dies kein Sachmangel.

BGB §§ 476, 477, 479

Beim Verbrauchsgüterkauf gilt für die ersten 6 Monate eine **Beweislastumkehr,** d. h., es wird unterstellt, dass der Fehler schon von Anfang an da war. Die Folge: der Händler muss im Streitfall die Fehlerfreiheit beweisen. Als Ausgleich für diese strenge Haftung kann er seinen Lieferanten in **Regress** nehmen; im Einzelfall bis zu 5 Jahre, nachdem er die Ware erhalten hat.

ebay **Privatverkäufer** können die Haftung ganz ausschließen, andernfalls haften sie 2 Jahre.

Sachmangelhaftung

Privatmann als Käufer	**Unternehmer als Käufer**
Bei neuen Produkten haftet der Verkäufer 2 Jahre. Bei gebrauchten Sachen kann die Frist auf ein Jahr herabgesetzt werden.	Durch Vertrag kann der Verkäufer seine Haftung beliebig verkürzen oder ausschließen. In allgemeinen Geschäftsbedingungen kann die Haftung bei neuen Sachen auf ein Jahr, bei gebrauchten auch auf weniger als ein Jahr herabgesetzt werden.

Handelskauf

Anders ist die Sachlage, wenn Unternehmer einkaufen: Hier darf der Verkäufer seine Haftung durch Vertrag beliebig verkürzen oder sogar ganz ausschließen. Für allgemeine Geschäftsbedingungen gelten Sonderregeln. Bei neuen Sachen ist hier eine Befristung auf nur ein Jahr erlaubt, bei gebrauchten auch auf weniger als ein Jahr.

Bei Kaufverträgen zwischen Unternehmern muss der Käufer die gelieferte Ware **unverzüglich prüfen**. Verstößt er gegen diese Pflicht, gilt die Ware als genehmigt, es sei denn, dass der Mangel nicht erkennbar war (versteckter Mangel). Stellt der Käufer bereits bei **der Übergabe** Mängel fest, dann kann er die Abnahme verweigern. Nimmt er die Ware trotzdem ab, muss er sich die Rechte aus der Mängelrüge **sofort** vorbehalten. **Offene Mängel** sind ***unverzüglich*** nach der Prüfung zu rügen. Liegt ein **versteckter Mangel** vor, muss ***unverzüglich nach Entdeckung*** gerügt werden, spätestens jedoch innerhalb von **2 Jahren**. Entdeckt der Verkäufer einen **offenen Mangel**, dann muss er prüfen, ob ein Platzkauf oder ein Distanzkauf vorliegt.

HGB §§ 377, 379

- Beim **Platzkauf** (Käufer und Verkäufer wohnen am selben Ort), kann der Käufer die Annahme der mangelhaften Lieferung verweigern und die Ware sofort zurückschicken.
- Beim **Distanzkauf** (Käufer und Verkäufer wohnen nicht am selben Ort) sollen unnötige Transportkosten vermieden werden, deshalb muss die Ware dem Verkäufer zur Verfügung gestellt werden, d. h., bis zu dessen Entscheidung muss der Käufer für die ordnungsgemäße Lagerung sorgen.

Rechte des Käufers Bei einer rechtzeitigen Mängelrüge kann der Käufer folgende Rechte geltend machen:

!

- **Nacherfüllung,** d. h., der Käufer kann wählen zwischen ***Ersatzlieferung*** und ***Reparatur (Nachbesserung)***.
  Zusätzlich muss der Verkäufer für entstandene Kosten aufkommen, z. B. Fahrt-, Transport- oder Arbeitskosten. **BGB § 439**

Zuerst muss der Käufer Nacherfüllung verlangen. Erst wenn diese während einer angemessenen Nachfrist fehlschlägt (bei Reparatur 2 Versuche), kann er

- **Minderung,** d. h. Herabsetzung des Kaufpreises wählen oder **BGB §§ 441, 323, 281 ff.**
- **Rücktritt** vom Vertrag verlangen
- zusätzlich **Schadenersatz** fordern.

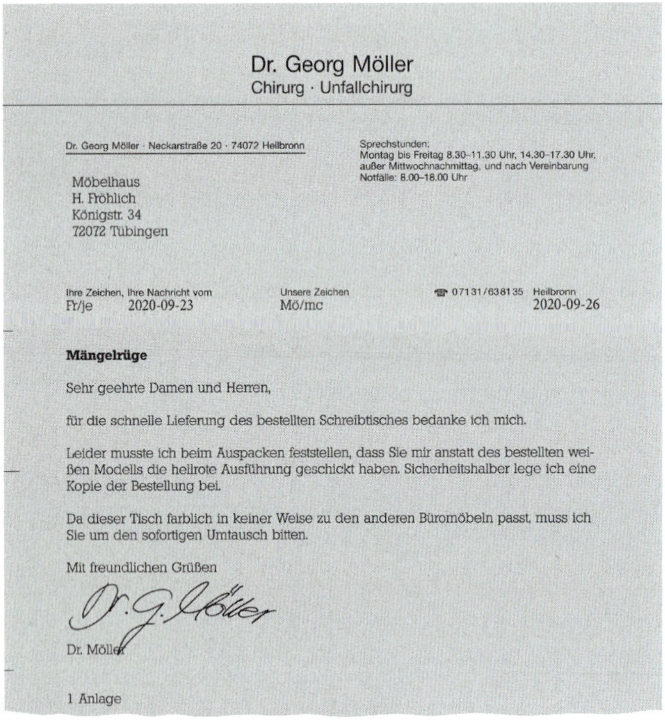

Dr. Georg Möller
Chirurg · Unfallchirurg

Dr. Georg Möller · Neckarstraße 20 · 74072 Heilbronn

Sprechstunden:
Montag bis Freitag 8.30–11.30 Uhr, 14.30–17.30 Uhr,
außer Mittwochnachmittag, und nach Vereinbarung
Notfälle: 8.00–18.00 Uhr

Möbelhaus
H. Fröhlich
Königstr. 34
72072 Tübingen

Ihre Zeichen, Ihre Nachricht vom		Unsere Zeichen	☎ 07131/638135	Heilbronn
Fr/je	2020-09-23	Mö/mc		2020-09-26

Mängelrüge

Sehr geehrte Damen und Herren,

für die schnelle Lieferung des bestellten Schreibtisches bedanke ich mich.

Leider musste ich beim Auspacken feststellen, dass Sie mir anstatt des bestellten weißen Modells die hellrote Ausführung geschickt haben. Sicherheitshalber lege ich eine Kopie der Bestellung bei.

Da dieser Tisch farblich in keiner Weise zu den anderen Büromöbeln passt, muss ich Sie um den sofortigen Umtausch bitten.

Mit freundlichen Grüßen

Dr. G. Möller

Dr. Möller

1 Anlage

Anmerkung:
Entstehende Kosten für die Nacherfüllung, z. B. für Transport, Arbeit, Material usw., trägt der Verkäufer. Die Nachfrist beim Schadenersatz ist entbehrlich, wenn besondere Umstände eine sofortige Geltendmachung des Schadenersatzanspruches rechtfertigen. Beispiel: Obwohl auf der Verpackung einer Bluse steht, dass sie waschbar sei, geht sie ein und färbt auf andere Wäschestücke ab.
In den **allgemeinen Geschäftsbedingungen** (dem Kleingedruckten) behalten sich die meisten Händler ein Nachbesserungsrecht vor. Die Folge: Der Käufer muss die Ware behalten und dem Verkäufer die Gelegenheit einräumen, sie in einer angemessenen Frist zu reparieren. Allerdings dürfen dem Kunden dabei keinerlei Kosten entstehen. Wurde Nachbesserung vereinbart, dann darf der Verkäufer in der Regel zwei Reparaturversuche unternehmen. Erst wenn die Nachbesserungen erfolglos sind, kann der Kunde vom Vertrag zurücktreten, auf Ersatzlieferung oder Minderung des Kaufpreises bestehen.

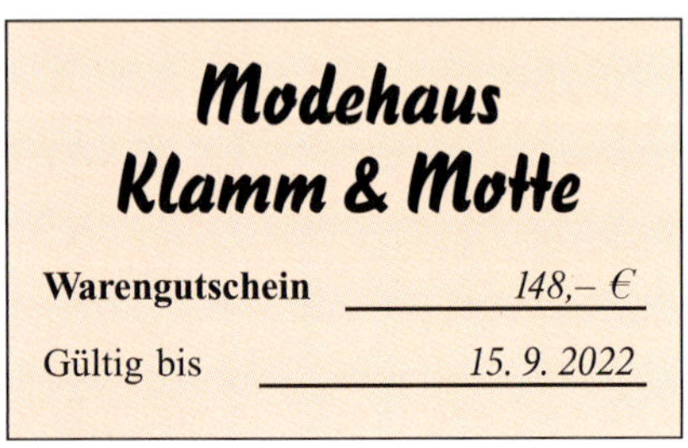

Vielfach lehnen Verkäufer eine Ersatzlieferung ab und bieten stattdessen einen Warengutschein an. Einen Gutschein muss der Kunde nicht akzeptieren. Dies gilt auch dann, wenn es sich um Restposten oder Schlussverkaufsware handelt, wo ein Umtausch ausdrücklich ausgeschlossen war. Die gesetzliche Frist von 2 Jahren muss eingehalten werden – ausgenommen, der Händler hat vorher auf Mängel hingewiesen.

Anders ist die Rechtslage jedoch, wenn kein Mangel vorliegt, sondern dem Kunden die Ware nicht mehr gefällt, etwa weil die neue Jacke zu eng ist. In diesem Fall besteht kein Umtauschrecht. Bietet der Händler dennoch die Rücknahme gegen einen Gutschein an, liegt eine Kulanzleistung vor.
Spätestens 2 Jahre nachdem die Ware übergeben wurde, müssen die Ansprüche aus der Sachmangelhaftung geltend gemacht werden, andernfalls erlischt der Anspruch gegen den Händler.

Vielen gekauften Geräten liegt eine Garantiekarte des Herstellers bei, worin dieser sich verpflichtet, für sein Erzeugnis eine Garantie über einen bestimmten Zeitraum zu übernehmen. Die Haftung bezieht sich in der Regel auf Fabrikationsfehler und verpflichtet den Hersteller, die Sache kostenfrei zu ersetzen oder auszubessern, sofern der Kunde die Garantiebedingungen beachtet hat. Allerdings benutzen viele Firmen solche **Herstellergarantien**, um die gesetzliche Haftungsverpflichtung bei Kaufverträgen einzuschränken. Viele „Garantieurkunden" schließen z. B. das Recht auf Preisnachlass (Minderung) aus und engen das Rücktrittsrecht ein. Es ist deshalb empfehlenswert, die Garantiebedingungen vor dem Kauf genau durchzulesen. Solche Garantieerklärungen entbinden den Händler jedoch keinesfalls von seiner Sachmangelhaftung. Denn nur mit ihm hat der Kunde vertragliche Beziehungen. Rechtlich kommt neben dem normalen Kaufvertrag zusätzlich ein zweiter Vertrag zustande, wenn der Händler stellvertretend für den Hersteller die Garantiekarte ausfüllt und abstempelt. In der Regel kann also der Kunde entscheiden, an wen er sich bei Reklamationen wenden will.

Der Verzug

Lieferungsverzug Ein Verkäufer gerät in Verzug, wenn er schuldhaft eine fällige Ware nicht liefert. Eine Lieferung ist fällig, wenn ein bestimmter Liefertermin vereinbart wurde. Wurde der Termin nicht kalendermäßig festgelegt (z. B. 12. 05.), beginnt der Verzug mit Zustellung der ersten Mahnung. Ein Verschulden entfällt, wenn aufgrund höherer Gewalt, z. B. Streiks oder Naturkatastrophen, nicht geliefert werden konnte. In diesem Fall besteht kein Anspruch auf Schadenersatz, da dieser ein Verschulden voraussetzt. Der Rücktritt vom Vertrag ist dagegen verschuldensunabhängig. Er kann selbst dann geltend gemacht werden, wenn der Verkäufer für die Lieferungsverzögerung nicht verantwortlich ist.

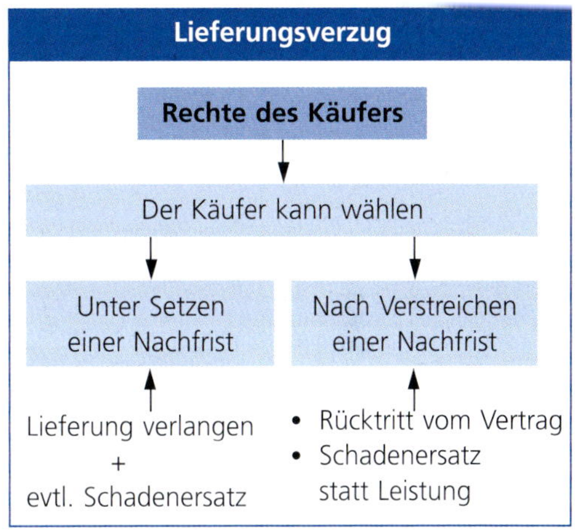

Rechte des Käufers beim Lieferungsverzug

Unter Setzen einer Nachfrist kann der Käufer

- auf Lieferung bestehen (Nacherfüllung)
- und zusätzlich Schadenersatz wegen verspäteter Lieferung verlangen.

Nach Setzen und Verstreichen einer angemessenen Nachfrist kann der Käufer

- die Lieferung ablehnen und vom Vertrag zurücktreten,
- die Lieferung ablehnen und Schadenersatz *statt* der Leistung verlangen.

Annahmeverzug Der Käufer gerät in Verzug, wenn er die ordnungsgemäß und pünktlich gelieferte Ware nicht oder nicht rechtzeitig abnimmt.

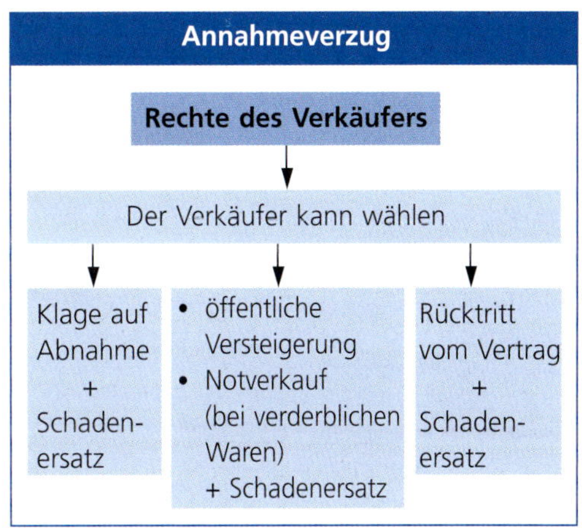

Rechte des Verkäufers bei Annahmeverzug

- Er kann die Ware verwahren und auf Abnahme klagen.
- Er kann sich von der Leistungspflicht befreien, indem er die Ware an einem geeigneten Ort sicher einlagert (Lagerhaus) oder öffentlich versteigern lässt (Selbsthilfeverkauf). Bei verderblichen Waren kann er die Ware freihändig verkaufen (Notverkauf). Kosten und Mindererlöse trägt der Käufer.
- Er kann die Lieferung ablehnen und vom Vertrag zurücktreten.
- Er kann zusätzlich Schadenersatz verlangen.

Zahlungsverzug Zahlt der Käufer die fällige Rechnung nicht, ohne dass er hierfür einen berechtigten Grund hat, wie z. B. mangelhafte Lieferung, dann kommt er mit Zugang der Mahnung in Verzug. Ohne Mahnung gerät der Käufer in Verzug, wenn er zum fest vereinbarten Zahlungstermin oder innerhalb der vereinbarten Zahlungsfrist nicht bezahlt. Verzichtet der Gläubiger auf eine Mahnung, so befindet sich der Schuldner spätestens 30 Tage nach Zugang einer Rechnung ebenfalls automatisch in Verzug, d. h. auch ohne Mahnung. Für Verbraucher gilt diese Frist von 30 Tagen allerdings nur, wenn sie in der Rechnung darauf hingewiesen worden sind.

Zahlungsverzug

Rechte des Verkäufers

↓

Der Verkäufer kann wählen

ohne Nachfristsetzung	mit Nachfristsetzung
Zahlung verlangen + evtl. Schadenersatz	• Rücktritt vom Vertrag • Rücknahme der Ware + Schadenersatz

Rechte des Verkäufers bei Zahlungsverzug

- Er kann Zahlung verlangen, auf Zahlung klagen.
- Er kann Zahlung und Schadenersatz verlangen (Zahlung zuzüglich Verzugszinsen).
- Er kann vom Vertrag zurücktreten und die Ware zurücknehmen, nachdem er dem Käufer eine angemessene *Nachfrist* gesetzt hat.
- Nach Ablauf einer *Nachfrist* kann er die Ware zurücknehmen und Schadenersatz fordern (Mindererlös beim Weiterverkauf und Verzugszinsen).

Die Verzugszinsen betragen 5 % über dem Basiszins, wenn ein Verbraucher beteiligt ist, und 9 %, wenn dies nicht der Fall ist.

ZUSAMMENFASSUNG

Rechte des Käufers bei mangelhafter Lieferung

↓ zuerst

Nacherfüllung

↓ dann

Minderung ← oder → **Rücktritt vom Vertrag** — zusätzlich: **Schadenersatz**

Sachmangelhaftung

2 Jahre

Verzug

Lieferungsverzug	**Zahlungsverzug**	**Annahmeverzug**
Rechte des Käufers	**Rechte des Verkäufers**	**Rechte des Verkäufers**
• Lieferung und Schadenersatz innerhalb einer Nachfrist oder nach Nachfrist ↓ • Rücktritt vom Vertrag • Schadenersatz und Verzicht auf Lieferung	• Rechnungssumme • Verzugszinsen • Kostenersatz oder nach Nachfrist ↓ • Rücktritt vom Vertrag	• Einlagerung auf Kosten des Käufers • Klage auf Abnahme • Versteigerung nach Androhung • ggf. Rücktritt vom Vertrag

ARBEITSTEIL

1. Welche Sachmängel können beim Kaufvertrag auftreten? Lesen Sie hierzu auch die Auszüge aus dem BGB auf der folgenden Seite.
2. Welche Rechte hat der Käufer bei einer mangelhaften Lieferung? Lesen Sie hierzu auch die Auszüge aus dem BGB auf der folgenden Seite.
3. Sie haben einen neuen MP3-Player gekauft. Beim Auspacken entdecken Sie, dass das Gehäuse stark verkratzt ist und nicht die gewünschte Farbe hat, des Weiteren fehlt die Bedienungsanleitung.
   a) Welche Rechte können Sie beanspruchen? Lesen Sie hierzu auch die Auszüge aus dem BGB auf der folgenden Seite.
   b) Innerhalb welcher Frist muss der Mangel gerügt werden?
   c) Der Verkäufer behauptet, dass er das Gerät unbeschädigt und komplett übergeben habe. Die Kratzer wären deshalb nachträglich beim Gebrauch entstanden. Sofern man ihm nicht das Gegenteil beweise, sei er nicht bereit, die Reklamation anzuerkennen. Beurteilen Sie die Rechtslage mithilfe des BGB.
4. Erna Pfiffig kauft im Elektrohaus Müller einen Fernsehapparat als Sonderangebot zu einem günstigen Preis. Nachdem die Ware beschädigt geliefert wird, setzt sie Herrn Müller eine angemessene Nachfrist für die Lieferung eines mangelfreien Gerätes. Dieser weigert sich, den Mangel zu beseitigen, da er gerade keinen LKW zur Verfügung habe.
   a) Kann Erna vom Vertrag zurücktreten, um den gleichen Apparat anderswo zu kaufen?
   b) Als sie versucht, den Fernseher anderswo zu kaufen, stellt sie fest, dass er überall viel teurer ist als beim Elektrohaus Müller. Kann Erna Pfiffig den Mehrpreis von Herrn Müller verlangen?
5. a) Welche Voraussetzungen müssen gegeben sein, damit ein Lieferer in Verzug gerät?
   b) Welche Rechte hat der Käufer beim Lieferungsverzug?
   c) Welche Rechte hat der Verkäufer beim Zahlungsverzug?
6. Sabine bestellt Möbel im Wert von 2.000 € für ihre neu einzurichtende Wohnung. Als voraussichtliche Lieferzeit gibt der Händler 6 Wochen an.
   a) Worauf ist beim Abschluss des Kaufvertrages zu achten?
   b) Nach 8 Wochen sitzt Sabine immer noch in ihrer leeren Wohnung. Beurteilen Sie die rechtliche Situation von Sabine.
   c) Was kann Sabine tun, damit ihre Möbel möglichst schnell geliefert werden?
   d) Angenommen, die Möbel würden nun endlich durch die Möbelfirma ausgeliefert, der Schrank weist aber einen Kratzer auf. Wie sollte sich Sabine verhalten?
   e) Welche gesetzlichen Rechte kann Sabine normalerweise aus diesem Mangel ableiten? Welche Regelung werden die AGB der Möbelfirma für diesen Fall vorsehen?

Auszüge aus dem Bürgerlichen Gesetzbuch (BGB)

§ 434 Sachmangel. (1) Die Sache ist frei von Sachmängeln, wenn sie bei Gefahrübergang die vereinbarte Beschaffenheit hat. Soweit die Beschaffenheit nicht vereinbart ist, ist die Sache frei von Sachmängeln,

1. wenn sie sich für die nach dem Vertrag vorausgesetzte Verwendung eignet, sonst
2. wenn sie sich für die gewöhnliche Verwendung eignet und eine Beschaffenheit aufweist, die bei Sachen der gleichen Art üblich ist. ...

Zu der Beschaffenheit ... gehören auch Eigenschaften, die der Käufer nach den öffentlichen Äußerungen des Verkäufers, des Herstellers ... insbesondere in der Werbung oder bei der Kennzeichnung ... erwarten kann ...
(2) Ein Sachmangel ist auch dann gegeben, wenn die vereinbarte Montage ... unsachgemäß durchgeführt worden ist. Ein Sachmangel liegt ... ferner vor, wenn die Montageanleitung mangelhaft ist ...
(3) Einem Sachmangel steht es gleich, wenn der Verkäufer eine andere Sache oder eine zu geringe Menge liefert.

§ 437 Rechte des Käufers bei Mängeln. Ist die Sache mangelhaft, kann der Käufer...
1. ... Nacherfüllung verlangen,
2. ... von dem Vertrag zurücktreten oder ... den Kaufpreis mindern
3. ... Schadenersatz ... verlangen.

§ 438 Verjährung der Mängelansprüche. (1) Die in § 437 ... bezeichneten Ansprüche verjähren
1. in 30 Jahren, wenn der Mangel
   a) in einem dinglichen Recht eines Dritten, ... oder
   b) in einem sonstigen Recht, das im Grundbuch eingetragen ist, besteht,
2. in 5 Jahren
   a) bei einem Bauwerk und
   b) bei einer Sache, die ... für ein Bauwerk verwendet worden ist und dessen Mangelhaftigkeit verursacht hat, und
3. im Übrigen in zwei Jahren

§ 439 Nacherfüllung. (1) Der Käufer kann als Nacherfüllung nach seiner Wahl die Beseitigung des Mangels oder die Lieferung einer mangelfreien Sache verlangen.

§ 440 Besondere Bestimmungen für Rücktritt und Schadenersatz. ... Eine Nachbesserung gilt nach dem erfolglosen zweiten Versuch als fehlgeschlagen ...

§ 441 Minderung. (1) Statt zurückzutreten kann der Käufer den Kaufpreis ... mindern.

§ 323 Rücktritt wegen nicht oder nicht vertragsgemäß erbrachter Leistung. (1) Erbringt bei einem gegenseitigen Vertrag der Schuldner eine fällige Leistung nicht oder nicht vertragsgemäß, so kann der Gläubiger, wenn er dem Schuldner erfolglos eine angemessene Frist zur Leistung oder Nacherfüllung bestimmt hat, vom Vertrag zurücktreten.

§ 476 Beweislastumkehr. Zeigt sich innerhalb von 6 Monaten seit Gefahrübergang ein Sachmangel, so wird vermutet, dass die Sache bereits bei Gefahrübergang mangelhaft war, es sei denn, diese Vermutung ist mit der Art der Sache oder des Mangels unvereinbar.

5 Weitere wichtige Verträge

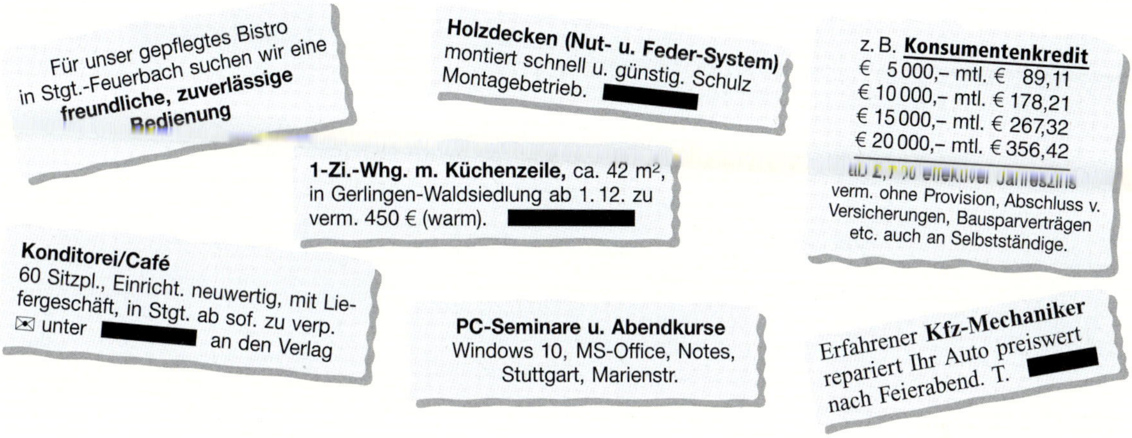

Welche Vertragsarten sind jeweils angesprochen?

Die meisten Rechtsgeschäfte sind Verträge. Sie entstehen durch zwei übereinstimmende Willenserklärungen, den Antrag und dessen Annahme. Entsprechend dem vereinbarten Vertragsinhalt unterscheidet man verschiedene Vertragsarten.

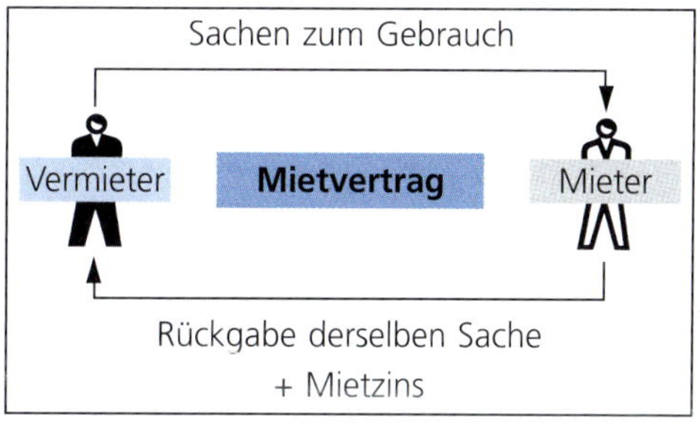

Der Mietvertrag

Im **Mietvertrag** verpflichtet sich der **Vermieter**, dem **Mieter** den Gebrauch einer Sache zu gestatten. Hierfür erhält er ein Entgelt, den sogenannten Mietzins. *Beispiele:* Vermietung einer Wohnung, eines Autos.

Mietverträge sind grundsätzlich formfrei, d. h., man kann sie mündlich oder schriftlich abschließen. Erfolgt ein Wohnungsmietvertrag für mehr als ein Jahr nicht schriftlich, dann gilt er auf unbestimmte Zeit. In diesem Fall kann frühestens 1 Jahr nach Überlassung der Wohnung gekündigt werden.

Der Mietvertrag endet entweder nach Ablauf der vereinbarten Mietzeit oder durch Kündigung. Für vermietete Wohnungen gelten die besonderen Vorschriften des „Mieterschutzes". So darf der Vermieter nur dann kündigen, wenn er ein berechtigtes Interesse an der Beendigung des Mietverhältnisses hat. *Beispiele:* Eigenbedarf, der Mieter hat den Vertrag schuldhaft verletzt usw. **BGB § 535 ff.**

Selbst derartigen Kündigungen kann ein Mieter unter Umständen widersprechen, wenn sie eine besondere Härte für ihn bedeuten (sogenannte Sozialklausel). *Beispiele:* Der Mieter findet keine angemessene Ersatzwohnung oder er ist schwer erkrankt. Ebenso wenig darf der Vermieter willkürlich die Miete erhöhen. Er muss hier bestimmte Voraussetzungen beachten.

Pflichten der Vertragspartner Der Vermieter muss die Sache zum Gebrauch überlassen und in einem benutzbaren Zustand erhalten. *Beispiel:* Ist der vermietete Fernseher defekt, muss der Vermieter die Reparatur übernehmen. Der Mieter muss den Mietzins zahlen und die Sache am Ende der Mietzeit zurückgeben.

Der Pachtvertrag

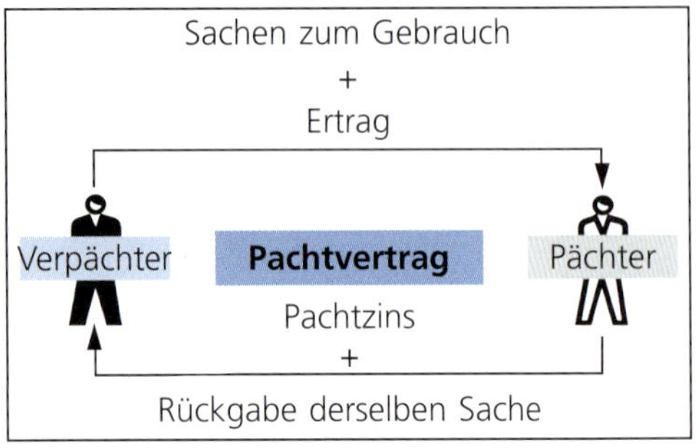

BGB § 581 ff.

Pachtvertrag und Mietvertrag sind sich sehr ähnlich. Die Vorschriften des Mietvertrags werden deshalb auch bei der Pacht entsprechend angewendet. Der Hauptunterschied zwischen Miete und Pacht besteht darin, dass dem Pächter nicht nur der Gebrauch, sondern auch der Ertrag (sogenannter Fruchtgenuss) zusteht. *Beispiel:* Wer einen Garten pachtet, kann die Früchte ernten, was einem Mieter verboten wäre.

Der Leihvertrag

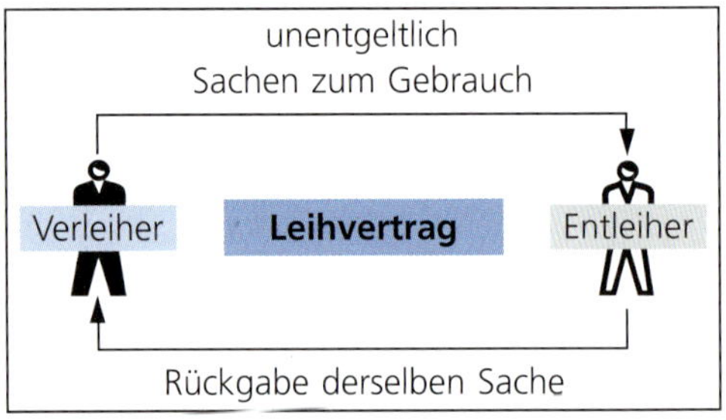

BGB § 598 ff.

Ein **Leihvertrag** liegt vor, wenn eine Sache unentgeltlich zum Gebrauch überlassen wird. Danach hat der Entleiher dem Verleiher die entliehene Sache zurückzugeben. Hat er sie beschädigt, so muss er den entstandenen Schaden ersetzen.
Beispiel: Ein Freund leiht Ihnen eine neue CD. Da dies kostenlos erfolgt, handelt es sich um einen Leihvertrag. Würde er dagegen etwas verlangen, läge ein Mietvertrag vor.

Der Werkvertrag

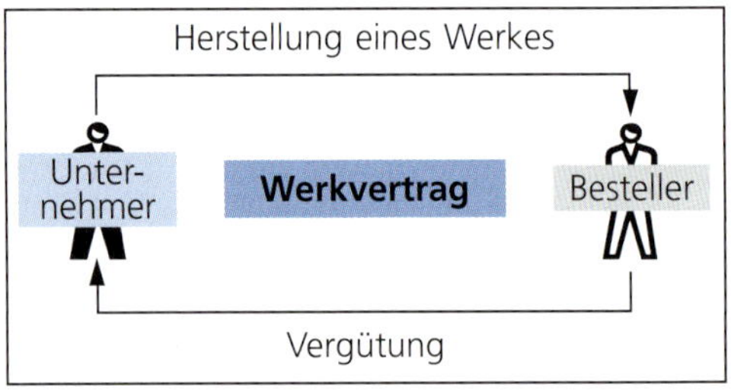

BGB § 631 ff.

Beim **Werkvertrag** verpflichtet sich ein Unternehmer zur Erstellung eines Werkes. Dabei kann das zu verarbeitende Material sowohl vom Auftraggeber als auch vom Unternehmer beschafft werden. Der Auftraggeber, Besteller genannt, zahlt eine Vergütung, wenn der vereinbarte Erfolg eingetreten ist. *Beispiele:* Reparatur eines Autos, Haarschnitt beim Friseur, Tapezieren der Praxisräume, Anlegen eines Patientenparkplatzes durch einen Bauunternehmer.

Pflichten des Bestellers Er muss das vertragsgemäß gelieferte Werk abnehmen und die vereinbarte Vergütung bezahlen. Falls der Besteller das Werk nicht abnehmen will, kann sich der Unternehmer von einem Gutachter eine **Fertigstellungsbescheinigung** erteilen lassen.

Pflichten des Unternehmers Der Unternehmer muss das Werk rechtzeitig und mangelfrei herstellen. Wenn es Mängel aufweist, kann der Besteller **zuerst** verlangen, dass der Mangel in einer angemessenen Frist behoben wird **(Nacherfüllung)**. Hierbei kann der Unternehmer wählen, ob er den Mangel beseitigen oder ein neues Werk herstellen will. Sämtliche Aufwendungen, wie Transport- oder Arbeitskosten, gehen dabei zulasten des Unternehmers.

Ist eine angemessene Frist zur Nacherfüllung erfolglos abgelaufen, kann der Besteller wahlweise
- die Mängel selbst beseitigen **(Selbstvornahme)** und den Ersatz seiner Aufwendungen fordern.
- vom Vertrag **zurücktreten.**
- **einen Preisnachlass** (Minderung) verlangen.
- **Schadenersatz** statt der Leistung verlangen.

Gerät der Unternehmer mit der Herstellung in Verzug, dann kann der Kunde Schadenersatz statt der Leistung verlangen oder die Lieferung ablehnen und vom Vertrag zurücktreten, wenn er zuvor erfolglos eine angemessene Nachfrist gesetzt hat. Sowohl der Besteller als auch der Unternehmer können den Vertrag fristlos kündigen, wenn ein wichtiger Grund vorliegt.
Ein gesetzliches **Pfandrecht** schützt den Unternehmer vor Verlusten. Er muss die hergestellte Sache erst dann herausgeben, wenn die vereinbarte Vergütung bezahlt wurde.
Hat ein Werkvertrag die Lieferung und **Herstellung beweglicher Sachen** zum Gegenstand, dann werden die Vorschriften über den **Kaufvertrag** angewendet. *Beispiel:* Ein Kunde sucht beim Schneider einen Stoff aus und lässt daraus einen Anzug schneidern. Würde er den Stoff selbst mitbringen, läge ein Werkvertrag vor.

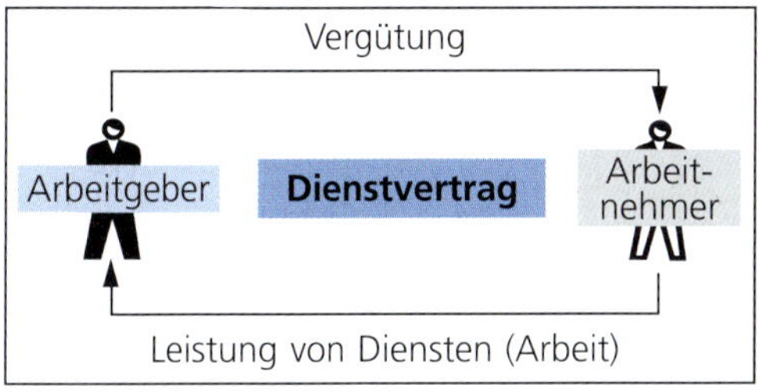

Der Dienstvertrag

Beim **Dienstvertrag** verpflichtet sich eine Person zur Leistung von Diensten gegen Entgelt. *Beispiel:* Ein Gärtner soll einen Garten pflegen. Die bekannteste Form des Dienstvertrags ist der Arbeitsvertrag. Der Dienstvertrag ist erfüllt, wenn der eine Partner während der vertraglich bestimmten Zeit tätig wurde, auch wenn seine Dienstleistung nicht erfolgreich war. *Beispiel:* Ein Arzt untersucht einen Patienten, allerdings erfolglos. Der Vertrag ist erfüllt durch das Tätigwerden des Arztes, ob erfolgreich oder nicht. Im Gegensatz hierzu setzt ein Werkvertrag immer den vereinbarten Erfolg voraus. *Beispiel:* Ein Arzt soll einen Blinddarm entfernen. Der Vertrag ist erst erfüllt, wenn der Erfolg eingetreten ist, also der Blinddarm entfernt wurde.

BGB § 611 ff.

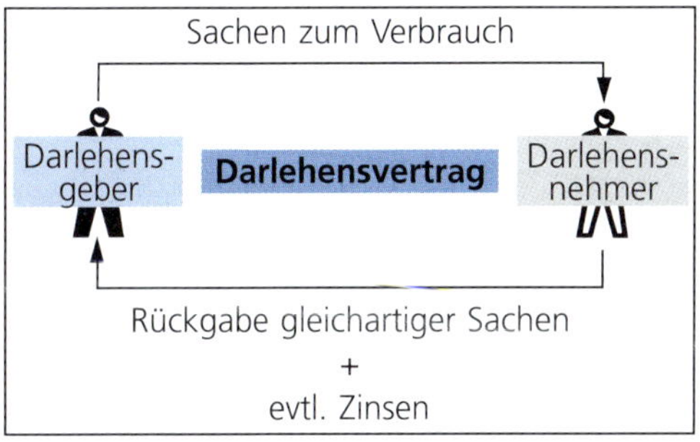

Der Darlehensvertrag

Im **Sachdarlehensvertrag** verpflichtet sich der Darlehensgeber, entgeltlich oder unentgeltlich Sachen zum Verbrauch zu überlassen. Der Darlehensnehmer verpflichtet sich, gleichartige Sachen nach einer bestimmten Zeit zurückzugeben. Wurde keine Zeit vereinbart, dann muss der Darlehensgeber kündigen. *Beispiel:* Ihre Nachbarin stellt am Samstag fest, dass ihr zum Kuchenbacken Eier fehlen. Sie helfen aus. Am Montag erhalten Sie von ihr neue Eier. Läge kein Darlehen, sondern ein Leihvertrag zugrunde, dann müsste die Nachbarin dieselben Eier zurückerstatten, da die Leihe nur den Gebrauch und nicht den Verbrauch gestattet.

BGB § 607 ff.

Der wichtigste Darlehensvertrag ist der Privatkredit. Er wird gewährt von Privatleuten oder Banken. Eine Kreditgewährung erfolgt in der Regel nur, wenn der Kreditnehmer Sicherheiten anbieten kann, z. B. eine Bürgschaft, Sicherungsübereignung oder Hypothek.

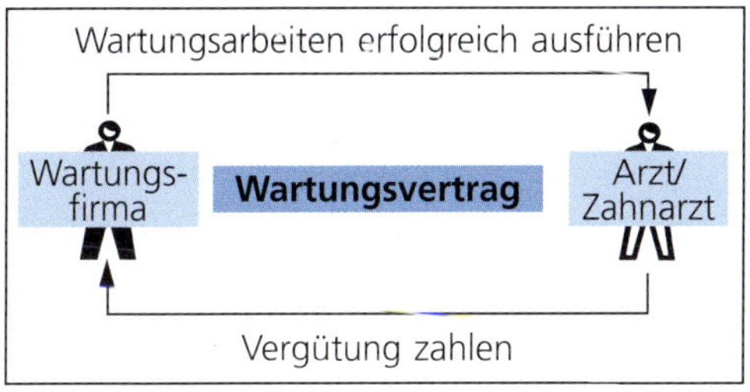

Der Wartungsvertrag

Der **Wartungsvertrag** ist eine besondere Form des **Werkvertrages**. Wie jeder andere Vertrag entsteht er durch zwei übereinstimmende Willenserklärungen, den Antrag und dessen Annahme. Der Antrag kann hierbei sowohl von der Wartungsfir-

ma als auch vom Arzt oder Zahnarzt ausgehen. Oft ist es so, dass der Arzt Anfragen an verschiedene Wartungsfirmen richtet und um ein Angebot bittet. Nachdem er die verschiedenen Angebote (= Antrag) verglichen hat, beauftragt er die Wartungsfirma, deren Angebot seinen Vorstellungen am meisten entspricht (= Annahme).
Im Interesse der Sicherheit und Gesundheit der Patienten wird in Arzt- und Zahnarztpraxen sehr viel Zeit aufgewendet, um die Instrumente und medizinischen Geräte zu pflegen und betriebsbereit zu halten sowie sie notfalls auch zu reparieren. Schlecht ausgeführte oder versäumte Wartungsarbeiten können dazu führen, dass Geräte ausfallen und der Behandlungsablauf stockt. Verärgerte Patienten und zusätzliche Kosten sind die Folge. Ein möglichst unterbrechungsfreier Einsatz ist die Voraussetzung für den wirtschaftlichen Betrieb einer Praxis.

Zunächst ist für Wartungsarbeiten das Praxispersonal zuständig. Wartungstätigkeiten beziehen sich hier vor allem auf die Reinigung und Desinfektion, z. B. von chirurgischen Instrumenten. Alle Geräte, die mit einem Patienten in Kontakt kommen, unterliegen unter anderem dem Medizinproduktegesetz und der Medizinprodukte-Betreiberverordnung (MPBetreibV). Diese schreiben vor, dass der Betreiber für die richtige Funktion und die Sicherheit seiner Geräte verantwortlich ist. Durch Unfallverhütungsvorschriften der Berufsgenossenschaften werden diese Bestimmungen ergänzt. Wird ein Patient verletzt und kann eine mangelhafte Wartung nachgewiesen werden, ist der Betreiber voll haftbar.

So müssen bestimmte Geräte vor ihrer Inbetriebnahme durch den Hersteller oder eine andere fachkundige Person einer Funktionsprüfung unterzogen werden. Andernfalls dürfen sie nicht betrieben werden. Des Weiteren schreibt der Gesetzgeber regelmäßige **sicherheitstechnische** und **messtechnische Kontrollen** vor. In welchen Zeiträumen diese erfolgen müssen, hängt ab von der jeweiligen Herstellerangabe und den gesetzlich vorgeschriebenen Fristen für die einzelnen Geräte. Da das Praxispersonal weder die notwendigen Fachkenntnisse besitzt noch über die erforderlichen Messinstrumente verfügt, wäre es mit diesen Kontrolltätigkeiten überfordert. Auch der Arzt oder Zahnarzt als Betreiber ist nicht immer in der Lage, diese Wartungsarbeiten selbst durchzuführen. Deshalb bieten spezialisierte Firmen Wartungsverträge an.

Umfang des Wartungsvertrages Der Leistungsumfang eines Wartungsvertrages kann sehr unterschiedlich sein. Manche Firmen bieten lediglich eine Basiswartung an. Sie umfasst in der Regel die gesetzlich vorgeschriebenen messtechnischen und sicherheitstechnischen Kontrollen sowie die vorsorgliche Pflege der Geräte. Gegen eine höhere Vergütung bieten viele Firmen auch sogenannte Voll-Wartungsverträge an. Diese beinhalten kostenfreie Reparaturen beim Kunden und im Werk, erforderliche Ersatzteile sowie kostenfreie Anfahrt und Arbeitszeit.
Die Rechtsgrundlage für abgeschlossene Wartungsverträge ist das BGB (Bürgerliches Gesetzbuch), dessen Bestimmungen durch die AGB (Allgemeine Geschäftsbedingungen) der Wartungsfirma ergänzt werden. Spezielle Gesetze wie das Medizinproduktegesetz und die Medizinprodukte-Betreiberverordnung (MPBetreibV) ergänzen diese Regelungen.

Pflichten des Arztes bzw. Zahnarztes Er muss die vertragsgemäß erbrachten Wartungsarbeiten abnehmen und die vereinbarte Vergütung zahlen. Falls notwendig, muss er bei der Auftragsdurchführung mitwirken, indem er z. B. erforderliche Wartungsunterlagen bereithält.

Pflichten der Wartungsfirma Sie muss die vereinbarten Arbeiten mängelfrei ausführen und vereinbarte Termine oder Fristen einhalten. Sofern erforderlich, muss sie sicherheitstechnische und messtechnische Kontrollen dokumentieren. Wurden die Wartungsarbeiten fehlerhaft oder unvollständig ausgeführt, dann kann der Arzt verlangen, dass der Mangel in einer angemessenen Frist behoben wird **(Nacherfüllung).** Sämtliche Aufwendungen wie Transport- oder Arbeitskosten gehen dabei zulasten der Wartungsfirma. Ist eine *angemessene Frist* zur Nachbesserung erfolglos abgelaufen, dann kann der Arzt wahlweise

- die Mängel selbst beseitigen (**Selbstvornahme**) und den Ersatz seiner Aufwendungen fordern.
- vom Wartungsvertrag **zurücktreten**.
- einen Preisnachlass (**Minderung**) verlangen.
- **Schadenersatz** statt der Leistung verlangen, z. B. wegen Umsatzverlust aufgrund eines ausgefallenen Gerätes.

Muster eines Wartungsvertrages

§ 1 Leistungen

Der Auftragnehmer übernimmt die gesetzlich vorgeschriebene Wartung bzw. „messtechnische Kontrolle" gemäß § 11 der Medizinprodukte-Betreiberverordnung (MPBetreibV) des umseitig genannten Geräts.
Eventuell benötigte Ersatzteile, größere Reparaturarbeiten sowie Verschleißmaterialien und Versandkosten werden gesondert berechnet. Nach erfolgter Wartung erhält der Kunde ein Protokoll, das den Leistungsumfang dokumentiert und Auskunft darüber gibt, ob das Gerät die gesetzlichen Anforderungen erfüllt.

§ 2 Wartungstermin und Wartungsbereitschaft des Auftragnehmers

Die Wartung erfolgt in gleichen Zeitabständen einmal jährlich. Der Kunde wird rechtzeitig an den nächsten Termin erinnert. Die Servicezentrale des Auftragnehmers ist täglich 24 Stunden zu erreichen. Nach Absprache mit dem Auftraggeber werden Wartungsarbeiten, die vor Ort erfolgen, im Allgemeinen von Montag bis Freitag in der Zeit von 08:00 Uhr bis 17:00 Uhr durchgeführt. Dringliche Reparaturen erfolgen spätestens am nächsten Werktag.

§ 3 Wartungsgebühr

Der Auftragnehmer erhält vom Auftraggeber eine vertraglich vereinbarte Jahresgebühr. Eine evtl. Änderung der Gebühr wird dem Kunden spätestens einen Monat vor dem nächsten Wartungstermin mitgeteilt. In diesem Fall hat der Kunde das Recht, den Vertrag innerhalb eines Monats schriftlich zu kündigen. Wird eine Erhöhung der Wartungsgebühr vom Kunden nicht anerkannt, steht das sofortige Kündigungsrecht auch dem Auftragnehmer zu.
Die Wartungsleistung wird dem Kunden jeweils nach erfolgter Wartung zuzüglich der gesetzlich gültigen Mehrwertsteuer in Rechnung gestellt. Soll die Wartung auf Wunsch des Kunden vor Ort erfolgen, wird zusätzlich innerhalb Deutschlands eine Fahrtkostenpauschale berechnet, deren Höhe sich aus der aktuellen Preisliste ergibt und die auf der Basis einer günstigen Fahrt- und Tourenplanung kalkuliert ist. Bei Sonderfahrten behält sich der Auftragnehmer eine individuelle Kostenvereinbarung vor.

§ 4 Wartungs- und Garantievertrag (Voll-Wartungsvertrag)

Für neue Geräte kann der Kunde gegen Aufpreis eine Verlängerung der Gewährleistungsfrist wählen. Bei regelmäßiger jährlicher Wartung gilt die Garantie bis maximal 5 Jahre ab Kaufdatum. Nach Ablauf der Garantiefrist wandelt sich der Vertrag automatisch in einen normalen Wartungsvertrag um. Der Anspruch auf erweiterte Garantie endet, sobald das Gerät nicht mehr regelmäßig jährlich gewartet wird. Die Gewährleistung erstreckt sich auf das komplette Gerät. Die jährliche Wartung, erforderliche Reparaturen, benötigte Ersatzteile, Arbeitszeiten und Fahrkosten sind im Preis enthalten. Ausgenommen sind typische Verschleißteile, wie z. B. Hygienepolster an Kopfhörern, Verbrauchsmaterialien sowie Beschädigungen, die nicht durch den Auftragnehmer zu vertreten sind.

§ 5 Vertragsdauer, Kündigung

Der Vertrag hat eine Laufzeit von einem Jahr und verlängert sich stillschweigend um jeweils ein weiteres Jahr, wenn er nicht spätestens einen Monat vor Ablauf schriftlich gekündigt wird.

ZUSAMMENFASSUNG

Wichtige Vertragsarten

- **Mietvertrag**: **Ge**brauch von Sachen gegen Entgelt → Rückgabe derselben Sachen
- **Pachtvertrag**: **Ge**brauch von Sachen + Ertrag gegen Entgelt → Rückgabe derselben Sachen
- **Leihvertrag**: **Ge**brauch von Sachen unentgeltlich → Rückgabe derselben Sachen
- **Darlehensvertrag**: **Ver**brauch von Sachen entgeltlich und unentgeltlich → Rückgabe gleichartiger (aber anderer) Sachen
- **Werkvertrag**: „Herstellung" eines Werkes gegen Entgelt → **erfolgs**bestimmter Vertrag
- **Dienstvertrag**: Leistung von Diensten gegen Entgelt → **zeit**bestimmter Vertrag
- **Wartungsvertrag**: Ausführung von Wartungsarbeiten gegen Entgelt → **erfolgs**bestimmter Vertrag

ARBEITSTEIL

1. a) Welche Pflichten entstehen aus einem Mietvertrag für Mieter und Vermieter?
   b) Für vermietete Wohnungen gelten die besonderen Vorschriften des Mieterschutzes. Nennen Sie zwei Beispiele.
   c) Unterscheiden Sie zwischen Mietvertrag und Pachtvertrag.
   d) Welcher Unterschied besteht zwischen Mietvertrag und Leihvertrag?
   e) Überprüfen Sie, ob in den drei Beispielen jeweils die richtige Vertragsart angesprochen wurde.

Drehorgel-Verleih – die Idee fürs Fest!
Fam.-Feier, Party usw. Tel. [redacted]

In Winnenden zu vermieten:
Änderungsschneiderei/Reinigungsannahme
ca. 90 m², verkehrsgünstig neben Lebensmittelmarkt.
[redacted]

„Wir brauchen was Schnelles – nur für 'ne halbe Stunde"   © BULLS

2. a) Wie werden die Vertragspartner beim Werkvertrag genannt?
   b) Welche Rechte können Sie beanspruchen, wenn ein Werkvertrag wie im oben stehenden Fall erfüllt wurde?
   c) Wie unterscheidet sich der Dienstvertrag vom Werkvertrag?
   d) Eine Autowerkstätte akzeptiert die Zahlung eines Kunden mit Scheck nicht und weigert sich, das reparierte Auto herauszugeben. Stattdessen verlangt sie Barzahlung. Darf der Betrieb den Wagen zurückbehalten?

3. a) Unterscheiden Sie zwischen Darlehen und Leihe.
   b) Welche Sicherheiten verlangen Banken für ein Darlehen?

4. Yvonne hat sich eine möblierte Zweizimmerwohnung gemietet. Der Vermieter erklärt bei der Vermietung, dass er Mietverträge grundsätzlich nur per Handschlag abschließe.
   a) Beurteilen Sie den Abschluss des Mietvertrags.
   b) Nach einiger Zeit ist der dem Vermieter gehörende Gasofen defekt. Der Vermieter verlangt von der Mieterin die Neubeschaffung eines Gasofens. Mit Recht?
   c) Der Vermieter erhöht die monatliche Miete von 475 € auf 600 € mit der Begründung, dass er dringend Geld brauche für die Reparatur des Hausdaches. Muss Yvonne zahlen? Wie sollte sie sich verhalten?
   d) Der Vermieter verbietet Yvonne, ihren Freund ab und zu bei sich übernachten zu lassen. Wie beurteilen Sie dieses Verbot?
   e) Wie beurteilen Sie die Situation, wenn Yvonnes Freund auf Dauer einziehen möchte?

5. Zu welcher Vertragsart gehört der Wartungsvertrag?

6. Beschreiben Sie, wie der Abschluss eines Wartungsvertrages erfolgt.

7. Welche Pflichten übernehmen Arzt und Wartungsfirma mit dem Abschluss eines Wartungsvertrages?

8. Der Amalgamabscheider am Behandlungsplatz einer Zahnarztpraxis ist defekt. Da Amalgam und Schmutzwasser nicht mehr getrennt werden, kann der Behandlungsplatz nicht mehr genutzt werden. Trotz mehrerer Telefonanrufe jeden Tag erscheint auch nach 5 Tagen kein Techniker der Wartungsfirma, um die dringend erforderliche Reparatur auszuführen. Zwischen Wartungsfirma und Zahnarzt wurde der Wartungsvertrag auf S. 101 abgeschlossen. Kann der Zahnarzt den Wartungsvertrag kündigen und eine andere Firma beauftragen?

9. Das intensiv genutzte Röntgengerät eines Orthopäden ist wegen einer fehlerhaften Wartung ausgefallen. Welche Rechte kann der Arzt in Anspruch nehmen?

6 Das Mahn- und Klageverfahren

In der Flaschnerei Rohrer kommt es häufig vor, dass Kunden ihre Rechnungen nicht pünktlich bezahlen. Drei Wochen nach Rechnungsstellung – die Rechnungen sind gewöhnlich sofort zahlbar – wird dem Kunden folgende Mahnung zugeschickt:

1. Mahnung, Rechnung Nr. ... vom ...

Sehr geehrter Kunde, sehr geehrte Kundin,

unsere Lieferer erwarten, dass wir ihre Rechnungen pünktlich begleichen. Dasselbe können wir auch von unseren Kunden verlangen. Sie haben Ihre Rechnung immer noch nicht bezahlt. Wir gewähren Ihnen noch eine Woche Nachfrist.

Mit freundlichen Grüßen

Hat der Kunde auch nach dieser Woche nicht bezahlt, dann erhält er die 2. Mahnung:

2. Mahnung, Rechnung Nr. ... vom ...

Sehr geehrter Kunde, sehr geehrte Kundin,

jetzt reichts; unsere Geduld ist erschöpft. Obwohl wir Ihnen bereits eine Mahnung zuschicken mussten, haben Sie es nicht für nötig gehalten, unsere Rechnung zu begleichen. Stellen Sie sich einmal vor, alle Kunden würden sich so verhalten. Sollten Sie unsere Rechnung auch nach dieser Mahnung nicht sofort bezahlen, dann werden wir unseren Rechtsanwalt beauftragen, den Rechnungsbetrag bei Ihnen einzuziehen. Die damit verbundenen Gebühren gehen dann selbstverständlich zu Ihren Lasten.

Hochachtungsvoll

Ist in diesem Fall die 1. Mahnung gerechtfertigt? Halten Sie es für sinnvoll, wenn das Mahnverfahren mit diesen Formulierungen beginnt?

Wie reagieren die Kunden, vor allem solche, die eine 2. Mahnung erhalten?

Verbessern Sie die Schreiben mündlich so, dass sie kundenfreundlicher, aber dennoch wirksam erscheinen.

Muss ein Rechtsanwalt unbedingt eingeschaltet werden?

6.1 Außergerichtliches Mahnverfahren

Jeder Gewerbetreibende muss laufend den rechtzeitigen Eingang seiner Forderungen überwachen. Dadurch bleibt er zahlungsfähig und vermeidet Verluste wie z. B. durch Verjährung oder Zinsausfall.

Zahlungsverzögerungen von Kunden können verschiedene Ursachen haben: Zahlungsunfähigkeit, Zahlungsunwilligkeit oder nur Vergesslichkeit. Diese Gründe sind im Einzelnen maßgebend für die Art und den Stil einer Mahnung. Normalerweise geht ein Gläubiger folgendermaßen vor:

Die Zahlungserinnerung

ist sehr höflich gehalten, da der Schuldner die Zahlung möglicherweise nur vergessen hat und auf eine richtige Mahnung verärgert reagieren könnte. Bleibt dieser höflich gehaltene Versuch ohne Wirkung, erfolgt der nächste Schritt.

↓

Die 1. Mahnung

wird nicht unfreundlich, aber dennoch entschieden formuliert. Unter Hinweis auf die Fälligkeit der Schuld enthält sie die bestimmte Aufforderung zur Zahlung. Wurde kein bestimmter Zahlungstermin vereinbart und sind seit Zugang einer Rechnung noch keine 30 Tage verstrichen, dann gerät der Schuldner erst durch diese Mahnung in Verzug.

↓

Die 2. Mahnung

wird abgeschickt, wenn der Kunde immer noch keine Reaktion zeigt. Sie enthält die schärfer formulierte Aufforderung zur Zahlung, evtl. auch die Androhung gerichtlicher Maßnahmen (Mahnbescheid oder Klage).

Aus Gründen der Beweisbarkeit erfolgen Mahnungen schriftlich. Wiederholte Mahnungen werden als Einschreiben zugestellt.
Welche Schritte ein Gläubiger ergreift, kann im Einzelfall sehr unterschiedlich sein. Je nach Ursache des Zahlungsverzugs ist es durchaus möglich, zusätzliche Mahnstufen einzubauen oder einzelne Stufen zu überspringen. Erklärt beispielsweise ein Schuldner, dass er nicht zahlen wird, leitet man sofort gerichtliche Schritte ein, da ein außergerichtliches Mahnverfahren hier nichts bewirkt.
Nach dem BGB (Bürgerliches Gesetzbuch) gerät ein Schuldner „spätestens **in Verzug"** wenn er nicht innerhalb von 30 Tagen nach Zugang einer Rechnung zahlt, sofern er in der Rechnung darauf hingewiesen wurde. Er muss dann neben seinen Schulden auch hohe Verzugszinsen zahlen, nämlich 5 % über dem Basiszinssatz der Deutschen Bundesbank (siehe auch S. 93/94: Zahlungsverzug).

Inkassogesellschaften

Viele Gläubiger beauftragen eine **Inkassogesellschaft** mit dem Eintreiben von Forderungen. In diesem Fall müssen die Schuldner zusätzlich die Kosten der Inkassofirma tragen. Inkassogesellschaften nutzen alle Möglichkeiten des außergerichtlichen und gerichtlichen Mahnverfahrens sowie des Klageverfahrens und der Zwangsvollstreckung.

> **Hartnäckige Schuldner!**
> Lassen Sie sich nicht länger an der Nase herumführen! Wir kümmern uns professionell und konsequent um den Einzug Ihrer Forderung ab € 5000,–. Auch Altforderungen.

DUBIOSE GELDEINTREIBER

Übler Scherz zeigt Inkasso-Bedarf

Männer in Schwarz, die Schuldner verfolgen, Drohungen oder auch mal Schläge auf der Straße. Je dringender Gläubiger ihr Geld zurückhaben möchten, desto derber können die Geldeintreiber-Methoden ausfallen. Die Internetseite www.russisch-inkasso.de passte da ins Bild: Vermeintliche Russen brüsteten sich mit „unkonventionellen Methoden", auch FINANZtest berichtete (Heft 10/2000, S. 66). Doch das Brutal-Inkasso-Angebot sollte ein Scherz sein.
Ein norddeutscher Schüler hatte die Homepage gebastelt und wurde damit nicht nur von uns ernst genommen. Zahlreiche Geschäfts- und Privatleute versuchten, mit den falschen Russen ins Geschäft zu kommen, erfragten Preise der „Dienstleistung" und schilderten ihre finanzielle Situation in E-Mails, die FINANZtest vorliegen.
So bat etwa ein Baustoffhändler um tatkräftige Hilfe: Sein Auftraggeber wolle nicht zahlen. Eine Hausfrau fragte an, da sie sich vom Anlageberater betrogen fühlte. Und eine Gelsenkirchener Beratungsfirma suchte jemand für den „Bereich Entmietung".

Von 1 000 Euro bis über eine halbe Million reichten die Summen, die – notfalls mit Gewalt – eingetrieben werden sollten. Für Carsten Ohle vom Bundesverband deutscher Inkasso-Unternehmen keine Überraschung. „Uns erreichen oft Anfragen nach Geldeintreibern der härteren Gangart." Weiterhelfen will Ohle da aber nicht. „Strafbar machen sich nicht nur die gewalttätigen Eintreiber, sondern auch die Auftraggeber."

Quelle: FINANZtest

6.2 Gerichtliches Mahn- und Klageverfahren

Gerichtsgebühren beim Mahnbescheid	
Forderung bis €	Gerichtsgebühr in €
500	32,00
1.000	32,00
1.500	35,50
2.000	44,50
3.000	54,00
4.000	63,50
usw.	usw.

Gerichtliches Mahnverfahren

Mahnbescheid Nach erfolglosen außergerichtlichen Mahnungen leitet der Gläubiger das gerichtliche Mahnverfahren ein, indem er bei der zuständigen Zentralstelle des jeweiligen Bundeslandes (z. B. in Baden-Württemberg das Amtsgericht Stuttgart; für Sachsen, Sachsen-Anhalt und Thüringen das Amtsgericht Aschersleben) den Erlass eines **Mahnbescheides** beantragt. Hierzu kauft er in einem Schreibwarengeschäft den auf der folgenden Seite abgebildeten Vordruck, füllt ihn aus und reicht ihn beim zuständigen Amtsgericht ein. Wer im Internet die Homepage des zuständigen Amtsgerichts aufsucht, kann dort online einen Mahnbescheid ausfüllen und ausdrucken. Er muss ihn dann nur noch unterschreiben und an das Gericht schicken. Über die angefallenen Gebühren erhält er vom Gericht einen Kostenbescheid. Die Gebühren des Amtsgerichts für den Erlass eines Mahnbescheids richten sich nach der Höhe der Forderung. Ohne zu überprüfen, ob der Anspruch berechtigt ist, erlässt nun das Amtsgericht den Mahnbescheid und stellt ihn dem Schuldner zu. Dieser hat drei Möglichkeiten:

- Er **zahlt**. Das Verfahren ist damit beendet.
- Er erhebt innerhalb von 14 Tagen **Widerspruch**. Auf Antrag einer der Parteien kann daraufhin eine mündliche Gerichtsverhandlung angesetzt werden.
- Er **reagiert nicht**. Dann kann der Gläubiger nach 14 Tagen einen Vollstreckungsbescheid beantragen.

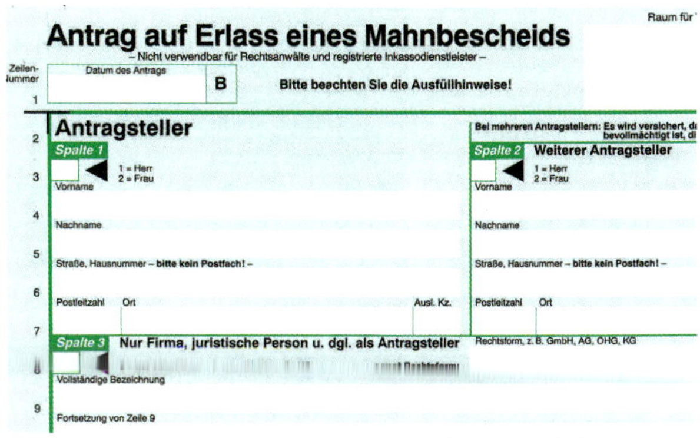
Antrag auf Erlass eines Mahnbescheids

– Nicht verwendbar für Rechtsanwälte und registrierte Inkassodienstleister –

Raum für

Zeilen-nummer | Datum des Antrags | B | Bitte beachten Sie die Ausfüllhinweise!

1

2 Antragsteller | Bei mehreren Antragstellern: Es wird versichert, ... bevollmächtigt ist, ...

Spalte 1 | 1 = Herr 2 = Frau | Spalte 2 Weiterer Antragsteller | 1 = Herr 2 = Frau

3 Vorname | Vorname

4 Nachname | Nachname

5 Straße, Hausnummer – bitte kein Postfach! – | Straße, Hausnummer – bitte kein Postfach! –

6 Postleitzahl | Ort | Ausl. Kz. | Postleitzahl | Ort

7 Spalte 3 Nur Firma, juristische Person u. dgl. als Antragsteller | Rechtsform, z. B. GmbH, AG, OHG, KG

8 Vollständige Bezeichnung

9 Fortsetzung von Zeile 9

Mahnbescheide können auf der Internetseite des zuständigen Amtsgerichts auch online beantragt werden.

Vollstreckungsbescheid Der **Vollstreckungsbescheid** ist eine Vollstreckbarkeitserklärung, die das Gericht auf den Mahnbescheid setzen kann, wenn der Gläubiger dies beantragt. Nach der Zustellung des Vollstreckungsbescheids hat der Schuldner drei Möglichkeiten:

- Er **zahlt**. Das Verfahren ist damit beendet.
- Er erhebt innerhalb von 14 Tagen **Einspruch**. Das Gericht setzt dann einen Termin zur mündlichen Verhandlung an.
- Er **reagiert nicht**. Der Gläubiger kann nach Ablauf der Einspruchsfrist (14 Tage) durch den Gerichtsvollzieher die Zwangsvollstreckung durchführen lassen.

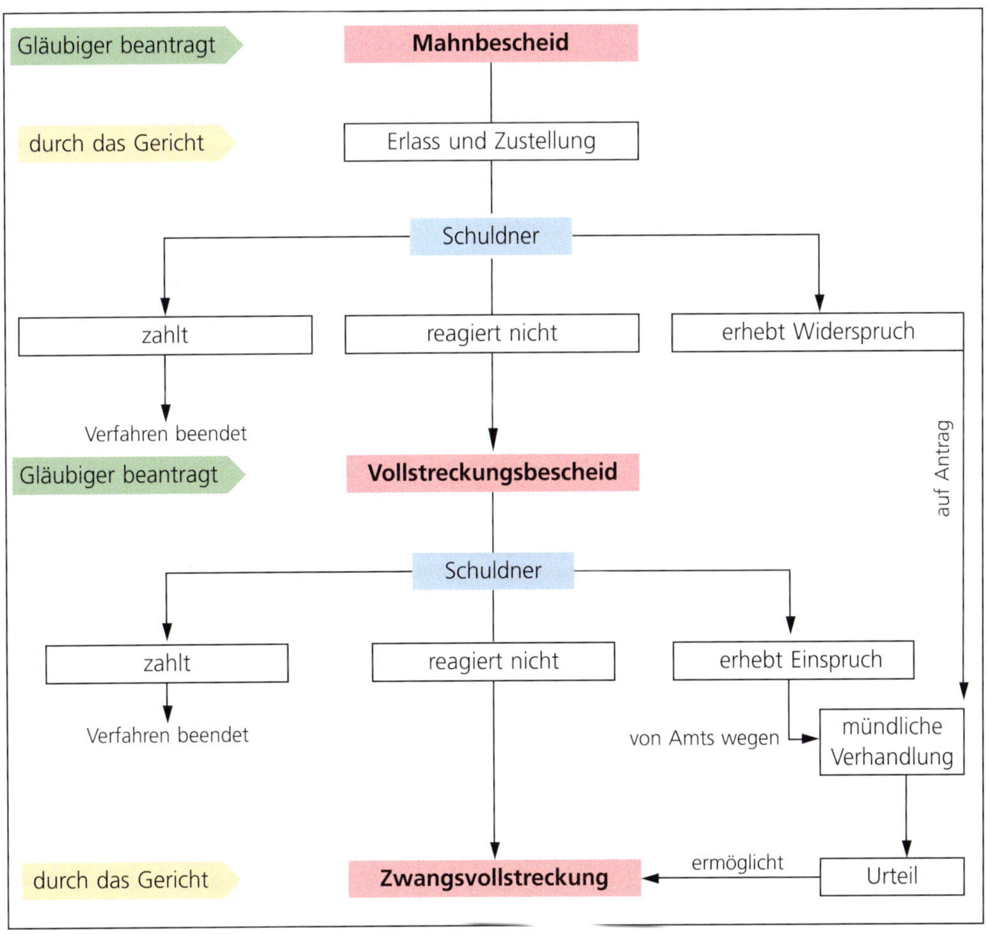

Zwangsvollstreckung Sie erfolgt durch **Pfändung** und öffentliche Versteigerung der gepfändeten Sachen. Der Gerichtsvollzieher pfändet, indem er bewegliche Sachen wie Schmuck oder andere Waren in seinen Besitz nimmt. Schwer zu transportierende Gegenstände versieht er mit einem Pfandsiegel („Kuckuck") und belässt sie zunächst beim Schuldner. Lebensnotwendige Dinge wie z. B. ein Bett, ein Herd oder ein Fernseher dürfen nicht gepfändet werden. Haben solche lebensnotwendigen Güter jedoch einen höheren Wert, so können sie im Rahmen einer Austauschpfändung durch geringwertigere ersetzt werden. Unpfändbar sind Sachen, die zur Berufsausübung benötigt werden wie z. B. die Trompete eines Musikers. Unbewegliche Sachen, z. B. Grundstücke oder Gebäude, werden mit einer Sicherungshypothek belastet oder zwangsversteigert. Auch Forderungen und Rechte, z. B. der Arbeitslohn, können gepfändet werden. Der Arbeitslohn kann nicht ganz gepfändet werden, sondern nur bis zum Existenzminimum.

Wenn die Pfändung erfolglos verlief oder der Versteigerungserlös nicht ausreicht, kann der Gläubiger beantragen, dass der Schuldner ein Verzeichnis seiner Vermögensteile aufstellt. Über die Vollständigkeit und Richtigkeit muss er eine **eidesstattliche Versicherung** abgeben. Eine falsche eidesstattliche Versicherung kann zu Gefängnisstrafe führen, und zwar bis zu 3 Jahren. Jeder, der diese Versicherung abgeben musste, wird in ein Schuldnerverzeichnis beim Amtsgericht aufgenommen. Entsprechende Eintragungen kann man auf Antrag erfahren. Verweigert der Schuldner diese eidesstattliche Versicherung, dann kann er zur Erzwingung bis zu sechs Monate inhaftiert werden.

AMTSGERICHT
STUTTGART-BAD CANNSTATT

Einfamilienhaus in Stuttgart-Stammheim

Im Wege der Zwangsvollstreckung soll am

Dienstag, den 10. Dezember 2019, 9 Uhr

im Saal 3 des Amtsgerichts Stuttgart-Bad Cannstatt, Badstr. 23, 70372 Stuttgart der folgende Grundbesitz der Gemarkung Stammheim öffentlich versteigert werden:

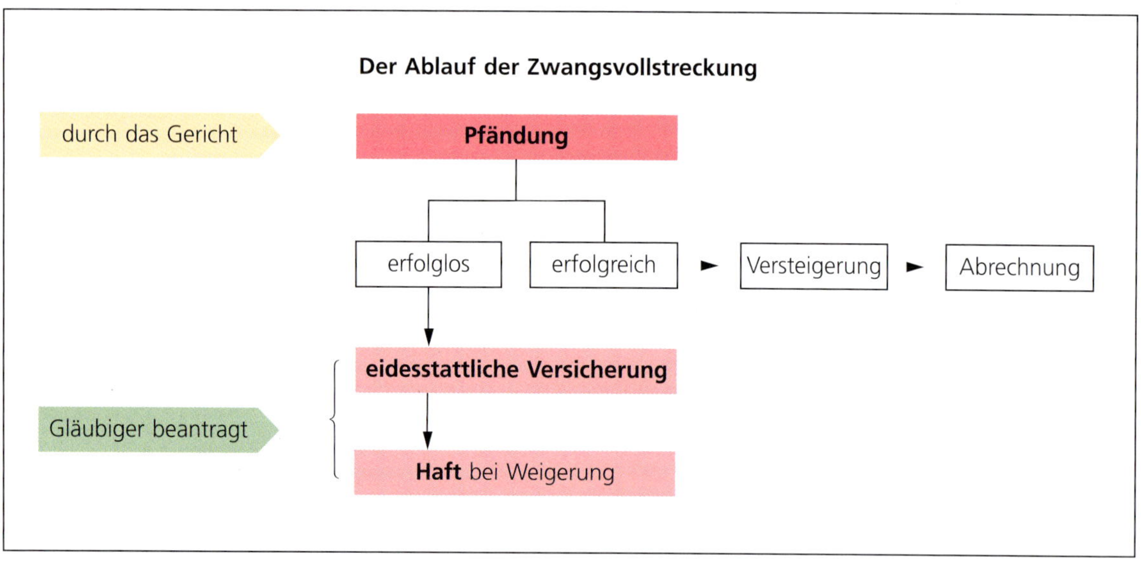

Zwar verjähren Ansprüche der Gläubiger spätestens nach 30 Jahren. Dennoch gibt es für die rund 6,9 Millionen überschuldeten Bürger Hoffnung. Als letzten Ausweg können Gerichte auch Privatleuten ihre Schulden erlassen. Die **Insolvenzordnung (InsO)** gibt Überschuldeten die Chance, sich von alten Schulden zu befreien und von vorn anzufangen. Dazu muss ein Schuldner jede zumutbare Arbeit angenommen, in der Regel sechs Jahre lang sein pfändbares Einkommen abgeliefert, sein Vermögen offen gelegt und sich finanziell korrekt verhalten haben (*siehe S. 280: Verbraucherinsolvenzverfahren [Privatinsolvenz]*).

Das Klageverfahren

Häufig verzichtet ein Gläubiger auf das gerichtliche Mahnverfahren und verklagt den Schuldner direkt auf Zahlung. Dies empfiehlt sich, wenn der Schuldner zahlungsunwillig ist oder wenn die Ansprüche umstritten sind. Des Weiteren entsteht ein Zivilprozess

- auf Antrag des Gläubigers oder Schuldners nach einem Mahnbescheid,
- von Amts wegen nach einem Einspruch gegen einen Vollstreckungsbescheid.

Örtlich zuständig ist das Gericht, in dessen Bezirk der Beklagte wohnt, sofern kein vertraglicher Gerichtsstand vereinbart wurde. **Sachlich zuständig** ist bei einem Streitwert bis 5.000 € das Amtsgericht, über 5.000 € das Landgericht.

Verfahrensablauf Der Kläger reicht beim zuständigen Gericht die Klage ein. Dieses stellt dem Beklagten die Klageschrift zu und teilt ihm einen Termin für die mündliche Verhandlung mit. Dort soll der Tatbestand aufgeklärt werden. Hierzu werden beide Parteien gehört. Beweismittel können z. B. Zeugenaussagen oder Urkunden sein. § 278 der Zivilprozessordnung (ZPO) schreibt vor, dass zunächst eine **Güteverhandlung** angesetzt wird. Hier soll versucht werden, durch einen Vergleich zu schlichten. Ausnahmen: erkennbare Aussichtslosigkeit oder Widerspruch einer Partei.

Das Verfahren endet normalerweise durch:

- **Vergleich**,
  wenn sich die Parteien einigen.
- **Urteil**,
  wenn sich die Parteien nicht einigen; ein rechtskräftiges Urteil kann der Gläubiger vollstrecken lassen.
- **Zurücknahme der Klage**,
  wenn der Kläger erkennt, dass seine Klage keinen Erfolg haben wird.
- **Versäumnisurteil**,
  wenn eine Partei nicht zur Verhandlung erscheint.

Berufung und Revision Gegen ein Urteil kann die unterlegene Partei **Berufung** einlegen. Berufungsinstanzen sind das Landgericht und das Oberlandesgericht. In der Berufung wird das ganze Verfahren noch einmal durchgeführt, neue Beweise können vorgebracht werden. Gegen Urteile des Oberlandesgerichts kann **Revision** beim Bundesgerichtshof in Karlsruhe eingelegt werden. Bei der Revision jedoch wird nur überprüft, ob in der vorigen Instanz die Gesetze richtig angewendet wurden.

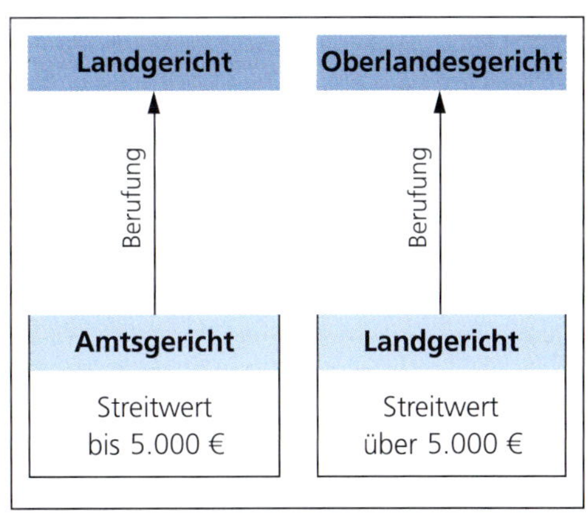

ZUSAMMENFASSUNG

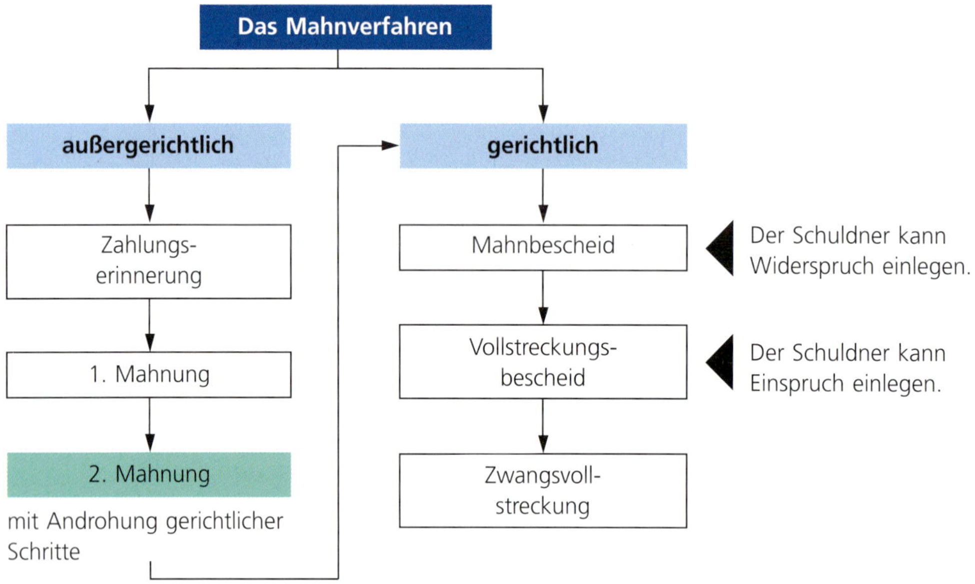

ARBEITSTEIL

1. a) Begründen Sie, weshalb das außergerichtliche Mahnverfahren meist in mehreren Stufen erfolgt.
   b) Nennen Sie die wichtigsten Stufen des außergerichtlichen Mahnverfahrens.
2. a) Weshalb sollte jeder Mahnbescheid vom Empfänger sehr genau überprüft werden?
   b) Wie kann man gegen einen Mahnbescheid vorgehen?
3. Frau Elster hat ein Fernsehgerät gekauft. Trotz einer Zahlungsaufforderung und zweier Mahnungen hat sie das Gerät immer noch nicht bezahlt. Einige Zeit später erhält sie einen gerichtlichen Mahnbescheid zugestellt, den sie nicht beachtet. Drei Wochen später wird ihr ein Vollstreckungsbescheid zugestellt.
   a) Womit muss Frau Elster rechnen, wenn sie den Vollstreckungsbescheid wieder nicht beachtet?
   b) Was geschieht, wenn Frau Elster gegen den Vollstreckungsbescheid fristgerecht Einspruch erhebt?
   c) Aus welchen Gründen verzichten manche Gläubiger auf das gesamte gerichtliche Mahnverfahren und reichen lieber sofort Klage bei Gericht ein?

4. Beurteilen Sie den nebenstehenden Zeitungsartikel. Könnte ein Zahnarzt in Deutschland ähnlich verfahren?
5. Ein Zivilprozess kann auf verschiedene Weise beendet werden. Wie enden die folgenden Verfahren?
   a) Der Kläger erscheint nicht zur Verhandlung.
   b) Die Parteien einigen sich.
   c) Der Kläger erkennt, dass er keinen Erfolg haben wird.
6. Wie unterscheiden sich Berufung und Revision?

Gebiss gepfändet

Seit vier Monaten muss ein Schwede ohne die untere Gebisshälfte auskommen, weil die Behörden es als Pfand für nicht bezahlte Zahnarztrechnungen eingezogen haben. Wie die Stockholmer Zeitung „Svenska Dagbladet" am Montag berichtete, schraubte ein Zahnarzt seinem Patienten Ridha Bouhlal die untere Hälfte des Gebisses während einer Behandlung mit der Bemerkung wieder heraus, er wolle „keine Scherereien mit der Kasse". Seitdem liegt das Gebiss dem Zeitungsbericht zufolge als Pfand bei der zuständigen Krankenkasse, bis ein Streit mit Bouhlal über Rechnungen beigelegt ist. Der Speisezettel der vergangenen vier Monate fiel bei Bouhlal daher einseitig aus. Es gab immer Suppe und Nudeln. *dpa*

Stuttgarter Zeitung

siehe auch Fallbeispiel „Folgen von Zahlungsverzug", S. 118

7 Die Verjährung von Forderungen

„Denken Sie mal zurück … etwa drei Jahre … damals haben Sie mir einen Goldhamster verkauft."
© BULLS

Halten Sie diese Reklamation für aussichtsreich?

7.1 Die Fristen der Verjährung

Nach Ablauf einer bestimmten Zeit kann der Schuldner die Leistung verweigern. Der Anspruch bleibt zwar bestehen, aber er kann gerichtlich nicht mehr durchgesetzt werden, wenn der Schuldner die **„Einrede der Verjährung"** geltend macht. Ein Schuldner, der in Unkenntnis der Rechtslage zahlt, kann das Geld nicht mehr zurückverlangen. Normalerweise beträgt die Verjährungsfrist 3 Jahre. In bestimmten Fällen sieht das Gesetz längere Fristen vor. Die wichtigsten Verjährungsfristen sind:

BGB § 197	**30** Jahre	▶ **Herausgabeansprüche aus Eigentum** ▶ **Ansprüche aus vollstreckbaren Titeln,** z. B. Gerichtsurteil	Die Verjährung beginnt **an dem Tag, an dem der Anspruch entstand.** Verjährungsfrist 30 Jahre 19. 4. 2020 – Fälligkeit + Beginn 19. 4. 2050 – Ende
BGB § 196	**10** Jahre	▶ Ansprüche aus **Rechten an Grundstücken,** z. B. Kauf, Hypothek, Grundschuld	Die Verjährung beginnt **mit der Entstehung des Anspruchs.** (Berechnung wie bei 30 Jahren, siehe dort.)
BGB § 438	**5** Jahre	▶ Ansprüche aus **Mängeln an Bauwerken**	Die Verjährung beginnt **mit der Entstehung des Anspruchs.** (Berechnung wie bei 30 Jahren, siehe dort.)

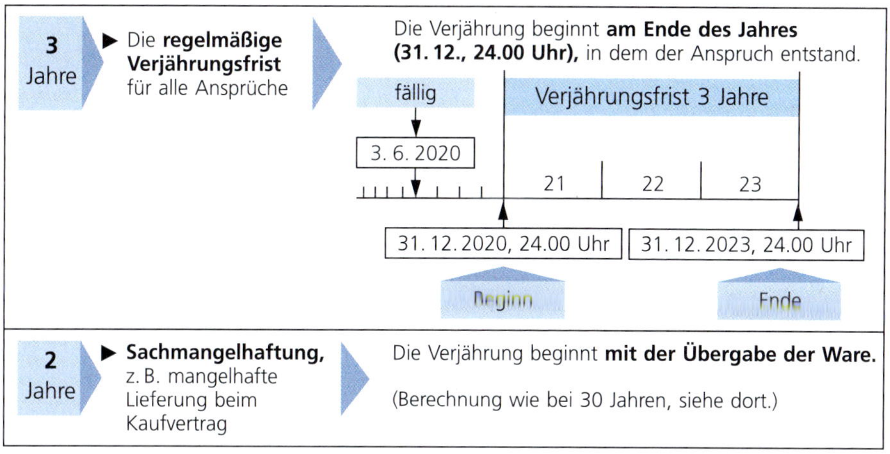

BGB §§ 195, 199, 200

BGB §§ 438, 200

7.2 Die Hemmung der Verjährung

Eine einfache Mahnung des Gläubigers bewirkt keine Hemmung der Verjährung. Die Verjährung kann unter anderem gehemmt werden durch:

- gerichtlichen Mahnbescheid
- Klageerhebung
- Verhandlungen über den Anspruch
- höhere Gewalt
- Beginn eines schiedsrichterlichen Verfahrens
- Leistungsverweigerungsrecht des Schuldners

Bei der **Hemmung** ruht der Verjährungsablauf für einen bestimmten Zeitraum. Die Verjährungsfrist **verlängert sich** um die **Dauer der Hemmung.** Je nach Hemmungsgrund kann noch eine Nachfrist von 3 oder 6 Monaten hinzugerechnet werden.
Beispiel: Solange Gläubiger und Schuldner über den Anspruch verhandeln, ist die Verjährung gehemmt. Sind die Verhandlungen abgeschlossen, also die Hemmung beendet, tritt die Verjährung frühestens 3 Monate danach ein.

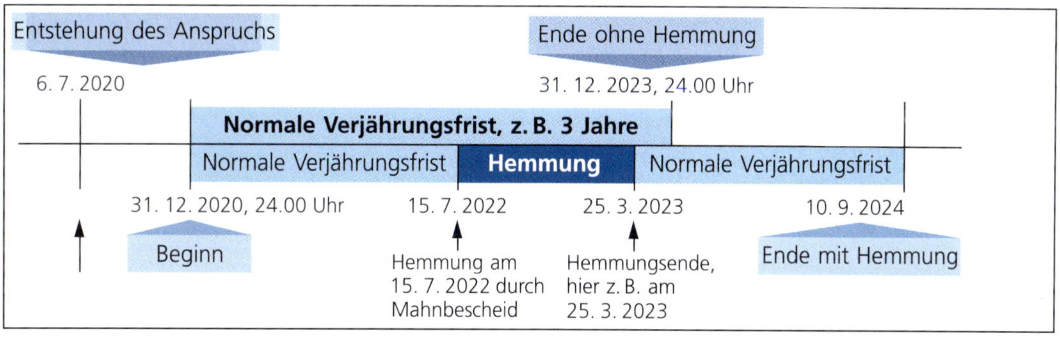

7.3 Der Neubeginn der Verjährung

Die Verjährung beginnt erneut, wenn der Schuldner dem Gläubiger gegenüber den Anspruch anerkennt, durch Abschlagszahlung, Zinszahlung, Teilzahlung oder auf andere Art und Weise. Wurde eine gerichtliche oder behördliche Vollstreckungshandlung beantragt oder vorgenommen, so bewirkt dies ebenfalls einen Neubeginn der Verjährung. Auch die Anerkennung von Mangelansprüchen durch Nacherfüllung lässt die Verjährung neu beginnen. Beim **Neubeginn** läuft die **Verjährungsfrist neu an,** beginnend mit dem Tag des Neubeginns.

ZUSAMMENFASSUNG

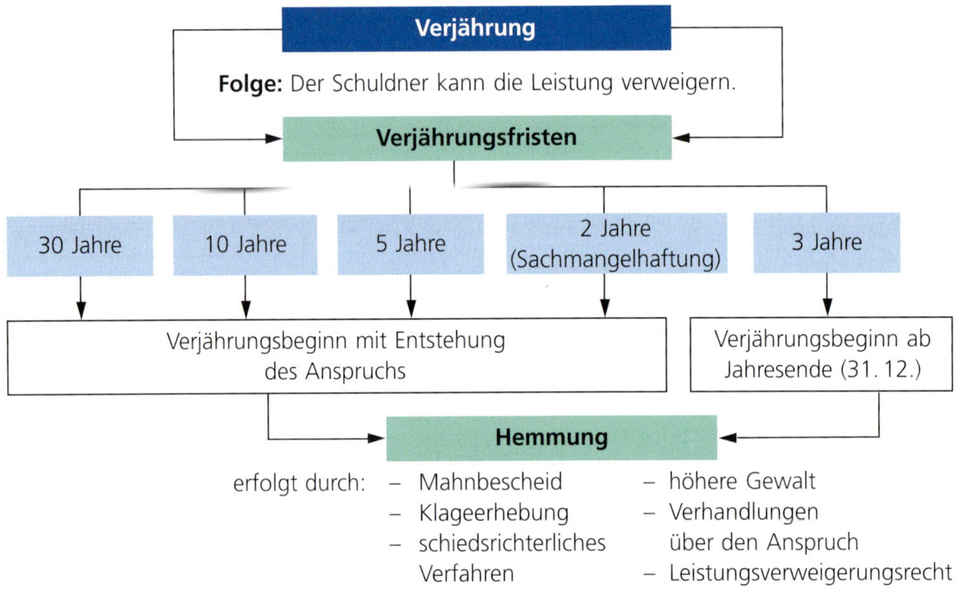

ARBEITSTEIL

1. Wie wirkt sich die Verjährung aus und wie lange ist die regelmäßige Verjährungsfrist?
2. Welche Verjährungsfrist gilt für
   a) die Sachmangelhaftung bei Kaufverträgen
   b) Ansprüche aus Gerichtsurteilen
   c) Ansprüche aus Mängeln an Bauwerken
   d) Ansprüche aus Rechten an Grundstücken?
3. Aufgrund eines rechtskräftigen Urteils haben Sie Anspruch auf 2.000 € Schadenersatz. Wann ist der Anspruch verjährt?
4. a) Wodurch wird die Verjährung gehemmt? Nennen Sie drei Möglichkeiten.
   b) Welche Wirkung hat eine Hemmung der Verjährung?
5. a) Wodurch wird ein Neubeginn der Verjährung bewirkt?
   b) Welche Wirkung hat ein Neubeginn der Verjährung?
6. Sie haben am 15.8.2019 den Gebrauchtwagen eines Bekannten gekauft.
   a) Wann ist die Forderung verjährt?
   b) Am 18.8.2019 haben Sie in einem Supermarkt ein Autoradio gekauft. Am 20. 8.2020 bringen Sie das Gerät zurück, weil es nicht mehr funktioniert. Der Verkäufer behauptet, die Gewährleistungsfrist sei bereits abgelaufen. Stimmt das?
7. Begründen Sie, weshalb die allgemeine Verjährungsfrist einen anderen Verjährungsbeginn hat als alle anderen Ansprüche.

PRÜFUNGSAUFGABE

VW Golf 1.4
55 kW, rot, Bj. 15, unfallfrei, orig. 80 000 km, 6 000,– €.
Tel. 0 71 41 / [redacted]

Der 18-jährige Auszubildende Bernd kauft aufgrund nebenstehender Zeitungsanzeige das angebotene Auto. Bei der ersten Inspektion seines gekauften Golfs stellt die Werkstatt fest, dass das Fahrzeug nicht 80.000 km, sondern bereits 180.000 km gefahren ist.

a) Seine Freundin rät Bernd den Kaufvertrag anzufechten, sein Freund dagegen meint, dies sei nicht notwendig, da der Vertrag ohnehin nichtig wäre. Wie beurteilen Sie den Fall?
b) Erklären Sie den Unterschied zwischen Nichtigkeit und Anfechtbarkeit von Rechtsgeschäften.

Bearbeiten Sie die restlichen Fragen unter Verwendung der unten stehenden Gesetzesauszüge.

c) Bernd hat dem Verkäufer das Auto zurückgegeben und stattdessen ein neues Motorrad gekauft. Von dem restlichen Geld leistete er sich bei Radio-Huber eine Stereoanlage. Innerhalb weniger Wochen ist die Stereoanlage zum dritten Mal defekt. Welche Kaufvertragspflichtverletzung liegt vor?
d) Welche Rechte stehen Bernd nach der offenbar erfolglosen Nachbesserung zu?
e) Kann Bernd Schadenersatz geltend machen (z. B. Ersatz der Fahrtkosten und Telefonauslagen)?
f) Innerhalb welcher Frist muss Bernd seine Ansprüche geltend machen?

Auszüge aus dem Bürgerlichen Gesetzbuch (BGB)

§ 434 Sachmangel. (1) Die Sache ist frei von Sachmängeln, wenn sie bei Gefahrübergang die vereinbarte Beschaffenheit hat. Soweit die Beschaffenheit nicht vereinbart ist, ist die Sache frei von Sachmängeln,
1. wenn sie sich für die nach dem Vertrag vorausgesetzte Verwendung eignet, sonst
2. wenn sie sich für die gewöhnliche Verwendung eignet und eine Beschaffenheit aufweist, die bei Sachen der gleichen Art üblich ist ...

§ 437 Rechte des Käufers bei Mängeln. Ist die Sache mangelhaft, kann der Käufer . . .
1. ... Nacherfüllung verlangen,
2. ... von dem Vertrag zurücktreten oder ... den Kaufpreis mindern ...
3. ... Schadenersatz ... verlangen.

§ 438 Verjährung der Mängelansprüche. (1) Die in § 437 ... bezeichneten Ansprüche verjähren
1. in 30 Jahren, wenn der Mangel
   a) in einem dinglichen Recht eines Dritten, ..., oder
   b) in einem sonstigen Recht, das im Grundbuch eingetragen ist, besteht,
2. in 5 Jahren
   a) bei einem Bauwerk und
   b) bei einer Sache, die ... für ein Bauwerk verwendet worden ist und dessen Mangelhaftigkeit verursacht hat, und
3. im Übrigen in zwei Jahren

§ 439 Nacherfüllung (1) Der Käufer kann als Nacherfüllung nach seiner Wahl die Beseitigung des Mangels oder die Lieferung einer mangelfreien Sache verlangen.
(2) Der Verkäufer hat die zum Zwecke der Nacherfüllung erforderlichen Aufwendungen, insbesondere Transport-, Wege-, Arbeits- und Materialkosten zu tragen.

§ 440 Besondere Bestimmungen für Rücktritt und Schadenersatz. ... Eine Nachbesserung gilt nach dem erfolglosen zweiten Versuch als fehlgeschlagen. ...

§ 441 Minderung. (1) Statt zurückzutreten, kann der Käufer den Kaufpreis ... mindern.

§ 323 Rücktritt wegen nicht oder nicht vertragsgemäß erbrachter Leistung. (1) Erbringt bei einem gegenseitigen Vertrag der Schuldner eine fällige Leistung nicht oder nicht vertragsgemäß, so kann der Gläubiger, wenn er dem Schuldner erfolglos eine angemessene Frist zur Leistung oder Nacherfüllung bestimmt hat, vom Vertrag zurücktreten.

PRÜFUNGSAUFGABE

„Es hat fünf Jahre Garantie ...oder bis Sie die Verpackung öffnen, was immer zuerst kommt." © BULLS

a) Erläutern Sie die Karikatur.

b) Ist diese „Gewährleistungsfrist" rechtlich zulässig?

Bearbeiten Sie die nachfolgenden Fragen unter Verwendung der unten stehenden Gesetzesauszüge.

c) Der elfjährige Ingo hat 300 € von seinem Sparbuch abgehoben und damit eine Campingausrüstung gekauft. Der Vater, der Ingo immer verboten hatte zu zelten, bringt dem Verkäufer die bereits benutzte Campingausrüstung zurück und verlangt die Rückgabe des Kaufpreises. Zu Recht? Begründen Sie die Antwort.

d) Zwei Wochen später ist Ingos Onkel Kurt zu Besuch. Er schenkt Ingo und seinem 5-jährigen Bruder Paul jeweils 10 €. Die Eltern sind der Ansicht, dass Ingo keine Belohnung verdient. Sie verbieten, dass er das Geld annimmt. Zu Recht?

e) Paul rennt mit seinen 10 € sofort zum nächsten Supermarkt und kauft für den gesamten Betrag Süßigkeiten. Prüfen Sie, ob ein gültiger Kaufvertrag zustande gekommen ist.

f) Ingo ist inzwischen 17 Jahre alt. Mit seiner Ausbildungsvergütung will er ein Trekkingrad kaufen. Auch seinen Vater hat er überredet. Der begleitet ihn zum Fahrradhändler und stimmt dem Kauf durch Ingo zu. Ist ein gültiger Kaufvertrag entstanden?

Auszüge aus dem Bürgerlichen Gesetzbuch (BGB)

§ 104 (1) Geschäftsunfähig ist, wer nicht das siebente Lebensjahr vollendet hat.

§ 105 (1) Die Willenserklärung eines Geschäftsunfähigen ist nichtig.

§ 106 Ein Minderjähriger, der das siebente Lebensjahr vollendet hat, ist ... in der Geschäftsfähigkeit beschränkt.

§ 107 Der Minderjährige bedarf zu einer Willenserklärung, durch die er nicht lediglich einen rechtlichen Vorteil erlangt, der Einwilligung seines gesetzlichen Vertreters.

§ 108 (1) Schließt der Minderjährige einen Vertrag ohne die erforderliche Einwilligung des gesetzlichen Vertreters, so hängt die Wirksamkeit des Vertrages von der Genehmigung des Vertreters ab.

§ 110 Ein von dem Minderjährigen ohne Zustimmung des gesetzlichen Vertreters geschlossener Vertrag gilt als von Anfang an wirksam, wenn der Minderjährige die vertragsmäßige Leistung mit Mitteln bewirkt, die ihm zu diesem Zwecke oder zu freier Verfügung von dem Vertreter oder mit dessen Zustimmung von einem Dritten überlassen worden sind.

FALLBEISPIEL: UMGANG MIT RECHTSFÄLLEN – PROBLEME BEIM KAUFVERTRAG

Problemsituation:
Die 18-jährige Sophie will sich räumlich vergrößern und kauft für ihre neue Mietwohnung eine Einbauküche. Diese soll laut Kaufvertrag Anfang März 2020 geliefert und eingebaut werden. Am 16. März ist die Küche jedoch noch nicht da. Sophie ist verärgert und teilt dies dem Möbelhändler mit. Außerdem setzt sie ihm schriftlich eine Nachfrist für die Lieferung bis zum 31. März 2020.

Am 1. April 2020 ist die Küche aber immer noch nicht geliefert worden. Sophie ist empört und möchte vom Vertrag zurücktreten.

Arbeitsauftrag:
Klären Sie unter Verwendung der nachfolgenden Auszüge aus dem BGB, ob Sophie im Recht ist.

Arbeitshilfen:
Lösung von rechtlichen Problemfälen, S. 434 ff.

–> Präsentieren Sie Ihr Arbeitsergebnis der Klasse.

Auszüge aus dem Bürgerlichen Gesetzbuch (BGB):

§ 145 Bindung an den Antrag
Wer einem anderen die Schließung eines Vertrags anträgt, ist an den Antrag gebunden, es sei denn, dass er die Gebundenheit ausgeschlossen hat.

§ 433 Vertragstypische Pflichten beim Kaufvertrag
(1) Durch den Kaufvertrag wird der Verkäufer einer Sache verpflichtet, dem Käufer die Sache zu übergeben und das Eigentum an der Sache zu verschaffen. Der Verkäufer hat dem Käufer die Sache frei von Sach- und Rechtsmängeln zu verschaffen.
(2) Der Käufer ist verpflichtet, dem Verkäufer den vereinbarten Kaufpreis zu zahlen und die gekaufte Sache abzunehmen.

§ 323 Rücktritt wegen nicht oder nicht vertragsgemäß erbrachter Leistung
(1) Erbringt bei einem gegenseitigen Vertrag der Schuldner eine fällige Leistung nicht oder nicht vertragsgemäß, so kann der Gläubiger, wenn er dem Schuldner erfolglos eine angemessene Frist zur Leistung oder Nacherfüllung bestimmt hat, vom Vertrag zurücktreten.
(2) Die Fristsetzung ist entbehrlich, wenn
1. der Schuldner die Leistung ernsthaft und endgültig verweigert,
2. der Schuldner die Leistung bis zu einem im Vertrag bestimmten Termin oder innerhalb einer im Vertrag bestimmten Frist nicht bewirkt, obwohl die termin- oder fristgerechte Leistung nach einer Mitteilung des Gläubigers an den Schuldner vor Vertragsschluss oder auf Grund anderer den Vertragsabschluss begleitenden Umstände für den Gläubiger wesentlich ist, oder
3. im Falle einer nicht vertragsgemäß erbrachten Leistung besondere Umstände vorliegen, die unter Abwägung der beiderseitigen Interessen den sofortigen Rücktritt rechtfertigen.
(3) Kommt nach der Art der Pflichtverletzung eine Fristsetzung nicht in Betracht, so tritt an deren Stelle eine Abmahnung.
(4) Der Gläubiger kann bereits vor dem Eintritt der Fälligkeit der Leistung zurücktreten, wenn offensichtlich ist, dass die Voraussetzungen des Rücktritts eintreten werden.
(5) Hat der Schuldner eine Teilleistung bewirkt, so kann der Gläubiger vom ganzen Vertrag nur zurücktreten, wenn er an der Teilleistung kein Interesse hat. Hat der Schuldner die Leistung nicht vertragsgemäß bewirkt, so kann der Gläubiger vom Vertrag nicht zurücktreten, wenn die Pflichtverletzung unerheblich ist.
(6) Der Rücktritt ist ausgeschlossen, wenn der Gläubiger für den Umstand, der ihn zum Rücktritt berechtigen würde, allein oder weit überwiegend verantwortlich ist oder wenn der vom Schuldner nicht zu vertretende Umstand zu einer Zeit eintritt, zu welcher der Gläubiger im Verzug der Annahme ist.

FALLBEISPIEL: FOLGEN VON ZAHLUNGSVERZUG

Anita Gruber macht eine Ausbildung zur Fachverkäuferin im Lebensmittelhandwerk bei der Fleischerei Sorg. Seit einigen Tagen wird sie im Büro mit der kaufmännischen Seite ihres Ausbildungsberufes vertraut gemacht. Heute soll sie für ihren Chef, Herrn Sorg, eine säumige Zahlung einfordern.

Problemsituation:
Die Fleischerei Erwin Sorg, in 72445 Berghausen, Hauptstraße 13, hat Herrn Bruno Knicker für die Feier seines 50. Geburtstages ein exklusives Büfett geliefert. Aufgrund schlechter Erfahrungen mit Knickers Zahlungsmoral wurde im schriftlichen Auftrag ausdrücklich vereinbart, dass bei Lieferung am 17.4.2020 bar bezahlt werden soll.

Beim Aufbau des Büfetts erklärt Herr Knicker, dass er es wegen des ganzen Geburtstagstrubels nicht mehr geschafft habe, bei seiner Bank Geld abzuheben. Er werde deshalb die Rechnung am nächsten Tag im Geschäft begleichen. Notgedrungen akzeptiert Herr Sorg, mahnt aber vorsorglich die Zahlung bis spätestens 12:00 Uhr an.

Am nächsten Vormittag ruft Herr Knicker an und sagt, er sei mit dem gelieferten Büfett sehr zufrieden gewesen; jedem der zahlreichen Gäste habe es bestens geschmeckt. Die beigelegte Rechnung über 1.575,00 € werde er auf das im Rechnungsformular angegebene Konto überweisen. Herr Sorg lehnt ab und besteht auf sofortiger Barzahlung bis 12:00 Uhr.

Entgegen seiner Ankündigung hat Herr Knicker aber bis heute (18.6.2020) immer noch nicht bezahlt. Auch auf eine am 3.5.2020 ergangene Mahnung hat er nicht reagiert. Da zwei Monate ergebnislos verstrichen sind, hat Anitas Chef die Geduld verloren.

Er beauftragt Anita deshalb, alle möglicherweise erforderlichen Maßnahmen zu ergreifen, nämlich ein letztes Mahnschreiben zu verfassen und vorsorglich das gerichtliche Mahnverfahren vorzubereiten. Anschließend soll sie ihm das Ergebnis präsentieren.

Arbeitsauftrag:
Arbeiten Sie in Gruppen zusammen.

1. In welchem Sprachstil soll die letzte Mahnung verfasst werden? Begründen Sie Ihre Entscheidung.
2. Klären Sie die Rechtslage und die vertragsrechtlichen Ansprüche der Fleischerei Sorg. Verwenden Sie die nachfolgenden Auszüge aus dem BGB.
3. Verfassen Sie ein letztes Mahnschreiben, machen Sie dabei entstandene Kosten geltend. Recherchieren Sie, in welcher Höhe Mahnkosten üblicherweise verlangt werden.
4. Ermitteln Sie, welches Gericht für gerichtliche Mahnverfahren Ihres Betriebsstandortes zuständig ist.
5. Füllen Sie auf der Homepage des zuständigen Gerichts online einen Mahnbescheid aus.
6. Welche Schritte kann Herr Sorg ergreifen, wenn der Mahnbescheid nicht beachtet wird?

Auszüge aus dem Bürgerlichen Gesetzbuch (BGB):
§ 286 Verzug des Schuldners
(1) Leistet der Schuldner auf eine Mahnung des Gläubigers nicht, die nach dem Eintritt der Fälligkeit erfolgt, so kommt er durch die Mahnung in Verzug. Der Mahnung stehen die Erhebung der Klage auf die Leistung sowie die Zustellung eines Mahnbescheids im Mahnverfahren gleich.
(2) Der Mahnung bedarf es nicht, wenn
1. für die Leistung eine Zeit nach dem Kalender bestimmt ist, [...]
§ 288 Verzugszinsen und sonstiger Verzugsschaden
(1) Eine Geldschuld ist während des Verzugs zu verzinsen. Der Verzugszinssatz beträgt für das Jahr fünf Prozentpunkte über dem Basiszinssatz.
(2) Bei Rechtsgeschäften, an denen ein Verbraucher nicht beteiligt ist, beträgt der Zinssatz für Entgeltforderungen neun Prozentpunkte über dem Basiszinssatz.
(3) Der Gläubiger kann aus einem anderen Rechtsgrund höhere Zinsen verlangen.
(4) Die Geltendmachung eines weiteren Schadens ist nicht ausgeschlossen.

Suchhilfen:
Geben Sie in eine Suchmaschine Stichworte wie Mahnkosten, Basiszins, Basiszinsrechner, Mahngericht ein.

–> **Präsentieren** Sie das Ergebnis Ihrer Arbeit der Klasse und begründen Sie Ihre Entscheidung.

Der Behandlungsvertrag

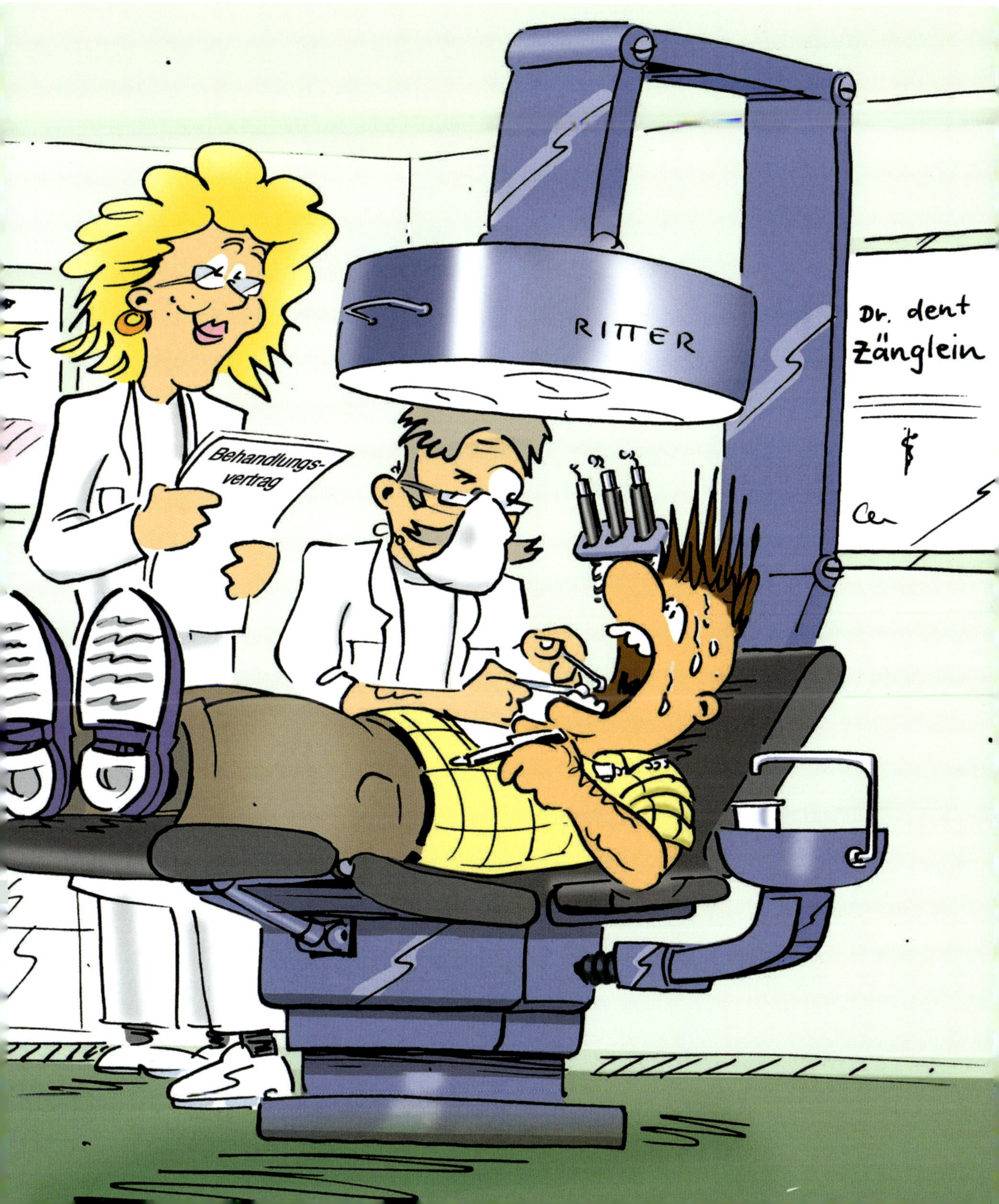

1 Der Behandlungsvertrag – ein Dienstvertrag

Der 42-jährige Benno Frank ist privat krankenversichert. Sein Hausarzt ist der Internist Dr. Weiß. Schon über 10 Jahre ist Herr Frank Patient von Dr. Weiß.
Seit ein paar Tagen hat Herr Frank eine Mandelentzündung und Schluckbeschwerden. Als Herr Frank auch noch seine Stimme verliert, entschließt er sich, Dr. Weiß ohne vorherige Terminabsprache in seiner Praxis aufzusuchen.
Dort übergibt er der Medizinischen Fachangestellten an der Anmeldung seine Gesundheitskarte. Diese nimmt seine Daten auf und bittet ihn ins Wartezimmer. Nach einer halben Stunde Wartezeit wird er von der Medizinischen Fachangestellten in das Behandlungszimmer zu Dr. Weiß gebracht. Wegen seines Stimmverlusts muss er die Fragen des Dr. Weiß hauptsächlich mit Gebärden beantworten. Dr. Weiß inspiziert den Rachen, nimmt einen Abstrich und führt einige körperliche Untersuchungen durch. Danach stellt er Herrn Frank ein Rezept über ein Antibiotikum aus und erklärt ihm, wie die Tabletten eingenommen werden müssen. Zum Schluss bittet er ihn, in der folgenden Woche wieder in die Praxis zu kommen. Darauf verlässt Benno Frank die Arztpraxis und begibt sich mit dem Rezept sofort zur nächsten Apotheke.

Wie ist zwischen Herrn Frank und Dr. Weiß der Behandlungsvertrag zustande gekommen?

Wer wären die Vertragspartner, wenn Herr Frank bei der AOK versichert wäre?

Muss Benno Frank das Honorar von Dr. Weiß bezahlen, wenn sich sein Zustand in der folgenden Woche verschlechtert?

1.1 Entstehung eines Behandlungsvertrags

Begibt sich ein Patient in die Behandlung eines niedergelassenen Arztes oder Zahnarztes, so entsteht ein Behandlungsvertrag. Dies gilt auch bei einem telefonisch zugesagten Hausbesuch. Eine schriftliche Erklärung ist für die Entstehung des Behandlungsvertrags nicht nötig. Es genügt das schlüssige Handeln der Vertragspartner.

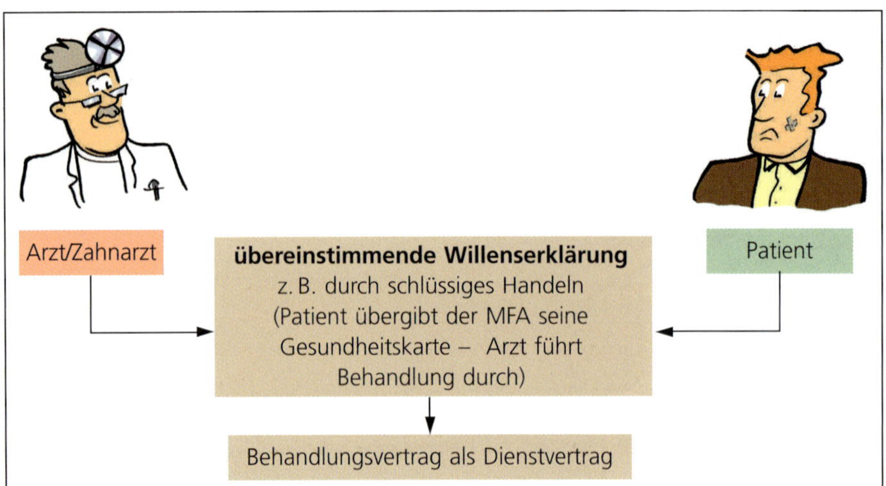

Bei minderjährigen oder geschäftsunfähigen Personen ist zusätzlich die Einwilligung der gesetzlichen Vertreter nötig, damit der Behandlungsvertrag zustande kommt.
Kann ein Patient keine rechtswirksame Willenserklärung abgeben, z. B. ein Bewusstloser nach einem Unfall, so liegt eine *„Geschäftsführung ohne Auftrag"* vor. Der Arzt darf in diesem Fall annehmen, dass die **mutmaßliche Einwilligung** des Patienten vorliegt.

BGB § 677

1.2 Vertragspartner beim Behandlungsvertrag

Arzt und Patient sind Partner in einem privatrechtlichen Vertrag. Von der Art der Praxis und von der Versicherung des Patienten hängt es jedoch ab, ob es bei dieser einfachen Zweierbeziehung bleibt oder ob noch weitere Vertragspartner vorhanden sind:

Auf Seiten des **Arztes** ist der Vertragspartner:

- bei einer **Einzelpraxis:** –> der Praxisinhaber
  Ist dieser im Urlaub, entsteht mit seinem Vertreter kein Vertrag; er handelt nur im Namen des Praxisinhabers.
- bei einer **Praxisgemeinschaft:** –> der einzelne Arzt
  Jeder Arzt hat hier seinen eigenen Patientenstamm.
- bei einer **Berufsausübungsgemeinschaft** (BAG, ehemals: Gemeinschaftspraxis)
  –> alle Ärzte zusammen
  Hier haben die Ärzte einen gemeinsamen Patientenstamm.
- **Medizinisches Versorgungszentrum (MVZ)** –> für den Patienten hat ein MVZ Ähnlichkeiten mit einer BAG. Der Unterschied ist, dass der Behandlungsvertrag nicht mit allen Ärzten zusammen, sondern mit dem MVZ entsteht.

Auf Seiten des **Patienten** ist der Vertragspartner:

- beim **Privat**patienten: –> nur der Patient
- beim **Kassen**patienten: –> der Patient – die Kassenärztliche bzw. Kassenzahnärztliche Vereinigung und die gesetzliche Krankenkasse.
  Wie beim Privatpatienten besteht auch zwischen Kassenpatient und Arzt ein privatrechtlicher Vertrag, d. h., der Kassenpatient hat die gleichen Rechte wie ein Privatpatient.
- bei der **Hausarztzentrierten Versorgung (HzV),** z. B. beim AOK-Hausarztvertrag tritt an die Stelle der Kassenärztlichen Vereinigung (KV) die Hausärztliche Vertragsgemeinschaft (HÄVG) in Zusammenarbeit mit einer Managementgesellschaft. Arzt und (z. B. bei der AOK) versicherter Patient müssen selbst freiwillig diesem Vertrag beitreten.

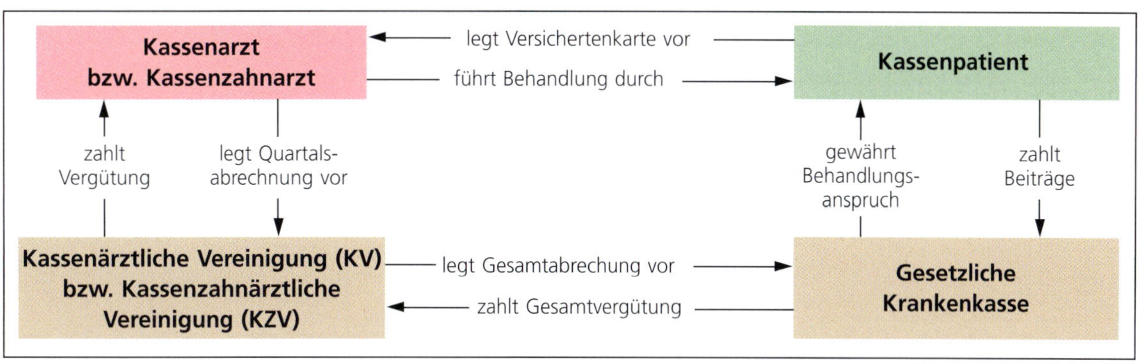

1.3 Rechtsnatur des Behandlungsvertrags

Der zwischen Arzt und Patient geschlossene Behandlungsvertrag ist ein **Dienstvertrag**. **BGB § 611** Dadurch verpflichtet sich der Arzt, seine Dienstleistung **sorgfältig** zu erbringen, d. h. die Behandlung nach dem medizinischen Standard durchzuführen. Er gibt dem Patienten dabei **keine Erfolgsgarantie.**

Das gilt auch bei einer zahnprothetischen Behandlung durch einen Zahnarzt. Dieser verspricht nur die kunstgerechte Behandlung des Patienten. Anders ist dies jedoch bei der Herstellung der Zahnprothese durch den Zahntechniker oder Zahnarzt. Hier wird der Erfolg geschuldet, da in diesem Fall ein **Werkvertrag** (§ 631 ff. BGB) vorliegt. **BGB § 631 ff.**

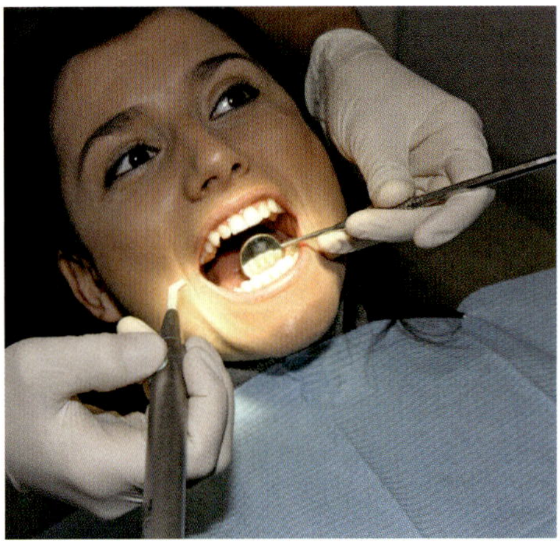

zahnärztliche Tätigkeit	**zahntechnische Tätigkeit**
Vorbereitung von Mundhöhle und Kiefer für den Einsatz z. B. einer Brücke Anpassung der Prothese Kautätigkeit herstellen	Anfertigung z. B. einer Brücke
↓	↓
kunstgerechte Behandlung wird garantiert	Erfolg wird garantiert
↓	↓
bleibt Erfolg aus – trotzdem Honoraranspruch	kein Erfolg – keine Vergütung
↓	↓
Dienstvertrag (§ 611 BGB)	**Werkvertrag (§ 631 BGB)**

Werkvertragliche Elemente sind auch enthalten bei der Herstellung von orthopädischen Schuheinlagen, Herzklappen- und Hüftgelenksprothesen sowie bei Herzschrittmachern.

1.4 Behandlungspflicht – Beendigung des Behandlungsvertrags

Behandlungspflicht

Der Arzt ist in der Ausübung seines Berufes frei. Er kann frei darüber entscheiden, ob er die Behandlung eines Patienten übernehmen will oder nicht, d. h., es besteht **keine generelle Behandlungspflicht.**
Diese Vertragsfreiheit wird jedoch eingeschränkt durch seine Verpflichtung zur Hilfe in Notfällen sowie durch das Standesrecht, das die willkürliche Ablehnung von Kranken verbietet. Ein Kassenarzt muss aufgrund geschlossener Verträge zwischen den gesetzlichen Krankenkassen und der Kassenärztlichen Vereinigung alle Kassenpatienten behandeln.
Auch der Patient hat das Recht, seinen Arzt frei zu wählen oder zu wechseln.

Beendigung des Behandlungsvertrags

Der **Patient** kann den Behandlungsvertrag jederzeit lösen, indem er z. B. einfach nicht mehr in die Sprechstunde kommt.

Der **Arzt** kann den Behandlungsvertrag lösen, wenn

- die Behandlung abgeschlossen ist, sowohl mit als auch ohne Erfolg.
- das Vertrauensverhältnis fehlt, z. B., der Patient befolgt die ärztlichen Anordnungen nicht, belästigt oder bedroht das Personal.

Der Behandlungsvertrag darf vom Arzt nur gelöst werden, wenn eine notwendige Fortsetzung der Behandlung sichergestellt ist und wenn der Patient sich nicht in einer medizinischen Notlage befindet.
Die Ablehnung eines Kassenpatienten muss ein Kassenarzt aber vorher unter Angabe der Gründe der zuständigen Krankenkasse mitteilen.

„Keine Sorge, es wird mir wahrscheinlich mehr wehtun als Ihnen." © Bulls

ZUSAMMENFASSUNG

Behandlungsvertrag

Zustandekommen

- durch zwei übereinstimmende **Willenserklärungen**
- durch **mutmaßliche Einwilligung**

Rechtsnatur

- **Dienstvertrag:** Der Arzt muss seine Dienstleistung **sorgfältig** erbringen, **ohne Erfolgsgarantie.**
- **Werkvertragliche Elemente:** Bei der **Herstellung** von Zahnersatz oder Hilfsmitteln wird der **Erfolg garantiert.**

Beendigung

- durch den **Arzt** nur bei abgeschlossener Behandlung oder bei fehlendem Vertrauensverhältnis
- durch den **Patienten** jederzeit ohne Angabe eines Grundes möglich

ARBEITSTEIL

1. Als Willenserklärung für den Abschluss eines Behandlungsvertrages genügt „schlüssiges Handeln" von Arzt und Patient. Beschreiben Sie, wie dieses schlüssige Handeln ablaufen kann.
2. Wer ist auf der Seite des Arztes der Vertragspartner im Behandlungsvertrag bei einer Behandlung durch:
   a) den niedergelassenen Arzt in einer Einzelpraxis?
   b) den Urlaubsvertreter in einer Einzelpraxis?
   c) einen Arzt in einer Praxisgemeinschaft?
   d) einen Arzt in einer Berufsausübungsgemeinschaft?
3. Wer ist auf der Seite des Patienten der Vertragspartner im Behandlungsvertrag bei der Behandlung:
   a) eines Privatpatienten?
   b) eines Kassenpatienten?
   c) eines 10-jährigen Kindes?
4. Unterscheiden Sie die beiden Vertragsformen „Dienstvertrag" und „Werkvertrag".
5. Unter welchen Bedingungen kann
   a) ein Patient den Behandlungsvertrag lösen?
   b) ein Arzt den Behandlungsvertrag lösen?

2 Schweigepflicht und Datenschutz

Grenzen der Schweigepflicht

OLG: Ärzte müssen von Ansteckung mit HIV gefährdete Partner informieren

Frankfurt (dpa) – Ärzte müssen in Ausnahmefällen ihre Schweigepflicht brechen. Das hat jetzt das Oberlandesgericht (OLG) Frankfurt im Fall der Freundin eines Aids-Kranken entschieden, die bis zu dessen Tod nichts von der Infektion ihres Lebensgefährten wusste und angesteckt wurde. Die Einschränkung der ärztlichen Schweigepflicht gilt der Entscheidung zufolge insbesondere dann, wenn der Aidskranke „erkennbar uneinsichtig ist und die Bekanntgabe verbietet". Wenn beide Lebenspartner bei demselben Arzt in Behandlung sind, ist der Arzt ferner nach Ansicht des OLG sogar verpflichtet, den Partner über das Ansteckungsrisiko aufzuklären. Die mit HIV infizierte 26-Jährige aus dem Rhein-Main-Gebiet verklagte den behandelnden Arzt ihres aidskranken, inzwischen verstorbenen Lebenspartners auf mindestens 50.000 Euro Schmerzensgeld, weil er ihr nichts von der Infektion ihres Partners gesagt hatte. Das Landgericht Wiesbaden hatte dagegen in erster Instanz die Klage abgewiesen, weil der Arzt rechtlich an die Schweigepflicht gebunden gewesen sei. Die Klägerin hatte den Lebensgefährten in dem Glauben gepflegt, er sterbe an Krebs. (AZ: 8 U67/99)

Süddeutsche Zeitung

Welche Tatsachen fallen unter die ärztliche Schweigepflicht?

Gibt es Ausnahmen von der Schweigepflicht?

2.1 Umfang der Schweigepflicht

Die Muster-Berufsordnung für die deutschen Ärzte (MBO-Ä) und das Strafgesetzbuch (StGB) verpflichten den Arzt über **alles** zu schweigen, was ihm **in Ausübung seines Berufes** vom Patienten bekannt wird. **MBO-Ä § 2**

Die Schweigepflicht gilt nach Strafgesetzbuch auch für das ärztliche Personal, also für die MFA und ZFA.

Unter die **Schweigepflicht** fallen

- der Name des Patienten
- die Tatsache seiner Behandlung
- Aufzeichnungen des Arztes
- schriftliche Mitteilungen des Patienten an den Arzt
- Untersuchungsbefunde, Röntgenaufnahmen
- Angaben über persönliche und wirtschaftliche Verhältnisse des Patienten.

Die **Schweigepflicht** besteht auch gegenüber

- Familienangehörigen und Freunden des Patienten
- Familienangehörigen, Freunden des Arztes und der Medizinischen Fachangestellten
- Arztkollegen, die nicht an der Behandlung des Patienten beteiligt sind
- dem Arbeitgeber des Patienten.

Auszug aus dem Strafgesetzbuch (StGB)

§ 203 Verletzung von Privatgeheimnissen

(1) Wer unbefugt ein fremdes Geheimnis, namentlich ein zum persönlichen Lebensbereich gehörendes Geheimnis oder ein Betriebs- oder Geschäftsgeheimnis offenbart, das ihm als

1. Arzt, Zahnarzt, Tierarzt, Apotheker oder Angehörigem eines anderen Heilberufes, ...

anvertraut worden oder sonst bekannt geworden ist, wird mit Freiheitsstrafe bis zu einem Jahr oder mit Geldstrafe bestraft ...

(3) Den in Absatz 1 Genannten stehen ihre berufsmäßig tätigen Gehilfen und die Personen gleich, die bei ihnen zur Vorbereitung auf den Beruf tätig sind.

2.2 Entbindung von der Schweigepflicht

Die Pflicht zur Verschwiegenheit besteht auch **über den Tod des Patienten hinaus.** Unter folgenden Voraussetzungen ist jedoch eine Entbindung von der Schweigepflicht möglich:

- *durch den Patienten selbst*
  Beispiele: An einer offenen Anmeldung spricht ein Patient so laut über seine Untersuchungsergebnisse, dass andere Patienten mithören können.
  Ein anderer Patient ist einverstanden, dass er von seinem Ehepartner zum Arzt begleitet wird.

- *durch die mutmaßliche Einwilligung des Patienten*
  Beispiel: Der Arzt informiert die Angehörigen eines Patienten, der nach einem Unfall bewusstlos ist.

- *bei Minderjährigen gegenüber den Erziehungsberechtigten*
  Das Wohl des Kindes erfordert eine Mitteilung an die Eltern, wenn eine erfolgreiche Behandlung des Kindes nur im Zusammenwirken mit den Eltern möglich ist. Bei Minderjährigen **über 14 Jahren** muss der Arzt deren Geheimhaltungsinteresse auch gegenüber den Eltern respektieren. Wenn z. B. eine 16-jährige Auszubildende sich die „Pille" zur Empfängnisverhütung verschreiben lässt, muss der Arzt die Eltern nicht informieren.

StGB § 34

- *durch einen rechtfertigenden Notstand*
  Der Arzt darf ein Geheimnis dann offenbaren, wenn eine Gefahr für ein höheres Rechtsgut besteht und dieser Notstand nur durch einen Bruch der Schweigepflicht abzuwenden ist.
  Beispiele: Benachrichtigung der Polizei bei Kindesmissbrauch und -misshandlung; Mitteilung an den Lebenspartner des Patienten über einen positiven HIV-Test.

IfSG § 6

- *durch die gesetzliche Meldepflicht*
  Gesetze verpflichten den Arzt, bestimmte Vorgänge in seiner Praxis zu melden. *Beispiele:* Das Infektionsschutzgesetz verpflichtet zur Meldung bei 18 übertragbaren Krankheiten; der Bundesmantelvertrag verpflichtet in § 21 den Kassenarzt zur Auskunft gegenüber dem vertrauensärztlichen Dienst; das Personenstandsgesetz verpflichtet zur Meldung von Geburten und Todesfällen.

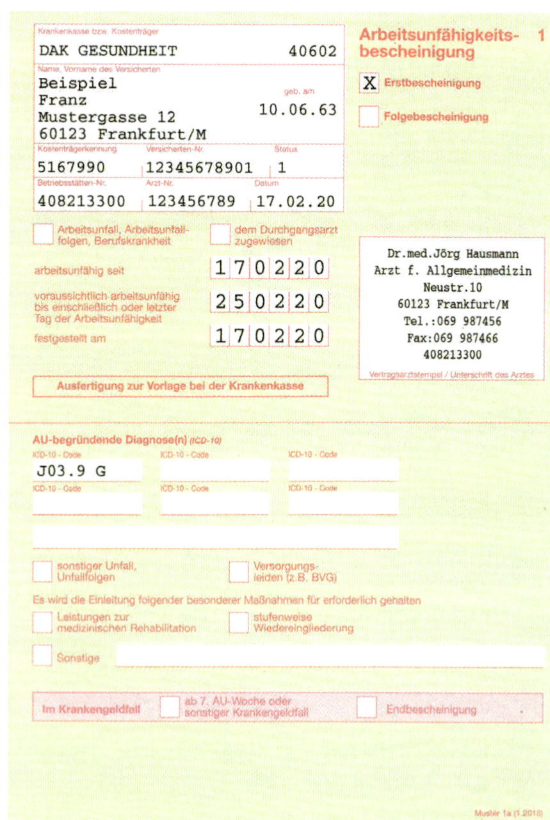
Krankenkasse bzw. Kostenträger
DAK GESUNDHEIT 40602
Name, Vorname des Versicherten
Beispiel
Franz
Mustergasse 12
60123 Frankfurt/M
geb. am 10.06.63
Kostenträgerkennung 5167990 | Versicherten-Nr. 12345678901 | Status 1
Betriebsstätten-Nr. 408213300 | Arzt-Nr. 123456789 | Datum 17.02.20

Arbeitsunfähigkeits-bescheinigung 1

[X] Erstbescheinigung
[ ] Folgebescheinigung

[ ] Arbeitsunfall, Arbeitsunfallfolgen, Berufskrankheit
[ ] dem Durchgangsarzt zugewiesen

arbeitsunfähig seit 170220
voraussichtlich arbeitsunfähig bis einschließlich oder letzter Tag der Arbeitsunfähigkeit 250220
festgestellt am 170220

Dr.med.Jörg Hausmann
Arzt f. Allgemeinmedizin
Neustr.10
60123 Frankfurt/M
Tel.:069 987456
Fax:069 987466
408213300
Vertragsarztstempel / Unterschrift des Arztes

Ausfertigung zur Vorlage bei der Krankenkasse

AU-begründende Diagnose(n) (ICD-10)
ICD-10 - Code J03.9 G | ICD-10 - Code | ICD-10 - Code
ICD-10 - Code | ICD-10 - Code | ICD-10 - Code

[ ] sonstiger Unfall, Unfallfolgen
[ ] Versorgungsleiden (z.B. BVG)

Es wird die Einleitung folgender besonderer Maßnahmen für erforderlich gehalten
[ ] Leistungen zur medizinischen Rehabilitation
[ ] stufenweise Wiedereingliederung
[ ] Sonstige

Im Krankengeldfall [ ] ab 7. AU-Woche oder sonstiger Krankengeldfall [ ] Endbescheinigung

Muster 1a (1.2018)

- *durch die Wahrnehmung berechtigter eigener Interessen*
  Beispiel: Ein Patient verklagt den Arzt. Dieser muss sich vor Gericht verteidigen können, indem er Angaben über die Krankheit und deren Behandlung macht.
- *gegenüber der Sozialversicherung*
  Beansprucht ein Patient Leistungen der Sozialversicherung, dann darf der Arzt diesbezüglich Mitteilungen an die zuständige Versicherung machen. Deshalb enthält z. B. der Durchschlag der AU-Bescheinigung für die Krankenkasse die Diagnose des Patienten, der Durchschlag für den Arbeitgeber dagegen nicht.

2.3 Datenschutz

Die ärztliche Schweigepflicht ist die älteste Form des Datenschutzes – der Eid des Hippokrates gilt als erste Formulierung der ärztlichen Ethik und ist 2.400 Jahre alt. Die Gesetze zum Datenschutz ergänzen diese Pflicht zur Verschwiegenheit.

Seit dem 25. Mai 2018 ist die **Datenschutzgrundverordnung (DSGVO)** in der gesamten Europäischen Union verbindlich anzuwenden. Gleichzeitig trat auch ein **neues Bundesdatenschutzgesetz (BDSG-neu)** in Kraft.

Die DSGVO regelt die **Datenverarbeitung,** also das Erheben, Speichern, Verändern, Übermitteln, Sperren, Löschen und Nutzen von Daten. Sie stellt hohe Anforderungen an die Sicherheit **personenbezogener Daten,** die es Dritten ermöglichen, eine Person bzw. einen Patienten zu identifizieren: Name, Adresse, Familienstand, Geburtsdatum, Staatsangehörigkeit, Beruf, Arbeitgeber, Versicherungsverhältnis, Diagnosen. Durch die DSGVO wurden auch biometrische (z. B. Fingerabdruck, Gesichtsbild) und genetische Daten (z. B. Untersuchung von Erbmaterial) aufgenommen.

Wichtig bei der DSGVO ist, dass die **Betroffenenrechte** gestärkt werden: Dazu zählen bei den personenbezogenen Daten das Recht auf

- **Auskunft,** ob solche Daten verarbeitet werden
- **Berichtigung** von falschen oder unvollständigen Daten
- **Löschung** oder **Einschränkung** der Verarbeitung von Daten
- **Datenübertragbarkeit,** d.h. dass personenbezogene Daten direkt vom einen Verantwortlichen zum anderen Verantwortlichen übertragen werden
- **Widerspruch,** d. h. man kann jederzeit der Verarbeitung dieser Daten widersprechen.

Durch die neue **Informationspflicht der Ärzte** sollen Patienten eine transparente Auskunft darüber erhalten, wer wann welche Daten über sie erhebt, verarbeitet und speichert. Im Praxisalltag bedeutet dies, dass die Patienten schon **beim ersten Kontakt** über die Datenschutzmaßnahmen informiert werden müssen.

Datenschutz-Kontrolle

Der **Verantwortliche** ist der Arzt, der die Praxis betreibt. Sind einschließlich seiner Person mindestens 10 Personen mit der Verarbeitung personenbezogener Daten beschäftigt, muss ein **Datenschutzbeauftragter** benannt werden.

Die **Aufsichtsbehörden der Länder** werden tätig bei einem Anlass, z. B. wenn ein Patient meint, dass seine personenbezogenen Daten nicht rechtmäßig verarbeitet werden und sich dann an die Behörde wendet.

ZUSAMMENFASSUNG

Schweigepflicht

Umfang

Alles, was dem Arzt **in Ausübung seines Berufes** vom Patienten bekannt wird.

Dauer

Die Schweigepflicht besteht **über den Tod des Patienten hinaus** – sie endet praktisch nie.

Entbindung

Unter bestimmten **Bedingungen** möglich:
- durch den Patienten selbst
- durch mutmaßliche Einwilligung
- durch rechtfertigenden Notstand
- durch gesetzliche Meldepflicht
- durch Wahrnehmung berechtigter eigener Interessen
- gegenüber der Sozialversicherung

Datenschutz

Die **Datenschutzgrundverordnung (DSGVO)** stellt hohe Anforderungen an die Sicherheit **personenbezogener Daten**

Betroffenenrechte:
Auskunft, Berichtigung, Löschung oder Einschränkung, Datenübertragbarkeit, Widerspruch

Informationspflicht der Ärzte:
- transparente Auskunft für den Patienten
- Information schon beim ersten Kontakt

ARBEITSTEIL

1. Nennen Sie fünf Punkte, die unter die ärztliche Schweigepflicht fallen.
2. Wann endet die Schweigepflicht?
3. Beschreiben Sie vier Bedingungen, unter denen ein Arzt von seiner Schweigepflicht entbunden werden kann.
4. Der Datenschutz ergänzt die Schweigepflicht:
   a) Erklären Sie, was man unter „personenbezogenen Daten" versteht.
   b) In welcher Form schützt die Datenschutzgrundverordnung die personenbezogenen Daten?
5. Verletzungen der Schweigepflicht durch Ärzte und ihr medizinisches Personal kommen praktisch nicht vor. Wie erklären Sie sich diesen Umstand?

3 Aufklärungspflicht

Von dem Dichter Theodor Storm berichtet Thomas Mann folgende Begebenheit:

Im hohen Alter erkrankte Storm an Magenkrebs und verlangte von seinem Arzt die volle Wahrheit unter Männern. Die Bekanntgabe des unheilbaren und tödlichen Befundes ließ ihn dann zusammenbrechen. Seine besorgte Familie arrangierte darauf ein besonderes Ärztekonsilium, das die schlimme Diagnose für falsch, die Krankheit als harmlos erklärte. Storm glaubte es sofort, richtete sich wieder auf und hatte einen vorzüglichen Sommer. In diesem Sommer feierte er sinnig-fröhlich seinen 70. Geburtstag. Außerdem führte er sein Buch „Der Schimmelreiter" fort und beendete es erfolgreich. Dieses Meisterwerk, mit dem er sein Künstlerleben krönte, ist ein Produkt davon, dass das Konsilium ihm nicht die Wahrheit gesagt hatte.

Welchen Zweck soll die ärztliche Aufklärung erfüllen?

Welche Inhalte soll die ärztliche Aufklärung haben?

Gibt es Grenzen der ärztlichen Aufklärung?

Theodor Storm
1817–1888

3.1 Arten der Aufklärung

Das Selbstbestimmungsrecht des Patienten leitet sich vom Grundgesetz ab, nämlich dem *Schutz von Menschenwürde und Freiheit* sowie dem *Recht auf Leben und körperliche Unversehrtheit.*
Damit er also informiert und selbstbestimmt einer ärztlichen Behandlung zustimmen kann, braucht der Patient die ärztliche Aufklärung. Man unterscheidet die therapeutische Aufklärung, auch Sicherungsaufklärung genannt, und die Selbstbestimmungsaufklärung:

Die **therapeutische Aufklärung** umfasst Hinweise des Arztes, wie sich der Patient bei der Behandlung verhalten soll. *Beispiele:* Der Arzt erklärt dem Patienten, dass er das Antibiotikum 3-mal täglich nach dem Essen einnehmen muss. Die Ärztin berät einen Diabetiker, wie er seine Ernährung umstellen soll.

„Damit reiben Sie Ihre Füße ein, dreimal täglich, während der Mahlzeiten." © Bulls

In der **Selbstbestimmungsaufklärung** erklärt der Arzt dem Patienten die Behandlungsmaßnahmen, den zu erwartenden Verlauf und die Risiken; dann entscheidet der Patient selbst, ob er der Behandlung zustimmt oder nicht. Eine solche Aufklärung durch den Arzt soll umfassen:

- Diagnose und Befund
- Art, Umfang und Durchführung der ärztlichen Maßnahmen
- zu erwartende Heilungs- und Besserungsmöglichkeiten
- Vor- und Nachteile von verschiedenen Behandlungsmethoden
- mögliche Risiken und Nebenwirkungen der Behandlung

3.2 Durchführung der Aufklärung

Die Aufklärung muss durch den **Arzt selbst** erfolgen, er darf sie nicht an sein nichtärztliches Hilfspersonal delegieren. Kernstück der Aufklärung ist das **individuelle Gespräch** zwischen Arzt und Patient. Aufklärungsformulare können das Gespräch nicht ersetzen, sondern lediglich unterstützen und der Beweisvorsorge dienen. Ein knapper Eintrag über das Gespräch in die Karteikarte genügt.

Krankenkasse bzw. Kostenträger:

Name, Vorname des Versicherten — geb. am

Kassen-Nr. — Versicherten-Nr. — Status

Betriebsstätten-Nr. — Arzt-Nr. — Datum

Patient(in)

Aufklärungs-, Anamnese- und Einwilligungsbogen

☐Varizen-Verödung

Krampfaderbehandlung mit flüssigem/ aufgeschäumtem Verödungsmittel

☐ rechtes Bein ☐ linkes Bein

Bitte vor dem Arztgespräch sorgfältig lesen, Fragen notieren

Fall-Nr: — Patienten-Nr. (ID) — Behandlungsdatum

Zu benachrichtigende(r) Angehörige(r):

Beziehung zum Patienten /Verwandtschaftsgrad:

Entscheider Tel.-(Handy-)Nr. — Entscheider E-Mail-Adresse

Sehr geehrte Patientin, sehr geehrter Patient,

nach den Untersuchungen liegen bei Ihnen Krampfadern vor, die verödet/sklerosiert werden sollen.

Dieser Patientenaufklärungsbogen dient der Grundinformation über die vorgesehene Behandlung und der Vorbereitung des Gesprächs mit Ihrer Ärztin/Ihrem Arzt. Notieren Sie bitte die nach dem Lesen verbleibenden Fragen auf der vorletzten Seite. Ihre Ärztin/Ihr Arzt wird diese gern persönlich beantworten und erklären, welche Alternativen es gibt, welche Vor- und Nachteile und welche Risiken mit dem Eingriff verbunden sind.

Basisinformationen

Unter Krampfadern versteht man die Erweiterung von Venen mit degenerativem Umbau der Gefäßwand, vor allem im Bereich der Beine. Durch die Venen wird das „verbrauchte Blut" zum Herzen zurücktransportiert.

In den Venen befinden sich **Klappen**, die ventilartig ein Zurückfließen des Blutes verhindern (Abb. 1). Meist erblich bedingt (Bindegewebsschwäche) kommt es im Laufe des Lebens, begünstigt z. B. durch einen stehenden Beruf, Übergewicht, mangelnde Bewegung oder Schwangerschaft, zu einer Erweiterung der Venen. Die Klappen schließen dann nicht mehr dicht. Diese „Undichtigkeit" lässt das Blut nicht mehr ausreichend zum Herzen zurückfließen; es „versackt" in den Beinen (Abb. 1).

An den unteren Gliedmaßen unterscheiden wir ein **oberflächliches** und ein **tiefes Venensystem**. Aus dem Kapillargebiet (Gebiet der feinsten Blutäderchen) wird das venöse Blut gesammelt und meist über die Seitenäste zu den **oberflächlichen Hauptvenen** (**Vena saphena magna** und **Vena saphena parva**) geleitet. Die Vena saphena magna mündet in der Leiste (Abb. 2 links), die Vena saphena parva in der Kniekehle in das **tiefe Venensystem** (Abb. 2 rechts). Das oberflächliche und das tiefe Venensystem stehen über sog. **Perforansvenen** miteinander in Verbindung. Auch über diese Perforansvenen wird das Blut in das tiefe Venensystem abgeleitet. Nach ihren Erscheinungsformen werden Hauptstamm-, Seitenast-, Perforans-, Besenreiservarizen und retikuläre

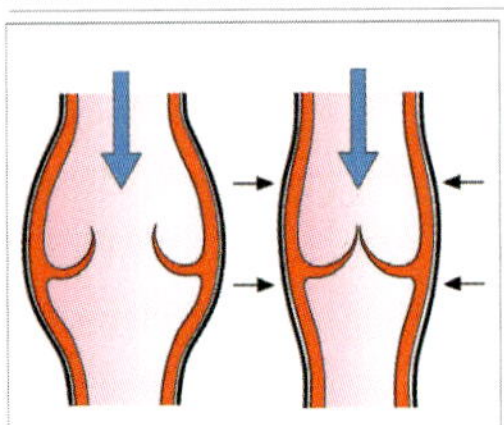

Abb. 1: Links: Krankhaft erweiterte Vene: Die Klappe schließt nicht mehr dicht. Das Blut versackt in den Beinen.
Rechts: Gesunde Venenklappe oder Situation bei Tragen eines Kompressionsstrumpfes: das Blut kann nur zum Herzen fließen

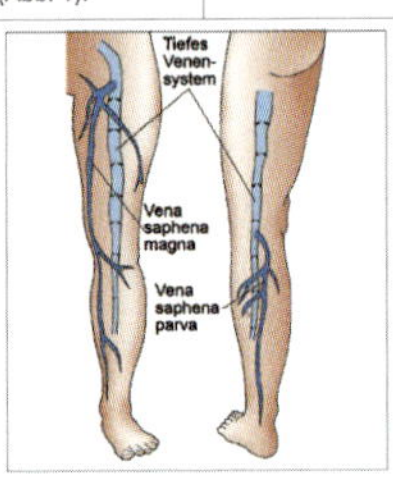

Abb. 2: Darstellung der Vena saphena magna (links) und Vena saphena parva (rechts)

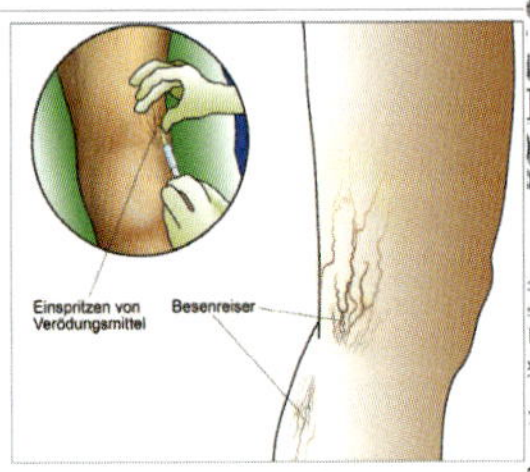

Abb. 3: Schematische Darstellung der Verödung von Besenreiservarizen

perimed Patientenaufklärungsbogen • Herausgeber: perimed Fachbuch Verlag Dr. med. Straube GmbH
©1979-2016 perimed Fachbuch Verlag Dr. med. Straube GmbH • Flugplatzstr. 104 • D - 90768 Fürth • www.perimed.de
Tel: +49 (0)911 50 722-130 • Fax: +49 (0)911 50 722-140 • service@perimed.de
Jurist. Beirat: Rechtsanwälte Broglie, Schade & Partner GbR * Wiesbaden-Berlin-München • Tel: +49 (0)611-180950 • www.arztrecht.de
Kopieren und Nachdruck verboten - Kopie des ausgefüllten Bogens zur Abgabe an Patientin/Patienten gem. PRG gestattet
Bogen-Code: ChGf023De Edition 04-16-02_06-LM 4250112702569

...ung - Krampfader-Sklerosierung
...des Patienten - der/des Bevollmächtigten* 6 von 6

Die Patientin/der Patient hat **keine Begleitung/Betreuung** ☐

Steht im Notfall ein Auto mit Fahrer/Taxi zur Verfügung? Nein ☐ Ja ☐

In welcher Zeit ist eine Klinik/der Notarzt/Hausarzt erreichbar? min.

Hausärztin/Hausarzt: — Tel.(Handy)-Vorw-Nr.

Ort, Datum (tt.mm.jj), Uhrzeit (hh.mm)

Unterschrift der Ärztin/des Arztes / ggf. Unterschrift von Zeugen

Patient(in)

Vorname — Nachname — Geb.-Datum

Geplante Maßnahmen ambulant ☐ (kurz-) ☐ stationär ☐

Varizen-Verödung

☐ Hauptstammvarizen — linkes Bein ☐ rechtes Bein ☐
☐ Seitenastvarizen — linkes Bein ☐ rechtes Bein ☐
☐ Perforansvarizen — linkes Bein ☐ rechtes Bein ☐
☐ Retikuläre Varizen — linkes Bein ☐ rechtes Bein ☐
☐ Besenreiservarizen — linkes Bein ☐ rechtes Bein ☐
☐ Andere:

Sonstige Maßnahmen:

Geplantes Anästhesieverfahren

☐ Örtliche Betäubung
☐ Andere:

☑ Einwilligung — Ablehnung ☐

☐ **Nach dem** vollständigen Lesen und Ausfüllen dieses Patientenaufklärungsbogens und nach dem **Aufklärungsgespräch** mit der Ärztin/dem Arzt Frau/Herrn (bitte in Druckbuchstaben)

fühle ich mich voll informiert und aufgeklärt! Meine Fragen, insbesondere über die Art und den Ablauf des Eingriffs (bei meinem Kind), über seine Vor- und Nachteile, Alternativen wurden beantwortet. Individuelle Risiken sowie mögliche Komplikationen wurden verständlich dargestellt. Die Fragen zu den **Vorerkrankungen** habe ich nach bestem Wissen und Gewissen beantwortet.

☐ **Ich willige** nach angemessener Bedenkzeit und reiflicher Überlegung **in den vorgesehenen Eingriff** (bei meinem Kind) **ein** sowie in Änderungen und Erweiterungen, wenn diese ärztlich notwendig oder geraten sind. **Mit Neben- und Folgeeingriffen** und mit der Transfusion von **Fremdblut bzw. Fremdblutbestandteilen bin ich** - wenn notwendig - **einverstanden**.

☐ Ich bin damit einverstanden, dass **Befunde** angefordert, an nachbehandelnde Stellen weitergegeben und dass die **Patientendaten** im gesetzlichen Rahmen elektronisch gespeichert und für Auswertungen herangezogen werden.

☐ Ich werde die mitgeteilten **Verhaltenshinweise** und insbesondere die **Einschränkungen zur Verkehrstauglichkeit** beachten.

☐ Eine **Kopie**/einen **Durchschlag** dieses Aufklärungs-, Anamnese- und Einwilligungsbogens habe ich **erhalten**.

Meine Ärztin/mein Arzt hat mich intensiv und unmissverständlich über die (möglichen) Folgen einer Verweigerung (für mein Kind) aufgeklärt. **Ich lehne den Eingriff** trotzdem **ab**! ☐

Ort, Datum (tt.mm.jj), Uhrzeit (hh.mm)

Unterschrift der Patientin/des Patienten / der/des Bevollmächtigten

Der Arzt muss sicher sein, dass die **Einsichtsfähigkeit** des Patienten nicht beeinträchtigt ist, d. h., dass er alles richtig verstanden hat. *Beispiel:* Bei einem ausländischen Patienten übersetzt ein Verwandter. Dies wird vom Arzt in der Karteikarte vermerkt: beide, Patient und Verwandter, unterschreiben dann.

Die Aufklärung soll **rechtzeitig** erfolgen, sodass dem Patienten Zeit zur ruhigen Überlegung bleibt, ob er sich dem Eingriff unterziehen will. Bei einem Notfall müssen allerdings Minuten oder Sekunden genügen. Ist der Eingriff planbar, soll der Arzt dem Patienten einige Tage Bedenkzeit einräumen.

Die **Entscheidungsfähigkeit** des Patienten darf nicht durch starke Schmerzen oder Medikamente, die er vor der Operation erhält, getrübt sein.
Das Aufklärungsgespräch darf erst dann als beendet angesehen werden, wenn der Patient erklärt, dass er keine weiteren Fragen mehr hat.

Eine einmal gegebene Einwilligung kann der Patient **jederzeit widerrufen.**

„Ich bin Ihr Anästhesist, und das ist mein Mann im Hintergrund." © BULLS

Aufklärung vor Eingriffen

- Bei **Minderjährigen unter 14 Jahren** muss immer die Einwilligung *beider Elternteile* eingeholt werden. Lehnen die Eltern einen notwendigen medizinischen Eingriff ab, kann der Arzt das Vormundschaftsgericht anrufen und einen Pfleger bestellen lassen.
- Bei **Jugendlichen zwischen 14 und 18 Jahren** kommt es darauf an, wie der Arzt die Persönlichkeit des Jugendlichen einschätzt. Hat er Zweifel an der *Einwilligungsfähigkeit,* wird er sich an die Eltern wenden.
- Bei **Bewusstlosen** darf der Arzt die *mutmaßliche Einwilligung* des Patienten voraussetzen, wenn die Situation lebensbedrohlich ist oder bei Nichtbehandlung schwere Folgeschäden drohen.
- Bei **eindeutigem Wunsch auf Verzicht** der Aufklärung kann sie unterbleiben, wenn der Patient das ausdrücklich wünscht; dies sollte jedoch in der Karteikarte vermerkt werden.

Aus Sicht der Gerichte ist ein Heileingriff, wenn er ohne Einwilligung des aufgeklärten Patienten erfolgt, eine Körperverletzung. Andererseits kann eine umfassende Aufklärung eine Gefahr für den Patienten darstellen. Für den Arzt ist die oberste Regel, dem Patienten nicht zu schaden („Primum nil nocere"). Die Aufklärung darf dem Patienten nicht schaden, sondern soll ihm eine freie, selbstverantwortliche Entscheidung ermöglichen. Deshalb kann der Arzt den Patienten nur teilweise aufklären, wenn der Patient durch eine vollständige Aufklärung ernstliche Schäden davontragen könnte.

Primum nil nocere

ZUSAMMENFASSUNG

Aufklärungspflicht

Arten

- **Therapeutische Aufklärung:** Hinweise, wie sich der Patient bei der Behandlung zu verhalten hat
- **Selbstbestimmungsaufklärung:** Der Arzt erklärt Behandlungsmaßnahmen, deren Verlauf und Risiken – der Patient entscheidet, ob er zustimmt oder nicht.

Durchführung

- durch den **Arzt selbst** in einem individuellen Gespräch
- der Patient muss **einsichtsfähig** und **entscheidungsfähig** sein
- **rechtzeitig:** genügend Zeit, je nach Dringlichkeit des Eingriffs

Verzicht

- Der Patient kann **ganz oder teilweise** auf die Aufklärung verzichten.

Widerruf

- Der Patient kann **jederzeit** seine Einwilligung zur Behandlung widerrufen.

Ein ärztlicher Eingriff ist eine *Körperverletzung,*
wenn er *ohne Aufklärung und Einwilligung* des Patienten erfolgt!

ARBEITSTEIL

1. Unterscheiden Sie die „therapeutische Aufklärung" von der „Selbstbestimmungsaufklärung".
2. Welche Besonderheiten müssen bei der Aufklärung beachtet werden:
   a) bei Minderjährigen unter 14 Jahren
   b) bei Jugendlichen zwischen 14 und 18 Jahren
   c) bei Bewusstlosen
   d) bei Patienten, die auf die Aufklärung verzichten?
3. Einem Patienten mit chronischem Gallensteinleiden, der häufig an Gallenkoliken leidet, soll die Gallenblase entfernt werden. Nennen Sie die grundlegenden Inhalte, über die der Patient vor der Operation aufgeklärt werden muss.
4. Ein Chirurg nimmt bei einer Patientin die Brust ab, als er während der Operation feststellen muss, dass bei dieser Patientin ein bösartiger Brustkrebs vorliegt. So geht keine kostbare Zeit verloren und die Patientin hat die höchsten Heilungschancen.
   Die Patientin hat bei der Aufklärung vor der Operation aber nur der Entnahme einer kleinen Gewebeprobe aus der Brust zugestimmt und verklagt daraufhin den Chirurgen.
   a) Liegt hier ein Behandlungsfehler vor – welcher?
   b) Wie kann man die präoperative Aufklärung bei Verdacht auf Brustkrebs besser organisieren?

4 Weitere Pflichten des Arztes

In die Praxis zu Herrn Dr. Weiß kommt ein Patient mit einer blutenden Wunde im Oberarm. Dr. Weiß stellt bei der Untersuchung rasch fest, dass es sich hierbei um eine Schussverletzung handelt. Der Patient, der einen wenig sympathischen und unseriösen Eindruck macht, herrscht den Arzt an, er solle schnell die Blutung stillen und ihn versorgen, da er selbst es sehr eilig habe.

Wie muss sich Dr. Weiß in dieser Situation verhalten?

Muss er die Behandlung durchführen?

Muss er den Vorfall bei der Polizei zur Anzeige bringen?

4.1 Dokumentationspflicht

Es ist heute in der Rechtsprechung bis zum Bundesgerichtshof allgemein anerkannt, dass die Dokumentation eine „selbstverständliche therapeutische Pflicht" ist. Deshalb schuldet der Arzt dem Patienten die ausführliche, sorgfältige und vollständige Dokumentation der Behandlung. **MBO-Ä § 10**

Die Dokumentationspflicht ist sowohl **Standespflicht** nach der Musterberufsordnung für die deutschen Ärzte als auch **gesetzliche Pflicht,** entsprechend den Kammergesetzen der Länder.

Der Patient hat das vertragliche Recht der Einsicht in seine Krankenunterlagen, und zwar in die „naturwissenschaftlich konkretisierbaren Befunde und Aufzeichnungen", z.B. technische Befunde wie Blutbild, EKG, Röntgenbild, handschriftliche Aufzeichnungen wie seine Krankengeschichte. Dieses Recht gilt nicht für subjektive Wertungen des Arztes. *Beispiel:* Der Arzt notiert in die Karteikarte seine persönliche Einschätzung des Patienten, wie „Querulant", „hysterisch", „wehleidig".

Gegen Kostenerstattung ist der Arzt verpflichtet, die Behandlungsunterlagen als Kopie herauszugeben. Er muss dem Patienten aber nicht die Kürzel der medizinischen Fachausdrücke erklären.

Die **Dokumentation** erfüllt hauptsächlich drei Aufgaben, sie soll

- eine **sachgerechte Therapie ermöglichen,** damit jeder mit- oder nachbehandelnde Arzt sich über die durchgeführten Behandlungen informieren kann.
- **Rechenschaft ablegen,** damit die Kostenträger kontrollieren können, welche Leistungen erbracht worden sind.
- **Beweise sichern** für den Fall einer gerichtlichen Auseinandersetzung.

Auszug aus der Musterberufsordnung für die deutschen Ärzte (MBO-Ä)

§ 10 Dokumentationspflicht

(1) Ärztinnen und Ärzte haben über die in Ausübung ihres Berufes gemachten Feststellungen und getroffenen Maßnahmen die erforderlichen Aufzeichnungen zu machen. Diese sind nicht nur Gedächtnisstützen für die Ärztin oder den Arzt, sie dienen auch dem Interesse der Patientin oder des Patienten an einer ordnungsgemäßen Dokumentation.

(2) Ärztinnen und Ärzte haben Patientinnen und Patienten auf deren Verlangen in die sie betreffende Dokumentation Einsicht zu gewähren, soweit der Einsichtnahme nicht erhebliche therapeutische Gründe oder erhebliche Rechte der Ärztin, des Arztes oder Dritter entgegenstehen. Auf Verlangen sind der Patientin oder dem Patienten Kopien der Unterlagen gegen Erstattung der Kosten herauszugeben.

4.2 Aufbewahrungspflicht

Neben den Berufsordnungen der Landesärztekammern und Landeszahnärztekammern verpflichten viele andere Vorschriften den Arzt zur Aufbewahrung von Aufzeichnungen. Je nach Art der Unterlage gelten unterschiedliche Aufbewahrungsfristen.

Aufbewahrungsfristen für Ärzte

Art der Unterlagen	Erläuterungen	Aufbewahrungsfrist
• Arbeitsunfähigkeitsbescheinigung • stationäre Einweisung • Überweisungsscheine auch Notfall-/Vertreterscheine (Muster 19a)	Durchschrift des Vierfachsatzes Durchschrift	**1 Jahr**
• Röntgen (Konstanzprüfungen) • Patientenerklärung Europäische Krankenversicherung (ehemaliges Muster 80/81)	Konstanzprüfungen und deren Dokumentationen	**2 Jahre**
• Betäubungsmittel	BtM-Rezeptdurchschrift BtM-Karteikarten	**3 Jahre**
• Sicherungskopien der erstellten Abrechnungen		**4 Jahre**
• Kontrollkarten	Laborqualitätssicherung	**5 Jahre**
• Früherkennungsuntersuchungen (Gesundheitsuntersuchung/ Jugendgesundheitsuntersuchung/ Kindervorsorge/ Krebsvorsorge)	Dokumentationen	**5 Jahre**
	Durchschrift ärztlicher Aufzeichnungen	**10 Jahre**
• Karteikarten und andere ärztliche Aufzeichnungen einschließlich gesonderter Untersuchungsbefunde • Arztbriefe (eigene und fremde) • Befundmitteilungen • Gutachten/Unfallunterlagen (über Patienten für Krankenkassen, Versicherungen und Berufsgenossenschaften) • Krankenkassenanfragen (Durchschläge) • Notfall-/Vertreterschein (Muster 19 c) • Röntgendiagnostik (Ausnahme: D-Arzt / H-Arzt	Durchschlag für vertretenden Arzt Aufzeichnungen, Filme*	**10 Jahre**
• Strahlentherapie	Aufzeichnungen, Berechnungen	**30 Jahre**

Quelle: www.kvbawue.de, Stand: September 2019

** Bei Personen unter 18 Jahren müssen Röntgenaufnahmen und Aufzeichnungen über Röntgenuntersuchungen bis zum 28. Geburtstag dieser Person aufbewahrt werden.*

Aufbewahrungsfristen für Zahnärzte

Art der Unterlagen	Rechtsgrundlage	Aufbewahrungsfrist
• Aufzeichnung über zahnärztliche Behandlung (Patientenakte)	BGB § 630f Abs. 3 Berufsordnung der LZK BW § 12	**10 Jahre** **Aber:** Sicher ist, **30 Jahre** aufzubewahren (Ablauf der Verjährungsfrist im Schadenersatzrecht BGB § 199 Abs. 2)
• Aufzeichnungen sowie die diagnostischen Unterlagen bei kieferorthopädischen Behandlungen, einschließlich Modellen	BGB § 630f Abs. 3 Bundesmantelvertrag-Z § 5 Abs. 2, Bundesmantelvertrag-Z § 8 Abs. 3	**10 Jahre** Hinweis: Fristverlängerung von 4 auf 10 Jahre; gilt auch für Vertragszahnärzte
• Situations- und Planungsmodelle für – Zahnersatz ZE – Kieferorthopädie KFO – Parodontologie PAR – Kieferbruch KBR		
• Röntgen: – Röntgenaufnahmen bzw. Aufzeichnungen über Röntgenuntersuchungen – Protokoll der Abnahmeprüfung, Referenzaufnahmen – Konstanzprüfung – Mitarbeiterunterweisung	 StrlSchG § 85 Abs. 2 StrlSchV § 115 i. V. m. § 117 Abs. 2 Nr. 1 StrlSchV § 116 i. V. m. § 117 Abs. 2 Nr. 2 StrlSchV § 63 Abs. 6	 **10 Jahre** **3 Jahre** **10 Jahre** **5 Jahre**
• Verbandbuch	DGuV Vorschrift 1 § 24 Abs. 6	**5 Jahre**
• Medizinproduktebuch	MPBetreibV § 12	**5 Jahre**
• Wartungsbuch für Amalgamabscheider	Wasserhaushaltsgesetz, Wassergesetz, Indirekteinleiterverordnung	**5 Jahre**
• Bestandsverzeichnisse	Empfehlung	**für die Dauer des Gerätebetriebs**
• Heil- und Kostenpläne	Empfehlung (entspr. Gewährleistungspflicht SGB V § 136a Abs. 4) und BGB § 630f Abs. 3	**2 Jahre** mindestens nach Inkrafttreten des Patientenrechtegesetzes **10 Jahre** mindestens
• Arbeitsunfähigkeitsbescheinigung (Durchschlag)	Bundesmantelvertrag-Z § 12 Abs. 2	**1 Jahr**
• Prüfberichte über Funktionsprüfung von Sterilisatoren	DIN 58 946 DIN 58 947	**1 Jahr** mindestens

Quelle: Landeszahnärztekammer Baden-Württemberg 10/2019 „PRAXIS-Handbuch: Kurzübersicht: Adressen, Fristen und Termine" www.lzkbw.de

4.3 Anzeigepflicht – Meldepflicht

Der Arzt ist verpflichtet, über alles zu schweigen, was ihm in Ausübung seines Berufs vom Patienten bekannt wird. Abgesehen von den gesundheitspolitischen Gesetzen wie dem Infektionsschutzgesetz besteht für den Arzt keine Pflicht zur Meldung.

StGB § 139 Abs. 3

Anzeigepflicht Bittet z. B. ein Patient um Behandlung einer Verletzung, die er sich offensichtlich bei einer Straftat zugezogen hat, ist der Arzt verpflichtet, ihm zu helfen – nicht ihn anzuzeigen. Selbst geplante Straftaten muss ein Arzt nicht anzeigen, wenn er sich ernsthaft bemüht, seinen Patienten von der Tat abzuhalten oder den Erfolg der Tat zu verhindern. Lediglich bei **geplantem Mord oder Totschlag, erpresserischem Menschenraub, Geiselnahme oder Terroranschlag** (StGB § 139 Abs. 3) ist der Arzt zur Anzeige verpflichtet.

Meldepflicht Eine Reihe von Gesetzen, die der Gesundheit der Gesellschaft und des Einzelnen dienen, legt genau fest, welche Vorgänge in der Praxis der Arzt melden muss. Einige Beispiele:

Meldung von Geburt oder Tod	–> Personenstandsgesetz
Meldung bei übertragbaren Infektionskrankheiten	–> Infektionsschutzgesetz
Meldung bei Berufskrankheiten	–> Berufkrankheiten-Verordnung Sozialgesetzbuch VII (§ 202)
Verpflichtung des Kassenarztes zur Auskunft gegenüber dem vertrauensärztlichen Dienst	–> Bundesmantelvertrag-Ärzte (§ 21 Abs. 7)

Gesetze und Verordnungen zur Meldepflicht

Infektionsschutzgesetz (IfSG) Grundlage für die Meldepflicht und alle anderen Maßnahmen bei ansteckenden Krankheiten ist seit dem 1.1.2001 das Infektionsschutzgesetz (IfSG). Die gesetzliche Meldepflicht entbindet in bestimmten Fällen den Arzt von seiner Schweigepflicht.

IfSG § 6
IfSG § 7

Durch das Infektionsschutzgesetz wurde das Meldewesen völlig neu gegliedert. Neben die namentliche Meldung von Erkrankungen durch den behandelnden Arzt (§ 6) tritt die namentliche oder nicht-namentliche Meldung von Krankheitserregern durch ein Labor (§ 7) – man spricht vom „dualen" Meldeweg.
Eine Meldung muss neben Name, Vorname, Geburtsdatum, Geschlecht und Adresse eine ganze Reihe von Angaben enthalten. Damit der Arzt keine wichtigen Informationen für das Gesundheitsamt vergisst, wurde ein **bundeseinheitlicher Meldebogen** erstellt. Die Meldung muss dem zuständigen Gesundheitsamt unverzüglich, spätestens nach 24 Stunden, erstattet werden. Das bedeutet, dass sie per Telefon, Fax oder E-Mail erfolgen muss. Fehlende Angaben dürfen die Meldung nicht verzögern – diese Angaben müssen dann ebenso unverzüglich nachgemeldet werden.
Wird die Meldepflicht nicht beachtet, sind **Bußgelder** bis zu 25.000 Euro vorgesehen. Führt die Unterlassung einer Meldung zur Verbreitung einer Krankheit, kann es sich um eine Straftat handeln. Dann sieht das IfSG eine Freiheitsstrafe bis zu fünf Jahren vor.

IfSG § 8

Zur **Meldung** oder Mitteilung sind folgende Personen **verpflichtet** (§ 8):

- der *behandelnde Arzt,* im Fall von Tollwut auch der Tierarzt
- der *Laborleiter,* z. B. die Leiter von Medizinaluntersuchungsämtern, von privaten oder öffentlichen Untersuchungsstellen, von Krankenhauslaboratorien
- *Angehörige eines Heil- oder Pflegeberufs,* z. B. Krankenpfleger, MFA, Hebamme
- der *Pilot* eines Flugzeugs oder der *Kapitän* eines Seeschiffes
- *Einrichtungsleiter,* z. B. von Pflegeeinrichtungen, Justizvollzugsanstalten, Heimen
- der *Heilpraktiker.*

Meldepflicht (IfSG)		
Arzt meldet bei **Verdacht** oder **Diagnose**	**Labor** meldet bei **Erregernachweis**	
namentlich	namentlich	nicht-namentlich
–> *bei Krankheitsverdacht, Erkrankung, Tod* • Botulismus • Cholera • Diphtherie • humane spongiforme Enzephalopathie • akute Virushepatitis • enteropathisches hämolytisch-urämisches Syndrom (HUS) • virusbedingtes hämorrhagisches Fieber • Masern • Meningokokken-Meningitis oder -Sepsis • Milzbrand • Mumps • Pertunis • Pest • Poliomyelitis • Röteln, inkl. Rötelnembryopathie • Tollwut • Typhus abdominalis/Paratyphus • Varizellen –> *bei Erkrankung und Tod:* • Tuberkulose, behandlungsbedürftig –> *bei Verdacht und Erkrankung:* • mikrobiell bedingte Lebensmittelvergiftung oder akute infektiöse Gastroenteritis (wenn ein Beschäftigter im Lebensmittelgewerbe betroffen ist oder im Zusammenhang mit einer Epidemie)	–> *bei 51 Erregern, z. B.:* Borrelia recurrentis Clostridium botulinum Corynebacterium diphtheriae E. coli, entero-hämorrhagische Stämme (EHEC) FSME-Virus Gelbfiebervirus Haemophilus influenzae Hepatitis-A-Virus Hepatitis-B-Virus Hepatitis-C-Virus Hepatitis-D-Virus Hepatitis-E-Virus Masernvirus Mycobacterium leprae Mycobacterium tuberculosis Neisseria meningitidis Poliovirus Rabiesvirus Rubellavirus Salmonella Paratyphi Salmonella Typhi Vibrio cholerae Yersinia pestis	–> *bei:* Treponema pallidum (Erreger der Lues/Syphillis) HIV (Erreger von AIDS) Echinococcus sp. (Finne des Hundebandwurms) Plasmodium sp. (Erreger der Malaria) –> *nur bei konnatalen (d. h. angeborenen) Infektionen:* Toxoplasma gondii (Erreger der Toxoplasmose)

Die zuständige Behörde und das Gesundheitsamt dürfen bei Infektionskrankheiten Maßnahmen ergreifen, um drohende Gefahren vom Einzelnen oder von der Bevölkerung abzuwenden. Bei ihren Ermittlungen haben sie überall Zutritt, dürfen Bücher und sonstige Unterlagen einsehen und Proben zur Untersuchung entnehmen.
Kranke, Krankheitsverdächtige, Ansteckungsverdächtige und Ausscheider sind verpflichtet, alle nötigen Untersuchungen, z. B. Röntgenuntersuchungen, Blutentnahmen und Abstriche, durch das Gesundheitsamt zu dulden. Eine Desinfektion der Wohnung und des persönlichen Besitzes muss auch hingenommen werden. Die Behörde darf auch Tätigkeitsverbote aussprechen, z. B. gegenüber Bäckern, Metzgern oder Köchen. Sie kann auch betroffene Einrichtungen, z. B. Schulen oder Kindergärten, schließen.

Zwei wichtige Punkte des Gesetzes:
Die Leiter von Einrichtungen für das ***ambulante Operieren*** müssen **nosokomiale Infektionen** aufzeichnen und bewerten. Darunter versteht man Infektionen, die mit der ambulanten Behandlung zeitlich zusammenhängen.
Bei jeder Schutzimpfung muss der Arzt im ***Impfausweis*** Datum, Krankheit, seinen Namen und seine Anschrift sowie seine Unterschrift eintragen – neu hinzugekommen ist die **Bezeichnung und die Chargenbezeichnung** des Impfstoffes (IfSG § 22). **IfSG § 22**

Betäubungsmittelgesetz Das Betäubungsmittelgesetz (BtMG) von 1981 sowie die Betäubungsmittel-Verschreibungsverordnung von 1998 regeln die Verschreibung und Verabreichung von Betäubungsmitteln (BtM).

Die verschreibungsfähigen Betäubungsmittel sind in der Anlage III des Gesetzes einzeln aufgeführt, z. B. Amphetamin, Codein, Cocain, Morphin, Methadon, Opium.

Ein Arzt darf Betäubungsmittel verordnen für

- **einen von ihm behandelten Patienten,** z. B. *im Rahmen der ärztlichen Behandlung,* wenn ein Patient mit Lungenkrebs und Knochenmetastasen schwere Schmerzen hat, die auf übliche Schmerzmittel nicht mehr ansprechen und der Arzt daraufhin Morphin verordnet.
- **einen Patienten (Substituenten),** z. B. *bei der Behandlung einer Betäubungsmittelabhängigkeit,* wenn bei einem Drogenabhängigen die Wartezeit bis zur Langzeittherapie überbrückt werden muss. Ein dafür speziell ausgebildeter Arzt substituiert mit dem Betäubungsmittel Methadon als „Ersatzdroge".
- **seinen Praxisbedarf,** z. B. *beim Bereitschaftsdienst oder bei Notfällen,* wenn ein Patient mit Herzinfarkt starke Schmerzen im Bereich des Brustbeins hat. Der niedergelassene Arzt, der gerade Bereitschaftsdienst hat, spritzt ihm eine Ampulle Morphin i. v. und veranlasst dann alles Weitere.

Der Arzt darf die BtM aber nur unter der Voraussetzung, dass ihre Anwendung begründet ist, verordnen, d. h., ein Missbrauch oder eine Gefährdung muss ausgeschlossen sein. Für die Verschreibung sind die von der Bundesopiumstelle (Bundesinstitut für Arzneimittel und Medizinprodukte, Bonn) ausgegebenen dreiteiligen amtlichen Formblätter vorgeschrieben. BtM-Rezept-Formblätter werden auf schriftliche Anforderung unter Nachweis der Berufsberechtigung an den Arzt geschickt. Die Teile I und II sind zur Vorlage in der Apotheke bestimmt, während der Teil III beim Arzt verbleibt und 3 Jahre aufzubewahren ist. Füllt ein Arzt ein BtM-Rezept fehlerhaft aus, muss er die Teile I bis III zusammen aufbewahren. BtM-Rezepte sind gegen Diebstahl zu sichern, ein Verlust muss unverzüglich der Bundesopiumstelle unter Angabe der Rezeptnummern angezeigt werden.
Für die Verschreibung der gängigen Betäubungsmittel durch den Arzt ist eine **Höchstmenge** festgesetzt, die im Normalfall bei durchschnittlicher Dosierung einen Bedarf von 30 Tagen gewährleisten soll (z. B. Morphin 24.000 mg). In begründeten Einzelfällen darf die Höchstmenge überschritten werden. Für Zahnärzte sind geringere Höchstmengen festgelegt.

Auf einem **Betäubungsmittelrezept** ist anzugeben:

1. Name, Vorname und die Anschrift des Patienten
2. Ausstellungsdatum
3. Arzneimittelbezeichnung, Darreichungsform, Menge des Arzneimittels, Stückzahl, z. B. Dolantin Injektions-Lsg. 50 mg Nr. 20
4. Gebrauchsanweisung mit Einzel- und Tagesgabe
5. zusätzliche Kennzeichnung:
   Wenn die Höchstmenge im begründeten Einzelfall überschritten wird, durch den Buchstaben **„A"**. Bei Substitution, d. h. als Ersatzdroge, durch den Buchstaben **„S"**.
6. Name und Unterschrift des Verschreibenden, Berufsbezeichnung, Anschrift und Telefonnummer

In einem **Notfall** darf ein Betäubungsmittel auf einem Normalrezept verschrieben werden, allerdings nur in der Menge, die zur Behebung des Notfalls erforderlich ist. Außerdem ist der verschreibende Arzt verpflichtet, der Apotheke unverzüglich ein entsprechendes BtM-Rezept nachzureichen, das mit dem Buchstaben **„N"** versehen ist.
Der Verbleib und Bestand von Betäubungsmitteln muss **lückenlos nachgewiesen** werden. Deshalb muss jeder verschreibungsberechtigte Arzt

- den Teil III der ausgestellten BtM-Rezepte 3 Jahre lang aufbewahren
- auf Betäubungsmittel-Karteikarten (auch elektronisch) den Bestand und Verbleib der für den Praxisbedarf verschriebenen BtM nachweisen und diese Formblätter ebenfalls 3 Jahre lang aufbewahren
- am Ende jedes Monats diese Aufzeichnungen sowie seine Bestände an BtM überprüfen.

Ein BtM-Rezept muss **innerhalb von sieben Tagen** nach seiner Ausstellung in der Apotheke eingereicht werden – sonst verliert es seine Gültigkeit (Bsp. Ausstellungstag 24.10. – letzter Tag der Gültigkeit 31.10.).

ZUSAMMENFASSUNG

Weitere Pflichten aus dem Behandlungsvertrag

Dokumentationspflicht

Der Arzt schuldet die **ausführliche, sorgfältige** und **vollständige** Dokumentation der Behandlung. Der Patient hat ein **Recht auf Einsicht** in die Unterlagen.

Aufbewahrungspflicht

Je nach Bedeutung müssen Aufzeichnungen eine **bestimmte Frist** – 1 bis 30 Jahre – aufbewahrt werden.

Anzeigepflicht

Die **Schweigepflicht steht höher** als die Pflicht des Arztes, Straftaten anzuzeigen. Ausnahmen: z. B. Mord.

Meldepflicht

Soll die Verbreitung **ansteckender Krankheiten** und den **Missbrauch von Betäubungsmitteln** verhindern.

ARBEITSTEIL

1. Welche Aufgaben erfüllt die Dokumentation in der Arztpraxis?
2. Herr Maier war bei Dr. Weiß wegen Lungenentzündung in Behandlung, damals wurde auch ein Röntgen-Thorax angefertigt. Als Herr Maier sieben Jahre später um die Aufnahmen bittet, kann die Medizinische Fachangestellte die Aufnahmen im Archiv leider nicht mehr finden. Wie beurteilen Sie diesen Fall?
3. Herr Maier sitzt allein im Behandlungszimmer von Dr. Schwarz, als er auf dem Tisch seine Karteikarte mit den handschriftlichen Aufzeichnungen von Dr. Schwarz und allen anderen Befunden entdeckt. Er beginnt in der Karteikarte zu lesen. Als nach einiger Zeit Dr. Schwarz das Zimmer betritt und seinen Patienten lesen sieht, sagt er: „In meinen Aufzeichnungen dürfen Sie nicht lesen!" Darauf erwidert ihm Herr Maier: „Entschuldigung, aber das sind doch alles meine Befunde – und deshalb habe ich ein Recht, sie zu lesen." Begründen Sie die unterschiedlichen Auffassungen von Arzt und Patient.
4. Wie lange müssen folgende Unterlagen aufbewahrt werden?
   a) Arbeitsunfähigkeitsbescheinigung (Durchschrift)
   b) Betäubungsmittelrezept (Durchschrift)
   c) Unterweisung von Mitarbeitern gemäß Röntgenverordnung
   d) Röntgen-Thorax-Aufnahme
   e) Protokoll einer Röntgenbestrahlung, z. B. bei Knochenmetastasen
5. Zu einem Chirurgen kommt ein Patient in die Praxis. Er hat im Oberarm eine tiefe Schnittwunde, die offensichtlich von einer Messerstecherei stammt. Ist der Arzt verpflichtet, diese Straftat anzuzeigen?
6. Das Infektionsschutzgesetz regelt die Meldung von Infektionskrankheiten.
   a) Welche Personen sind nach diesem Gesetz zur Meldung verpflichtet?
   b) Wie schnell muss diese Meldung erfolgen?
   c) Nennen Sie vier Infektionskrankheiten, die unter die Meldepflicht des Arztes fallen.
7. Überlegen Sie, welche Gründe den Gesetzgeber bewogen haben könnten, auf die namentliche Meldung bei positiven HIV-Tests zu verzichten.
8. Die Betäubungsmittelrezept-Formblätter bestehen aus drei Teilen.
   a) Für wen sind die Teile I, II und III bestimmt?
   b) Wie muss mit einem fehlerhaft ausgefüllten BtM-Rezept verfahren werden?
9. In bestimmten Fällen muss ein BtM-Rezept zusätzlich mit einem Buchstaben gekennzeichnet werden. Welche Bedeutung hat
   - der Buchstabe **„A",**
   - der Buchstabe **„S"** und
   - der Buchstabe **„N"**?

5 Pflichten des Patienten

Schon der griechische Arzt Hippokrates hat den Ärzten den Rat gegeben, auch auf die Fehler der Patienten zu achten: „ ... deren viele häufig hinsichtlich des Einnehmens von verordneten Mitteln schwindeln: sie nehmen die verhassten Heilgetränke, weder Arzneien noch sonstige der Behandlung dienenden Mittel, nicht ein und sterben. Und solch Geschehnis wird dann dem Arzt in die Schuhe geschoben."
(nach dem Corpus Hippocraticum)

Welche Pflichten hat der Patient bei der Behandlung?

Welche Folgen hat es, wenn ein Patient seinen Pflichten nicht nachkommt?

Welche Pflichten des Patienten im Rahmen des Behandlungsvertrags kann der Arzt erzwingen?

5.1 Mitwirkungspflicht (Compliance)

Compliance ist mehr als das Befolgen von Anweisungen des Arztes durch den Patienten. Es ist die **notwendige Mitwirkung des Patienten,** ohne die ein Behandlungserfolg nicht möglich ist.
Die Pflicht zur Mitwirkung beginnt bei der Anamnese, wo Patienten nicht selten aus Scham oder Vergesslichkeit wichtige Vorerkrankungen verschweigen. Der Schwerpunkt der Compliance liegt jedoch bei den Therapieanweisungen. *Beispiel:* Ein Patient mit Bluthochdruck nimmt seine Tabletten unregelmäßig ein, da ihm sein Bluthochdruck akut keine Beschwerden verursacht – die Verhütung von Langzeitfolgen, wie z. B. Schlaganfall oder Netzhautschäden, setzt aber die regelmäßige Tabletteneinnahme voraus.
Auch in der zahnärztlichen Praxis, vor allem im Bereich der Kieferorthopädie, ist die Mitwirkung des Patienten sehr wichtig. So muss der Patient z. B. bei aktiven Platten die Schraube weiterdrehen.
Schätzungen gehen davon aus, dass 30 bis 50 % der Patienten die Anordnungen des Arztes nicht befolgen. Daraus kann man schließen, dass ein Arzt ein Drittel seiner Zeit erfolglos arbeitet.
Die Compliance ist zwar vertragliche Pflicht des Patienten, die er dem Arzt schuldet – sie kann aber **weder eingeklagt noch erzwungen werden.**

Zur Mitwirkungspflicht des Patienten gehört es auch, pünktlich zum Behandlungstermin zu erscheinen. Fällt ein fester Termin durch ein Verschulden des Patienten aus, weil der ihn vergessen oder nicht rechtzeitig abgesagt hat, dann kann der Arzt Schadenersatz verlangen.

„Wieso gehst du nicht zu einem anständigen Zahnarzt?" © BULLS

5.2 Offenbarungspflicht

Einerseits muss der Arzt bei der Anamnese nach früheren Erkrankungen, Verletzungen, Unfällen, Operationen und Unverträglichkeiten fragen, andererseits muss der Patient auch seine **Fragen** wahrheitsgemäß und vollständig **beantworten.** *Beispiel*: Ein Patient, der wegen einer Herzklappenprothese ein Blutverdünnungsmittel wie Marcumar® einnimmt, muss seinen Zahnarzt vor der Behandlung darüber unterrichten. Beim Ziehen eines Zahnes können in diesem Fall lebensgefährliche Blutungen folgen.
Verschweigt ein Patient wichtige Vorerkrankungen oder Unverträglichkeiten wie z. B. eine Jod- oder Penicillinallergie bewusst oder vergisst sie ohne Absicht, wenn der Arzt bei der Anamnese danach fragt, verletzt er schuldhaft seine Pflichten als Patient. Dies kann beim Auftreten von Komplikationen die **Schadenersatzpflicht des Arztes mindern** oder sogar ganz ausschließen.

5.3 Zahlungspflicht

„Es ist nur ein kleiner, einfacher Eingriff, aber wir hätten gern, dass Sie jetzt schon bezahlen."

Während der Arzt aufgrund des Behandlungsvertrages dem Patienten die ärztlichen Dienstleistungen schuldet, ist der Patient zur Zahlung der vereinbarten **Vergütung** verpflichtet.
Beim **Privatpatienten** wird die Vergütung der ärztlichen Leistungen nach der **Gebührenordnung für Ärzte (GOÄ)** bzw. nach der **Gebührenordnung für Zahnärzte (GOZ)** geregelt. Diese gelten auch beim Kassenpatienten, wenn er ärztliche Leistungen verlangt, die nicht von seiner gesetzlichen Krankenversicherung abgedeckt sind. Der Honoraranspruch des Arztes entsteht gegenüber dem Patienten und ist vor einem Zivilgericht auf der Grundlage des BGB einklagbar.
Beim **Kassenpatienten,** der sich durch seine Versichertenkarte zu erkennen gibt, erfolgt die Abrechnung der Leistungen nach dem **Einheitlichen Bewertungsmaßstab (EBM).** Der Kassenarzt rechnet dann mit der Kassenärztlichen Vereinigung (KV) ab. Der Anspruch auf Vergütung des Kassenarztes entsteht gegenüber der KV und ist vor dem Sozialgericht auf der Grundlage des Sozialgesetzbuchs, Teil V, einklagbar.

BMV-Ä § 8 Abs. 3

Hat ein Kassenpatient seine **Gesundheitskarte vergessen** und reicht sie nicht nach, scheitert der Arzt mit seinem Schadenersatzanspruch – denn er hat den „Schaden" ja mitverursacht, weil er den Kassenpatienten ohne seine Versichertenkarte behandelte (Amtsgericht Köln, 1990). Allerdings hat der Arzt die Möglichkeit zur **Privatliquidation** (BMV-Ä § 8 Abs. 3), sofern er **vorher** die Behandlung als Privatpatient vereinbart hat.

ZUSAMMENFASSUNG

Pflichten des Patienten

Mitwirkungspflicht

Die Befolgung der Anordnungen des Arztes ist die Voraussetzung einer **erfolgreichen Behandlung.**

→ **nicht einklagbar**

Offenbarungspflicht

Wahre und vollständige Angaben bei der Anamnese **verringern** die Häufigkeit von **Komplikationen** bei der Behandlung.

→ **nicht einklagbar**

Zahlungspflicht

- Privatpatient: abgerechnet nach **GOÄ** bzw. **GOZ** → vor Zivilgericht **einklagbar**
- Kassenpatient: abgerechnet nach **EBM** → vor Sozialgericht **einklagbar**

ARBEITSTEIL

1. Welche Pflichten hat ein Patient im Rahmen seines Behandlungsvertrages?
2. Wie viel Prozent der Patienten halten sich erfahrungsgemäß nicht an die Anordnungen des Arztes?
3. Bei einem 70-jährigen Patienten wird ein Diabetes mellitus Typ 2 festgestellt. Der Arzt erläutert dem Patienten die Therapie und die Gefahren des Diabetes.
   a) Zeigen Sie an zwei Beispielen, wie der Behandlungserfolg von der Mitwirkung des Patienten abhängt.
   b) Welche Gefahren drohen einem Patienten, der seiner Mitwirkungspflicht nicht verlässlich nachkommt?
4. Auf welchen Grundlagen ist die Zahlungspflicht geregelt bei
   a) Privatpatienten
   b) Kassenpatienten?

6 Haftung

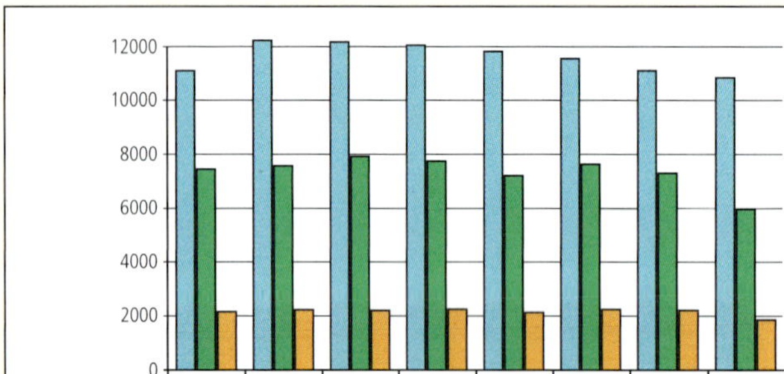

	2011	2012	2013	2014	2015	2016	2017	2018
Alle Anträge	11107	12232	12173	12053	11822	11559	11100	10839
Anzahl SE	7452	7578	7922	7751	7215	7639	7307	5972
F = JA	2241	2231	2206	2252	2132	2245	2213	1858

Quelle: Statistische Erhebungen der Gutachterkommission und Schlichtungsstellen; www.bundesaerztekammer.de

„Unsere Statistik ist kein Selbstzweck. Wir machen die erhobenen Daten zur Grundlage für einen effektiven Patientenschutz. Wir nutzen die von den Gutachterkommissionen und Schlichtungsstellen gesammelten Erkenntnisse für Fortbildungen und Qualitätssicherungsmaßnahmen. Dabei werden wir Fehler natürlich nie ganz ausschließen können. Wir versuchen aber auszuschließen, dass ein und derselbe Fehler zweimal passiert."

Dr. Andreas Crusius, Bundesärztekammer, am 3.4.2019 bei der Vorstellung der Behandlungsfehlerstatistik für das Jahr 2018 in Berlin.

Die Fehlerquote liegt in den letzten vier Jahren bei ca. 30 %. Welche Ursachen könnten dafür verantwortlich sein?

Ist Ihnen selbst schon ein Fehler bei der Behandlung eines Patienten passiert?

Wie sah Ihr Fehlermanagement aus?

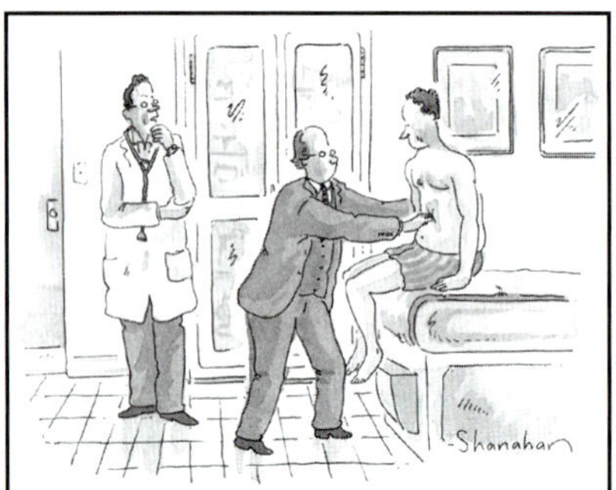

„Tut es weh, wenn mein Anwalt da drückt?"

6.1 Haftung aus dem Behandlungsvertrag

Ungefähr 15.000 Haftpflichtansprüche werden jährlich gegen Ärzte geltend gemacht. Nach Angaben der Versicherungen werden 50–60 % als unbegründet zurückgewiesen, 10–20 % dagegen anerkannt und in den restlichen Fällen kommt es zum Vergleich. Nach der Muster-Berufsordnung für die deutschen Ärzte ist jeder Arzt verpflichtet, sich hinreichend gegen Haftpflichtansprüche zu versichern.

Die Haftung des niedergelassenen Arztes aus dem Behandlungsvertrag erstreckt sich auf

- eigene Behandlungsfehler
- Fehler der ärztlichen Vertreter, denn diese handeln in seinem Namen, und der Assistenzärzte
- Fehler der MFA.

BGB § 276 Abs. 1

Durch den Behandlungsvertrag ist der Arzt verpflichtet, seine Dienstleistung sorgfältig nach dem **Standard** der medizinischen Wissenschaft und Erfahrung zu erbringen. Verletzt ein Arzt diese **Sorgfaltspflicht,** haftet er dafür (BGB § 276 Abs. 1). Dabei hat er Vorsatz und Fahrlässigkeit zu vertreten.

- **Vorsatz** bedeutet, der Arzt will den Patienten bewusst und gewollt schädigen. Dies kommt praktisch nicht vor.
- **Fahrlässigkeit** heißt, der Arzt hat die erforderliche Sorgfalt außer Acht gelassen.

Beachtet ein Arzt die gebotene Sorgfaltspflicht nicht, liegt ein **Behandlungsfehler,** auch Kunstfehler genannt, vor. Der Arzt haftet nur für einen durch ihn verschuldeten Fehler, nicht jedoch für einen schicksalhaften Krankheitsverlauf mit unglücklichem Ausgang.

Haftung des Erfüllungsgehilfen

Unter Erfüllungsgehilfen versteht das Gesetz alle nichtärztlichen Mitarbeiter in der Praxis, also die MFA, mit deren Hilfe der Arzt den Behandlungsvertrag erfüllt.
Nach dem BGB haftet der Praxisinhaber für das **Verschulden seiner MFA** wie für sein eigenes Verschulden. Diese Haftung für die MFA tritt ein bei fahrlässiger Handlung, das heißt, wenn die MFA bei ihrer Arbeit nicht die nötige Sorgfalt beachtete. Ein Patient, der von einer MFA geschädigt wurde, muss seine **Haftpflichtansprüche gegen den Arzt** und dessen Versicherung richten.

Auszug aus dem Bürgerlichen Gesetzbuch (BGB)

§ 278 [Verantwortlichkeit des Schuldners für Dritte] Der Schuldner hat ein Verschulden seines gesetzlichen Vertreters und der Personen, deren er sich zur Erfüllung seiner Verbindlichkeit bedient, in gleichem Umfang zu vertreten wie eigenes Verschulden.

6.2 Haftung aus unerlaubter Handlung

Ein Arzt haftet aus unerlaubter Handlung, wenn er gegen Gesetze verstößt. Dieser Fall liegt z. B. vor, wenn der Arzt bei einem Verkehrsunfall keine Hilfe leistet. Bei dieser Art der Haftung muss vorher kein Behandlungsvertrag geschlossen worden sein.

Haftung des Verrichtungsgehilfen

Ebenso haftet eine MFA nach BGB § 823, wenn sie durch eine unerlaubte Handlung einen Patienten schädigt.
Beispiel: Ohne ärztliche Anordnung nimmt eine MFA bei einem neuen Patienten aus der Vene Blut für das Routinelabor ab. Während der Blutabnahme kollabiert der sitzende Patient, stürzt vom Stuhl und erleidet eine Kopfplatzwunde.
Die MFA hat **fahrlässig** den Körper des Patienten verletzt, weil sie den neuen Patienten bei der venösen Blutabnahme nicht sorgfältig genug gesichert hat, sie hätte ihn hinlegen können. Aus dem Behandlungsvertrag würde der Arzt für die MFA haften.
Aber die MFA hat auch **widerrechtlich** gehandelt, weil sie für die Blutabnahme keine ärztliche Anordnung hatte. Deshalb liegt eine unerlaubte Handlung vor.
Nach § 823 haftet nun **die MFA selbst**. Daneben haftet nach § 831 auch noch der Arzt für seinen Verrichtungsgehilfen, also die MFA. Kann der Arzt nachweisen, dass er seine MFA sorgfältig ausgewählt hat, z. B. durch ein Bewerbungsgespräch, dass er ihre Tätigkeit überwachte und sich von ihrem sorgfältigen und zuverlässigen Handeln überzeugte, dann kann er den **Entlastungsbeweis** erbringen und muss nicht haften.

Auszüge aus dem Bürgerlichen Gesetzbuch (BGB)

§ 823 [Schadensersatzpflicht] (1) Wer vorsätzlich oder fahrlässig das Leben, den Körper, die Gesundheit, die Freiheit, das Eigentum oder ein sonstiges Recht eines anderen widerrechtlich verletzt, ist dem anderen zum Ersatz des daraus entstehenden Schadens verpflichtet.

§ 831 [Haftung für den Verrichtungsgehilfen] (1) Wer einen anderen zu einer Verrichtung bestellt, ist zum Ersatze des Schadens verpflichtet, den der andere in Ausführung der Verrichtung einem Dritten widerrechtlich zufügt. Die Ersatzpflicht tritt nicht ein, wenn der Geschäftsherr bei der Auswahl der bestellten Person und, sofern er ... die Ausführung der Verrichtung zu leiten hat, bei ... der Leitung die im Verkehr erforderliche Sorgfalt beobachtet ...

BGB § 823
BGB § 831

6.3 Gutachterkommissionen für Fragen ärztlicher Haftpflicht

Die Gutachterkommissionen der einzelnen Landesärztekammern haben die Aufgabe, ein schriftliches Gutachten zu erstellen, ob ein Patient infolge eines Behandlungsfehlers einen Gesundheitsschaden erlitten hat. Sie dienen sowohl dem gesundheitlich geschädigten Patienten als auch dem Arzt, der unbegründeten Vorwürfen ausgesetzt ist. Jeder, Arzt und Patient, kann sich an die Kommission wenden. Die Kommission, ein Jurist und zwei Ärzte, wertet die **schriftlichen** Behandlungsunterlagen aus. Falls nötig, holt sie Drittgutachten ein und erörtert den Fall mit den Beteiligten.

Für die Tätigkeit der Kommissionen gelten folgende Grundsätze:

- **Freiwilligkeit:** Die Zustimmung aller Beteiligten ist Voraussetzung.
- **Unverbindlichkeit:** Ihre Bescheide sind Empfehlungen und kein Gerichtsurteil – die Beteiligten können später immer noch vor Gericht gehen.
- **Keine Gebühren:** Weder Kommission noch eingeholte Gutachten kosten den Patienten oder Arzt etwas (von der Haftpflichtversicherung des betroffenen Arztes wird eine Kostenpauschale verlangt).

Die Gutachterkommissionen erfüllen eine wichtige Aufgabe; dies zeigt die stabile Zahl der Anträge auf Durchführung eines Prüfungsverfahrens. Bei den allermeisten Verfahren ergab sich kein Behandlungsfehler. Auch werden die Entscheidungen der Kommissionen überwiegend angenommen, nur in wenigen Fällen kommt es dann doch noch zu einem Gerichtsverfahren.

ZUSAMMENFASSUNG

Haftung

aus dem Behandlungsvertrag

Handelt ein Arzt **fahrlässig,** haftet der **Arzt** für seinen Behandlungsfehler. Auch für Fahrlässigkeit seiner
– ärztl. Vertreter – Assistenten – MFA

↓

haftet der **niedergelassene Arzt.**

aus unerlaubter Handlung

Handelt eine MFA **fahrlässig** und **widerrechtlich**

↓

haftet die **MFA** selbst neben dem Arzt.

Gutachterkommissionen
sollen beim **Vorwurf eines Behandlungsfehlers** das Handeln des Arztes objektiv **begutachten.**
Grundsätze: freiwillig, unverbindlich, kostenlos

ARBEITSTEIL

1. Auf welche Personen erstreckt sich die Haftpflichtversicherung des niedergelassenen Arztes?
2. Erklären Sie, was man unter einem „Behandlungsfehler" versteht.
3. Wann kann eine MFA gegenüber einem verletzten Patienten haftbar gemacht werden?
4. Frau Müller hat den Verdacht, dass Dr. Weiß ein Behandlungsfehler unterlaufen ist.
   a) An welche Einrichtung der Landesärztekammer kann sie sich wenden?
   b) Welche Vorteile hat Frau Müller, wenn sie sich an diese Einrichtung wendet?
5. Welche Ursachen führen zu der hohen Zahl von Arzthaftpflichtprozessen?

7 Strafrechtliche Folgen bei Gesetzesverstößen

„Was Sie hier sehen, kann Sie zu einem sehr reichen Mann machen."
© BULLS

Mit welchen Konsequenzen müsste ein Arzt rechnen, der auf einen derartigen Vorschlag eingehen würde?

Die Haftungsfragen aus dem Behandlungsvertrag und aus unerlaubter Handlung werden im Zivilrecht durch das **Bürgerliche Gesetzbuch (BGB)** geregelt, sie regeln nur den Schadenersatz gegenüber einem geschädigten Patienten.
Bei Verstößen gegen das Strafrecht liegt ein Bruch gültiger Gesetze nach dem **Strafgesetzbuch (StGB)** vor. Hierzu muss ein Straftatbestand vorliegen, also rechtswidrig und schuldhaft gehandelt worden sein: Hier droht der Staat mit Geld- oder Freiheitsstrafe. Zivilprozess und Strafprozess sind voneinander **unabhängige** Verfahren. Ein Fehlverhalten des Arztes und auch seiner Medizinischen Fachangestellten kann sowohl zivilrechtliche als auch strafrechtliche Folgen haben.

Körperverletzung

Eine fahrlässige Körperverletzung (StGB § 229) liegt vor, wenn die nötige Sorgfalt nicht beachtet wurde und der Patient dadurch einen Schaden erleidet. Dies wird mit Freiheitsstrafe bis zu drei Jahren oder mit Geldstrafe bestraft. **StGB § 229**
Beispiel: Ein Hepatitis-B-positiver Zahnarzt behandelt mit rissigen Händen seine Patienten, ohne Schutzhandschuhe zu tragen. Dadurch erkranken einige Patienten an Hepatitis B.

Unterlassene Hilfeleistung

Jeder, nicht nur Angehörige von Medizinberufen, ist verpflichtet, bei Unglücksfällen nach seinen Fähigkeiten und Möglichkeiten Hilfe zu leisten (StGB § 323c). Ein Unterlassen wird mit Freiheitsstrafe bis zu einem Jahr oder mit Geldstrafe bestraft. **StGB § 323c**
Beispiel: Eine MFA im ersten Ausbildungsjahr, die noch keine Kenntnisse in Erster Hilfe hat, kann bei einem Unfall zwar noch keine wirksame Herz-Lungen-Wiederbelebung durchführen – ihr zumutbar und erforderlich ist aber der Notruf.

Bruch der Schweigepflicht

StGB § 203

Der Arzt und sein Hilfspersonal, also die MFA, sind zur Wahrung von Privatgeheimnissen des Patienten verpflichtet (StGB § 203). Wer in der Ausübung seines Berufes unbefugt ein fremdes Geheimnis offenbart, wird mit Freiheitsstrafe bis zu einem Jahr oder mit Geldstrafe bestraft. Bei grober Verletzung der Schweigepflicht kann gegen den Arzt sogar ein Berufsverbot verhängt werden. Da die Einhaltung auch durch die **Berufsgerichte** überwacht wird, können diese wegen „berufsunwürdiger Handlung" dem Arzt die Approbation entziehen.

Verstoß gegen das Bundesdatenschutzgesetz

BDSG § 42

Wer unbefugt personenbezogene Daten verarbeitet und dabei gegen Entgelt oder in Bereicherungsabsicht handelt, wird mit Freiheitsstrafe bis zu zwei Jahren oder mit Geldstrafe bestraft. Sogar bis zu drei Jahre beträgt die Freiheitsstrafe, wenn personenbezogene Daten einer großen Zahl von Personen unbefugt einem Dritten übermittelt oder anderweitig zugänglich gemacht werden und dies gewerbsmäßig geschieht (BDSG § 42).

Verstoß gegen das Betäubungsmittelgesetz

BtMG § 13

Betäubungsmittel sollen ausschließlich zum Zweck der Heilung und Schmerzlinderung eingesetzt werden – und nicht durch Süchtige missbraucht werden. Sie dürfen nur von Ärzten verschrieben, verabreicht oder zum unmittelbaren Verbrauch überlassen werden, wenn ihre Anwendung begründet ist (BtMG § 13).

BtMG § 29

Jeder – auch die MFA -, der unerlaubt Betäubungsmittel besitzt, überlässt oder mit ihnen Handel treibt (BtMG § 29), wird mit Freiheitsstrafe bis zu fünf Jahren oder mit Geldstrafe bestraft. Dasselbe gilt für den Arzt, wenn er gegen den § 13 verstößt.

ZUSAMMENFASSUNG

Rechtliche Folgen

Zivilrechtliche Grundlage:
Bürgerliches Gesetzbuch (BGB)

regelt die Frage nach der:

- Haftung
  - aus dem Behandlungsvertrag
  - aus unerlaubter Handlung

Schadenersatz

Strafrechtliche Grundlage:
Strafgesetzbuch (StGB)

regelt diese Fälle:

- Körperverletzung
- unterlassene Hilfeleistung
- Bruch der Schweigepflicht, zudem
- Verstoß gegen Datenschutzgesetz
- Verstoß gegen Betäubungsmittelgesetz

Geld- oder Freiheitsstrafe

Ein Fehlverhalten kann zivilrechtliche **und** strafrechtliche Folgen haben

ARBEITSTEIL

1. Nennen Sie drei Verstöße gegen das Strafrecht, die besonders Medizinberufe betreffen können. Formulieren Sie dazu jeweils ein kurzes Fallbespiel.
2. Welche rechtlichen, beruflichen und sozialen Folgen drohen einem Arzt, wenn er seine Schweigepflicht bricht?
3. Ein Chirurg amputiert bei einem Patienten das rechte anstatt das linke Bein, weil vor der Operation die Röntgenbilder verwechselt wurden. Dieser Behandlungsfehler wird anschließend in zwei voneinander unabhängigen Prozessen, einem Strafprozess und einem Zivilprozess, verhandelt.
   a) Welche Gesetzbücher stellen jeweils die Prozessgrundlage dar?
   b) Welche Sanktionen können jeweils bei bewiesenem Verschulden verhängt werden?

PRÜFUNGSAUFGABE

Herr Bauer (bei der AOK versichert, 48 Jahre alt, Schlosser bei der Getriebe AG, verheiratet, 3 Kinder) begibt sich unangemeldet wegen starker Kreuzschmerzen in die Praxis von Dr. Weiß, Facharzt für Allgemeinmedizin. Die Medizinische Fachangestellte liest seine Gesundheitskarte in den Computer ein und schickt Herrn Bauer in das Wartezimmer. Nach einer Stunde wird er von Frau Dr. Schwarz (sie ist als Assistenzärztin bei Dr. Weiß angestellt) aufgerufen. Frau Dr. Schwarz lässt sich die Beschwerden von Herrn Bauer genau schildern und untersucht ihn gründlich. Danach verabreicht sie ihm eine i.m. Injektion, stellt ihm ein Rezept aus und schreibt ihn für eine Woche krank. Auf die Arbeitsunfähigkeitsbescheinigung schreibt sie als Diagnose „Lumboischialgie" (Verschlüsselung nach ICD-10: M 54.4).

a) Wie entsteht in diesem Fall der Behandlungsvertrag?

b) Erklären Sie: Zwischen wem entsteht der Behandlungsvertrag?

c) Welche Pflichten übernimmt der Arzt mit Abschluss des Behandlungsvertrages?

d) Welche Pflichten übernimmt der Patient mit Abschluss des Behandlungsvertrages?

e) Wann kann der Arzt den Behandlungsvertrag lösen?

f) Wann kann der Patient den Behandlungsvertrag lösen?

g) Erklären Sie: Hat der Arbeitgeber von Herrn Bauer ein Recht darauf, die Diagnose von Dr. Schwarz zu erfahren?

h) Wie lange müssen folgende Dokumente aufbewahrt werden?
   - Karteikarte mit den Befunden von Herrn Bauer
   - Durchschrift der AU-Bescheinigung

Trotz der sorgfältigen Behandlung von Dr. Schwarz werden die Schmerzen von Herrn Bauer am Wochenende schlimmer. Der herbeigerufene Notarzt weist ihn ins Krankenhaus ein, wo er an der Bandscheibe operiert wird. Als Herr Bauer nach der stationären Behandlung wieder in die Praxis von Dr. Weiß kommt, droht er: „Ich werde Frau Dr. Schwarz verklagen, weil mir ihre Behandlung nicht geholfen hat und ich ins Krankenhaus musste."

i) Die Behandlung durch Dr. Schwarz war nicht erfolgreich. Erklären Sie in diesem Zusammenhang, was unter einem Dienstvertrag zu verstehen ist.

j) Neben einer gerichtlichen Auseinandersetzung steht Herrn Bauer noch ein anderer Weg offen, wenn er die Frage eines Behandlungsfehlers klären möchte. Erklären Sie, welcher.

Praxisabläufe organisiseren

1 Der Aufbau einer Arztpraxis

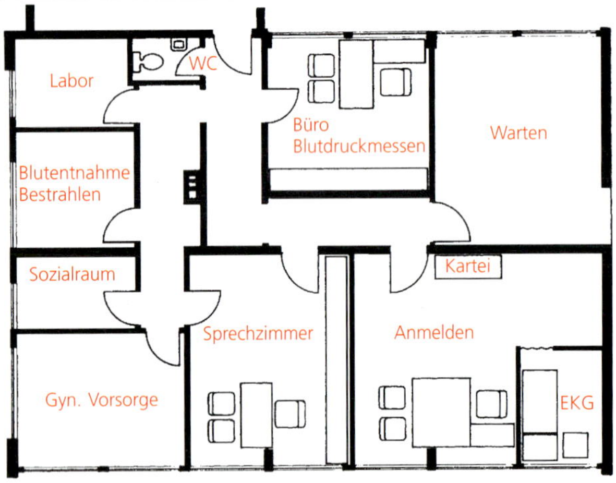

Quelle: © R. R. Wolff, Rationelle Praxisorganisation, Deutscher Ärzte-Verlag, Köln

Verbesserung der Istsituation bei Übernahme – Eine Praxis für Allgemeinmedizin

Eine große Allgemeinarztpraxis ist von einem neuen Arzt übernommen worden. Aus diesem Anlass soll der Praxisablauf mit geringstem Aufwand verbessert werden.
Die Aufnahme des Istzustandes ergab folgende Schwachstellen der Praxis:
Die Verwaltung ist getrennt in zwei Räumen untergebracht, nämlich im Büro und in der Anmeldung. Es ist nur ein Sprechzimmer vorhanden, das zudem nicht mit einer Patientenliege ausgestattet ist. Der Verwaltungsbereich arbeitet, angefangen bei der Kartei, nach längst überholten Methoden.

Welche Leichtbauwände sollten herausgenommen werden, um eine offene Anmeldung zu schaffen?

Welcher Raum kann zu einem zweiten Sprechzimmer umgewandelt werden?

1.1 Praxisgröße

Der Raumbedarf einer Arztpraxis hängt vom Fachgebiet des Arztes ab, z. B. Allgemeinmedizin, Gynäkologie oder Chirurgie, sowie von seinen Schwerpunkten wie beispielsweise Kardiologie oder Gastroenterologie. Auch seine Zusatzbezeichnungen wie Allergologie, Psychotherapie oder Homöopathie wirken sich auf den Raumbedarf aus. Erfahrungsgemäß kommt eine Arztpraxis mit 800 Patienten („Scheinen") pro Quartal mit ca. 100 m^2 aus, wenn keine Raum beanspruchenden Geräte benutzt werden und wenn wenige Medizinische Fachangestellte beschäftigt werden. Eine große Spezialpraxis auf Gebieten wie Chirurgie, Orthopädie oder Radiologie benötigt wegen ihrer Geräte zur Diagnostik und Therapie in der Regel 200 m^2 und mehr.

1.2 Aufteilung der Praxis

Der Bereich für den Arzt

Die Tätigkeit des Arztes umfasst die Spezialuntersuchungen, die „großen" Fälle und die „kleinen" Fälle:

- Die **Spezialuntersuchungen** wie z. B. Ultraschall, Rektoskopie, Vorsorgeuntersuchungen oder Röntgen werden meistens nur zu bestimmten Zeiten durchgeführt, zu denen die Patienten eigens bestellt werden. Dadurch liegen diese Termine in der ruhigeren Zeit außerhalb des normalen Praxisbetriebs.

- Die **„großen" Fälle** umfassen das Gespräch mit Erhebung der Anamnese sowie die Untersuchung, bei der sich die Patienten teilweise oder ganz entkleiden.
- Die **„kleinen" Fälle** sind die Injektionen, Blutabnahmen, Verbandswechsel, Wundversorgung und das Unterschreiben von Formularen und Rezepten.

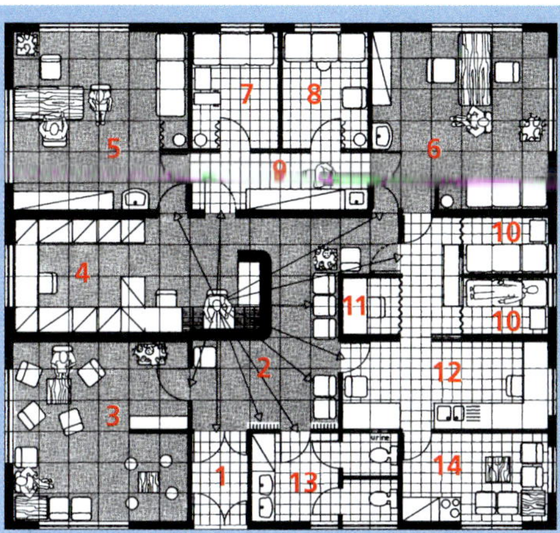

© R. R. Wolff, Rationelle Praxisorganisation, Deutscher Ärzte-Verlag, Köln

1 Windfang
2 Anmeldung mit Vorwartebereich und Garderobe
3 Wartezimmer
4 Verwaltungsbereich mit Archiv
5 Sprechzimmer
6 Sprechzimmer
7 Funktionsraum mit EKG, Ultraschall
8 Funktionsraum für Vorsorgeuntersuchungen, Rektoskopie, Spritzen, Verbände
9 Mehrzweckbereich: Vorbereitung von Spritzen, Formulare zur Unterschrift
10 Therapiekabinen: physikalische Therapie, Infusionen, Blutabnahme
11 Vorbereitung und Inhalation
12 Labor
13 Patienten- und Personal-WC
14 Sozialraum für das Personal

Um einen reibungslosen Praxisablauf zu ermöglichen, müssen Räume für die „großen" und die „kleinen" Fälle eingerichtet sein:
Die **Sprechzimmer 5 und 6** sind für die „großen" Fälle vorgesehen. Hier stehen ein Schreibtisch, eine Regalwand, eine Untersuchungsliege mit Umkleideecke, ein Arztsessel und zwei Stühle. Der Stuhl für den Patienten steht neben dem Schreibtisch, sodass der Arzt Puls und Blutdruck messen kann, ohne aufzustehen.
Der Patient wird durch die MFA in das frei gewordene Zimmer geschickt. Hier wartet er außerhalb der störenden Wartezimmeratmosphäre – so ist er auf das Gespräch mit dem Arzt besser vorbereitet. Der Arzt pendelt durch den **Mehrzweckbereich 9**, entnimmt der Karteisteckleiste die Karteikarte des Patienten und kann sich so kurz auf den Patienten vorbereiten. Der Patientenstuhl steht so, dass der Arzt dem Patienten beim Betreten des Raumes ins Gesicht schaut. Muss sich der Patient ausziehen, wird der Arzt in einen der **Funktionsräume 7 oder 8** ausweichen. So kann er die Zeit für einen „kleinen" Fall nutzen; auch für den Patienten ist es angenehmer, wenn ihm der Arzt beim Aus- und Anziehen nicht zuschaut.
Der Mehrzweckbereich liegt zwischen den beiden Sprechzimmern. Im Raum 7 stehen das EKG und das Ultraschallgerät, Raum 8 ist gedacht für Vorsorgeuntersuchungen, Rektoskopien, Spritzen und Verbände. Der Flur vor den Räumen ist der Platz für die Medikamente, hier werden Spritzen aufgezogen und hier liegen auch die Formulare und Rezepte zur Unterschrift bereit. So wird vermieden, dass die MFA den Arzt laufend stören muss, nur um ein Rezept unterschreiben zu lassen.

Der medizinische Bereich für Arzt und Medizinische Fachangestellte

Beim Arzt, Allgemeinarzt oder hausärztlichen Internisten spielt die Therapie, z. B. Reizstrom, Inhalation oder die Bestrahlung mit Mikrowelle, oft eine große Rolle. Es ist deshalb sinnvoll, die **Therapiekabinen 10** mit der **Vorbereitung 11** an den Arztbereich anzubinden. So kann der Arzt bei Bedarf auch hier tätig werden und z. B. eine Infusion anlegen. Die Medizinische Fachangestellte führt hier z. B. die Bestrahlungen mit Mikrowelle durch oder nimmt eine Blutabnahme vor. Auch das **Labor 12** gehört zu diesem Bereich.

Die Tür des **Patienten-WC 13** sollte nach außen aufgehen: Falls ein Patient auf der Toilette kollabiert und die Tür geht nach innen auf, ist es unmöglich, die Tür zu öffnen. Die Durchreiche ins Labor erspart es dem Patienten, mit dem Urinbecher durch die Praxis marschieren zu müssen.

Der Anmelde- und Verwaltungsbereich

Die **Anmeldung 2** und der **Verwaltungsbereich 4** sind das „Gehirn" der Arztpraxis. Hier läuft die Kommunikation der Praxis zusammen, hier stehen die Patientenkartei, das Telefon und der Praxiscomputer, hier finden die persönlichen Gespräche statt. Die zentrale Bedeutung versteht man, wenn man sieht, was hier täglich passiert: Patienten melden sich an, ihre Daten werden am PC verwaltet, Rezepte und Formulare werden adressiert, Telefonate werden angenommen, Termine werden vergeben, Patienten werden aufgerufen und zu den Behandlungsräumen gewiesen, Hausbesuche werden geplant, der Schriftverkehr und die Abrechnung werden hier erledigt.
Bei der Planung einer Arztpraxis wird deshalb darauf geachtet, dass aus allen Praxisbereichen möglichst kurze Wege zur Anmeldung führen. Wichtig ist auch die Übersichtlichkeit, damit die MFA sämtliche Abläufe in der Praxis im Blick behalten kann.

Der Wartebereich

Im Normalfall bleibt das **Wartezimmer 3** für die Patienten vorbehalten, die zum Arzt ins Sprechzimmer wollen. Patienten, die nur ein Rezept abholen, können im **Vorwartebereich** neben der Anmeldung Platz nehmen. Patienten, die z. B. nur für eine Mikrowellenbestrahlung kommen, können direkt auf die Therapiekabinen verteilt werden. Dieses getrennte Warten ermöglicht einen reibungsloseren Ablauf. Es führt auch seltener zu Streitereien unter den Patienten: „Warum kommt der vor mir dran, obwohl er gerade erst gekommen ist?"
Die Patientengarderobe hat ihren sinnvollen Platz im Anmeldebereich, wo sie die MFA beobachten kann. Dadurch müssen behandelte Patienten nicht mehr ins Wartezimmer zurück, unnötige Unruhe wird so vermieden.

ZUSAMMENFASSUNG

Bereiche der Arztpraxis

Bereich für den Arzt

Arzt

- **Gespräch**
  - Anamnese
- **Untersuchungen:**
  - Ultraschall
  - Endoskopie
  - Vorsorge
- **kleine Eingriffe**
  - Injektionen
  - Verbandswechsel
  - Wundversorgung

Bereich für den Arzt und die MFA

Arzt

- **Kleine Eingriffe**

MFA

- **Therapie:**
  - Mikrowelle
  - Reizstrom
  - Inhalation
  - Verbände
  - Blutabnahme

Anmelde- und Verwaltungsbereich

MFA

- **Anmeldung der Patienten**
- **Vergabe von Terminen**
- **Erledigen des Schriftverkehrs**
- **Verwalten der Patientendaten**
- **Abrechnung**

Wartebereich

Patienten

Wartezimmer, wenn Patient zum Arzt will

Vorwartezone, wenn Patient nur kurz warten muss, z. B. auf Rezept

Sprechzimmer, als Vorbereitung auf den Arzt

ARBEITSTEIL

1. In dem nebenstehenden Plan sehen Sie eine sogenannte „offene Anmeldung". Überlegen Sie, welche Vor- und Nachteile eine solche Form auf die Praxisorganisation haben könnte.

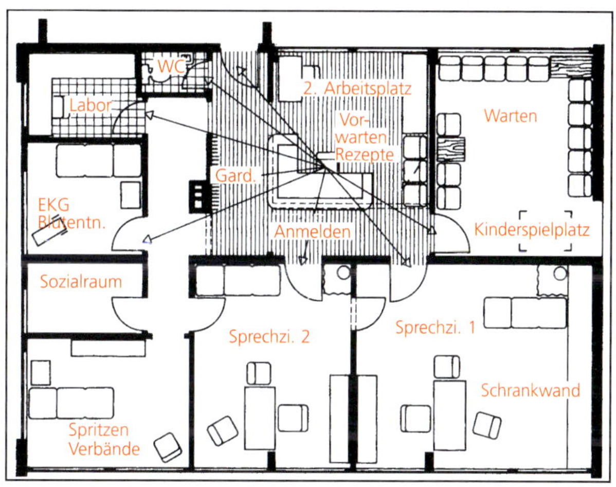

© by R. R. Wolff, Schramberg

2. Wie sollte sich die MFA an einer „offenen Anmeldung" verhalten, um die Schweigepflicht zu beachten
   a) beim Telefonieren,
   b) bei der Aufnahme eines Patienten?
3. a) In welchen Bereichen der Praxis warten Patienten?
   b) Welche Vorteile bietet dieses in verschiedene Bereiche getrennte Warten?
   c) Überlegen Sie, ob in Ihrer Ausbildungspraxis die Wartebereiche optimal angelegt sind. Sollte dies nicht der Fall sein, haben Sie Ideen, wie hier eine Verbesserung erreicht werden könnte?
4. Weshalb benötigt der Arzt einen Bereich in der Praxis, der nur ihm vorbehalten ist?
5. Überlegen Sie, ob in Ihrer Ausbildungspraxis die Aufteilung der Räumlichkeiten noch verbessert werden könnte.

2 Der Aufbau einer Zahnarztpraxis

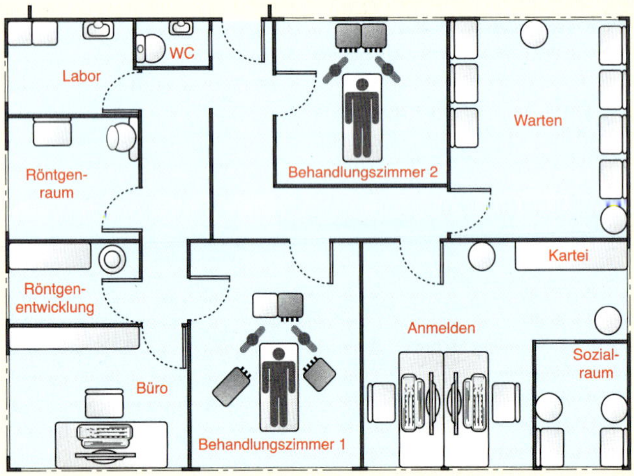

Verbesserung der Istsituation bei Übernahme

Eine große Zahnarztpraxis ist von einem neuen Zahnarzt übernommen worden. Aus diesem Anlass soll der Praxisablauf mit geringstem Aufwand verbessert werden.
Die Aufnahme des Istzustandes ergab folgende Schwachstellen der Praxis:
Die Verwaltung ist getrennt in zwei Räumen untergebracht, nämlich im Büro und in der Anmeldung. Es sind nur zwei Behandlungszimmer vorhanden, die nicht nebeneinander liegen. Der Verwaltungsbereich arbeitet, angefangen bei der Kartei, nach längst überholten Methoden.

Welche Leichtbauwände sollten herausgenommen werden, um eine offene Anmeldung zu schaffen?

Welcher Raum kann zu einem dritten Behandlungszimmer umgewandelt werden?

2.1 Praxisgröße

Der Raumbedarf einer Zahnarztpraxis hängt vom Tätigkeitsgebiet des Zahnarztes ab, z. B. allgemeine Zahnmedizin, Implantologie oder orale Chirurgie, sowie von seinen Schwerpunkten wie beispielsweise Prophylaxe oder Alterszahnheilkunde. Auch seine Zusatzbezeichnungen wie Paradontologie oder ästhetische Zahnheilkunde wirken sich auf den Raumbedarf aus. Erfahrungsgemäß kommt eine Zahnarztpraxis mit 900 Patienten pro Quartal mit ca. 150 m^2 aus, wenn keine raumbeanspruchenden Geräte benutzt werden und wenn wenige Zahnmedizinische Fachangestellte beschäftigt werden. Eine große Spezialpraxis auf Gebieten wie Zahn-, Mund- und Kieferchirurgie, Kieferorthopädie oder Implantologie benötigt wegen ihrer Geräte zur Diagnostik und Therapie in der Regel 200 m^2 und mehr. Medizinische Versorgungszentren mit vielen Behandlern können auch in einem eigenen Gebäude untergebracht sein.

2.2 Aufteilung der Praxis

Der Bereich für den Zahnarzt

Die Tätigkeit des Zahnarztes umfasst die zahnärztlichen Untersuchungen, die konservierenden, chirurgischen, prophylaktischen, paradontologischen und prothetischen Behandlungen im Bestellsystem sowie unvorhergesehene Akut- oder Schmerzfälle:

- Die **zahnärztlichen Untersuchungen** wie z. B. U, FU, Vorsorgeuntersuchungen (04) oder Recall werden meistens nur zu bestimmten Zeiten durchgeführt, zu denen die Patienten eigens bestellt werden.
- Die **„großen" Behandlungsfälle** umfassen meist prothetische, paradontologische oder implantologische Behandlungen, die in die biologische Hochphase wie vormittags bzw. früher Nachmittag gelegt werden.

- Die **„kleinen" Behandlungsfälle** sind die Schmerzpatienten, Patienten zur Füllungstherapie oder Endodontie sowie Extraktionen und Nachkontrollen. Sie werden häufig in die Randzonen, d. h. früher Vormittag, Mittagszeit oder später Nachmittag bzw. Abend gelegt.

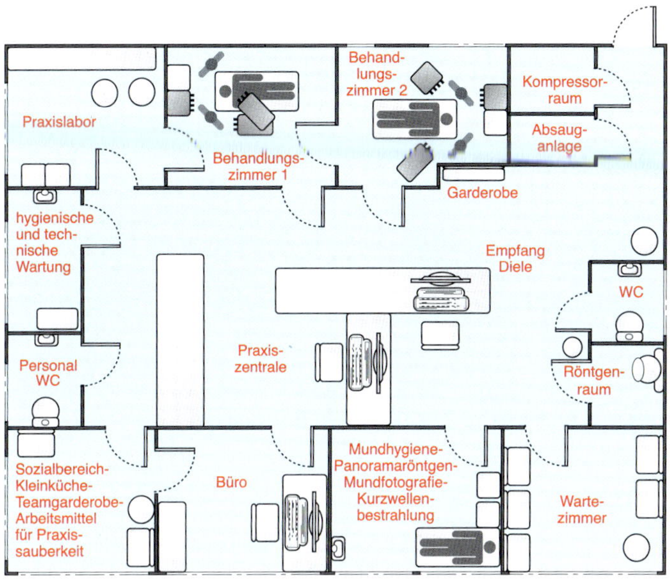

Um einen reibungslosen Praxisablauf zu ermöglichen, müssen Behandlungszimmer für die „großen" und die „kleinen" Fälle eingerichtet sein:
Die **Behandlungszimmer 1 und 2** sind für die „großen" Fälle vorgesehen. Hier befindet sich eine Behandlungseinheit mit Zahnarztelement und Helferinnenelement.
Der Patient wird von der ZFA in das frei gewordene Behandlungszimmer geführt. Hier wartet er außerhalb der unruhigen Wartezimmeratmosphäre – so ist er auf die Behandlung des Zahnarztes besser vorbereitet.
Der Zahnarzt pendelt zwischen den **Behandlungszimmern 1 und 2** und informiert sich anhand des Behandlungsplans über den jeweiligen Patienten. Der Behandlungsstuhl steht so, dass der Zahnarzt dem Patienten beim Betreten des Raumes ins Gesicht schaut. Sind Behandlungsplatz 1 und 2 belegt, so kann er in dieser Zeit einen „kleinen" Fall behandeln, indem er den **Mundhygieneraum** auch für kleinere Nachbehandlungen und Kontrollen nutzt. Die Praxiszentrale liegt in der Mitte der Praxis und ist für Rückfragen seitens des Behandlers bzw. der Verwaltungskraft (ZMV) nutzbar, sodass der Zahnarzt kurze Wege hat. Der Flur vor den Räumen kann für die Archivierung von Praxismaterialien und Unterlagen genutzt werden. So wird vermieden, dass die ZFA den Zahnarzt laufend stören muss.

Der Behandlungsbereich für Zahnarzt und Zahnmedizinische Fachangestellte

Der Ablauf der Arbeit beim Zahnarzt konzentriert sich in den meisten Fällen auf die **Behandlungseinheit** selbst. Im Mittelpunkt steht dabei die **Ergonomie** des Arbeitsplatzes. Darunter versteht man, dass die Ausstattung am Arbeitsplatz optimal an die Menschen angepasst ist. In der Zahnarztpraxis betrifft dies den Zahnarzt, die Zahnmedizinische Fachangestellte und auch den Patienten. Der Behandlungsplatz des Zahnarztes ist so angelegt, dass dieser alle Instrumente und Hilfsmittel erreicht, die Turbine und die Arbeitsfeldleuchte einstellen kann. Die Zahnmedizinische Fachangestellte kann aus ihrer Arbeitsposition heraus alle wichtigen Geräte erreichen, wie die Absaugevorrichtung, den Druckluftgeber und die Speifontäne. Der Patient schließlich ist im beweglichen Behandlungsstuhl arbeitstechnisch optimal zwischen Zahnarzt und Zahnmedizinischer Fachangestellten platziert.

Der Anmelde- und Verwaltungsbereich

Der **Empfang** und die **Praxiszentrale** sind das „Gehirn" der Zahnarztpraxis. Hier läuft die Kommunikation der Praxis zusammen, hier stehen die Patientenkartei, das Telefon und der Praxiscomputer, hier finden die persönlichen Gespräche statt. Die zentrale Bedeutung versteht man, wenn man sieht, was hier täglich passiert: Patienten melden sich an, ihre Karteikarten werden gezogen, Rezepte und Formulare werden adressiert, Telefonate werden angenommen, Termine werden vergeben, Patienten werden aufgerufen und zu den Behandlungsräumen gewiesen, der Schriftverkehr und die Abrechnung werden hier erledigt.
Bei der Planung einer Zahnarztpraxis wird deshalb darauf geachtet, dass aus allen Praxisbereichen möglichst kurze Wege zur Anmeldung führen. Wichtig ist auch die Übersichtlichkeit, damit die ZFA sämtliche Abläufe in der Praxis im Blick behalten kann.

Der Wartebereich

Im Normalfall bleibt das **Wartezimmer** für die Patienten vorbehalten, die zum Zahnarzt ins Sprechzimmer wollen. Patienten, die nur ein Rezept abholen, können im **Vorwartebereich** neben der Anmeldung Platz nehmen. Patienten, die z.B. nur für eine kurze Nachschau kommen, können direkt ins **Zimmer** verteilt werden. Dieses getrennte Warten ermöglicht einen reibungsloseren Ablauf. Es führt auch seltener zu Streitereien unter den Patienten: „Warum kommt der vor mir dran, obwohl er gerade erst gekommen ist?"
Die Patientengarderobe hat ihren sinnvollen Platz im Anmeldebereich, wo sie die ZFA beobachten kann. Dadurch müssen behandelte Patienten nicht mehr ins Wartezimmer zurück, unnötige Unruhe wird so vermieden.

Die Tür des **Patienten-WC** sollte nach außen aufgehen: Falls ein Patient auf der Toilette kollabiert und die Tür geht nach innen auf, ist es unmöglich, die Tür zu öffnen.

ZUSAMMENFASSUNG

Bereiche der Zahnarztpraxis

Bereich für den Zahnarzt

Zahnarzt

- **Gespräch:**
  - Anamnese
- **Behandlungen 1:**
  - zahnärztliche Kontrollen
  - allgemeinzahnärztliche Untersuchungen
  - Vorsorge
- **Behandlungen 2:**
  - Implantation
  - chirurgische Eingriffe
  - Lasertherapie

Bereich für den Zahnarzt und DH/ZMF

Zahnarzt | DH/ZMF

- **Therapie:**
  - Prophylaxe
  - professionelle Zahnreinigung
  - Deep Scaling

Anmelde- und Verwaltungsbereich

ZFA/ZMV

- **Anmeldung der Patienten**
- **Vergabe von Terminen**
- **Erledigen des Schriftverkehrs**
- **Verwalten der Patientendaten**
- **Abrechnung**

Wartebereich

Patienten

Wartezimmer, wenn Patient zum Zahnarzt will

Vorwartezone, wenn Patient nur kurz warten muss, z. B. auf Rezept

Sprechzimmer, als Vorbereitung auf den Zahnarzt

ARBEITSTEIL

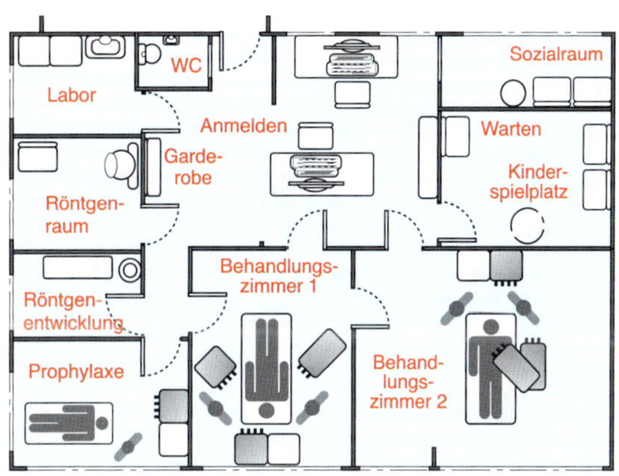

1. In dem nebenstehenden Plan sehen Sie eine sogenannte „offene Anmeldung“. Überlegen Sie, welche Vor- und Nachteile eine solche Form auf die Praxisorganisation haben könnte.
2. Wie sollte sich die Zahnmedizinische Fachangestellte an einer „offenen Anmeldung“ verhalten, um die Schweigepflicht zu beachten
   a) beim Telefonieren,
   b) bei der Aufnahme eines Patienten?
3. a) In welchen Bereichen der Praxis warten Patienten?
   b) Welche Vorteile bietet dieses in verschiedene Bereiche getrennte Warten?
   c) Überlegen Sie, ob in Ihrer Ausbildungspraxis die Wartebereiche optimal angelegt sind. Sollte dies nicht der Fall sein, haben Sie Ideen, wie hier eine Verbesserung erreicht werden könnte?
4. Weshalb benötigt der Zahnarzt einen Bereich in der Praxis, der nur ihm vorbehalten ist?
5. Überlegen Sie, ob in Ihrer Ausbildungspraxis die Aufteilung der Räumlichkeiten noch verbessert werden könnte.

3 Die patientenorientierte Praxis

Der Markt der Gesundheitsdienstleistungen

... Der Markt der Gesundheitsanbieter ist breit. Neben der Arztpraxis buhlen andere Mitbewerber ebenfalls um die Gunst des Patienten, z. B. Krankenhäuser und andere stationäre Einrichtungen wie Privatkliniken, Kurkliniken, ferner Heilpraktiker, Apotheken, Masseure, medizinische Bademeister, Psychologen, Krankengymnasten, Gesundheitsläden, Fitness-Studios, Sprachheilpädagogen, Gesundheitspädagogen, Ernährungsberater usw. Die Zeiten der Beschaulichkeit in einer Arztpraxis sind vorbei.

War es früher so, dass eine Arztpraxis sehr gut von den im Rahmen der kassenärztlichen Versorgung zu erbringenden Leistungen existieren konnte, so werden sich die niedergelassenen Ärzte mehr und mehr mit dem Gedanken vertraut machen müssen, zukünftig auch Wahlleistungen, d. h. Leistungen, die von dem Patienten privat bezahlt werden, anzubieten. Die Kassenärztliche Bundesvereinigung hat einen Katalog von Leistungen zusammengestellt, die für die Patienten als „Individuelle Gesundheitsleistungen" erbracht und mit ihnen abgerechnet werden können (IGeL-Katalog).

(Quelle: Karin Diehl. Marketing – Arztpraxis im Wettbewerb)

Aus welchen Einnahmen finanziert sich eine Arztpraxis?

Wie kann sich eine Arztpraxis gegenüber anderen Arztpraxen profilieren?

Eine neu eröffnete Arztpraxis und ein Fitness-Studio möchten auf sich aufmerksam machen – welche Möglichkeiten stehen ihnen zur Verfügung?

3.1 Die Gestaltung des Empfangs

Zur Grundausstattung gehört ein Schreibtisch mit einem Computerarbeitsplatz, ein Schreibtischstuhl, ein Aktenschrank und ein Karteischrank.
Für die Formulare braucht man einen Schreibtischaufsatz oder entsprechende Fächer in den Schreibtischschubladen. Rezepte, Stempel und die Kasse sollten in abschließbaren Fächern verwahrt werden. Auch der Karteischrank muss abschließbar sein.

Die meisten Arztpraxen haben den Empfangsbereich mit speziellen Einbaumöbeln („Tresen") ausgestattet. Diese erleichtern den Fachangestellten den Überblick. Durch einen Aufsatz wird der Patient daran gehindert, die Unterlagen auf der Schreibfläche zu lesen. In diesem Aufsatz befinden sich die Fächer für Formulare und das Büromaterial. Die Karteikarten befinden sich in den Schubladen oder in den Karteischränken hinter dem Tresen. Die Grundausstattung des Empfanges muss einen reibungslosen Ablauf ermöglichen. Darüber hinaus ist es wichtig, dass durch Pflanzen, Blumen, Bilder, angenehme Beleuchtung und ansprechende Wandfarbe eine freundliche Atmosphäre geschaffen wird.

3.2 Der Empfang des Patienten

Eine Praxis ist auch eine Art Wirtschaftsbetrieb, nur werden hier Diagnose und Therapie „verkauft". Der Patient ist der **Kunde**, er ist die Voraussetzung für das Fortbestehen der Praxis und damit des Arbeitsplatzes von Arzt und Medizinischer Fachangestellten. Wie in einem Wirtschaftsbetrieb ist der Kunde (Patient) auch in der Arztpraxis „König" und muss entsprechend behandelt werden.
Im Unterschied zu einem Wirtschaftsbetrieb dürfen sich die Mitarbeiter einer Arztpraxis nicht nur von wirtschaftlichen Gesichtspunkten leiten lassen, denn der Patient ist ein **Mensch**, der aufgrund seiner Krankheit **Ängste und Hoffnungen** hat. Deshalb ist es wichtig, ihn freundlich aufzunehmen und mit all seinen Ängsten und Hoffnungen ernst zu nehmen. Zu einem herzlichen Willkommen des Patienten gehört auch ein Lächeln der MFA am Empfang und seine Begrüßung mit Namen. Ein frischer Blumenstrauß im Empfangsbereich und ordentliche Arbeitsplätze verstärken sein Gefühl, in dieser Praxis willkommen zu sein.
In diesem Zusammenhang sind auch äußeres Erscheinungsbild und Verhalten der MFA wichtig. So legen viele Patienten Wert auf ein gepflegtes Äußeres, Freundlichkeit und Hilfsbereitschaft. Auch die Fähigkeit, sich klar und verständlich, ohne zu viele Fachwörter auszudrücken sowie zuzuhören und auf den Gesprächspartner einzugehen, wird sehr geschätzt. Nicht zuletzt ist auch das Betriebsklima, das Verhalten der Medizinischen Fachangestellten untereinander und gegenüber ihrem Chef ein sensibler Bereich, der darüber entscheiden kann, ob sich ein Patient in der Praxis wohl oder unwohl fühlt.
Sicher ist es gut, wenn während der regelmäßigen Besprechungen des Praxisteams eventuelle Missstände und Probleme in diesem Bereich besprochen werden (siehe auch „Kommunikation im Praxisteam", S. 164).
Ein Patient, der sich vernachlässigt und unfreundlich behandelt fühlt, wird sich bald nach einer anderen Praxis umsehen. Auch seinen Freunden und Verwandten wird er von dieser Praxis abraten. Dies wird dem Betrieb Arztpraxis wirtschaftlichen Schaden zufügen.

3.3 Leistungsangebot und Leistungserweiterung

Leistungen der Arztpraxis

Das Leistungsangebot einer Arztpraxis umfasst im Allgemeinen vier Bereiche. Wie stark diese Bereiche ausgeprägt sind, hängt von der Fachrichtung des Arztes ab. Man unterscheidet:

- **Diagnostik**, z. B. Anamnese, körperliche Untersuchung, Aufzeichnen eines EKG
- **Therapie**, z. B. Mikrowellen-Bestrahlung oder Medikament auf Rezept
- **Prophylaxe**, z. B. Krebsfrüherkennung, Mutterschaftsvorsorge, Check-up
- **Beratung**, z. B. Ernährungsberatung beim Diabetiker

Praxis-Service

Neben dem eigentlichen Leistungsangebot lebt die Arztpraxis von einem guten Patientenservice. Patienten suchen eine Arzt- bzw. Zahnarztpraxis nicht übermäßig gerne auf, sie kommen nur, weil sie krank sind. Viele Kranke fühlen sich nicht wohl. Neben einem freundlichen und verständnisvollen Praxispersonal trägt eine angenehme Atmosphäre in der Praxis deshalb dazu bei, dem Patienten den Aufenthalt zu erleichtern. Liegen im **Wartezimmer** aktuelle **Zeitungen**, **Illustrierte**, Merkblätter oder Broschüren aus, sorgt dies für Ablenkung. Aus dem gleichen Grund läuft in vielen Wartezimmern eine beruhigende und entspannende **Hintergrundmusik**.

Während der Wartezeit können die Patienten in Ruhe Informationen einer **Pinnwand** studieren. Solche Informationen könnten sein: Bilder mit den Namen des Praxis-Teams, Sprechzeiten, Öffnungszeiten der nächstliegenden und der diensthabenden Apotheken, Selbsthilfegruppen, Veranstaltungen von Volkshochschulen.
Durch solche Leistungen kann sich eine Arztpraxis positiv von anderen Praxen abheben.

Weitere Möglichkeiten wären:

- *Getränkeausschank* bei langen Wartezeiten
- *Saft/Tee*, z. B. Malventee für Patienten nach der Blutabnahme
- *Regenschirmverleih*
- *Merkblätter* zu den Erkrankungen für den Patienten
- *Schuhlöffel* in der Umkleidekabine
- *Patienten begleiten*, z. B. nach einer Narkose zum Taxi
- *Sprechstunde* am Samstag und Dienstleistungsabend
- *Familiensprechstunde*
- *Patientenseminare*, Patientengruppen
- *Übersetzungshilfen*
- *Geburtstagswünsche* für Patienten
- *Patientenparkplätze*
- *Infusionspatienten* erhalten zur Entspannung MP3-Player, Zeitungen, TV
- *wechselnde Ausstellung* der Bilder von Malern sorgen für Abwechslung
- *Hilfe-Service* beim Ausfüllen von Formularen und Anträgen
- *Kontakte vermitteln*, z. B. für Essen auf Rädern
- *Post-Service*, z. B. Zusendung von Rezepten, Überweisungen
- *Briefkasten* für Beschwerden, Anregungen und Lob durch die Patienten
- *Bonbon-Glas* mit gesundem Naschwerk für Kinder
- *Schreibpult* im Wartezimmer mit Stiften und Papier
- *Kinderspielecke*
- *Hausbesuche* durch die Medizinische Fachangestellte

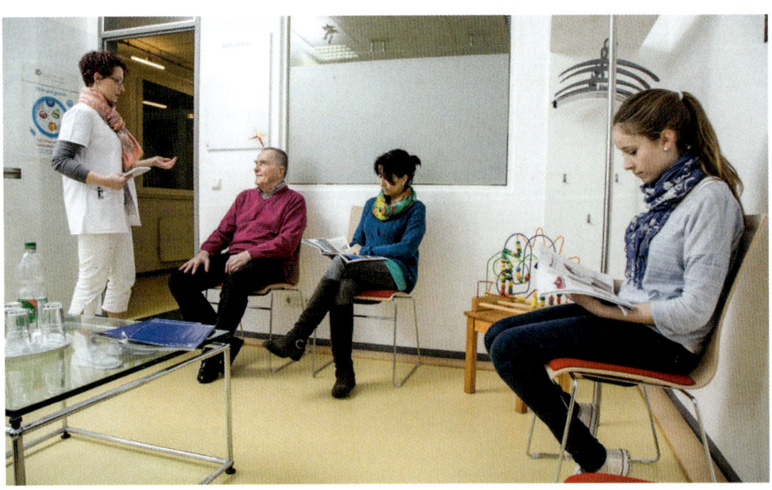

Praxisbroschüre als Patienteninformation

Die Berufsordnung erlaubt dem Arzt auch das Auslegen einer Patientenbroschüre in seinen Praxisräumen. Eine werbende Herausstellung des Arztes und seiner Leistungen muss jedoch unterbleiben. Zulässig sind **sachliche Informationen medizinischen Inhalts**. Dazu gehört die Beschreibung der Vorbereitung auf bestimmte Untersuchungen oder Behandlungen, z. B. vor der Blutabnahme, vor einer Gastroskopie oder Rektoskopie oder die Gewinnung von Mittelstrahl-Urin. Auch **praxisorganisatorische Hinweise** dürfen gegeben werden. Beispiele: Sprechstundenzeiten, Sondersprechstunden, Straßenplan mit Praxislage und Bushaltestellen, Einrichtungen für Behinderte.

Erinnerung des Patienten

Patienten sind dankbar, wenn sie telefonisch oder schriftlich an wiederkehrende oder aufeinanderfolgende Termine erinnert werden – man nennt dieses Erinnern auch „**Recall**".
Beispiele: Krebsfrüherkennung, 2. und 3. Impfung bei der Tetanus-Immunisierung. Dabei muss sich die Praxis an die geltende Berufsordnung der Landesärztekammer halten. Der Patient muss vorher sein schriftliches Einverständnis geben und darf nur daran erinnert werden, dass z. B. seine Krebsfrüherkennungsuntersuchung fällig sein wird.
Die telefonische Erinnerung hat den Vorteil, dass man gleich auch noch die genaue Uhrzeit des Termins vereinbaren kann. Hier können dann Terminvorschläge für schwächere Zeiten gemacht werden – dies bringt eine bessere Auslastung der Praxis. Wünscht der Patient die Erinnerung per Post, sollte dies wegen der Schweigepflicht in einem geschlossenen Umschlag erfolgen.

Sehr geehrte Patienten,

im Interesse Ihrer Gesundheit bieten wir Ihnen an, Sie an notwendige

vorbeugende Untersuchungen oder Kontrolluntersuchungen zu erinnern.

Dies ist ein kostenloser Service der Praxis für unsere Patienten. Wenn Sie unser Angebot annehmen wollen, sprechen Sie bitte unser Praxisteam am Empfang an. Wir werden Sie dann in unsere Erinnerungskartei eintragen.

Ihr Praxisteam Dr. Weiß

3.4 Betriebswirtschaftliche und menschliche Faktoren

Der Erfolg einer Arzt- oder Zahnarztpraxis hängt nicht nur von der Kostenstruktur ab, sondern auch von der Motivation der Mitarbeiter. Ist dies der Fall, stimmt auch die Produktivität, also die Ergiebigkeit. Deshalb benötigt jede Praxis eine Personalstrategie, die gemeinsame Ziele festlegt, die Zuständigkeiten und Verantwortungen klar abgrenzt, die Kommunikation innerhalb des Praxisteams ermöglicht, die gerecht kritisiert und die Leistung anerkennt.

Ziele

Das Praxisteam kann sich mit dem Betrieb nur identifizieren, wenn es die Ziele der Arztpraxis bzw. der Zahnarztpraxis kennt und verinnerlicht hat.

Medizinische Ziele	Betriebswirtschaftliche Ziele
• Gesunderhaltung der Menschen durch Vorbeugung (Prävention) • Gesundheit wiederherstellen im Rahmen des Möglichen und Notwendigen (kurative Medizin)	• Deckung der laufenden Kosten für Personal, Praxisräume und Geräte durch Einnahmen aus vertrags- und privat(zahn)ärztlicher Tätigkeit • Erwirtschaften eines Gewinns

Beide Ziele stehen gleichberechtigt nebeneinander. Es ist daher wichtig, dass den Fachangestellten die Umsatzziele bekannt sind. Nur so kann das Endziel schrittweise vom Praxisteam erreicht werden.

Führungsstil

Nicht nur der Arzt führt seine Medizinischen Fachangestellten. Auch Medizinische Fachangestellte haben Führungsaufgaben, etwa als Erstkraft, wenn eine neue Mitarbeiterin eingearbeitet werden muss, oder bei der Anleitung einer Auszubildenden.
Der Führungsstil ist Ausdruck der inneren Einstellung. Man unterscheidet drei Arten: den autoritären Führungsstil, den Laisser-faire-Führungsstil und den kooperativen Führungsstil – sie haben unterschiedliche Merkmale und Auswirkungen auf das Verhalten der Mitarbeiter.

Autoritär	Laisser-faire	Kooperativ
• **Vorgesetzter** weiß alles, hat immer recht; • er kann nicht zuhören, redet dazwischen; • er gibt kein Lob, aber oft Kritik, sogar in Gegenwart von Patienten	• **Vorgesetzter** lässt jeden machen, was er will; • er gibt keine Rückmeldungen, weder Lob noch Kritik	• **Vorgesetzter** stimmt sich mit Mitarbeitern ab; • er gibt Ziele vor und korrigiert in regelmäßigen Abständen; er nimmt Vorschläge ernst und berechtigte Kritik an
• **Mitarbeiter** wagen keine Kreativität; • sie lehnen den Vorgesetzten innerlich ab; • die Motivation zum Einsatz für die Praxis ist gering	• **Mitarbeiter** werden gleichgültig; • sie zeigen kein Interesse und nur geringe Motivation	• **Mitarbeiter** denken mit und haben keine Angst vor Vorgesetzten; • sie zeigen Kreativität und identifizieren sich mit der Praxis; • die Motivation ist hoch

Merkmale und Auswirkungen der Führungsstile

Der kooperative Führungsstil zeigt auf Dauer die besten Ergebnisse. Er stellt jedoch hohe Anforderungen an die Persönlichkeit der Führungskraft und ist für sie nicht immer einfach. Die Führungskraft ist verantwortlich, dass die Mitarbeiter motivierende Arbeitsbedingungen vorfinden.
In Krisensituationen, z. B. einem Notfall, sollte auf den autoritären Führungsstil zurückgegriffen werden, denn er ermöglicht schnelle Entscheidungen, da die Kommunikation innerhalb des Praxisteams wegfällt. In solchen Situationen haben die Mitarbeiter dafür Verständnis.

Kommunikation im Praxisteam

Regelmäßige Teambesprechungen sind ein Muss für jede Praxis. Sie dienen dem Austausch von Informationen, dem Mitdenken, dem Sich-eingebunden-Fühlen und der Motivation.
Für die Teambesprechung sollten **feste Regeln** gelten:
- *Regelmäßig*, z. B. monatlich, zu einem festen Zeitpunkt, an dem alle Ärzte, Medizinische Fachangestellte und Auszubildende teilnehmen
- *Zeitbedarf festlegen*, z. B. eine Stunde
- *Themen* mindestens einen Tag vorher schriftlich festlegen, damit sich alle dazu Gedanken machen können
- *Nette Atmosphäre* schaffen, z. B. Getränke mit Imbiss bereitstellen
- ein Mitglied des Praxisteams *leitet* die Besprechung
- *Ergebnis* schriftlich *festhalten*:

- erreichbare Ziele werden formuliert
- die dafür verantwortliche Mitarbeiterin wird bestimmt
- bei späteren Besprechungen sieht man, welche Ziele erreicht wurden.

Wichtig ist, dass bei der Teambesprechung nicht nur der Chef redet. Neben negativen Dingen sollten auch Erfolge zur Sprache kommen. Dies hebt die Motivation und Stimmung des Teams.
Die Kommunikation im Team wird stark beeinflusst von den Beziehungen untereinander, d. h. von Sympathie und Antipathie. Gibt es Störungen zwischen den Kollegen, erschwert dies den Informationsfluss und die Lösung von sachlichen Problemen wird oft unmöglich.

> **!** **Faustregel:** Gelangt man bei der Besprechung eines sachlichen Problems nicht zur Lösung, so liegt fast immer ein Beziehungsproblem vor.

Deshalb ist es gerade in einem kleinen Betrieb wie einer Arztpraxis wichtig, dass die Beziehungen gut sind und sich alle Mitarbeiterinnen des Praxisteams eingebunden fühlen.

Anerkennung und Kritik

Führung benötigt Kontrolle. Arbeitsergebnisse werden durch den Vorgesetzten kontrolliert und wenn nötig korrigiert. Kontrolle bedeutet eine gerechte Beurteilung, einen Vergleich des vorgegebenen Zieles mit dem erreichten Arbeitsergebnis.

Ein **Korrektur-Gespräch** ist immer ein Gespräch unter vier Augen. Das mangelhafte Ergebnis der Arbeit wird nur der betroffenen Mitarbeiterin mitgeteilt, denn nur eine direkte Kritik bringt Änderungen. Nicht die Person wird kritisiert, sondern die Leistung. Wichtig dabei ist, dass der Mitarbeiterin Gelegenheit gegeben wird, selbst Lösungen vorzuschlagen. Denn die Kritik muss von der Mitarbeiterin angenommen werden können.

Jährliche **Beurteilungsgespräche** ermöglichen es den Mitarbeiterinnen, ihre Leistungsfähigkeit besser einzuschätzen. Inhalte des Gesprächs sollten das Verhalten gegenüber Patienten, das Verhalten im Team und die fachliche Leistung sein. Ferner kann man über die Bezahlung und über Weiterbildungsangebote sprechen. Schwächen und Stärken sollten angesprochen werden, da Lob die Arbeitsmotivation anhebt.

Das gesprochene Lob, aber auch die materielle Anerkennung ist wichtig. Eine **Erfolgsbeteiligung** wird dann ausgeschüttet, wenn vorher festgelegte betriebswirtschaftliche Ziele erreicht wurden, z. B. bestimmte Patientenzahl, bestimmte Zahl von Impfungen usw.

ZUSAMMENFASSUNG

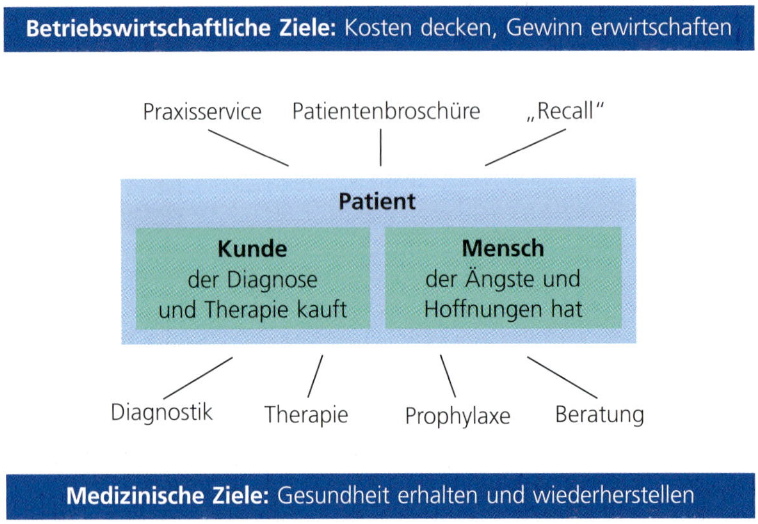

ARBEITSTEIL

1. Welchen Service können Sie in Ihrer Ausbildungspraxis den Patienten bieten, um sich positiv von anderen Praxen abzuheben? Zeigen Sie mindestens fünf solcher Maßnahmen und beschreiben Sie mögliche positive Wirkungen auf die Patienten.
2. Welche Maßnahmen können den Patienten den Aufenthalt im Wartezimmer erleichtern?
3. In einer Arzt- bzw. einer Zahnarztpraxis sollen sowohl medizinische als auch betriebswirtschaftliche Ziele verwirklicht werden. Geben Sie zu jeder Zielsetzung zwei Beispiele an.
4. Von erheblicher Bedeutung auf Arbeitsleistung und Betriebsklima in einer Praxis ist der Führungsstil des Arztes.
   a) Nennen Sie diese Führungsstile.
   b) Wie wirken sich die einzelnen Führungsstile auf das Verhalten der Mitarbeiter aus?
5. a) Welche Faktoren fördern die Kommunikation in Ihrem Praxisteam?
   b) Welche Faktoren behindern die Kommunikation in Ihrem Praxisteam?

4 Medizinproduktebuch und Bestandsverzeichnis

Behörden dürfen Arztpraxen überwachen

Das betrifft zum Beispiel das Medizinproduktegesetz, die Biostoffverordnung oder die Strahlenschutzverordnung. Eine Aufstellung der Zuständigkeiten im Zusammenhang mit den Inspektionen von Arztpraxen liegt dieser Ausgabe von ergo als Anlage bei.

Quelle: Rundschreiben der KV Baden-Württemberg, ergo 01/ 06

Welche Angaben können Sie zum Medizinproduktebuch und Bestandsverzeichnis machen?

Welche Aufgabe haben Medizinproduktebuch und Bestandsverzeichnis?

Seit 2001 gilt das Medizinproduktegesetz (MPG) in neuer Fassung: Durch dieses Gesetz wurden europäische Richtlinien in nationales Recht umgesetzt.
Es dient dem Schutz von Patienten und Praxispersonal und soll für die einwandfreie Leistung von Medizinprodukten sorgen.
Medizinprodukte sind Apparate, Instrumente, Vorrichtungen, Stoffe usw., die für medizinische Zwecke (Diagnose, Therapie, Verhütung oder Linderung von Krankheiten) dienen. Hierzu gehören alle medizinisch-technischen Geräte (einschließlich der Software), Produkte zur Injektion und Infusion, medizinische Instrumente, Verbandsstoffe, Laborgeräte und -reagenzien.
Alle Medizinprodukte müssen den EU-Normen entsprechen und tragen deshalb das CE-Kennzeichen.
Der Arzt als Betreiber darf nur ausgebildete Personen mit der Anwendung der Medizinprodukte beauftragen, die über die erforderlichen Kenntnisse und praktischen Erfahrungen verfügen.

Medizinproduktebuch

Medizinproduktebücher muss der Arzt als Betreiber führen, um den ordnungsgemäßen Betrieb (**„Gerätelebenslauf"**) nachzuweisen. Entsprechend der Medizinprodukte-Betreiberverordnung (MPBetreibV) gilt das z. B. für folgende Geräte:

Defibrillator Elektrokauter Elektrotherapie-Gerät Lasergerät	Anlage 1 zur MPBetreibV	Ton- und Sprachaudiometer Infrarot-Strahlungsthermometer Med. Elektrothermometer Blutdruckmessgerät Tretkurbelergometer Augentonometer	Anlage 2 zur MPBetreibV

Einzutragen sind

Gerätestammdaten	Bezeichnung, Typ, Seriennummer
Sicherheitstechnische Kontrolle	Eine Funktionsprüfung am Betriebsort muss durchgeführt werden und eine Ersteinweisung
Eingewiesene Personen	Das Personal muss von Lieferant/Firma eingewiesen werden. Eingewiesene Personen dürfen auch andere einweisen: Name, Datum, Unterschrift
Sicherheitstechnische Kontrolle	Die vorgeschriebenen sicherheits- und messtechnischen Kontrollen müssen durchgeführt werden: Verantwortlicher/Firma, Datum, Ergebnis
Dokumentation von Funktionsstörungen	Art und Folgen von Funktionsstörungen oder Handhabungsfehler, Datum
Meldung von Vorkommnissen	Vermerk, wenn Personen geschädigt werden oder die Möglichkeit bestand; an Hersteller und Behörde melden

Das Medizinproduktebuch muss während der Arbeitszeit zugänglich sein. Die Behörde darf am Betriebsort Einsicht nehmen.

Bestandsverzeichnis

MP BetreibV § 8

Alle **aktiven** Medizinprodukte einer Betriebsstätte sind aufzulisten (MPBetreibV § 8). Aktive Medizinprodukte werden von einer **Energiequelle,** z. B. Strom, betrieben.

Einzutragen sind
- Bezeichnung, Typ, Seriennummer sowie
- Anschaffungsjahr
- Name/Firma und die Anschrift des Medizinprodukt-Verantwortlichen (i. d. R. der Hersteller)
- die dem CE-Kennzeichen beigefügte Kennnummer (vierstellig)
- falls vorhanden, betriebliche Identifikationsnummer und Zuordnung
- Fristen der sicherheitstechnischen Kontrollen.

Bestandsverzeichnis					Anschrift (Stempel)		
Für aktive nicht implantierbare Medizinprodukte gemäß § 8 MPBetriebV							
Lfd. Nr.	Bezeichnung Art/Typ	Loscode Fabrik-/Serien-Nr.	Anschaffungsjahr	Name/Firma und Anschrift des Verantwortlichen nach § 5 MPG	CE-Kenn-Nr.	Standort/ betriebliche Zuordnung	Frist für sicherheitstechnische Kontrolle
1	Euronda E9 Autoklav	115711	2019	Euronda, 48341 Altenberge	0051	Steri	nach 1000 Zyklen/ 2 Jahren (Euronda S.p.A.)
2	Melag Folienschweißgerät	04100N2955	2019	Melag, 10829 Berlin	5743	Steri	
3	EKG Cardiovit AT 1	190.09094	2020	Schiller, CH-6340 Baar	0124	EKG-Raum	Jährlich (Schiller)

Das Bestandsverzeichnis muss jederzeit der zuständigen Behörde vorgelegt werden können. Ist bereits ein Verzeichnis nach anderen Vorschriften, z. B. der Medizin-Geräte-Verordnung MedGV begonnen worden, kann es mit den nötigen Ergänzungen weitergeführt werden.

ZUSAMMENFASSUNG

Medizinproduktegesetz MPG
Medizinprodukte-Betreiberverordnung MPBetreibV

Medizinproduktebuch
Nur bestimmte Geräte (siehe Anlage 1 und 2 MPBetreibV), z. B.
- Defibrillator
- Audiometer
- RR-Messgeräte
- Ergometer

Bestandsverzeichnis
für alle anderen **aktiven** Medizinprodukte, die mit **Strom** betrieben werden

Kontrolle durch die zuständige Behörde

ARBEITSTEIL

1. Bei welchen Gegenständen handelt es sich um Medizinprodukte? Ordnen Sie zu:
   - Verbandsstoffe
   - Wolldecke
   - Infusionsbesteck
   - Blasenkatheter
   - Kaffeemaschine
   - Herzschrittmacher
   - Sonnenbrille
   - Röntgengerät
   - Papierauflage
   - Kondom
   - Sehhilfe
   - Skalpell
   - Urin-Teststreifen
   - OP-Kittel
   - Glucose-Messgerät
2. Dr. Möller hat das Bestandsverzeichnis seiner Praxis am Wochenende nach den neuen Anforderungen überarbeitet.
   Am Montag sagt er gereizt: „Die neuen Gesetze produzieren nur bedrucktes Papier und kosten auch noch meine wenige Freizeit – an meiner sorgfältigen Arbeitsweise hat sich deshalb nichts geändert.“ Sammeln Sie Argumente für und gegen diese Meinung.
3. Stellen Sie eine Auflistung aller Geräte in Ihrer Ausbildungspraxis auf.
   a) Für welche Geräte muss ein Medizinproduktebuch geführt werden?
   b) Für welche Geräte muss ein Bestandsverzeichnis geführt werden?
4. Welche wirtschaftliche Bedeutung haben „Medizinprodukte“ für unsere Arbeitsplätze?
   Informieren Sie sich im Internet, z. B. beim Bundesministerium für Gesundheit (www.bmg.bund.de).

5 Zeitplanung

Bei fast allen ärztlichen Fachrichtungen stellen die Personalkosten den größten Kostenblock dar. Ungesunde Kostenstrukturen lassen sich daher am ehesten am Verhältnis der Personalkosten zum Umsatz ablesen. Ärzte, die im Verhältnis zum tatsächlichen Bedarf zu viel Personal beschäftigen, kommen früher oder später in Bedrängnis. Liquiditätskrisen sind die Folge. Niedrige Umsatzrenditen gehen oft mit hohen Personalkostenquoten einher. Außerdem werden hohe Personalkostenquoten meist von einer geringeren Produktivität begleitet.

Die einfache Formel lautet: **Personalkostenquote in %** $= \frac{\text{Personalkosten} \cdot 100}{\text{Umsatz}}$

Personalkostenquote (in Prozent)

Fachrichtung	**Risikoklasse I** [sehr gut]	**Risikoklasse II** [gut]	**Risikoklasse III** [überprüfen]	**Risikoklasse IV** [kritisch]
Radiologe	unter 22	22-28	28-33	über 33
Allgemeinmediziner	unter 25	25-30	30-35	über 35
Orthopäde	unter 27	27-33	33-38	über 38

Quelle: Thomas Hopf. Glatteis in der Praxis. Berlin: Kock & Voeste

Warum ist die Personalkostenquote beim Radiologen niedriger und beim Orthopäden höher?

Bei einer gut laufenden Allgemeinarztpraxis beträgt die Personalkostenquote ca. 25 bis 30 Prozent. Wodurch kann der Personaleinsatz optimiert werden?

Während Patienten kurze Wartezeiten wünschen, benötigt der Arzt eine gute Zeiteinteilung, um wirtschaftlich und medizinisch effektiv arbeiten zu können. Beide Ziele können nur durch eine kluge Organisation der Zeit erreicht werden. Man kennt verschiedene Pläne zur Organisation der Zeit:

- den Personaleinsatzplan (Dienstplan)
- den Arbeitsplan
- den Urlaubsplan
- den Terminplan.

5.1 Dienstplan

Wird ein **Dienstplan** erstellt, dann muss beachtet werden, dass die Sprechzeiten auf dem Praxisschild viel kürzer sind als die Dienstzeit des Praxisteams. Dauert beispielsweise die Morgensprechstunde von 10 bis 12 Uhr, beginnt das Praxisteam jedoch um 8 Uhr mit der Arbeit, weil z. B. eine Gastroskopie erst vorbereitet werden muss. Um 12 Uhr hat dann das Praxisteam noch keine Mittagspause, weil erst noch aufgeräumt und die Verwaltung erledigt werden muss. Der Dienstplan legt fest:

- die Arbeitszeiten
- die Pausen
- die wöchentliche Arbeitszeit.

Bei der Aufstellung des Dienstplans sind folgende Faktoren zu beachten: die vertraglich geregelte Arbeitszeit, die Menge der anfallenden Arbeit, Berufsschultage der Auszubildenden, Urlaubszeiten, Krankheitsausfälle und andere Ausfallzeiten wie z. B. ein Arztbesuch oder Freizeitausgleich. Auch bestimmte Gesetze, z. B. bei Schwangeren oder Jugendlichen, müssen berücksichtigt werden.

Beispiel für einen Dienstplan

Uhrzeit	**Montag**	**Dienstag**	**Mittwoch**	**Donnerstag**	**Freitag**
8.00	Ku Ma	Ku Ma	Ku	Ku Ma	Ku Ma
9.00	Ku Hi Ma	Ku Hi Ma	Ku Hi	Ku Hi Ma	Ku Hi Ma
10.00	Ku Hi Ma	Ku Hi Ma	Ku Hi	Ku Hi Ma	Ku Hi Ma
11.00	Ku Hi Ma	Ku Hi Ma	Ku Hi	Ku Hi Ma	Ku Hi Ma
12.00	Ku Hi Ma	Ku Hi Ma	Ku Hi	Ku Hi Ma	Ku Hi Ma
13.00	Hi	Hi	Hi	Hi	Hi
14.00	Ku	Ku		Ku	Ku
15.00	Ku Hi	Ku Hi		Ku Hi	Ku Hi
16.00	Ku Hi	Ku Hi		Ku Hi	Ku Hi
17.00	Hi	Hi		Hi	Hi
18.00					
19.00					
Hi	*8*	*8*	*5*	*8*	*8*
Ku	*8*	*8*	*5*	*8*	*8*
Ma	*5*	*5*		*5*	*5*

Kalenderwoche 15	Mitarbeiterin:	Hinz Kunz Maier	Zeichen:	Hi Ku Ma	* WAZ: 37 Std. 37 Std. 20 Std.
Wichtige Notizen:			Krank: Urlaub:		

* WAZ = Wochenarbeitszeit

5.2 Arbeitsplan

Die Verteilung der Arbeitsbereiche wie Anmeldung, Labor oder Untersuchungsbereich erfolgt durch den **Arbeitsplan**. Entweder wird dieser Plan für sich oder in Kombination mit dem Dienstplan erstellt. Der Arbeitsplan hat den Vorteil, dass die Mitarbeiterinnen effektiv nach ihren Fähigkeiten und Fertigkeiten eingesetzt werden können. Eine einzelne Medizinische Fachangestellte trägt dann die Hauptverantwortung für diesen Arbeitsbereich. Treten Probleme in diesem Arbeitsbereich auf, dann ist diese MFA Ansprechpartner für den Arzt oder die Erstkraft.

Uhrzeit	Montag					
8.00	Labor	Ku			anmeld.	Ma
9.00		Ku	Unters.	Hi		Ma
10.00		Ku		Hi		Ma
11.00		Ku		Hi		Ma
12.00		Ku		Hi		Ma
13.00				Hi		
14.00	anm.	Ku				
15.00		Ku	Lab.	Hi		
16.00		Ku		Hi		
17.00				Hi		
18.00						
19.00						

Ausschnitt aus einem kombinierten Dienstplan und Arbeitsplan

In vielen Praxen wechseln sich die Medizinischen Fachangestellten in den einzelnen Arbeitsbereichen ab. So arbeitet jede von ihnen einmal an der Anmeldung, im Labor und im Untersuchungsbereich. Dadurch kann jede überall eingesetzt werden, was die Vertretung, z. B. bei Krankheit, Urlaub oder Schwangerschaft, sehr erleichtert. Fällt in einem Arbeitsbereich einmal viel Arbeit an, dann können sich die Kolleginnen gegenseitig unterstützen.

5.3 Urlaubsplan

Am Anfang des Jahres sollte sich das Praxisteam zusammensetzen, um einen möglichst genauen Urlaubsplan zu entwerfen. So werden Unstimmigkeiten zwischen den Kolleginnen vermieden, weil auf die einzelnen Bedürfnisse eingegangen werden kann. Spätestens nach vier Wochen muss ein Arbeitgeber einem Urlaubsantrag widersprechen, andernfalls gilt dieser als genehmigt. Der Urlaubsplan wird am besten auf einem Jahresübersichtskalender geführt. Neben dem Urlaubsanspruch sollte auch der Resturlaub in den Plan eingetragen werden. Nach dem Bundesurlaubsgesetz muss der Resturlaub vor dem 31. März des folgenden Kalenderjahres genommen werden, damit er nicht verfällt. Laut Tarifvertrag hat eine Medizinische Fachangestellte das Recht, zwei Wochen zusammenhängenden Urlaub nach eigenem Wunsch zu nehmen, allerdings muss dies der Praxisablauf erlauben.

5.4 Terminplan

Angenommen, ein Patient hat einen Termin um 8 Uhr. Um 11 Uhr ist er endlich an der Reihe. Mit Recht wird er verärgert sein. Eine gut funktionierende Praxis benötigt deshalb einen Terminplan. Da eine Praxis von ihren zufriedenen Patienten lebt, hat sie ein Bestellsystem, um zwei Ziele zu erreichen:

- den Patienten schnell und zuverlässig betreuen
- die Kapazität (Arbeitskräfte, Geräte) der Praxis optimal auslasten.

Deshalb wird der Patient bei der Terminvergabe genau befragt, welches Anliegen er hat. Der Zeitbedarf für eine Blutabnahme durch die Medizinische Fachangestellte wird viel kürzer kalkuliert als eine Reizstrombehandlung. Eine intravenöse Injektion, für die der Arzt z. B. fünf Minuten benötigt, erfordert viel weniger Zeit als ein Gespräch, das z. B. 15 Minuten dauern kann. Mit einer allgemein ermittelten Durchschnittszeit pro Patient (z. B. immer 10 Min. pro Patient) lässt sich eine Bestellpraxis nur schlecht organisieren.

Dann muss auch noch der richtige Zeitpunkt für **bestimmte Untersuchungen** festgelegt werden. Gastroskopien werden am besten auf einen Vormittag gelegt. Dies hat den Vorteil, dass der Patient in Ruhe vorbereitet werden kann, der Arzt und die MFA noch nicht gestresst sind und der Terminplan meist noch nicht durch Notfälle durcheinandergeworfen wurde. Kindervorsorgeuntersuchungen beim Allgemeinarzt legt man am besten alle auf einen einzigen Nachmittag, denn dann hatten die Kinder ihren Mittagsschlaf, und da nur Kinder kommen, werden keine erkrankten Erwachsenen gestört.

Für ungeplante Patienten, dringende Hausbesuche und Notfälle müssen **Pufferzeiten** eingerichtet werden, sonst kann der gut organisierte Terminplan durch ein bis zwei Notfälle durcheinandergebracht werden.

Damit der Arzt während der Behandlungszeit nicht gestört werden muss, kann eine **Telefonsprechstunde** eingerichtet werden. Zu dieser Zeit, z. B. zwischen 12.00 und 12.30 Uhr, ist der Arzt dann für telefonische Fragen erreichbar oder ruft zurück.
Bei der Terminplanung müssen außerdem berücksichtigt werden: private Termine des Arztes, Termine für Pharmareferenten, Termine der Teambesprechung und Wartungstermine der Geräte.

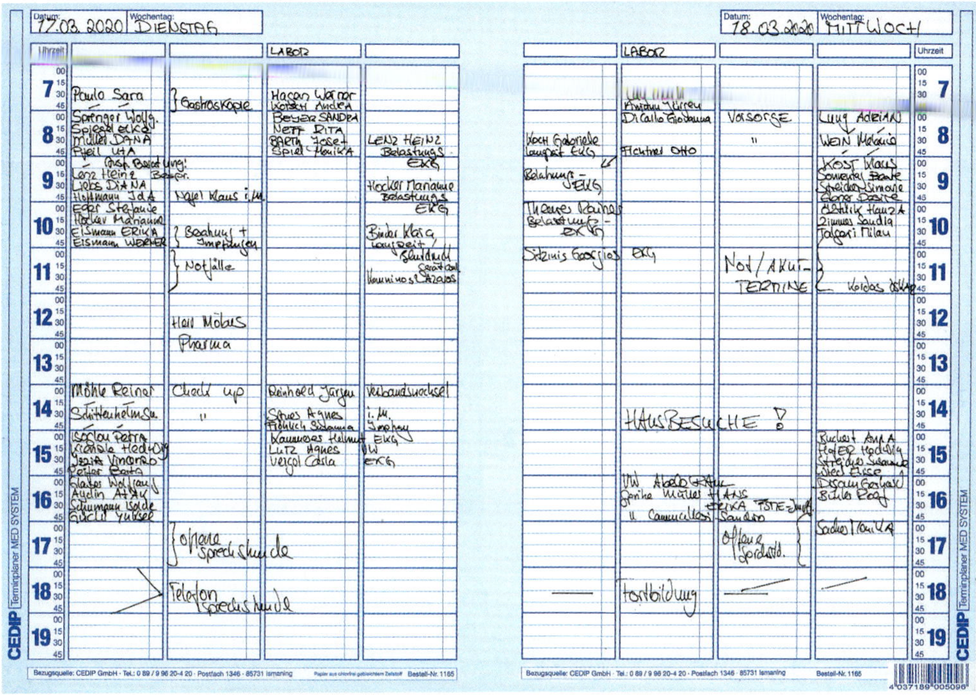

Beispiel: Terminbuch, pro Tag 13 Stunden im 15-Minuten-Abstand, bis zu 4 Einträge parallel

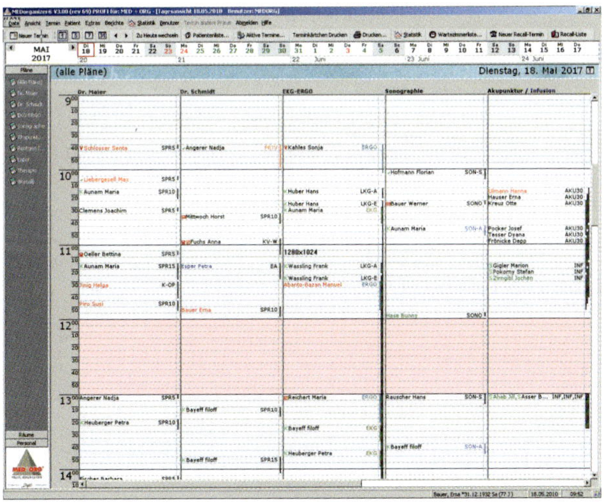

Beispiel: Elektronischer Terminplan (MED+ORG GmbH)

Neben dem **Terminbuch** oder dem **Terminplaner im Computer** kann eine Terminplanung auch über **Plantafeln** erfolgen. An diesen Übersichtstafeln, die praktischerweise im Sprechzimmer oder im Empfangsbereich angebracht sind, können farbige Einsteck- oder Magnetkarten mit den Patientennamen befestigt werden. Dabei können verschiedene Behandlungsarten, z. B. Vorsorgeuntersuchungen, Bestrahlungen u. Ä., durch verschiedene Farben gekennzeichnet werden.

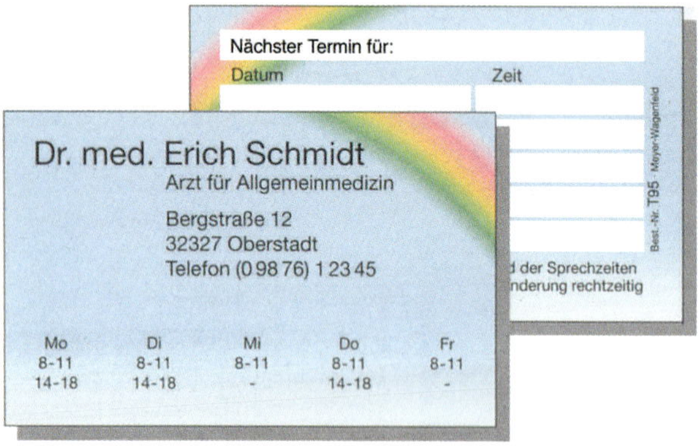

In einigen Praxen erfolgt eine Terminplanung schon über das Internet. Dieser Weg ist besonders kundenfreundlich, weil er dem Patienten die Möglichkeit gibt, einen Wunschtermin einzutragen. Wichtig ist hierbei, dass keine sensiblen Daten des Patienten angefragt werden dürfen. Die Sendung per E-Mail ist nämlich – ähnlich der Postkarte – für Dritte einsehbar.

Der Termin des Patienten wird am besten auf eine **Terminkarte** eingetragen, die in ihrer Größe der Versichertenkarte entspricht. So kann der Patient die Terminkarte gut aufbewahren; muss er seinen Termin absagen, hat er die Telefonnummer der Praxis gleich zur Hand. Außerdem festigt ein hübsches Kärtchen die Bindung des Patienten an seine Arztpraxis.

ZUSAMMENFASSUNG

Planung der Zeit

Ziele des Arztes:
- eigene Arbeitszeit optimal nutzen
- Arbeitskraft der Angestellten optimal nutzen
- optimale Auslastung der Geräte

Ziel des Patienten:
- kurze Wartezeiten

Terminplan | Dienstplan | Arbeitsplan | Urlaubsplan

ARBEITSTEIL

1. Erläutern Sie, was man unter Zeitplanung versteht.
2. Welche Vorteile haben
   a) ein Terminplan,
   b) ein Urlaubsplan,
   c) ein Arbeitsplan?
3. Erstellen Sie einen Muster-Terminplan, wie er für Ihre Praxis sinnvoll sein könnte. Versuchen Sie die bestmögliche Ausnutzung von Räumlichkeiten und Personal zu erzielen.
4. Weshalb ist eine gute Terminplanung für jede Praxis unerlässlich?
5. a) Entwerfen Sie für Ihre Ausbildungspraxis einen Arbeitsplan.
   b) Ändern Sie den Plan entsprechend ab und berücksichtigen Sie, dass eine MFA die ganze Woche Urlaub hat.

6 Qualitätsmanagement (QM)

Sandra, die im ersten Jahr ihrer Ausbildung zur Medizinischen Fachangestellten steht, hat schon öfter das Schlagwort „Qualitätsmanagement" gehört. Sie weiß aber nicht genau, was sie darunter alles zu verstehen hat. Daher fragt sie Nadine, die Erstkraft ihrer Praxis, danach. Nadine gibt ihr folgenden Artikel zu lesen:

> **QM ist Planung statt Zufall, Agieren statt Reagieren.**
>
> QM ist Weitblick und sicherer Überblick über sämtliche Zusammenhänge. QM ist das Identifizieren von Wesentlichem und das Zurückdrängen von Belanglosem; es ist das Fördern und Verstärken von Potenzialen. QM ist Klarheit und intelligente Führung. QM ist Besser-werden-Wollen.
>
> Diese Philosophie lässt sich Erfolg versprechend umsetzen, wenn einige Spielregeln beachtet werden:
>
> 1. Die Leitung muss es wollen. Sie wird dies zeigen durch Bereitstellen von Ressourcen (Geld, Personal) sowie durch Entwickeln und Vorgeben einer Orientierung mithilfe von Leitbild und Zielen.
> 2. Die Klarheit kommt durch Reflexion vor dem Festlegen. In jeder Organisation gibt es Regeln; die sinnvollen, praktikablen und akzeptierten werden im Rahmen des QM festgelegt. Dazu gehören klare Zuständigkeiten und Abläufe. Klar meint eindeutig, widerspruchsfrei, aufgeschrieben und verfügbar.
> 3. Alles wird vom Wunsch geleitet, das Haus weiterzuentwickeln. In diesen drei Punkten liegt der Kern des QM. Alle Standards und gesetzlichen Mindestanforderungen fußen auf diesen Regeln.
>
> *Quelle: Dr. Thomas Müller, Harald Schwarz, Deutsches Ärzteblatt, Heft 3, S. A113-4, 2010*

Wie beurteilen Sie die drei Spielregeln des QM in diesem Artikel?

Welche Erfahrungen haben Sie/Ihr Praxisteam mit QM gemacht?

6.1 Qualität in der Arztpraxis

Gütezeichen wie das RAL-Gütezeichen (siehe Seite 396) garantieren bei Tapeten oder Dönern eine bestimmte **Qualität**, d. h. beispielsweise, dass eine Tapete gesundheitlich und ökologisch unbedenklich ist. Welche Bedeutung hat aber der Begriff Qualität in einer Arztpraxis? Im Gegensatz zu einer Ware, wie im Beispiel der Tapete, wird in der Arztpraxis eine **Dienstleistung** erbracht. Bei einer Ware ist die Beurteilung der Qualität einfacher, da nur wenige Merkmale berücksichtigt werden müssen. Bei einer Dienstleistung spielen viele Faktoren (z. B. Ausstattung der Praxis) und Aktivitäten (Engagement des Praxisteams) eine Rolle. Man bezeichnet Letztere auch als **Prozesse**. Diese Prozesse können wir beschreiben, damit werden sie messbar und verbesserbar.

Jeder Patient beurteilt von dem Moment an, in dem er einen Termin vereinbart und dann die Praxis betritt, die Qualität dieser Praxis:

- Klang die Stimme der MFA am Telefon sympathisch?
- Wurde er beim Eintreten von den Mitarbeiterinnen der Praxis freundlich begrüßt?
- Musste er lange warten?
- Hat sich der Arzt Zeit für ihn genommen?
- Bringt ihm die Behandlung eine schnelle Besserung?

Diese Wahrnehmungen des Patienten sind abhängig von seiner Person und seinem Befinden und damit subjektiv.

Um Qualität aber objektiv beschreiben zu können, unterscheidet man drei Kategorien: **Strukturqualität** beschreibt die notwendigen Rahmenbedingungen, damit die Leistung erbracht werden kann. Dazu zählen die Einrichtung der Praxis, die medizinisch-technischen Geräte für Diagnose und Therapie, die Qualifikation der Praxismitarbeiter und die Organisation des Praxisablaufs.

Prozessqualität umfasst alle Aktivitäten (Prozesse), die bei der Dienstleistung „Behandlung des Patienten" ablaufen, nämlich:

- Terminvergabe und Patientenannahme,
- Untersuchungen von der Anamnese bis zur apparativen Diagnostik,
- Therapie (Behandlung),
- Patienteninformation und Gesprächsführung,
- Erstellen des Arztbriefes sowie
- Abrechnung und Archivierung.

Ergebnisqualität bezeichnet das Resultat von Prozessen: Ein Patient kann zwar geheilt sein (z. B. primäre Wundheilung einer genähten Platzwunde), aber trotzdem das Gefühl haben, dass er schlecht behandelt wurde. Deshalb unterscheidet man zwischen objektiver und subjektiver Ergebnisqualität. **Objektive** Ergebnisse sind genau messbar, wie der Blutdruck, der HbA1c-Wert bei einem Diabetiker oder die Infektionsrate nach Operationen. **Subjektive** Ergebnisse sind das persönliche Empfinden und die Zufriedenheit des Patienten. Diese sind oft nur grob einschätzbar, z. B., indem ein Briefkasten für Verbesserungsvorschläge in der Praxis bereitgestellt wird.

6.2 Qualitätssicherung in der Arztpraxis

sozialgesetzbuch.de

Seit 1990 wurden verschiedene Regelungen verabschiedet, deren zentrales Anliegen die Qualität im Gesundheitswesen ist. Man findet sie im **Fünften Sozialgesetzbuch (SGB V)**. Die wichtigste Bestimmung zur Qualitätssicherung wurde bereits im Juli 2004 aufgenommen:

§ 135a Verpflichtung zur Qualitätssicherung

(1) Die Leistungserbringer sind zur Sicherung und Weiterentwicklung der Qualität der von ihnen erbrachten Leistungen verpflichtet. Die Leistungen müssen dem jeweiligen Stand der wissenschaftlichen Erkenntnisse entsprechen und in der fachlich gebotenen Qualität erbracht werden.

(2) Vertragsärzte ... sind ... verpflichtet,

1. sich an einrichtungsübergreifenden Maßnahmen der Qualitätssicherung zu beteiligen, die insbesondere zum Ziel haben, die Ergebnisqualität zu verbessern und
2. einrichtungsintern ein Qualitätsmanagement einzuführen und weiterzuentwickeln (…).

6.3 Qualitätsmanagementsysteme

Qualitätsmanagementsysteme sind „Werkzeuge", mit denen die Qualität der Dienstleitung einer Arztpraxis verbessert werden soll. Es gibt eine Reihe von QM-Systemen, eine Auswahl zeigt die Tabelle:

DIN EN ISO 9001:2000	KTQ	QEP
Deutsches **I**nstitut für **N**ormung **E**uropäische **N**orm **I**nternational **O**rganization for **S**tandardization **9001** = Standard für Dienstleistungs- und Produktionsbetriebe **2000** = im Jahr 2000 überarbeitet	**K**ooperation für **T**ransparenz und **Q**ualität im Gesundheitswesen	**Q**ualität und **E**ntwicklung in **P**raxen **K**assenärztliche **B**undes**v**ereinigung
Kommt aus der Industrie, weltweit anerkannt; ist branchenübergreifend ausgerichtet, muss auf die Arztpraxis übertragen werden	Wurde speziell für das QM im Krankenhaus entwickelt; später an die Erfordernisse der Arztpraxis angepasst	Wurde von der KBV mit Fachexperten, niedergelassenen Ärzten und Berufsverbänden speziell für die Arztpraxis entwickelt

QM-Systeme

Hat sich eine Arztpraxis für ein QM-System entschieden, setzt sie QM nach dessen Vorgaben um. Zugleich muss das Praxisteam ein **QM-Handbuch** erstellen (in der Regel mithilfe eines Beraters). Darin sind die Praxisorganisation, Zuständigkeiten und Verantwortlichkeiten sowie Verbesserungsmaßnahmen beschrieben. Nach einer gewissen Zeit lässt sich die Praxis begutachten. Dies erfolgt in der Regel durch unabhängige Sachverständige bei einer Begehung der Praxis, Befragung der Mitarbeiter und Prüfung des Handbuches. Verläuft diese Begutachtung (auch: **Audit**) erfolgreich, erhält die Praxis ein **Zertifikat.**

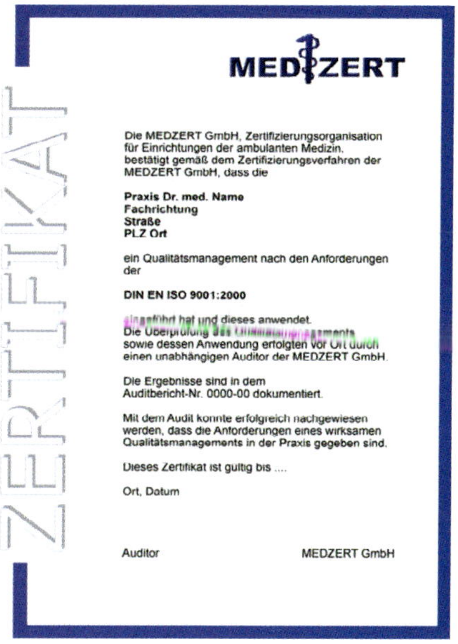
ZERTIFIKAT

MEDZERT

Die MEDZERT GmbH, Zertifizierungsorganisation für Einrichtungen der ambulanten Medizin, bestätigt gemäß dem Zertifizierungsverfahren der MEDZERT GmbH, dass die

Praxis Dr. med. Name
Fachrichtung
Straße
PLZ Ort

ein Qualitätsmanagement nach den Anforderungen der

DIN EN ISO 9001:2000

eingeführt hat und dieses anwendet.
Die Überprüfung des Qualitätsmanagements sowie dessen Anwendung erfolgten vor Ort durch einen unabhängigen Auditor der MEDZERT GmbH.

Die Ergebnisse sind in dem Auditbericht-Nr. 0000-00 dokumentiert.

Mit dem Audit konnte erfolgreich nachgewiesen werden, dass die Anforderungen eines wirksamen Qualitätsmanagements in der Praxis gegeben sind.

Dieses Zertifikat ist gültig bis ....

Ort, Datum

Auditor MEDZERT GmbH

6.4 Umsetzung von Qualitätszielen

QM will eine gute Leistung mit hohem Standard bei der Behandlung von Patienten erbringen. Dabei geht es um vier Fragen:
- Welches Qualitätsziel wollen wir erreichen und wie messen wir es?
- Wie organisieren wir die Abläufe?
- Wer ist wofür zuständig?
- Wo können Fehler auftreten und wie vermeiden wir sie?

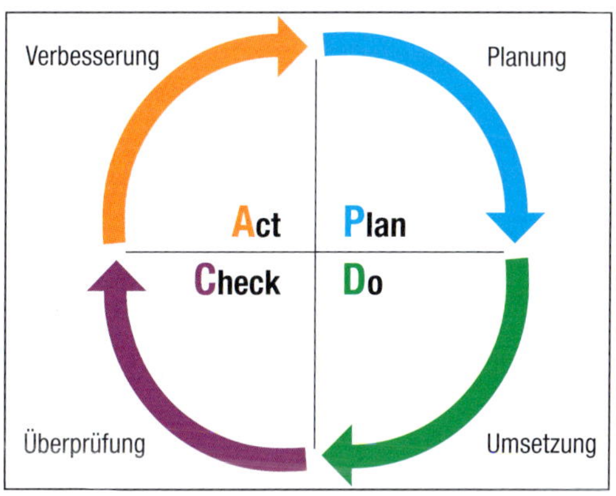

Man kann Qualitätsziele durch verschiedene Methoden erreichen – gemeinsam ist allen, dass sie nach dem Qualitätszyklus, auch **PDCA-Zyklus**, ablaufen.

Das wollen wir an einem Beispiel erklären:

Ziel: Stichverletzungen vermeiden	
PLAN Ein Verbesserungsplan mit entsprechenden Maßnahmen wird erstellt.	Mehrfach haben sich auszubildende MFA bei der Blutentnahme (BE) gestochen. Diese Verletzungen sollen durch geeignete Maßnahmen vermieden werden.
DO Der Plan wird konsequent von allen in den Praxisalltag umgesetzt.	Eine Einweisung durch die Erstkraft erfolgt: sichere BE-Systeme, kein Recapping, ... Die Auszubildenden erstellen einen Ablaufplan für die sichere BE, der für alle weiteren Auszubildenden verbindlich wird.
CHECK Die Auswirkungen der Maßnahmen werden beobachtet, notiert und überprüft.	Durch konsequentes Eintragen von Verletzungen in das Verbandsbuch wird ihre Zahl nachvollziehbar. Zusätzlich wird erkannt, ob die Bestellung von sicheren BE-Systemen funktioniert.
ACT Verbessern, damit ein Problem immer geringer wird.	Die getroffenen Maßnahmen sollten Routine werden. Sticht sich eine neue Auszubildende wieder mehrfach, wird nach der Ursache geforscht: Hat sie den Ablaufplan nicht verstanden?

6.5 Instrumente des QM

www.g-ba.de

Die Richtlinie des Gemeinsamen Bundesausschusses (G-BA) vom 1.1.2006 fordert in § 4, dass als Instrumente für ein einrichtungsinternes Qualitätsmanagement zu nutzen sind:

a) konkrete Qualitätsziele für die einzelne Praxis festlegen, umsetzen, Zielerreichung systematisch überprüfen und erforderlichenfalls Maßnahmen anpassen,
b) regelmäßige, strukturierte Teambesprechungen,
c) Prozess- und Ablaufbeschreibungen, Durchführungsanleitungen,
d) Patientenbefragungen, nach Möglichkeit mit validierten Instrumenten,
e) Beschwerdemanagement,
f) Organigramm, Checklisten,
g) Fehler und Beinahefehler zur Einleitung von Verbesserungsprozessen erkennen und nutzen,
h) Notfallmanagement,
i) Dokumentation der Behandlungsverläufe und der Beratung,
j) qualitätsbezogene Dokumentation.

Dokumente im QM

Durchführungsanleitungen (auch: Prozessbeschreibungen), z. B. Ableitung des Ruhe-EKGs oder Blutentnahme, sollen Arbeitsabläufe regeln. Checklisten, z. B. für OP-Vorbereitung oder Notfälle, sollen die Arbeit des Praxisteams unterstützen. Ziel des QM ist es nicht, Aktenordner und PC-Dateien zu füllen, die dann niemand liest.

Kopf- und Fußzeilen sorgen für ein einheitliches Layout und damit für aktuelle, widerspruchsfreie QM-Dokumente, die klar zugeordnet werden können:

QM-Handbuch **Praxis Dr. Hilfinger**	**Checklisten** **für Notfälle**	1.6.3 Notfallausstattung Dokument 1.6.3 (1)

Notfallausstattung

Medikamente Ampullen/Infusionslösungen	OK?	Zu besorgen	Erledigt?
HAES 6 % 500 ml	☐		☐
NaCl 0,9 % 500 ml	☐		☐
Glucose 50 % 50 ml	☐		☐
4 x Spurarenin	☐		☐
1 x Temgesic 0,3 mg	☐		☐
2 x Visken	☐		☐
2 x Akrinor	☐		☐
2 x Catapresan	☐		☐
2 x Bronchoparat	☐		☐
2 x Itrop 0,5	☐		☐
2 x Solu-Decortin H 250 mg	☐		☐
Sonstige Medikamente	**OK?**	**Zu besorgen**	**Erledigt?**
2 x Aerosol-Inhacort	☐		☐
1 x Aerosol-Berotec	☐		☐
1 x Nitrospray	☐		☐
4 x Adalat Kps. 10mg	☐		☐

Erstellt am: 22.09-2015	Freigegeben am: 22.09.2015	Seite 1 von 4/Version 1.1
Erstellt am: Ertuna	Freigegeben von: Hilfinger	Datei N 163a Notfälle.doc

Checkliste

Ein Fehlerberichts- und Lernsystem findet sich unter www.jeder-fehler-zaehlt.de.

Dort finden sich auch interessante Verbesserungsvorschläge.

Fehlermanagement

Das Team sollte gemeinsam aus Fehlern lernen und so die Patientensicherheit verbessern.

Fehlermanagement bedeutet, den Fehler zu **erfassen**, z. B. durch ein Protokoll. Der Fehler muss **bewertet** werden, d. h., wie schwerwiegend war er? Die Ursachen werden analysiert und im Team wird nach einer Verbesserung gesucht.

Beschwerdemanagement

Das Praxisteam sollte Beschwerden **offen annehmen** und **zeitnah beantworten**. Beschwerden bieten die Chance, dass sich die Qualität der Dienstleistung bessert und Fehler seltener werden. Beschwerden müssen **erfasst** werden. Nur so kann das Praxisteam nachvollziehen, wie häufig sich Patienten über die gleichen Punkte, z. B. unfreundlicher Empfang, beschweren. Dadurch wird es möglich gezielte Maßnahmen zu ergreifen. Darüber hinaus sollte man dem Patienten **aktiv** die Möglichkeit geben sich zu beschweren, z. B. im Rahmen einer Patientenbefragung.

Patientenbefragung

Ein erster Schritt kann das Auslegen von Zetteln im Anmelde- und Wartebereich sein mit einfachen Fragen zu
- Atmosphäre und Ausstattung der Praxis,
- Freundlichkeit und Kompetenz des Teams,
- Qualität von Behandlung und Informationen,

mit der abschließenden **Bitte um Verbesserungsvorschläge**. Der Patient kann den Zettel in einen Kasten werfen. So lässt sich die Zufriedenheit der Patienten ermitteln. Man soll nur die Punkte abfragen, die man ändern will und kann.

ZUSAMMENFASSUNG

Definition von Qualität:
- Strukturqualität
- Prozessqualität
- Ergebnisqualität (subjektiv – objektiv)

Verpflichtung zum QM
SGB V § 135a

QM

QM-Systeme sind „Werkzeuge" zur Verbesserung der Qualität:
- DIN EN ISO 9001:2000
- KTQ
- QEP

Instrumente des QM
gemäß Richtlinie des G-BA § 4a)-j)
- Durchführungsanleitungen, Checklisten ...
- Fehlermanagement
- Beschwerdemanagement
- Patientenbefragung u. a.

Umsetzung von QM-Zielen mit dem PDCA-Zyklus

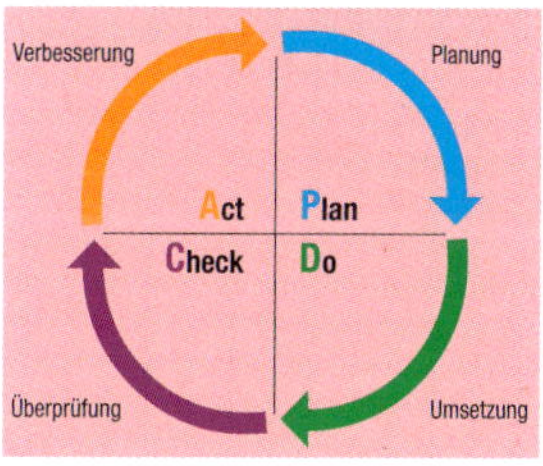

ARBEITSTEIL

1. Überlegen Sie am Beispiel einer Flugreise:
   a) Welche Bedingungen müssen erfüllt sein, damit diese Reise eine gute Qualität hat?
   b) Ordnen Sie diesen Bedingungen die Kategorien Struktur-, Prozess- und Ergebnisqualität zu.
2. Formulieren Sie den PDCA-Zyklus zu einem Ziel, das Sie selbst gewählt haben.
3. Gehen Sie die Instrumente des QM (Richtlinie des G-BA § 4) durch. Notieren Sie in Stichworten, wie diese Instrumente in Ihrer Ausbildungspraxis umgesetzt werden.
4. Erstellen Sie eine Checkliste für den Ablauf vor Praxis-/Sprechstundenbeginn.

7 Karteiverwaltung

Patientenkartei nicht in den Müll

Diese Regel hat ein Arzt in Kiel missachtet. Seine Patientenkartei hat er in einem offenen Container mitten in der Kieler Innenstadt entsorgt, so meldet es die Ärztezeitung ... Verschiedene Patienten haben Anzeige erstattet. Dem Mediziner drohen empfindliche Strafen. Besorgte Bürger hatten nämlich die Polizei gerufen. Die Datenschützer schalteten sich ein. Der Arzt wurde angehört. Er erwies sich als „beratungsresistent“, wollte also seinen Fehler nicht einsehen.
... Auf jeden Fall sollte man alte Patientenunterlagen datenschutzgerecht entsorgen: entweder im Reißwolf ... oder einer dafür spezialisierten Firma, die natürlich seriös sein muss, übergeben.

Quelle: Therapie + Praxis

Wie beurteilen Sie die Haltung des Arztes?

Welchem Zweck dienen die Aufzeichnungen des Arztes?

Wie lange müssen ärztliche Aufzeichnungen mindestens aufbewahrt werden?

Darf ein Patient Kopien von den Aufzeichnungen seines Arztes verlangen?

Die Bestimmungen der Berufsordnung verpflichten die Ärzte, eine vollständige Kartei zu führen, die alle für die Diagnostik und Therapie wichtigen Sachverhalte umfasst.

7.1 Die Kartei

Der wichtigste Datenspeicher einer Arztpraxis ist die Kartei. Sie wird heute zunehmend vom PC verdrängt. Die Prinzipien der Organisation der Patientendaten sind allerdings die gleichen. Selten ist ein Karteisystem völlig elektronisch. Viele Praxen, in denen mit einer elektronischen Karteikarte gearbeitet wird, verwenden zusätzlich Karteimappen bzw. Karteitaschen für Unterlagen wie Befunde oder AU-Bescheinigungen.

Anforderungen an ein Karteisystem

Von besonderer Bedeutung ist die **schnelle Zugriffszeit**. In kürzester Zeit muss jede beliebige Karteikarte greifbar sein. Genauso wichtig ist die **schnelle Einordnung**, d. h., neue Karten müssen problemlos hinzugefügt, entnommene müssen schnell wieder einsortiert werden können. Damit eine Kartei immer auf dem **neuesten Stand** gehalten werden kann, ist es erforderlich, dass Änderungen z. B. der persönlichen Daten einfach und leicht vorgenommen werden können. Ein Karteisystem darf auch nicht unübersichtlich werden, wenn alte Karteikarten entnommen werden, d. h., das System muss **verjüngt** werden können. Auch muss das Karteisystem so **übersichtlich** sein, dass die verschiedenen Kostenträgergruppen sofort ersichtlich sind und dass problemlos zwischen laufender Kartei und Altkartei unterschieden wird. Des Weiteren müssen alle **Patientendaten** und **Behandlungsmaßnahmen** ersichtlich sein, damit der Arzt jederzeit darauf zurückgreifen kann. Außerdem muss es die **Abrechnung** ermöglichen. Auch müssen

gesetzliche Bestimmungen wie die Schweigepflicht oder das Datenschutzrecht berücksichtigt werden.
Für jeden Patienten einer Arztpraxis wird eine **Karteikarte** angelegt mit seiner aktuellen Anamnese sowie allen wichtigen diagnostischen und therapeutischen Angaben. Alte Unterlagen, die für die jetzige Behandlung unwichtig sind, gehören in eine davon getrennte Altablage, z. B. in Aktenordner. Dadurch wird die aktuelle Karteikarte an der Anmeldung nicht zu umfangreich und bleibt übersichtlich.

Karteikarten

Beispiele von Karteikarten

Karteikarte	Karteimappe	Karteitasche
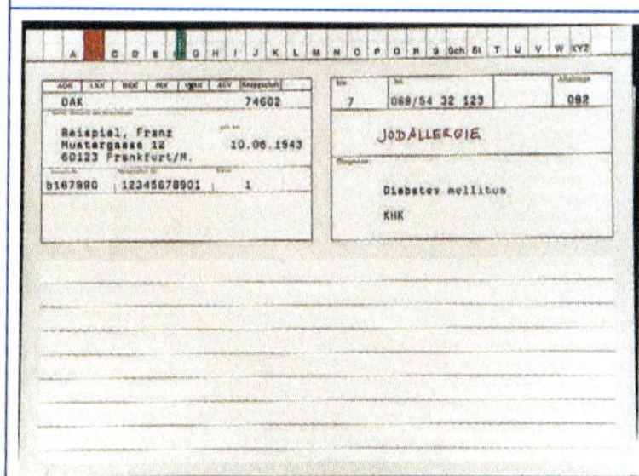	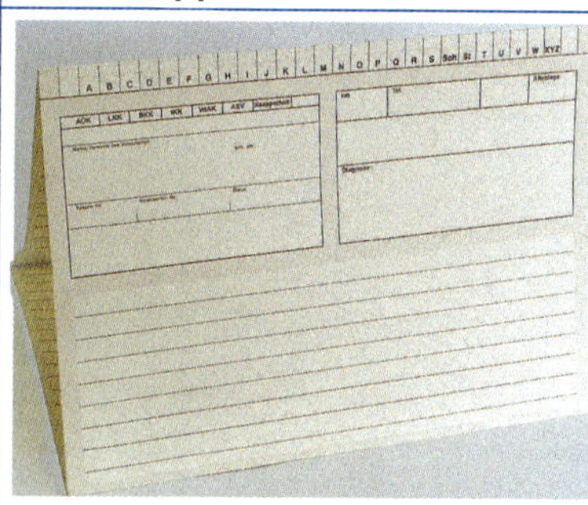	
ein Karton (DIN A5 quer) wird beidseitig beschrieben	Karton (DIN A4), gefaltet, Schriftgut kann eingelegt werden	eingelegtes Schriftgut ist hier besser vor dem Herausfallen geschüzt

Elektronische Karteikarten gewinnen zunehmend an Bedeutung.

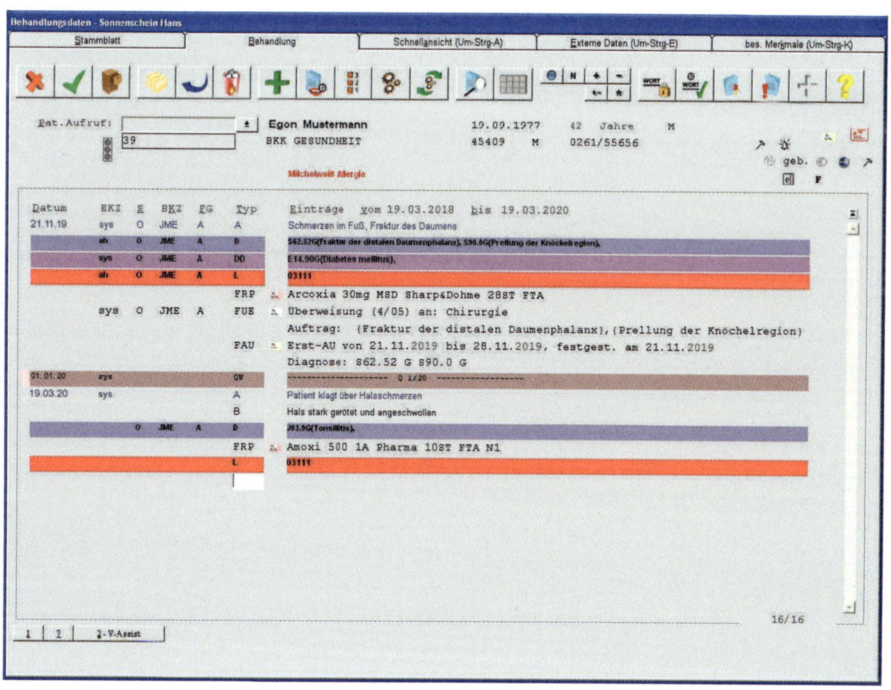

Aufbau einer Karteikarte

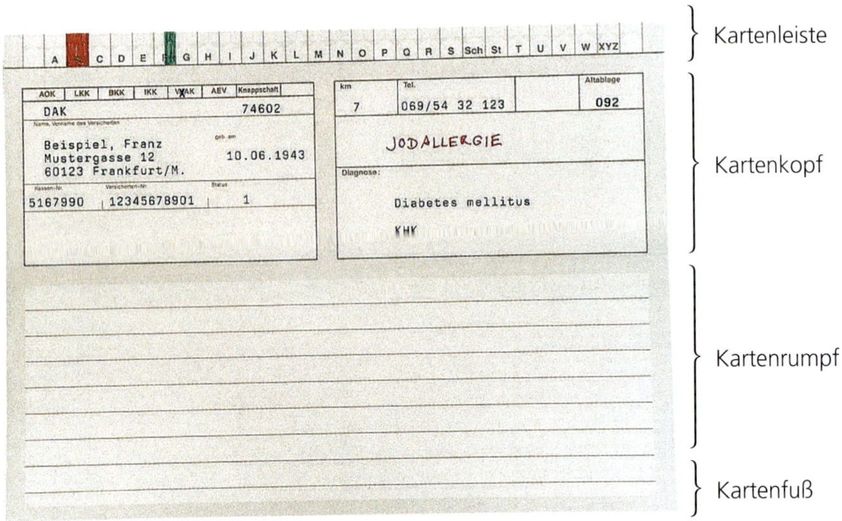

Die **Karteikartenleiste** enthält Ordnungsmerkmale, hier das Alphabet. Weitere Ordnungsmerkmale könnten sein: Farbmarkierungen, Reiter oder Kerben. Wie in der oben stehenden Abbildung wird mit den Anfangsbuchstaben des Patientennamens und Patientenvornamens gekennzeichnet. In großen Praxen kann zusätzlich der zweite Buchstabe des Nachnamens markiert werden.

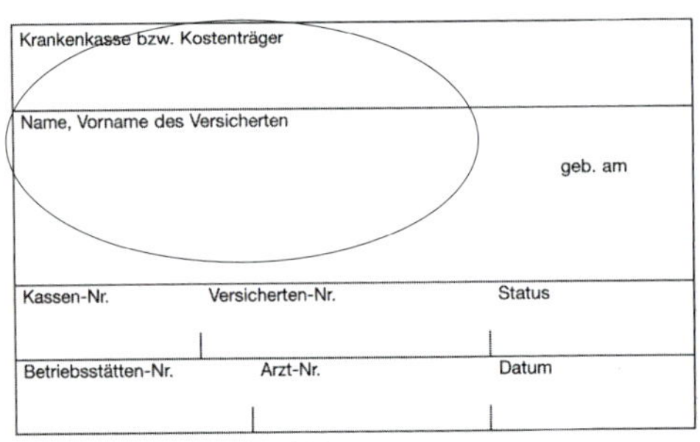

Aufkleber mit neuem Adressfeld

Im **Kartenkopf** vieler Karteikarten findet man noch die alten Adressfelder mit den Abkürzungen AOK, LKK, BKK, IKK, VdAK, AEV und Knappschaft; diese stehen für die Krankenkassenart, die anzukreuzen war. Dies fehlt heute bei den Adressfeldern. Adressfeld-Etiketten zum Aufkleben vereinfachen die Pflege der Kartei: Bei Wohnort- oder Kassenwechsel muss nur ein neues Adressfeld gedruckt und auf die Karteikarte geklebt werden.

Daneben stehen im Kartenkopf Dauerdiagnosen (z. B. Diabetes mellitus) und wichtige Informationen zu besonderen Risiken (z. B. Jodallergie).

Im **Kartenrumpf** erfolgen die fortlaufenden Eintragungen. Üblich ist eine Einteilung in Datumsspalte und Kommentarspalte. Oft ist zusätzlich noch eine weitere Spalte für die Gebührenziffern vorhanden.

Dem **Kartenfuß** können Herstellerangaben wie z. B. die Bestellnummer entnommen werden.

!

Die **Karteikarte, auch die elektronische,** enthält Raum für folgende **Daten**:

- Familienname, Vorname, Geburtstag und Versichertenstatus des Patienten (bei Familienversicherten evtl. Personalien des Hauptversicherten)
- Name und Anschrift des Sorgeberechtigten bei Kindern und Jugendlichen, falls sie eine andere Adresse als die des Hauptversicherten haben
- Postleitzahl, Wohnort, Straße, Hausnummer, Telefonnummer, besondere Kennzeichen der Wohnung wie Hinterhof, wohnt zur Untermiete bei ...
- Beruf (des Versicherten)
- Krankenkasse und Mitgliedsnummer:
  Dabei muss gewährleistet sein, dass die Versichertenkarte vorgelegt wurde. Nur so kann man sicher sein, dass Personalien und Versicherungsdaten korrekt sind.
- Wenn der Patient mit Überweisung kam, müssen alle Daten des Überweisungsscheins korrekt übernommen werden (z. B. Überweisungsauftrag, AU-Datum).
- Vermerke (evtl. in Farbe) auf Anordnung des Arztes über Risikofaktoren, wie z. B. Jodallergie, Penicillinallergie, Diabetes, Glaukom, Hypertonie

7.2 Ordnungsmittel

Ordnungsmittel sollen das Karteisystem übersichtlicher machen und dadurch die Zugriffszeit verkürzen.
Wichtige Ordnungsmittel sind z. B.:

- **Reiter**, die auf die Karteikartenleiste aufgesetzt werden.
- die **Farbe der Karteikarten**. Eine Möglichkeit der farblichen Unterscheidung wäre beispielsweise das Geschlecht des Patienten. Allerdings sollten farbliche Unterscheidungen nur für Merkmale verwendet werden, die sich kaum ändern. So kann die farbliche Unterscheidung nach Kostenträgern bereits einen beachtlichen Aufwand verursachen, wenn ein Patient die Kasse wechselt.
- die **Alphabetleiste,** die bereits auf die Karteikartenleiste aufgedruckt ist (siehe auch Ordnungssysteme).

7.3 Ordnungsregeln

Alphabetische Ordnungssysteme

Die Karteikarten werden mit den Patientennamen **alphabetisch** geordnet. Dabei gelten die Regeln der DIN 5007. Andere Systeme haben sich nicht bewährt.

Regeln für die alphabetische Ordnung in einer Kartei (nach DIN 5007)	Beispiel
• Der *Familienname* ist das *erste Ordnungswort*, der Vorname das zweite.	*Huber, Erwin* *Huber, Monika*
• Familiennamen ohne Vornamen werden vor den gleichen Familiennamen mit Vornamen eingeordnet. Abgekürzte Vornamen – auch einzelne Buchstaben – werden dabei als vollständige Worte angesehen.	*Huber* *Huber, Anton* *Huber, K.*
• Familiennamen mit mehreren Vornamen stehen hinter den gleichen Familiennamen mit nur einem (gleichen) Vornamen.	*Huber* *Huber, Paul* *Huber, Paul Erwin*
• Bei häufig vorkommenden Familiennamen und gleichen Vornamen können als zusätzliche Ordnungsmerkmale in der Reihenfolge der Zweckmäßigkeit berücksichtigt werden: z. B. Geburtstag, Beruf, Ort.	*Huber, Anton,* *12. 10. 50* *Huber, Anton,* *28. 11. 61*
• Zusammengesetzte Familiennamen (Doppelnamen) folgen den jeweiligen Einzelnamen als Sondergruppe.	*Mayer, Zacharias* *Mayer-Ewald, Luise*
• Akademische Grade, Berufs- und Adelstitel wie Dr., Prof., Dipl.-Ing. oder Graf und Vorsatzwörter wie z. B. von, von der, van, de, de la, werden in der Ordnungsreihenfolge nicht berücksichtigt. Dies gilt nicht, wenn die Vorsatzwörter mit dem Namen zu einem Wort verschmolzen sind.	*Falkenstein, Arno* *Falkenstein, Bernd,* *Dr. Falkenstein, Carla,* *Gräfin von*
• Die Umlaute ä, ö, ü werden wie ae, oe, ue behandelt; ß wird wie ss behandelt.	*Huber, Anton* *Hübner, Selma*

Die Ordnung nach dem Alphabet hat den Nachteil, dass es bei bestimmten Buchstaben wie z. B. bei Sch, S, K, H oder B Häufungen gibt, da viele Patientennamen mit diesen Buchstaben beginnen. Dies erschwert das Suchen. Man muss hier sehr sorgfältig vorgehen, um Verwechslungen vorzubeugen.

Es ist deshalb empfehlenswert, den oberen **Karteirand** farbig zu **kennzeichnen**, z. B.:

1. Anfangsbuchstabe des Familiennamens: ganze Spalte, dick, rot
2. Anfangsbuchstabe des Vornamens: rechte Hälfte der Spalte, grün
3. Zweiter Buchstabe des Familiennamens: linke Hälfte der Spalte, orange. (Dieser Schritt empfiehlt sich nur in sehr großen Praxen.)

Werden die **Anfangsbuchstaben des Familiennamens farbig** markiert, ergibt dies in der Kartei eine aufsteigende Linie. Falsch einsortierte Karten werden sofort erkannt, wie der folgende Ausschnitt aus einem Karteitrog zeigt.

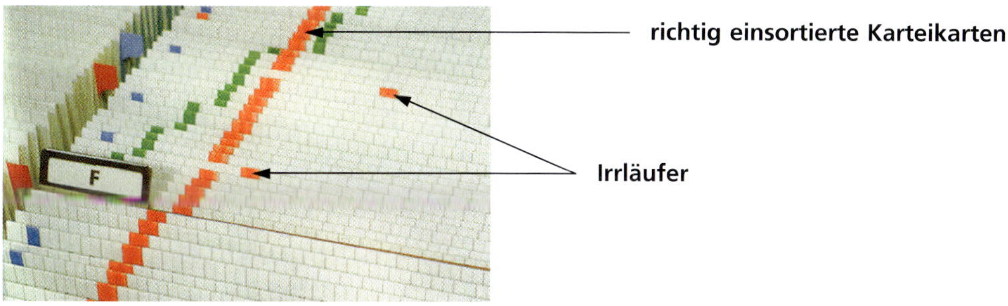

Wie die nachfolgend abgebildete Kartenleiste zeigt, wird die farbliche Kennzeichnung erleichtert, wenn man Karteikarten mit bereits geteilten **Buchstabenfeldern** verwendet. Da die Anfangsbuchstaben der Vornamen gleichmäßiger im Alphabet verteilt sind, wird das Ganze übersichtlicher. Daher wird eine Verwechslung oder ein falsches Einsortieren weniger wahrscheinlich.

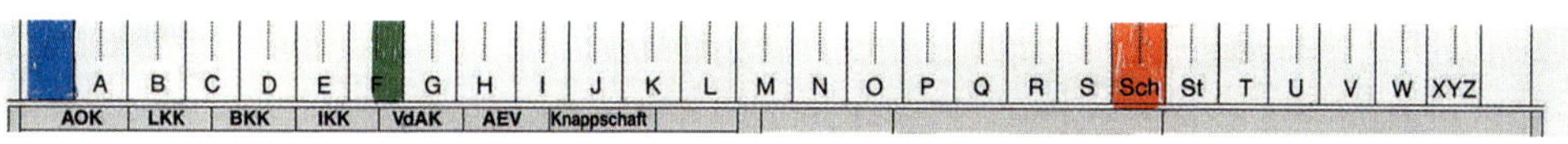

Als zusätzliches Sortiermerkmal können auch Karteikarten verwendet werden, auf denen man das Geburtsdatum markieren kann.
Beispiel: Ehmann, Gerda, geb. am 21.05.19..

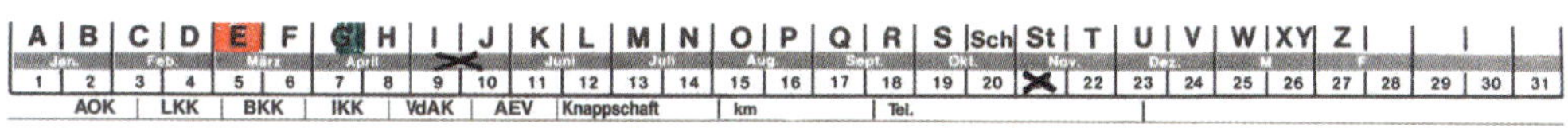

Chronologische Ordnungssysteme

Bei diesem Verfahren werden Unterlagen abgelegt in der zeitlichen Reihenfolge ihrer Entstehung, ihres Posteinganges oder ihres Postausganges. Man unterscheidet hierbei die kaufmännische und die Amtsablage.
Bei der **kaufmännischen Ablage** liegt das neueste Schriftstück immer obenauf. Bei der **Amtsablage** verfährt man genau umgekehrt, d. h., das älteste Schriftstück liegt oben, die neuen dahinter. In der Arztpraxis kommen chronologische Ordnungssysteme z. B. beim Ablegen von Kontoauszügen oder beim Abheften von Arbeitsunfähigkeitsbescheinigungen zum Einsatz.

Alphanumerische Ordnungssysteme

Bei diesem Ordnungssystem werden sowohl Buchstaben als auch Ziffern verwendet. Beispiele: Rö 469 → Röntgenbild Nr. 469 oder Ma 235 → Mahnung Nr. 235

Sachliche Ordnungssysteme

Hier erfolgt die Ordnung nach sachlichen Merkmalen, meist kombiniert mit den bereits bekannten Ordnungssystemen. Beispielsweise kann der Schriftverkehr vorab so geordnet werden:
Schriftverkehr mit der Ärztekammer, Schriftverkehr mit der KV, Liquidationen, Mahnungen usw.

7.4 Dokumentation in der Karteikarte

Eintragungen in die Karteikarte sollten möglichst kurz und unverwechselbar sein. Dies können einzelne Worte sein oder auch Abkürzungen oder Symbole. Die Eintragungen müssen für den Arzt oder seine Medizinische Fachangestellte verständlich sein, nicht aber für den Patienten.
Viele Praxisprogramme arbeiten bei der Befundung in der elektronischen Karteikarte mit Textbausteinen.

Beispiele für Abkürzungen beim Karteikarteneintrag:

RR	Blutdruck (nach Riva-Rocci)
V. a.	Verdacht auf
o. B.	ohne Befund
>	größer als
<	kleiner als
∅	nicht vorhanden, negativ
re	rechts
li	links

Die ärztlichen Leistungen werden mit Ziffern nach EBM oder GOÄin der elektronischen Karteikarte erfasst.

Aufzeichnungen sind auch zu machen über:

- Dauer der Arbeitsunfähigkeit
- die Anamnese; bei Unfällen das aktuelle Datum und das Unfalldatum. Bei einem Unfall ist wichtig, bei welcher Tätigkeit er passierte, wie der nachfolgende Kasten zeigt.

Arbeitsunfall / Schulunfall	Unfall im privaten Bereich
• Das Formular F 1050 ist sorgfältig auszufüllen. Wenn **Arbeitsunfähigkeit über den Unfalltag hinaus** besteht, die **Behandlung länger als eine Woche** dauern wird, eine **Wiedererkrankung** vorliegt oder die **Verordnung von Heil- oder Hilfsmitteln** notwendig ist: • Arzt schickt den Verletzten zum D-Arzt (Gebühren-Nr. 145 UV-GÖÄ). Dieser dokumentiert den Unfall mit dem Formular F 1000. Der weiterbehandelnde Arzt erhält davon einen Ausdruck.	Hierfür gibt es kein Formular. Daher ist der Unfall genau in der Karteikarte zu dokumentieren, da von der Krankenkasse Rückfragen kommen könnten, wenn diese einen Arbeitsunfall vermutet. Deshalb: • Wie hat sich der Unfall zugetragen? • Wo war der Unfallort? • Beschreibung der Verletzung • Welche Behandlung, Tetanusprophylaxe?

- Befunde: Laborbefunde, Untersuchungsbefunde von Fachärzten
- Verordnungen (Arzneimittel, Heil- und Hilfsmittel)
- Meldungen aufgrund der Anzeigepflicht wie z. B. Tuberkulose oder Salmonellose
- bei Schwangeren: letzte Periode, voraussichtlicher Geburtstermin, Fehlgeburten usw.
- Dauer einer Krankenhausbehandlung
- Überweisungen an andere Ärzte (zur Mit- oder Weiterbehandlung, Auftragsleistung, Konsiliaruntersuchung)
- andere Arztbefunde, Krankenhausentlassungsberichte, EKG, Röntgenbilder usw.

7.5 Altablage

Alte Berichte, Befunde, EKGs, die in Papierform vorliegen, sowie Röntgenbilder werden getrennt abgelegt. Dazu eignen sich Ablagetaschen oder Ordner, die entweder **alphabetisch** oder nach dem **Geburtsdatum** geordnet sind. Das Geburtsdatum bietet gegenüber dem Alphabet den Vorteil, dass hier keine Häufungen vorkommen. Diese beiden Ablageformen haben den Nachteil, dass schon bei Beginn alle Schränke angeschafft werden müssen – obwohl sie zunächst einmal nur wenig genutzt werden.
Besser ist ein Ablagesystem, das über die Jahre hinweg mitwächst. Dieses System arbeitet mit selbstklebenden **Doppelnummern** (z. B. 83|83), die man im Schreibwarenhandel kaufen kann. Müssen alte Berichte in die Altablage, wird eine der Nummern auf die Karteitasche geklebt, die andere Nummer kommt auf die Altablagetasche. Diese Altablagetaschen werden dann in der Reihenfolge der Nummern abgelegt. Ebenso können auch Röntgenbilder abgelegt werden. Ein Nachteil dieses Systems ist, dass bei der Suche nach abgelegten Unterlagen immer zuerst die Karteitasche gezogen werden muss.

Art der Unterlagen	Aufbewahrungsfrist
– Durchschriften der Arbeitsunfähigkeitsbescheinigungen	**1 Jahr**
– BtM-Rezeptdurchschriften	**3 Jahre**
– Dokumentationen der Früherkennungsuntersuchungen	**5 Jahre**
– Ärztliche Aufzeichnungen und Untersuchungsbefunde – Zytologische Befunde und Präparate (Krebsfrüherkennung)	**10 Jahre**
– Röntgenfilme – Aufzeichnungen über Röntgenuntersuchungen	**10 Jahre**
– Aufzeichnungen über Strahlentherapie	**30 Jahre**

Grundsätzlich gilt, dass alle diese Unterlagen besonders sensibel sind. Das heißt, es ist für eine sichere Aufbewahrung, aber auch für eine sichere Vernichtung zu sorgen (keineswegs unversehrt in den Papiercontainer).

Kontrolle ein- und ausgehender Praxisunterlagen

Um eine Verletzung der Schweigepflicht auszuschließen, müssen ärztliche Unterlagen sehr sorgfältig aufbewahrt werden. Alle Aufzeichnungen des Arztes, dazu gehören Befunde, Röntgenbilder usw., sind dessen **Eigentum**. Des Öfteren ist es jedoch erforderlich, dass ein Arzt solche Unterlagen einem weiterbehandelnden Kollegen, einem Krankenhaus oder der Krankenkasse zur Verfügung stellt. Aufzeichnungen über Röntgenbehandlungen müssen nach der Röntgenverordnung sogar einem anderen Arzt vorübergehend überlassen werden.
Zur Kontrolle über ein- und ausgehende Praxisunterlagen ist es deshalb in den meisten Praxen üblich, über den Aus- und Eingang dieser Unterlagen Aufzeichnungen zu führen.

Auszug aus einem Ein- und Ausgangsbuch für Praxisunterlagen

Name, Vorname	Unterlagen	Empfänger	Ausgang/ Unterschrift	Eingang/ Unterschrift
Beispiel, Franz	2 Rö-Thorax 1 Rö-Abdomen	Dr. Hausmann	3.2.2020 Kunz	21. 4. 20 Maier
Ehmann, Gerda	4 MRT Schädel + WS	Dr. Weiß	12.3.2020 Kunz	
Jäger, Martha	1 Rö - BWS	Dr. Hausmann	14. 3. 20 Maier	

Es gibt auch andere Möglichkeiten neben dem Führen eines Ein- und Ausgangsbuches:

- Ein Vermerk über den Ausgang wird in die elektronische Karteikarte gesetzt.
- Die Entnahme von Röntgenbildern wird mit Bleistift auf der Röntgentüte vermerkt und diese mit einem Reiter markiert. Nach der Rückgabe wird der Vermerk wieder wegradiert.
- Der Patient unterschreibt eine Empfangsbestätigung, die in die Karteikarte gelegt wird. Wenn er die Unterlagen wiederbringt, wird diese Bestätigung vernichtet.

Natürlich sind auch andere Kontrollmöglichkeiten denkbar. So kann man den Patienten beispielsweise eine **Übergabebescheinigung** unterschreiben lassen. Diese Bescheinigung wird in die Karteimappe gelegt und die Karteileiste erhält einen farbigen Reiter.

ZUSAMMENFASSUNG

Kartei – der Datenspeicher

Anforderungen
- schneller Zugriff
- schnelle Einordnung
- Übersichtlichkeit
- Verjüngbarkeit

Inhalt
- Personalien des Patienten
- Krankenversicherung
- diagnostische Maßnahmen
- Therapie

Karteikartenarten
- Karteikarte
- Karteimappe
- Karteitasche

Aufbau:
- Kartenleiste
- Kartenkopf
- Kartenrumpf
- Kartenfuß

Ordnungsmittel
- Reiter
- Farbe der Karteikarte
- Alphabetleiste

Ordnungssysteme
- alphabetisch, DIN 5007
- chronologisch
- alphanumerisch
- sachlich

Aufbewahrungsfristen

Altablage von 1 bis 30 Jahren entsprechend der Bedeutung der Aufzeichnungen

ARBEITSTEIL

1. a) Vergleichen Sie die Vorteile und Nachteile von Karteimappen aus Papier mit der elektronischen Karteikarte.
   b) Warum haben viele Praxen zwei Karteisysteme, eines aus Papier und eine PC-Kartei?
2. Warum wird am oberen Karteikartenrand nicht nur der Anfangsbuchstabe des Nachnamens vom Patienten gekennzeichnet?
3. Bringen Sie aus Ihren Ausbildungspraxen Karteikarten und Karteimappen bzw. -taschen mit in den Unterricht und erarbeiten Sie in Kleingruppen (2-3 Kolleginnen) die Unterschiede sowie Vor- und Nachteile der einzelnen Typen.
4. Beschreiben Sie Vor- und Nachteile folgender Altablagesysteme:
   a) nach Geburtsdatum geordnet
   b) mit Doppelnummern
5. Zählen Sie verschiedene Ordnungsmittel auf.
6. Ordnen Sie folgende Namen entsprechend der DIN 5007 in alphabetischer Reihenfolge:
   Bauer, Anton • Bauer, Erika • Bauer, F. • Dr. Bauer, Bernd • Bär, Luise • Bauer, Paul, geb. 15.11.68 • Bauer, Paul, geb. 10.12.50 • Bauer-Lüdenscheidt, Melissa, • Bäuerlein, Arno • Bauer, M. • Bauer, Erwin Hugo
7. Bei einer Patientin, die vor 15 Jahren zum letzten Mal zur Krebsvorsorge ging, wird ein Gebärmutterhalskrebs im fortgeschrittenen Stadium festgestellt. Als Behandlung wird eine Strahlentherapie verordnet.
   a) Müssen die Befunde der Zellabstriche dem Arzt noch vorliegen?
   b) Wie lange müssen die Bestrahlungsprotokolle aufbewahrt werden?
8. Sandra wird neu als Erstkraft bei Dr. Schmidt angestellt. Nach kurzer Zeit muss sie feststellen, dass an ihrem neuen Arbeitsplatz einiges im Argen liegt. Oftmals dauert es eine Viertelstunde und länger, bis die Karteikarte eines Patienten gefunden wird. Dazu beklagen sich etliche Patienten über lange Wartezeiten in einem tristen Raum, der wenig angenehme Zerstreuung bietet. Auch Claudia und Marlies, Sandras Kolleginnen, wirken wenig motiviert und erachten die Kaffeepausen und den täglichen Tratsch als die eigentlichen Highlights ihrer Tätigkeit.

   Welche Ratschläge würden Sie Sandra geben, wenn sie Ihre Freundin wäre und sich mit Ihren beruflichen Problemen an Sie wenden würde?

8 Postbearbeitung

Dr. Möller: „Während der Mittagspause habe ich diesen Brief verfasst. Schreiben Sie ihn bitte rasch ab und tragen Sie ihn dann sofort zur Post.
Versenden Sie das Schreiben so, dass es unbedingt morgen vor 10 Uhr beim Empfänger ist."

Melissa: „Sie sind aber ein Optimist, ein Brief, der vor 10 Uhr beim Empfänger sein soll. Sie wissen doch, wann bei uns der Postbote immer eintrudelt, wenn's gut läuft um zwölf."

Dr. Möller: „Deshalb gibt es bei der Post ja Zusatzleistungen."

Melissa: „Zusatzleistungen???"

Welche Dienstleistungen der Post kennen Sie?

Welche Zusatzleistungen der Post kennen Sie?

Seit 2008 ist das Briefmonopol der Deutschen Post AG abgeschafft. Seitdem können alle Postdienstleistungen auch von anderen privaten Postdiensten angeboten werden. Es gibt derzeit eine große Anzahl regionaler und überregionaler Postdienste. Manche haben ein umfangreiches Leistungsangebot, andere wiederum übernehmen beispielsweise nur die Briefzustellung oder haben nur den Paketversand im Angebot. Auch die Preise und der angebotene Service sind sehr unterschiedlich.
Da die Deutsche Post AG derzeit der einzige Anbieter ist, der alle Postdienstleistungen umfangreich zur Verfügung stellt, werden exemplarisch nur die Leistungen der Deutschen Post AG vorgestellt.

Durch den Kostenvergleich verschiedener Anbieter kann eine Praxis allerdings erhebliche Kosten einsparen. Es ist deshalb eine wichtige Aufgabe der MFA, in regelmäßigen Abständen die Angebote verschiedener Postdienste zu vergleichen.

8.1 Die Deutsche Post AG

Am 1. Januar 1995 wurde das Postmonopol erheblich eingeschränkt. Die Dienstleistungen der früheren Bundespost werden seitdem von drei Aktiengesellschaften angeboten, nämlich von der Deutschen Post AG, der Deutschen Postbank AG und der Deutschen Telekom AG.

Der Gesetzgeber hat einen stufenweisen Übergang vom Postmonopol zum Wettbewerb festgelegt. So ist heute der Postmarkt (Kurier-, Express-, Paketdienste und Briefbereich) für private Unternehmen geöffnet (z. B. United Parcel Service UPS, Deutscher Paketdienst DPD, PIN Mail). Die gesetzliche Exklusivlizenz der Deutschen Post AG im Briefbereich war bis zum 31. Dezember 2007 befristet.

Die Deutsche Post AG ist der wichtigste Übermittler von Sendungen wie Briefen und Paketen. Im Vergleich zu anderen europäischen Ländern liegt das Porto im Mittelfeld. Dafür muss die Deutsche Post AG aber jede Sendung befördern, ganz gleich wie ungünstig der Empfänger zu erreichen ist.

8.2 Richtig adressieren und frankieren

In den modernen Briefzentren wird die Post maschinell bearbeitet, da Anschriftenlesemaschinen eine sichere und schnelle Beförderung ermöglichen. Deshalb muss eine Anschrift maschinenlesbar sein.

Antwort

Versand KG
Postfach 10 91 15
50482 Köln

Farbwerke Sendler KG
Abt. DMF 412/16
Postfach 80 08 90
65908 Frankfurt

Einschreiben

WERBAG
Schillerstraße 152
60313 Frankfurt

Amtsgericht Leer
Grundbuchamt
26789 Leer

Beispiele für maschinenlesbare Anschriften

!

Voraussetzungen, damit Anschriften **maschinell lesbar** sind:

- Die ganze Adresse wird linksbündig geschrieben.
- Falls vorhanden, wird immer die Postfach-Anschrift verwendet.
- Die komplette Postleitzahl (PLZ) ist anzugeben, auch wenn sie mit einer „0" beginnt.
- Die PLZ mit Ort wird als letzte Zeile und in einer Zeile geschrieben. Ist die PLZ nicht bekannt, findet man die richtige im Postleitzahlenbuch oder im Internet über www.postleitzahl.de.
- Es wird kein Ortsteil angegeben, PLZ und Ort werden nicht unterstrichen.
- Die einzelnen Zonen (siehe Abbildung auf der folgenden Seite) der Briefvorderseite müssen beachtet werden.
- Unter PLZ und Ort darf nichts geschrieben werden. Dort müssen mindestens 15 mm für die Codierzone frei bleiben, da die maschinell gelesene Adresse in einen Strichcode umgesetzt wird.
- Der Absender steht auf der Vorderseite in der linken oberen Ecke.
- Die Briefmarke kommt in die rechte obere Ecke des Briefs, mehrere Briefmarken werden in einer Reihe und nicht untereinander aufgeklebt.

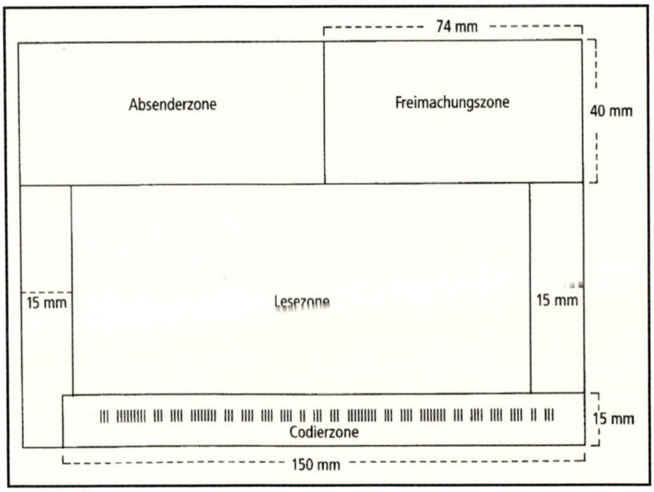

Maschinell lesbare Vorderseite einer Standardbriefsendung

Verschiedene Frankiermöglichkeiten

Um Verzögerungen bei der Zustellung zu vermeiden, muss darauf geachtet werden, dass jede Sendung richtig frankiert wird. Andernfalls muss der Empfänger Nachporto bezahlen. Neben Verzögerungen kann dies auch zu Verärgerung führen. Sendungen können auf unterschiedliche Art frankiert werden:

- Eine einfache **Briefmarke** wird auf den Brief oder die Karte geklebt.
- Bei größeren Stückzahlen empfiehlt sich der **Plusbrief** bzw. die **Pluskarte**. Hier ist ein Postwertzeichen bereits auf den Briefumschlag bzw. die Karte gedruckt. Bei größeren Stückzahlen kann dies wirtschaftlich sein, z. B. kosten 100 Plusbriefe zu 80 ct, DIN lang mit Fensterkuvert 88,50 €.
- Sendungen können vom Absender auch mit einer **Frankiermaschine** freigestempelt werden. Die Genehmigung zum Einsatz einer Frankiermaschine wird über die Herstellerfirma direkt bei der Post beantragt. Mit der Genehmigung wird auch die Postfiliale zum Einliefern der frankierten Sendungen festgelegt.
- Neu ist die Frankierung von Briefen und anderen Sendungen mit dem PC über das Internet. Mit dem eigenen Drucker kann man die digitale Frankierung auf Briefumschlägen und Etiketten aufbringen. Bezahlt werden kann über PayPal, Giropay oder eine vorhandene STAMPIT-Portokasse.

Digital frankierter Briefumschlag

Stempelabdruck einer Frankiermaschine

8.3 Wichtige Sendungsarten

Die Post unterscheidet zwischen verschiedenen Sendungsarten, deren Gewichtsstufen und Maße in der folgenden Tabelle aufgeführt sind. Die vier Basisformate Standard, Kompakt, Groß und Maxi bilden die Grundlage für das Preissystem. Dieses gilt in den Bereichen:

• Brief/Postkarte • Büchersendung • Warensendung • Infopost • Infobrief

Briefe/Postkarten	Preis	Gewicht bis	Maße
Standardbrief	0,80 €	20 g	Länge 140-235 mm* Breite 90-125 mm, Höhe 5 mm
Kompaktbrief	0,95 €	50 g	Länge 100-235 mm* Breite 70-125 mm, Höhe 10 mm
Großbrief	1,55 €	500 g	Länge 100-353 mm Breite 70-250 mm, Höhe 20 mm
Maxibrief	2,70 € 4,90 €	1.000 g 2.000 g	Länge 100-353 mm Breite 70-250 mm, Höhe 50 mm
Postkarte	0,60 €	Flächengewicht 150-500 g/m²	Länge 140-235 mm* Breite 90-125 mm

Basisformate am Beispiel von Brief und Postkarte, 1.7.2019

Brief

Der Brief ist immer noch das wichtigste Mittel für vertrauliche Nachrichten. Briefe und auch Postkarten kommen normalerweise am folgenden Werktag beim Empfänger an. Drei DIN-A4-Seiten normales Papier können problemlos als Standardbrief verschickt werden. Sind es mehr Seiten, kommt der Kompaktbrief zum Einsatz. Handelt es sich um eine Bewerbung oder ein wichtiges Dokument, das man nicht knicken möchte, dann wählt man lieber den Großbrief.

E-Postbrief

Man kann seit Juli 2010 Briefe am PC versenden und empfangen (bis 20 MB für 0,80 €) – der E-Postbrief vereinigt die Vorteile von E-Mail und klassischem Brief:

- Der Empfänger kann den Absender erkennen, denn jeder Nutzer muss sich vorher einmal am Postschalter mit dem Personalausweis identifizieren lassen. Dadurch wird sichergestellt, dass der Absender nicht gefälscht werden kann (anders als bei E-Mails).
- Man kann von jedem PC mit Internetzugang überall und zu jeder Zeit auf seinen elektronischen Briefkasten zugreifen.
- Der E-Brief erreicht jeden Empfänger, auch wenn dieser keinen PC hat. In diesem Fall druckt die Post den Brief aus und der Postbote stellt ihn zu.
- Der E-Brief wird auf seinem elektronischen Weg verschlüsselt. Deshalb eignet er sich für vertrauliche Inhalte. Allerdings bedürfen bestimmte Rechtsgeschäfte, z. B. die Kündigung von Miet- und Arbeitsverträgen, der Schriftform, d. h., sie müssen mit eigenhändiger Unterschrift versehen sein. Daher ersetzt der E-Brief den normalen Brief nicht vollständig.
- Der E-Brief kann als Einschreiben zugestellt werden.

Solche elektronischen Briefe werden außer von der Post auch von anderen Dienstleistern angeboten (z. B. GMX, Telekom, Web.de).

Postkarte

Sie hat den Vorteil, dass sie bei gleicher Schnelligkeit billiger ist als der Standardbrief. Die Postkarte eignet sich nur für kurze, nicht vertrauliche Mitteilungen. Dabei ist zu beachten, dass bereits die Tatsache der Behandlung bei einem Arzt der Schweigepflicht unterliegt. Daher ist die Einsatzmöglichkeit der Postkarte in einer Arztpraxis begrenzt. Ein Tierarzt kann aber mit ihr an die Impftermine eines Haustieres erinnern.

Büchersendung

Darunter fallen Bücher, Broschüren, Notenblätter und Landkarten. Eine Büchersendung darf nicht geschäftlichen Zwecken dienen. Als Beilage sind nur die Rechnung, ein Zahlscheinvordruck oder ein Rückantwortumschlag erlaubt. Grundsätzlich sind ein offener Versand sowie die Bezeichnung „Büchersendung" oberhalb der Anschrift erforderlich. Lose Blätter, z.B. Kopien aus einem Fachbuch, gelten nicht als Büchersendung, auch wenn sie mit einer Heftklammer zusammengeheftet sind. Dagegen kann man z.B. eine Diabetes-Broschüre an einen Patienten als Büchersendung versenden.

Warensendung

Eine Warensendung ist ein verbilligter Versand von Proben, Mustern oder Gegenständen ohne briefliche Mitteilungen. Drucksachen und Rechnungen und ein Zahlscheinvordruck dürfen beigefügt werden. Grundsätzlich sind ein offener Versand sowie die Bezeichnung „Warensendung" oberhalb der Anschrift erforderlich. So kann man z.B. eine DVD mit einer Patienteninformation verschicken.

Dialogpost

Man kann damit inhaltsgleiche Sendungen in größeren Mengen preiswert versenden: z.B. mit DIALOGPOST EASY bundesweit 500 Stück, aber nur mit werblichen Inhalten. Firmen können damit ihre Werbebriefe an Ärzte versenden. Eine Arztpraxis kann das nicht einsetzen, denn Ärzte dürfen für ihre Tätigkeit nicht werben.

Päckchen und Pakete

Pakete dürfen außer durch die Post auch von privaten Unternehmen befördert werden. Nachfolgend werden nur die Sendungsarten „Päckchen" und „Paket" der DHL, die seit 2002 zur Deutschen Post AG gehört, behandelt.

Päckchen Mit einem Päckchen können Waren bis 2 kg versendet werden. Dabei sind bestimmte Höchstmaße vorgeschrieben (s. Tabelle S. 195). Um das Verpacken zu erleichtern, bietet die Post Versandkartons (**Packsets)** in verschiedenen Größen an.
Innerhalb von Deutschland treffen Päckchen in der Regel schon am nächsten Tag beim Empfänger ein. Die Einlieferung bei der Post wird nicht bescheinigt, deshalb besteht auch keine Haftung bei Verlust oder Beschädigung. Außer Luftpost sind keine weiteren Zusatzleistungen möglich.

Paket Das Paket dient ebenfalls dem Versand von Waren. Dabei sind bestimmte Höchstmaße vorgeschrieben (s. Tabelle S. 195), gegen einen Sperrgutzuschlag können diese aber überschritten werden. Man kann sich auch hier das Verpacken mit Packsets erleichtern.
Das Beförderungsentgelt hängt ab vom Gewicht, bei internationalen Paketen zusätzlich vom Bestimmungsort (Entfernung). In Deutschland ist das Paket in der Regel am nächsten Tag an seinem Ziel und wird ohne Aufpreis auch am Samstag zugestellt. Die Einlieferung bei der Post wird bescheinigt. Eine ganze Reihe von Zusatzleistungen wie Express, Luftpost, Nachnahme, eigenhändig, Rückschein oder Transportversicherung sind möglich. Die Post haftet grundsätzlich für jedes Paket bis 500 €.

	Päckchen		Paket
Höchstgewicht	2 kg Größe S	2 kg Größe M	bis 5 kg, 10 kg, 20 kg und 31,5 kg
Maße, Form	• Quaderform 35 x 25 x 10 cm	• Quaderform 60 x 30 x15 cm • Rollenform (1,79 € zusätzlich) Länge 120 cm Ø 15 cm	• Quaderform 120 x 60 x 60 cm • Rollenform (1,79 € zusätzlich) Länge 120 cm Ø 15 cm (Höchstgewicht 5 kg) kann gegen Sperrgutzuschlag überschritten werden
Einlieferungsbeleg	keiner		ja
Haftung	keine		für jedes Paket bis 500 €; auf Wunsch Höherversicherung international bis maximal 25.000 €
Beförderungsentgelt	3,79 € (Filiale) 3,79 € (Online)	4,50 € (Filiale) 4,39 € (Online)	Abhängig von Gewicht und Filial- bzw. Online-Preis

8.4 Zusatzleistungen

Die einzelnen Sendungsarten können mit verschiedenen **Zusatzleistungen** kombiniert werden. Moderne Technologie mit einem Barcode-Label (= Strichcode-Aufkleber) macht es möglich: Bei allen Einschreiben und Nachnahmesendungen kann man innerhalb Deutschlands den Sendungsstatus im Internet (www.deutschepost.de) abfragen.

Einschreiben

Bei jedem Einschreiben erhält der Absender am Postschalter eine Bescheinigung, mit der ihm die Einlieferung bestätigt wird.
Seine Sendung wird dann dem Empfänger oder einem sonstigen Empfangsberechtigten (z. B. einem Angehörigen) persönlich übergeben. Dieser bestätigt den Erhalt mit seiner Unterschrift. Bei Verlust haftet die Post mit maximal 25,00 €.

Einschreiben-Label

Einschreiben Einwurf

Auch hier erhält der Absender eine Bescheinigung der Einlieferung. Der Zusteller legt die Sendung in den Hausbriefkasten oder das Postfach und notiert dies dann auf dem Auslieferungsbeleg. Bei Verlust haftet die Post mit maximal 20,00 €.

Nachnahme

Eine Nachnahme ist eine sichere Lösung für den Versand von Waren oder Dokumenten, die der Empfänger bei Lieferung bezahlen muss. Hier stellt die Post dem Empfänger die Sendung zu, zieht den Nachnahmebetrag bis zum Höchstbetrag von 1.600,00 € für den Absender ein und überweist die Summe auf das Konto des Absenders.

Rückschein

Einschreiben kann man mit einem Rückschein kombinieren. Der Empfänger oder ein Empfangsberechtigter unterschreibt auf einem extra an der Sendung angebrachten Rückschein den Erhalt. Dieser Rückschein wird dann sofort an den Absender im Original zurückgesandt.

Eigenhändig

Diese Zusatzleistung stellt sicher, dass die Sendung nur dem Empfänger persönlich oder einem besonders dazu Bevollmächtigten übergeben wird. Die Zusatzleistung „eigenhändig" kann nur in Kombination mit einem **Einschreiben** oder **Wert National** verwendet werden.

Wert National

Man kann Geldwerte (z. B. einen 100-€-Schein) oder Sachwerte (z. B. ein Smartphone, Schmuck o. Ä. bis 500 €) mit der Post versenden.
Wie beim Einschreiben erhält man eine Einlieferungsbestätigung und der Empfänger bestätigt mit seiner Unterschrift den Erhalt der Sendung. Bei Verlust haftet die Post bis maximal 100 € bzw. 500 €.

DHL ExpressEasy National

Müssen Briefe oder Pakete schon am Tag nach der Einlieferung bei einem Empfänger innerhalb Deutschlands sein, dann kann man die Sendung (nur das Gewicht entscheidet) als DHL ExpressEasy versenden. Gegen ein Extra-Entgelt kann der Kunde die Sendung von Montag bis Freitag noch früher zustellen lassen – er kann zwischen den Zustellzeiten vor 9, vor 10 und vor 12 Uhr wählen. Dabei gilt: je früher, desto teurer. Auch an Samstagen kann zugestellt werden – dieser Zusatzservice kostet dann noch einmal extra. Eine Haftung bis 500 € bei Verlust oder Beschädigung ist eingeschlossen.

8.5 Gebührenberechnung

Postgebühren ändern sich ständig. Neue Leistungsangebote kommen hinzu, alte fallen weg. Deshalb ist es nicht sinnvoll, hier die aktuellen Gebühren aufzulisten. Außerdem wäre eine solche Übersicht viel zu umfangreich. Über die aktuellen Gebühren liegen in allen Postfilialen zahlreiche Broschüren aus.
Unter der Internetadresse **www.deutschepost.de** erhält man online Gebührenauskünfte und andere Informationen über die Dienstleistungen der Deutschen Post. Des Weiteren steht hier auch ein bequemer **Portoberater zur Gebührenberechnung** zur Verfügung, der Schritt für Schritt zum Porto für die gewünschte Versandart führt (siehe die letzten beiden Schritte für einen nachverfolgbaren Großbrief im Beispiel unten).

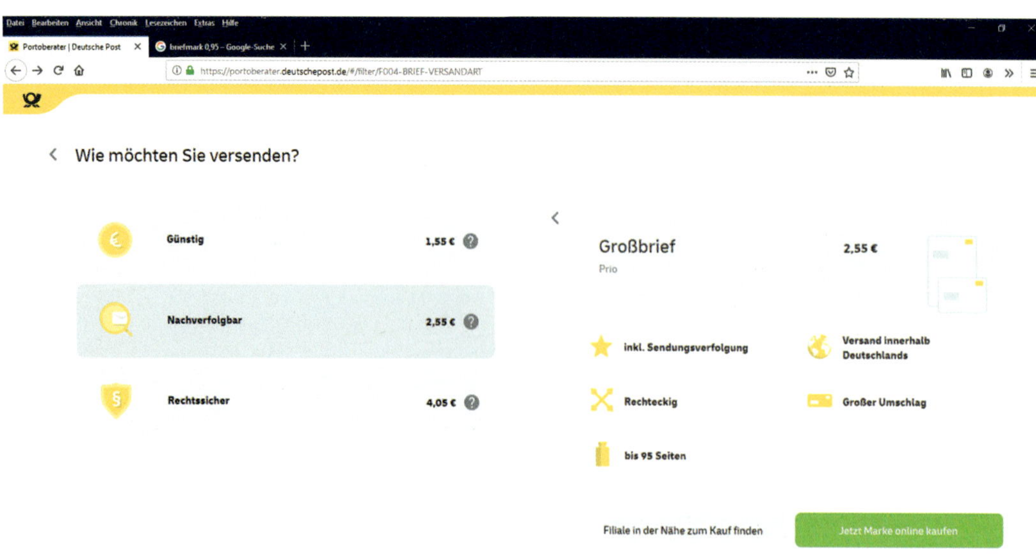

8.6 Versand von medizinischem Untersuchungsmaterial

Für Sendungen, die medizinisches Untersuchungsmaterial enthalten, hat die Deutsche Post 2019 bzw. 2017 **„Regelungen für die Beförderung von gefährlichen Stoffen und Gegenständen für Briefsendungen** (Juli 2019) **und briefähnliche Sendungen“** (Juli 2017) veröffentlicht.

Damit die Sendung während des Versandes keine Gefahr darstellt, muss die Verpackung den Belastungen während des Transportes standhalten, sie darf nicht aufreißen oder aufplatzen. Beachtet der Arzt die Vorgaben für Verpackung und Versand nicht, haftet er für die Folgen.

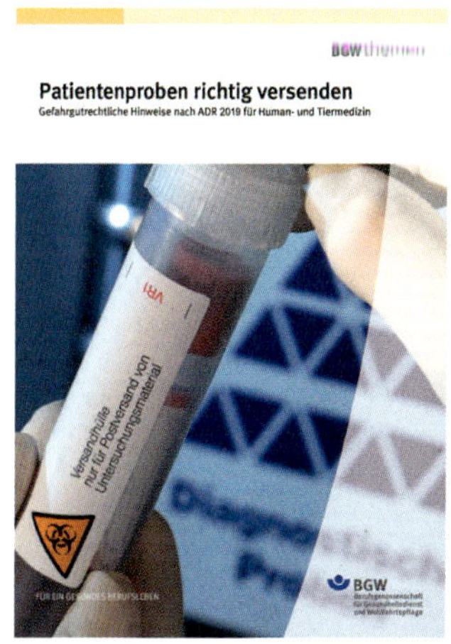

www.bgw-online.de

Freigestelltes medizinisches Untersuchungsgut

Proben, bei denen aufgrund ärztlicher Einschätzung nur eine minimale Wahrscheinlichkeit besteht, dass sie Krankheitserreger enthalten, z. B.

- arbeitsmedizinische Proben zur Kontrolle der Leberfunktion
- Proben für forensische Zwecke (Feststellung von Drogen/Alkohol)
- Vorsorgeuntersuchungen auf Blut im Stuhl können als freigestellte Proben versendet werden.

Die **Transportverpackung** setzt sich zusammen aus:

- einem oder mehreren Probengefäßen, die wasserdicht sein müssen.
- einer Sekundärverpackung, die ebenfalls wasserdicht sein muss.
- einer Außenverpackung. Es sollen nur formstabile Schachteln aus Pappe oder Versandhüllen (reißfestes Papier oder Kunststofffolie) eingesetzt werden.

Jedes Versandstück muss **gekennzeichnet** (deutsch und englisch, Schrifthöhe 6 mm) sein:
„FREIGESTELLTE MEDIZINISCHE PROBE“
„EXEMPT HUMAN SPECIMEN“

Die Probe wird als **Groß- oder Maxibrief** versendet.

Stoffe und Gegenstände der UN-Nr. 3373

Proben, die Infektionserreger von geringer Pathogenität enthalten, wie z. B.

- Stuhlproben mit Salmonellen,
- Serum eines HIV-positiven Patienten

zählt man zu den ansteckungsgefährlichen Stoffen der Kategorie B, UN-Nr. 3373, bis Risikogruppe 2.

Für den Transport dieser Stoffe darf man nur eine **bauartgeprüfte kistenförmige Verpackung** verwenden, die zusätzlich **gekennzeichnet** ist (s. Abbildung).

Die Probe wird **als Großbrief oder Maxibrief** versendet.

www.deutschepost.de

8.7 Postbearbeitung

Posteingang

In einer Arztpraxis werden Postsendungen durch den Zusteller gebracht – seltener werden sie bei der Post aus dem Postfach abgeholt. Die eingehende Post wird dann folgendermaßen bearbeitet:

!

- Zuerst wird die eingehende Post **vorsortiert** nach: Zeitschriften, Praxispost, Privatpost und Werbung usw. Einige Praxen verwenden hierzu verschiedenfarbige Ablagefächer, andere bevorzugen Sammelmappen.
- Dann wird die Post von der Medizinischen Fachangestellten **geöffnet**, mit Ausnahme von Privatpost oder Briefen, die den Vermerk „Persönlich" tragen. Ist eine eindeutige Zuordnung von Praxis- oder Privatpost nicht möglich, wird der Brief nur mit dem Eingangsdatum versehen. Der Arzt kann dann selbst entscheiden.
- Anschließend überprüft die MFA die Briefsendungen auf **Vollständigkeit**: Fehlt eine Anlage, wird dies auf dem Brief vermerkt.
- Nach der Entnahme werden die Schriftstücke mit einem **Eingangsstempel** versehen. Dies hat den Vorteil, dass man das Briefdatum mit dem Eingangstag vergleichen kann. Wichtig ist dies bei Vorgängen, bei denen feste Fristen eine Rolle spielen, z. B. Rentenangelegenheiten oder Anfragen bei der Krankenkasse. Außerdem weiß man, wer den Brief entgegengenommen und bearbeitet hat.

- Fehlt einem Schreiben der **Absender**, so muss man ihn mit dem Umschlag zusammenheften oder den Absender auf das Schreiben **übertragen**.
- Laborbefunde, Untersuchungsbefunde und Facharztberichte werden zusammen mit den Karteikarten in einer **Postmappe** dem Arzt vorgelegt. Wurde in einem Fall schon ein Schriftverkehr geführt, muss die MFA diese Schriftstücke oder die Karteikarte heraussuchen und zusammen mit dem Brief dem Arzt vorlegen.

Empfangsberechtigung Sendungen mit Briefzusatzleistungen (Einschreiben, Rückschein) werden zugestellt:

1. an den *Empfänger*
2. an *Empfangsbevollmächtigte*
   (eine einfache schriftliche Vollmacht des Arztes genügt)
3. an *Ersatzempfänger:*
   - Angehörige des Empfängers (z. B. die Ehefrau)
   - Personen, bei denen angenommen werden kann, dass sie zur Entgegennahme berechtigt sind (z. B. die MFA, ein Assistenzarzt).

Die Aushändigung an Hausbewohner und Nachbarn ist ausgeschlossen.

Ausnahme: Einschreiben, die mit der Zusatzleistung **Eigenhändig** kombiniert sind, werden nur an den **Empfänger persönlich gegen Unterschrift** ausgehändigt. Der Arzt kann allerdings ausdrücklich eine MFA schriftlich bevollmächtigen, diese Sendungen entgegenzunehmen.

Beschädigte Sendungen Kommt eine Sendung beschädigt an, kann die Annahme verweigert werden. Dazu ist der Empfänger oder der Bevollmächtigte berechtigt.

Postausgang

Ausgehende Poststücke werden einmal am Tag bearbeitet. Es sollte genügend Zeit eingerechnet werden, damit die Postfiliale noch offen ist. Dabei wird die ausgehende Post folgendermaßen bearbeitet:

!

- Die Fachangestellte legt dem Arzt die ausgehende Post in der **Unterschriftenmappe** zum Unterschreiben vor.
- Bevor die Post **gefalzt** und in die Kuverts gesteckt wird, wird sie abschließend **kontrolliert**: Ist jeder Brief unterschrieben und gestempelt? Sind die Anlagen vollständig?
  Die Benutzung von Fensterbriefumschlägen erspart die Beschriftung der Briefumschläge.
- Die Ausgangspost wird nach dem Kuvertieren für das **Frankieren** sortiert, und zwar nach Sendungsart, z. B. Brief, Paket, sowie nach der Versendungsform, z. B. Einschreiben Einwurf. Mit der Briefwaage wird dann das richtige Porto ermittelt und die Sendung frankiert. Das ist wichtig, denn bei der Auslieferung von nicht ausreichend frankierten Sendungen erhebt die Post ein **Nachentgelt** (fehlendes Porto plus Einziehungsentgelt von 0,70 € bei einem Standard-/Kompaktbrief oder 2,00 € bei einem Maxi-/Großbrief). Lehnt der Empfänger die Zahlung ab, verweigert er die Annahme der Sendung. Dann muss der Absender das Nachentgelt zahlen.
- Bei wichtigen Sendungen ist es sinnvoll, ein **Postausgangsbuch** zu führen.

Lagerung von Sendungen

Der Empfänger kann die Lagerung seiner Briefsendungen bei seiner Postfiliale vereinbaren, wenn er z. B. für einige Wochen verreist und die Praxis schließt. Die Lagerung ist bis zu drei Monaten möglich. Ausgenommen vom Lagerservice sind unter anderem Päckchen, Pakete, Einschreiben und Nachnahmen.

ZUSAMMENFASSUNG

Postbearbeitung

Basisformate

- Standard
- Kompakt
- Groß
- Maxi

Sendungsarten

- Brief/Postkarte
- Büchersendung
- Warensendung
- Dialogpost
- Päckchen
- Paket

Versandzusatzleistungen

- Einschreiben
- Einschreiben Einwurf
- Nachnahme
- Rückschein
- Eigenhändig
- Wert National

Posteingang

1. Zustellung oder Abholung im Postfach
2. Vorsortieren: → Praxispost
→ Zeitschriften
→ Werbung
→ Privatpost (nicht öffnen)
3. Öffnen
4. Vollständigkeit überprüfen
5. Mit Eingangsstempel versehen
6. Vorlegen (mit Karteikarte, Schriftverkehr)

Postausgang

1. In der Unterschriftenmappe vorlegen
2. Kontrollieren: → Anschrift?
→ Unterschrift?
→ Anlagen?
3. Falten und Kuvertieren
4. Sortieren: → Sendungsart
→ Versendungsform
→ Gewicht (Briefwaage)
5. Frankieren (evtl. in Postausgangsbuch eintragen)
6. Einliefern beim Postamt

ARBEITSTEIL

1. Röntgenbilder sollen versendet werden – entscheiden Sie sich für die Sendungsart „Päckchen" oder „Paket". Begründen Sie Ihre Entscheidung.

2. Besorgen Sie sich eine Broschüre mit den aktuellen Postgebühren oder schauen Sie im Internet auf der Homepage der Deutschen Post bzw. der DHL-Homepage für Privatkunden nach und geben Sie die Gebühren an für
   a) einen Großbrief nach Hamburg
   b) Büchersendung (bis 1.000 g)
   c) Brief, Einschreiben, 200 g
   d) Einschreiben Eigenhändig für einen Standardbrief
   e) Brief, 20 g, DHL ExpressEasy National
   f) Maxibrief (bis 1.000 g) in die Schweiz
   g) Brief, 45 g, nach USA
   h) 100 Plusbriefe Standard, DIN lang, mit Fenster.

3. Ein Serumröhrchen soll an ein Speziallabor versendet werden – das Serum stammt von einem Patienten mit Hepatitis B. Wie müssen Sie vorgehen?

4. Sie sollen einem Patienten eine DVD (14 x 12 x 1 cm, Gewicht 80 Gramm) zum Thema „Darmspiegelung" zusenden. Welche Sendungsart ist die günstigste?

5. Verwenden Sie den Portoberater auf der Homepage der Deutschen Post bzw. recherchieren Sie auf der DHL-Homepage für Privatkunden und ermitteln Sie den Preis für
   a) Brief, Deutschland, 800 g, Abmessungen 29 cm x 21 cm x 4 cm.
   Zusatzleistungen: Einschreiben
   b) Paket, 18 kg, Abmessungen 35 cm x 35 cm x 35 cm, DHL ExpressEasy National.
   Zusatzleistungen: Transportversicherung bis 2.500 €.
   c) Paket, 8 kg, Abmessungen 60 cm x 35 cm x 35 cm, DHL ExpressEasy National.
   Zusatzleistungen: Transportversicherung bis 25.000 €.

6. Schildern Sie kurz die wichtigsten Schritte bei der Bearbeitung des Posteingangs.

7. In der Praxis von Dr. Bohr muss Silke die Post bearbeiten. Da sie erst vor Kurzem ihre Ausbildung zur Zahnmedizinischen Fachangestellten begonnen hat, fehlt ihr noch die nötige Routine bei dieser Arbeit.
   Heute hat der Postbote wieder eine ganze Menge an verschiedenartigen Sendungen in die Praxis gebracht. Es sind Kataloge von Pharmafirmen und Werbeflugblätter dabei, Briefe, deren erste Adresszeile „Herrn Dr. Bohr" lautet, andere, die nur an die „Praxis Dr. Bohr" adressiert sind, wieder andere, die an die Praxis „z. Hd. Frau Teresa Scholl" gerichtet sind (Teresa Scholl ist die Erstkraft der Praxis, die gerade eine Woche Urlaub hat).
   Silke ist sich nicht ganz sicher, welche Briefe sie öffnen darf und welche sie ungeöffnet weiterleiten muss. Können Sie ihr behilflich sein? Wie muss der Posteingang generell bearbeitet werden und wie läuft dies in Ihrer Praxis?

8. a) Erkundigen Sie sich danach, ob für Ihre Praxis eine Frankiermaschine sinnvoll und wirtschaftlich wäre.
   b) Welche Überlegungen könnten für den Einsatz von Plusbriefen sprechen?

9 Telekommunikation

Patientenwerbung, die sich rechnet

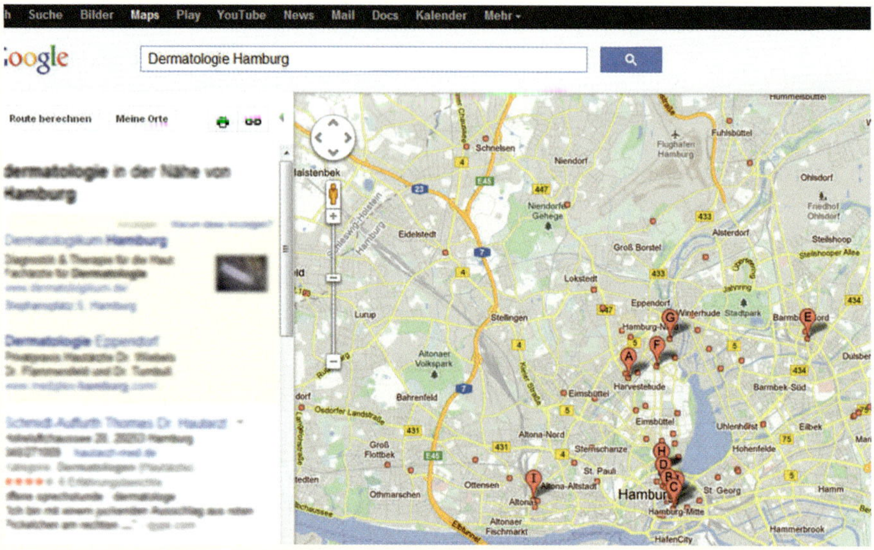

Ärzte präsentieren sich zunehmend im Netz. Warum? Weil sich dort die Patienten tummeln. Sie suchen den Austausch und Dialog mit dem Arzt ihres Vertrauens. Sie verstehen sich nicht mehr nur als Konsumenten, sondern als „Prosumenten" (sie konsumieren nicht mehr passiv, sondern sind durch ihre Dialoge Teil der Wertschöpfung eines Unternehmens = Produzenten). Das gilt auch für eine Arztpraxis, da der Patient immer intensiver in seinen persönlichen gesundheitlichen Belangen involviert werden möchte. Die Gesellschaft für Konsumforschung berichtet in einer Auftragsstudie der Telegate AG, dass sich bereits jeder dritte Deutsche im Internet nach qualifizierten Informationen zu örtlichen Dienstleistern und Ärzten umschaut. Er schätzt die Schnelligkeit des Mediums, die Möglichkeit der vertieften Aufbereitung von Informationen, der hohen Aktualität und des aktiven Austauschs.

Quelle: Deutsches Ärzteblatt 2009; 106(9): [16]

Welche Kommunikationsmittel neben dem Internet kennen Sie?

Über welche Kommunikationsmittel verfügt Ihre Ausbildungspraxis?

Wie kann die Kommunikation mit Patienten über das Internet aussehen?

Allgemeines

Über das Telefon findet ein großer Teil der Kommunikation mit dem Patienten statt, meistens ist das Telefon auch der erste Kontakt mit der Praxis. Die Stimme der Medizinischen Fachangestellten am Telefon ist die Visitenkarte der gesamten Praxis.
Räumlich sollte der Arbeitsplatz Telefon von den Patienten, die sich im Wartezimmer und an der Anmeldung aufhalten, etwas entfernt sein: gerade aus Gründen der Schweigepflicht empfiehlt sich die räumliche Trennung von Telefon und Empfang.

Verhaltensregeln für erfolgreiches Telefonieren in der Arztpraxis:

- Nehmen Sie spätestens nach dem dritten Klingeln den Hörer ab.
- Begrüßen Sie den Gesprächspartner immer freundlich und verständlich: Praxisname [Pause], Ihr Name [Pause]. Vergessen Sie nicht die Begrüßung.
- Heben Sie Ihre Stimme am Satzende – dies wirkt frisch und einladend.
- Prägen Sie sich den Namen des Gesprächspartners ein und notieren Sie ihn eventuell. Sprechen Sie den Anrufer mit seinem Namen an.
- Während eines Telefongesprächs müssen die anderen Kolleginnen Rücksicht nehmen. Laute Hintergrundgespräche oder Lachen stören, außerdem könnte der Gesprächspartner dies auf sich beziehen.
- Legen Sie den Hörer erst auf, nachdem der Gesprächspartner eingehängt hat.
- Lächeln Sie beim Telefonieren, dadurch klingt Ihre Stimme sympathischer.

Analoge und digitale Übertragungstechnik

Im Telefonverkehr können Daten analog oder digital übertragen werden. Bei der **analogen** Übertragung von Daten können Störungen auftreten. Im Gegensatz zu digitalen Signalen kann das gestörte analoge Signal beim Empfang nicht mehr korrigiert werden. Die Tonqualität ist deshalb schlechter. Man kann neben einem Telefon auch ein Telefax oder einen Anrufbeantworter anschließen – es steht aber nur immer eine Leitung zur Verfügung.
Dagegen ist die **digitale** Übertragung viel leistungsfähiger und schneller, bei störungsfreier Tonqualität. Außerdem können bei einem DSL-Anschluss zwei Funktionen gleichzeitig genutzt werden, z. B. ein Telefon und ein Telefax. Das digitale Telefonnetz heißt **DSL** (Digital Subscriber Line) – es hat mittlerweile das klassische ISDN fast vollständig abgelöst.

Telefonanlagen

Zu einer professionellen Organisation des Arbeitsplatzes Telefon gehört auch eine technisch ausgereifte Anlage, mit der die Fachangestellten des Praxisteams umgehen können. So gibt es beispielsweise Reihenanlagen und Wählanlagen. Bei einer **Reihenanlage** können hereinkommende Anrufe zu jedem Telefon weitervermittelt werden; die einzelnen Telefone können untereinander durch einfachen Tastendruck verbunden werden – deshalb werden sie gerne in Arztpraxen eingesetzt. **Wählanlagen** haben eine Vermittlungseinrichtung und die daran angeschlossenen Telefone, die jeweils eine eigene Nummer haben können. Bei der Zahl der Telefone gibt es keine Obergrenze – solche Anlagen findet man z. B. bei großen Behörden.

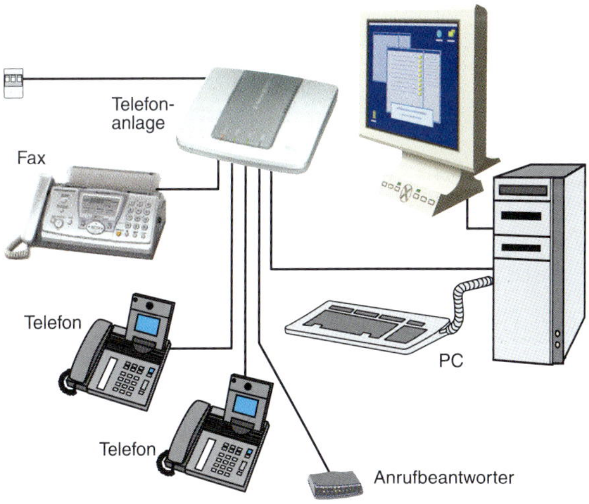

Erst mit einer modernen Telekommunikationsanlage können die vielfältigen Möglichkeiten des **DSL-Netzes** genutzt werden. Unter anderem bietet dieses folgende Möglichkeiten:

- Ein DSL-Anschluss hat zwei Leitungen mit mindestens drei Rufnummern.
- Die Gesprächskosten sind niedriger als beim analogen Anschluss.
- Telefon, Fax und Internet können gleichzeitig genutzt werden.
- Sprache, Bilder oder Texte werden in bester Qualität übertragen.
- Die Rufnummer des Anrufers wird im Telefondisplay angezeigt (Clip-Funktion).
- Eingehende Anrufe können an jeden Festnetz- oder Mobilfunkanschluss weitergeleitet werden.
- Durch „Anklopfen", wird signalisiert, dass ein weiteres Gespräch in der Leitung ist.
- Automatischer Wiederanruf so lange, bis beim gewählten Anschluss nicht mehr besetzt ist.

Je nachdem, wie viele Telefonate eine Praxis am Tag bewältigen muss, benötigt man mehrere Leitungen. Eine Telefonnummer der Praxis sollte nicht öffentlich sein, da diese Leitung ständig für ausgehende Telefonate zur Verfügung stehen muss.

Zusatzeinrichtungen des Telefons

Der Fachhandel bietet eine große Auswahl von Telefonapparaten an. Dabei reicht die Auswahl von einfacher Ausstattung bis zu komfortablen Erweiterungen. Die Leistungsmerkmale werden durch bestimmte Symbole auf den Funktionstasten angezeigt:

Wahlwiederholung: Die zuletzt gewählte Rufnummer wird gespeichert. Wenn besetzt ist oder sich niemand meldet, kann die Wahl durch Tastendruck automatisch wiederholt werden.

Stummschaltung: Taste zum Abschalten des Mikrofons. Ihr Gesprächspartner hört dann nicht mit, was Sie während eines Telefongespräches mit anderen Personen besprechen.

Kurzwahl: Rufnummern von Gesprächspartnern, die man häufig benötigt, können eingespeichert werden. Das Wählen wird schneller und Verwählen unter Zeitdruck ist ausgeschlossen.

Namentasten: Mit beschrifteten Namentasten können häufige Gesprächspartner durch einen Tastendruck angewählt werden.

Notizbuchfunktion: Während eines Telefongesprächs, z. B. mit der Auskunft, kann die Nummer über die Tastatur eingespeichert werden. Danach wird sie mit Tastendruck angewählt.

Signaltaste: Damit kann man während eines Gesprächs Rückfrage halten, eine Nebenstelle anrufen oder an eine Nebenstelle weiterverbinden.

Lautsprecher: Durch Tastendruck kann man über einen eingebauten Lautsprecher Anwesende mithören lassen.

Freisprechen: Ohne den Hörer abzunehmen, kann man telefonieren und hat die Hände zum Schreiben frei.

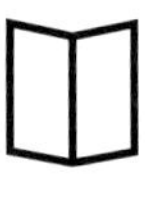

Telefonbuch: Rufnummern und Namen können eingespeichert und zum Wählen abgerufen werden. Durch die Clip-Funktion zeigt das Display die Namen von zuvor gespeicherten Anrufern.

Die wichtigsten Telefonnummern werden in der Telefonanlage gespeichert. Die gespeicherten Nummern werden zusätzlich in einem Telefonbuch aufgeschrieben oder in der Praxis-EDV gespeichert. Die Telefonnummern der Patienten, privat und geschäftlich, sowie die Zeiten der Erreichbarkeit sind in den Stammdaten des Patienten zu vermerken. Bei neuen Patienten ist darauf zu achten, dass ihre Telefonnummern in das handschriftliche Telefonbüchlein bzw. die Praxis-EDV auch wirklich aufgenommen werden, damit sie für die Praxis erreichbar sind. Auch andere wichtige Telefonnummern werden gespeichert. Bei der Verwaltung dieser Verzeichnisse ist darauf zu achten, dass sie immer vollständig und aktuell sind: Nur so wird Telefonieren praktisch und zeitsparend.

Anrufbeantworter

Eine Arztpraxis ohne Anrufbeantworter ist heute nicht mehr denkbar. So kann ein Patient auch außerhalb der Geschäftszeiten wichtige Informationen über die Erreichbarkeit des Arztes oder den Notdienst erhalten. Erkrankte Patienten können auch um einen Hausbesuch bitten. Wenn die Praxis wieder besetzt ist, können aufgesprochene Nachrichten abgehört werden. Mittels einer zusätzlichen Fernabfragefunktion kann ein Arzt, der wegen Hausbesuchen unterwegs ist, abhören und zusätzlich erbetene Besuche gleich anhängen.

Allerdings sind Anrufbeantworter mit der Möglichkeit zur Aufzeichnung nicht ganz unproblematisch. In einem Notfall wird der Anrufbeantworter viel zu spät abgehört, sodass er für den Patienten überhaupt keine Hilfe darstellt. Wie der Anrufbeantworter eingesetzt wird, hängt deshalb sehr von der Art der Praxis ab.
Es ist wichtig, den Ansagetext einfühlsam und verständlich zu gestalten. Der Patient soll nicht das Gefühl haben, mit einer Maschine zu sprechen. Vor dem Besprechen des Anrufbeantworters muss der Text aufgeschrieben und probegesprochen werden. Wichtige Angaben sind zu wiederholen, damit der Patient mitschreiben kann.

Beispiel für einen Ansagetext

Guten Tag. Sie haben den Anschluss der Praxis Dr. Möller gewählt. Unsere Praxis ist von Freitagabend 18:00 Uhr bis Montagmorgen 8:00 Uhr geschlossen. In Notfällen wenden Sie sich bitte an den ärztlichen Notdienst, Telefon 12 34 56. Ich wiederhole: Telefon 12 34 56. Ab Montagmorgen 8:00 Uhr sind wir wieder für Sie da. Wir danken Ihnen für Ihren Anruf. Das Gerät schaltet jetzt ab.

Telefax

Ein Telefax wandelt einen Brief oder ein Bild in Rasterpunkte um, die dann als elektronische Signale über das Telefonnetz übertragen werden. Das Empfangsgerät kehrt diesen Vorgang wieder um: So erhält der Empfänger eine Kopie vom Original. Der Begriff Telefax ist aus dem Lateinischen abgeleitet: fac simile = mache ein Gleiches.

Grundsätzlich sollte man nur geeignete Vorlagen faxen. Vorlagen sollten das Format DIN A4 haben und nicht aus Glanzpapier sein. Farben wie Gelb oder Grün ergeben schlechte Kontraste.

Alles, was kopiert werden kann, kann auch gefaxt werden.

Bei einem Telefaxgerät mit Thermopapier ist zu beachten, dass dieses Papier mit der Zeit ausbleicht. Bei einem wichtigen Telefax auf Thermopapier sollte man deshalb sofort mit dem Kopiergerät eine Kopie anfertigen. Beim Telefax mit Normalpapier besteht dieses Problem nicht.
Für das Senden und Empfangen von Faxen brauch man heute kein eigenes Faxgerät mehr. Ein Telefax kann direkt auf dem PC oder Smartphone erstellt und über einen Online-Fax-Service versendet und empfangen werden.
Jede MFA muss wissen, dass Kommunikation mit Telefax das Versenden von „elektronischen Postkarten" ist. Wichtige Nachrichten können aus Versehen beim falschen Empfänger landen und von diesem dann gelesen werden. Bei Nachrichten, die eine besondere Beachtung der Schweigepflicht erfordern, sollte man auf das Telefax verzichten.

Mobiltelefon

Unter der Notrufnummer 112 erreicht man in Deutschland und Europa kostenlos und ohne Vorwahl die örtlich zuständige Notrufzentrale – egal, ob der Notruf vom Festnetz oder vom Mobiltelefon gesendet wird.
Für den Arzt ist sein Mobiltelefon unentbehrlich geworden, weil er damit auf Hausbesuchen für die Fachangestellten in der Praxis ständig erreichbar bleibt.
Drei Netzbetreiber teilen sich seit 2015 den deutschen Markt. Die Übertragungstechnik ist digital.

Mobilfunknetz	**D1**	**D2**	**O_2**
Betreiber	Telekom Deutschland	Vodafone	O_2 (Telefonica Deutschland)

Ein **Smartphone** kann als kleiner transportabler Computer angesehen werden, der zusätzlich die Funktionen eines Mobiltelefons besitzt. Smartphones lassen sich über zusätzliche Programme (sogenannte **Apps**) vom Anwender individuell mit neuen Funktionen aufrüsten. So gibt es z. B. die App „ROTE LISTE Medikamente", mit der ein Arzt im Notdienst auch offline jederzeit fundierte und zuverlässige Informationen zu fast allen Arzneimitteln erhalten kann.

Telefonnotiz

Wichtige Telefongespräche machen eine Telefonnotiz erforderlich. Diese Notiz kann über Papier oder EDV geführt werden. Unter dem Datum des Tages werden die wichtigen Inhalte des Telefongespräches in Stichworten und leserlich aufgeschrieben. Manche Telefongespräche enthalten auch abrechnungsfähige Leistungen. Dies kann am Ende des Arbeitstages dann auch noch einmal kurz kontrolliert werden.

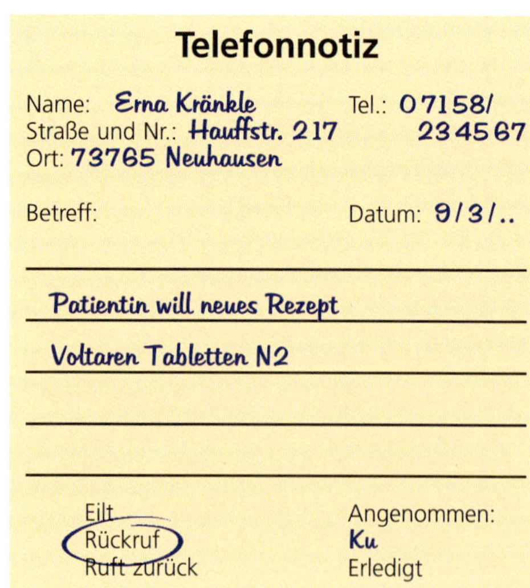
Telefonnotiz

Name: Erna Kränkle Tel.: 07158/ 234567
Straße und Nr.: Hauffstr. 217
Ort: 73765 Neuhausen

Betreff: Datum: 9/3/..

Patientin will neues Rezept
Voltaren Tabletten N2

Eilt
Rückruf
Ruft zurück

Angenommen: Ku
Erledigt

Manchmal kann die Medizinische Fachangestellte trotz bestem Willen den Namen des Patienten nicht verstehen. Dann kann sie den Patienten bitten, seinen Namen zu buchstabieren:

Buchstabiertafel

Deutsch (DIN 5009)		**International** (ITU 1927)	
Anton	**O**tto	**A**msterdam	**Q**uebec
Ärger	**Ö**konom	**B**altimore	**R**oma
Berta	**P**aula	**C**asablanca	**S**antiago
Cäsar	**Q**uelle	**D**anemark	**T**ripoli
Charlotte	**R**ichard	**E**dison	**U**psala
Dora	**S**amuel	**F**lorida	**V**alencia
Emil	**Sch**ule	**G**allipoli	**W**ashington
Friedrich	**T**heodor	**H**avana	**X**anthippe
Gustav	**U**lrich	**I**talia	**Y**okohama
Heinrich	**Ü**bermut	**J**erusalem	**Z**ürich
Ida	**V**iktor	**K**ilogramme	
Julius	**W**ilhelm	**L**iverpool	
Kaufmann	**X**anthippe	**M**adagaskar	
Ludwig	**Y**psilon	**N**ew **Y**ork	
Martha	**Z**acharias	**O**slo	
Nordpol		**P**aris	

Telefontarife

Bis Ende 1997 durfte nur die DEUTSCHE TELEKOM Telefongespräche für private Telefonkunden vermitteln. Seitdem es auch andere Anbieter gibt, sind die Kosten für Ferngespräche drastisch gefallen. Kostete ein Ferngespräch Ende 1997 tagsüber noch rund 60 Pfennig (entspricht ≈ 31 Cent) pro Minute, ist Telefonieren heute dank diverser Flatrate-Angebote, die häufig auch die Internetbenutzung beinhalten, vor allem für regelmäßige Nutzer viel günstiger.

vodafone

You can do. O_2

Bei Ortsgesprächen ohne Vorwahl und bei Fernverbindungen kann sich der Kunde unter zahlreichen Telefongesellschafen entscheiden. Dabei stehen ihm zwei Möglichkeiten offen:

- **Sparvorwahl:** Bei jedem Telefongespräch tippt der Kunde vorher die Netzkennzahl des Anbieters (z. B. 01024) ein, über den er sein Telefongespräch führen möchte (**„Call by call"**). Das funktioniert bei den meisten Anbietern ohne vorherige Anmeldung. Die Gebühren erscheinen später auf der Telekom-Rechnung oder der Kunde erhält die Rechnung direkt vom privaten Anbieter.
- **Feste Voreinstellung:** Der Kunde schließt mit einem privaten Anbieter einen Vertrag ab (**„preselection"**). Die Folge: Er führt automatisch alle Ferngespräche mit ihm, ohne dass er die Netzkennzahl dieses Anbieters wählen muss. Die Rechnung stellt sein Preselection-Anbieter.

Die privaten Anbieter und die Deutsche Telekom AG stehen in einem harten Wettbewerb. Deshalb ändern sie regelmäßig ihre Telefontarife. Der Kunde muss sich deshalb ebenso regelmäßig aus Zeitschriften (z. B. Stiftung Warentest, Computer Bild) oder aus dem Internet (www.telespiegel.de) informieren.

- **Flatrate:** Viele Kunden vereinbaren mit dem Anbieter einen monatlichen Pauschaltarif für Telefon und Internet ohne Zeit- und Volumenbegrenzung (Doppelflat) – so sparen sie sich die ständige Suche nach dem gerade günstigsten Anbieter.

Tarife für Service-Rufnummern Die 0800 ist die Vorwahl von kundenorientierten Unternehmen. Viele Banken, Versicherungen, Hotels und die Deutsche Telekom AG übernehmen die Gesprächskosten. Für den Anrufer ist das Gespräch kostenlos. Bei der 0180 entstehen Verbindungskosten: Zum Beispiel Fluggesellschaften (Lufthansa) oder Versandhäuser (Otto, Neckermann) bieten ihren Kunden einen direkten Draht zum richtigen Ansprechpartner ohne lästiges Durchfragen. Bei den 0900-Vorwahlen (lösten ab 2006 0190-Nummern ab) entstehen die höchsten Verbindungskosten. Hier bieten u. a. Informationsdienste, z. B. Pollenflugvorhersage, ihre Informationen an.

08 00 kostenfrei	**0180-1**	3,9 Cent je 60 Sek.	**0900-1 Information**
	0180-2	6 Cent je Verbindung	**0900-3 Unterhaltung**
	0180-3	9 Cent je 60 Sek.	**0900-5 sonst. (z. B. Erotik)**
	0180-4	20 Cent je Verbindung	**0900-9 Einwahlprogramme (Dialer)**
	0180-5	14 Cent je 60 Sek.	
	0180-6	20 Cent je Verbindung	
Tarife für Service-Rufnummmmern aus dem Festnetz (Stand 2.11.2019, www.telespiegel.de)	**0180-7**	30 Sek. kostenfrei, danach 14 Cent je 60 Sek.	kein Festpreis (Preis von Anbieter wählbar, max. 3 € je 60 Sekunden oder 30 € je Verbindung, Zwangstrennung nach 60 Minuten bei zeitabhängigem Tarif)

Die Vorwahl 0137 wird für das Televoting verwendet (z.B. von Fernsehsendern bei Publikumsabstimmungen). Hierfür sind ebenfalls erhöhte Tarife zu entrichten (z.B. 0137-9: 0,50 €/Verbindung).

Computerkommunikationsnetze (Internet)

Die moderne Arztpraxis hat selbstverständlich einen Internet-Zugang. Mit diesem Zugang lassen sich schnell wichtige Informationen beschaffen und austauschen. Zugleich ermöglicht er, dass sich das Praxisteam mit seinen Leistungen den Patienten darstellen kann, die ebenfalls über Internet verfügen.
Die technischen Voraussetzungen für den Zugang zum **Internet** sind:

- **Personalcomputer** (PC)
- **Telefon- oder DSL-Anschluss**: Der klassische Schmalband-Zugang mit ISDN wird voraussichtlich bis 2022 komplett abgeschaltet sein. Ein Breitbandzugang mit DSL (engl. Digital Subscriber Line – digitale Teilnehmer-Anschlussleitung) ist mit einer Geschwindigkeit von bis 16 Mbit/s rund 250-mal schneller als ISDN.
- **Modem**: Ein Modem (von: **Mo**dulator – **Dem**odulator) ist das „Telefon" für den Computer. Mit diesem Gerät kann er über das Telefonnetz mit anderen Computern und Netzwerken Kontakt aufnehmen und Daten austauschen.
- **Browser**: Dies ist ein Programm (engl. to browse = blättern), mit dem man auf das Internet zugreifen kann. Verbreitete Browser sind der Netscape Communicator und der Internet-Explorer.

- **Provider**: Dies ist ein Anbieter (engl. to provide = bereitstellen), der den Zugang zum Internet bereitstellt. Bei ihm muss sich der Internetnutzer anmelden und für die Nutzung des Internets bezahlen. Provider sind z. B. T-online, AOL oder das Deutsche Gesundheitsnetz DGN.

Informationen austauschen

Mit einer E-Mail kann sich ein Arzt mit seinen Kollegen austauschen: Im Gegensatz zu einem Brief ist eine E-Mail sofort beim Empfänger und die Kosten sind außergewöhnlich niedrig. Dabei können nicht nur Daten wie Laborbefunde übertragen werden. Auch die Übertragung von Bildern, z. B. Kernspintomografie oder Röntgen, ist in digitaler Form möglich.

Informationen beschaffen

Mit der Post dauert es ein bis zwei Tage, aus einem Prospekt ein Fachbuch oder einen Praxisartikel zu bestellen – mit Internet gelingt das jederzeit und sofort. Sucht ein Facharzt einen Artikel in einer englischsprachigen Zeitschrift, kann er sich jetzt den Gang zu einer Universitätsbücherei sparen.
Beispiele für die Informationsbeschaffung aus dem Internet:

- Medizinische Fachbücher bestellen:
  –> www.aerzteverlag.de
- Einen bestimmten Artikel aus dem Ärzteblatt suchen:
  –> www.aerzteblatt.de
- Eine geeignete Rehabilitationsklinik suchen:
  –> www.arbeitskreis-gesundheit.de (rund 200 Reha-Einrichtungen stellen sich vor)
- An den Verband medizinischer Fachberufe e. V. wenden:
  –> www.vmf-online.de

Kommunikation mit Patienten

Manche Patienten wollen sich vorher über die Weiterbildung des Arztes sowie über Ausstattung und Leistungen einer Arztpraxis informieren. Für diese Patienten haben viele Praxen eine Homepage eingerichtet.

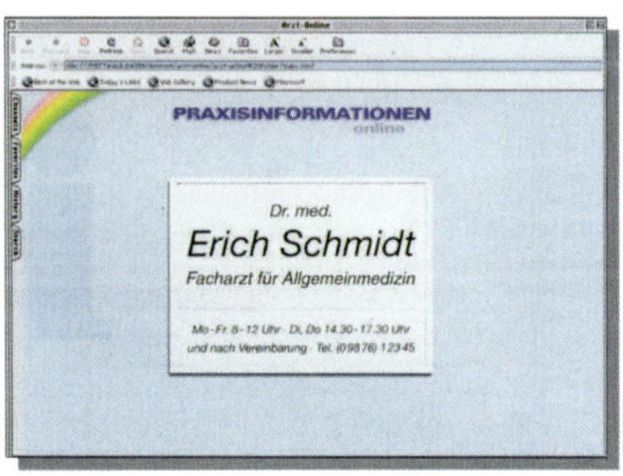

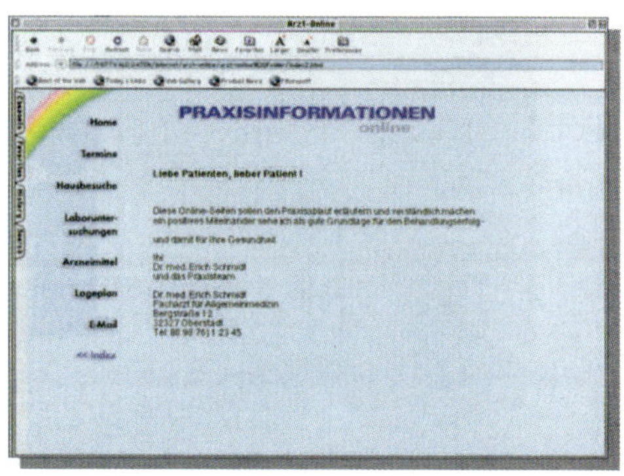

Da es Ärzten jedoch nach wie vor verboten ist, für ihre berufliche Tätigkeit zu werben oder andere dafür werben zu lassen, gelten hier strenge Regeln. Die Berufsordnung legt fest: Informierende Darstellungen in öffentlich abrufbaren Kommunikationsnetzen sind grundsätzlich zulässig, wenn eine berufswidrig werbende Herausstellung der Person des Arztes und seiner Leistungen unterbleibt. Beim Anklicken der Homepage des Arztes erhält dann der Patient:

- sachliche medizinische Informationen, die z. B. der Vorbereitung bei speziellen Untersuchungen oder Behandlungen dienen, und
- organisatorische Hinweise wie Sondersprechstunden, Praxislage mit Straßenplan, Parkplätze, Einrichtungen für Behinderte.

ZUSAMMENFASSUNG

Möglichkeiten der Telekommunikation

- Internet
- Mobiltelefon
- Telefonanlage
- Anrufbeantworter
- Telefax

ARBEITSTEIL

1. Weshalb muss in einer Arztpraxis ständig eine Telefonleitung für ausgehende Gespräche frei sein?
2. Welche Vorteile bietet ein DSL-Anschluss?
3. Entwerfen Sie einen Ansagetext für den Anrufbeantworter Ihrer Praxis.
4. Nebenstehende Abbildung zeigt die Tastatur einer modernen Telefonanlage. Bitte erklären Sie, welche Tasten Sie auf der Anlage Ihrer Praxis bedienen müssen, wenn Sie
   a) während eines Gesprächs eine Telefonnummer speichern möchten,
   b) Ihre Kollegin eine wichtige Information des Anrufers mithören lassen wollen,
   c) einen Patienten direkt ins Sprechzimmer Ihres Chefs verbinden möchten,
   d) einen Anrufer wieder auf Ihren Apparat „zurückholen" wollen?

5. Ein Patient bittet, ihm einen wichtigen Arztbrief zu faxen. Dürfen Sie diesen Wunsch erfüllen?
6. Mit welchen Maßnahmen können Sie Telefonkosten senken?
7. Welche Einsatzmöglichkeiten bietet ein Internet-Anschluss in der Arztpraxis?

10 Praxiskosten

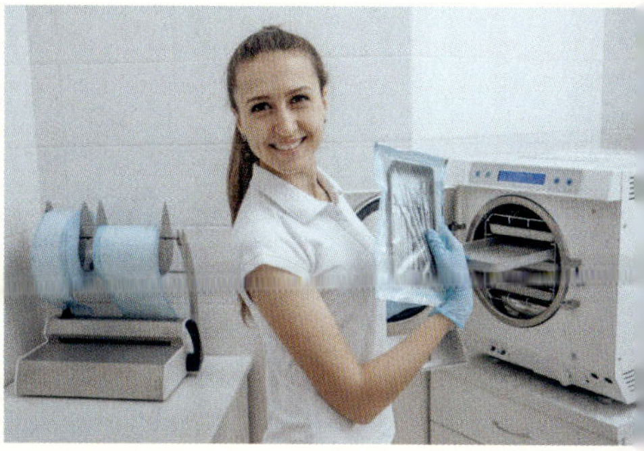

Dr. Möller will einen leistungsfähigen „Klasse B"-Autoklav für die Praxis anschaffen. Er hat seine Auszubildende Theresa gebeten, Informationen zu den Kosten zweier verschiedener Firmen einzuholen.

Theresa: „Ich habe gleich angerufen. Der eine Autoklav kostet 6.500 € und der andere kostet nur 6.000 € zuzüglich Mehrwertsteuer. Die technischen Daten und die Qualität sind die gleichen. Dann können wir ja den günstigeren nehmen."

Dr. Möller: „Das sind ja nur die Anschaffungskosten. Haben Sie gefragt, wie viel die Wartung des Autoklavs kostet?"

Theresa: „Nein."

Dr. Möller: „Haben Sie gefragt, ob uns die Entsorgung unseres alten Autoklavs etwas kostet?"

Theresa: „Nein."

Dr. Möller: „Dann tun Sie das bitte. Klären Sie bitte auch, ob eine Wasseraufbereitungsanlage günstiger ist, oder ob wir wie bisher das destillierte Wasser aus dem Baumarkt kaufen. Und ob wir einen Protokolldrucker anschaffen oder wie bisher Sie das Steri-Buch führen."

Theresa: „Immer fällt Ihnen noch etwas ein. Wäre es nicht besser, Sie würden das alleine machen?"

Dr. Möller: „Ich bin überzeugt, Sie können das. Außerdem möchte ich, dass Sie Kostenbewusstsein entwickeln."

Welche Praxiskosten kennen Sie?

Auf welche Praxiskosten haben Sie Einfluss?

Die Erfassung und Bewertung der Praxiskosten, sowohl der Ausgaben als auch der Einnahmen, hat zwei Gründe:

- Der Arzt muss **Einkommensteuer** bezahlen. Dafür braucht sein Steuerberater eine lückenlose Aufzeichnung aller Praxiskosten.
- Der Arzt muss die Kosten seiner Praxis kontrollieren und steuern können, denn er will und muss mit seiner Praxis **Gewinn** erzielen.

Am besten lässt sich der Gewinn durch eine ordnungsgemäße Buchführung ermitteln. Sofern der Arzt über die Einnahmen-Überschuss-Rechnung hinaus eine ordnungsgemäße Buchführung betreibt, müssen folgende **Grundsätze** beachtet werden:

- Buchungen müssen klar und wahr sein.
- Buchungen in verständlicher Sprache und in Euro vornehmen.
- Keine Buchung ohne Beleg.
- Geschäftsvorfälle fortlaufend und richtig erfassen.
- Bücher und Belege Blatt für Blatt und fortlaufend nummerieren.
- Dokumentenechte Eintragungen (kein Bleistift) und keine leeren Zeilen.
- Aufbewahrungsfristen beachten.
- Kasseneinnahmen und -ausgaben täglich aufzeichnen.

10.1 Kostenarten

Auf der **Ausgabenseite** gibt es in einer Arztpraxis verschiedene Arten von Kosten. Dabei machen die Personalkosten in der Allgemeinpraxis mit ca. 65 % den größten Anteil aus.

Personalkosten • Gehälter • Sozialabgaben • Vermögenswirksame Leistungen • Fahrkosten AN • Fortbildungen AN **Raumkosten** • Pacht • Pachtnebenkosten • Heizung • Gas/Strom/Wasser • Reinigung/Desinfektion • Instandhaltung Praxisräume **Medizinische Geräte** • Abschreibung • Wartung	**Materialkosten** • Labormaterial • Verbrauchsmaterial • Medikamente für Praxisbedarf **Gemeinkosten** • Telefon/Fax • Porto • Bürobedarf • Zeitschriften Wartezimmer • Instandhaltung Einrichtung **Beiträge/Versicherungen** • Arzthaftpflicht • Berufsgenossenschaft BGW • Ärztekammerbeitrag • Versicherungen Praxis **Kfz-Kosten**

Tabelle: Ausschnitt der Kostenaufstellung einer Praxis

Auf der **Einnahmenseite** stehen das KV-Honorar mit dem größten Anteil, die Privatliquidationen und IGeL-Honorare. Einnahmen aus Bescheinigungen, Gutachten oder Studien machen nur einen geringen Anteil aus.

Fixe und variable Kosten

Kosten können danach eingeteilt werden, ob sie unabhängig oder abhängig von der Zahl der behandelten Patienten sind.

Fixe (feste) Kosten sind über längere Zeit gleich hoch, unabhängig davon, wie viele Patienten behandelt werden. Sie fallen selbst dann an, wenn überhaupt keine Patienten behandelt werden.

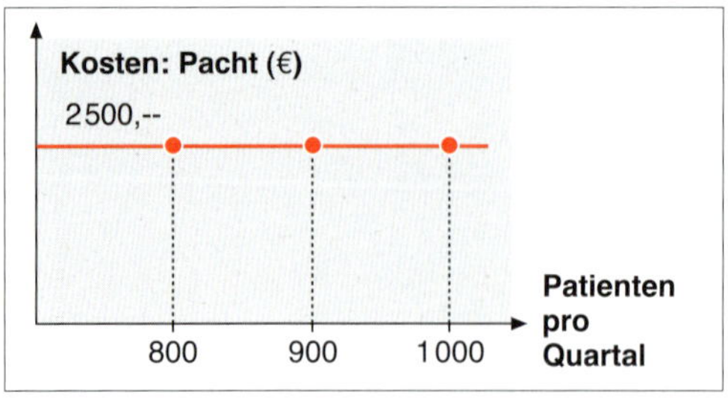

Beispiele:

- Pacht
- Gehälter
- Versicherungen
- Abschreibung medizinischer Geräte

Steigt die Zahl der Patienten pro Quartal von 900 auf 1.000 oder fällt sie, bleiben trotzdem die Kosten für die Pacht der Praxisräume bei z. B. 2.500 € im Monat.
Einige fixe Kosten wie die Pacht lassen sich nicht verändern. Andere kann man mittel- oder langfristig senken, z. B. durch eine spätere Anschaffung neuer Geräte oder durch Kündigung von Personal.

Variable (veränderliche) Kosten steigen und fallen gleichmäßig, wenn die Zahl der Patienten pro Quartal steigt oder fällt.

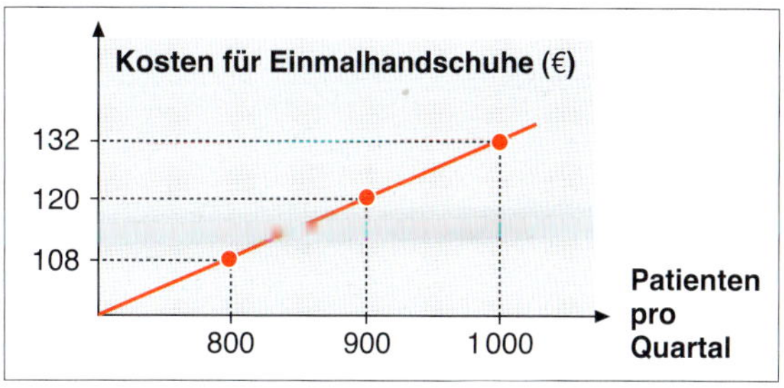

Beispiele:

- Verbrauchsmaterialen z. B. Handschuhe, Papierauflagen
- Wasser/Strom
- Privatpatienten-Erfolgsprämie für MFA

Erhöht sich die Zahl der Patienten pro Quartal von 900 auf 1.000, dann steigt die Zahl der verbrauchten Einmalhandschuhe von 2.000 auf ca. 2.200 und damit steigen auch die Kosten.
Den Verbrauch selbst kann man nur schwer beeinflussen, denn z. B. Handschuhe sind bei der Blutabnahme Pflicht. Aber durch Preisvergleich bei verschiedenen Anbietern lassen sich Kosten senken.

ABC-Analyse

Bei welchen Praxisbedarfsartikeln lohnt sich Kostenbewusstsein? Bei sterilen OP-Handschuhen für 1 € das Paar oder bei Einmalhandschuhen aus Vinyl für 6 Cent das Stück? Allerdings braucht man vielleicht nur 40 Paar OP-Handschuhe pro Quartal, wogegen man eventuell 2.000 Vinyl-Handschuhe pro Quartal benötigt.
Mit der ABC-Analyse kann man Kosten von Praxisbedarfsartikeln besser einschätzen, indem man ihren Anteil am wertmäßigen Gesamtumsatz pro Jahr berechnet:

!

- Über 10 % –> A-Güter
- 2 bis unter 10 % –> B-Güter
- unter 2 % –> C-Güter

Nehmen wir als Gesamtumsatz an Praxisbedarfsartikeln im Vorjahr an: 9.600 €

Anzahl	Einheit	Preis pro Einheit	Artikel	Gesamtpreis	Wertanteil am Gesamtumsatz/Jahr	ABC-Analyse
4	Packung mit 40 Paar	40,-	OP-Handschuhe puderfrei	160,-	1,66 %	C-Gut
80	Packung mit 100 Stück	6,-	Vinyl-Handschuhe puderfrei	480,-	5,0 %	B-Gut

Wenn die MFA beim Lieferanten einen Rabatt aushandelt oder einen günstigeren Lieferanten findet, lohnt es sich für die Praxis beim B-Gut deutlich mehr als beim C-Gut.

Aufzeichnung der Einnahmen und Ausgaben

Nach § 4 Abs. 3 des Einkommensteuergesetzes können Ärzte ihren Gewinn durch eine sog. Einnahmen-Überschuss-Rechnung ermitteln. Hierzu werden die Betriebseinnahmen den Betriebsausgaben gegenübergestellt. Das erfordert die laufende und lückenlose

Aufzeichnung aller Geldvorgänge. Das kann der Arzt eine erfahrene MFA, z. B. die Erstkraft, machen lassen. Geführt werden müssen ein Kassenbuch, ein Einnahmen-/Ausgabenbuch, Bestandsverzeichnis und Belegmappe.

Das **Kassenbuch** ist Pflicht, wenn eine Barkasse (auch: Portokasse, Handkasse) geführt wird. Hier werden alle Barausgaben und -einnahmen der Praxis täglich und fortlaufend eingetragen: z. B. Portoausgaben, Gebühren für Bescheinigungen. Mindestens einmal pro Woche sollte der Bestand an Bargeld mit dem Saldo des Kassenbuchs verglichen werden *(siehe auch S. 245)*.

In das **Einnahmen-/Ausgabenbuch** (auch: Tagebuch, Journal) müssen alle steuerpflichtigen Einnahmen und alle betriebsbedingten Ausgaben einzeln und in zeitlicher Reihenfolge eingetragen werden. Ins Tagebuch kommen alle Bank-, Postbank- und Kassenbuchvorgänge. Nur der Arzt, die Erstkraft oder der Steuerberater haben Einsicht in dieses Buch.

Datum	Beleg Nr.	Text		Zahlungsart	Einnahmen			Ausgaben					
			Kasse	Bank	Praxiseinnahmen		Sonst. Einnahmen	Betriebsausgaben					Privat
					Kassenpraxis	Privatpraxis		Material	Personal	Raumkosten	. . .	Sonst. Kosten	
28.03.	288	Liquid Nr. 653		234,-		234,-							
30.03.	289	KV-Vorauszahl.		19.000,-	19.000,-								
02.04.	290	Berufshaftpfl.		170,-							170,-		
02.04.	291	Berufshaftpfl.		260,-									260,-
02.04.	292	Praxispacht		1.500,-						1.500,-			
07.04.	293	Telefon März		189,-							154,-		35,-
08.04.	294	Gehalt J. Bauer		2.242,-					2.242,-				

Einnahmen-/Ausgabenbuch

In das **Bestandsverzeichnis** werden alle Praxisgegenstände (z. B. Geräte, Möbel) mit einer Nutzungsdauer von über einem Jahr und einem Anschaffungswert über 400 € eingetragen. Sinnvollerweise geschieht das gleichzeitig mit der Buchung.

Die **Belegmappe** nimmt alle Belege der Geldvorgänge des Kassenbuchs und des Einnahmen-/ Ausgabenbuchs auf.

ZUSAMMENFASSUNG

Ziele beim Umgang mit Praxiskosten:
- Gewinn
- Steuererklärung

Kostenarten

Ausgabenseite
- Personalkosten
- Raumkosten
- Medizin. Geräte
- Materialkosten
- Gemeinkosten
- Beiträge/ Versicherungen
- Kfz-Kosten

Einnahmenseite
- KV-Honorar
- Privatliquidationen
- IGel-Honorare
- Bescheinigungen
- Gutachten
- Studien

Kostenanalyse
- fixe Kosten
- variable Kosten

↓

ABC-Analyse

Kosten-aufzeichnung
- Kassenbuch
- Einnahmen-/ Ausgabenbuch
- Bestandsverzeichnis
- Belegmappe

ARBEITSTEIL

1. a) Holen Sie zu folgenden zwei Fragen Informationen ein.
   b) Werten Sie diese Informationen aus.
   c) Diskutieren Sie dann Ihre Ergebnisse unter dem Gesichtspunkt der Kosten:
      - Ist eine Wasseraufbereitungsanlage in der Praxis für einen Autoklav günstiger als das destillierte Wasser aus dem Baumarkt?
      - Ist es günstiger, einen Protokolldrucker für den Autoklav anzuschaffen oder eine Auszubildende das Steri-Buch führen zu lassen?

2. Dr. Möller muss auf Hausbesuch und nimmt schnell 50 € Benzingeld aus der Barkasse, ohne Vermerk und ohne jemandem etwas zu sagen. Die Erstkraft ist deshalb sehr verärgert.
   Erklären Sie die Reaktion der Erstkraft. Wie hätte sich Dr. Möller verhalten müssen?

3. Welche Kosten sind fix und welche variabel? Ordnen Sie zu:
   Abschreibung EKG-Gerät, Spritzen, Miete, Verbandmaterial, Arzneimittel, Zinsen, Personal, Laborbedarf, Sozialabgaben, Versicherungsprämien, Porto, Reinigungskosten, Gerätewartungsvertrag, Fortbildungskosten, Heizung

4. Eine Praxis benötigt zehn verschiedene Praxisbedarfsartikel. Führen Sie eine ABC-Analyse für diese Artikel durch:

Artikel Nr.	Bedarf: Einheiten/Jahr	Preis pro Einheit (€)	Gesamtpreis (€)	Wertanteil am Gesamtumsatz/ Jahr (%)	ABC-Analyse
1	1.400	0,40			
2	2.500	0,20			
3	600	3,00			
4	800	7,90			
5	150	34,00			
6	70	22,00			
7	10	840,00			
8	1.600	1,50			
9	700	0,90			
10	170	75,00			
Total	–	–			

11 Waren verwalten – Lagerorganisation

In der Praxis von Dr. Laubach verhandelt gerade ein Patient mit der Auszubildenden Nicole wegen eines weiteren Behandlungstermins:

Patient: „Ich soll heute Nachmittag noch mal kommen und mir noch eine Tetanusspritze geben lassen. Ganz schön umständlich, haben Sie so was nicht vorrätig? Wenn alle Patienten zweimal zum Arzt müssen, erst zur Untersuchung und dann zur Behandlung, weil erst das Material gekauft werden muss, dann vergeuden alle ihre Zeit."

Nicole: „Tut uns wirklich leid. Wir haben eigentlich immer genug vorrätig. Leider haben wir zu spät bemerkt, dass das Verfallsdatum bei unserem Vorrat überschritten ist."

Patient: „So was darf doch nicht passieren, schließlich sind die Medikamente teuer."

Begründen Sie, weshalb in einer Arzt- oder Zahnarztpraxis Lagerhaltung betrieben wird.

Welche Arbeiten fallen bei der Lagerorganisation an?

Aufgabe und Vorteile der Lagerhaltung

Die Hauptaufgabe einer umfangreichen Lagerhaltung besteht darin, Schwankungen im Materialverbrauch auszugleichen. Patienten wären verärgert, wenn eine Behandlung abgebrochen werden müsste, nur weil das erforderliche Material nicht vorrätig ist.
Des Weiteren können durch die Lagerhaltung benötigte Materialien in größeren Mengen bestellt werden. Mengenrabatte senken die Einkaufspreise. Verteilen sich die Transport und Verpackungskosten auf eine größere Bestellmenge, dann führt dies ebenfalls zu einem günstigeren Bezugspreis. Durch die Möglichkeit der Lagerung können auch Sonderangebote ausgenutzt werden.
Werden größere Mengen bestellt, dann muss das Praxisteam auch weniger Zeit aufwenden, als wenn es sehr oft eine kleinere Anzahl beschaffen müsste. Die Folge: Etliche Arbeitsstunden und somit weitere Kosten können eingespart werden.

Nachteile einer zu umfangreichen Lagerhaltung

In vielen Praxen besteht das Lager lediglich aus einem kleinen Raum, in dem das Material in verschiedenen Schränken gelagert wird. Oftmals belegt es sogar nur einen Teil eines Raumes. Einerseits ist das Lager unverzichtbar für den reibungslosen Praxisablauf, andererseits verursacht es beachtliche Kosten. So bringt das Geld, das für die gelagerten Materialien ausgegeben wurde, keine Zinsen. Neben dem Zinsverlust fallen weitere **Lagerkosten** an:

- Raumkosten, wie anteilige Miete oder Strom
- Personalkosten für die Lagerverwaltung und Reinigung
- Kosten für Anschaffung und Betrieb der Lagereinrichtung wie beispielsweise Schränke, Kühlgeräte, Regale, Strom der Geräte, Abschreibung der Einrichtungsgegenstände, Wartungskosten usw.
- Verluste durch Verderb, Schwund, abgelaufenes Mindesthaltbarkeitsdatum oder Diebstahl
- Kosten für Versicherung

Um diese Kosten angemessen zu berücksichtigen, wird deshalb bei der Berechnung der Materialkosten ein Lagerzuschlag vorgenommen. Er beträgt in der Regel zwischen 10 und 20 % des Bezugspreises.

Optimale Bestellmenge

Die optimale Bestellmenge ist kein absoluter Wert. Sie liegt dort, wo die Summe aus Bestellkosten und Lagerkosten am niedrigsten ist. Um die optimale Bestellmenge zu ermitteln, muss man vor allem die Angebotspreise, die Kosten für die Bestellung, die Bezugskosten und die Lagerkosten berücksichtigen.
An länger lagerfähigen Einmalartikeln wie Handschuhen, Bechern, Handtüchern, Desinfektionsmitteln, Pflegemitteln oder Bürobedarf sollte immer ein größerer Vorrat vorhanden sein. Hier sollten beim Einkauf Mengenrabatte ausgenutzt werden.
Bei Artikeln mit Verfallsdatum wie z. B. Röntgenprodukte oder bestimmte Medikamente muss bei der Bestellung der erwartete durchschnittliche Verbrauch berücksichtigt werden sowie das Verfalls- oder Mindesthaltbarkeitsdatum.

Bestellzeitpunkt

Der Bestellzeitpunkt, d. h., der Zeitpunkt, zu dem neue Ware bestellt werden muss, hängt ab vom Verbrauch, von der Lieferzeit sowie von der Lagerkapazität. Neben dem normalen Verbrauch muss eine Sicherheitsreserve, der **Mindestbestand,** vorhanden sein. Er soll sicherstellen, dass auch bei unvorhersehbaren Ereignissen, wie z. B. Lieferengpässen, Streiks, erhöhtem Bedarf usw., immer genügend Material vorhanden ist, um den reibungslosen Praxisablauf zu gewährleisten.
Nachdem das neue Material eingelagert wurde, ist der **Höchstbestand** erreicht. Jetzt werden die Materialien verbraucht, d. h., der Lagerbestand vermindert sich andauernd, und zwar so lange, bis wieder neu bestellt werden muss. Spätestens wenn der **Meldebestand** erreicht ist, muss neue Ware bestellt werden. Zum Zeitpunkt der Bestellung muss noch so viel Material vorhanden sein, dass die Lieferfrist problemlos überbrückt wird.
Wenn die neue Lieferung eintrifft, dann sollte der **Mindestbestand** noch vorhanden sein. Diese Sicherheitsmenge, auch „eiserne Reserve" genannt, wird erst dann angegriffen, wenn es zu unvorhergesehenen Störungen wie z. B. Lieferschwierigkeiten kommt. Wegen der eingeschränkten Haltbarkeit des Materials muss der Mindestbestand immer durch neue Artikel ersetzt werden.

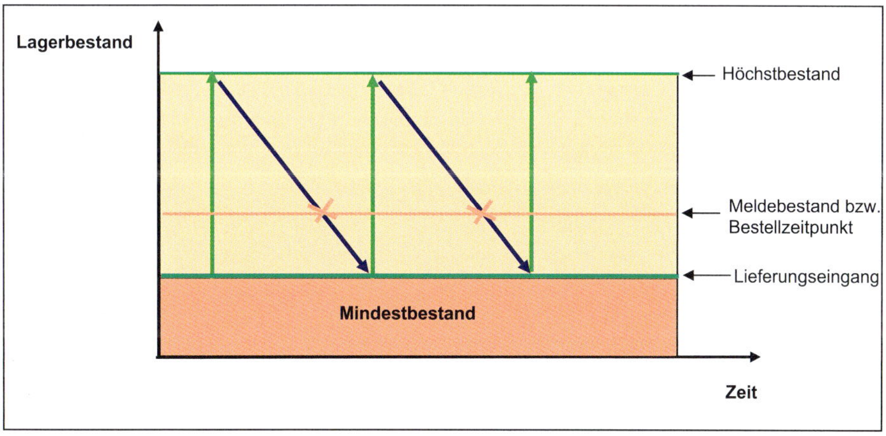

Arbeiten im Lager einer Praxis

Die Arbeit im Lager beginnt bereits mit der richtigen Einrichtung. Sie muss sicherstellen, dass die eingelagerten Materialien entsprechend ihren speziellen Erfordernissen aufbewahrt werden können, d. h., die Möglichkeiten für eine besondere Lagerung, wie z. B. ein Kühlschrank, müssen vorhanden sein. Sicherheitseinrichtungen wie Feuerlöscher oder Wasseranschluss dürfen ebenfalls nicht fehlen.
Im Einzelnen fallen bei der Lagerorganisation folgende Arbeiten an:

Wareneingangskontrolle

1. In Anwesenheit des Lieferanten wird der Lieferschein überprüft und kontrolliert, ob z. B. die Anschrift noch stimmt.
2. Ebenfalls in Anwesenheit des Lieferanten wird die Verpackung kontrolliert und auf offene Mängel überprüft. Beschädigungen muss der Transporteur bestätigen.
3. Später werden die Begleitpapiere mit dem Inhalt der Sendung abgeglichen:
   - Wurde die bestellte Ware geliefert?
   - Wurde die bestellte Menge geliefert?
   - Wurde die bestellte Qualität geliefert?
   - Wurde unbeschädigte Ware geliefert?
   - Welches Mindesthaltbarkeitsdatum hat die Ware?
4. Falls erforderlich, wird eine Mängelrüge verschickt.

Einlagerung

- Der richtige Lagerplatz wird gewählt. Das neu angelieferte Material wird im Vorratslager oder in den Behandlungszimmern je nach Art des Materials aufbewahrt, z. B. kühl zu lagernde Materialien werden im Kühlschrank aufbewahrt, sterile Materialien sind in einem entsprechend gekennzeichneten Bereich zu lagern. Wichtige Hinweise über spezielle Lagerungsanforderungen geben Sicherheitsdatenblätter, die zu fast allen Materialien existieren.
- **Ältere Artikel** werden nach vorn, bzw. nach oben gelegt.
- **Neue Artikel** werden nach hinten bzw. nach unten gelegt.
- Materialien, die unter das **Medizinproduktegesetz** (MPG) fallen, erfordern eine besondere Behandlung. Im Bedarfsfall muss eine Rückverfolgung und zeitliche Zuordnung verwendeter Materialien möglich sein. Sofern vorhanden, werden die neu eingelagerten Waren deshalb im Wareneingangsbuch eingetragen. Andernfalls werden die Lieferscheine abgelegt und die Chargennummern der Materialien notiert.
- Ärztemuster (Arzneimittel) sollten kühl, trocken, lichtgeschützt aufbewahrt werden. Des Weiteren dürfen sie für Unbefugte nicht zugänglich sein. Damit man sie schnell in den abschließbaren Schränken, Schubladen oder Kühlschränken finden kann, empfiehlt sich die Einlagerung nach Alphabet oder nach Indikation.
- Für Betäubungsmittel gelten besondere Anforderungen. Sie müssen separat in einem abschließbaren Fach gelagert werden. Zu- und Abgänge sind auf speziellen Karteikarten zu vermerken, die alle 6 Monate vom Gesundheitsamt überprüft werden.
- Feuergefährliche Flüssigkeiten müssen als solche gekennzeichnet werden.

Lagerpflege und Lagerkontrolle

- Inventurarbeiten, d. h., die Ist-Bestände (= tatsächlicher Bestand) und die Soll-Bestände (= Bestand anhand der Buchhaltung) könnten nicht übereinstimmen. Die Abweichungen kommen durch natürlichen Schwund zustande, z. B. Verdunsten, Verderben, durch Fehler in der Lagerkartei sowie Diebstahl oder abgelaufenes Verfallsdatum.
- Bestandskontrolle, d. h. überprüfen, ob Waren nachbestellt werden müssen.
- Regelmäßige Reinigung
- Mindestens jedes Quartal werden alle Produkte in Behandlungsräumen und im Lager überprüft. Produkte, deren Haltbarkeit im folgenden Halbjahr abläuft, sind deutlich zu kennzeichnen, z. B. mit einem roten Stift. Artikel, deren Verfallsdatum überschritten ist, werden entsorgt.

Verbrauchserfassung, Neubestellung

- Artikel, deren Haltbarkeitsdatum abgelaufen ist, werden ausgetragen und entsorgt.
- Sind in einer Praxis mehrere Ärzte tätig, wird der Verbrauch entsprechend zugeordnet.
- Nach dem Medizinproduktegesetz ist für bestimmte Artikel eine Patientenzuordnung erforderlich.
- Für notwendige Neubestellungen werden Fehlmengen ermittelt, Bestelllisten erstellt, Artikel ausgewählt, Anfragen verschickt, Angebote eingeholt und Angebotsvergleiche durchgeführt. Anschließend werden Bestellungen verschickt.

ZUSAMMENFASSUNG

Lagerorganisation

Optimale Bestellmenge

Summe aus Bestellkosten und Lagerkosten ist am niedrigsten

Bestellzeitpunkt

Wenn Meldebestand erreicht ist, damit der Mindestbestand bei Lieferungseingang noch vorhanden ist

Lagerarbeiten

Wareneingangskontrolle
↓
Einlagerung
↓
Lagerpflege und Lagerkontrolle
↓
Verbrauchserfassung und Neubestellung

Vorteile umfangreicher Lagerhaltung ←→ Konflikt ←→ **Nachteile umfangreicher Lagerhaltung**

Vorteile umfangreicher Lagerhaltung:
- stellt Praxisablauf sicher
- ermöglicht Mengenrabatte
- ermöglicht Ausnutzen von Sonderangeboten

Nachteile umfangreicher Lagerhaltung:

Kosten wie Zinsverlust, Raumkosten, Verderb, Personalkosten usw.

ARBEITSTEIL

1. Begründen Sie, weshalb in einer Arzt- oder Zahnarztpraxis eine umfangreiche Lagerhaltung sinnvoll ist.
2. Welcher Konflikt kann sich bei einer umfangreichen Lagerhaltung ergeben?
3. Weshalb werden Materialien den Patienten bzw. Kassen mit einem Lageraufschlag in Rechnung gestellt?
4. Nennen Sie die einzelnen Schritte bei der Wareneingangskontrolle.
5. Worauf ist bei der Einlagerung von Materialien zu achten?
6. Erläutern Sie folgende Begriffe:
   a) Höchstbestand
   b) Mindestbestand
   c) Meldebestand

PRÜFUNGSAUFGABE

Praxismanagement

Das Handbuch für die Medizinische Fachangestellte

1 Verwaltung
2 Abrechnung nach GOÄ
3 Terminplanung
4 Post sortieren und bearbeiten
5 Service in der Praxis
6 Schweigepflicht und Datenschutz
7 Stressbewältigung
8 Hygiene in der Praxis
9 Infektionsprophylaxe
10 Berufsrecht

Nadine Maier ist Fachwirtin für ambulante medizinische Versorgung und arbeitet seit drei Jahren als Erstkraft mit zwei Kolleginnen in der Allgemeinarztpraxis von Dr. Weiß. Vor Nadine Maier steht eine große berufliche Herausforderung, denn Dr. Weiß möchte in seine Praxis seinen Studienfreund Dr. Schwarz, der ebenfalls Allgemeinarzt ist, aufnehmen und mit ihm zusammen eine Berufsausübungsgemeinschaft (BAG) gründen. Dr. Schwarz bringt seine zwei Medizinischen Fachangestellten in das neue Praxisteam mit ein.

Nadine Maier soll auch in der Berufsausübungsgemeinschaft die Rolle der Erstkraft weiterhin ausfüllen. Sie will nun Praxisabläufe verbessern und die Ertragslage der neuen Praxis steigern. Um sich auf die neue Rolle etwas vorzubereiten, hat sie sich ein Buch (siehe links) besorgt.

In welchen Kapiteln wird sie zu ihren Plänen und Fragen eventuell eine Antwort finden?

Welche Lösungen schlagen Sie selbst vor?

1. Welchen Führungsstil zeige ich gegenüber meinen Kolleginnen?
2. Woran müssen wir beim Aufstellen des neuen Dienst- und Urlaubsplanes denken?
3. Mit welchen Mitteln können unsere Chefs die Kolleginnen zu höheren Leistungen motivieren?
4. Wie organisieren wir in Zukunft die regelmäßigen Besprechungen des Praxisteams?
5. Eine der neuen Kolleginnen mit viel Resturlaub hat gefragt, ob sie vier Wochen zusammenhängenden Urlaub nehmen könne. Mit dem Ablauf der neuen Berufsausübungsgemeinschaft wird das gleich am Anfang schwer zu vereinbaren sein. Welche Rechtsvorschriften gibt es denn dazu?
6. Welche Punkte müssen wir beachten, wenn wir bei den Krebsvorsorgeuntersuchungen und Impfungen einen Erinnerungsservice (Recall) für unsere Patienten einrichten wollen?
7. Einige Leistungen bei den Kassenpatienten werden wir als „Individuelle Gesundheitsleistungen" entsprechend dem IGeL-Katalog privat abrechnen. Wie vermitteln wir ihnen das?
8. Wie organisieren wir den Posteingang bei zwei Ärzten? Sollten wir einen Eingangsstempel anschaffen?
9. Welchen Ansagetext sprechen wir denn auf den Anrufbeantworter?

FALLBEISPIEL: PRAXISORGANISATION

Die Medizinische Fachangestellte in der Illustration lächelt verbindlich. Würden Sie sich wohlfühlen, wenn Sie an ihrer Stelle an dieser Anmeldung arbeiten müssten?

Arbeitsauftrag:

1 a) Analysieren Sie die Arbeitsabläufe an dieser Anmeldung in Bezug auf die oben angeführten Punkte.
b) Wie kann diese Anmeldung besser organisiert werden?

2 a) Beschreiben Sie die Arbeitsabläufe an der Anmeldung in Ihrer Ausbildungspraxis.
b) Für welche Arbeitsabläufe tragen Sie Verantwortung?
c) Welche Beiträge können Sie für eine bessere Qualität leisten?

Umgang mit Geld

1 Zahlungsmöglichkeiten

Thomas: „Gestern Abend wollte ich noch tanken, hatte aber leider kein Geld mehr im Geldbeutel und die Bank hatte schon geschlossen. Habe ich vielleicht gezittert, ob der Sprit noch zum Heimfahren reicht."

Martina: „Kann mir nicht passieren. Mit der Girocard meiner Bank oder meiner Kreditkarte bin ich immer flüssig. Seit Neuestem erledige ich sogar meine Geldgeschäfte mit meiner Bank über Homebanking an meinem PC. Echt super! Kann ich dir nur empfehlen."

Erklären Sie die Begriffe Girocard (Girokarte), Kreditkarte und Homebanking.

Welche Voraussetzungen sind nötig, dass auch Thomas diese Zahlungsmöglichkeiten nutzen kann?

Je nachdem, ob eine Zahlung mit **Bargeld** oder unter Einbeziehung von Konten (**Buchgeld**) bewerkstelligt wird, unterscheidet man drei grundsätzlich verschiedene **Zahlungsarten**:

Zahlungsarten

Barzahlung
- persönliche Übergabe oder durch Boten
- Geldversand der Postbank
- Einschreibebrief
- Express-Brief

halbbare Zahlung

Empfänger hat Konto
- Zahlschein
- Nachnahme

Zahler hat Konto
- Barscheck

unbare (bargeldlose) Zahlung
- Verrechnungsscheck
- Überweisung
- Dauerauftrag
- Lastschrift
- Girocard
- Kreditkarte
- Homebanking

Auszubildenden und Arbeitnehmern wird die monatliche Vergütung auf ihr Girokonto überwiesen; sie erhalten sie bargeldlos als **Buchgeld**. Dieses Geld ist weder greifbar noch direkt sichtbar, da es nur in den Büchern der Banken steht. Dennoch können die Kunden jederzeit darüber verfügen.

1.1 Girokonto

Wer an der halbbaren Zahlung oder am modernen bargeldlosen Zahlungsverkehr teilnehmen möchte, muss sich bei einer Bank oder Sparkasse ein **Girokonto** einrichten lassen. Die Abwicklung ihres Zahlungsverkehrs ohne Girokonto ist für die meisten Bürger heute undenkbar, denn Gehälter und Mieten werden schon lange nicht mehr bar bezahlt. Selbst die Telefonrechnung oder Versicherungsbeiträge lassen sich viel schneller und bequemer über ein Konto bezahlen. Als die „Kunden von morgen" umwerben die Banken und Sparkassen deshalb bereits Schüler, indem sie ihnen kostenlose „Taschengeldkonten" anbieten. Bei Auszubildenden und Studenten wird ebenfalls mit kostenloser Kontoführung geworben. Später allerdings, wenn die Vergünstigungen wegfallen, dann können für ein Girokonto erhebliche **Gebühren** berechnet werden.

Da alle Banken neue Kunden wollen, ist die **Kontoeröffnung** kein Problem. Wer ein Konto eröffnen möchte, muss

- voll geschäftsfähig und volljährig sein,
- sich durch Personalausweis oder Reisepass ausweisen (Legitimationsprüfung),
- eine Unterschriftsprobe beim Kreditinstitut hinterlegen. Durch die Unterschrift auf dem Kontoeröffnungsantrag erkennt der Antragsteller automatisch die „allgemeinen Geschäftsbedingungen" seiner Bank oder Sparkasse an. Des Weiteren wird das Kreditinstitut dadurch ermächtigt, bei der **Schufa** Daten über den Kontoinhaber abzufragen *(zu Schufa siehe auch S. 278)*.

Quelle: Aus der Werbung einer Sparkasse

Für **Bankgeschäfte mit Jugendlichen**, die noch keine 18 Jahre alt sind, gelten strikte Regeln. Die **gesetzlichen Vertreter** – in der Regel also beide Elternteile – müssen der Kontoeröffnung **zustimmen**. Soll der Jugendliche bestimmte Bankgeschäfte allein führen, dann werden diese inhaltlich genau bestimmt. Eine Ausnahme gilt für Minderjährige, die mit Einverständnis der Eltern einen Arbeitsvertrag unterschrieben haben. Sie können auf eigene Faust ein Konto eröffnen, auf das ihr Gehalt überwiesen wird. Allerdings gilt ihr Freiraum nur für Bargeldabhebungen.
Eine Vorschrift gilt für alle Minderjährigen: Kredit gibt es nicht; es wird lediglich ein Guthabenkonto eingeräumt. Eine Kreditgewährung ist nur dann zulässig, wenn das Betreuungsgericht seine Zustimmung gibt. Das Gleiche gilt für Kontoüberziehungen und Scheckausstellungen. Inzwischen bieten fast alle Banken Kinder- und Jugendkonten an, zu denen eine Kundenkarte bzw. Girocard mit Geheimzahl (PIN) gehört. Mit der Karte und der PIN können die Minderjährigen im Handel bezahlen und Bargeld am Automaten abheben. Solange sie noch nicht 18 Jahre alt sind, geht dies allerdings nur im Rahmen des Guthabens auf dem Konto.
Bevor man ein Girokonto eröffnet, sollte man die Angebote der verschiedenen Kreditinstitute sorgfältig vergleichen *(siehe auch S. 240)*. Unterschiede bestehen z. B. bei der Berechnung von:

- Überziehungszinsen
- Kontoführungsgebühren (Pauschale oder Einzelberechnung? Was enthält die Pauschale?)
- Kosten von Serviceleistungen wie z. B. Kontoauszüge, Daueraufträge (Neuanlage, Änderung, Löschung), Scheck- und Überweisungsformulare, Kundenkarte, Homebanking.

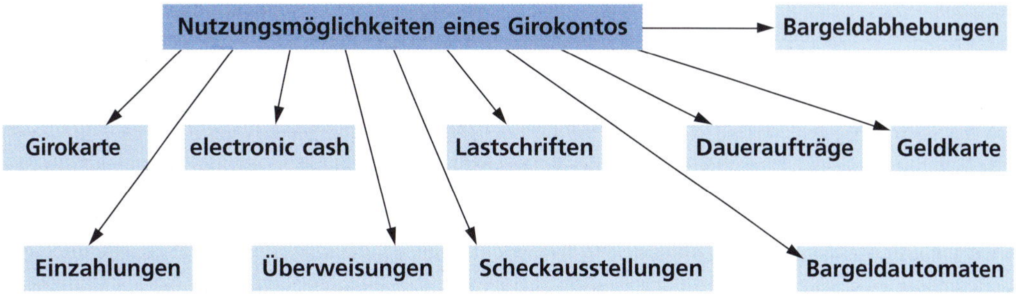

Jede Veränderung auf seinem Girokonto wird dem Kontoinhaber durch Kontoauszüge mitgeteilt. Diese kann er sich von der Bank zuschicken lassen. Mit der Girocard (Bankkarte, Sparkassenkarte) kann der Kunde sich die Kontoauszüge auch am Kontoauszugsdrucker der Bank selbst ausdrucken lassen. Für Privatpersonen dient der **Kontoauszug** als Ersatz für die eigene Buchführung. Der Kontoauszug

- informiert über die aktuelle finanzielle Situation
- erleichtert den Überblick über die Einnahmen und Ausgaben
- dient als Kontrolle.

Der Alltag ohne Girokonto ist schwierig. Deshalb müssen Banken seit Juni 2016 jedem ein **Basiskonto** einrichten, wenn er ein Aufenthaltsrecht in der EU hat. Somit können auch Bürger mit belastendem Schufaeintrag (z. B. Insolvenz), Geringverdiener, Obdachlose oder Asylbewerber ein Girokonto eröffnen. Auf Guthabenbasis können sie Girocards nutzen, Überweisungen tätigen, Lastschriften eingehen, staatliche Leistungen überweisen lassen usw. Auch ein möglicher Arbeitgeber, der beispielsweise einen Obdachlosen einstellt, möchte eine Kontoverbindung sehen.

ZPO § 850k

Verschuldete Haushalte können eine Blockade und Pfändung ihres Girokontos verhindern, wenn sie es als **Pfändungsschutzkonto** einrichten. Für Guthaben auf diesem Konto besteht dann Pfändungsschutz bis zur jeweiligen Pfändungsfreigrenze. Daueraufträge und Überweisungen für die alltäglichen Geschäfte können dann auch im Falle einer Pfändung weiterlaufen.

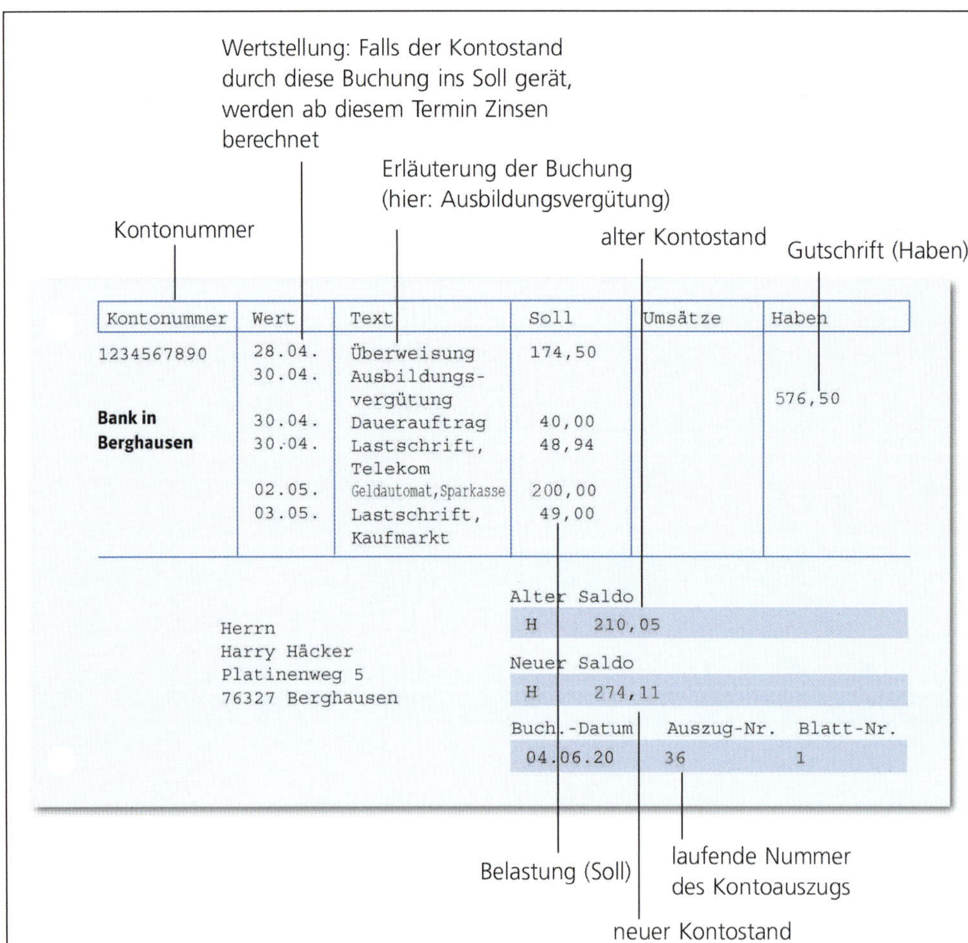

Kontonummer	Wert	Text	Soll	Umsätze	Haben
1234567890	28.04.	Überweisung	174,50		
	30.04.	Ausbildungs-vergütung			576,50
Bank in Berghausen	30.04.	Dauerauftrag	40,00		
	30.04.	Lastschrift, Telekom	48,94		
	02.05.	Geldautomat,Sparkasse	200,00		
	03.05.	Lastschrift, Kaufmarkt	49,00		

Herrn
Harry Häcker
Platinenweg 5
76327 Berghausen

Alter Saldo	
H	210,05

Neuer Saldo	
H	274,11

Buch.-Datum	Auszug-Nr.	Blatt-Nr.
04.06.20	36	1

1.2 Die Barzahlung

Bei der **Barzahlung** gibt der Zahler **Bargeld** (Banknoten und Münzen), der Zahlungsempfänger erhält ebenfalls Bargeld. Ein Bote kann zwischengeschaltet werden.

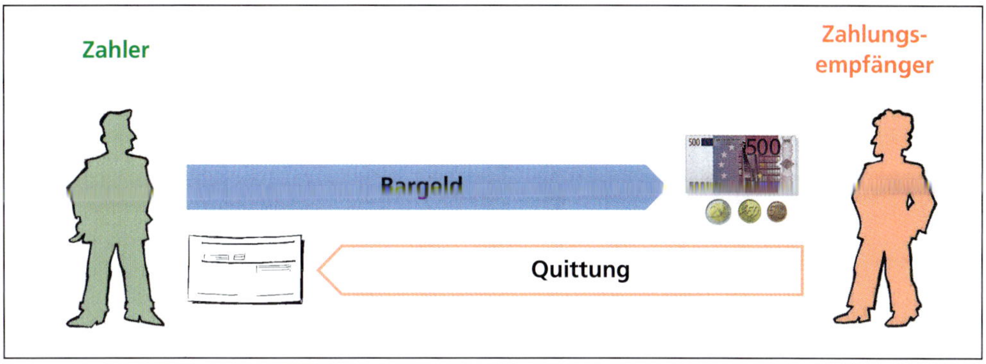

In jedem Fall sollte sich der Zahler einen **Kassenbon** oder eine **Quittung** aushändigen lassen, damit er später den Zahlungsvorgang beweisen kann. Dieser Zahlungsnachweis ist erforderlich

- damit bei Sachmängeln ein Umtauschrecht oder andere Gewährleistungsrechte geltend gemacht werden können.
- als Buchungsbeleg bei betrieblichen Ausgaben.
- als Nachweis gegenüber dem Finanzamt, wenn Ausgaben geltend gemacht werden sollen.

Nach § 368 BGB kann der Zahler einen **Zahlungsnachweis** verlangen.
In Deutschland ist der Euro gesetzliches Zahlungsmittel, d.h. Euro-Bargeld muss zur Begleichung einer Schuld unbegrenzt angenommen werden. Lediglich die Annahme von Münzen kann der Verkäufer auf maximal 50 Stück begrenzen.

COS
COLLECTION OF STYLE

Königstrasse 46
70173 Stuttgart
Tel. 0711 / 1204357
www.cosstores.com

Kassier: Sales 07 Shp: 573 Nr: 9124
Datum : 21.04.2020 Ka : 5 Zeit: 16:59
ST-Nr. : 2758400185

Jersey	
573030	19,00
Jersey	
485740	39,00

Gesamt ohne MwSt.: 48,74
Mwst: 19,00 % 9,26
Summe 58,00

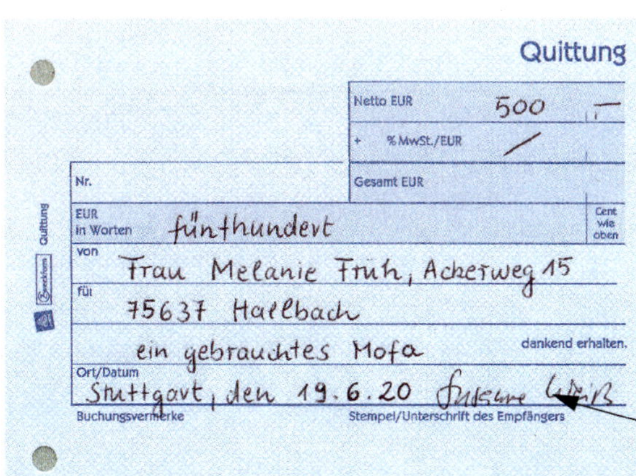

Eine Quittung muss folgende Bestandteile enthalten:

das Wort „Quittung"

den gezahlten Betrag möglichst in Ziffern und Worten

den Namen des Zahlers
den Zahlungsgrund

Ausstellungsort und -datum

Unterschrift des Zahlungsempfängers

Geldversand To send Money

Betrag in EUR Amount in EUR
250,00

Nachname/n des Empfängers Receiver's last name/s
BURGER

Vorname/n des Empfängers Receiver's first name/s
MARIA

Bestimmungsland Country of destination
JAMAICA

Absender/Sender

Straße und Hausnummer des Absenders Sender's Street, number
LINDENPLATZ 2

Postleitzahl Postal Code
70469

Ort City, town
Stuttgart

Land Country
DEUTSCHLAND

Geburtsland Country of birth
DEUTSCHLAND

Mobilfunknummer (Absender) Mobile number (sender)
0151 - 123 45678

Ich habe eine My WU Gold Card/Gold Kundennummer.
I have a My WU Gold Card/Gold membership number

Ich möchte mich für My WU anmelden und zukünftig sparen.
I want to register for My WU and save

Geldempfang To receive Money

MTCN MTCN
9876543210

Betrag in EUR Amount in EUR
250,00

Herkunftsland Originating Country
DEUTSCHLAND

Nachname/n des Absender Sender's last name/s
BURGER

Vorname/n des Absender Sender's first name/s
URSULA

Empfänger/Receiver

Straße und Hausnummer des Empfängers Receiver's Street, number
PARADISE BEACH 77

Postleitzahl Postal Code
00834

Ort City, town
MONTEGO BAY

Land Country
JAMAICA

Geburtsland Country of birth
DEUTSCHLAND

Hinweis: Dieses Papier bitte über den Datenmüll entsorgen.

924 509 000 09.16

Barzahlung durch Geldversand der Post AG

Der Zahler geht zu einer Postfiliale, füllt dort den Vordruck für den **Geldversand** aus und zahlt den zu übermittelnden Betrag nebst einer Gebühr bar am Postschalter ein. Bei der Einzahlung erhält er eine sogenannte Geldtransferkontrollnummer, die er dem Zahlungsempfänger mitteilt. Der kann sich das Geld Minuten später in jeder Postfiliale bar auszahlen lassen, nachdem er zuvor die Geldtransferkontrollnummer genannt und sich ausgewiesen hat. Beträge über 1.500 € werden allerdings nur in größeren Postfilialen ausgezahlt. Der Geldversand ist innerhalb Deutschlands in unbegrenzter Höhe möglich, bei Zahlungen ins Ausland gelten je nach Land unterschiedliche Höchstbeträge. Geht das Geld verloren, haftet die Post in Höhe des versendeten Betrages. Innerhalb der Eurozone verlangt die Postbank für diesen Geldversandservice 5 % der übermittelten Summe, höchstens jedoch 200 €. Bei Auftragssummen unter 400 € werden mindestens 4,90 € und höchstens 20 € fällig. Erheblich teurer ist der Geldversand in Länder ohne Eurowährung.

Wer bei der Postbank ein Girokonto unterhält, kann den Geldversand auch online erledigen.

Barzahlung mit Express-Brief, Wertbrief und Einschreibebrief

Geld sollte man nicht in einem Brief versenden. Ist das dennoch unumgänglich, kann man bis zu 25 € mit einem **Einschreibebrief,** bis zu 100 € mit einem **Wertbrief** und Beträge bis 500 € mit einem **Express-Brief** versenden. Die Post haftet für das Verschwinden dieser Briefe mit den angegebenen Höchstbeträgen. Die Versendung mit Express-Brief ist allerdings umständlich und relativ teuer. Ein Express-Brief wird normalerweise in einer Postfiliale aufgegeben. Gegen eine zusätzliche Gebühr holt die Post ihn auch von zu Hause ab. Zugestellt wird ein Express-Brief über Nacht, gegen eine entsprechende Zusatzgebühr sogar vor 9 Uhr, 10 Uhr oder 12 Uhr.

1.3 Die halbbare Zahlung durch Zahlschein und Nachnahme

Zahlschein

Verfügt der Zahlungsempfänger über ein Girokonto, dann kann der Schuldner (Zahler) den zu zahlenden Betrag bei einer Bank oder am Postbankschalter mit einem **Zahlschein** bar einbezahlen. Dem Zahlungsempfänger wird dieser Betrag auf seinem Girokonto gutgeschrieben. Die Zahlung mit Zahlschein ist allerdings sehr teuer. Je nach Bank werden bei der Einzahlung zwischen 5 und 10 € fällig.

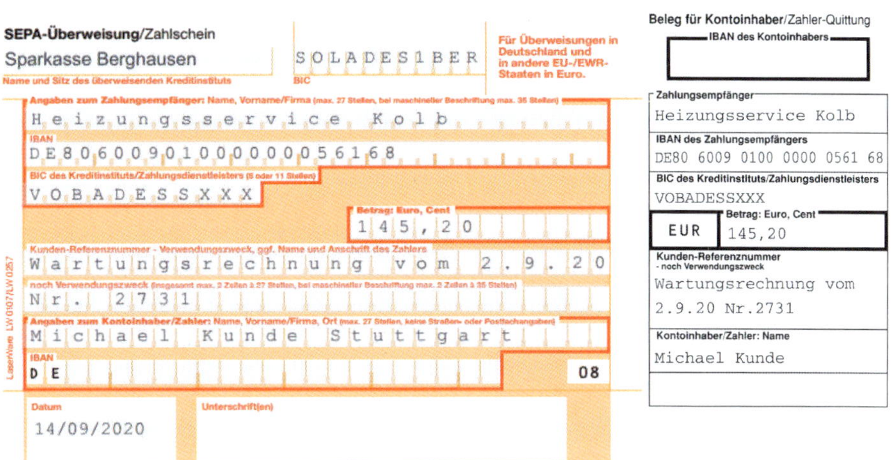

SEPA-Überweisung/Zahlschein

Sparkasse Berghausen
Name und Sitz des überweisenden Kreditinstituts

BIC: SOLADES1BER

Für Überweisungen in Deutschland und in andere EU-/EWR-Staaten in Euro.

Angaben zum Zahlungsempfänger: Name, Vorname/Firma (max. 27 Stellen, bei maschineller Beschriftung max. 35 Stellen): Heizungsservice Kolb

IBAN: DE80600901000000056168

BIC des Kreditinstituts/Zahlungsdienstleisters (8 oder 11 Stellen): VOBADESSXXX

Betrag: Euro, Cent: 145,20

Kunden-Referenznummer - Verwendungszweck, ggf. Name und Anschrift des Zahlers: Wartungsrechnung vom 2.9.20

noch Verwendungszweck (insgesamt max. 2 Zeilen à 27 Stellen, bei maschineller Beschriftung max. 2 Zeilen à 35 Stellen): Nr. 2731

Angaben zum Kontoinhaber/Zahler: Name, Vorname/Firma, Ort (max. 27 Stellen, keine Straßen- oder Postfachangaben): Michael Kunde Stuttgart

IBAN: DE

08

Datum: 14/09/2020

Unterschrift(en)

LaserWare LW 0107/LW 0257

Beleg für Kontoinhaber/Zahler-Quittung

IBAN des Kontoinhabers

Zahlungsempfänger: Heizungsservice Kolb

IBAN des Zahlungsempfängers: DE80 6009 0100 0000 0561 68

BIC des Kreditinstituts/Zahlungsdienstleisters: VOBADESSXXX

EUR — Betrag: Euro, Cent: 145,20

Kunden-Referenznummer - noch Verwendungszweck: Wartungsrechnung vom 2.9.20 Nr.2731

Kontoinhaber/Zahler: Name: Michael Kunde

← Quittung für den Einzahler

↑ Beleg für die Bankabwicklung

Teilweise verwenden Banken und Sparkassen auch zweiteilige Formulare (mit Durchschlag).

Nachnahme

Mit Sendungen, die per Postnachnahme verschickt werden, beauftragt ein Gläubiger die Post, Geld von einem Schuldner einzuziehen. Dies ist vor allem im Versandhandel der Fall. Der Absender muss hierzu eine Nachnahmekarte und einen Zahlschein ausfüllen. Die bestellte Ware wird dem Empfänger erst dann vom Postboten ausgehändigt, wenn er den Nachnahmebetrag vollständig bezahlt hat. Der eingezogene Geldbetrag wird dem Girokonto des Gläubigers gutgeschrieben. Zwar hat der Gläubiger die Sicherheit, dass der Rechnungsbetrag mit der Übergabe der Sendung auch bezahlt wird, dafür sind Nachnahmesendungen jedoch recht teuer.

1.4 Halbbare und unbare (bargeldlose) Zahlung durch Scheck

Scheck

Wer Zahlungen mit Scheck begleichen möchte, muss über ein Girokonto verfügen. Ein Scheck darf nur ausgestellt werden, wenn das Konto gedeckt ist, d.h., es muss ein Guthaben in Höhe des Scheckbetrages vorhanden sein oder der eingeräumte Kreditspielraum ist so hoch, dass der Scheck eingelöst werden kann. Ein Scheck ist nach dem Scheckgesetz (SchG) eine schriftliche Anweisung an ein Kreditinstitut, aus einem Guthaben einen bestimmten Betrag zu zahlen.

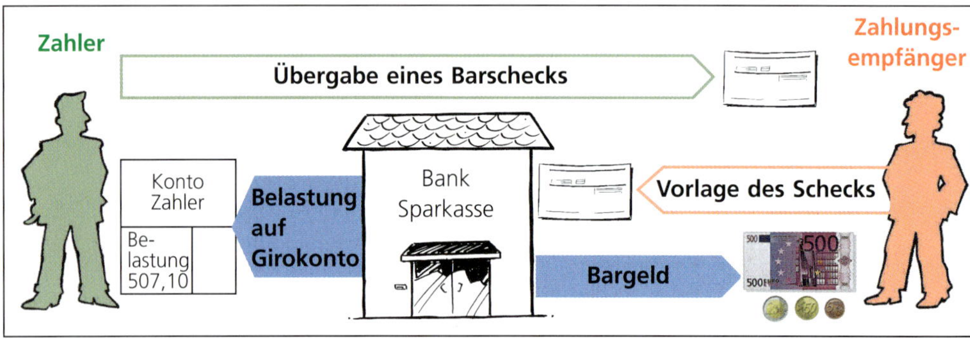

Soll ein Scheck Gültigkeit haben, sind folgende **gesetzlichen Bestandteile** zwingend vorgeschrieben:

!

1 der Name des Bezogenen (Geldinstitut des Zahlers)

2 Angabe des Zahlungsortes

3 die unbedingte Anweisung, eine bestimmte Geldsumme zu zahlen (Scheckklausel)

4 die Bezeichnung als Scheck im Text

5 Tag und Ort der Ausstellung

6 Unterschrift des Ausstellers

Neben diesen zwingenden gesetzlichen Bestandteilen gibt es noch eine Reihe sogenannter **kaufmännischer Bestandteile** wie Kontonummer, Schecknummer, Angabe des Zahlungsempfängers, Betrag in Ziffern. Diese sollen die Bearbeitung des Schecks erleichtern, haben jedoch auf die Gültigkeit keinen Einfluss.
Stimmen beispielsweise auf einem ausgefüllten Scheck der Betrag in Ziffern und der Betrag in Worten nicht überein, so gilt nach dem Scheckgesetz der ausgeschriebene Betrag, da der Wert in Ziffern lediglich ein kaufmännischer Bestandteil des Schecks ist.

Die Einlösung von Schecks

Ein Scheck muss bei **Sicht** eingelöst werden, d. h., wenn der Inhaber ihn am Schalter des Geldinstituts vorlegt. Deshalb bleibt es ohne Wirkung, wenn ein Scheck vordatiert wurde, also wenn ein späterer Termin als das Ausstellungsdatum eingetragen ist. Der Scheck kann in diesem Fall vom Inhaber trotzdem sofort bei der Bank vorgelegt werden, da Schecks bei Sicht eingelöst werden müssen. Wird ein Scheck eingereicht, nachdem die **Vorlegungsfrist** überschritten ist, so ist dieser zwar nach wie vor gültig, das Geldinstitut ist allerdings nicht mehr verpflichtet ihn einzulösen. Sofern der Scheck zwischenzeitlich nicht vom Aussteller widerrufen wurde, lösen die Banken Schecks auch noch nach dem Ablauf der Vorlegungsfrist ein.
Fehlt dem Konto die erforderliche Deckung, dann kann das Geldinstitut ebenfalls die Einlösung eines Schecks verweigern.
Da ein Scheck von jedem Überbringer eingelöst werden kann, sollte der Kunde bei einem **Scheckverlust** sofort bei der bezogenen Bank unter Angabe der Schecknummer eine Schecksperre beantragen. In diesem Fall wird die Bank den Scheck nicht mehr auszahlen. Wird er dennoch ausbezahlt, haftet das Geldinstitut nur, wenn zusätzlich die Vorlegefrist abgelaufen ist.

Vorlegefristen für Schecks

- Im Inland ausgestellt: **8 Tage**
- Innerhalb Europas ausgestellt: **20 Tage**
- Außerhalb Europas ausgestellt: **70 Tage**

Die Fristen beginnen mit dem Ausstellungsdatum, das auf dem Scheck eingetragen wurde.

Barscheck Die im Scheck genannte Bank oder Sparkasse zahlt den genannten Betrag an denjenigen aus, der den Scheck vorlegt, und prüft dabei nicht, ob der Überbringer zum Geldempfang berechtigt ist. Dies birgt die Gefahr, dass z. B. auch ein unehrlicher Finder diesen Scheck dort abheben könnte.

Verrechnungsscheck Bei einem **Verrechnungsscheck** darf die Bank den Scheckbetrag dem Konto des Überbringers nur gutschreiben, keinesfalls aber bar auszahlen. Neben speziellen Verrechnungsscheckformularen kann auch ein Barscheck zu einem Verrechnungsscheck gemacht werden. Der Barscheck muss dazu den Vermerk „Nur zur Verrechnung" erhalten. Umgekehrt kann ein Verrechnungsscheck durch Streichung dieses Vermerks nicht zu einem Barscheck gemacht werden. Die Streichung gilt als nicht erfolgt. Die missbräuchliche Verwendung eines Verrechnungsschecks ist zwar nicht auszuschließen, wird jedoch wesentlich dadurch erschwert, dass der Einreicher stets ein Girokonto unterhalten muss. Bei einer Kontoeröffnung muss er sich ausweisen. Dies ermöglicht es, einen unberechtigten Scheckeinreicher ausfindig zu machen. In letzter Zeit werden zunehmend gestohlene Verrechnungsschecks eingelöst, vor allem auf ausländischen Girokonten, die mit gefälschten Papieren eröffnet wurden. Für den Zahler ist das Geld verloren, denn er trägt das Risiko der Übermittelung. Verbraucherzentralen und Banken warnen deshalb davor, Verrechnungsschecks in einfachen Briefen zu verschicken.

1.5 Die unbare (bargeldlose) Zahlung

Dabei verfügen sowohl Zahler wie auch Zahlungsempfänger über ein Girokonto. Dem Zahler wird der Betrag auf dessen Girokonto belastet, dem Zahlungsempfänger gutgeschrieben. Eine Zahlung erfolgt allein über eine Umbuchung auf beide Girokonten.

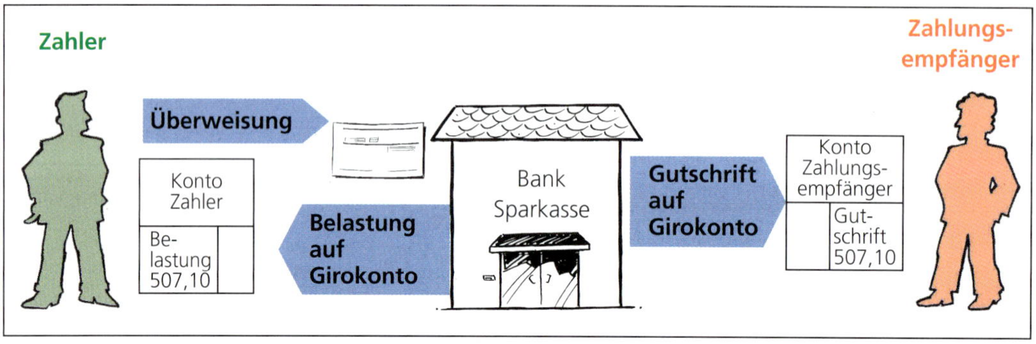

SEPA-Überweisung

Mit der Ausstellung einer **Überweisung** gibt der Zahler seiner Bank den Auftrag, einen bestimmten Betrag von seinem Girokonto auf das Girokonto des Zahlungsempfängers zu übertragen. Die Überweisungsformulare der Kreditinstitute sind genormt und unterscheiden sich nur durch die farbliche Aufmachung. Mit einer SEPA-Überweisung kann der Zahler Geld in unbegrenzter Höhe von seinem Konto auf ein anderes Konto überweisen lassen. Das Empfängerkonto kann im Inland oder im europäischen Ausland sein. Bei den meisten Banken besteht das Sepa-Formular aus zwei Teilen:

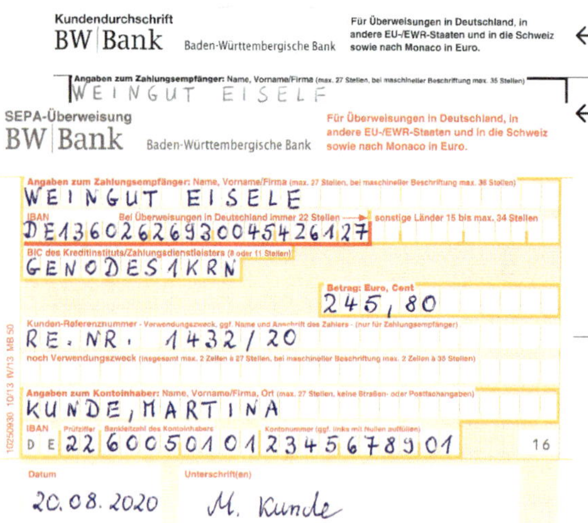

← der **Durchschrift** (Quittung) für den Auftraggeber (Zahler)

← dem **Überweisungsauftrag**, der bei der Bank des Zahlers (Auftraggebers) verbleibt. Er enthält die Unterschrift des Auftraggebers.

Durch das Internet kann man problemlos in ganz Europa einkaufen – **Auslandsüberweisungen** nehmen zu. Seit Januar 2008 gibt es den **Einheitlichen Europäischen Zahlungsraum,** die sogenannte **Single Euro Payments Area (SEPA).** Zum Einheitlichen Europäischen Zahlungsraum gehören die EU-Länder sowie die Schweiz, Liechtenstein, Monaco, San Marino, Norwegen und Island.
Eine Überweisung innerhalb des SEPA-Raumes kostet nicht mehr als eine Inlandsüberweisung. Auslandsüberweisungen über 12.000 € muss der Bankkunde allerdings der Bundesbank melden. Sie verwendet die Daten zur Erstellung der Zahlungsbilanz. Wer diese Pflicht missachtet, riskiert ein Ordnungsgeld. Des Weiteren muss das **Euroüberweisungsformular (SEPA-Überweisung)** verwendet werden und die 22 Stellen umfassende internationale Bankkontonummer **(IBAN)** von Zahlungsempfänger und Zahler angegeben werden. Die IBAN wird von der Hausbank aus Bankleitzahl und Kontonummer errechnet. Die darin enthaltene Prüfziffer soll fehlerhafte Eingaben, wie z. B. Zahlendreher, verhindern. Für Überweisungen außerhalb des SEPA-Raumes wird zusätzlich der Internationale Bank-Code **(BIC)** der Empfängerbank benötigt. Innerhalb des SEPA-Raumes ist der BIC nicht erforderlich. Bei einem korrekt ausgefüllten Euroüberweisungsformular darf eine Online-Überweisung nur noch einen Tag dauern. Bei Papierbelegen ist ein Tag mehr erlaubt.

Immer mehr Banken bieten bei ihren Online-Konten **Echtzeitüberweisungen (Instant Payments)** an. Hier ist das Geld innerhalb von Sekunden am Ziel, auch an Wochenenden und an Feiertagen. Die neue Bezahlmethode funktioniert allerdings nur, wenn sowohl das Kreditinstitut des Zahlenden als auch die Bank des Empfängers Instant Payments anbieten. Vorerst ist die neue Bezahlmethode auf Beträge bis 15.000 € beschränkt. Außerdem verlangen die Banken pro Überweisung bis zu 5 €.

Sonderformen des Überweisungsverkehrs

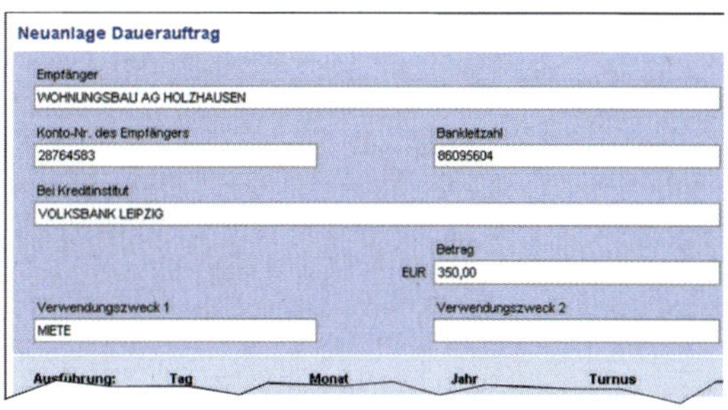
Neuanlage Dauerauftrag
Empfänger: WOHNUNGSBAU AG HOLZHAUSEN
Konto-Nr. des Empfängers: 28764583
Bankleitzahl: 86095604
Bei Kreditinstitut: VOLKSBANK LEIPZIG
Betrag: EUR 350,00
Verwendungszweck 1: MIETE
Verwendungszweck 2:
Ausführung: Tag Monat Jahr Turnus

Dauerauftrag Ein Dauerauftrag dient der Zahlung von gleichbleibenden Beträgen zu regelmäßig wiederkehrenden Zahlungsterminen. Er eignet sich z. B. für Miete und Versicherungsbeiträge. Solche Daueraufträge können auf unbestimmte Zeit bis auf Widerruf erteilt oder von vornherein auf eine bestimmte Zeit befristet werden. Die Einrichtung eines Dauerauftrags ist sehr bequem, weil man den Auftrag nur einmal erteilen muss. Außerdem ist sichergestellt, dass eine Zahlung nicht vergessen wird.

Lastschrifteinzugsverfahren Bei manchen Zahlungen kann der Zahler den Zahlungsempfänger ermächtigen, von seinem Girokonto Geld abzubuchen. Wie beim Dauerauftrag erspart diese Zahlungsart unnötige Arbeit und verschafft die Gewissheit, dass eine Zahlung nicht vergessen wird. Das Lastschriftverfahren ist sinnvoll bei Zahlungen, die unregelmäßig oder in unterschiedlicher Höhe anfallen. Beispiele: Telefon- und Stromkosten, Abwassergebühren, Gemeindesteuern. Solche Einzugsermächtigungen können vom Schuldner (Zahler) jederzeit widerrufen werden. Damit erlischt die Einzugsermächtigung.

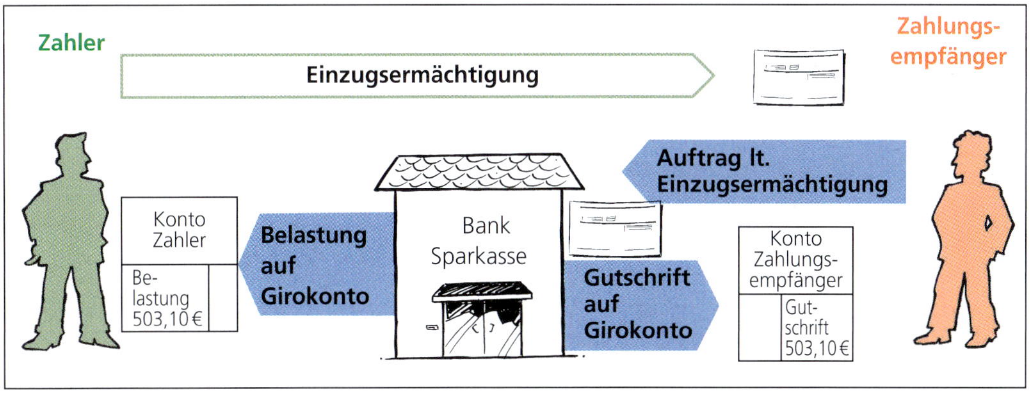

Das SEPA-Lastschriftverfahren

Seit 2014 gibt es in Deutschland nur noch das **SEPA-Lastschriftverfahren.** Hier erteilt der Zahler dem Zahlungsempfänger eine schriftliche Einzugsermächtigung. Damit ist dieser berechtigt, vom Konto des Zahlers bestimmte Beträge für einen vereinbarten Verwendungszweck abzubuchen. Fehlerhaften oder unberechtigten Abbuchungen kann man innerhalb von **8 Wochen widersprechen,** ohne Angabe von Gründen. Der Betrag wird dann sofort wieder gutgeschrieben, und zwar kostenlos. Bei SEPA müssen die Internationale Bankkontonummer **(IBAN)** und der Internationale Bank-Code **(BIC)** angegeben werden. Dadurch kann nicht nur national, sondern europaweit Geld eingezogen werden. Ein besonderer Vorteil der SEPA-Lastschrift ist die größere Planungssicherheit für den Zahlungspflichtigen. Da der Zahlungsempfänger dem Zahler spätestens 14 Tage vor dem Einzug eine Information mit dem genauen Tag der Belastung zusenden muss, kann sich dieser auf die Zahlung einstellen.

Stadtwerke Berghausen
Hauptstraße 96 · 72341 Berghausen

Gläubiger-Identifikationsnummer DE97ZEB05678901342
Mandatsreferenz SB618GEZ7455231

SEPA-Lastschriftmandat

Ich ermächtige die Stadtwerke Berghausen, Zahlungen von meinem Konto mittels Lastschrift einzuziehen. Zugleich weise ich mein Kreditinstitut an, die von den Stadtwerken Berghausen auf mein Konto gezogenen Lastschriften einzulösen.

Hinweis: Ich kann innerhalb von 8 Wochen, beginnend mit dem Belastungsdatum, die Erstattung des belasteten Betrages verlangen. Es gelten dabei die mit meinem Kreditinstitut vereinbarten Bedingungen.

Vorname und Name (Kontoinhaber): *Michaela May*
Straße und Hausnummer: *Bussardstr. 23*
Postleitzahl und Ort: *72341 Berghausen*
Kreditinstitut: *Sparkasse Berghausen*
BIC: *SOLADES1BER*
IBAN: *DE73590100660003576661*

Ort, Datum: *Berghausen, 12.03.2020*
Unterschrift: *Michaela May*

Dieses SEPA-Lastschriftmandat gilt für den Vertrag mit:

Michaela May
Bussardstraße 23
72341 Berghausen

Wer als Zahlungsempfänger SEPA-Lastschriften einziehen will, benötigt eine **Gläubiger-Identifikationsnummer,** die EU-weit gültig ist. In Deutschland muss diese über das Internet bei der Deutschen Bundesbank beantragt werden. Außderdem muss eine SEPA-Lastschrift die sogenannte **Mandatsreferenz** enthalten. Dies ist ein Kennzeichen, das der Zahlungsempfänger individuell vergeben kann. Mit diesen beiden Angaben kann der Zahlungspflichtige einen Lastschrifteinzug eindeutig identifizieren.

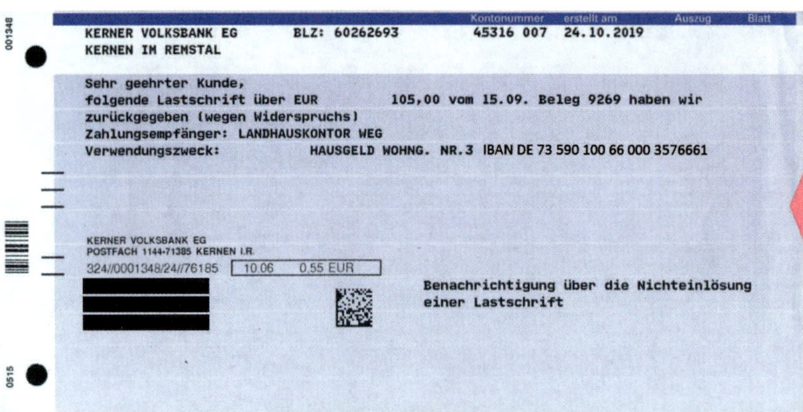
Kontonummer erstellt am Auszug Blatt
KERNER VOLKSBANK EG BLZ: 60262693 45316 007 24.10.2019
KERNEN IM REMSTAL

Sehr geehrter Kunde,
folgende Lastschrift über EUR 105,00 vom 15.09. Beleg 9269 haben wir zurückgegeben (wegen Widerspruchs)
Zahlungsempfänger: LANDHAUSKONTOR WEG
Verwendungszweck: HAUSGELD WOHNG. NR.3 IBAN DE 73 590 100 66 000 3576661

KERNER VOLKSBANK EG
POSTFACH 1144-71385 KERNEN I.R.
324//0001348/24//76185 10.06 0.55 EUR
[redacted]

Benachrichtigung über die Nichteinlösung einer Lastschrift

Bitte Rückseite beachten.

Gegen unberechtigte Abbuchungen kann der Kontoinhaber Widerspruch einlegen.

1.6 Zahlungen mit Karten

Vielen ist es schon passiert: Beim Einkaufsbummel entdeckt man das Kleidungsstück, das man schon so lange gesucht hat. Aber leider hat man nicht genügend Bargeld dabei. Gut, wenn man in diesem Moment über das richtige „Plastikgeld" verfügt. Kein Wunder also, dass das bargeldlose Zahlen mittels Karten auch in Deutschland immer beliebter wird. Allein in Deutschland sind zurzeit über 120 Millionen Karten mit Zahlungsfunktion im Umlauf, die durch Banken oder Sparkassen herausgegeben werden. Kartenzahlungen bieten den Kunden folgende Vorteile:

- Der Kunde ist unabhängiger. Er muss sich keine Sorgen machen, ob er genügend Bargeld eingesteckt hat.
- Die verschiedenen Karten sind oft europa- oder gar weltweit einsetzbar. Daher sind Karten mit Zahlungsfunktion für viele der optimale Reisebegleiter.
- Karten bieten mehr Schutz als Bargeld. Bei ordnungsgemäßem Umgang mit der Karte ist der Missbrauch begrenzt. Im Gegensatz zum Bargeld, das bei Verlust unwiederbringlich verloren ist, tritt bei einem Kartenverlust selten ein finanzieller Schaden ein. Zudem ist die Haftung in der Regel beschränkt.
- Kreditkarten bieten den Kunden weitere Vorteile, wie z. B. Versicherungspakete oder andere Serviceleistungen.

Kreditkarten bieten ohne das Risiko einer vollen Brieftasche und unabhängig von Banköffnungszeiten eine ständige Zahlungsbereitschaft. Kreditkarten können bei einer der Kreditkartenfirmen oder bei der Hausbank gegen Zahlung einer Gebühr beantragt werden. Allein in Deutschland sind ca. 36 Mio. Kreditkarten im Umlauf. Diese Karten, versehen mit dem Namen des Karteninhabers und der Kartennummer, können zur Zahlung von Rechnungen (z. B. bei Einkäufen, Hotelübernachtungen) vorgelegt werden. Der Kartenkunde gibt seine PIN ein oder unterschreibt den anhand der Karte ausgedruckten Beleg und erhält zur Kontrolle eine Kopie. Viele Kreditkarten und Girocards haben eine NFC-Funktion (zu erkennen am NFC-Logo auf der Karte). Kleinbeträge bis 50 € können kontaktlos bezahlt werden, ohne Unterschrift oder Eingabe eine PIN. Die Karte muss nur an das Lesegerät gehalten werden.

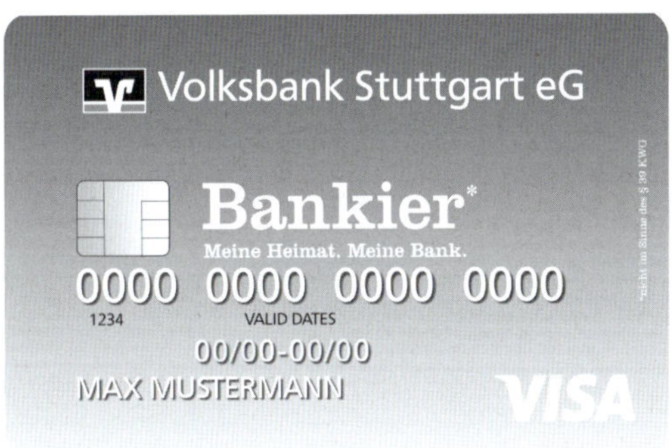

Mit Kreditkarten kann man an dafür vorgesehenen Geldautomaten Bargeld abheben. Einmal im Monat (je nach Abrechnungszeitraum der Kartenfirma) erhält der Kunde dann von der Kreditkartenfirma eine Abrechnung über alle in diesem Zeitraum angefallenen Rechnungen. Der Gesamtbetrag wird aufgrund der zuvor erteilten Einzugsermächtigungen vom Girokonto des Karteninhabers abgebucht.

Minderjährige erhalten lediglich eine besondere **Prepaid-Kreditkarte**. Sie wird genau wie ein Prepaid-Handy im Voraus mit Euro „geladen"; danach kann mit der Karte über das Guthaben verfügt werden. Dies hat der Gesetzgeber so vorgesehen, damit sich Minderjährige vor Vollendung des 18. Lebensjahres nicht verschulden können.

Girocards (früher „ec-Karten") heißen die ca. 107 Mio. Zahlungskarten der deutschen Banken und Sparkassen. Als **Debitkarten** binden sie das deutsche „Electronic Cash" in den Einheitlichen Europäischen Zahlungsraum (SEPA) ein. Sie ermöglichen als **multifunktionale Lösung** das **bargeldlose Bezahlen** am **POS** (**P**oint **o**f **S**ale = Ort des Verkaufs und der Zahlung) ebenso wie **Bargeldtransaktionen** an Automaten und die Nutzung von Zusatzleistungen, z. B. den Abruf von Kontoauszügen oder die Legitimation

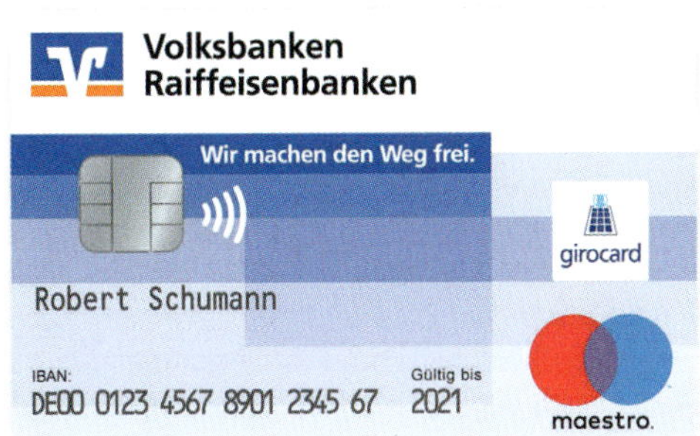

NFC-Logo

im Onlinebanking. Alle für die Nutzung erforderlichen Daten wie Kontonummer, Name und Anschrift der Bank oder persönliche Identifikationsnummer (PIN) sind verschlüsselt auf einem Chip hinterlegt.
Mit der Girocard kann man in Deutschland rund um die Uhr an ca. 59.000 Geldautomaten bis zu 1.000 € pro Tag abheben, bei entsprechendem Verfügungsrahmen der Bank auch mehr. Hierzu muss nur die PIN eingetippt werden (siehe auch unten: Electronic Cash).
Die einzelne Girocard kann unterschiedlich ausgestattet sein. Man erkennt dies an den entsprechenden Symbolen auf der Karte. Eine Girocard mit **Maestro-Logo** kann weltweit benutzt werden. Überall dort, wo das Maestro-Zeichen angebracht ist, kann man mit Girocard und Geheimzahl (PIN) bezahlen. In Europa sind rund 7 Millionen Kassen in Restaurants, Kaufhäusern, Tankstellen usw. an das System angeschlossen. Weltweit sind es fast 15 Millionen sowie rund 2 Millionen Geldautomaten. An den Maestro-Kassen können Zahlungen bis 1.000 € pro Tag in der jeweiligen Landeswährung erfolgen, bei entsprechendem Verfügungsrahmen der Bank auch mehr.
Karten mit **V-Pay-Zeichen** und PIN werden innerhalb des Europäischen Zahlungsraumes (SEPA) von über 9 Mio. Händlern und mehr als 370.000 Geldautomaten unterstützt. Oft kann die Karte auch außerhalb Europas eingesetzt werden.

Girocard mit Geldkartenfunktion und girogo: Die Girocard ist mit einem Chip versehen, der zum bargeldlosen Bezahlen mittels elektronischer Geldbörse (Geldkartenfunktion) und Electronic Cash (siehe auch unten) genutzt werden kann. Zuvor muss die Karte mit bis zu 200 € „aufgeladen" werden. Die Aufladung erfolgt an speziellen Ladeautomaten. **Girogo** ist eine Weiterentwicklung der Geldkartenfunktion. Kleinbeträge bis 50 € können kontaktlos bezahlt werden, indem man die Karte nur noch an das Lesegerät hält.

Untersuchungen haben ergeben, dass Kartenbesitzer mehr Geld ausgeben als Barzahler. Verbraucherverbände kritisieren deshalb die Zunahme des Plastikgeldes. Sie sind der Ansicht, dass die Verbraucher dadurch zu zusätzlichen Ausgaben verführt werden und dass die Gefahr der Kontoüberziehung erheblich zugenommen hat. Auch weisen sie auf das Risiko des Missbrauchs hin. Jeder Kreditkartenbesitzer sollte sich der größeren Verantwortung bewusst sein, die der Besitz einer solchen Karte erfordert.

Wie kann sich der Karteninhaber vor Missbrauch schützen?

Grundsätzlich sollten Karten mit der gleichen Sorgfalt behandelt werden wie Bargeld. So sollten sie möglichst nah am Körper getragen werden und nicht ohne Aufsicht liegen bleiben. Geheimnummern sollten nicht aufgeschrieben oder aufbewahrt werden. Der sicherste Ort ist immer noch das Gedächtnis des Inhabers. Beim Bezahlen in Geschäften sollte der Kunde seine Karte nicht aus den Augen verlieren.

1.7 Moderne Bankdienste

Electronic Cash

In fast allen Geschäften kann man mit einer Girocard bargeldlos an einem **POS**-Terminal (**POS** = **P**oint **o**f **S**ale) zahlen. Zur Zahlung steckt der Kunde seine Girocard in ein Terminal, das den Rechnungsbetrag anzeigt und die Karte auf Echtheit prüft. Der Kunde tippt seine persönliche Geheimzahl (**P**ersönliche **I**dentifikations**n**ummer = **PIN**) ein und bestätigt den Rechnungsbetrag. Nachdem das System geprüft hat, ob die PIN korrekt, die Karte nicht gesperrt und das Konto gedeckt ist, wird die Einlösung garantiert. Die Rechnung wird dann innerhalb von Sekunden von seinem Konto abgebucht. Der Zahlungsvorgang ist beendet. Zur Kontrolle erhält der Kunde eine Quittung über den Rechnungsbetrag. Viele Banken bieten inzwischen die **„Girocard kontaktlos"** an. Hier wird die Karte nicht mehr in das Gerät gesteckt, sondern nur noch nah darüber gehalten. Die Datenübertragung erfolgt über einen NFC-Chip in der Karte. Zahlungen bis 25 € werden von der Bank sogar ohne PIN akzeptiert.

Elektronisches Lastschriftverfahren (ELV)/SEPA Lastschriftverfahren

Beim **Elektronischen Lastschriftverfahren (ELV)** bezahlt der Kunde mit der Girocard und seinem „guten Namen". Mit einem speziellen Gerät liest der Händler aus dem Chip der Karte die IBAN aus und erzeugt eine ganz normale Lastschrift mit Einzugsermächtigung, die der Kunde anschließend mit seiner Unterschrift erteilt. Im Gegensatz zum Electronic-Cash-Verfahren wird hier nicht überprüft, ob die Karte gesperrt und das Konto gedeckt ist. Die Folge: Der Händler trägt das Betrugsrisiko und das Zahlungsausfallrisiko. Auch kann der Kunde innerhalb von acht Wochen die Lastschrift bei seiner Bank problemlos widerrufen und das Geld zurückbuchen lassen.

Home- oder Onlinebanking

PC-Nutzer können rund um die Uhr Bankgeschäfte tätigen wie z. B.

- Überweisungen ausführen
- Daueraufträge erteilen, ändern oder löschen
- Wertpapiere kaufen oder verkaufen
- den Kontostand abfragen
- Termingelder anlegen
- Karten sperren lassen (z. B. Kunden- oder Kreditkarten).

Das Konto des Nutzers ist neben der Kontonummer noch zusätzlich durch eine PIN (Persönliche Identifikationsnummer) gesichert, die nur der Nutzer kennt. Für Geldtransaktionen ist außerdem eine nur einmalig nutzbare Transaktionsnummer (**TAN**) notwendig. Diese wird dem Kunden per SMS auf sein Handy zugeschickt oder er kann sie einem **TAN-Generator** entnehmen, der an den Bildschirm gehalten wird. Das Beispiel zeigt, wie Bankgeschäfte am Bildschirm eines PCs mit TAN-Generator und entsprechender Software abgewickelt werden können.
Als besonderes sicher gilt das **HBCI**-Verfahren (**H**ome**b**anking **C**omputer **I**nterface). Hier wird eine besondere Chipkarte benötigt. Zusammen mit einem Lesegerät und einer PIN wird damit eine digitale Unterschrift erzeugt.

Zahlung mit dem Handy

TAN-Generator

Mittlerweile kann man auch mit dem **Handy** bequem Online-Banking betreiben. So muss man z. B. bei den Apps mancher Banken nur den beigefügten Überweisungsträger einer Rechnung mit dem Handy fotografieren, um eine Überweisung aufzugeben.
Apps von Handelsketten und Mobilfunkanbietern ermöglichen ebenfalls das **Bezahlen mit dem Handy**. Da sich die einzelnen Systeme in der Anwendung sehr unterscheiden, bleibt abzuwarten, welche sich durchsetzen. Handys mit NFC-Technologie können sogar zum kontaktlosen Bezahlen bei Electronic Cash benutzt werden.
Neben sogenannten **Direktbanken** (Banken ohne Zweigstellennetz) bieten fast alle Banken und Sparkassen die Erledigung von Bankgeschäften mittels Telefon **(Telefonbanking)** an. Von zunehmender Bedeutung ist jedoch das **Onlinebanking**, da hier Banktransaktionen über das Internet 24 Stunden täglich weltweit getätigt werden können. In Deutschland wurden deshalb 2018 mehr als 70 Millionen Girokonten online genutzt.

Symbole im modernen Zahlungsverkehr und deren Bedeutung

Symbol	Zahlungsverwendung	Zahlungsvoraussetzungen
girocard	**Electronic Cash**: Bargeldloses Bezahlen an automatisierten Kassen, Online-Abbuchung im Inland. Die Bank garantiert die Zahlung. **Abheben** von Bargeld an allen Geldautomaten von Banken und Sparkassen.	**Girocard** PIN
SEPA Lastschrift	**ELV (Elektronisches Lastschriftverfahren)** Bargeldloses Bezahlen an automatisierten Kassen mittels Lastschriftbeleg, den der Käufer unterschreibt (Einzelhandelsgeschäfte, Kaufhäuser, Tankstellen etc.). Der Händler trägt das Risiko, dass das Konto nicht gedeckt ist.	**Girocard** Unterschrift
maestro	Bargeldloses Bezahlen wie **Electronic Cash** und **Abheben** von Bargeld **weltweit,** im In- und Ausland an fast 14 Mio. Akzeptanzstellen	**Girocard** PIN
V PAY	Bargeldloses Bezahlen wie Electronic Cash und Abheben von Bargeld, nur im europäischen Zahlungsraum (SEPA), im In- und Ausland an ca. 9 Mio. Akzeptanzstellen.	**Girocard** PIN
Cirrus	Abheben von Bargeld weltweit	**Girocard** PIN
GeldKarte	Bargeldloses Bezahlen bis 200 € an automatisierten Kassen, bis aufgeladener Betrag verbraucht ist (Einzelhandelsgeschäfte, Kaufhäuser, Tankstellen, Fahrkartenautomaten)	**Geldkarte** (Girocard) mit ausreichend Guthaben
girogo	Bargeldloses Zahlen von **Kleinbeträgen bis 20 €** kontaktlos, Karte muss nur an Lesegerät des Händlers gehalten werden. Karte kann bis 200 € aufgelden werden. Derzeit nur in Deutschland.	**Girocard** mit ausreichend Guthaben
z. B. VISA	Bargeldloses Bezahlen mittels Lastschrift (Fachgeschäfte, Tankstellen, Restaurants, Hotels etc.). Bargeld an dafür vorgesehenen Automaten im In- und Ausland.	**Kreditkarte** Unterschrift bei Barabhebung **Kreditkarte** und PIN

Besondere Zahlungsformen im Internet

Die meisten Internetgeschäfte liefern Waren erst, wenn die Zahlung erfolgt ist; z. B. per Überweisung, Lastschrift, Scheck, Kreditkarte oder Nachnahme. Vielen Käufern ist dies zu unsicher. Sie wollen ihre Bankverbindung nicht preisgeben oder fürchten, dass bezahlte Waren nicht geliefert werden. Deshalb schalten sie Treuhänder ein. Diese bieten unterschiedliche Leistungen: Die einen leiten das Geld erst weiter, wenn die Ware beim Empfänger eingetroffen ist, andere garantieren den Lieferanten die Zahlung oder sichern die Käufer im Betrugsfall ab.
Bekannte Zahlsysteme im Internet sind:

Symbol	Zahlungsverwendung
PayPal www.paypal.de	**Paypal** ist eine Tochterfirma von eBay. Um das System zu nutzen, muss der Kunde ein Konto eröffnen; seine Einkäufe im Internet werden davon bezahlt. Das Konto wiederum wird vom Girokonto des Kunden aufgefüllt. Paypal sichert seine Kunden bis zu 1.000 € gegen Betrug ab. Genutzt wird Paypal von mehr als 210 Millionen Kunden weltweit.

Symbol	Zahlungsverwendung
giropay www.giropay.de	**Giropay** gehören ca. 1.500 Banken und Sparkassen an. Der Käufer gibt die Bankleitzahl ein und wird zum Onlinebanking seiner Bank umgeleitet, wo er sich einloggt. Das Überweisungsformular ist bereits automatisch ausgefüllt, er muss nur noch eine TAN eingeben.
paydirekt www.paydirekt.de	**Paydirekt** ist ein neuer kostenloser Online-Bezahldienst für die mehr als 50 Millionen onlinebankingfähigen Girokonten deutscher Banken und Sparkassen. Dazu muss man sich einmalig im Online-Banking für **paydirekt** registrieren. Beim Einkauf im Internet muss der Kunde nur den selbstgewälten Nutzernamen und ein Passwort angeben. Damit gibt er die Zahlung von seinem Girokonto frei. Sollte die Ware nicht ankommen, garantiert das System einen Käuferschutz.

ZUSAMMENFASSUNG

Zahlungsmöglichkeiten

Barzahlung

Weder Zahler noch Zahlungsempfänger verwenden ein Konto.

Übergabe von Bargeld

- persönliche Übergabe oder durch Boten
- Geldversand der Postbank
- Einschreibebrief
- Express-Brief

halbbare Zahlung

Ein Beteiligter verwendet ein Konto, d. h., einer erhält Bargeld oder bezahlt mit Bargeld.

Empfänger hat Konto

- Zahlschein
- Nachnahme

Zahler hat Konto

- Barscheck

unbare (bargeldlose) Zahlung

Beide Beteiligten verwenden ein Konto, d. h., die Zahlung erfolgt bargeldlos von Konto zu Konto

- Verrechnungsscheck
- Überweisung
- Dauerauftrag
- Lastschrift
- Kreditkarte
- Girocard, Geldkarte (Electronic Cash)

Zahlungsabwicklung

- **Bank oder Sparkasse** → Erledigung der Bankgeschäfte am Bankschalter
Girocard – selbstständiges Ausdrucken von Kontoauszügen
- **Geldautomat** → Barabhebung mittels Girocard oder Kreditkarte und Geheimnummer
Abfragen des Kontostandes
- **Electronic Cash** → Zahlung am Händlerterminal beim Einkauf, Fahrkartenkauf etc. mit Girocard oder Geldkarte
- **Home- oder Onlinebanking** → Erledigung der Bankgeschäfte über eigenen PC
- **Telefonbanking** → Abwicklung von Bankgeschäften mittels Telefon oder Telefax
- **Onlinebanking (Internet)** → Über Internet und PC/Handy können rund um die Uhr weltweit viele Bankgeschäfte getätigt werden.

ARBEITSTEIL

1. Erläutern Sie das Prinzip der Barzahlung.

2. Erklären Sie den Unterschied zwischen den verschiedenen Zahlungsarten.

3. Barzahlung und halbbare Zahlung spielen eine immer geringere Rolle. Begründen Sie diese Entwicklung.

4. Die 16-jährige Sonja möchte zu Beginn ihrer Ausbildung ein Girokonto eröffnen.
   a) Warum sollte sie Angebote verschiedener Banken und Sparkassen vergleichen?
   b) Was muss Sonja bei der Einrichtung eines Girokontos tun?
   c) Warum sollte sie sich regelmäßig Kontoauszüge ausdrucken?

5. Als Auszubildende hatte Sonja ein gebührenfreies Girokonto bei der Volksbank. In Zukunft muss sie Gebühren zahlen. Sie vergleicht diese mit den Gebühren bei der Sparkasse anhand der Anzahl ihrer erwarteten Buchungen.

Kostenposition	Sparkasse	Volksbank	erwartete Buchungen
Grundgebühr (mtl.)	2,95 €	5,00 €	
Überweisung mit Beleg	0,80 €	0,40 €	6
Überweisung online	0,05 €	kostenfrei	10
Dauerauftrag	0,15 €	kostenfrei	6
Kontoauszug mit Zusendung	0,80 €	1,00 €	2
Kontoauszug am Auszugsdrucker	0,35 €	kostenfrei	2
Barabhebung am Geldautomaten	kostenfrei	kostenfrei	3
Barabhebung am Schalter	1,00 €	0,50 €	3
Girocard (pro Jahr)	6,00 €	12,00 €	ja

   a) Führen Sie einen Kostenvergleich durch.
   b) Was könnte Sonja dazu veranlassen, auch bei günstigeren Konditionen eines anderen Geldinstituts bei ihrer bisherigen Bank zu bleiben (drei Gründe)?
   c) Wo könnte Sonja bei den monatlich anfallenden Buchungen weitere Kosten einsparen?

6. Welche gesetzlichen Merkmale sind für die Gültigkeit eines Schecks nach dem Scheckgesetz erforderlich?

7. Erklären Sie den Unterschied zwischen einem Bar- und einem Verrechnungsscheck.

8. a) Innerhalb welcher Frist müssen Schecks eingelöst werden?
   b) In Stuttgart wurde am 24.7. ein Scheck ausgestellt. Der Zahlungsempfänger legt ihn am 15.8. der Bank zur Einlösung vor. Muss die Bank den Scheck einlösen?

9. Ein Kunde möchte seine Einkäufe mit Scheck bezahlen. Der Verkäufer ist nur bereit, Bargeld anzunehmen. Ist der Käufer verpflichtet, mit Bargeld zu bezahlen, oder kann er auf Scheckzahlung bestehen?

10. Markus verfügt über ein Girokonto und möchte folgende Zahlungen tätigen:

a) Rechnung für Autoreparatur
b) Telefonrechnung
c) monatliche Miete
d) Stromkosten

Welche Überweisungsform sollte er sinnvollerweise wählen?

11. Beschreiben Sie die Sonderformen des Überweisungsverkehrs und nennen Sie je zwei Anwendungsbeispiele.

12. Beschreiben Sie, wie anhand von Kreditkarten Rechnungen bezahlt werden.

13. Daniela hat sich in einem Fachgeschäft ein Fernsehgerät für 220,00 € gekauft. An der Eingangstür des Geschäftes sind folgende Zahlungssymbole abgebildet:

a) Wie kann in diesem Geschäft bargeldlos bezahlt werden?
b) Daniela verfügt über eine Girocard mit Geldkartenfunktion und möchte damit bezahlen. Welche Zahlungsmöglichkeiten (Formen der Zahlungsabwicklung) kann sie mit ihrer Girocard in diesem Geschäft nutzen?

14. Erklären Sie den Zahlungsvorgang beim Electronic Cash.

15. Diskutieren Sie in Ihrer Klasse Zahlungsmöglichkeiten der Zukunft.

16. Durch Scheck- und Kreditkartenbetrug entstehen in Deutschland jährlich Schäden von über 50 Millionen €.

a) Wie kann es zu solchen Betrügereien kommen?
b) Wie können Sie sich davor schützen?
c) Bedingungen einer Bank für die Benutzung von Geldautomaten:

„Ist eine Girocard gesperrt, so wird sie von dem Geldautomaten eingezogen. Darüber hinaus wird eine Kundenkarte mit Magnetstreifen für jede weitere Verwendung an Geldautomaten ungültig gemacht, wenn die persönliche Geheimzahl dreimal nacheinander falsch eingetippt wird. Der Kunde hat sich sodann an das kontoführende Kreditinstitut zu wenden."

Warum wird die Girocard nach dreimaligem falschem Eintippen der PIN eingezogen?

17. Welche Vor- und Nachteile bietet das Onlinebanking?

18. Anna will im Internet bei einem Elektronikversand einen 200 € teuren Tablet-PC kaufen. Der Händler bietet folgende Zahlungsmöglichkeiten:
- 3 % Skonto und kostenlosen Versand bei Überweisung des Rechnungsbetrages vor Lieferung,
- 6,50 € Versandkosten bei Zahlung per Lastschrift,
- 5,00 € Aufpreis und 6,50 € Versandkosten bei Zahlung mit PayPal.

a) Vergleichen Sie die Vorteile und Nachteile jeder angebotenen Zahlungsmöglichkeit.
b) Welche Zahlungsmöglichkeit sollte Anna Ihrer Meinung nach wählen?

2 Überwachung von Zahlungseingängen

> **Insolvenzen**
>
> **Insolvenzverfahren eröffnet:** Süddeutsche Baugesellschaft mbH & Co. KG. vertr. d. d. Südwestdeutsche Baugesellschaft Verwaltungs-GmbH, Engesserstr. 7, 79018 Freiburg. Heiko Hauser, Lorenzstr. 23, 76297 Stutensee. Klaus-Dieter Tilch, Veielbrunnenweg 58, 70372 Stuttgart. Monika Klötzel, Weißdornweg 11, 78048 Villingen-Schwenningen. Brigitte Auer, Inh. d. Fa. Walter Auer GbdR Gebäudereinigung, Gewerbestr. 79, 79194 Gundelfingen. Fa. Werthaus Wohnbau GmbH, Jahnstr. 3, 71287 Weissach. Viktor Weihing, Lebensmitteleinzelhandel, Laurentiusstr. 15, 72160 Horb. Andreas Darusi, Fichtenwaldstr. 6, 72189 Vöhringen. Savvas Kessesidis, Hauffstr. 112, 72793 Pfullingen. Fa. Roland Weber, Max-Eyth-Str. 19, 73269 Hochdorf. Werthaus Wohnbau GmbH vertr. d. d. GF. Jana Hänel, Am Ullrichsberg 26, 68309 Mannheim. Antonie Wiegner, Humboldstr. 22, 68169 Mannheim. Udo Schmitt, Tannhäuserring 178, 68199 Mannheim. Fa. Kannenberg GmbH & Co., Fahrlachstr. 40–44, 68165 Mannheim. Fa. Neues Heim Wohnbau GmbH, Luitgardweg 6, 71083 Herrenberg. Fa. SPB Sanders Planen & Bauen i. L., Tammweg 51, 76332 Bad Herrenalb.

Stuttgarter Zeitung

Allein im Jahre 2014 haben 23.800 Unternehmen Insolvenzanträge* gestellt. Mangelnde Zahlungsmoral der Kunden war eine der häufigsten Ursachen. Deshalb kommt der ständigen Überwachung von Zahlungsein- und -ausgängen eine große Bedeutung zu.

* Insolvenz = Zahlungsunfähigkeit

Welche Möglichkeiten zur Kontrolle der Zahlungsein- und -ausgänge kennen Sie?

2.1 Gründe für die Überwachung von Zahlungseingängen

Ein Arzt hat durch seine Praxistätigkeit laufend Einnahmen und auch Ausgaben. Die Einnahmen stammen zum großen Teil aus kassenärztlicher Tätigkeit. Mit der Überwachung der Zahlungen durch die KV befassen sich die meisten Ärzte selbst. Die Überwachung der Einnahmen aus privatärztlicher Tätigkeit wird oft der Medizinischen Fachangestellten überlassen.
Aus Gründen der Wirtschaftlichkeit muss der Arzt darauf achten, dass Zahlungen pünktlich eingehen, denn

- Verluste durch Verjährung können entstehen, da z. B. Forderungen aus Privatliquidationen einer 3-jährigen Verjährungsfrist unterliegen.
- auch der Arzt muss seine Praxisausgaben, z. B. für Personal, Miete, Geräte, pünktlich bezahlen. Das kann er nur, wenn er genügend Geld einnimmt.
- verspätete Einnahmen verursachen Zinsverluste.

2.2 Belege

Als Nachweis für die Richtigkeit und Vollständigkeit der Zahlungsvorgänge dienen Belege. Bei der Bearbeitung von Belegen gilt folgender Buchführungsgrundsatz:

> **!** **Keine Buchung ohne Beleg**

Belege sind fortlaufend chronologisch (in zeitlicher Reihenfolge) zu nummerieren und mit einem Buchungsvermerk zu versehen, damit eine Abstimmung und Kontrolle zwischen den Belegen und den Eintragungen in der Buchführung möglich ist. Buchungsbelege müssen folgende Informationen enthalten:

- Betrag der Zahlung
- Datum des Zahlungseinganges bzw. Zahlungsausganges
- Name des Zahlenden und des Zahlungsempfängers
- Belegnummer

Belegarten

Grundsätzlich unterscheidet man **Einnahmebelege** und **Ausgabenbelege:**

Einnahmebelege sind z. B.	Ausgabenbelege sind z. B.
– quittierte Liquidationen	– quittierte Rechnungen
– Quittungsdurchschriften	– Quittungen
– Durchschrift der Scheckeinreichung	– Fahrkarten
– Gutschriftsbeleg der Banküberweisung bzw. Kontoauszug	– Durchschrift der Banküberweisung bzw. Kontoauszug
	– Kontoauszug bei Scheckzahlung, Lastschrift, Dauerauftrag

Aufbewahrung der Belege

Nachdem die Buchung vorgenommen wurde, werden die Belege meistens in einer Mappe abgelegt und zwar in chronologischer Reihenfolge. Für die Art der Belegablage gibt es keine Bestimmungen. Allerdings sollte sie so gestaltet sein, dass im Bedarfsfall Belege schnell aufgefunden werden. Das Steuerrecht schreibt verbindlich vor, dass Belege **10 Jahre** aufbewahrt werden müssen.

2.3 Möglichkeiten der Überwachung von Zahlungsein- und -ausgängen

Wenn eine Privatliquidation geschrieben wird, bleibt eine Kopie der Rechnung an den Privatpatienten in der Praxis. Diese Kopie wird dann in einem Ordner für nicht gezahlte Liquidationen abgelegt. Bezahlt der Privatpatient, kommt die Kopie in den Ordner für bezahlte Liquidationen. Werden die Kopien streng nach Rechnungsdatum abgelegt, ist ein eventuelles Mahnverfahren problemlos.

Offene-Posten-Liste

Werden in einer Praxis viele Privatliquidationen geschrieben, sollte eine **Offene-Posten-Liste** geführt werden. Diese enthält:

- Nummer der Liquidation
- Name des Patienten
- Rechnungsdatum und Rechnungsbetrag
- eventuelle Anzahlungen, Mahnungen und sonstige Vermerke.

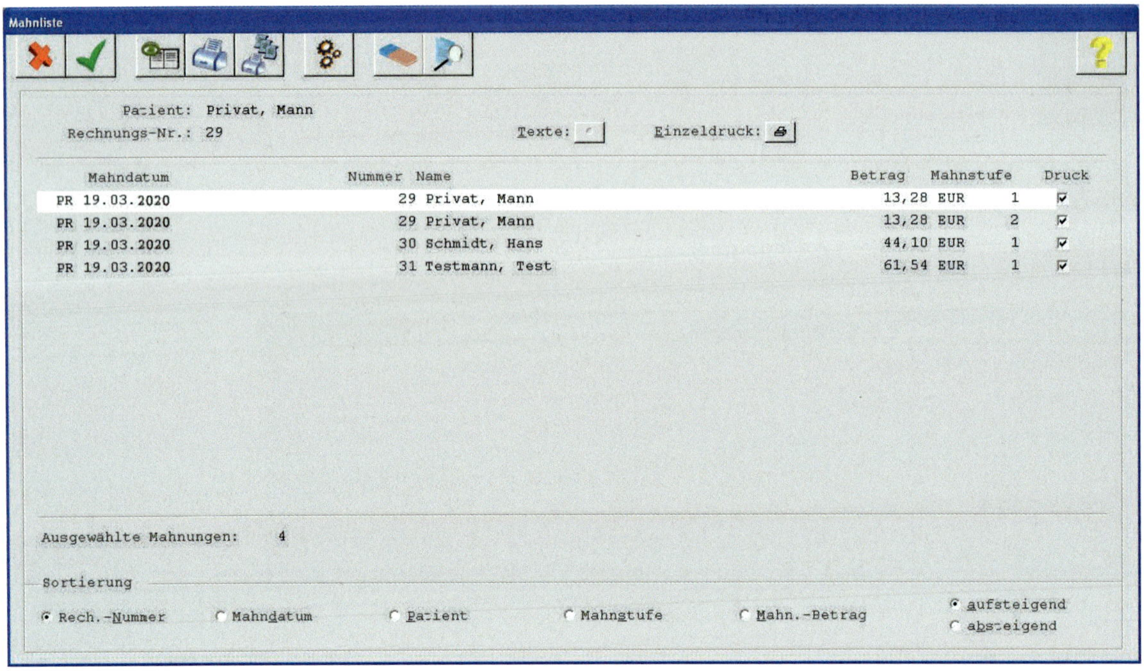

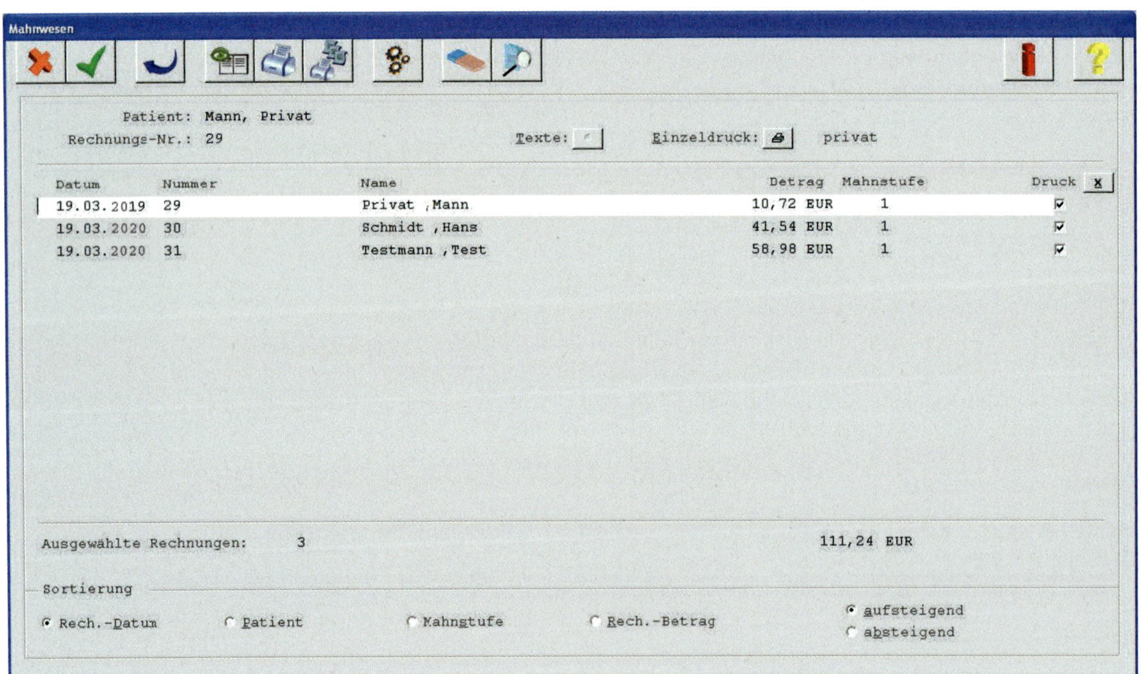

Abb.: Beispiele aus dem Arztpraxisprogramm M1 der Firma CompuMED

Eine derartige Kontrollliste kann man entweder selbst anlegen oder als fertigen Vordruck kaufen. Wird die Praxis mit einem Praxiscomputer verwaltet, wird eine Offene-Posten-Liste automatisch vom Arztpraxisprogramm erstellt. Ein Arztpraxisprogramm bietet daneben noch viele Auswahlmöglichkeiten: Man kann sich z. B. die Mahnungen der Offene-Posten-Liste in einer speziellen Mahnliste anzeigen und ausdrucken lassen.
Werden in einer Praxis nur wenige Privatliquidationen geschrieben, kann es ausreichen, die Karteikarten durch einen **farbigen Reiter** oder noch besser **durch farbige Einlegekarten** zu kennzeichnen.
In jedem Fall lohnt sich eine genaue Überwachung der Zahlungseingänge. Angenommen, eine Arztpraxis versendet irrtümlich eine Mahnung an einen Privatpatienten, obwohl dieser seine Liquidation bereits bezahlt hat. Neben dem Ärger kann dies auch einen wirtschaftlichen Verlust zur Folge haben, wenn der Privatpatient die Praxis wechselt.

Kassenbuch

Die Abgabenordnung schreibt vor, dass **Bareinnahmen täglich** aufgezeichnet werden müssen. Dies erfolgt über das Kassenbuch. Hier werden solche Einnahmen erfasst, für die keine besondere Liquidation ausgestellt wurde. Beispiele: Atteste, Bescheinigungen, Rezepte.
Das Gleiche gilt für die **täglichen Barausgaben**, wie z. B. Büromaterial, Briefmarken, Fahrtkosten. Kassenbücher gibt es in vorgedruckter Form, man kann sie aber auch selbst erstellen. An jedem Monatsende werden die Endsummen der Einnahmen und Ausgaben ermittelt und in die entsprechenden Buchführungsformulare übertragen.

Monat August 20__

Datum	Beleg Nr.	Text von wem – an wen – wofür	Einnahmen	Ausgaben
03	1	E. Gruber, Attest	20 00	
04	2	Büro - Sinner, Büromaterial		32 80
05	3	W. Großmann, Schulbescheinigung	15 00	
07	4	Post, Briefmarken		44 00
	5	W. Berger, Beratung	25 00	
08	6	S. Kohler, Kurbescheinigung	10 00	

Auszug aus einem Kassenbuchformular

Privatärztliche Verrechnungsstelle

Eine wachsende Zahl von Ärzten möchte sich den Aufwand und Ärger ganz ersparen, der mit der Kontrolle der Privatliquidationen verbunden ist. Sie sind Mitglieder bei einer **Privatärztlichen Verrechnungsstelle.** Zu deren Aufgaben gehört es, Privatliquidationen im Auftrag des Arztes zu erstellen. Sie erledigen den anfallenden Schriftverkehr, überwachen den fristgerechten Zahlungseingang und schreiben die notwendigen Mahnungen. Dafür bezahlt der Arzt eine Gebühr.

ZUSAMMENFASSUNG

Überwachung von Zahlungsein- und -ausgängen

Gründe der Überwachung

- Verluste durch Forderungsverjährung
- Zinsverluste
- Sicherung der Zahlungsfähigkeit

Kontrollmöglichkeiten

- Offene-Posten-Liste
- Kassenbuch
- Privatärztliche Verrechnungsstellen
- Belege (z. B. Liquidationsdurchschriften)

ARBEITSTEIL

1. Erläutern Sie, weshalb in der Arzt- bzw. Zahnarztpraxis alle Zahlungsein- und -ausgänge laufend kontrolliert werden müssen.
2. Erläutern Sie, welche Einnahmen im Kassenbuch erfasst werden. Geben Sie zusätzlich mindestens drei Beispiele dafür an.
3. Wie können ausstehende Zahlungen überwacht werden?
4. Zählen Sie drei Beispiele auf für Ausgaben, die im Kassenbuch erfasst werden.
5. Man unterscheidet Einnahmebelege und Ausgabenbelege. Geben Sie jeweils drei Beispiele an.

3 Wert des Geldes

3.1 Aufgaben des Geldes

Beim Einkaufen im nahe gelegenen Supermarkt sieht Bettina folgende Anschlagtafel, die den Kunden für private Anzeigen zur Verfügung steht.

Biete Herrenfahrrad, suche gut erhaltenen Computer mit Drucker.
Huber, Hauptstr. 34

Wer hat einen gut erhaltenen Lederkoffer und tauscht ihn gegen Computer mit Drucker
Tel. 28 24 52

Herrenfahrrad im Tausch gegen elektrische Eisenbahn gesucht.
Tel. 56 34 24

Suche elektrische Eisenbahn, biete neuwertigen Lederkoffer.
A. Bayer, Tel. 23 46 57

Biete fast neuwertiges Mofa, suche Skianzug Gr. 48.
Wolf, Seestr. 86

Wer tauscht Kinderwagen gegen Kinderkleidung?
Tel. 45 12 38

Wie muss der Fahrradbesitzer verfahren, wenn er den Computer möchte?
Überlegen Sie, welche Aufgaben unser Geld demnach hat.

Geld erfüllt in einer modernen, arbeitsteiligen Wirtschaft zahlreiche Aufgaben:

Geld ist **Zahlungs- und Tauschmittel.** Wer über Geld verfügt, kann damit Güter und Dienstleistungen gegen Geld „tauschen" bzw. diese damit bezahlen. In Zeiten, in denen es noch kein Geld gab, tauschten die Menschen Ware gegen Ware (Naturaltausch). Da hierbei jedoch erhebliche Probleme auftauchten, suchten sich die Menschen zunächst Geldersatzmittel und entwickelten später Münzen aus Edelmetall, um den Tausch der Waren zu vereinfachen.

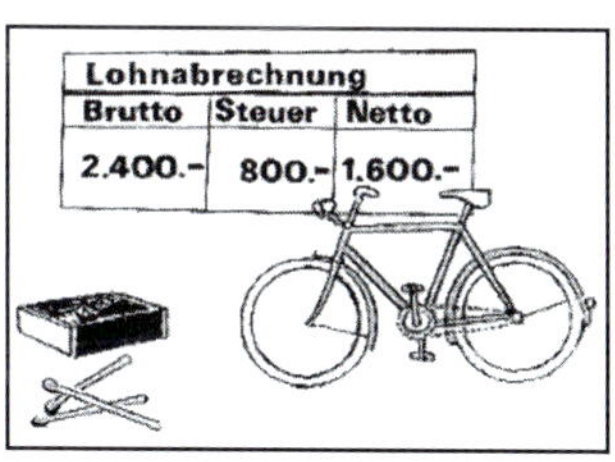

Geld ist **Wertmaßstab und Recheneinheit.** Mit der Preisangabe von Waren wird deren Wert festgelegt. Solche Preisangaben ermöglichen es dem Käufer, Preisvergleiche anzustellen. Werden verschiedene Waren gekauft, können die Preise addiert werden.

Geld ist **Wertübertragungsmittel.** Will jemand einer anderen Person etwas schenken oder vererben, also einseitig einen Wert übertragen, bietet sich dafür das Geld an.

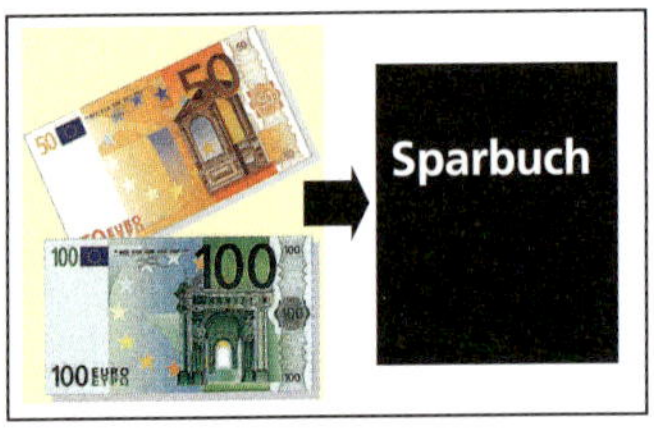

Geld ist schließlich auch ein **Wertaufbewahrungsmittel.** In dieser Funktion liegt es zum Beispiel in einer Spardose oder in Omas Sparstrumpf. Da aber Geld meist nicht über einen längeren Zeitraum wertbeständig ist, sollte es besser und sicherer auf einem Sparkonto aufbewahrt werden. Hier bringt es Zinsen und ist vor Verlust geschützt.

Eine funktionierende Wirtschaft benötigt Geld: keine Frage, dass sich der Staat darum kümmert. Seit dem 1. Januar 2002 ist in den Ländern der Europäischen Währungsunion der **Euro** das einzig zugelassene **gesetzliche Zahlungsmittel.** Es muss von jedem angenommen werden, der die Bezahlung einer Ware oder einer Schuld verlangt.
Diese Festlegung ist Bestandteil unserer Geldverfassung, die man als **Währung** bezeichnet. Dazu gehört die Festlegung der Geldeinheit (Euro), der Stückelung des Geldes (Wert der Scheine und Münzen) und die Frage, wer berechtigt ist, Geld herzustellen. **Banknoten** werden von der **Europäischen Zentralbank (EZB)** herausgegeben. Das Recht **Münzen** zu prägen haben die Regierungen der einzelnen Mitgliedsstaaten der Währungsunion, z. B. die Regierung der Bundesrepublik Deutschland.

ZUSAMMENFASSUNG

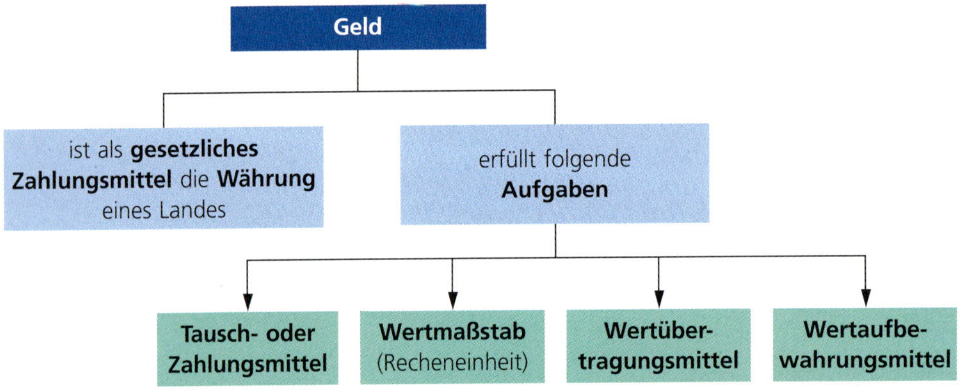

ARBEITSTEIL

1. Geld ist gesetzliches Zahlungsmittel. Erklären Sie, was das bedeutet.
2. Ordnen Sie folgende Vorgänge den einzelnen Funktionen des Geldes zu:
   a) Manuela erbt von ihrer Großmutter 500 €.
   b) Max bringt 150 € auf sein Sparbuch.
   c) Regina kauft sich einen Pullover für 60 € und eine Hose für 105 €. Der Verkäufer verlangt 165 €.
   d) Peter kauft sich nach bestandener Führerscheinprüfung einen Gebrauchtwagen. Er vergleicht die Preise bei verschiedenen Händlern.
   e) Yvonne erhält ihre Ausbildungsvergütung in Höhe von 530 € bar auf die Hand.
   f) Franz kauft sich für 12 € einen Krimi in einem Geschäft.

3.2 Der Binnenwert des Geldes

Beim Untergang eines luxuriösen Kreuzfahrtschiffes können sich zwei Männer, der Schiffskoch Schmidt und der Millionär Müller, als einzige Überlebende auf eine unbewohnte Insel retten. Außer einer Quelle gibt es dort nichts Essbares. Schmidt rettet eine Kiste mit Lebensmitteln, Müller seine Brieftasche mit 100.000 € Bargeld. Schmidt kennt die Insel von früheren Fahrten und weiß, dass dort ab und zu Schiffe anlegen, um Trinkwasser aufzunehmen. Er erzählt Müller davon und macht diesem den Vorschlag, ihm die Hälfte seiner Vorräte für 1.000 € zu verkaufen. Dazu ist der „Geizhals" Müller zunächst nicht bereit. Müller sagt: „Seien Sie kein Narr, Schmidt. Wenn in den nächsten Tagen ein Schiff anlegt, sind Ihre Vorräte höchstens noch 100 € wert." „Das schon", antwortet Schmidt, „wenn es aber erst in drei Monaten oder später kommt, sind meine Vorräte mein Leben wert."
Nach zähen Verhandlungen verkauft Schmidt nach fünf Tagen dem ausgehungerten Müller die Hälfte seiner Vorräte für 50.000 €. Zwei Tage später legt ein Schiff an und rettet die beiden. Schmidt hat das Geschäft seines Lebens gemacht, Müller ärgert sich zeitlebens darüber.

Warum kauft Müller anfangs die Vorräte nicht für 1.000 €?

Wie erklären Sie sich die Preissteigerung auf 50.000 €?

Wovon ist der Wert des Geldes abhängig?

Welche allgemeinen Erkenntnisse lassen sich aus diesem Beispiel für die Kaufkraft des Geldes ableiten?

Die Kaufkraft

Ein Zwanzigeuroschein ist, wenn man nur den Papierwert betrachtet, natürlich nicht 20 € wert. Der Einkauf in einem Geschäft zeigt aber sehr wohl, dass dieses Papier etwas wert ist, denn der Käufer erhält dafür z. B. ein Buch, das auf dem Preisschild mit 20 € ausgezeichnet ist. Der Wert des Geldes ist also immer davon abhängig, was man dafür kaufen kann. Deshalb bezeichnet man den **Binnenwert** des Geldes (Geldwert) auch als **Kaufkraft**. Wenn aber der Wert des Geldes davon abhängig ist, dass damit die Preise der Güter bezahlt werden können, muss es eine Beziehung zwischen Geldwert und Preisentwicklung geben.

Preissteigerung bedeutet: Der Käufer muss mehr Geld aufwenden, d. h., die Kaufkraft des Geldes nimmt ab, der Geldwert sinkt.

Preissenkung bedeutet: Der Käufer muss weniger Geld bezahlen, d. h., die Kaufkraft des Geldes nimmt zu, der Geldwert steigt.

So hatte sich beispielsweise die Kaufkraft der Deutschen Mark seit ihrer Einführung im Rahmen der Währungsreform von 1948 stark verringert. Die Preise für die Lebenshaltung sind um ein Mehrfaches gestiegen. Trotzdem war in diesem Zeitraum eine erhebliche Steigerung des Wohlstands zu verzeichnen. Diesen Umstand hatten wir der Tatsache zu verdanken, dass die Lohnsteigerungen in diesem Zeitraum die Preissteigerungen insgesamt erheblich übertroffen haben.

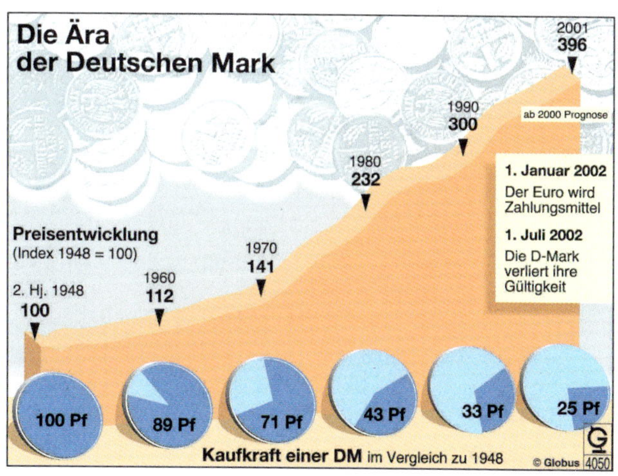

Verbraucherpreisindex (Preisindex für die Lebenshaltung)

Die Medien berichten monatlich über die Veränderung der Lebenshaltungskosten gegenüber dem Vergleichsmonat des Vorjahres. Dabei ist von prozentualen Veränderungen die Rede. Um die Veränderungen des Preisniveaus einer Volkswirtschaft genau zu messen müsste man normalerweise die Preisentwicklung aller Güter berücksichtigen. Dies erscheint bei der unermesslichen Anzahl der verschiedenen Güter nahezu unmöglich bzw. das Ergebnis einer solchen Untersuchung würde den Aufwand dafür nicht rechtfertigen.

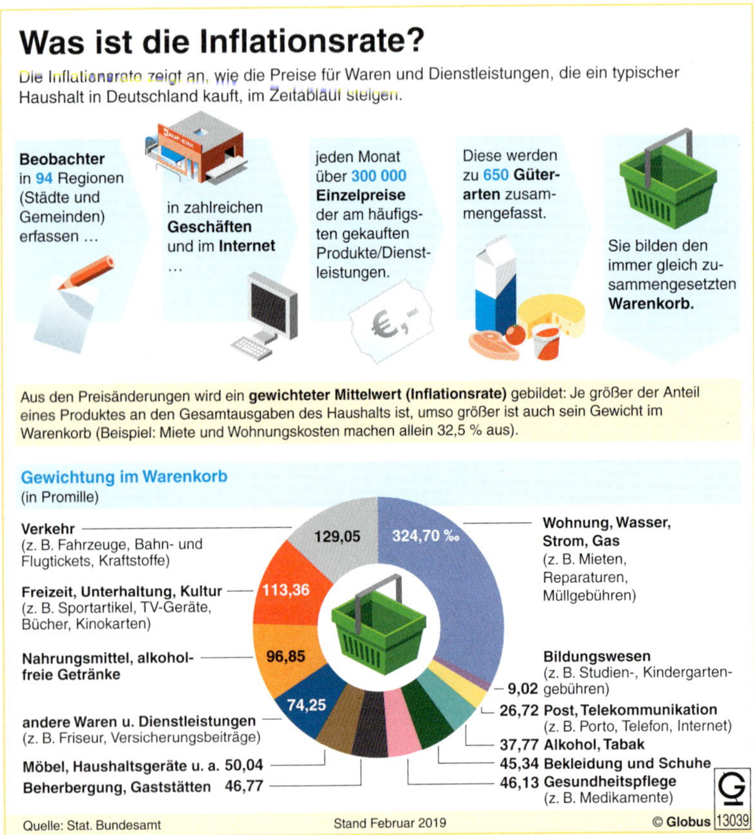

Aus diesem Grund wird der Verbrauch an Waren und Dienstleistungen aller privaten Haushalte aufgrund von repräsentativen Erhebungen ermittelt (repräsentativ = stellvertretend für die Gesamtheit). Diese Zusammenstellung nennt man **„Warenkorb"**: Er enthält den Wurstverbrauch eines Haushaltes ebenso wie die Bezahlung eines Friseurs und selbstverständlich auch anteilig die Beschaffung von Gebrauchsgütern wie Möbel oder Küchengeräte. Der Anteil der Ausgaben wird gewichtet. Den Gesamtpreis des Warenkorbes im Basisjahr (derzeit 2015) setzt man dann gleich 100 Prozent. Nachdem man nun sehr genau auf Bundesebene die Preisveränderungen des Inhaltes des Warenkorbes registriert hat, ist es möglich, die prozentuale Steigerung der Preise zu messen und eine Veränderung des Preisniveaus zu registrieren. Die durchschnittlichen Preisveränderungen dieser Güter werden ausgedrückt im **Verbraucherpreisindex (Preisindex für die Lebenshaltung)**. Sind die Preise gegenüber dem Vorjahr um 2 % gestiegen, ist der **Verbraucherpreisindex (Preisindex für die Lebenshaltung)** auf 102 % gestiegen: Das **Preisniveau** hat sich erhöht.

Im Warenkorb sind ca. 650 verschiedene Güter und Dienstleistungen erfasst. Verbrauchergewohnheiten ändern sich aber und ständig kommen neue Güter auf den Markt (z. B. Bluetooth-Kopfhörer und Tablet-PCs). Dieser Erscheinung wird dadurch Rechnung getragen, dass der Warenkorb von Zeit zu Zeit überprüft und neu zusammengestellt wird. Zuständig für die Ermittlung des Warenkorbs ist das Statistische Bundesamt.

Inflation und Deflation

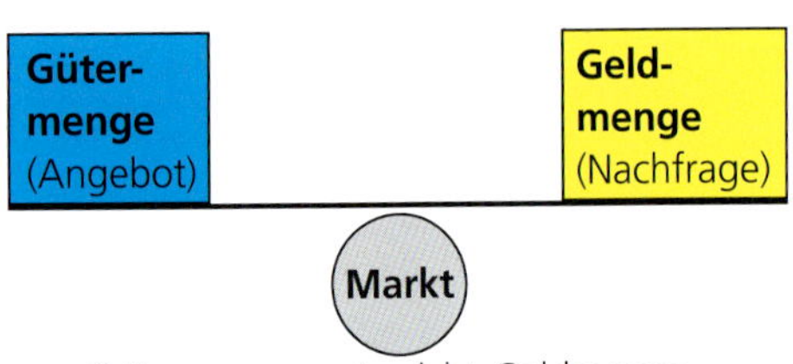

Gütermenge entspricht Geldmenge
= stabiler Geldwert und gleichbleibende Kaufkraft

Wenn das Angebot an Waren in einer Volkswirtschaft der Menge des Geldes entspricht, mit dem die Konsumenten die von ihnen nachgefragten Waren bezahlen, wird es nicht zu Preissteigerungen kommen. In einer solchen Situation mit stabilen Preisen spricht man von **Geldwertstabilität**. Die Kaufkraft verändert sich nicht. Dieses Gleichgewicht zu halten gelingt nur selten und es kommt zu **Geldwertschwankungen**. Dabei werden zwei völlig gegensätzliche Situationen unterschieden: **Inflation** und **Deflation**.

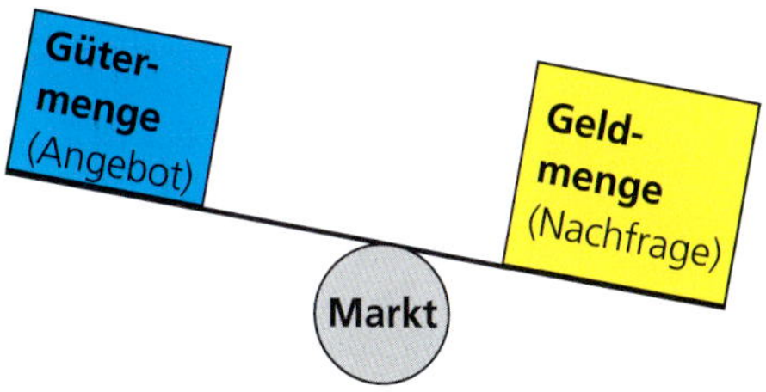

Geldmenge ist größer als die Gütermenge

Inflation Wird von den am Wirtschaftsleben beteiligten Gruppen (Unternehmen, Staat, Haushalte) mehr nachgefragt, als Waren vorhanden sind, und steht für diese höhere Nachfrage mehr Geld zur Verfügung, wird der notwendige Ausgleich zwischen Angebot und Nachfrage über Preiserhöhungen erfolgen. Das Ergebnis ist eine **Inflation**. Gleiches geschieht auch, wenn bei gleichbleibender Nachfrage mit einer entsprechenden Geldmenge das Angebot an Gütern verringert wird.
Man kann generell sagen: Wenn die Geldmenge größer ist als das Güterangebot, kommt es zur Inflation.
Die Ursachen einer Inflation sind vor allem im Verhalten der am Wirtschaftsleben beteiligten Gruppen zu suchen. So spricht man von einer **Nachfrageinflation**, wenn eine gestiegene Nachfrage zu Preiserhöhungen führt. Ausgelöst wird die steigende Nachfrage durch

- eine Erhöhung der Verbrauchereinkommen infolge von Lohnsteigerungen, Steuersenkungen und Subventionen,
- eine verstärkte Nachfrage des Auslands nach inländischen Gütern,
- Zinssenkungen der Banken, die bewirken, dass die Sparbereitschaft nachlässt und in stärkerem Maße Kredite aufgenommen werden.

Bezieht eine Volkswirtschaft viele Güter aus dem Ausland und steigen diese im Preis, kann das eine **importierte Inflation** auslösen. Die Importeure der Waren (z. B. Rohöl) geben die Preissteigerungen weiter.

Von einer **Kosteninflation** spricht man, wenn die Unternehmen Preissteigerungen, die sie selbst in Kauf nehmen mussten, über den Preis an die Käufer ihrer Waren weitergeben. Ursachen für solche Preissteigerungen sind zum Beispiel:

- Lohn- und Gehaltssteigerungen durch einen neuen Tarifvertrag,
- Verteuerung der zur Produktion benötigten Rohstoffe,
- zusätzliche Investitionen aufgrund neuer Gesetze (z. B. im Umweltschutz).

!

Auswirkungen einer Inflation:

- ▶ Durch den sinkenden Geldwert verlieren die Sparguthaben an Wert.
- ▶ Um dem drohenden Kaufkraftverlust auszuweichen legen die Sparer ihr Geld in Sachwerten an wie Edelmetalle, Grundstücke oder andere wertbeständige Gegenstände (z. B. Schmuck, Stilmöbel). Man bezeichnet dieses Verhalten als „Flucht in die Sachwerte".
- ▶ Andere Kapitaleigentümer legen ihr Geld in Ländern mit hoher Geldwertstabilität an (Kapitalflucht).
- ▶ Der Wert der Schulden verringert sich: Die Schuldner gewinnen, die Gläubiger verlieren.

Nach der Stärke (Intensität) unterscheidet man:

- **schleichende Inflation** mit geringen Inflationsraten bis zu 5 %,
- **trabende Inflation** mit Inflationsraten zwischen 5 und 20 %,
- **galoppierende Inflation** mit Inflationsraten von weit über 20 %,
- **Hyperinflation** mit Inflationsraten von mindestens 50 % pro Monat.
  Beispiele: Deutschland 1923, Simbabwe 2009. Diese Form führt bei entsprechender Höhe an den Rand des Zusammenbruchs der betroffenen Volkswirtschaft.

Nach der Erscheinungsform werden unterschieden:

- **offene Inflation**, bei der diese Preissteigerungen offen zutage treten, und die
- **verdeckte Inflation**, bei der der Staat durch Lohn- und Preisstopps die Inflation eindämmen will, tatsächlich aber den Zustand des Ungleichgewichts zwischen Güterangebot und Güternachfrage nur verdeckt.

570 000 Prozent Inflation monatlich

Die größte Banknote Restjugoslawiens, der 500-Milliarden-Dinar-Schein, ist ein wertloser Lappen. Das bunte Papier war am Dienstag gerade mal umgerechnet eine Mark wert, Tendenz sinkend. Sieben Tage zuvor bekam man in dem aus Serbien und Montenegro bestehenden Staatsgebilde für eine Mark „nur“ 20 Milliarden Dinar. Die Inflation beträgt derzeit surrealistische 570 000 Prozent monatlich. Anfang Januar wird sie 107 Prozent täglich erreichen. „Dann haben wir eine Megainflation von 240 Milliarden Prozent pro Monat“, sagt Grozdana Miljanović vom regimefreundlichen Gewerkschaftsbund. Eine Damenbluse kostet zur Zeit 104 Billionen Dinar, ein Kilo Speck 20 Billionen, eine Flasche Wein 4,5 Billionen. Aber genau kann man das nicht sagen, denn alle Preise werden mehrmals täglich geändert. „Für immer größere Summen bekomme ich ständig weniger Waren“, beklagt sich eine Rentnerin, die 3,4 Billionen Dinar an Rente bekommt. Das sind rund 6 Mark. Am ersten Januar 1994 werden neun Nullen von den Preisschildern und Banknoten gestrichen. Schon Anfang Oktober wurden sechs Nullen getilgt. Ohne diese Zahlenkosmetik wäre das serbische Nullsummenspiel schon längst beendet. „Diese Ziffer können nicht einmal die besten Computer bearbeiten“, sagt eine Bankangestellte, während sie freundlich für einen Zehnmarkschein einen Berg wertloser Dinarnoten hinblättert: „Das reicht für eine Taxifahrt.“ dpa

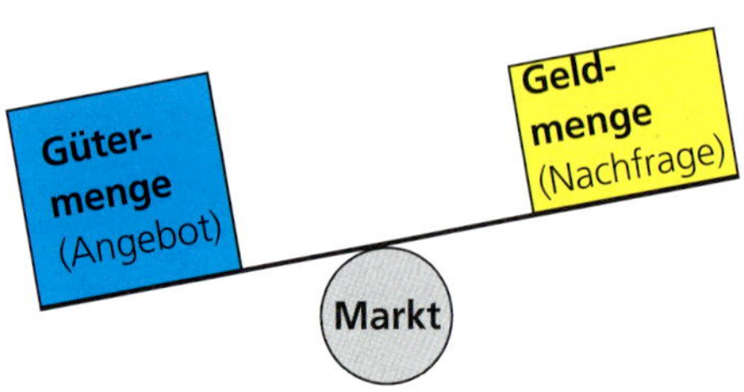

Gütermenge ist größer als die Geldmenge

Deflation Die **Deflation** ist gekennzeichnet durch ein Güterangebot, dem nicht die notwendige Geldmenge gegenübersteht. Wenn die Nachfrage aber hinter dem Warenangebot zurückbleibt, muss es zwangsläufig zu Preissenkungen kommen. Ursachen sind z. B.:

- Die am Wirtschaftsgeschehen beteiligten Gruppen entwickeln eine geringe Investitions- und Kaufneigung (z. B. wegen fehlender Zukunftsaussichten).
- Es wird verstärkt gespart.
- Die im Inland zur Verfügung stehende Geldmenge wird vorwiegend zur Bezahlung von Importen verwendet, weil die Konsumenten ausländische Produkte vorziehen.

Auswirkungen einer Deflation:

- Durch den steigenden Geldwert gewinnen die Sparguthaben an Kaufkraft.
- Der Nachfragerückgang zwingt die Unternehmen zur Drosselung ihrer Produktion. Dies hat Kurzarbeit, Entlassungen und schließlich auch Insolvenzen zur Folge.
- Der Wert der Schulden steigt: Die Schuldner verlieren, die Gläubiger gewinnen.

Nominallohn und Reallohn

Erhöht sich der Nettolohn eines Arbeitnehmers in einem Jahr um 3 %, bedeutet das nicht automatisch, dass er sich nun gegenüber dem Vorjahr 3 % mehr Waren leisten kann. Hat sich im gleichen Zeitraum der Preisindex für die Lebenshaltung z. B. um 2 % erhöht, bleibt dem Arbeitnehmer ein Anstieg seiner Kaufkraft um 1 %. Man unterscheidet daher den

- **Nominallohn** als den Betrag, den jemand in € netto verdient hat, und den
- **Reallohn** als die Größe, mit der die tatsächliche Kaufkraft des Nominallohns ausgedrückt wird.

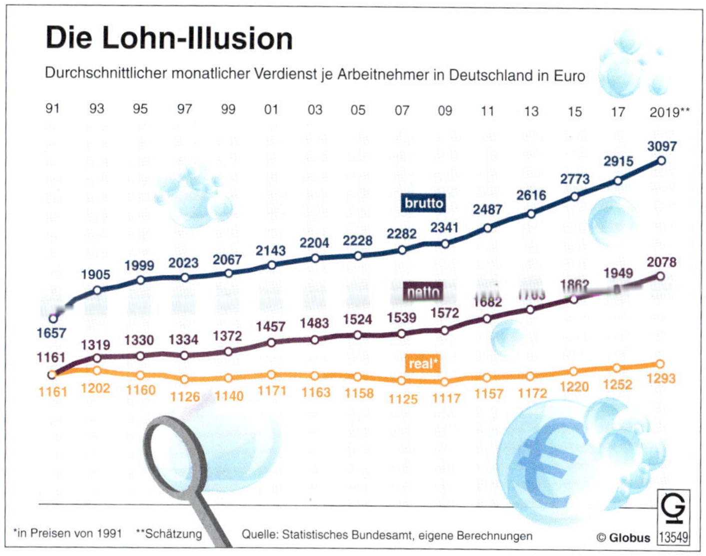

> **!**
> Nominallohnsteigerung
> – Preissteigerungsrate
> = **Reallohnsteigerung**

Diese Unterscheidung ist wichtig bei der Gegenüberstellung von Lohnsteigerungen und Preissteigerungen. Nur dann, wenn die Nettolohnsteigerungen größer ausfallen als die Preissteigerungen, können die Arbeitnehmer einen Kaufkraftzuwachs und damit eine Steigerung ihres Wohlstands feststellen.

Die Lohn-Preis-Spirale Jedes Jahr verhandeln die Gewerkschaften und die Arbeitgeberverbände darüber, wie durch Lohnerhöhungen die Preissteigerungen ausgeglichen werden sollen. Hierbei beurteilen beide Seiten den Zusammenhang zwischen Preiserhöhung und Lohnerhöhung vollkommen gegensätzlich.

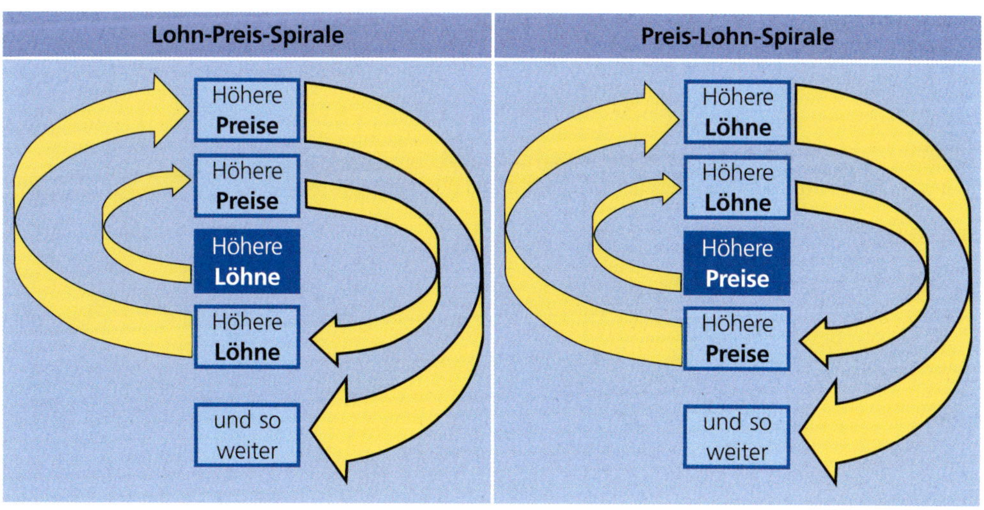

ZUSAMMENFASSUNG

Kaufkraft

Kaufkraftermittlung

durch den Preisindex für die Lebenshaltung.
Grundlage: Warenkorb

↓

Nominallohn
– Preissteigerungen

Kaufkraftschwankungen

Inflation

Gütermenge ist kleiner als Geldmenge

↓

Auswirkungen:
- Sparguthaben verlieren an Kaufkraft
- Flucht in Sachwerte
- Kapitalflucht ins Ausland
- Wert der Schulden nimmt ab

Deflation

Gütermenge ist größer als Geldmenge

↓

Auswirkungen:
- Sparguthaben gewinnen an Kaufkraft
- Rückgang der Produktion (Kurzarbeit, Entlassungen, Insolvenzen)
- Wert der Schulden steigt

ARBEITSTEIL

1. Wovon ist der Wert des Geldes abhängig?
2. Erläutern Sie, was man unter der Kaufkraft des Geldes versteht.
3. Erklären Sie die Auswirkungen von Preissteigerungen und -senkungen auf die Kaufkraft.
4. Wie lässt sich eine Steigerung des Wohlstandes in Deutschland trotz Verringerung der Kaufkraft der DM bzw. des € erklären? (siehe Schaubild S. 249)
5. Erklären Sie den Begriff Preisniveau.
6. Was versteht man in diesem Zusammenhang unter dem Begriff „Warenkorb"?
7. Wie wird der Preisindex für die Lebenshaltung berechnet?
8. Erklären Sie den Unterschied zwischen Nominal- und Reallohn.
9. Der Nominallohnzuwachs eines Arbeitnehmers beträgt 1,5 %, die Preissteigerungsrate der Volkswirtschaft 2,0 %. Wie wirkt sich dies auf den Reallohn des Arbeitnehmers aus?
10. Wann spricht man von Preisstabilität?
11. Wann spricht man von Inflation, wann von Deflation?
12. Wie wirkt sich eine Inflation auf die Bürger aus? Zählen Sie mindestens drei Auswirkungen auf.
13. Beschreiben Sie das Verhältnis von Geldmenge und Güterangebot bei einer Inflation.
14. Nennen Sie mögliche Ursachen und Auswirkungen einer Inflation.
15. Weshalb sind Sparer und Gläubiger besonders stark von einer Inflation betroffen?
16. Wie versucht die Bevölkerung während einer Inflation die Entwertung ihrer Ersparnisse zu vermeiden?

17.

Wirtschaftliche Situation in Deutschland nach dem Ersten Weltkrieg

Um das Wirtschaftsleben nach dem Kriege überhaupt einigermaßen in Gang zu halten musste die Regierung in Berlin weiterhin unbegrenzt Papiergeld ausgeben, das keinerlei Deckung hatte. Da aber außer Geld kaum etwas produziert wurde, hatten die Banknoten keine Kaufkraft, ihr Wert sank mehr und mehr und immer schneller. Und je schneller er sank, umso mehr Geld musste nachgedruckt werden – ein unheimliches Teufelsrad hatte sich in Bewegung gesetzt, rotierte schneller und schneller und niemand schien es stoppen zu können. Fast stündlich stiegen die Preise. Schon rechnete man nicht mehr mit Hundertern und Tausendern, nicht mehr mit Millionen, sondern mit der Bill-Mark, der Billion, die kaum einen Dollar wert war. 1923 erreichte der Bargeldumlauf schließlich die schier unaussprechliche Höhe von 496 585 346 000 000 000 000 Mark, fast 500 Trillionen. Eine Währungsumstellung war nötig oder man hätte neue Zahlen erfinden müssen. Kurzerhand wurden am 20. 11. 1923 zwölf Nullen am Geldwert gestrichen: Eine Billion Mark wurde zu einer Rentenmark: 4,2 Bill-Mark wurden einem Dollar gleichgesetzt. Wohlhabende Leute, deren Vermögen nur aus Geld bestanden hatte, wurden arm.

Quelle: Broschüre „Geld zu jeder Zeit", Verlag Deutsche Jugendbücherei

a) Welche Gründe haben zur Inflation geführt?
b) Welche Auswirkungen haben sich aus dieser Entwicklung ergeben?
c) Welche Voraussetzungen wären notwendig gewesen, um Geldwertstabilität herzustellen?

18. a) Wodurch ist eine Deflation gekennzeichnet?
b) Welche Auswirkungen hat eine Deflation?

19. Nennen Sie zwei Auswirkungen einer Deflation für:
a) Unternehmer,
b) den Staat,
c) Arbeitnehmer.

20. Untersuchen Sie die Richtigkeit folgender Aussage: „Der Geldwert lässt sich durch einen staatlich verordneten Preis- und Lohnstopp stabil halten."

21. Wie lässt sich die Tatsache erklären, dass manche Länder eine sehr niedrige Preissteigerungsrate (unter 5 %), andere dagegen eine Preissteigerungsrate von über 100 % haben?

3.3 Der Außenwert des Geldes

Wie viel ist der Euro im Urlaub wert?

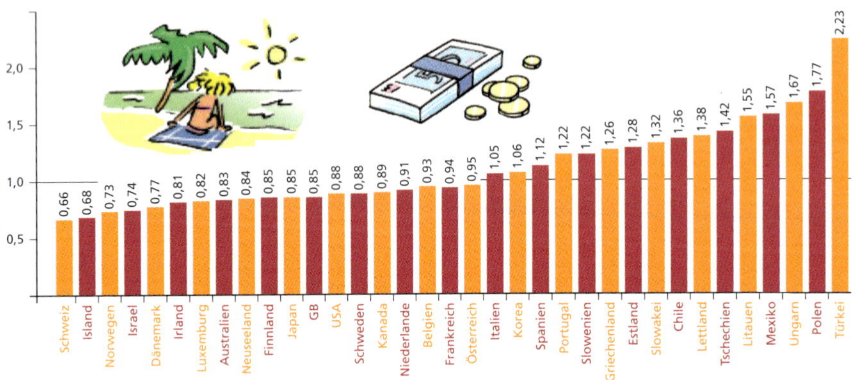

Quelle: OECD – Monthly comparative price levels, Stand Dezember 2019

Die beiden Freundinnen Tamara und Sabrina planen einen gemeinsamen Urlaub. Tamara möchte in die Schweiz, Sabrina nach Ungarn an den Plattensee. Da beide chronisch knapp bei Kasse sind und je nur über einen Urlaubsetat von 800 € verfügen, soll die Reise in das Land gehen, wo sie für ihr Geld die höchste „Gegenleistung" oder Kaufkraft erwarten können.

Welche Kaufkraft hätte ihr Urlaubsetat in den beiden Ländern?

Wie erklären Sie sich die Unterschiede?

Was sind mögliche Gründe dafür?

Wie viel man in der Bundesrepublik für den Euro kaufen kann, darüber sagt der Binnenwert unserer Währung etwas aus, also der Wert im „Euroland". Zwar gibt es innerhalb des Eurolandes auch leichte Kaufkraftunterschiede, große Differenzen bestehen jedoch zu vielen Nicht-Euroländern. Damit ist allerdings noch nicht festgelegt, ob man mit unserer Währung in einem anderen Land außerhalb der Euroregion den gleichen Warenwert erhält wie bei uns. Neben dem Binnenwert hat unsere Währung also noch einen **Außenwert**.

Wechselkurse

Die meisten Länder der Erde stehen heute in sehr engen wirtschaftlichen Beziehungen. Diese entstehen durch:

- gegenseitigen Güteraustausch (Import und Export)
- Urlaubsreisen in das Ausland
- Kapitalanlagen im Ausland. Hierbei fließt deutsches Geld zu Anlagezwecken und Spekulationszwecken in das Ausland oder ausländisches Geld nach Deutschland.

Jeder, der eine Auslandsreise macht, wird feststellen, dass der Euro außerhalb der Euroregion als Zahlungsmittel nur bedingt angenommen wird. Um die Ausgaben in diesen Ländern bestreiten zu können, müssen sich Urlaubsreisende ebenso wie Importeure die Währung des Auslandes beschaffen. Sie kaufen die benötigte ausländische Währung an den **Devisenbörsen** und bezahlen dafür einen Preis. Diesen Preis für eine bestimmte Anzahl ausländischer Währungseinheiten nennt man **Wechselkurs**. Der Wechselkurs gibt an, wie viele Einheiten einer ausländischen Währung auf **einen** € entfallen. So besagt z. B. Kurs 1,11 für US-Dollar, dass man für 1,11 US-Dollar einen € erhält.

Sorten sind ausländisches Bargeld wie Münzen und Scheine. Ausländische Münzen werden normalerweise nicht am Bankschalter verkauft.

Devisen sind dagegen unbare Zahlungsmittel wie Schecks, Wechsel und Zahlungsanweisungen in ausländischer Währung.

Freie (flexible) Wechselkurse Sie bilden sich an den internationalen Devisenbörsen frei nach Angebot und Nachfrage. Man spricht bei diesem Vorgang auch von **„Floaten"**. Für die Außenhandelsunternehmen stecken in Kursschwankungen jedoch große Risiken. Exporteure wie Importeure sichern sich daher durch sogenannte Devisentermingeschäfte ab oder vereinbaren in Verträgen, dass in der eigenen Währung gezahlt wird.

Devisen und Noten 09.01.2020

Devisenkurse 1 € entspricht		Banknotenpreise 1 € entspricht		
Geld[1]	**Brief[2]**	**Einheit**	**Geld[1]**	**Brief[2]**
1,1099	1,1159	US-$	1,06	1,17
0,8466	0,8506	brit. £	0,81	0,90
1,4419	1,4539	can. $	1,38	1,53
1,0796	1,0836	sfr	1,03	1,14
7,4530	7,4930	dkr	7,13	7,89
9,8332	9,8812	nkr	9,40	10,41
10,4850	10,5330	skr	10,03	11,10
6,5678	6,6678	TRL	6,15	7,26
120,7600	121,2400	Yen	115,14	127,97
25,0650	25,4650	Tsch. Kr.	23,88	27,27
328,5300	333,7300	Forint	310,00	366,22

[1] Ankauf [2] Verkauf

Feste (fixe) Wechselkurse Um die Risiken der freien Wechselkurse weitgehend auszugleichen, hatten sich die Bundesrepublik Deutschland und andere EU-Partnerländer auf **feste Wechselkurse** im Rahmen des **Europäischen Währungssystemes (EWS)** verständigt. Durch das EWS sollten die Währungsschwankungen in Grenzen gehalten und eine stabile europäische Währungszone geschaffen werden. Am 1. Januar 1999 wurden die meisten nationalen Währungen durch den Euro ersetzt und das EWS durch den **Wechselkursmechanismus II (WKM II) abgelöst** (siehe auch Europäische Währungsunion, S. 259 ff.). Der **WKM II** umfasst derzeit nur noch Dänemark, also ein EU-Land, das vorerst nicht an der Währungsunion teilnehmen will. Für künftige Euroländer ist der WKM II eine verbindliche Vorstufe für eine Teilnahme an der Währungsunion.

Grundlage des WKM II ist der Leitkurs, auch **Parität** genannt. Von diesem Leitkurs darf der Kurs jeder Währung gegenüber dem Euro nur um einen vereinbarten Prozentsatz abweichen. So darf der Kurs der dänischen Krone gegenüber dem Euro laut Vereinbarung nur jeweils 2,25 % nach oben oder unten abweichen, der Kurs neuer Währungen im WKM II höchstens 15 %. Diesen Bereich nennt man **Bandbreite.** Droht der Wechselkurs einer Währung, z. B. der dänischen Krone, nun diese vereinbarte Bandbreite zu verlassen, dann müssen die nationalen Notenbanken und die Europäische Zentralbank (EZB) dafür sorgen, dass der Kurs der dänischen Krone diesen Bereich nicht über- oder unterschreitet.

Bandbreite für Wechselkurse im EWS

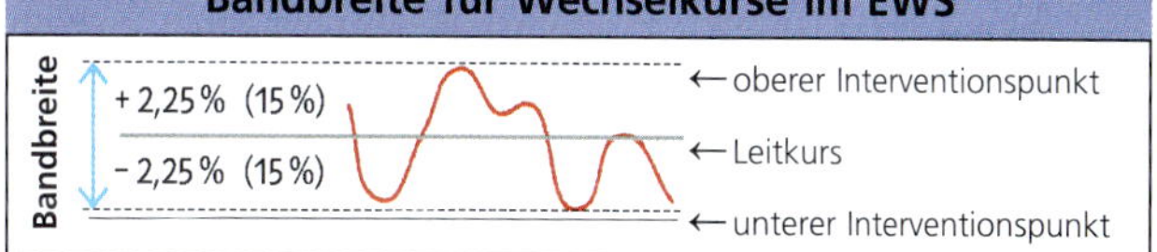

Droht der Kurs die obere Grenze **(oberer Interventionspunkt)** der Bandbreite zu überschreiten, müssen sie Kronen verkaufen. Damit steigt auf dem Devisenmarkt das Angebot an Kronen und der Kurs bewegt sich nach unten. Umgekehrt handeln sie, wenn der Kurs den **unteren Interventionspunkt** erreicht, d. h., sie kaufen dänische Kronen auf dem Devisenmarkt auf. Durch die erhöhte Nachfrage steigt der Kurs wieder in Richtung Parität. Ist der Kurs selbst durch nachhaltige Käufe oder Verkäufe nicht mehr zu korrigieren und bricht aus der Bandbreite aus, verändert man die Parität, d. h., man legt einen neuen Leitkurs fest. Es erfolgt eine **Auf- oder Abwertung** der betreffenden Währung. Bei einer Aufwertung wird der amtliche Kurs einer Währung gegenüber dem Euro angehoben. Die Folge: Die Währung ist gegenüber dem Euro teurer geworden. Bei einer Abwertung dagegen wird der Kurs einer Währung herabgesetzt, d. h., sie hat gegenüber dem Euro an Wert verloren.

So viel kostet der Big Mac
Preis in Dollar

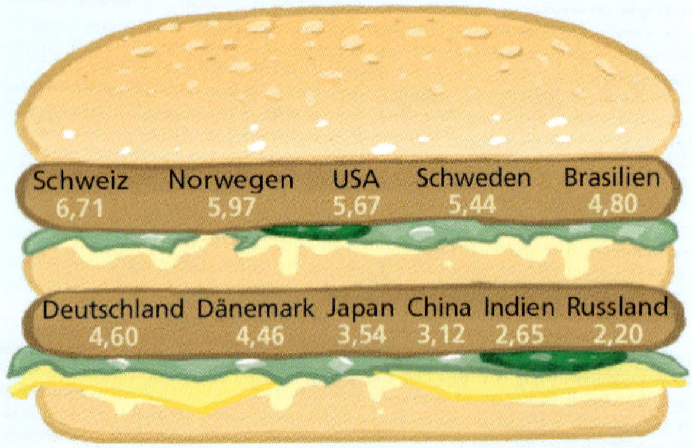

Quelle: The Economist Januar 2017

Die Aufwertung einer Währung verteuert die Ausfuhren des betreffenden Landes, die einheimischen Exportunternehmen können darunter leiden. Allerdings werden im Gegenzug die Einfuhren günstiger. Auch Touristen, die Urlaub im Ausland machen, erhalten beim Geldumtausch mehr ausländische Währung, wodurch sich ihr Auslandsurlaub verbilligt. Wird eine Währung abgewertet, ergeben sich entgegengesetzte Auswirkungen.

Ein Big Mac ist auf der ganzen Welt gleich. Es ist das Gleiche drin, das Gleiche drauf und er schmeckt immer gleich. Deshalb ist er das ideale Vergleichsobjekt. Das englische Wirtschaftsmagazin „Economist" ermittelt seit rund 30 Jahren aus über 140 Ländern seinen Big-Mac-Index. Der Preis eines Big Mac in Landeswährung wird in US-Dollar umgerechnet. Der Big-Mac-Index hilft, die Kaufkraft eines Landes zu messen. Z. B. ist der Burger in der Schweiz mehr als doppelt so teuer wie in Polen, d. h., das Geld der Menschen in Polen hat eine größere Kaufkraft. Allerdings eignet sich der Big-Mac-Index nur für einen groben Vergleich. Für einen exakten Kaufkraftvergleich benötigt man einen ganzen Warenkorb.

ZUSAMMENFASSUNG

Außenwert des Geldes

bestimmt durch:

Kaufkraft
im Ausland

Wechselkurs
= Preis für eine bestimmte ausländische Währung

Freier Wechselkurs
Kurs bildet sich an den internationalen Devisenbörsen durch Angebot und Nachfrage

Fester Wechselkurs
Bis zur Einführung des Euros feste Wechselkurse im Rahmen des Europäischen Währungssystems (EWS), danach Wechselkursmechanismus II (WKM II)

Weiterentwicklung:

Europäische Währungsunion

ARBEITSTEIL

1. Warum bevorzugen Exportfirmen stabile Wechselkurse?
2. Worin sehen Sie den Unterschied zwischen freien und festen Wechselkursen?
3. Was versteht man unter Sorten, was unter Devisen?
4. Im April 2018 kostete 1 € an den Devisenbörsen 1,24 US-$, im Oktober 2019 waren es 1,09 US-$. Welche Auswirkungen hatte dieser Kursanstieg des Euro a) für deutsche Exporteure, b) für deutsche Urlauber in den USA, c) für Importe aus den USA, d) für amerikanische Exporteure?

3.4 Der Euro – die Europäische Währungsunion

Die Euro-Länder
19 Euro-Länder
EU-Länder ohne Euro

Stellen Sie anhand der Karte fest, in welchen Ländern die europäische Währung (Euro) eingeführt ist.

Stellen Sie außerdem fest, welche Mitgliedstaaten der EU ihre nationalen Währungen beibehalten haben.

Der entscheidende Schritt zu einer einheitlichen europäischen Währung erfolgte 1992 in Maastricht (Vertrag von Maastricht). Hier wurde unter anderem vereinbart, eine europäische Zentralbank zu errichten und eine **gemeinsame Währung**, den **Euro**, einzuführen. In Maastricht wurde auch beschlossen, dass Länder, die am 1. Januar 1999 an der Europäischen Währungsunion teilnehmen wollten, folgende Leistungsnachweise erbringen mussten:

- **Stabile Preise.** Der Anstieg der Verbraucherpreise durfte um höchstens 1,5 Prozentpunkte höher liegen als in den drei preisstabilsten Ländern.
- **Niedrige Zinsen.** Die langfristigen Zinsen durften im Jahr vor dem Beitritt um maximal 2 Prozentpunkte höher sein als in den drei preisstabilsten Ländern.
- **Stabile Wechselkurse.** Vor dem Beitritt musste mindestens 2 Jahre am Wechselkursmechanismus II (WKM II) teilgenommen werden. Dabei durfte sich der Wechselkurs der einzelnen Währung nicht nennenswert bewegt haben. Der WKM II ist der Nachfolger des Europäischen Währungssystems (EWS); siehe auch S. 257.
- **Gesunde Staatsfinanzen.** Die jährliche Neuverschuldung im Staatshaushalt durfte nicht höher sein als 3 Prozent des Bruttoinlandsprodukts (BIP). Die insgesamt angesammelten Staatsschulden durften nicht größer sein als 60 Prozent des Bruttoinlandsprodukts.

Diese sogenannten **Konvergenzkriterien** mussten vor dem Eintritt in die Währungsunion erfüllt werden. Damit sollte sichergestellt sein, dass die teilnehmenden Länder nicht die Stabilität der neuen Währung gefährden.

Ursprünglich erfüllten 12 Mitgliedsländer der EU diese Konvergenzkriterien. Sie konnten am 1. Januar 2002 das Euro-Bargeld einführen und den Euro zum **alleinigen gesetzlichen Zahlungsmittel** machen. Mittlerweile ist die Zahl der Euroländer auf 19 angewachsen (Stand 01.01.2020), nämlich: Belgien, Deutschland, Estland, Finnland, Frankreich, Griechenland, Irland, Italien, Lettland, Litauen, Luxemburg, Malta, Niederlande, Österreich, Portugal, Slowakei, Slowenien, Spanien und Zypern. Dänemark und Schweden haben sich entschieden, **noch nicht** an der Währungsunion **teilzunehmen.**

Die Euroländer

EU-Mitglieder, die den Euro als offizielle Währung eingeführt haben, und das Jahr der Euro-Einführung

Belgien	1999
Deutschland	1999
Finnland	1999
Frankreich	1999
Irland	1999
Italien	1999
Luxemburg	1999
Niederlande	1999
Österreich	1999
Portugal	1999
Spanien	1999
Griechenland	2001
Slowenien	2007
Malta	2008
Zypern	2008
Slowakei	2009
Estland	2011
Lettland	2014
Litauen	2015

EU-Mitglieder, die den Euro (noch) nicht eingeführt haben, und ihre derzeit gültige Währung

Bulgarien	Lew
Dänemark	Dänische Krone
Kroatien	Kuna
Polen	Złoty
Rumänien	Leu
Schweden	Schwed. Krone
Tschechien	Tschech. Krone
Ungarn	Forint

© **Globus** Quelle: Europäische Union Stand 2020

Seit 2004 hat die EU weitere Staaten aufgenommen. Sechs davon werden erst in einigen Jahren zum „Euro-Land" gehören, nämlich Bulgarien, Kroatien, Polen, Rumänien, Tschechien und Ungarn. Sie müssen zuerst mindestens 2 Jahre am Wechselkursmechanismus II (WKM II) teilnehmen und die Konvergenzkriterien erfüllen.

Seit dem 1. Januar 1999 wird ein großer Teil der geldpolitischen Aufgaben von der **Europäischen Zentralbank (EZB)** in Frankfurt am Main wahrgenommen, nicht mehr von der Deutschen Bundesbank und den anderen nationalen Notenbanken. Oberstes Ziel der EZB ist die **Preisstabilität.**

Die Einführung des Euro wurde von vielen begrüßt, da sie zahlreiche Vorteile für Unternehmen und Verbraucher bringt:

- Zwischen den beteiligten Ländern gibt es keine Wechselkursschwankungen mehr, keine Währungsumrechnungen und keinen Geldumtausch.
- Das Wechselkursrisiko für Unternehmen und Verbraucher im grenzüberschreitenden Waren-, Dienstleistungs- und Kapitalverkehr entfällt.
- Der bargeldlose Zahlungsverkehr wird erleichtert, Auslandsüberweisungen kosten nicht mehr als Überweisungen im Inland.
- Außenhandelsunternehmen, Touristen und Kapitalanleger sparen die beachtlichen Umtauschkosten für Sorten und Devisen.
- Der Handel wird erleichtert und der Verbraucher erhält ein größeres Warenangebot.
- EU-weit können Preise und Löhne besser verglichen werden; dies erhöht den Wettbewerb zum Vorteil der Nachfrager. Diese EU-weite Vergleichbarkeit soll zu sinkenden Preisen führen.
- Die Staaten sind gezwungen, ihre Finanz-, Wirtschafts-, Haushalts- und Sozialpolitik stärker aufeinander abzustimmen und den Euro zu stützen. Dadurch wachsen die EU-Staaten noch enger zusammen.
- Interventionen an den internationalen Devisenmärkten, um schwache Währungen zu stützen, sind nicht mehr nötig.
- Der Euro stellt als Gegengewicht zum Dollar eine wichtige Leitwährung in der Welt dar.

Europäische Zentralbank in Frankfurt a. M.

www.ecb.int (European Central Bank)

Kritiker des Euro befürchten jedoch, dass die klare Vergleichbarkeit von Löhnen zu verstärkten Wanderungsbewegungen von Arbeitnehmern in Hochlohnländer führen und dort für erhebliche Arbeitslosigkeit sorgen könnte. Im Gegenzug könnten Unternehmen in Billiglohnländer abwandern. Auch wird bemängelt, dass Auf- und Abwertungen entfallen sind.
Dies schränkt die Möglichkeiten der Wirtschaftspolitik zur Konjunkturbelebung beziehungsweise Konjunkturdämpfung in den einzelnen Ländern erheblich ein.
Vor der Euroeinführung konnten Länder wie Griechenland bei finanzpolitischen Problemen ihre Währung abwerten oder mehr Geld drucken. Die Abwertung passte den Wechselkurs nach unten an, eigene Güter wurden im Ausland günstiger, was beispielsweise den Export förderte oder Ausländern den Urlaub verbilligte. Dies trug dazu bei, die Wirtschaft anzukurbeln. Seit Einführung des Euro können Entscheidungen nur noch für den gesamten Euroraum getroffen werden, was die Möglichkeiten sehr begrenzt, denn die wirtschaftliche Lage in den einzelnen Mitgliedstaaten ist unterschiedlich. Maßnahmen, die einem Land nützen, können anderswo schaden.
Der Vertrag von Maastricht sollte sicherstellen, dass der Euro eine stabile Währung wird. Um das zu erreichen, verpflichteten sich alle Teilnehmerstaaten in einem **Stabilitätspakt,** solide Staatshaushalte vorzulegen und Defizite zu vermeiden. Die jährliche Neuverschuldung durfte höchstens 3 % des Bruttoinlandsprodukts (BIP) betragen, die gesamte Staatsverschuldung höchstens 60 %. Bei Überschreiten dieser Grenzen sollten drastische Geldbußen verhängt werden. Die Einhaltung dieser Stabilitätskriterien wurde in der Vergangenheit nicht konsequent durchgesetzt. Deshalb haben mittlerweile einige Euroländer so viele Schulden angehäuft, dass sie sich keine neuen Kredite mehr leisten können. Weil die Geldgeber Angst haben, das Geld nicht zurückzuerhalten, sind auch die Zinsen gestiegen. Solche Probleme hatte zunächst nur Griechenland, mittlerweile auch Irland, Portugal, Spanien und Italien. Da Anleger befürchten, dass sich die Pleite eines Eurolandes auf die Währung Euro und die anderen Euroländer auswirkt, spricht man inzwischen von der **Eurokrise**. Mit verschiedenen Maßnahmen wollen die Euroländer der Krise begegnen. So kauft die EZB Staatsanleihen verschuldeter Eurostaaten zu niedrigen Zinsen auf. Der **„Dauerhafte Europäische Stabilitätsmechanismus (ESM)"** hilft als neu gegründete Gesellschaft überschuldeten Ländern mit günstigen Krediten.

Damit der Euro wieder das Vertrauen der Kapitalanleger genießt, wollen sich die Eurostaaten vertraglich verpflichten, in ihre Verfassung eine **Schuldenbremse** einzubauen. Außerdem sollen **drastische Geldbußen** automatisch fällig werden, wenn ein Staat die **Stabilitätskriterien** verletzt.

ZUSAMMENFASSUNG

Vertrag von Maastricht

↓

Euro

Voraussetzungen:

- stabile Preise
- niedrige Zinsen
- stabile Wechselkurse
- solider Staatshaushalt

↓

Euroländer

- Belgien
- Deutschland
- Estland
- Finnland
- Frankreich
- Griechenland
- Irland
- Italien
- Lettland
- Litauen
- Luxemburg
- Malta
- Niederlande
- Österreich
- Portugal
- Slowakei
- Slowenien
- Spanien
- Zypern

↓

Einführung des Euro

Euro alleiniges gesetzliches Zahlungsmittel

↓

Stabilitätspakt

jährliche Neuverschuldung höchstens 3 % des Bruttoinlandsprodukts

↓

Beitritt weiterer Länder zum Währungsgebiet des Euro

ARBEITSTEIL

1. Nennen Sie die Maastricht-Kriterien und erklären Sie diese.
2. Welche Vorteile und welche Nachteile bringt die Einführung des Euro?
3. In welchen Ländern wurde der Euro als gesetzliches Zahlungsmittel eingeführt?
4. ***Ein Binnenmarkt mit mehreren Währungen ist wie ein Unternehmen mit mehreren Chefs: Es geht, aber es kostet zu viel, die Entscheidungen fallen zu spät und die Konkurrenz lacht sich ins Fäustchen.***

   Quelle: Euro – Unser Geld fürs nächste Jahrhundert, Hrsg.: Aktionsgem. Euro: Bundesregierung, Europ. Kommission u. Europ. Parlament

   a) Wer könnte mit Konkurrenz gemeint sein?
   b) Welche Auswirkungen könnten für Deutschland daraus entstehen?
5. Diese Karikatur ist aus dem Jahre 1999.
   Hat der Zeichner aus heutiger Sicht recht behalten?

PRÜFUNGSAUFGABE

Ralf Maier, 19 Jahre, arbeitet als Maschinenschlosser bei der Firma Freud GmbH in Weinheim. Sein Gehalt überweist ihm die Firma Freud pünktlich zum Monatsersten auf das Konto mit der IBAN DE70500801000014561788 bei der Starkenburg Sparkasse in Heppenheim. Am 17. Oktober druckt Ralf folgenden Auszug am Kontoauszugsdrucker aus.

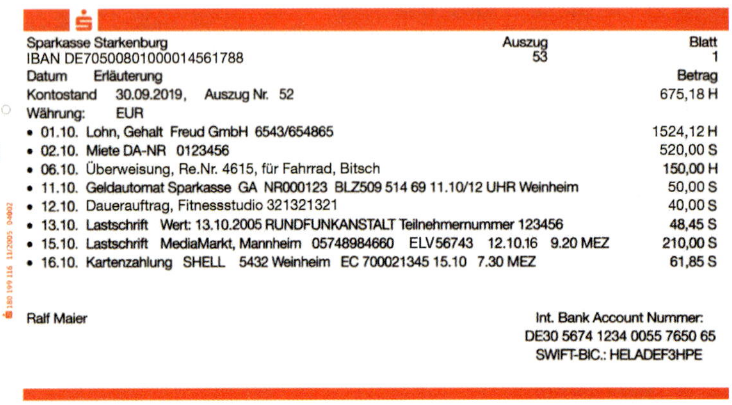

Sparkasse Starkenburg
IBAN DE70500801000014561788

Auszug 53 – Blatt 1

Datum	Erläuterung	Betrag
Kontostand	30.09.2019, Auszug Nr. 52	675,18 H
Währung:	EUR	
• 01.10.	Lohn, Gehalt Freud GmbH 6543/654865	1524,12 H
• 02.10.	Miete DA-NR 0123456	520,00 S
• 06.10.	Überweisung, Re.Nr. 4615, für Fahrrad, Bitsch	150,00 H
• 11.10.	Geldautomat Sparkasse GA NR000123 BLZ509 514 69 11.10/12 UHR Weinheim	50,00 S
• 12.10.	Dauerauftrag, Fitnessstudio 321321321	40,00 S
• 13.10.	Lastschrift Wert: 13.10.2005 RUNDFUNKANSTALT Teilnehmernummer 123456	48,45 S
• 15.10.	Lastschrift MediaMarkt, Mannheim 05748984660 ELV56743 12.10.16 9.20 MEZ	210,00 S
• 16.10.	Kartenzahlung SHELL 5432 Weinheim EC 700021345 15.10 7.30 MEZ	61,85 S

Ralf Maier

Int. Bank Account Nummer:
DE30 5674 1234 0055 7650 65
SWIFT-BIC.: HELADEF3HPE

a) Um welche Art von Bankkonto handelt es sich?

b) Erklären Sie, welche Vorgänge bzw. Handlungen den Buchungen vom 2. Oktober, 6. Oktober, 11. Oktober, 12. Oktober und 13. Oktober zugrunde liegen könnten.

c) Vergleichen Sie die Lastschrift vom 15. Oktober mit der Kartenzahlung vom 16. Oktober. Worin unterscheiden sich die beiden Zahlungsarten?

d) Franz möchte im Computerladen seinen PC im Wert von 800 € mit einem Scheck bezahlen. Der Verkäufer lehnt ab. Warum?

e) Uta möchte ihre Geburtstagsfete in der Pizzeria Giuseppe mit Kreditkarte bezahlen. Beschreiben Sie den Vorgang der Kreditkartenzahlung. Worauf hat Uta zu achten?

f) Robert möchte in einem Musikgeschäft seine gekauften CDs im Wert von 30 € mit Girocard bezahlen. Der Verkäufer besteht aber auf Zahlung mit Bargeld. Kann Robert auf Zahlung mit der Girocard seiner Bank bestehen?

g) Valerie möchte folgende Zahlungen erledigen:
- monatliche Miete
- Einkauf im Supermarkt
- monatliche Telefonrechnung
- Rechnung vom Versandhaus
- Kauf einer Fahrkarte für die Straßenbahn.

Welche Zahlungsmöglichkeiten würden Sie jeweils empfehlen? Begründen Sie.

h) Beschreiben Sie das Schaubild.

i) Welche Auswirkungen könnte die Wechselkursänderung des Euro zwischen Februar 2018 und Januar 2020 auf eine Firma gehabt haben, die mit Sportgeräten aus den USA handelt? (Zwei Auswirkungen)

j) Die Firma importiert u. a. Golfschläger, die in den USA 120 US-$ kosten. Wie viele Euro waren das am 02.02.2018 und am 02.01.2020?

Sparen und Kredit

1 Sparen

Claudia besucht ihre Großmutter.

Claudia: „Hallo, Oma, wie geht's? Ich bin gerade auf dem Rückweg von meiner Bank."

Oma: „Hast du wieder Geld gebraucht?"

Claudia: „Im Gegenteil. Ich habe mir Aktien und Fondsanteile gekauft."

Oma: „Davon verstehe ich nichts. Ich vertraue der Bank nicht. Mein Geld liegt bei mir sicher im Sparstrumpf."

Claudia: „Oma, wie kann man so altmodisch sein. Der Sparstrumpf bringt keine Rendite. Außerdem verliert dein Geld an Wert durch die Preissteigerungsrate."

Oma: „Kann nicht sein. Hab's heute Morgen gezählt. Es fehlt nichts."

Warum ist der Sparstrumpf die schlechteste aller Geldanlagen?

Welche Sparformen kennen Sie?

Warum sind hohe Renditen häufig mit einem hohen Anlagerisiko verbunden?

Die zu Kreditinstituten gebrachten Spargelder sind Grundvoraussetzung für die Vergabe von Krediten. Kredite sind Grundvoraussetzung für Investitionen und Wirtschaftswachstum. Kreditinstitute übernehmen damit die Vermittlung von Spargeldern an Kreditsuchende in Form von Krediten. „Omas Sparstrumpf" bleibt für die Entwicklung der Volkswirtschaft wirkungslos, da das Geld stillgelegt wird und somit nicht „arbeiten" kann.

1.1 Entscheidungsmerkmale für die Wahl der Anlageform (Sparform)

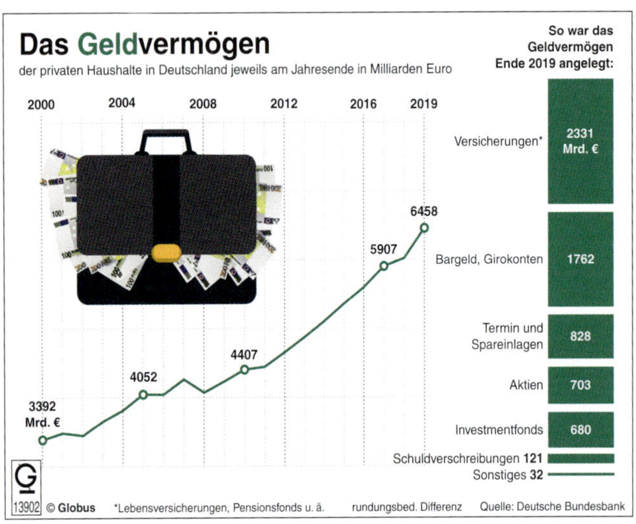

Welche Anlageform (Sparform) ein Sparer verwirklichen möchte, hängt in der Regel entscheidend von drei Faktoren ab:

- dem Ertrag (Rendite),
- der Sicherheit (Rückzahlung) und
- der Verfügbarkeit.

Leider gibt es keine Anlageform, die diese drei Faktoren ideal in sich vereinigt. So sind z. B.:

- Geldanlagen, die eine sehr hohe Verzinsung (Rendite) versprechen, in ihrer Verfügbarkeit (Liquidität) beschränkt (und umgekehrt).
- Geldanlagen mit hohen Gewinnchancen mit vergleichsweise hohen Risiken behaftet.

Um eine optimale Geldanlage zu erreichen, gilt es folgende Faustregeln zu beachten:

- Jeder Geldanleger sollte seinen persönlichen Vermögensstand, seine Sparfähigkeit und seine Sparziele ermitteln.
- Ab einer bestimmten Sparsumme empfiehlt es sich, verschiedene Anlageformen zu mischen (Streuung). Je größer diese Summe ist, desto breiter sollte gestreut werden.
- Jede Anlageart hat ihre besonderen Eigenheiten.

1.2 Sparformen

Man unterscheidet hauptsächlich folgende Sparformen:

Sparbuch

Die beliebteste Sparform der Bundesbürger ist das Sparen auf dem **Sparkonto**. Wer ein Sparkonto eröffnet, erhält als Urkunde ein **Sparbuch**. Darin werden alle Einzahlungen und alle Abhebungen eingetragen sowie der jeweils aktuelle Kontostand. Viele Banken geben mittlerweile für Sparkonten keine Sparbücher mehr aus. Stattdessen erhalten die Kunden eine Kundenkarte und nach jeder Buchung einen Kontoauszug, den sie als Loseblattsammlung abheften. Auf den meisten Sparkonten wird das Geld als „normale Spareinlage" angelegt. Genauer gesagt: auf **Sparkonten mit dreimonatiger Kündigungsfrist**. Pro Kalendermonat können hier je nach Bank normalerweise zwischen 1.500 und 2.000 € abgehoben werden. Wer mehr Geld möchte, muss dies 3 Monate vorher ankündigen, andernfalls muss er Vorschusszinsen bezahlen. Der Vorschusszins beträgt in der Regel ein Viertel des Zinses, der sonst auf die Spareinlage gezahlt wird.
Der Sparer kann zwar recht problemlos über sein Geld verfügen und muss keine Kursverluste befürchten, wie sie bei börsennotierten Wertpapieren eintreten können, bekommt dafür aber relativ wenig Zinsen. Höhere Zinsen erhält man bei vereinbarten Kündigungsfristen (z. B. von 12, 24 oder 48 Monaten). Allerdings muss der Sparer den Ablauf der jeweiligen Kündigungsfrist abwarten, bevor er über sein Geld verfügen kann. Abgesehen vom Inflationsrisiko ist die Anlage auf Sparkonten nahezu risikolos, da in der EU das Spargeld in Höhe von 100.000 € pro Anleger und Bank gesetzlich gesichert ist.

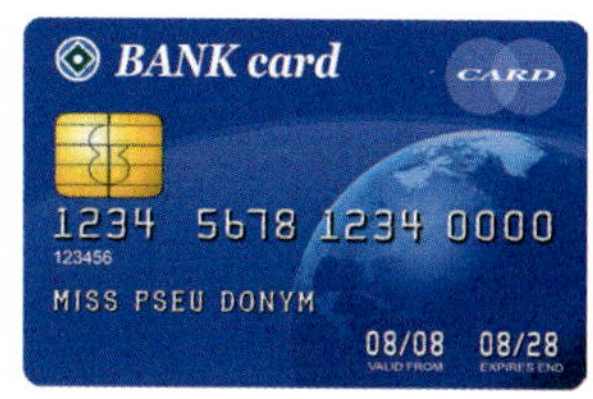

Sparbriefe

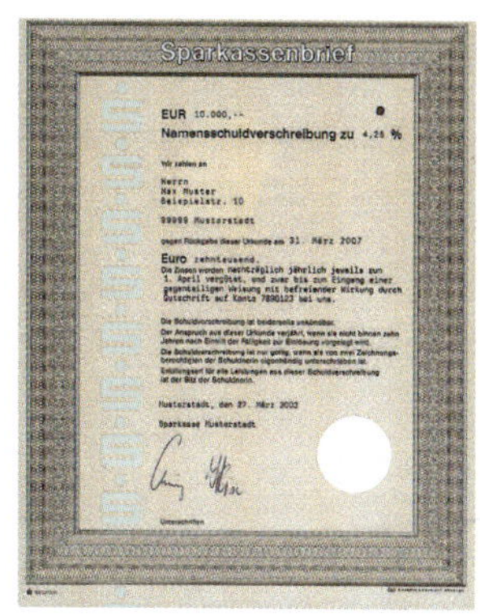

Sparbriefe sind Wertpapiere, die nicht an der Börse notiert werden. Deshalb unterliegen sie auch keinem Kursrisiko. Verkauft werden sie von Banken und Sparkassen, die sich auf diese Weise von ihren Kunden Geld beschaffen. Sparbriefe werden normalerweise auf den Namen des Kunden ausgestellt. Erhalten kann man sie häufig schon für 50 €. Wegen der Laufzeit von meist 4-8 Jahren kommen sie nur als langfristige Geldanlage in Betracht, da eine vorzeitige Rückzahlung in der Regel nicht möglich ist.
Verglichen mit den Einlagen auf dem Sparbuch werden sie deutlich besser verzinst, verglichen mit den an der Börse notierten festverzinslichen Wertpapieren jedoch etwas schlechter.

Termingeldeinlagen

Anleger, die auf ihr Geld nur kurze Zeit verzichten können, entscheiden sich meist für **Termingeldeinlagen**. Für einen kurzen Zeitraum (z. B. 30, 60, 90, 180 oder 360 Tage) legen sie einen größeren Betrag (meist ab 5.000 €) auf einem speziellen Termingeldkonto an und erhalten dafür einen erhöhten Zins.

Bausparen

Fast jeder dritte Bundesbürger ist Bausparer. Mit dem Abschluss eines **Bausparvertrages** verpflichtet sich ein Bausparer, entsprechend der vereinbarten Bausparsumme (z. B. 50.000 €) regelmäßig Bausparbeiträge an eine Bausparkasse zu zahlen. Durch den Bausparvertrag erwirbt er das Anrecht auf ein zinsgünstiges Bauspardarlehen. Damit ein Darlehen beantragt werden kann, müssen bestimmte Voraussetzungen erfüllt sein, die im Einzelnen von dem gewählten Tarif der Bausparkasse abhängen, z. B. die Mindestansparsumme von 40 % und eine Mindestansparzeit von 18 Monaten. Wurde ein Bausparvertrag zugeteilt, dann erhält der Bausparer sein Sparguthaben einschließlich der Zinsen zurück. Die Differenz zur vereinbarten Bausparsumme steht ihm als zinsgünstiges Darlehen zur Verfügung. Da der Zweck des Bausparens im Erwerb, Bau oder der Instandhaltung von Wohneigentum besteht, wird diese Sparform vom Staat gefördert.

Beispiel:

Bausparsumme	50.000 €
Ansparsumme (meist 40 %)	20.000 €
Bauspardarlehen	30.000 €

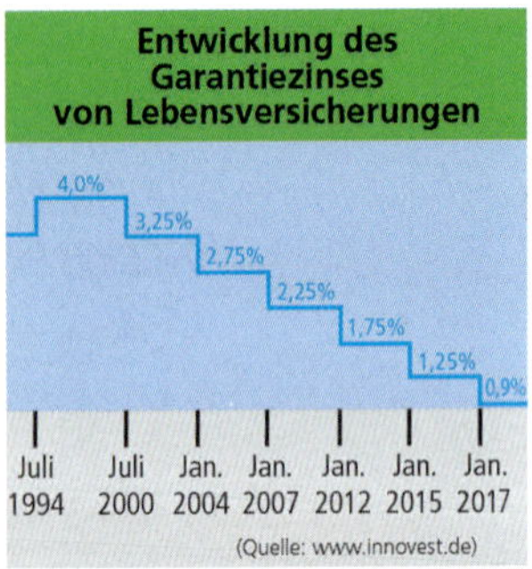

Versicherungssparen

Der Staat fördert den Abschluss bestimmter **Privatversicherungen**. Deshalb ist das Versicherungssparen eine sehr beliebte Sparform. Hier werden Beiträge für eine Privatversicherung gezahlt, z. B. für eine Lebensversicherung, eine private Rentenversicherung, eine Unfallversicherung oder eine Ausbildungsversicherung. Obwohl der Staat nur private Rentenversicherungen fördert, ist die beliebteste Form des Versicherungssparens immer noch die Lebensversicherung, z. B. die Kapitallebensversicherung. Sie soll einerseits als Altersvorsorge für den Versicherungssparer die Leistungen der gesetzlichen Rentenversicherung ergänzen und andererseits beim vorzeitigen Tod des Versicherten dessen Hinterbliebene finanziell absichern (siehe auch private Zusatzversicherungen S. 56–60). Verbraucherschutzverbände warnen, dass die **Rendite** einer Kapitallebensversicherung sehr fraglich sei. Die eingerechnete Risikovorsorge, Provisionen und hohe Verwaltungskosten mindern sie sehr. Des Weiteren wurde der **garantierte Zinssatz** auf den verbleibenden Sparanteil in den letzten Jahren immer mehr gesenkt. Zwar werben Versicherungsgesellschaften mit Gewinnüberschüssen, können sie jedoch für die Zukunft nicht garantieren. Besteht bereits vor Versicherungsablauf dringender Geldbedarf, dann fallen bei einem **Rückkauf** die Verwaltungskosten umso stärker ins Gewicht, je früher gekündigt wird. Statistiken belegen: Sehr viele Kapitallebensversicherungen werden mit hohen Verlusten vorzeitig gekündigt.

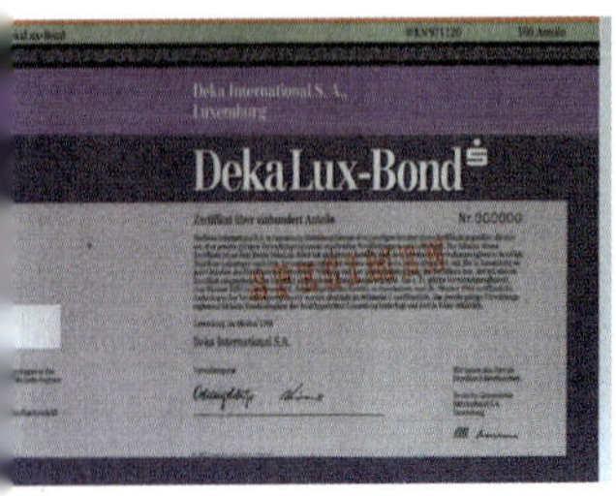

Investmentanteile

Beim **Investmentsparen** vertraut der Sparer das Geld einer Kapitalanlagegesellschaft **(Investmentgesellschaft)** an. Im Gegenzug erhält er **Investmentzertifikate** (Urkunden) ausgehändigt. Diese Scheine verbriefen einen Anteil an einem Geldtopf, in den viele Sparer einzahlen. Genauer gesagt: an einem **Fonds**. Je nachdem, wie die Investmentgesellschaft das Geld anlegt, unterscheidet man unterschiedliche Fonds. Will ein Sparer höhere Erträge und ist er auch bereit, höhere Risiken einzugehen, kann er Anteile an einem **Aktienfonds** erwerben. Hier fließt das Geld in Aktien. Bei **Rentenfonds** wird in festverzinsliche Wertpapiere investiert. **Gemischte Fonds** setzen sich aus Aktien und festverzinslichen Wertpapieren zusammen. Bei **Immobilienfonds** fließen die Geldmittel in Grundstücke und Gebäude. Investmentfonds unterliegen weit geringeren Kursschwankungen als Aktien, weil die Wertpapiere breit gestreut sind und anzunehmen ist, dass nicht alle Papiere gleichzeitig im Wert sinken. Eine weitere Sicherheit besteht darin, dass die Kapitalanlagegesellschaften sehr streng vom Staat kontrolliert werden. Außerdem müssen die Anteilscheine jederzeit zum geltenden Anteilswert von der Gesellschaft in Geld umgetauscht werden, d. h., das Geld ist jederzeit verfügbar. Allerdings fallen Kosten an für Ankauf, Verkauf und Verwaltung von Investmentzertifikaten. Risikofreudige können ihr Geld in **geschlossenen Fonds** anlegen, bei denen nur in einem festgelegten Zeitraum in bestimmte Objekte investiert werden kann, wie z. B. Immobilien, Schiffe oder Windkraftanlagen. Danach wird der Fonds geschlossen. Der Erwerber eines Anteils wird Unternehmer mit entsprechenden Gewinnchancen, aber auch beachtlichen Risiken. Ein Verkauf solcher Anteile ist nur möglich, wenn man selbst einen Käufer findet.

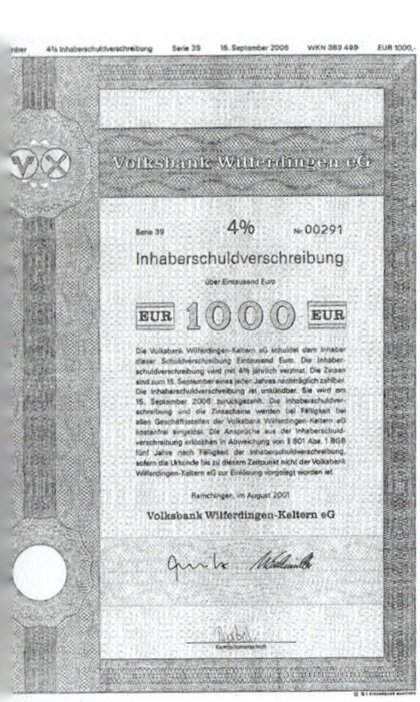

Festverzinsliche Wertpapiere

Ein Weg, den Ertrag seiner Ersparnisse aufzubessern, ist der Kauf **von festverzinslichen Wertpapieren** wie z. B. Pfandbriefen, Anleihen oder Kommunalobligationen. Festverzinsliche Wertpapiere garantieren einen gleichbleibenden Zinsertrag während ihrer Laufzeit (daher auch die Bezeichnung Rentenpapiere). Normalerweise beträgt die Laufzeit 5 und mehr Jahre. Herausgegeben werden diese Papiere von bestimmten Kreditinstituten (z. B. Hypothekenbanken), Industrieunternehmen, vom Bund, den Ländern oder den Gemeinden. Festverzinsliche Wertpapiere haben eine gute Verzinsung. Außerdem können sie jederzeit an der **Börse** verkauft werden. Allerdings entstehen für Ankauf, Verkauf und Verwaltung der Papiere zum Teil beachtliche Kosten. Dafür sind die Kursschwankungen recht gering. Sie ergeben sich nur, wenn der Kapitalmarktzins gegenüber dem Zins des Papiers steigt oder fällt. An der 100 %igen Endauszahlung am Ende der Laufzeit ändert dies jedoch nichts.

Aktien

Aktien sind Urkunden, die dem Inhaber einen Anteil an einer Aktiengesellschaft verbriefen. Für seine Beteiligung erhält der Aktionär jährlich einen Gewinnanteil, die **Dividende**. Aktien werden jedoch weniger wegen der Dividende erworben, sondern weil sich der Käufer Kursgewinne an der Börse erhofft.
Mit einer Aktie beteiligt man sich nämlich an einem Unternehmen, seinem Vermögen und seinen Fähigkeiten. Wenn sich die Bewertung des Unternehmens ändert, steigt der Kurs oder er fällt. Verschlechtern sich beispielsweise die Ertragsaussichten, kann der Kurs langfristig auch unter dem Einstandskurs liegen. Der Kauf von Aktien birgt also ein erhebliches Kursrisiko. Außerdem fallen Kosten an für Ankauf, Verkauf und Verwaltung durch die Banken.

Kursverlauf Daimler-Aktie

Datum	Schlusskurs
25.01.2000	67,50
25.01.2002	47,15
25.01.2004	38,90
25.01.2006	45,32
25.01.2008	51,38
25.01.2010	32,40
25.01.2012	43,25
25.01.2014	62,83
25.01.2016	64,94
25.01.2018	74,52
27.01.2020	42,70

Weitere Sparformen

Neben den genannten Anlagegruppen gibt es noch weitere Anlagemöglichkeiten wie z. B. Immobilien (Grundstücke, Gebäude), Edelmetalle (Platin, Gold, Silber), sonstige Wertgegenstände (Schmuck, Stilmöbel).
Die Anlagemotive liegen bei diesen Anlageformen in der Sicherheit durch Sachwertanlagen sowie der Spekulation auf eine Wertsteigerung.

1.3 Abgeltungssteuer

Seit 2010 betragen die Sparer-Pauschbeträge bei der Einkommensteuer 801 € für Ledige und 1.602 € für Verheiratete. Kapitalerträge (z. B. Sparbuchzinsen, Wertpapierzinsen), die diese Freibeträge übersteigen, werden bei der Auszahlung der Zinsen mit der 25%igen **Abgeltungssteuer** belegt (Stand 1.1.2020). Zusätzlich fallen darauf noch Solidaritätszuschlag und ggf. Kirchensteuer an. Diese Steuer wird von den Kreditinstituten einbehalten und an die Finanzämter weitergeleitet. Über die bezahlte Steuer erhält der Sparer eine Bescheinigung von seiner Bank. Damit er den Sparer-Pauschbetrag bereits bei der Zinsauszahlung in Anspruch nehmen kann, muss der Sparer seinem Kreditinstitut einen sogenannten **Freistellungsauftrag** erteilen. Wer sein Geld bei verschiedenen Instituten angelegt hat, muss mehrere Freistellungsaufträge erteilen. Deren Summe darf den Sparer-Pauschbetrag jedoch nicht übersteigen. Sparer, deren persönlicher Einkommenssteuersatz unter 25 % liegt, erhalten zu viel gezahlte Abschlagsteuer zurück, wenn sie eine Steuererklärung abgeben. Sparer, deren Steuersatz über 25 % liegt, müssen keine Steuer nachzahlen.

1.4 Die Sparförderung

Arbeitnehmer bekommen in der Regel von ihrem Arbeitgeber sogenannte **vermögenswirksame Leistungen (VL)**, die bis zu 40 € pro Monat betragen können. Ausbezahlt werden sie zusätzlich zum Lohn. Nach dem Willen des Gesetzgebers sollen diese VL der Vermögensbildung dienen. Deshalb werden sie nicht direkt mit dem Gehalt ausbezahlt, sondern sie müssen vom Arbeitgeber auf einen speziellen vermögenswirksamen Sparvertrag eingezahlt werden. Außerdem darf über das Geld mehrere Jahre – meist 7 Jahre – nicht verfügt werden. Die genauen Bedingungen des vermögenswirksamen Sparens sind im **Vermögensbildungsgesetz** festgelegt.

Staatliche Sparförderung 2021

	Welches jährliche Einkommen?	Welcher jährliche Sparbetrag?	Welche staatliche Förderung?
Arbeitnehmersparzulage			
Beteiligungssparen (z. B. Aktienfonds)	max. 20.000 € (40.000 € Ehepaare)	max. 400 € (800 € Ehepaare)	20 % Sparzulage
Bausparen	max. 17.900 € (35.800 € Ehepaare)	max. 470 € (940 € Ehepaare)	9 % Sparzulage
Wohnungsbauprämie			
Bausparen	max. 35.000 € (70.000 € Ehepaare)	max. 700 € (1.400 € Ehepaare)	10 % Wohnungsbauprämie

Hier ist die Vermögensbildung seit 2009 unverändert geregelt. Dadurch sollen die Arbeitnehmer stärker am Produktivvermögen beteiligt werden. Mit der neuen Sparförderung ist die Zahl der Anspruchsberechtigten auf eine **Arbeitnehmersparzulage** angestiegen. Dies wurde erreicht durch eine Anhebung der Einkommensgrenzen auf 20.000 € bei Ledigen und 40.000 € bei Verheirateten. Die derzeitige Sparförderung umfasst das Beteiligungssparen, das Bausparen und Mitarbeiterbeteiligungsfonds.

Beteiligungssparen

Beim Kauf von **Beteiligungspapieren** (z. B. Aktien oder Aktienfondsanteilen) gewährt der Staat für höchstens 400 € pro Jahr eine 20%ige **Arbeitnehmersparzulage**. Die Spargelder können auch als Mitarbeiterbeteiligungen von Arbeitnehmern verwendet werden.

Bausparen

Zusätzlich können auf einen **Bausparvertrag** bis zu 470 € vermögenswirksam eingezahlt werden. Hierfür wird eine **Arbeitnehmersparzulage** von 9 % gewährt.
Für weitere Bausparleistungen von jährlich höchstens 512 € (2021: 700 €) bei Ledigen und 1.024 € (2021: 1.400 €) bei Verheirateten kann eine 8,8 %ige (2021: 10 %) **Wohnungsbauprämie** beantragt werden. Allerdings dürfen bei der Wohnungsbauprämie folgende Einkommensgrenzen nicht überschritten werden: 25.600 (2021: 35.000) bei Ledigen bzw. 51.200 (2021: 70.000) bei Verheirateten.
Neu einfgeführt hat der Staat die Möglichkeit, auch bei Bausparverträgen zu „riestern". Grundlage hierfür ist das „Eigenheimrentengesetz". Mittlerweile haben alle Bausparkassen entsprechende Produkte im Angebot. Die Förderung ist attraktiv: Mindestens 175 € im Jahr, für jedes Kind mindestens 185 €. Für ab 2008 geborene Kinder gibt es sogar 300 € (siehe auch „Riester-Rente", S. 49).

1.5 Individuelle Vermögensbildung

Die Säulen der Vermögensbildung sind die Altersvorsorge und die eigentliche Vermögensbildung sowie deren Absicherung. Damit sind zwei Ziele gemeint, zum einen einen Notgroschen für kurzfristige finanzielle Engpässe bereitzuhalten, zum anderen der Aufbau eines Geld- oder Immobilienvermögens. Beratungen bieten dazu Banken, Bausparkassen, Versicherungen und weitere Finanzdienstleister an. Wichtig ist es, sich von mehreren Seiten Angebote als Vergleichsgrundlage einzuholen und erst dann langfristige Verträge abzuschließen. Vorher sollte mit einem **Haushaltsplan** (siehe Seite 271) das frei verfügbare Einkommen ermittelt werden.
Sparen für das Alter ist unverzichtbar. Aber folgende Dinge sollten auch beachtet werden:

- Risikoabsicherung und Schuldenabbau gehen vor Sparen.
- Nicht jeden Cent in die Altersvorsorge stecken, dann können „ungeplante" Geldausgaben wie z. B. eine defekte Waschmaschine auch nicht zu Engpässen führen. Not-

groschen sollten so angelegt werden, dass ein schneller Zugriff jederzeit möglich ist. Hier bieten sich z. B. Tagesgeldkonten an, sie bieten deutlich bessere Zinserträge als Sparbücher und Girokonten.

- Gleichgültig, ob risikofreudig oder eher sicherheitsliebend, in jedem Fall raten Finanzexperten zu einem Anlagemix, z. B. ein Teil Aktien, ein Teil festverzinsliche Wertpapiere, ein Teil Immobilien. Nach wie vor gilt das Börsianer-Motto: „Wer gut essen will, investiert in Aktien, wer gut schlafen will, investiert in Anleihen."

Haushaltsplan

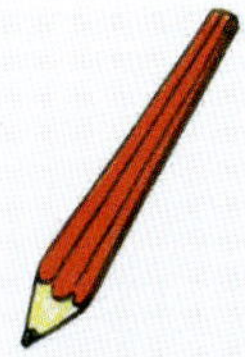

Einnahmen pro Monat		
Gehalt		1 448,–
Sonstige Einnahmen		–
Gesamteinnahmen		1 448,–
Ausgaben pro Monat		
Wohnung	Miete m. Nebenkosten	430,–
	Strom	40,–
	GEZ-Gebühren, Kabelgebühren	17,50
Haushalt	Lebensmittel	170,–
	Bekleidung	80,–
	Versicherungen	20,–
	Sonstiges	28,–
Kfz-Kosten	Versicherung, Steuer	110,–
	Tanken	70,–
	Finanzierung	155,–
Öffentliche Verkehrsmittel		–
Telefon / Handy		40,–
Freizeit (Disco, Kino usw.)		60,–
Sparen	Rente	84,–
	Bausparen	30,–
	Sonstiges	–
Sonstige Ausgaben / Fitnesstudio		30,–
– Gesamtausgaben		1 364,50
= monatlich frei verfügbarer Betrag		83,50

Beispiel: 20-jährige MFA (Ein-Personen-Haushalt)

ZUSAMMENFASSUNG

Sparformen

- Sparbuch
- Festverzinsliche Wertpapiere
- Termingeldeinlagen
- Investmentzertifikate
- Sparbriefe
- Versicherungssparen
- Bausparen
- Aktien

Die Wahl der Sparform wird beeinflusst durch:

- Rendite (Zinsen)
- Sicherheit (Risiko)
- Verfügbarkeit
- Steuerersparnis

Staatliche Sparförderung

- **Beteiligungspapiere**
  - z. B. beim Kauf von Aktien, Investmentzertifikaten, **20 % Arbeitnehmersparzulage** aus höchstens 400 € (Ledige)
- **Bausparen**
  - 9 % **Arbeitnehmersparzulage** aus höchstens 470 € (Ledige)
  - \+
  - 10 % Wohnungsbauprämie aus höchstens 700 € (Ledige)

Förderung nur innerhalb bestimmter Einkommensgrenzen

ARBEITSTEIL

1. Von welchen Faktoren sollte die Wahl der Anlageform abhängig gemacht werden?

2. Welche Faustregeln gilt es für eine optimale Geldanlage zu bedenken?

3. a) Zählen Sie vier verschiedene Anlageformen auf.
   b) Beschreiben Sie drei Anlageformen hinsichtlich ihrer Merkmale, der Verfügbarkeit, des Ertrags und des Risikos.

4. a) Wie viel Euro kann man in der Regel von einem Sparkonto mit dreimonatiger Kündigungsfrist pro Kalendermonat abheben?
   b) Womit muss ein Sparer rechnen, der mehr Geld abheben möchte?

5. Begründen Sie folgende Aussage: „Aktien-Sparen ist die risikoreichste Anlageform, festverzinsliche Wertpapiere sind dagegen eine sichere Anlageform."

6. a) Was versteht man unter Investmentzertifikaten?
   b) Warum erfreut sich die Geldanlage in Investmentfonds immer größerer Beliebtheit?

7. Woraus setzt sich die Rendite von Aktien zusammen?

8. a) Bis zu welcher Höhe sind die Kapitalerträge eines Alleinstehenden steuerfrei?
   b) Mit wie viel Prozent werden Zinserträge besteuert, die über dem Sparer-Pauschbetrag liegen?
   c) Wie muss ein Sparer verfahren, wenn er den Sparer-Pauschbetrag bereits bei der Zinsauszahlung in Anspruch nehmen möchte?

9. Welche Gründe sprechen dafür, dass Spareinlagen trotz niedriger Verzinsung noch immer einen großen Anteil an den Anlageformen einnehmen?

10. Warum ist es sinnvoll, seine Ersparnisse nicht nur in einer Anlageform anzulegen, sondern sie auf verschiedene Anlageformen zu verteilen?

11. a) Nennen Sie die Einkommensgrenzen für eine staatliche Sparförderung.
    b) Welche Sparleistungen fördert der Staat durch Arbeitnehmersparzulagen?
    c) Für welche Sparleistungen wird eine Wohnungsbauprämie gewährt und wie hoch ist sie?

12. Übertragen Sie den auf S. 271 abgebildeten Haushaltsplan in Ihr Heft und ermitteln Sie, welchen Betrag Sie monatlich für die Vermögensbildung zur Verfügung haben.

2 Kredite

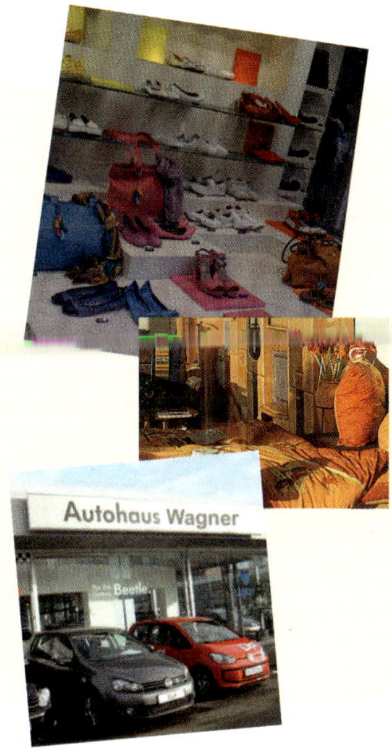

Erfahrungsbericht von Ines, 20 Jahre alt:

„Mit 16 Jahren habe ich meine Ausbildung als Medizinische Fachangestellte begonnen. Zur Überweisung meiner Ausbildungsvergütung musste ich ein Girokonto eröffnen. Mit 18 erhielt ich eine Girocard sowie einen Dispokredit über 2.000 €. Ich habe mir todschicke Schuhe gekauft. Plötzlich war mein Girokonto mit 4.000 € in den Miesen. Der Geldautomat spuckte kein Geld mehr aus, die Bank hat meine Girocard eingezogen.

Nun soll ich meine Kontoüberziehung abdecken. Dabei habe ich noch zwei Anschaffungsdarlehen mit festen Raten für mein Auto und meine Wohnungseinrichtung laufen.

Ich weiß nicht, wie ich all meine Schulden zurückbezahlen soll, obwohl ich in meiner Freizeit schon einen Nebenjob als Bedienung angenommen habe. Irgendetwas habe ich wohl falsch gemacht."

Welche Fehler hat Ines wohl gemacht?

Wie könnte Ines aus dieser „Schuldenfalle" wieder herauskommen?

2.1 Kreditarten

Je nachdem welcher Finanzierungsanlass vorliegt, unterscheidet man verschiedene Kreditarten. Die für Privatpersonen wichtigsten Kreditarten sind:

- der **Überziehungskredit** (Dispositionskredit)
- der **Ratenkredit** (Konsumentenkredit)
- das **Hypothekendarlehen.**

Merkmale	Überziehungskredit (Dispositionskredit)	Ratenkredit (Konsumentenkredit)	Hypothekendarlehen
Zweck	Kurzfristiger Geldbedarf zur Abdeckung von Kontoüberziehungen	Mittelfristiger Geldbedarf zur Finanzierung größerer Anschaffungen wie Autos	Langfristiger Geldbedarf zur Finanzierung von Immobilienkäufen
Kreditaufnahme	Überziehung des Girokontos	Abschluss eines Kreditvertrages und Einrichtung eines besonderen Darlehenskontos	Abschluss eines Kreditvertrages und Einrichtung eines besonderen Darlehenskontos
Laufzeit	Unbefristet	Vertraglich geregelt	Vertraglich geregelt
Tilgung (Rückzahlung)	Durch Ausgleich des Girokontos, in der Regel durch Lohnzahlungen	Feste monatliche Raten	Feste Raten, meist monatlich
Zinsen	Prozentualer Jahreszins vom beanspruchten Kreditbetrag, deutlich höher als bei den anderen Kreditarten. Wird der vereinbarte Dispositionsrahmen überzogen, steigt der Zins um weitere 4–5 %.	Prozentualer Jahreszins	Prozentualer Jahreszins

2.2 Beispiel Ratenkredit (Konsumentenkredit)

Vor der Aufnahme eines Ratenkredits (z. B. für den Kauf eines Gebrauchtwagens) sollten Kreditangebote von verschiedenen Kreditinstituten eingeholt werden. Dabei lässt sich feststellen, dass die Konditionen (Kreditbedingungen) sehr unterschiedlich sein können. Außerdem gilt es, Angebote von sogenannten „Kredithaien" herauszufiltern; dies sind Kreditanbieter, die Kredite zu weit überhöhten Konditionen vermitteln oder anbieten.
Die Kosten eines Darlehens bzw. Kredits setzen sich meist aus mehreren Positionen zusammen. Die Summe aus Zinsen und monatlicher Rückzahlung (Tilgung) bezeichnet man als **Annuität**. Je nach Anbieter sind die Gesamtkosten eines Darlehens abhängig von

- dem verlangten **Zinssatz**; seine Höhe hängt unter anderem ab von der Bonität (Zahlungsfähigkeit) des Kunden, den vorhandenen Sicherheiten, der Laufzeit, sowie der Kreditart.
- der **Vermittlungsgebühr** (Provision), wenn der Kreditvertrag über einen Kreditvermittler abgeschlossen wurde.
- den Kosten einer **Restschuldversicherung**, deren Abschluss manche Banken verlangen. Sie soll Kreditnehmer und Bank gegen unvorhergesehene Ereignisse absichern; in der Regel gegen Arbeitslosigkeit, Krankheit, Berufsunfähigkeit, Erwerbsunfähigkeit oder Tod.

Effektivverzinsung

PAngV § 6

Für den Kreditnehmer stellt sich aufgrund der unterschiedlichen Kreditkosten der einzelnen Kreditinstitute das fast unüberwindliche Problem des Preisvergleichs. Deshalb schreiben **Preisangabenverordnung** und **BGB** (Bürgerliches Gesetzbuch) zwingend vor, dass Kreditinstitute bei Krediten an Privatpersonen die **Effektivverzinsung** angeben müssen. Der **Effektivzins** gibt Auskunft über den tatsächlich zu zahlenden Zins einschließlich aller Gebühren und sonstiger Kosten. Der mit einer komplizierten Formel errechnete Effektivzinssatz wird mit Computerprogrammen ermittelt, die bei verschiedenen Zinssätzen und Laufzeiten den jeweiligen effektiven Jahreszins angeben.

Für die Berechnung der Gesamtbeträge eines Darlehens stehen den Banken und Kreditvermittlern ebenfalls Computerprogramme zur Verfügung, mit deren Hilfe den Kunden in einem Beratungsgespräch der Gesamtbetrag und sich daraus ergebende Monatsraten genannt werden können.

Zunächst erscheinen die 5,3 % für 24 Monate im folgenden Beispiel sehr gering.

Angebot Kreditvermittler				
Laufzeit	12 Monate	24 Monate	36 Monate	48 Monate
Kreditbetrag	10.000,00 €	10.000,00 €	10.000,00 €	10.000,00 €
Sollzins (Nominalzins)	4,20 %	5,30 %	6,00 %	7,15 %
Effektivzins	13,44 %	13,02 %	13,36 %	14,57 %
Vermittlungsgebühr 2%	200,00 €	200,00 €	200,00 €	200,00 €
Restschuldversicherung	240,00 €	480,00 €	720,00 €	960,00 €
monatliche Rate	898,08 €	468,39 €	329,78 €	264,33 €
Zinsen gesamt	228,96 €	561,41 €	951,90 €	1.527,63 €
Gesamtaufwand	10.668,90 €	11.242,41 €	11.871,90 €	12.687,63 €

Hinweis: Neben den Zinsen wird eine laufzeitunabhängige Vermittlungsgebühr von 2 % erhoben.

Beispiel:
Bei 5,3 % Sollzins, 24 Monaten Laufzeit und 480 € Restschuldversicherung beträgt die Effektivverzinsung pro Jahr 13,44 %.

Wie die Tabelle zeigt, ist die tatsächliche (effektive) Verzinsung pro Jahr allerdings erheblich höher, da bei Krediten weitere Kosten anfallen können wie z.B. Vermittlungsgebühren, Restschuldversicherungen oder ein Disagio. Das Disagio ist ein Abzug vom Auszahlungsbetrag. Wurde beispielsweise in einem Kredit über 10.000 € ein Disagio von 5% vereinbart, dann werden dem Kreditnehmer nur 9.500 € ausbezahlt, er muss aber 10.000 € zurückbezahlen. Die Folge: Diese zusätzlichen Kosten können den Effektivzins in enorme Höhen klettern lassen.

Kreditinstitute müssen den Effektivzins für die voraussichtliche Gesamtlaufzeit eines Darlehens ermitteln. Nur, wer weiß schon, wie das Zinsniveau in 30 oder 45 Jahren sein wird. So können die Institute den Zinssatz für die Restlaufzeit (nach der vereinbarten Zinsbindung) z. B. extrem niedrig schätzen. So niedrig, dass der Effektivzins sogar unter dem Sollzinssatz liegt. Da solche Angebote realitätsfremd sind, sollte man zusätzlich nach Beispielrechnungen und einem Tilgungsplan fragen.

Angebot Bank				
Laufzeit	**12 Monate**	**24 Monate**	**36 Monate**	**48 Monate**
Kreditbetrag	10.000,00 €	10.000,00 €	10.000,00 €	10.000,00 €
Sollzins (Nominalzins)	6,20 %	7,30 %	7,70 %	8,30 %
Effektivzins	6,38 %	7,55 %	7,98 %	8,62 %
Vermittlungsgebühr	keine	keine	keine	keine
Restschuldversicherung	keine	keine	keine	keine
monatliche Rate	861,58 €	449,09 €	311,98 €	245,54 €
Zinsen gesamt	339,02 €	778,09 €	1.231,34 €	1.785,91 €
Gesamtaufwand	10.339,02 €	10.778,09 €	11.231,34 €	11.785,91 €

Zunächst erscheint das Angebot der Bank wegen des höheren Sollzinssatzes (Nominalzinssatzes) schlechter. Bei genauerem Vergleich wird jedoch deutlich, dass es wegen fehlender Vermittlungsgebühr und nicht verlangter Restschuldversicherung erheblich günstiger ausfällt. Der Effektivzins bei der Bank liegt lediglich bei 7,55 %.
Des Weiteren fällt bei beiden Angeboten auf, dass eine längere Laufzeit zwar zu einer niedrigeren Monatsrate führt, andererseits die Gesamtkosten deutlich erhöht.

Verbraucherschutz durch das BGB (Bürgerliche Gesetzbuch)

Verbraucherkreditrichtlinie
BGB §§ 491, 492
EBGB Art. 247 § 3

Die Regelungen des BGB sollen die Kunden vor einer Übervorteilung durch übereilt abgeschlossene Kreditverträge schützen. Das Bürgerliche Gesetzbuch gilt für alle Kreditverträge über 200 € sowie für Ratenkaufverträge. Seine wichtigsten Bestimmungen:
- Kreditverträge müssen schriftlich abgeschlossen werden.
- Dem Kreditnehmer müssen bestimmte Mindestangaben gemacht werden (Nominalzins, Effektivzins, Gesamtbetrag der Raten, Nebenkosten, Sicherheiten usw.).
- Kreditverträge können innerhalb von 14 Tagen widerrufen werden. Diese Widerrufsmöglichkeit muss schriftlich mitgeteilt und vom Kreditnehmer unterschrieben werden.
- Werden Abzahlungskäufe von Banken oder Sparkassen finanziert, dann kann man bei mangelhafter Ware diese Mängel auch dem Kreditinstitut entgegenhalten und die Raten (vorerst) zurückbehalten.

Sicherheiten

BGB § 765

Kreditinstitute vergeben Spareinlagen von Kunden in Form von Krediten an andere Kunden. Dies erfordert ein Höchstmaß an Absicherung. Neben der persönlichen Zuverlässigkeit des Kreditnehmers verlangen sie meist zusätzliche **Sicherheiten**:

Bürgschaften Grundlage dieser Kreditsicherung ist der Bürgschaftsvertrag, der nach BGB schriftlich abgeschlossen werden muss. Darin verpflichtet sich der Bürge bei der Bank, das Darlehen zurückzuzahlen, wenn der Kreditnehmer nicht mehr dazu in der Lage ist. Der

Bürge kann die Bürgschaft grundsätzlich nicht kündigen oder zurückziehen; sie entfällt erst, wenn die Schuld nicht mehr besteht. Üblich ist eine selbstschuldnerische Bürgschaft. Dies bedeutet, dass der Gläubiger (Bank) vom Bürgen sofort Zahlung verlangen kann, wenn der Schuldner seinen Verpflichtungen nicht vertragsgemäß nachkommt.

Lohn- und Gehaltsabtretung Sie kommt vor allem bei Privatkrediten infrage. Um den Lebensunterhalt des Schuldners zu sichern, besteht ein Abtretungsverbot für den unpfändbaren Teil des Einkommens.

Verpfändung von Wertpapieren und sonstigen Vermögenswerten Bei einer Verpfändung von Gegenständen geht das Pfandobjekt (meist Schmuck oder Wertpapiere) so lange in den Besitz der Bank über, bis der Kredit zurückgezahlt ist.

Sicherungsübereignung von beweglichen Sachen Bei einer Sicherungsübereignung wird das Eigentum an dem sicherungsübereigneten Gegenstand der Bank übertragen. Der Schuldner kann ihn jedoch unter gewissen Absicherungen nutzen.

Beispiel: Wird ein über Kredit finanziertes Auto sicherungsübereignet, kann der Kreditnehmer es zwar nutzen, muss aber eine Vollkaskoversicherung abschließen. Der Kfz-Brief verbleibt bei der Bank, damit ein unberechtigter Verkauf unmöglich ist.

Grundschuld oder Hypothek Eine Grundschuld oder eine Hypothek ist ein Pfandrecht an Grundstücken oder Gebäuden. Jedes Grundstück mit darauf stehenden Gebäuden ist beim Grundbuchamt im Grundbuch eingetragen. Wird ein Grundstück mit einer Grundschuld oder einer Hypothek belastet, so wird diese ins Grundbuch eingetragen. Kann der Schuldner sein Hypothekendarlehen nicht wie vereinbart zurückzahlen, dann hat die darlehensgebende Bank die Möglichkeit diese Hypothek zu verwerten, d. h., sie kann das Gebäude zwangsversteigern lassen.

ZUSAMMENFASSUNG

Kredite

Kreditarten

- Überziehungs-kredit (Dispositions-kredit)
- Ratenkredit (Konsumenten-kredit)
- Hypotheken-darlehen

Kreditvertrag

Kreditgeber
- prüft Kredit-würdigkeit
- verlangt Sicherheiten

Kreditnehmer
- vergleicht absolute Kosten
- vergleicht Effektivzins

Kredit-sicherheiten

- Bürgschaft
- Sicherungs-übereignung
- Gehalts-abtretung
- Grundschuld, Hypothek

Verbraucher-kreditrecht im BGB

Schreibt für Kredite vor:
- Schriftform
- Mindestangaben
- Widerrufsrecht (Frist: 14 Tage)

ARBEITSTEIL

1. Welche Kredit- bzw. Darlehensarten sind für Privatpersonen am bedeutendsten?
2. Wie unterscheiden sich Überziehungskredit und Ratenkredit?
3. Worauf sollten Sie beim Vergleich von Darlehensangeboten besonders achten?
4. Worüber gibt der effektive Jahreszins Auskunft?
5. Welche Sicherheiten kommen bei Ratenkrediten (Konsumentenkrediten) normalerweise infrage?
6. Erläutern Sie das gesetzliche Abtretungsverbot bei Lohn- und Gehaltsabtretungen.
7. a) Welche Formvorschrift besteht für den Abschluss eines Kreditvertrages?
   b) Innerhalb welcher Frist können Kreditverträge vom Kunden widerrufen werden?
   c) Nennen Sie drei Mindestangaben, die ein Kreditvertrag enthalten muss.
8. Stimmen Sie folgender Aussage zu? „Es ist immer besser, den Kaufpreis für geplante Anschaffungen anzusparen, als einen Kredit aufzunehmen." Begründen Sie.
9. Familie Berger will ein neues Auto kaufen. Insgesamt fehlen noch 7.500 €. Diese sollen durch einen Konsumentenkredit finanziert werden. Die Hausbank macht für den Kredit folgendes Angebot: 6,07 % Zinsen pro Jahr, Tilgung in 36 Monatsraten. Familie Berger hat jeden Monat folgende Einnahmen und Ausgaben:
   Einnahmen: Frau Berger 560,00 €, Herr Berger 1.870,00 €, Kindergeld 408,00 € (2 Kinder)
   Ausgaben: Miete 660,00 €, Lebenshaltungskosten 745,00 €, Kfz-Kosten 165,00 €, Sonstiges 240,00 €.
   a) Berechnen Sie den Rückzahlungsbetrag und die Höhe der monatlichen Zins- und Tilgungsrate.
   b) Würden Sie Familie Berger zur Aufnahme des Kredites raten? Begründen Sie Ihre Antwort.

3 Gefahren der Kreditaufnahme – Überschuldung

Bei Florian, 22 Jahre alt, fing die Überschuldung mit den Handys an. Als ausgelernter Maler verdiente er mit 18 Jahren seinen ersten vollen Lohn. Aus diesem Anlass leistete er sich erst einmal ein tolles Handy. Da er eine Freundin hatte, die auch ein schickes Smartphone wollte, unterschrieb er eben zwei Verträge. Damit er mit seiner Freundin nach Mallorca fliegen konnte, überzog er sein Girokonto. Beim Shoppen mit der Freundin kaufte er nur teure Markenkleidung, die er mit Kreditkarte bezahlte. Als immer mehr Mahnungen und Rechnungen eintrudelten, machte er Überstunden, die er sich bar auszahlen ließ. Weil die Gläubiger nicht locker ließen und die ersten Mahnbescheide eingingen, trank er am Wochenende Alkohol, um sein schlechtes Gewissen zu beruhigen. Seine Freundin hatte ihn aufgrund der eingetretenen Situation mittlerweile verlassen. Freunde traf er nicht mehr, da er auch ihnen Geld schuldete. Als dann zum ersten Mal ein Gerichtsvollzieher bei ihm klingelte, begriff er, dass es so nicht weitergehen konnte. Sein erster Besuch bei einer Schuldnerberatung ergab, dass er inzwischen 15.000 € Schulden angehäuft hat.

Nennen Sie die Ursachen dafür, dass es bei Florian zu einer Überschuldung gekommen ist.

Erläutern Sie Möglichkeiten, wie Florian aus der Schuldenfalle herauskommen könnte.

Kreditinstitute, die einen Kredit vergeben, überprüfen zur eigenen Sicherheit zuerst die Kreditwürdigkeit ihrer Kunden. Eine wichtige Entscheidungsgrundlage sind hierbei Auskunfteien wie die **SCHUFA** (Schutzgemeinschaft für allgemeine Kreditsicherung). Auf Anfrage geben diese unter anderem an Banken und Sparkassen Bonitätsauskünfte (Kreditwürdigkeitsauskünfte) zu den Kreditsuchenden. Im Gegenzug informieren die Kreditinstitute über abgeschlossene Kreditverträge und über Unregelmäßigkeiten bei deren Ablauf. So erfahren die Auskunfteien, ob ein Kreditnehmer seine Raten pünktlich zahlt oder ob Zahlungsausfälle vorliegen. Kreditsuchende, über die nachteilige Informationen gespeichert sind, bekommen häufig nur schwer einen neuen Kredit.

Hauptgründe für die Überschuldung von Privatpersonen 2018	
Arbeitslosigkeit	20,0 %
Erkrankung, Sucht, Unfall	15,8 %
Scheidung, Trennung, Tod	13,1 %
unwirtschaftliche Haushaltsführung	12,9 %
gescheiterte Selbstständigkeit	8,5 %
Sonstige Auslöser	29,7 %

Destatis: Statistik zur Überschuldung privater Personen 2018

Trotzdem steigt die Zahl der Haushalte, die von der Zins- und Tilgungslast hoffnungslos überfordert sind. Rund 6,9 Millionen Schuldner können derzeit ihren Zahlungsverpflichtungen nicht mehr nachkommen, sie sind **überschuldet**. Die wichtigsten Auslöser einer Überschuldung sind: moderne Zahlungsmöglichkeiten wie Kredit- oder Kundenkarten (z. B. Bankkarten, Sparkassenkarten), Arbeitslosigkeit, Scheidungsfolgen, Sorglosigkeit, mangelnde Erfahrung mit Kreditangeboten, Scheitern bei Selbstständigkeit.

Junge Menschen gelten als besonders gefährdet, wenn sie das Elternhaus verlassen, um auf eigenen Füßen zu stehen. Oft haben Sie keinen Überblick über die regelmäßigen monatlichen Ausgaben von der Miete bis zu den Versicherungsbeiträgen. Auch die Kosten für die Lebenshaltung überblicken sie kaum. Viele wollen vor der Clique mit dem neuesten Smartphone oder schicker Markenkleidung glänzen und übersehen dabei oft das Kleingedruckte in den Handy-Verträgen. Eine weitere Verlockung ist der Dispokredit, der „Shoppen auf Pump" ermöglicht.

Um die Schuldenfalle zu vermeiden, helfen folgende Maßnahmen:

- Teure Konsumgüter, wie hochwertige Gebrauchtwagen oder Markenkleidung, nicht mit Kredit sofort kaufen, sondern lieber gezielt darauf sparen.
- Einen angemessenen Lebensstil führen und weniger ausgeben als man einnimmt.

- Bei allen Anschaffungen auch an Folgekosten denken, z. B. bei einem Auto an Versicherung, Steuern, Reparaturen und Kraftstoff.
- Den Überblick über Rechnungen und andere Zahlungsverpflichtungen behalten, indem man alles abheftet, sortiert und zeitnah bezahlt.
- Ein Haushaltsbuch führen, um einen Überblick über Einnahmen und Ausgaben zu erhalten.
- Grundsätzlich bei jeder Anschaffung überlegen, ob man die Sache wirklich benötigt.

Schulden machen ist grundsätzlich nichts Verwerfliches. So kann beispielsweise die Anschaffung eines Autos sinnvoll sein, wenn man damit einen abgelegenen Arbeitsplatz erreichen kann. Hält man eine Kreditaufnahme für erforderlich, dann sollte auf folgende Punkte geachtet werden.

- Reicht das Einkommen aus, um die anfallenden Raten zu zahlen und um den Lebensunterhalt (Miete, Nahrungsmittel usw.) zu bestreiten?
- Können die Zahlungsverpflichtungen auch bei Krankheit oder Arbeitslosigkeit erfüllt werden?
- Wie hoch sind die gesamten Kreditkosten? Wie hoch ist der effektive Jahreszins? Welche Bank macht das günstigste Angebot?
- Unterschreiben Sie keinen Vertrag blanko, d. h., die Verträge sollten vollständig ausgefüllt sein.
- Verlangen Sie eine Kopie des Vertrags.
- Treffen Sie keine mündlichen Nebenabreden. Da Kreditverträge schriftlich abgeschlossen werden müssen, sind derartige Abreden ungültig.
- Achten Sie darauf, dass die Laufzeit des Kredits kürzer ist als die Lebensdauer des mit Kredit gekauften Geräts.
- Oft verzichten Banken auf den Abschluss einer Restschuldversicherung, wenn Kreditnehmer eine vorhandene Lebensversicherung als Pfand einsetzen.

Wenn Sie bereits in Schwierigkeiten sind:
- Wenden Sie sich an die Bank oder bitten andere Personen, z. B. Verwandte, um Hilfe.
- Richten Sie ein **Pfändungsschutzkonto** ein, damit Ihr Girokonto nicht durch Pfändung blockiert wird (s. S. 226).
- Suchen Sie eine **Schuldnerberatungsstelle** auf. Derartige Einrichtungen gibt es im gesamten Bundesgebiet.
- Nehmen Sie auf keinen Fall die „Hilfe“ von unseriösen Kreditvermittlern (Kredithaien) in Anspruch. Ein Kreditvermittler gewährt keinen Kredit, er vermittelt ihn nur. Dafür berechnet er außer Zinsen auch Vermittlungsprovisionen, Auskunftsprämien, Inkassoprämien usw. Erst diese machen Kreditvermittlungen zum lohnenden Geschäft. Da niemand zu wohltätigen Zwecken ein Kreditvermittlungsbüro betreibt, werden die Schulden durch eine Kreditvermittlung nur erheblich höher.

Schuldnerberatungsstellen

Ist die Überschuldung erst so richtig entstanden, wird es immer schwieriger den Überblick zu behalten. Überziehungszinsen, Mahngebühren, Verzugszinsen usw. lassen den Schuldenberg immer rasanter wachsen. Aus dieser Situation kommen Betroffene in der Regel nicht mehr allein heraus. Jetzt ist es höchste Zeit, sich an professionelle Berater zu wenden. Viele gemeinnützige Organisationen wie Caritas, DRK, evangelisches Hilfswerk oder Verbraucherzentralen bieten Schuldnerberatungsdienste an. Daneben gibt es auch zahlreiche gewerbliche Schuldnerberatungsstellen. Nach dem **Sozialgesetzbuch** (SGB XII) besteht sogar ein **Anspruch auf Schuldnerberatung**. Schuldnerberatungsstellen versuchen mit den Betroffenen Lösungswege zu finden, um aus dieser Situation herauszukommen. Persönliche Berater helfen auf vielfältige Weise:

Anlaufstelle für seriöse Schuldnerberatung:
- Verbraucherzentralen in vielen Städten
- Bundesverband der Verbraucherzentralen und Verbände (VzBv)

- Aufstellung einer vollständigen Schuldenliste
- Zusammenstellung aller Ausgaben
- Zusammenstellung aller Einnahmen
- Erstellung eines Haushaltsplanes
- Überprüfung, ob Sozialleistungen, wie z. B. Wohngeld, beansprucht werden können
- Unterstützung bei Verhandlungen mit Gläubigern, Banken, Behörden usw.
- Unterstützung bei Mahnbescheiden, Pfändungen usw.

Verbraucherinsolvenzverfahren

Mehr als 6,9 Millionen Privatpersonen waren im Oktober 2019 überschuldet. Als letzten Ausweg können Gerichte auch Privatleuten ihre Schulden erlassen. Das Insolvenzrecht gibt Überschuldeten die Chance, sich von alten Schulden zu befreien. Doch die Bedingungen sind hart:

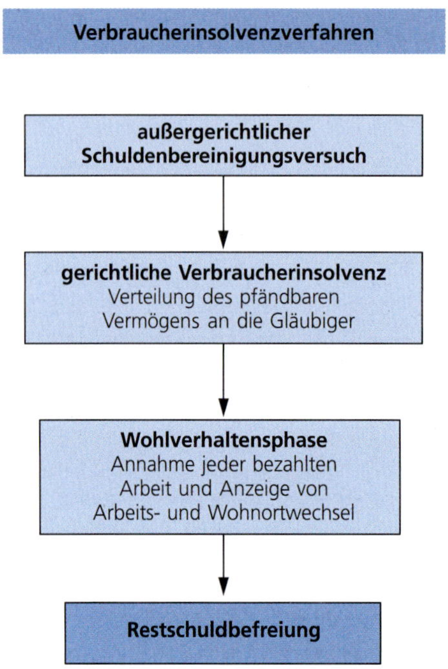

1. Der Schuldner muss **dokumentieren**, dass er in einem **außergerichtlichen Schuldenbereinigungsverfahren** versucht hat, sich mit seinen Gläubigern zu einigen.
2. **Ein Richter** schaltet sich im zweiten Schritt ein. Er versucht, die Parteien zu einem **Kompromiss (Vergleich)** zu bewegen.
3. **Scheitert der Einigungsversuch**, beginnt das **Insolvenzverfahren:** Der Richter teilt das pfändbare Vermögen des Schuldners auf die Gläubiger auf.
4. Jetzt beginnt die **Wohlverhaltensphase**. Sechs Jahre lang muss der Schuldner nun den pfändbaren Teil seines Einkommens abtreten. Diesen verteilt ein Treuhänder an die Gläubiger. Des Weiteren muss er jede bezahlte Arbeit annehmen und dem Gericht Arbeits- und Wohnortswechsel anzeigen.
5. Die **Belohnung** folgt im siebten Jahr, wenn das Gericht dem Privatmann seine restlichen **Schulden erlässt**.
6. Begleicht der Schuldner innerhalb der ersten 3 Jahre mindestens 35 % der Gläubigerforderungen und die Verfahrenskosten, dann ist er bereits nach dieser Zeit seine Schulden los. Zahlt er nach 5 Jahren zumindest die Verfahrenskosten zurück, dann ist er ebenfalls vorzeitig von seinen Schulden befreit.

Das Insolvenzrecht bietet vielen Überschuldeten einen Ausweg aus der Schuldenfalle. Dennoch sollte diese Möglichkeit nur als wirklich allerletzte Lösung gewählt werden. Denn abgewickelte Privatinsolvenzen werden bei der Schufa registriert. Die Folge: Die von ihren Schulden befreite Privatperson hat zwar ihre Schulden verloren, gleichzeitig aber auch ihre Kreditwürdigkeit. Selbst Jahre später wird sie Mühe haben, einen Kredit zu erhalten. Viele Banken werden versuchen, die Eröffnung eines Girokontos abzulehnen oder zumindest keine Scheckformulare, Kreditkarten und Girocards ausstellen. Mobilfunkanbieter werden keinen „Handy-Vertrag" abschließen.

ZUSAMMENFASSUNG

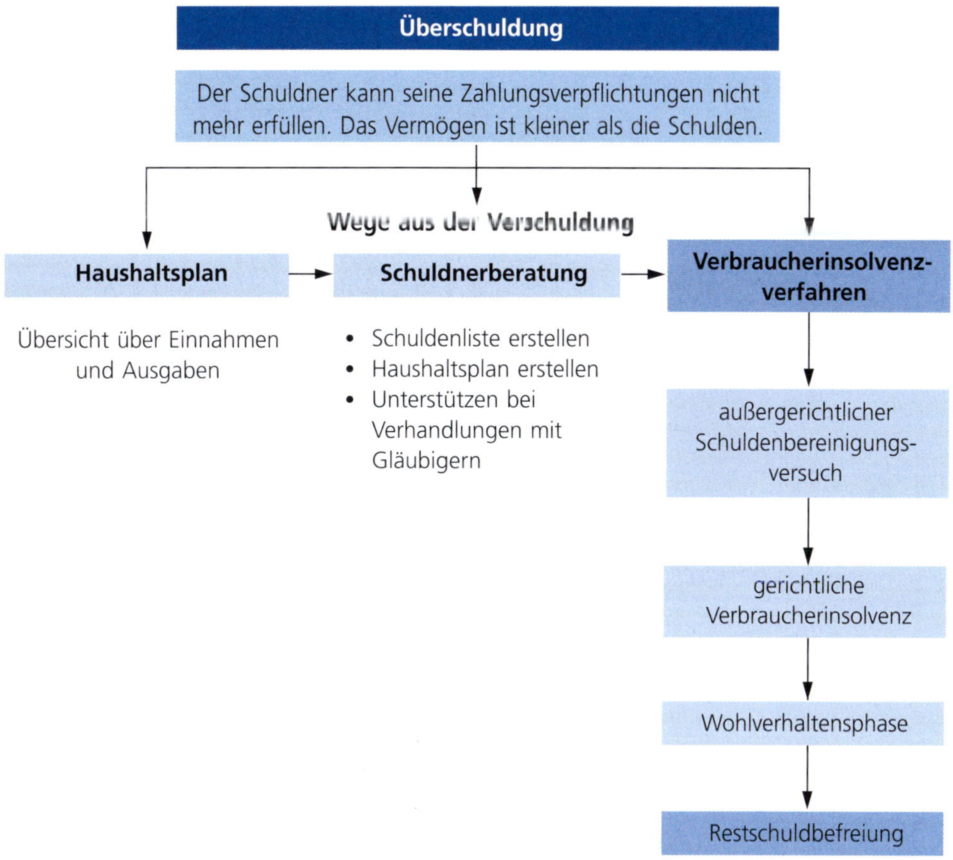

ARBEITSTEIL

1. Wann spricht man bei einem Privathaushalt von Überschuldung?
2. Durch welche Maßnahmen können Sie einer Überschuldung vorbeugen?
3. Wie sollten Schuldner vorgehen, wenn sich eine Überschuldung abzeichnet?
4. Erstellen Sie für Florians aktuelle Situation einen Haushaltsplan. Ergänzen Sie fehlende Angaben durch sinnvolle Werte aus Ihrem Erfahrungsbereich.
5. Suchen Sie im Internet, welche Einrichtungen in Ihrer Region für eine Schuldnerberatung infrage kommen würden.
6. Beschreiben Sie die einzelnen Schritte des Verbraucherinsolvenzverfahrens.
7. Weshalb sollte eine Verbraucherinsolvenz nur als allerletzte Möglichkeit gewählt werden?

PRÜFUNGSAUFGABE

Umgang mit Geld

a) Interpretieren Sie die Aussage der Karikatur.
b) Um das Haus kaufen zu können, hat das Ehepaar einen Kredit aufgenommen. Beschreiben Sie die Auswirkungen einer Inflation auf Kreditnehmer.
c) Vor der Kreditaufnahme hat das Paar verschiedene Angebote verglichen. Begründen Sie, welches Darlehensangebot Sie gewählt hätten.

Auszug aus Darlehensangeboten:

Angebot A	Angebot B
• Das Darlehen wird mit einem Zinssatz von 2,0 % p. a. vom Kreditbetrag verzinst.	• Das Darlehen wird mit einem Zinssatz von 2,5 % p. a. vom Kreditbetrag verzinst.
• Zins und Tilgung sind monatlich fällig.	• Zins und Tilgung sind monatlich fällig.
• Die Tilgung wird halbjährlich verrechnet.	• Die Tilgung wird monatlich verrechnet.
• Der Effektivzins beträgt 2,8 %.	• Der Effektivzins beträgt 2,6 %.

d) Bei Krediten können die Kreditkonditionen sehr unterschiedlich sein. Wovon hängen die Gesamtkosten eines Kredits/Darlehens ab?
e) Ein Kreditvermittler weigert sich, Ihnen den Effektivzinssatz zu nennen. Was versteht man unter dem Effektivzinssatz? Kann der Kreditvermittler die Auskunft verweigern? (Begründung!)

Das Ehepaar hat sich finanziell übernommen. Ihm droht eine Überschuldung.

f) Wo könnte das Ehepaar Rat fnden?
g) Nennen Sie fünf mögliche Auslöser einer Überschuldung.
h) Das Ehepaar baut auf das Verbraucherinsolvenzverfahren und eine Restschuldbefreiung. Erklären Sie den Ablauf des Verbraucherinsolvenzverfahrens in seinen wichtigsten Schritten.

FALLBEISPIEL: KREDITVERGLEICH

Gründe, einen Kredit aufzunehmen, gibt es viele. Der Kredit scheint eine einfache und schnelle Lösung zu sein, um z. B. ein neues Auto zu bezahlen, eine teure Urlaubsreise zu begleichen oder eine neue Küche zu finanzieren. Wie sollte man sich also verhalten, wenn man einen Kredit braucht?

Zunächst: Nichts überstürzen, in Ruhe vergleichen, sich von mehreren Seiten beraten lassen – rechnen. Nur wer Zinssätze und andere Kreditkonditionen gründlich verglichen hat, kann sicher sein, dass der aufgenommene Kredit sich nachträglich nicht als überteuert herausstellt.

Der erste Weg sollte zur Hausbank führen. Hier kann man sich vor Ort beraten lassen. Das persönliche Gespräch mit einem vertrauten Mitarbeiter hat viele Vorteile. Die Hausbank kennt die finanzielle Situation des Kreditnehmers am besten. Dies erleichtert die Beratung sowie die Entscheidung für oder gegen eine Kreditvergabe. Im persönlichen Gespräch vor Ort kann man sich auch verschiedene Kreditvarianten ausrechnen lassen, z. B. mit längeren Laufzeiten und unterschiedlich hohen Monatsraten.

Ob aber das Kreditangebot der Hausbank in Konkurrenz zu Angeboten anderer Geldinstitute günstig ist oder vielleicht besonders teuer – das kann man nur durch einen Vergleich mit den anderen Angeboten selbst herausfinden. Daher sollte man sich von mehreren Banken beraten lassen.

Viele Banken verzichten auf ein aufwendiges Filialnetz und bieten Kredite direkt über das Internet an. Da diese sogenannten Direktbanken geringere Verwaltungskosten haben, können hier Kreditkonditionen oft besser sein als bei der Hausbank.

Problemsituation 1:
Sie haben vor wenigen Wochen Ihre Ausbildung beendet und eine neue Stelle angetreten. Sie verdienen nun rund 1.500 € netto. Allerdings ist Ihr neuer Arbeitsplatz mit öffentlichen Verkehrsmitteln nur sehr schlecht zu erreichen.

Deshalb wollen Sie ein gebrauchtes Auto kaufen. Ein Kollege bietet Ihnen das oben rechts abgebildete Auto zu einem absoluten „Freundschaftspreis" von 4.800 € an. Leider haben Sie keine Ersparnisse. Ihre Großeltern schenken Ihnen für die bestandene Gesellenprüfung 200 €; von Ihren Eltern bekommen Sie aus diesem Anlass sogar 300 €. Den Rest müssen Sie über einen Bankkredit finanzieren.

Mazda MX5 – 4.800 €
Erstzulasung 02/10, 60.000 km 66 KW/90 PS

Arbeitsauftrag:
Arbeiten Sie in Gruppen zusammen.

1. Legen Sie die persönliche Situation eines Gruppenmitgliedes zugrunde. Überprüfen Sie Ihre finanzielle Situation genau. Berücksichtigen Sie alle monatlichen Ausgaben wie z. B. die Handyrechnung, Versicherungen (z. B. ca. 95 € pro Monat für das Auto, 108 €/Jahr Kfz-Steuer usw.) und ermitteln Sie, wie viel Geld von Ihrem Nettoeinkommen am Monatsende übrig bleibt, um einen Kredit zurückzuzahlen. Verwenden Sie hierzu den Haushaltsplan auf S. 271.
2. Entscheiden Sie, wie hoch die Monatsraten sein können und berücksichtigen Sie, dass unvorhergesehene Ereignisse eintreten können.
3. Suchen Sie anschließend im Internet ein günstiges Kreditangebot für den benötigten Kredit.

Suchhilfen:
Geben Sie in einer Suchmaschine Stichworte wie *Kreditvergleich, Kreditvergleichsrechner, Privatkredit-Vergleich* ein.

Vorgehensweise:
Vergleichen Sie immer Angebote mit gleichem Kreditbetrag und gleicher Laufzeit, berücksichtigen Sie den effektiven Jahreszins. Dann wird sehr schnell ersichtlich, welche Angebote günstig und welche sehr teuer sind.

–> **Präsentieren** Sie der Klasse das Ergebnis Ihrer Recherche und begründen Sie Ihre Entscheidung.

FALLBEISPIEL: KREDITVERGLEICH

Problemsituation 2:
Sie entscheiden sich nach reiflicher Überlegung, vertrauensvollen Gesprächen mit Ihrer Hausbank, aufwendigen Internetrecherchen und Vergleichen mit zahlreichen anderen Angeboten schließlich für einen Kredit der K-Bank. Der Kreditvertrag wird am 04.09.2020 unterzeichnet.

Am 12.09.2020 macht Sie ein Freund darauf aufmerksam, dass er in einer vergleichbaren Situation wie Sie sei, ebenfalls nach den günstigsten Konditionen für einen Kredit gesucht habe und sich nun für ein Angebot der X-Bank entschieden habe. Beim Vergleich der Konditionen Ihres Kredites mit denen des Kredites der X-Bank müssen Sie feststellen, dass das Angebot der X-Bank tatsächlich deutlich günstiger für Sie ausfällt.

Nach einem Anruf bei der X-Bank stellen Sie fest, dass ein entsprechender Kreditvertrag (= Darlehensvertrag) mit diesem Geldinstitut auch von Ihnen kurzfristig unterschrieben werden könnte – nur haben Sie ja bereits den Vertrag mit der K-Bank abgeschlossen.

In Verbraucherkreditverträgen müssen Kunden auf ihr Widerrufsrecht hingewiesen werden.

Arbeitsauftrag:
Arbeiten Sie zur Lösung der folgenden Aufgaben mit den abgedruckten Gesetzestexten.

1. Liegt in Ihrem Fall ein Verbraucherdarlehensvertrag (= Verbraucherkreditvertrag) vor?
2. Für den Fall, dass ein Verbraucherdarlehensvertrag vorliegt: Könnten Sie sich noch vom Kreditvertrag mit der K-Bank lösen, und wenn ja, bis wann?
3. Muss der Widerruf eines Verbraucherdarlehensvertrages schriftlich erfolgen?
4. Formulieren Sie ein Widerrufsschreiben an die K-Bank, welches die gesetzlichen Anforderungen erfüllt.
5. Angenommen, Sie haben zum Zeitpunkt des Widerrufs den Kreditbetrag bereits überwiesen bekommen und haben Ihrerseits sogar schon die erste Tilgungsrate an die K-Bank überwiesen. Was passiert nach erfolgreichem Widerruf des Kreditvertrages mit den beiden Überweisungen?

Auszüge aus dem Bürgerlichen Gesetzbuch (BGB):

§ 495 Widerrufsrecht; Bedenkzeit
(1) Dem Darlehensnehmer steht bei einem Verbraucherdarlehensvertrag ein Widerrufsrecht nach § 355 zu.

§ 13 Verbraucher
Verbraucher ist jede natürliche Person, die ein Rechtsgeschäft zu Zwecken abschließt, die überwiegend weder ihrer gewerblichen noch ihrer selbstständigen beruflichen Tätigkeit zugerechnet werden können.

§ 355 Widerrufsrecht bei Verbraucherverträgen
(1) Wird einem Verbraucher durch Gesetz ein Widerrufsrecht nach dieser Vorschrift eingeräumt, so sind der Verbraucher und der Unternehmer an ihre auf den Abschluss des Vertrags gerichteten Willenserklärungen nicht mehr gebunden, wenn der Verbraucher seine Willenserklärung fristgerecht widerrufen hat. Der Widerruf erfolgt durch Erklärung gegenüber dem Unternehmer. Aus der Erklärung muss der Entschluss des Verbrauchers zum Widerruf des Vertrags eindeutig hervorgehen. Der Widerruf muss keine Begründung enthalten. Zur Fristwahrung genügt die rechtzeitige Absendung des Widerrufs.
(2) Die Widerrufsfrist beträgt 14 Tage. Sie beginnt mit Vertragsschluss, soweit nichts anderes bestimmt ist.
(3) Im Falle des Widerrufs sind die empfangenen Leistungen unverzüglich zurückzugewähren. (...)

-> **Präsentieren** Sie der Klasse die Ergebnisse Ihrer Arbeit und begründen Sie diese.

Grundlagen des Arbeitsrechts

1 Einzelarbeitsvertrag

„Bewerbung abgelehnt? Na, hören Sie mal! Ich habe zwei Stunden Schlaf geopfert für dieses Vorstellungsgespräch!" © BULLS

Dieses Bewerbungsgespräch scheint nicht optimal verlaufen zu sein.

Schildern Sie kurz, wie ein Arbeitsvertrag zustande kommt, von der Anbahnung bis zum Abschluss.

1.1 Anbahnung und Abschluss

Auszug aus dem Bürgerlichen Gesetzbuch (BGB)

§ 611a Arbeitsvertrag

(1) Durch den Arbeitsvertrag wird der Arbeitnehmer im Dienste eines anderen zur Leistung weisungsgebundener, fremdbestimmter Arbeit in persönlicher Abhängigkeit verpflichtet. Das Weisungsrecht kann Inhalt, Durchführung, Zeit und Ort der Tätigkeit betreffen. [...]

(2) Der Arbeitgeber ist zur Zahlung der vereinbarten Vergütung verpflichtet.

Die Voraussetzung für jedes **Arbeitsverhältnis** ist der **Arbeitsvertrag**. Er ist die wichtigste Form des Dienstvertrages. Abgeschlossen wird ein Arbeitsvertrag zwischen **Arbeitnehmer** und **Arbeitgeber**. Genauer gesagt: Er entsteht durch zwei übereinstimmende Willenserklärungen, nämlich den Antrag einer Seite und die Annahme der anderen Seite. Durch den Vertragsabschluss verpflichtet sich der Arbeitnehmer zur **Arbeitsleistung** unter der Leitung des Arbeitgebers. Von diesem erhält er dafür eine **Vergütung**, den Lohn bzw. das Gehalt.

Die Anbahnung des Arbeitsvertrages kann sehr unterschiedlich sein. So melden viele Ärzte bei der Agentur für Arbeit eine frei gewordene Stelle. Diese versucht dann eine geeignete Bewerberin zu vermitteln. Andere Praxisinhaber werden von sich aus tätig und suchen durch Stellenanzeigen in Tageszeitungen oder Fachzeitschriften nach geeigneten Mitarbeitern. Auch das Auswerten von Stellengesuchen ist eine Möglichkeit. Normalerweise bewerben sich viele Arbeitnehmer um einen Arbeitsplatz. Wie viele das sind, hängt von verschiedenen Faktoren ab, unter anderem vom angebotenen Arbeitsplatz, der Vergütung, der Aufmachung der Stellenanzeige, dem Ansehen der Praxen, der Lage auf dem Arbeitsmarkt usw. Anhand der **Bewerbungsunterlagen** treffen die Ärzte unter den Bewerberinnen eine **Vorauswahl**. Zu den Bewerbungsunterlagen gehören: das Bewerbungsschreiben, der Lebenslauf mit Bewerbungsfoto, die letzten Schulzeugnisse, der Nachweis der Berufsausbildung (z. B. der MFA- bzw. ZFA-Brief), Arbeitszeugnisse *(siehe auch Europass S. 32)*.

Eine besondere Bedeutung kommt dabei dem **Bewerbungsschreiben** zu. Ihm entnimmt ein Arbeitgeber, wie wichtig dem Arbeitnehmer die ausgeschriebene Stelle ist. Er sieht dies an der Sorgfalt und der Mühe, die sich ein Arbeitnehmer mit der Formulierung des Schreibens und mit der Zusammenstellung der Unterlagen gemacht hat.

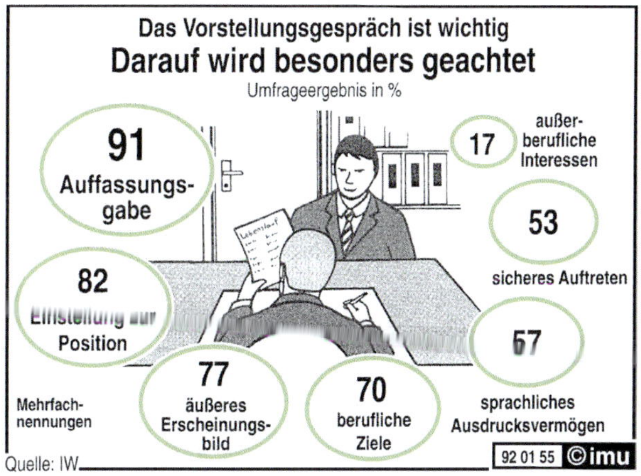

Dem **Lebenslauf** kann der Arbeitgeber entnehmen, ob ein Bewerber zielstrebig seine Berufsziele verfolgt hat, ob er es lange in anderen Firmen ausgehalten hat oder ob er bei nächster Gelegenheit auch den neuen Betrieb wieder verlassen wird.

In einem persönlichen Gespräch, dem **Vorstellungsgespräch**, stellen Arbeitgeber und Arbeitnehmer letztendlich fest, ob sie miteinander einen Arbeitsvertrag abschließen wollen. Meist verhandeln Arbeitgeber und Arbeitnehmer bei dieser Gelegenheit über die wichtigsten Vertragsinhalte wie Arbeitszeit, Lohnhöhe, Urlaubsanspruch und Art der zu leistenden Arbeit. Erfolgt eine Einigung, ist ein Arbeitsvertrag entstanden und der Arbeitnehmer gibt seine **Arbeitspapiere** ab. Dazu gehören die Urlaubsbescheinigung des vorherigen Arbeitgebers, die Mitgliedsbescheinigung der gewählten Krankenkasse sowie sein Sozialversicherungsausweis. Dieser wird nicht im Betrieb aufbewahrt, sondern nach Einsicht wieder zurückgegeben. Die Besteuerungsmerkmale erhält der Arbeitgeber online vom Bundeszentralamt für Steuern, nachdem er die Steueridendifikationsnummer und das Geburtsdatum des Arbeitnehmers eingegeben hat.

Staatsangehörige von **Mitgliedsländern** der **Europäischen Union** können nach **EU-Recht** in jedem EU-Land einen Arbeitsvertrag unterschreiben. Eine Arbeitserlaubnis ist nicht mehr erforderlich.

Pflichten vor Abschluss eines Arbeitsvertrages

Schon vor Abschluss des Arbeitsvertrages haben die Vertragspartner bestimmte Pflichten, sogenannte Schutzpflichten. So muss der **Arbeitgeber** mit den vertraulich überlassenen **Bewerbungsunterlagen** auch **diskret** umgehen. Hat er die Bewerberin zu einem Vorstellungsgespräch eingeladen, muss er die entstandenen **Kosten ersetzen**. Im Vorstellungsgespräch darf er bestimmte Fragen nicht stellen. **Nicht gestattet** sind z. B. Fragen nach den Vermögensverhältnissen, zur Gesundheit, nach Vorstrafen, nach einer Religions-, Partei- oder Gewerkschaftszugehörigkeit sowie nach einer Schwangerschaft. Eine Schwangerschaft darf auch kein Ablehnungsgrund sein. Fragen nach einer Schwerbehinderung, nach beruflichen Kenntnissen, Erfahrungen und Prüfungsergebnissen oder nach der Höhe des bisherigen Gehalts sind dagegen zulässig. Die Bewerberin hat das Recht, entweder gar nicht oder falsch zu antworten, wenn eine unzulässige Frage gestellt wird. Zulässige Fragen dagegen müssen auch wahrheitsgemäß beantwortet werden.
Wenn eine Seite gegen diese Schutzpflichten verstößt, dann kann die andere Seite rechtlich dagegen vorgehen und z. B. Schadenersatz geltend machen. Diesen Grundsatz des Haftens für Verschulden bei Vertragsabschluss nennt man auch **Culpa in contrahendo**.

Die **Bewerberin** muss wahrheitsgemäß über ihre Qualifikationen Auskunft geben. In diesem Zusammenhang muss sie mitteilen, welche Bedingungen des Arbeitsvertrages sie nicht erfüllen kann. Beispielsweise darf eine Fachangestellte nicht verschweigen, dass sie bestimmte Desinfektionsmittel nicht verträgt. Auch eine Lohnpfändung darf nicht verschwiegen werden.

1.2 Form und Inhalt

Viele Arbeitsverträge werden noch immer durch „Handschlag" besiegelt, d.h., der Vertragsabschluss erfolgt nur mündlich. Diese Verfahrensweise bringt häufig Schwierigkeiten mit sich, vor allem dann, wenn ein Vertragspartner vereinbarte Ansprüche aus Beweismangel nicht durchsetzen kann. Schriftliche Arbeitsverträge sind deshalb für beide Seiten von Vorteil, da sie mehr Sicherheit bieten und dazu beitragen, unnötige Streitigkeiten zu vermeiden. Um EU-Vorschriften umzusetzen hat der Bundestag 1995 das sogenannte **„Nachweisgesetz"** erlassen. Es verpflichtet jeden Arbeitgeber, entweder schriftliche Arbeitsverträge abzuschließen oder zumindest den Inhalt des Vertrages schriftlich niederzulegen. Spätestens 1 Monat nach Beginn des Arbeitsverhältnisses muss er die wesentlichen Vertragsinhalte schriftlich festhalten, die Niederschrift unterschreiben und dem Arbeitnehmer aushändigen. Diese Niederschrift muss folgende Vertragsinhalte enthalten:

!

Mindestinhalte eines Arbeitsvertrages nach EU-Recht und „Nachweisgesetz":

- Name und Anschrift der Vertragspartner
- Beginn des Arbeitsverhältnisses und, sofern befristet, dessen Ende
- Arbeitsort
- Beschreibung der Arbeit
- Höhe und Zusammensetzung des Arbeitsentgeltes einschließlich aller Zusatzleistungen wie Prämien, Zulagen, Zuschläge
- vereinbarte Arbeitszeit
- Dauer des Jahresurlaubs
- Kündigungsfristen
- Hinweise auf anwendbare Tarifverträge und Betriebsvereinbarungen

Auch wenn kein schriftlicher Nachweis vorliegt, wird der Vertrag trotzdem nicht ungültig, der Arbeitnehmer kann sogar vor dem Arbeitsgericht auf die Erfüllung der Nachweispflicht klagen.

Tz BfG § 14

Wird ein **befristeter Arbeitsvertrag** nicht schriftlich abgeschlossen, hat dies zur Folge, dass die Befristung unwirksam ist und der Arbeitsvertrag als unbefristet gilt.
Um Benachteiligungen von Arbeitnehmern auszuschließen hat der Staat durch Gesetze und Verordnungen die Vertragsfreiheit beim Arbeitsvertrag stark eingeschränkt.
So müssen unter anderem folgende gesetzliche Regelungen beim Vertragsabschluss und bei der Festlegung der Inhalte berücksichtigt werden:

- Bürgerliches Gesetzbuch
- Gewerbeordnung
- Handelsgesetzbuch
- Arbeitszeitgesetz
- Bundesurlaubsgesetz
- Kündigungsschutzgesetz
- Jugendarbeitsschutzgesetz
- Nachweisgesetz
- Entgeltfortzahlungsgesetz
- Mutterschutzgesetz
- Handwerksordnung
- Mindestlohngesetz
- Schwerbehindertenschutz im SGB
- Tarifvertragsgesetz
- Betriebsverfassungsgesetz
- Allg. Gleichbehandlungsgesetz
- Teilzeit- und Befristungsgesetz
- Sozialgesetzbuch (SGB)

Arbeitsvertrag

Zwischen Frau Dr. med. dent. Anita Baumann, Neckarstraße 20, 74072 Heilbronn

und

Frau Gisela Vogel, Seestraße 18, 74072 Heilbronn

wird folgender Arbeitsvertrag geschlossen:

1. **Einstellung:**
   Frau Vogel wird ab dem 1. August 20.. in oben genannter Praxis als Zahnmedizinische Fachangestellte eingestellt. Es wird eine Probezeit von drei Monaten vereinbart.

2. **Arbeitsgebiete:**
   Ihre Arbeitsgebiete richten sich nach dem derzeit geltenden Berufsbild für den Beruf der Zahnmedizinischen Fachangestellten.

3. **Gehalt:**
   Das vereinbarte Gehalt richtet sich nach dem derzeit gültigen Tarifvertrag, wobei Frau Vogel nach Tätigkeitsgruppe II vergütet wird. Nach Ablauf der dreimonatigen Probezeit erhöht sich das Bruttogehalt um eine Leistungszulage in Höhe von 75,00 €.

4. **Arbeitszeit:**
   Die durchschnittliche Arbeitszeit beträgt derzeit 38,5 Stunden pro Woche. Beginn und Ende der täglichen Arbeitszeit richten sich nach den Sprechstundenzeiten, dem Notfalldienst und den sonstigen Belangen der Praxis.

   Als übliche Arbeitszeit wird vereinbart:

Montag:	7.45 *bis* 13.00 und 15.00 *bis* 18.00 Uhr
Dienstag:	7.45 *bis* 13.00 und 15.00 *bis* 19.00 Uhr
Mittwoch:	7.45 *bis* 13.00 Uhr
Donnerstag:	7.45 *bis* 13.00 und 16.00 *bis* 19.30 Uhr
Freitag:	7.30 *bis* 12.00 und 13.00 *bis* 15.00 Uhr

5. **Arbeitsbedingungen:**
   Für alle weiteren Arbeitsbedingungen, einschließlich der Kündigung, werden die Bestimmungen des jeweils gültigen Mantel- oder Gehaltstarifvertrages zugrunde gelegt.

6. **Änderungen:**
   Sämtliche Änderungen dieses Arbeitsvertrages müssen schriftlich erfolgen, mündliche Vereinbarungen sind nichtig.

Heilbronn, den 18. Juni 20..

A. Baumann | Gisela Vogel

(Dr. med. dent. Baumann) | (Gisela Vogel)

Die Bestimmungen der einzelnen Gesetze und Verordnungen dürfen immer nur zugunsten der Arbeitnehmer geändert werden. So kann der Arbeitgeber die im Arbeitszeitgesetz auf 8 Stunden täglich festgelegte Arbeitszeit jederzeit auf 7 Stunden verkürzen, nicht aber dauerhaft auf 9 Stunden verlängern.

Meist wird zu Beginn des Arbeitsverhältnisses eine **Probezeit** vereinbart. In der Regel dauert sie einen bis drei Monate, höchstens jedoch sechs Monate. Während der Probezeit können beide Seiten das Arbeitsverhältnis mit einer Kündigungsfrist von 14 Tagen lösen.

Durch den Arbeitsvertrag entstehen dem Arzt als Arbeitgeber und der MFA als Arbeitnehmer folgende Rechte und Pflichten:

!

Pflichten des Arbeitgebers

- **Beschäftigung:** Der Arbeitnehmer muss mit der vertraglich vereinbarten Arbeit beschäftigt werden. Er kann z. B. nicht gegen seinen Willen in einen zweimonatigen unbezahlten Urlaub geschickt werden.
- **Vergütung:** Der Arbeitgeber muss für die geleistete Arbeit den vereinbarten Lohn bzw. das Gehalt zahlen.
- **Fürsorge:** Der Arbeitgeber ist verpflichtet, alles zu tun, um die Gesundheit und das Leben seines Arbeitnehmers zu schützen. *Beispiele:* Abführung der Beiträge zur gesetzlichen Sozialversicherung, Beachtung der Unfallverhütungsvorschriften, Einhaltung des Jugendarbeitsschutzgesetzes oder des Arbeitszeitgesetzes.
- **Zeugnis:** Bei Beendigung des Arbeitsverhältnisses kann der Arbeitnehmer ein Arbeitszeugnis verlangen.

= **Rechte des Arbeitnehmers**

↓

Die Nichteinhaltung der Pflichten kann zu Kündigung und Schadenersatzpflicht führen.

↑

Pflichten des Arbeitnehmers

- **Arbeitsleistung:** Der Arbeitnehmer ist verpflichtet, die vereinbarte Arbeitsleistung zu erbringen.
- **Gehorsamspflicht:** Die Arbeitsanweisungen des Arbeitgebers müssen befolgt werden.
- **Sorgfaltspflicht:** Der Arbeitnehmer muss die übertragenen Arbeiten sorgfältig, d. h. nach bestem Wissen und Können, erledigen.
- **Treuepflicht:**
  - **Schweigepflicht:** Der Arbeitnehmer muss Betriebsgeheimnisse wahren.
  - **Wettbewerbsverbot:** Der Arbeitnehmer darf dem Arbeitgeber keine Konkurrenz machen.

= **Rechte des Arbeitgebers**

1.3 Befristete Arbeitsverträge und Teilzeitverträge

Die meisten Arbeitsverträge werden unbefristet abgeschlossen. Nach dem sogenannten **Teilzeit- und Befristungsgesetz (TzBfG)** sind **befristete Arbeitsverträge** nur zulässig, wenn ein besonderer **sachlicher Grund** vorliegt. Dies ist z. B. die Vertretung von erkrankten Arbeitnehmern, eine Schwangerschaftsvertretung, Saisonarbeit, Aushilfsarbeit oder die Einstellung zur Probe. Werden Auszubildende unmittelbar nach der Berufsausbildung weiterbeschäftigt, so gilt dies ebenfalls als besonderer sachlicher Grund.

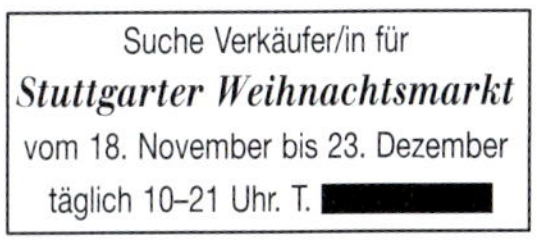
Suche Verkäufer/in für
Stuttgarter Weihnachtsmarkt
vom 18. November bis 23. Dezember
täglich 10–21 Uhr. T. [redacted]

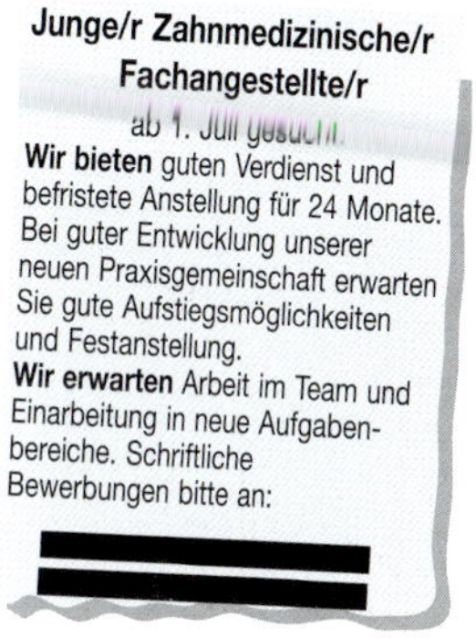
Junge/r Zahnmedizinische/r Fachangestellte/r
ab 1. Juli gesucht.
Wir bieten guten Verdienst und befristete Anstellung für 24 Monate. Bei guter Entwicklung unserer neuen Praxisgemeinschaft erwarten Sie gute Aufstiegsmöglichkeiten und Festanstellung.
Wir erwarten Arbeit im Team und Einarbeitung in neue Aufgabenbereiche. Schriftliche Bewerbungen bitte an:
[redacted]

Um die Arbeitslosenzahl zu senken, sieht das Teilzeitgesetz **drei Ausnahmen** vor, in denen auch ohne sachlichen Grund befristete Arbeitsverträge abgeschlossen werden können. Solche Zeitverträge sind demnach möglich, wenn Arbeitnehmer **neu eingestellt** werden oder wenn **Existenzgründer** in den ersten 4 Jahren Arbeitsverträge abschließen. Die befristeten Arbeitsverträge dürfen in diesem Fall höchstens dreimal verlängert werden. Allerdings darf ihre Gesamtlaufzeit maximal 2 Jahre betragen, bei Existenzgründern 4 Jahre. Eine Besonderheit gilt für Arbeitnehmer, die das **52. Lebensjahr** vollendet haben. Wenn sie bereits 4 Monate arbeitslos sind, können sie ohne sachlichen Grund bis zu 5 Jahre befristet eingestellt werden. Bis zu dieser Dauer ist auch eine mehrfache Verlängerung zulässig.

Ein befristeter Vertrag muss nicht extra gekündigt werden. Er endet, wenn der Zeitpunkt erreicht ist, und unterliegt auch keinem Kündigungsschutz. Mit Zeitverträgen können Unternehmen besser auf Veränderungen der Auftragslage reagieren und für manchen befristet eingestellten Arbeitnehmer bilden sie den Einstieg in ein unbefristetes Arbeitsverhältnis. Auch Auszubildende sind froh, wenn sie nach Abschluss der Berufsausbildung nicht sofort arbeitslos sind, selbst wenn sie zunächst nur befristet übernommen werden.

Wenn Arbeitnehmer regelmäßig eine kürzere Wochenarbeitszeit haben als vergleichbare vollzeitbeschäftigte Arbeitnehmer, gelten sie als Teilzeitbeschäftigte. Die **Teilzeitbeschäftigung** wird im Teilzeit- und Befristungsgesetz geregelt. Es soll die Teilzeitarbeit fördern und verhindern, dass teilzeitbeschäftigte Arbeitnehmer diskriminiert (benachteiligt) werden. So haben Arbeitnehmer einen **Anspruch** auf Teilzeitbeschäftigung, wenn ihr Arbeitsverhältnis mehr als sechs Monate besteht, das Unternehmen mehr als 15 Arbeitnehmer beschäftigt und keine betrieblichen Gründe gegen Teilzeitarbeit sprechen.

1.4 Arbeitszeugnis

BGB § 630

Schon mancher Arbeitnehmer bekam bei seiner Kündigung ein Arbeitszeugnis, von dem er auf den ersten Blick recht angetan war. Es wurde ihm z. B. bescheinigt, dass er sich „stets bemüht hatte, zur Zufriedenheit der Firma zu arbeiten". Ein Arbeitnehmer, der diese verschlüsselte Ausdrucksweise nicht kennt, wird von einem „guten Zeugnis" sprechen. Personalchefs und Personalsachbearbeiter dagegen werden es sofort als „mangelhaft" oder „ungenügend" einstufen.

Jedes Arbeitszeugnis muss nämlich zwei Seiten gerecht werden. Einerseits soll es dem ausscheidenden Arbeitnehmer eine wichtige Hilfe und Bewerbungsunterlage sein, wenn er einen neuen Arbeitsplatz sucht. Die Rechtsprechung verlangt deshalb, dass es *wohlwollend* formuliert werden muss. Einmalige Vorfälle dürfen sich nicht negativ auf das Gesamturteil auswirken. Andererseits muss sich ein möglicher Arbeitgeber mithilfe des Zeugnisses ein Bild von den Fähigkeiten des Arbeitnehmers machen können. Um beide Seiten zu berücksichtigen ist es üblich, „verschlüsselte Arbeitszeugnisse" zu verfassen. Im Laufe der Zeit haben sich folgende Bewertungsstufen eingebürgert:

!

Formulierungsbeispiele	Note
... hat die übertragenen Arbeiten stets zu unserer vollsten Zufriedenheit erledigt.	1
... hat die übertragenen Arbeiten stets zu unserer vollen Zufriedenheit erledigt.	2
... hat die übertragenen Arbeiten zu unserer vollen Zufriedenheit erledigt.	3
... hat die übertragenen Arbeiten zu unserer Zufriedenheit erledigt.	4
... hat die übertragenen Arbeiten im Großen und Ganzen zu unserer Zufriedenheit erledigt.	5
... hat sich bemüht, die übertragenen Arbeiten zu unserer Zufriedenheit zu erledigen.	6

Nicht immer werden genau diese Formulierungen verwendet. Jeder Arbeitnehmer sollte deshalb „zwischen den Zeilen" lesen. Wenn er beispielsweise in einem Arbeitszeugnis liest: „Er bemühte sich immer, seine Aufgaben zur Zufriedenheit der Firma zu erledigen. Dadurch hatte er Gelegenheit, sich in verschiedenen Abteilungen auf unterschiedlichen Gebieten Kenntnisse anzuzeignen", dann ist dies eine sehr schlechte Beurteilung (vereinfacht ausgedrückt: man schob ihn von einer Abteilung in die andere, da ihn keiner wollte).

Zeugnisse werden auch auf „Lücke" gelesen. Fehlt also eine wichtige Angabe, dann schließt der potenzielle Arbeitgeber messerscharf: Das Zeugnis ist unvollständig, weil es sonst schlecht wäre.

Für die Ausstellung des Arbeitszeugnisses ist es gleichgültig, von wem gekündigt wurde, ob vom Arbeitgeber oder vom Arbeitnehmer. In jedem Fall darf der ausscheidende Mitarbeiter während der Kündigungsfrist ein Zeugnis verlangen, damit er leichter einen neuen Arbeitsplatz suchen kann.

Beispiel eines qualifizierten Arbeitszeugnisses:

Dr. med. dent. Anita Baumann
Neckarstraße 20
74072 Heilbronn

Zeugnis

Frau Gisela Vogel, geb. 12.11.19.. war vom 1.8.20.. bis 30.4.20.. in meiner Praxis als Zahnmedizinische Fachangestellte beschäftigt. In dieser Zeit war sie zuständig für die Praxisanmeldung, die Karteiführung und die EDV. Die Kassenabrechnung gehörte zusammen mit der privaten Abrechnung ebenfalls zu ihren Aufgaben. Des Weiteren war sie zuständig für die Bedienung des Röntgengerätes. Im Laufe der Zeit vergrößerte Frau Vogel ihre Berufserfahrung so weit, dass sie auch bei zahnärztlichen Eingriffen Hilfestellung leisten konnte. Sie hat die ihr übertragenen Arbeiten zügig und zu meiner Zufriedenheit erledigt.

Zu mir und den anderen Praxisangehörigen bemühte sie sich stets um ein gutes Verhältnis. Ihr Umgang mit den Patienten war ebenfalls in Ordnung.

Im gegenseitigen Einvernehmen endet das Arbeitsverhältnis von Frau Vogel mit dem heutigen Tage. Wir wünschen ihr für ihren weiteren Lebensweg alles Gute.

Dr. med. dent. Anita Baumann

Ein Arbeitszeugnis muss schriftlich erstellt werden und durch die Überschrift (Zeugnis) auch als solches erkennbar sein. Üblicherweise enthält ein **einfaches Arbeitszeugnis** Angaben über die Art und Dauer der Beschäftigung. Auf Wunsch des Arbeitnehmers kann erwähnt werden, dass er selbst gekündigt hat. Eine außerordentliche Kündigung darf im Arbeitszeugnis nicht erwähnt werden.

Wird auf Wunsch des Arbeitnehmers die Führung und Leistung in das Zeugnis mit einbezogen, dann spricht man von einem **qualifizierten Arbeitszeugnis**.

1.5 Beendigung von Arbeitsverhältnissen

Ein Arbeitsverhältnis wird normalerweise beendet:

- durch **Zeitablauf**, wenn der Vertrag nur für eine bestimmte Zeit geschlossen wurde
- durch **Aufhebungsvertrag**, d. h., Arbeitnehmer und Arbeitgeber beenden in gegenseitigem Einvernehmen das Arbeitsverhältnis
- durch **Kündigung** eines Vertragspartners
- durch **Tod des Arbeitnehmers** oder **Renteneintritt** (wenn Arbeits- oder Tarifvertrag dies vorsieht).

Zeitablauf

Wurde beim Abschluss des Arbeitsvertrages ein bestimmter Zeitraum vereinbart, dann endet das Arbeitsverhältnis mit dem Ablauf dieser Frist. Eine Kündigung ist bei befristeten Arbeitsverhältnissen nicht erforderlich.

Aufhebungsvertrag

Im Unterschied zu einer einseitigen Kündigung erklären sich bei einem **Aufhebungsvertrag** beide Seiten bereit, das Arbeitsverhältnis zu beenden. Der Arbeitnehmer stimmt also dem Verlust seines **Arbeitsplatzes** zu. Dafür erhält er meistens eine Abfindung. Trotzdem sollte jeder Arbeitnehmer gut überlegen, bevor er einen Aufhebungsvertrag unterschreibt. Nach dem Sozialgesetzbuch ruht nämlich der Anspruch auf Arbeitslosengeld für eine bestimmte Zeit, wenn der Arbeitnehmer ohne Wahrung der für ihn geltenden Kündigungsfristen ausgeschieden ist. Außerdem gehen die Arbeitsämter bei einem Aufhebungsvertrag davon aus, dass der Arbeitnehmer seine Arbeitslosigkeit selbst verursacht hat. Sie verhängen deshalb bis zu drei Monate **Sperrzeit** beim Bezug von Arbeitslosengeld. Um eine Sperrzeit abzuwenden, muss der Arbeitnehmer einen wichtigen Grund für seine Unterschrift darlegen, beispielsweise wenn dem Aufhebungsvertrag entnommen werden kann, dass das Arbeitsverhältnis aus betriebsbedingten Gründen beendet wurde. Des Weiteren bedeutet ein Aufhebungsvertrag den **Verzicht auf den allgemeinen Kündigungsschutz**. Für schwangere Frauen oder Schwerbehinderte z. B. bewirkt er sogar den **Verlust des besonderen Kündigungsschutzes**.

Kündigung

Arbeitsverträge werden normalerweise durch die Kündigung beendet. Sie ist eine einseitige, empfangsbedürftige Willenserklärung und wird erst wirksam, wenn sie dem anderen Vertragspartner zugegangen ist. Kündigen kann sowohl der Arbeitnehmer als auch der Arbeitgeber. Seit dem 1. Mai 2000 sind nur schriftliche Kündigungen wirksam. Obwohl ein einfaches Schreiben genügt, empfiehlt sich aus Gründen der Beweisbarkeit, das Kündigungsschreiben per Einschreiben mit Rückschein zustellen zu lassen oder auf eine Empfangsbestätigung zu achten. Man unterscheidet: **BGB § 623**

– die ordentliche (gesetzliche) Kündigung,

– die außerordentliche Kündigung.

Ordentliche (gesetzliche) Kündigung Bei der **ordentlichen Kündigung** endet das Arbeitsverhältnis nach Ablauf der entsprechenden **Kündigungsfrist**. Diese beträgt nach dem Gesetz **4 Wochen zum 15. eines Monats oder zum Monatsende**. Bei mehrjähriger Betriebszugehörigkeit gelten verlängerte Kündigungsfristen.

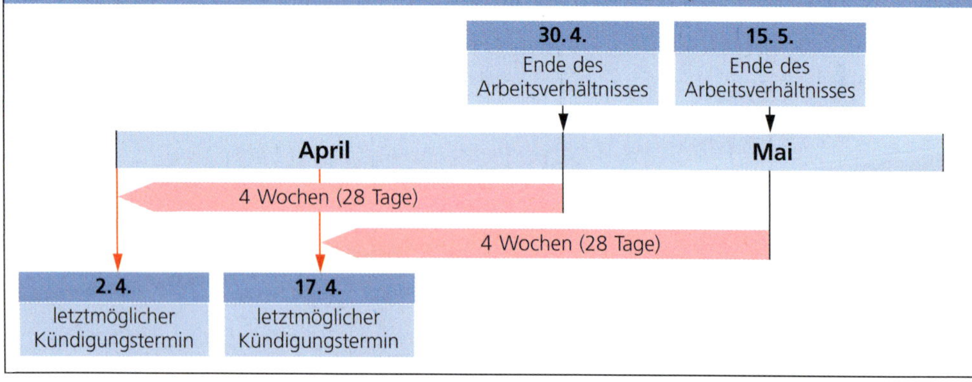

Beispiele zur Ermittlung des Kündigungstermins

Bei **langjährigen Mitarbeitern** muss **der Arbeitgeber** verlängerte Kündigungsfristen beachten.

BGB § 622 ff.

Verlängerte Kündigungsfristen für langjährige Mitarbeiter

Betriebszugehörigkeit	gesetzliche Kündigungsfrist
ab **2 Jahren**	**1 Monat** zum Monatsende
ab **5 Jahren**	**2 Monate** zum Monatsende
ab **8 Jahren**	**3 Monate** zum Monatsende
ab **10 Jahren**	**4 Monate** zum Monatsende
ab **12 Jahren**	**5 Monate** zum Monatsende
ab **15 Jahren**	**6 Monate** zum Monatsende
ab **20 Jahren**	**7 Monate** zum Monatsende

Kündigt der Arbeitnehmer, dann gilt die einfache Kündigungsfrist, nämlich 4 Wochen auf den 15. eines Monats oder auf das Monatsende, sofern im Tarifvertrag nichts anderes vereinbart wurde.
In den meisten Arbeitsverträgen wird eine **Probezeit** vereinbart, die höchstens sechs Monate betragen darf. Während der Probezeit kann das Arbeitsverhältnis mit einer **Frist von 2 Wochen** gekündigt werden.

BGB § 626 ff.

Kleine Diebstähle rechtfertigen Kündigung

Bereits 1984 sah das Bundesarbeitsgericht in einer Grundsatzentscheidung die Kündigung einer Verkäuferin als rechtens an, nur weil diese ein Stück Bienenstich vertilgte. In vielen ähnlichen Fällen wurde die Kündigung ebenfalls bestätigt, weil das Vertrauen zerstört worden sei. Allerdings prüfen die Gerichte genau, ob auch im Einzelfall ein wichtiger Grund für eine fristlose Kündigung vorliegt. So hielt das Arbeitsgericht Dortmund 2009 die Entlassung eines Bäckereiverkäufers, der Brotaufstrich im Wert von 50 Cent gekostet hatte, für unverhältnismäßig. Gnade zeigten sie auch bei drei mitgenommenen Briefumschlägen oder bei einem Joghurt mit abgelaufenem Haltbarkeitsdatum.

Außerordentliche Kündigung Die **außerordentliche (fristlose) Kündigung** ist nur möglich, wenn ein wichtiger Grund vorliegt. Wichtige Gründe können sein: Diebstahl, Arbeitsverweigerung, Vorenthaltung des Lohnes, Beleidigungen, Tätlichkeiten usw. Die fristlose Kündigung kann also, je nach Grund, durch den Arbeitgeber oder den Arbeitnehmer erfolgen. Vorbedingung ist immer, dass es der kündigenden Partei nicht mehr zugemutet werden kann, das Arbeitsverhältnis aufrechtzuerhalten. Eine fristlose Kündigung ist nur dann möglich, wenn der Kündigungsgrund nicht mehr als zwei Wochen zurückliegt.

Kündigungsschutz

Fast alle Arbeitnehmer beziehen ihr gesamtes Einkommen aus dem Arbeitsverhältnis. Damit sie nicht ihre Existenzgrundlage verlieren, gibt es Vorschriften, die eine Kündigung erschweren.

Allgemeiner Kündigungsschutz Im Dezember 2003 wurde das Kündigungsschutzgesetz geändert. Es schützt nunmehr alle Arbeitnehmer, die dem Betrieb länger als 6 Monate angehören, gegen sozial ungerechtfertigte Kündigungen, sofern der Betrieb mehr als 5 Arbeitnehmer beschäftigt. Bei Neueinstellungen beträgt seit 2004 die Schwelle für den vollen Kündigungsschutz 10 Arbeitnehmer. Mitarbeiter, die nach der alten Regelung (5 Arbeitnehmer) schon Kündigungsschutz genossen, verlieren diesen aber nicht. Ein Arbeitgeber darf nach diesem Gesetz nur dann kündigen, wenn der Arbeitnehmer durch seine **Person** oder sein **Verhalten** einen Kündigungsgrund gibt oder wenn **betriebliche Erfordernisse** vorliegen.
Wird aufgrund betrieblicher Gründe gekündigt, so müssen vier soziale Gesichtspunkte berücksichtigt werden, nämlich die Dauer der Betriebszugehörigkeit, das Lebensalter, Unterhaltspflichten sowie der Grad einer Schwerbehinderung. Von dieser Sozialauswahl können Arbeitnehmer ausgenommen werden, wenn deren Weiterbeschäftigung aufgrund ihrer Kenntnisse und Fähigkeiten im berechtigten betrieblichen Interesse liegt. Ein dringend benötigter Spezialist darf also weiterbeschäftigt werden, auch wenn er keines der vier sozialen Kriterien erfüllt. Vor jeder Kündigung ist der **Betriebsrat** anzuhören. Unterbleibt diese Anhörung, ist die Kündigung unwirksam. Widerspricht der Betriebsrat einer Kündigung und der Arbeitnehmer reicht innerhalb von 3 Wochen Klage ein, dann muss er so lange weiterbeschäftigt werden, bis das Arbeitsgericht entschieden hat. Bei einer betriebsbedingten Kündigung kann der Arbeitnehmer wählen, ob er Kündigungsschutzklage erhebt oder ob er die gesetzliche Abfindung von einem halben Monatsgehalt pro Beschäftigungsjahr annimmt, sofern der Arbeitgeber eine Abfindung anbietet. Bei **Massenentlassungen** muss der Arbeitgeber so früh wie möglich mit dem Betriebsrat beraten, wie soziale Härten vermieden werden können. Außerdem müssen die Entlassungen der Agentur für Arbeit (früheres Arbeitsamt) mindestens 90 Tage zuvor angezeigt werden. Die Regionaldirektion der Bundesagentur für Arbeit (früheres Landesarbeitsamt) kann eine zeitlich begrenzte Entlassungssperre festsetzen.

Kündigungsgründe
nach dem Kündigungsschutzgesetz

in der Person des Arbeitnehmers
- mangelnde Leistung (wenn Leistung längere Zeit deutlich unter dem Durchschnitt liegt)
- mangelnde körperliche und geistige Eignung
- lange Krankheit (wenn nichts anderes hilft, ist Kündigung die letzte Möglichkeit)
- wiederholte Krankheit (wenn wirtschaftliche Belastung für Arbeitgeber zu groß wird)

im Verhalten des Arbeitnehmers
- Störung des Betriebsfriedens
- Beleidigungen
- Arbeitsverweigerung
- häufige Unpünktlichkeit
- fehlende Krankmeldungen
- Verweigerung von Überstunden
- Alkoholgenuss (wenn dieser bei der Arbeit verboten ist)

Voraussetzung für eine Kündigung: **vorherige schriftliche Abmahnung**

aufgrund betrieblicher Erfordernisse
- Auftragsmangel
- Betriebseinschränkungen
- Rationalisierungsmaßnahmen
- neue Produktionsmethoden

Voraussetzung für eine Kündigung: **Berücksichtigung sozialer Gesichtspunkte**

Ist der Kündigungsgrund auf das Verhalten des Arbeitnehmers zurückzuführen, dann muss der Arbeitgeber vor einer Kündigung **abmahnen**, d. h. er muss den Arbeitnehmer auf sein Fehlverhalten hinweisen. Dadurch bekommt der Arbeitnehmer die Chance, sein Verhalten zu ändern. Üblicherweise erfolgen Abmahnungen schriftlich. Ändert er trotz Abmahnung sein Verhalten nicht, dann kann der Arbeitgeber die Kündigung aussprechen. *Beispiel:* Auch nach der Abmahnung kommt ein Arbeiter weiterhin unpünktlich zur Arbeit.

Besonderer Kündigungsschutz Neben dem allgemeinen Kündigungsschutz, der allen Arbeitnehmern zusteht, gibt es für bestimmte Arbeitnehmergruppen einen besonderen Kündigungsschutz. Sie sind unkündbar, außer es liegt ein wichtiger Grund für eine fristlose Kündigung vor. Einen besonderen Kündigungsschutz genießen die folgenden Personengruppen:

Besonderer Kündigungsschutz

Schwerbehinderten darf nur mit Zustimmung des Integrationsamtes gekündigt werden.

Schwangere Frauen sind unkündbar während der Schwangerschaft und bis vier Monate nach der Entbindung. Wird die Elternzeit in Anspruch genommen, kann erst nach Ablauf der Elternzeit gekündigt werden.

Betriebsratsmitgliedern sowie Jugend- und Auszubildendenvertretern darf während ihrer Amtszeit und ein Jahr danach nicht gekündigt werden.

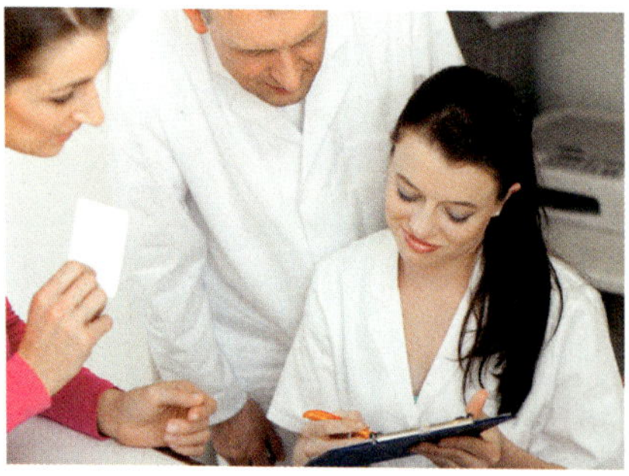

Auszubildenden kann nach der Probezeit nur aus wichtigem Grund gekündigt werden.

Rechte des Arbeitnehmers nach der Kündigung

Nach der Kündigung hat der Arbeitnehmer folgende Rechte:

BGB § 629

- Der Arbeitnehmer hat Anspruch auf angemessene Freistellung, um einen anderen Arbeitsplatz zu suchen (z. B. für Vorstellungsgespräche).
- Der Arbeitgeber muss die Arbeitspapiere wie Urlaubsbescheinigung, Lohnsteuerbescheinigung oder Sozialversicherungsnachweis aushändigen.
- Der Arbeitgeber hat dem Arbeitnehmer auf Wunsch ein Arbeitszeugnis auszustellen.

- Der Arbeitgeber muss den Arbeitnehmer darüber informieren, dass er sich spätestens 3 Arbeitstage nach der Kündigung persönlich bei der Agentur für Arbeit melden muss, denn bei verspäteter Meldung vermindert sich das Arbeitslosengeld um eine einwöchige Sperrzeit
- Der Arbeitgeber muss den Arbeitnehmer zur Meldung bei der Agentur für Arbeit freistellen. Des Weiteren muss er erforderliche Qualifizierungsmaßnahmen ermöglichen.

ZUSAMMENFASSUNG

Der Arbeitsvertrag

Arzt

Pflichten:

- ➡ Beschäftigung
- ➡ Vergütung
- ➡ Fürsorge
- ➡ Zeugnis

= Rechte der MFA/ZFA

MFA/ZFA

Pflichten:

- ➡ Arbeitsleistung
- ➡ Gehorsamspflicht
- ➡ Sorgfaltspflicht
- ➡ Treuepflicht
  - Schweigepflicht
  - Wettbewerbsverbot

= Rechte des Arztes

Nichteinhaltung berechtigt:

- zur Kündigung
- zu Schadenersatz

Beendigung des Arbeitsverhältnisses

Zeitablauf | **Kündigung** | **Aufhebungsvertrag**

Kündigung:

ordentliche (gesetzliche)
4 Wochen auf den 15. eines Monats oder auf das Monatsende

außerordentliche (fristlose)
nur aus wichtigem Grund, z. B. Diebstahl

Kündigungsschutz

Allgemeiner Kündigungsschutz

Voraussetzung:
- 10 Arbeitnehmer im Betrieb bei Neueinstellungen (seit 2004, zuvor 5 Arbeitnehmer)
- 6 Monate Betriebszugehörigkeit

Besonderer Kündigungsschutz

- schwangere Frauen
- Mütter und Väter in Elternzeit
- Schwerbehinderte
- Auszubildende
- Betriebsratsmitglieder
- Jugendvertreter

ARBEITSTEIL

1. Welche Unterlagen gehören zu den Arbeitspapieren, die ein Arbeitnehmer dem Arbeitgeber aushändigen muss?

2. Benötigen Bürger aus einem Mitgliedstaat der Europäischen Union eine Arbeitserlaubnis, wenn sie in einem anderen EU-Land einen Arbeitsvertrag abschließen möchten? Erläutern Sie die derzeitige Situation.

3. a) Arzt und MFA gehen mit dem Arbeitsvertrag bestimmte Pflichten ein. Geben Sie jeweils vier Pflichten an.
   b) Ein Arbeiter verletzt sich an einer Maschine, an der die vorgeschriebene Schutzeinrichtung fehlt. Welche Vertragspflicht wurde verletzt? Welche rechtlichen Folgen ergeben sich?
   c) Eine Krankengymnastin behandelt heimlich Stammkunden ihres Chefs zum halben Preis in ihrer Wohnung. Welche Vertragspflicht wurde verletzt? Welche rechtlichen Folgen ergeben sich?

4. Nennen Sie wichtige Vertragsinhalte, die ein schriftlicher Arbeitsvertrag nach dem „Nachweisgesetz" enthalten muss.

5. Welche gesetzlichen Regelungen müssen beim Abschluss eines Arbeitsvertrages beachtet werden? Nennen Sie fünf Beispiele.

6. a) Unterscheiden Sie zwischen einem einfachen und einem qualifizierten Arbeitszeugnis.
   b) Warum handelt es sich bei dem auf Seite 292 abgebildeten Zeugnis um ein qualifiziertes Arbeitszeugnis?
   c) Beurteilen Sie gemeinsam mit einer Mitschülerin das abgebildete Zeugnis und entscheiden Sie, ob Sie anhand dieses Zeugnisses eine Einstellung vornehmen würden.

7. Wodurch kann ein Arbeitsverhältnis beendet werden?

8. a) Unterscheiden Sie zwischen einer ordentlichen und einer außerordentlichen Kündigung.
   b) Nennen Sie jeweils zwei wichtige Gründe für den Arbeitgeber und den Arbeitnehmer, die zur außerordentlichen Kündigung berechtigen.
   c) Welche gesetzlichen Kündigungsfristen gelten grundsätzlich für alle Arbeitnehmer?
   d) Eine ZFA erhält am 20. Januar die Kündigung. Wann läuft der Arbeitsvertrag aus?
   e) Eine MFA kündigt am 1. März. Wann kann sie die Praxis verlassen?
   f) Nennen Sie bestimmte Personengruppen, die einen besonderen Kündigungsschutz genießen, und geben Sie den Zweck dieses Kündigungsschutzes an.
   g) Ein Betriebsrat kündigt termin- und fristgerecht. Ist diese Kündigung wirksam?

9. Stellen Sie fest, welche Kündigungsfristen in den nachfolgenden Fällen jeweils gelten.
   a) Eine 53-jährige ZFA ist seit 7 Jahren in einer Praxis beschäftigt.
   b) Ein 38-jähriger Zahntechniker arbeitet seit 12 Jahren im gleichen Labor.
   c) Ein 24-jähriger ungelernter Arbeiter gehört seit 7 Jahren der gleichen Firma an.
   d) Eine 28-jährige Verkäuferin, die seit 10 Jahren in einem Kaufhaus beschäftigt ist, wird beim Diebstahl ertappt.

10. Alfred Sorg, 53 Jahre alt, arbeitet seit 18 Jahren bei der Praxisbedarf GmbH. Die Firma beschäftigt 18 Mitarbeiter, davon vier seit 5 Monaten. Alfred Sorg wird fristgemäß gekündigt. In dem Kündigungsschreiben wird ihm mitgeteilt, dass er zum 31. März entlassen wird. Als Kündigungsgrund führt der Geschäftsführer den starken Auftragsmangel an. Alfred Sorg hält die Kündigung für nicht ausgewogen. Er meint, dass etliche jüngere Kollegen viel leichter einen neuen Arbeitsplatz finden würden, vor allem die neu eingestellten Arbeitnehmer.

a) Überprüfen Sie mithilfe des Kündigungsschutzgesetzes, ob die Kündigung zulässig ist.
b) Wie beurteilen Sie eine Kündigung der neu eingestellten Mitarbeiter?
c) Angenommen, in der Praxisbedarf GmbH würden nur 9 Mitarbeiter beschäftigt. Würde sich dieser Umstand auf die Kündigung von Alfred Sorg auswirken?
d) Welche Schritte konnte Alfred Sorg gegen die Kündigung unternehmen?

Auszüge aus dem Kündigungsschutzgesetz (KSchG)

§ 1 Sozial ungerechtfertigte Kündigungen. (1) Die Kündigung des Arbeitsverhältnisses gegenüber einem Arbeitnehmer, dessen Arbeitsverhältnis in demselben Betrieb oder Unternehmen ohne Unterbrechung länger als sechs Monate bestanden hat, ist rechtsunwirksam, wenn sie sozial ungerechtfertigt ist.
(2) Sozial ungerechtfertigt ist die Kündigung, wenn sie nicht durch Gründe, die in der Person oder in dem Verhalten des Arbeitnehmers liegen, oder durch dringende betriebliche Erfordernisse, die einer Weiterbeschäftigung des Arbeitnehmers in diesem Betrieb entgegenstehen, bedingt ist …
(3) Ist einem Arbeitnehmer aus dringenden betrieblichen Erfordernissen im Sinne des Absatzes 2 gekündigt worden, so ist die Kündigung trotzdem sozial ungerechtfertigt, wenn der Arbeitgeber bei der Auswahl des Arbeitnehmers die Dauer der Betriebszugehörigkeit, das Lebensalter, die Unterhaltspflichten und die Schwerbehinderung des Arbeitnehmers nicht oder nicht ausreichend berücksichtigt hat …

§ 3 Kündigungseinspruch. Hält der Arbeitnehmer eine Kündigung für sozial ungerechtfertigt, so kann er binnen einer Woche nach der Kündigung Einspruch beim Betriebsrat einlegen. Erachtet der Betriebsrat den Einspruch für begründet, so hat er zu versuchen, eine Verständigung mit dem Arbeitgeber herbeizuführen …

§ 4 Anrufung des Arbeitsgerichtes. Will ein Arbeitnehmer geltend machen, dass eine Kündigung sozial ungerechtfertigt ist, so muss er innerhalb von drei Wochen nach Zugang der Kündigung Klage beim Arbeitsgericht auf Feststellung erheben, dass das Arbeitsverhältnis durch die Kündigung nicht aufgelöst ist …

§ 23 Geltungsbereich. (1) Die Vorschriften des Ersten Abschnitts gelten ... nicht für Betriebe und Verwaltungen, in denen in der Regel fünf oder weniger Arbeitnehmer ... beschäftigt werden. In Betrieben und Verwaltungen, in denen in der Regel zehn oder weniger Arbeitnehmer ... beschäftigt werden, gelten die Vorschriften des Ersten Abschnitts ... nicht für Arbeitnehmer, deren Arbeitsverhältnis nach dem 31. Dezember 2003 begonnen hat, diese Arbeitnehmer sind bei der Feststellung der Zahl der beschäftigten Arbeitnehmer ... bis zur Beschäftigung von in der Regel 10 Arbeitnehmern nicht zu berücksichtigen ...

2 Tarifverträge

Welche Forderungen vertreten die Arbeitnehmer auf diesem Bild?

Welche Einstellung scheinen die Arbeitgeber zu haben?

Wo werden die Ergebnisse einer Einigung vertraglich festgehalten?

Welche Forderungen vertreten die Arbeitnehmer auf diesem Bild?

Welche Einstellung scheinen die Arbeitgeber zu haben?

Wo werden die Ergebnisse einer Einigung vertraglich festgehalten?

2.1 Tarifvertragsparteien

Ein **Tarifvertrag** ist ein Vertrag, in dem einheitliche Arbeitsbedingungen für die Arbeitnehmer ganzer Wirtschaftszweige festgelegt werden. *Beispiele:* Fleischerhandwerk, Bauindustrie, Metallindustrie.
Tarifverträge werden von den **Tarifpartnern** abgeschlossen. Dies sind auf der Arbeitnehmerseite die **Gewerkschaften** und auf der Unternehmerseite die **Arbeitgeberverbände**. Die Vertragsparteien werden auch **Sozialpartner** genannt.

Gewerkschaften

Die Entstehung der Gewerkschaften geht zurück auf die Notsituation der Arbeitnehmer im 19. Jahrhundert. Durch die industrielle Revolution herrschte ein großes Überangebot an Arbeitskräften. Dies hatte schlechte Arbeitsbedingungen (z. B. Kinderarbeit, niedrige Löhne, lange Arbeitszeiten pro Tag) zur Folge. Da der Staat sich nicht einmischen wollte, waren die Arbeitnehmer gezwungen sich zu Interessengruppen zusammenzuschließen, um ihre Situation zu verbessern.
Während derartige Zusammenschlüsse damals verboten waren, werden sie heute durch unser **Grundgesetz** (Art. 9: Vereinigungsfreiheit) ausdrücklich garantiert. Auch haben sich inzwischen die Aufgaben der Gewerkschaften gewandelt. So handeln sie heute nicht nur Tarifverträge aus, sondern vertreten ihre Mitglieder bei arbeitsgerichtlichen und sozialgerichtlichen Streitigkeiten, leisten finanzielle Unterstützung in Notfällen oder stellen gewerkschaftliche Bildungseinrichtungen zur Verfügung. Mehr als ein Drittel der Arbeitnehmer sind heute Gewerkschaftsmitglieder.

Wie das Schaubild zeigt, können sich die Arbeitnehmer in verschiedenen Gewerkschaften organisieren.
Die größte Vereinigung ist der DGB, der allein 8 Einzelgewerkschaften mit rund 5,9 Millionen Mitgliedern hat.

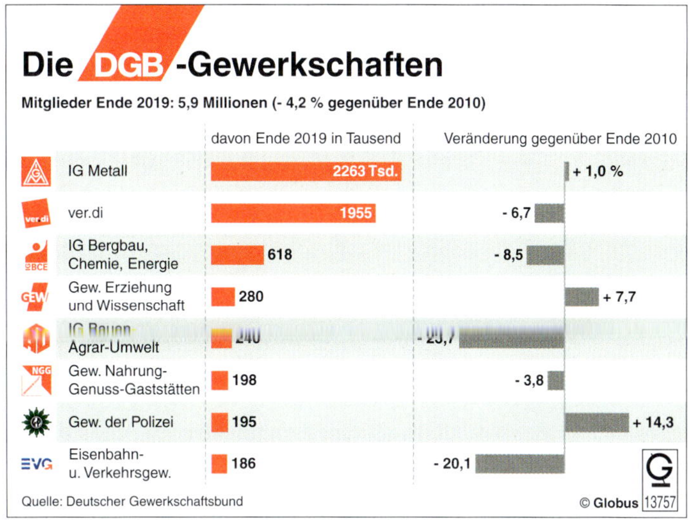

Arbeitgeberverbände

In Fachverbänden organisieren sich Arbeitgeber gleicher Wirtschaftszweige. So gibt es für jede Branche den entsprechenden Arbeitgeberverband wie zum Beispiel den Verband der Metallindustrie in Baden-Württemberg e. V. Insgesamt sind es 49 Fachverbände, die in der Bundesrepublik Deutschland bei Tarifverhandlungen auftreten. Eine Interessenvertretung der Arbeitgeber ist auf allen Ebenen notwendig. Deshalb schließen sie sich zu Orts- und Bezirksverbänden zusammen, diese vereinigen sich in den einzelnen Bundesländern zu Landesverbänden. Die Dachorganisation ist die **Bundesvereinigung der Deutschen Arbeitgeberverbände (BDA)**.
Im Handwerk werden die Aufgaben der Arbeitgeberverbände von den **Landesinnungsverbänden** wahrgenommen.

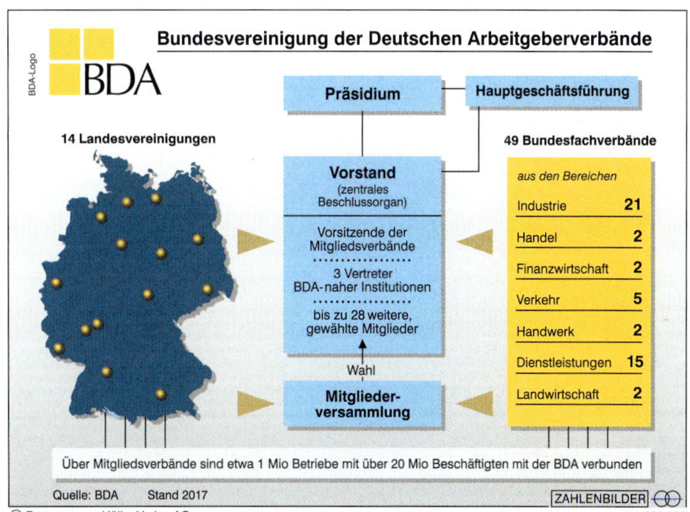

© Bergmoser + Höller Verlag AG 236 150

Tarifpartner im Gesundheitswesen Für die Fachangestellten als Arbeitnehmer und die Ärzte als Arbeitgeber schließen folgende Organisationen bundeseinheitliche Tarifverträge ab:

Arbeitnehmerorganisationen

- Verband medizinischer Fachberufe e. V.
- Vereinte Dienstleistungsgewerkschaft (ver.di)

⟷ **Tarifvertrag** ⟷

Arbeitgeberorganisationen

- **Für die Ärzte:** Arbeitsgemeinschaft zur Regelung der Arbeitsbedingungen der Arzthelferinnen/Medizinischen Fachangestellten
- **Für die Tierärzte:** Bundesverband praktizierender Tierärzte e. V.

Für die **Zahnmedizinischen Fachangestellten** gibt es keine bundesweit geltenden Tarifverträge, da in den einzelnen Bundesländern unterschiedliche Vereinbarungen bestehen. Auskünfte hierzu erteilt die jeweils zuständige Landeszahnärztekammer.

2.2 Grundsätze und Tarifvertragsarten

GG Art 9 (3)

Für Tarifverhandlungen gilt der Grundsatz der **Tarifautonomie**: Die Tarifpartner sind unabhängig vom Staat und haben das Recht, selbstständig Tarifverträge auszuhandeln und abzuschließen.
Grundsätzlich gelten die ausgehandelten Tarifverträge nur für Arbeitnehmer und Arbeitgeber, die den Tarifvertragsparteien angehören. Folglich muss die Fachangestellte Mitglied der Gewerkschaft sein und der Arzt der Tarifvereinigung angehören. Andernfalls hat die Fachangestellte keinen Anspruch auf die Regelungen des Tarifvertrages.
Durch das Bundesministerium für Arbeit und Soziales können jedoch Tarifverträge auf Antrag der Tarifparteien für **allgemein verbindlich** erklärt werden. Diese binden dann auch diejenigen Arbeitgeber und Arbeitnehmer, die nicht den vertragschließenden Parteien angehören, die also nicht im Arbeitgeberverband oder in der Gewerkschaft sind. Die Tarifverträge für die Gesundheitsberufe sind jedoch nicht allgemein verbindlich. Die Folge: Sie gelten nicht automatisch für alle Fachangestellten und Ärzte.
Die Arbeitsbedingungen des Einzelarbeitsvertrages können gegenüber dem Tarifvertrag nur verbessert, niemals jedoch verschlechtert werden. So kann z. B. übertariflicher Jahresurlaub gewährt werden, untertariflicher allerdings nicht. Dies wird als die **Unabdingbarkeit** des Tarifvertrages bezeichnet.
Während der Laufzeit eines Tarifvertrages gilt die **Friedenspflicht**, d. h., es dürfen keine Arbeitskampfmaßnahmen wie Streik oder Aussperrung durchgeführt werden.

Man unterscheidet generell zwei Arten von Tarifverträgen:

Lohn- und Gehaltstarifvertrag

Er enthält die Lohn- bzw. Gehaltshöhe oder – genauer gesagt – die Höhe der einzelnen Lohn- oder Gehaltsgruppen. Deren Einteilung erfolgt nach Arbeitsschwierigkeit und Vorbildung. Die Laufzeit von Lohn- und Gehaltstarifverträgen beträgt normalerweise ein Jahr.

Auszug aus dem Gehaltstarifvertrag
für Medizinische Fachangestellte (gültig seit 01. April 2020)

Berufsjahr	Tätigkeitsgruppe I	Tätigkeitsgruppe II	Tätigkeitsgruppe III	Tätigkeitsgruppe IV
	€	€	€	€
1. – 4.	1.970,19	2.117,95	2.216,46	2.364,23
5. – 8.	2.139,34	2.299,79	2.406,76	2.567,21
9. – 12.	2.275,42	2.446,08	2.559,85	2.730,50
13. – 16.	2.339,67	2.515,15	2.632,13	2.807,60
ab 17.	2.588,41	2.782,54	2.911,96	3.106,09

Tätigkeitsgruppe I: Ausführen von Tätigkeiten nach allgemeinen Anweisungen, wobei Fertigkeiten, Kenntnisse und Fähigkeiten vorausgesetzt werden, wie sie durch eine abgeschlossene Berufsausbildung als Medizinische Fachangestellte mit der Prüfung vor der Ärztekammer erworben wurden. In diese Tätigkeitsgruppe fallen Tätigkeiten gemäß Ausbildungsverordnung.

Tätigkeitsgruppe II: Weitgehend selbstständiges Ausführen von Tätigkeiten, wobei gründliche und/oder vielseitige Fachkenntnisse vorausgesetzt werden, die durch Aneignung spezialisierter Fertigkeiten, Kenntnisse und Fähigkeiten in einem Arbeitsbereich erworben wurden. Vorraussetzung sind Fortbildungsmaßnahmen von insgesamt mindestens 40 Stunden und/oder entsprechende Berufserfahrung.

Tätigkeitsgruppe III: Weitgehend selbstständiges Ausführen von Tätigkeiten, wobei gründliche und/oder vielseitige Fachkenntnisse vorausgesetzt werden, die durch Aneignung spezialisierter Fertigkeiten, Kenntnisse und Fähigkeiten in einem oder mehreren Arbeitsbereich(en) erworben wurden. Vorraussetzung sind Fortbildungsmaßnahmen von insgesamt mindestens 80 Stunden und/oder entsprechende Berufserfahrung und/oder Tätigkeiten in der Durchführung der Ausbildung der Medizinischen Fachangestelten.

Tätigkeitsgruppe IV: Selbstständiges Ausführen von Tätigkeiten, wobei besonders gründliche und/oder vielseitige Fachkenntnisse vorausgesetzt werden, die durch Aneignung zusätzlicher umfassender Fertigkeiten, Kenntnisse und Fähigkeiten in komplexen Arbeitsbereichen erworben wurden. Vorraussetzung sind Fortbildungsmaßnahmen von insgesamt mindestens 120 Stunden und/oder Tätigkeiten in der systematischen Planung, Durchführung und Koordination der Ausbildung der Medizinischen Fachangestellten.

Mantel- oder Rahmentarifvertrag

Er enthält Regelungen, die für längere Zeit (ca. 3 bis 5 Jahre) gelten. Inhalte sind Arbeitszeit, Urlaub, Kündigung, Arbeitsbedingungen, Mehrarbeit usw.

Durch diese „Aufspaltung" in zwei Tarifvertragsarten wird erreicht, dass bei der jährlichen Lohnerhöhung die für längere Zeit geltenden Bestimmungen im Manteltarifvertrag nicht jedes Mal neu beschlossen werden müssen. Dies wäre der Fall, wenn alle Regelungen in nur einem Tarifvertrag enthalten wären.

Auszug aus dem Manteltarifvertrag für Medizinische Fachangestellte
(gültig seit 01. April 2017)

Inhaltsübersicht
§ 1 Geltungsbereich
§ 2 Anwendungsbereich
§ 3 Arbeitsvertrag
§ 4 Probezeit
§ 5 Schweigepflicht
§ 6 Arbeitszeit
§ 7 Überstunden, Samstags-, Sonntags-, Feiertags- und Nachtarbeit, Arbeit am 24. und 31. Dezember, Rufbereitschaft und Bereitschaftsdienst
§ 8 Arbeitsversäumnis
§ 9 Arbeitsunfähigkeit
§ 10 Entgeltfortzahlung
⋮
§ 15 Schutz- und Berufskleidung
§ 16 Urlaub
§ 17 Arbeitsbefreiung
§ 18 Kündigung
§ 19 Zeugnis
⋮

2.3 Bedeutung von Tarifverträgen

Könnten Arbeitgeber nicht auf Tarifverträge zurückgreifen, dann müssten sie bei jeder Einstellung alle Arbeitsbedingungen vom Verdienst über den Urlaub bis zur Arbeitszeit usw. einzeln aushandeln und danach schriftlich festhalten. Dafür müsste sehr viel kostbare Zeit aufgebracht werden. Es ist fraglich, ob dies bei großen Unternehmen überhaupt möglich wäre.
Außerdem würde es dazu führen, dass jeder Arbeitsvertrag andere Verhandlungsergebnisse enthalten würde. Beispielsweise könnten gute Verhandlungspartner mehr Jahresurlaub durchsetzen, ungeschickte Verhandlungspartner müssten einen niedrigeren Verdienst akzeptieren. Während einer Hochkonjunktur müssten Unternehmen Spitzenlöhne bezahlen, wohingegen Arbeitnehmer, die in wirtschaftlich schlechten Zeiten eingestellt

wurden, Niedriglöhne bekämen. In den Betrieben wären die Arbeitsbedingungen nicht gleich und der Verdienst verschieden. Die Arbeitnehmer hätten das Gefühl, ungerecht behandelt zu werden. Unzufriedenheit und schlechtes Betriebsklima wären die Folge.

Hinzu kommt, dass beim Aushandeln eines Einzelarbeitsvertrages meist der Arbeitgeber in der stärkeren Verhandlungsposition ist. Anders ist es, wenn Gewerkschaften Tarifverträge aushandeln. Da Gewerkschaften notfalls sogar Arbeitskämpfe führen können, werden sie in ihren Tarifverträgen bessere Verhandlungsergebnisse erzielen. Es wird deutlich:

Tarifverträge

- vereinfachen den Abschluss von Arbeitsverträgen;
- schaffen mehr Gerechtigkeit durch die Gleichstellung mit anderen Arbeitnehmern;
- tragen dazu bei, den Arbeitsfrieden in den Betrieben zu sichern;
- sorgen für mehr Chancengleichheit zwischen Arbeitgebern und Arbeitnehmern;
- begrenzen die Macht der Arbeitgeber.

2.4 Tarifverhandlungen und Schlichtung

Tarifverträge sind zeitlich begrenzt, d. h., sie haben eine vereinbarte Laufzeit. Ist ein Tarifvertrag abgelaufen, so sind neue **Tarifverhandlungen** nötig. Da naturgemäß große Interessengegensätze zwischen den Gewerkschaften und den Arbeitgeberverbänden bestehen, stellen die Ergebnisse von Tarifverhandlungen immer einen Kompromiss dar. Selten wird also eine Seite ihre Vorstellungen ganz verwirklichen können. Allerdings kann die Verhandlungsposition der Partner unterschiedlich stark sein. Beispielsweise sind Gewerkschaften mit wenigen Mitgliedern keine starken Verhandlungspartner und in Zeiten der Vollbeschäftigung haben die Arbeitgeber eine schwächere Verhandlungsposition.

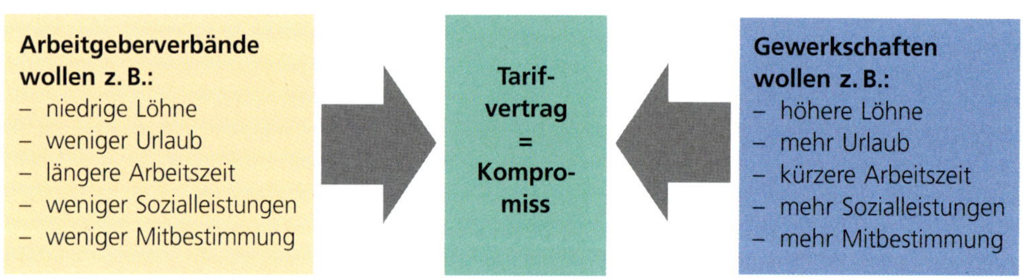

Gewerkschaften und Arbeitgeberverbände bilden jeweils eine Kommission, die **Tarifkommission**, deren Aufgabe die Durchführung von Tarifverhandlungen ist. Verlaufen die Verhandlungen ergebnislos, wird zunächst ein **Schlichtungsverfahren** eingeleitet. Der Schlichtungsausschuss, der wiederum aus Vertretern beider Sozialpartner zusammengesetzt ist, wird von einem unabhängigen Vorsitzenden geleitet. Dieser unabhängige **Schlichter** muss von beiden Seiten akzeptiert werden. Führt auch das Schlichtungsverfahren zu keiner Einigung, kann es zum Arbeitskampf kommen.

2.5 Der Arbeitskampf

Streik

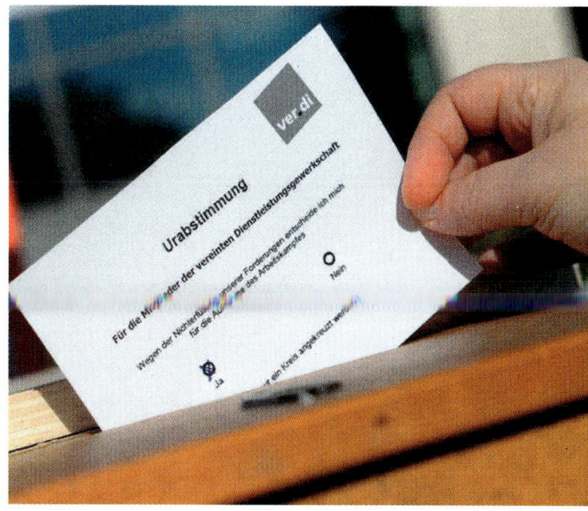

Der **Streik** ist das Kampfmittel der Arbeitnehmer. Sie legen die Arbeit nieder und hoffen, dass durch die Verluste, die dadurch den Arbeitgebern entstehen können, ihre Forderungen durchzusetzen sind. Wenn in einem Betrieb die Produktion ruht, haben die Arbeitgeber Kosten wie Mieten, Abschreibungen, Kreditzinsen, aber keine Erträge. Voraussetzung für den Streik ist eine **Urabstimmung**, bei der in der Regel 75 % der Gewerkschaftsmitglieder, die ihre Stimme abgeben, einem Streik zustimmen müssen. Die Genehmigung zur Urabstimmung erfolgt durch den Gewerkschaftsvorstand. Soll der Streik abgebrochen werden, müssen in der Regel 25 % der Gewerkschaftsmitglieder zustimmen. Erfolgt ein Streik ohne Genehmigung der Gewerkschaft und ohne Urabstimmung, so spricht man von einem „**wilden Streik**". Die Arbeitgeber sind in diesem Fall berechtigt, die streikenden Arbeitnehmer fristlos zu entlassen.

Weitere Streikarten

- Der **Generalstreik** legt die gesamte Wirtschaft lahm, weil sich alle Arbeitnehmer daran beteiligen. Er ist im Allgemeinen politisch begründet.
- Der **„totale Streik" (Flächenstreik)** schaltet einen ganzen Wirtschaftszweig aus, z. B. die Druckindustrie.
- Der **Schwerpunktstreik** betrifft normalerweise die wichtigsten Betriebe eines Wirtschaftszweiges. *Beispiel:* Die Gewerkschaft ver.di (Vereinigte Dienstleistungsgewerkschaft) lässt „nur" die Beschäftigten der Müllabfuhr streiken, um Streikgeld zu sparen und dennoch eine große Wirkung zu erzielen.
- Beim **Warnstreik** wird die Arbeit nur für kurze Zeit (Minuten oder Stunden) unterbrochen, um die Streikbereitschaft zu zeigen.
- Beim **Sympathiestreik** sollen streikende Arbeitnehmer aus anderen Wirtschaftszweigen indirekt unterstützt werden. Man erklärt sich solidarisch.

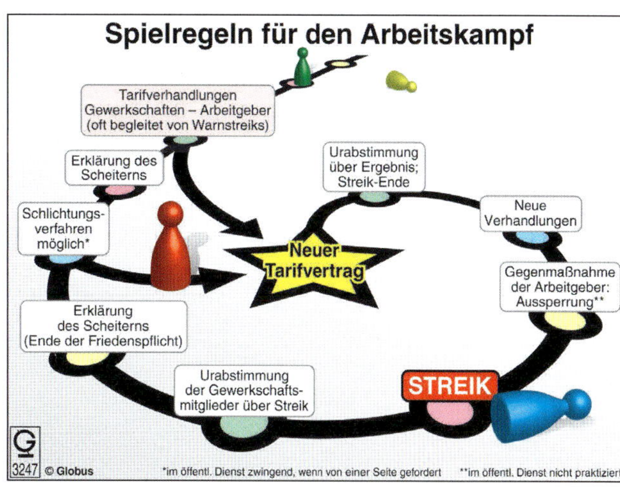

Aussperrung

Die **Aussperrung** ist das Kampfmittel der Arbeitgeber. Sie schließen die Arbeitnehmer von der Arbeit aus und zahlen während dieser Zeit keinen Lohn. Besonders hart betroffen von der Aussperrung sind die nichtorganisierten Arbeitnehmer, da für Ausgesperrte kein Arbeitslosengeld gezahlt wird. Die Gewerkschaftsmitglieder hingegen erhalten von ihrer Gewerkschaft Streikgelder. Durch die Aussperrung hoffen die Arbeitgeber, die Gewerkschaften, die Streikunterstützung zahlen müssen, zum Einlenken zu bewegen.

Bedeutung von Streik und Aussperrung

Ein Arbeitskampf schwächt nicht nur die betroffenen Parteien, sondern die gesamte **Volkswirtschaft**. Wird beispielsweise ein großer Betrieb bestreikt, wirkt sich dies auch auf **Zulieferer** aus. Für die **Verbraucher** kann sich die Güterversorgung verschlechtern. Produktionsausfall und verlorene Arbeitstage verschlechtern die **Konjunktur**, das Wirtschaftswachstum und das **Bruttoinlandsprodukt** werden beeinträchtigt. Der **Staat** wird geschädigt durch Steuerausfälle, die **Sozialversicherungen** durch die geringeren Einnahmen. Die bestreikten **Unternehmen** erleiden Verluste durch Produktionsausfälle, gleichzeitig fallen weiterhin Kosten an. Bei manchen Unternehmen kann sogar die internationale Wettbewerbsfähigkeit leiden, z. B., wenn Kunden durch einen Streik verloren gehen. Auch für die **Gewerkschaften** ist ein Streik kostspielig, da sie Streikgeld zahlen müssen. Selbst der einzelne **Arbeitnehmer** hat dabei Nachteile. Sein Streikgeld ist niedriger als sein Lohn. Nicht organisierte Arbeitnehmer müssen von ihren Ersparnissen leben, falls sie keine haben, sind sie auf Arbeitslosengeld II angewiesen.

ZUSAMMENFASSUNG

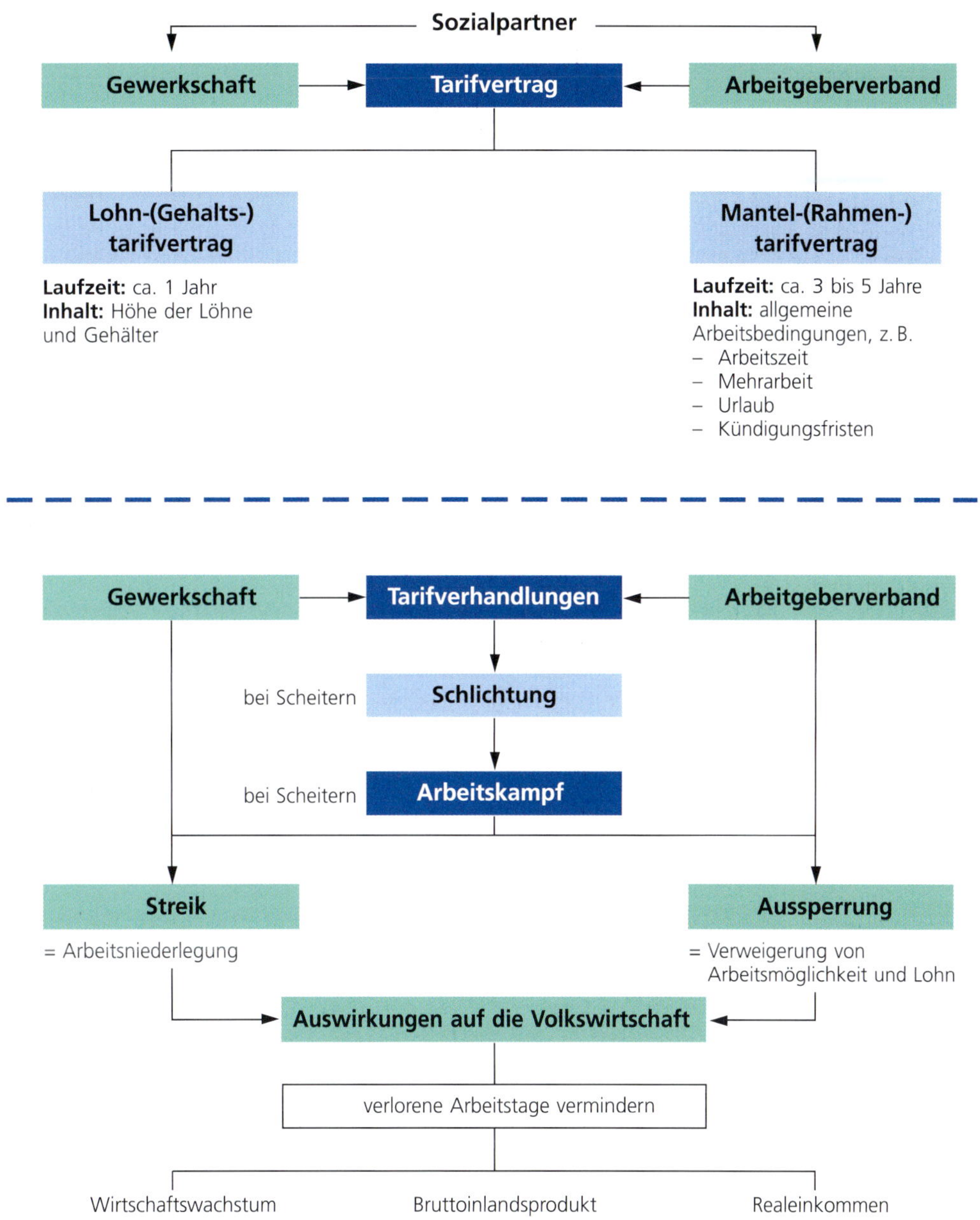

ARBEITSTEIL

Auszüge aus dem Tarifvertragsgesetz (TVG)

§ 2 Tarifvertragsparteien. (1) Tarifvertragsparteien sind Gewerkschaften, einzelne Arbeitgeber sowie Vereinigungen von Arbeitgebern.
(2) Zusammenschlüsse von Gewerkschaften und von Vereinigungen von Arbeitgebern (Spitzenorganisationen) können im Namen der ihnen angeschlossenen Verbände Tarifverträge abschließen, wenn sie eine entsprechende Vollmacht haben.

§ 5 Allgemeinverbindlichkeit. (1) Das Bundesministerium für Arbeit und Soziales kann einen Tarifvertrag ... auf gemeinsamen Antrag der Tarifvertragsparteien für allgemeinverbindlich erklären, wenn die Allgemeinverbindlicherklärung im öffentlichen Interesse geboten erscheint. Die Allgemeinverbindlicherklärung erscheint in der Regel im öffentlichen Interesse geboten, wenn
1. der Tarifvertrag in seinem Geltungsbereich für die Gestaltung der Arbeitsbedingungen überwiegende Bedeutung erlangt hat oder
2. die Absicherung der Wirksamkeit der tarifvertraglichen Normsetzung gegen die Folgen wirtschaftlicher Fehlentwicklung eine Allgemeinverbindlicherklärung verlangt. ...

1. a) Wer sind die Vertragsparteien beim Tarifvertrag?
   b) Erläutern Sie, was man unter Allgemeinverbindlichkeit versteht, und geben Sie an, unter welchen Voraussetzungen ein Tarifvertrag für allgemein verbindlich erklärt werden kann.
2. Erläutern Sie folgende Begriffe aus dem Tarifvertragsrecht:
   a) Friedenspflicht
   b) Tarifautonomie
   c) Unabdingbarkeit des Tarifvertrages
3. a) Welche Tarifvertragsarten werden unterschieden?
   b) Geben Sie die wesentlichen Inhaltspunkte jeder Art an.
   c) Überlegen Sie, weshalb diese Einteilung vorgenommen wurde.
   d) Worin sehen Sie die Bedeutung von Tarifverträgen?
4. Sind beim Abschluss eines Arbeitsvertrages die Tarifbestimmungen verbindlich, wenn der Arzt in der Tarifvereinigung, die MFA jedoch nicht in der Gewerkschaft ist?
5. a) Nennen Sie drei Streitpunkte bei Tarifverhandlungen.
   b) Welches Hauptziel haben Schlichtungsverfahren?
   c) Wie ist ein Schlichtungsausschuss zusammengesetzt?
6. Nach gescheiterten Tarifverhandlungen sind häufig Arbeitskämpfe die Folge.
   a) Welches sind die äußersten Mittel von Gewerkschaften und Arbeitgebern?
   b) Das Arbeitskampfmittel der Arbeitgeber ist in Deutschland sehr umstritten. Überlegen Sie, welche Argumente aus Sicht der Gewerkschaften gegen dieses Mittel sprechen und welche aus Sicht der Arbeitgeber dafür.
7. a) Wann spricht man von einem wilden Streik? Welche Folgen können sich daraus ergeben?
   b) Unterscheiden Sie zwischen einem Schwerpunktstreik und einem Flächenstreik.
   c) Um politische Forderungen durchzusetzen haben 2013 alle Arbeitnehmer in Griechenland die Arbeit niedergelegt. Welche Streikart liegt vor?
8. Überlegen Sie, weshalb ausgesperrte Arbeitnehmer kein Arbeitslosengeld beziehen.

3 Vertretungsorgane der Arbeitnehmer

Betriebsrat darf bei Überstunden mitbestimmen

KASSEL (AP). Der Betriebsrat hat nach einer Entscheidung des Bundesarbeitsgerichts in Kassel ein Mitspracherecht darüber, ob Überstunden bezahlt oder durch Freizeit abgegolten werden. In der jetzt veröffentlichten Entscheidung heißt es, die Höhe der Abgeltung müsse sich nach dem Tarifvertrag richten. Das Gericht gab damit dem Betriebsrat einer Speditionsfirma recht, die sich geweigert hatte die Arbeitnehmervertretung bei der Abgeltung der Nachtarbeit von Fernfahrern mitbestimmen zu lassen.

Beurteilen Sie anhand des Zeitungsartikels die Mitbestimmungsrechte des Betriebsrates.

Wer wählt den Betriebsrat?

Gibt es noch andere Interessenvertretungen der Arbeitnehmer?

Jeder einzelne Arbeitnehmer ist berechtigt, sich mit Beschwerden persönlich an den Arbeitgeber zu wenden, und zwar unabhängig davon, ob ein Betriebsrat vorhanden ist oder nicht.
Darüber hinaus muss der Arbeitgeber ihn über wichtige Vorgänge informieren, wenn sie ihn persönlich betreffen. So muss der Arbeitgeber nach dem Betriebsverfassungsgesetz u. a.

- Beschwerden des Arbeitnehmers entgegennehmen, wenn dieser sich ungerecht behandelt fühlt. Er muss sie prüfen und ihn über das Ergebnis informieren;
- den Arbeitnehmer in seine **Personalakten** einsehen lassen;
- ihn zu Angelegenheiten, die ihn betreffen, während der Arbeitszeit **anhören**;
- ihn über seine **Aufgaben** und über Änderungen seines **Aufgabenbereichs** informieren;
- über **Unfall- und Gesundheitsgefahren** am Arbeitsplatz informieren;
- die Zusammensetzung und Berechnung des **Verdienstes** erläutern;
- auf Verlangen Auskunft geben über die **Beurteilung** der Leistung des Arbeitnehmers und über dessen Aufstiegschancen.

Um seine Rechte durchzusetzen oder um Beschwerden vorzubringen kann sich der Arbeitnehmer aber auch an seine Interessenvertretung wenden, vor allem an den Betriebsrat. Der hat hierzu **Sprechstunden** einzurichten und den Arbeitnehmer zu **beraten**. Beschwerden des Arbeitnehmers muss er beim Arbeitgeber vorbringen. Des Weiteren hat jeder einzelne Arbeitnehmer auch die Möglichkeit, seine Beschwerden, Anregungen, Anträge usw. auf Betriebsversammlungen vorzubringen.

3.1 Der Betriebsrat

Der **Betriebsrat** ist die wichtigste Interessenvertretung der Arbeitnehmer im einzelnen Betrieb. Er wird auf **4 Jahre** gewählt. Betriebsratswahlen finden deshalb alle 4 Jahre zwischen dem 1. März und dem 31. Mai statt.
Wahlberechtigt sind alle Arbeitnehmer, die das 18. Lebensjahr vollendet haben. Wählbar sind alle Arbeitnehmer, die dem Betrieb mindestens 6 Monate angehören und das 18. Lebensjahr vollendet haben.
Betriebsräte können in Betrieben, die mindestens 5 Arbeitnehmer haben, gewählt werden. Die Zahl der zu wählenden Betriebsratsmitglieder richtet sich nach der Anzahl der wahlberechtigten Arbeitnehmer.

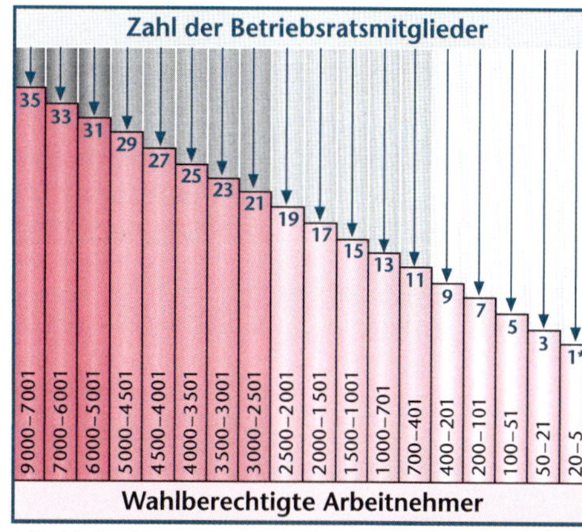

* Betriebsobmann

BetrVG § 38

Der Arbeitgeber muss die Betriebsratsmitglieder für die Durchführung ihrer Betriebsratsaufgaben von der Arbeit freistellen, wobei das Arbeitsentgelt weitergezahlt werden muss. In Betrieben, die mehr als 200 Arbeitnehmer beschäftigen, ist ein Betriebsratsmitglied ganz von der Arbeit freizustellen, in größeren Betrieben mehrere Betriebsratsmitglieder (in Betrieben mit mehr als 9.000 Arbeitnehmern z. B. 12).

Der Betriebsrat wählt aus seiner Mitte einen Vorsitzenden und dessen Stellvertreter. Sie vertreten den Betriebsrat nach außen.
Die Sitzungen des Betriebsrates finden normalerweise während der Arbeitszeit statt. Der Arbeitgeber muss die erforderlichen Räume und Mittel unentgeltlich zur Verfügung stellen, die der Betriebsrat für die laufende Arbeit, für Sprechstunden oder Sitzungen benötigt. Er übernimmt auch die Kosten der Betriebsratswahlen.

BetrVG § 80

Der Betriebsrat hat folgende **allgemeine Aufgaben:**

- Er achtet darauf, dass die **Bestimmungen**, die zugunsten der Arbeitnehmer gelten, auch eingehalten werden.
- Er nimmt berechtigte **Beschwerden** von Arbeitnehmern entgegen und verhandelt mit dem Arbeitgeber darüber.
- Er beantragt beim Arbeitgeber **Maßnahmen,** die dem Betrieb und der Belegschaft dienen.
- **Schutzbedürftigen** Arbeitnehmern wie Schwerbehinderten, ausländischen Arbeitnehmern oder Jugendlichen hilft er besonders bei der Eingliederung in den Betrieb.
- Er schließt mit dem Arbeitgeber **Betriebsvereinbarungen** ab (siehe S. 314 f.).

BetrVG § 43

Der Betriebsrat muss einmal in jedem Kalendervierteljahr eine **Betriebsversammlung** abhalten und einen Bericht über seine Tätigkeit ablegen. Arbeitgeber und Arbeitnehmer, die hierzu eingeladen sind, haben das Recht, auf der Versammlung zu sprechen. Gleiches gilt für Vertreter der Tarifvertragsparteien, also der Gewerkschaften und Arbeitgeberverbände.

Mitbestimmungsrechte des Betriebsrates

Über den Betriebsrat sind die Arbeitnehmer an zahlreichen betrieblichen Entscheidungen beteiligt. Diese Beteiligung erstreckt sich auf den sozialen, den personellen und den wirtschaftlichen Bereich. Das Betriebsverfassungsgesetz gibt dem Betriebsrat in den einzelnen Bereichen unterschiedliche Beteiligungsrechte. Diese sind in ihrer Wirkung unterschiedlich:

BetrVG § 87

- **Mitbestimmungsrechte:** Hier ist der Betriebsrat der gleichberechtigte Verhandlungspartner der Unternehmensleitung. Ohne seine Zustimmung kommt keine betriebliche Einigung zustande. Mitbestimmungsrechte bestehen in **sozialen Angelegenheiten**. *Beispiele:* Betriebsordnung, Urlaubsplanung, Arbeitszeit, Sozialeinrichtungen, Berufsausbildung, Entlohnungsgrundsätze, Unfallverhütung.

BetrVG § 92 ff.

- Ein **eingeschränktes Mitbestimmungsrecht** hat der Betriebsrat bei **personellen Angelegenheiten**. *Beispiele:* Einstellungen, Versetzungen, Umgruppierungen oder Entlassungen. Der Betriebsrat kann hier seine Zustimmung nur verweigern, wenn er schwerwiegende Gründe anführen kann.

BetrVG § 106 ff.

- **Mitwirkungsrechte:** Die Unternehmensleitung muss den Betriebsrat über anstehende Maßnahmen unterrichten und sich mit ihm darüber beraten. Verweigert dieser seine Zustimmung oder erhebt er Widerspruch, bleibt dies ohne Auswirkung auf die Entscheidung des Arbeitgebers. Mitwirkungsrechte haben die Arbeitnehmervertreter vorwiegend in **wirtschaftlichen Angelegenheiten**. *Beispiele:* Stilllegung des Betriebes, Rationalisierung, Produktion, Absatz, Betriebsverlegungen, Investitionen.

Zur Vermeidung von wirtschaftlichen Härten hat der Betriebsrat ein Mitbestimmungsrecht bei der Aufstellung eines Sozialplanes.

3.2 Die Jugend- und Auszubildendenvertretung

BetrVG § 60 ff.

Jugendliche Arbeitnehmer stehen noch in ihrer körperlichen Entwicklung. Sie haben – ebenso wie die Auszubildenden – beim Eintritt in den Betrieb und in das Arbeitsleben andere Probleme als ihre erwachsenen Kollegen. Das Betriebsverfassungsgesetz sieht deshalb alle **zwei Jahre** die Wahl einer **Jugend- und Auszubildendenvertretung (JAV)** vor.

Gewählt wird in Betrieben mit mindestens fünf Arbeitnehmern unter 18 Jahren und Auszubildenden. Wahlberechtigt sind alle Jugendlichen sowie Auszubildenden, die das 25. Lebensjahr noch nicht vollendet haben. Wählbar sind alle Arbeitnehmer des Betriebes, die das 25. Lebensjahr noch nicht vollendet haben. Betriebsratmitglieder können nicht gewählt werden. Die regelmäßigen Wahlen finden im Herbst statt.

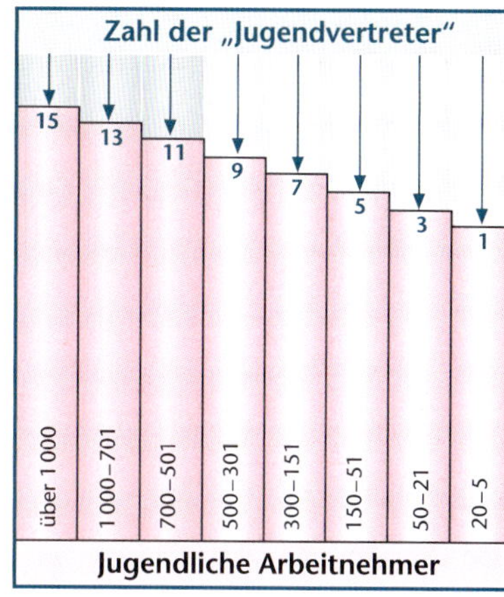

Hauptaufgabe der JAV ist es, die besonderen Belange der Jugendlichen und Auszubildenden gegenüber dem Arbeitgeber zu vertreten. Da die JAV nicht in direkte Verhandlungen mit dem Arbeitgeber eintreten kann, muss sie ihre Interessen über den Betriebsrat durchsetzen. Aus diesem Grund kann bei jeder Betriebsratssitzung ein JAV-Mitglied teilnehmen. Behandelt der Betriebsrat Fragen, die überwiegend jugendliche Arbeitnehmer oder Auszubildende betreffen, sind alle JAV-Mitglieder zur Teilnahme und zur Abstimmung berechtigt.
Vor jeder Betriebsversammlung führt die JAV eine Jugend- und Auszubildendenversammlung durch. Ohne den zeitlichen Bezug zur Betriebsversammlung dürfen die Jugendlichen und Auszubildenden nur tagen, wenn im Einvernehmen mit Betriebsrat und Arbeitgeber ein anderer Zeitpunkt vereinbart wird.

ZUSAMMENFASSUNG

Mitbestimmungsrechte des Betriebsrates

soziale Angelegenheiten	**personelle Angelegenheiten**	**wirtschaftliche Angelegenheiten**
Mitbestimmungsrecht ohne Zustimmung des Betriebsrates sind keine Beschlüsse möglich	**eingeschränktes Mitbestimmungsrecht** der Betriebsrat kann nur aus wichtigen Gründen die Zustimmung verweigern	**Mitwirkungsrecht** (Unterrichtung) die Maßnahmen müssen vorher dem Betriebsrat mitgeteilt und mit ihm beraten werden

ARBEITSTEIL

Lösen Sie die Aufgaben, sofern erforderlich, mithilfe des Auszuges aus dem Betriebsverfassungsgesetz auf der nächsten Seite.

1. a) Wovon hängt die Zahl der Betriebsratsmitglieder eines Betriebes ab?
   b) Welche Voraussetzungen muss ein Arbeitnehmer erfüllen, damit er bei Betriebsratswahlen kandidieren kann?
   c) Unter welcher Voraussetzung ist ein Arbeitnehmer wahlberechtigt bei Betriebsratswahlen?
   d) Nennen Sie drei allgemeine Aufgaben des Betriebsrates.
2. Erläutern Sie die Aufgabe einer Betriebsversammlung und des Wirtschaftsausschusses.
3. In welchen betrieblichen Bereichen hat der Betriebsrat ein Mitbestimmungsrecht, in welchen hat er ein eingeschränktes Mitbestimmungsrecht und in welchen hat er ein Mitwirkungsrecht?
4. a) Welche Gründe sprechen für eine gesonderte Jugend- und Auszubildendenvertretung (JAV)?
   b) Welche Hauptaufgabe hat die JAV?
   c) Ein Betrieb hat 250 jugendliche Arbeitnehmer und Auszubildende. Wie viele JAV-Mitglieder dürfen gewählt werden?
   d) Erklären Sie anhand der Abbildung, wie die JAV ihre Aufgaben wahrnimmt.

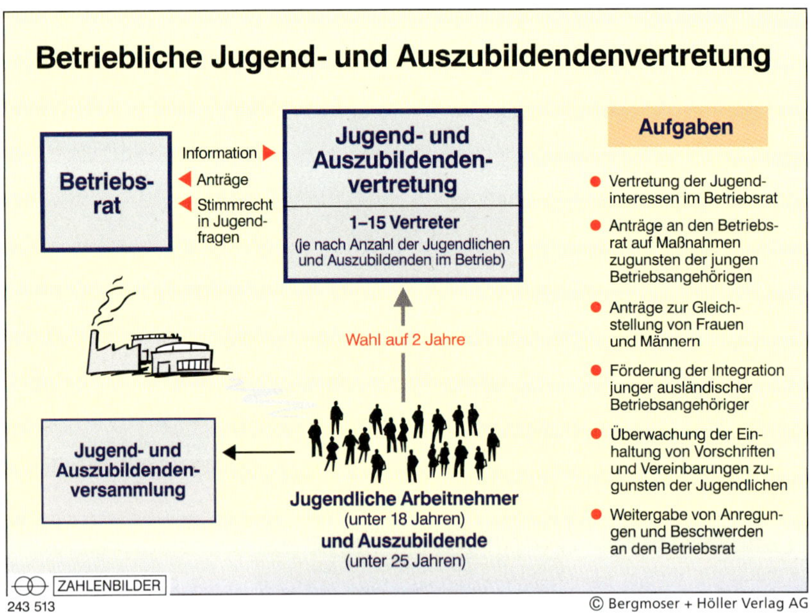

5. Nehmen Sie Stellung zu folgenden betrieblichen Situationen:
   a) Einige Mitarbeiter sollen in ein Zweigwerk versetzt werden.
   b) Die Geschäftsleitung verlegt den täglichen Arbeitsbeginn eine Stunde vor.
   c) Die monatliche Lohnzahlung soll auf Anweisung der Geschäftsleitung jeweils 10 Tage später erfolgen.
   d) Eine neu zu besetzende Arbeitsstelle wird nicht im Betrieb ausgeschrieben.
   e) Betriebsrat und Geschäftsleitung einigen sich nicht über die Verwaltung der Betriebskantine.
   f) Der Arbeitgeber hat bei der Auswahl des zu kündigenden Arbeitnehmers soziale Gesichtspunkte nicht ausreichend berücksichtigt.

Auszüge aus dem Betriebsverfassungsgesetz (BetrVG)

§ 1 Errichtung von Betriebsräten. (1) In Betrieben mit in der Regel mindestens fünf ständigen wahlberechtigten Arbeitnehmern, von denen drei wählbar sind, werden Betriebsräte gewählt. …

§ 7 Wahlberechtigung. Wahlberechtigt sind alle Arbeitnehmer, die das 18. Lebensjahr vollendet haben. …

§ 8 Wählbarkeit. (1) Wählbar sind alle Wahlberechtigten, die sechs Monate dem Betrieb angehören …

§ 87 Mitbestimmungsrechte (1) Der Betriebsrat hat … in folgenden Angelegenheiten mitzubestimmen:

1. Fragen der Ordnung des Betriebes und des Verhaltens der Arbeitnehmer im Betrieb;
2. Beginn und Ende der täglichen Arbeitszeit einschließlich der Pausen sowie Verteilung der Arbeitszeit auf die einzelnen Wochentage;
3. vorübergehende Verkürzung oder Verlängerung der betriebsüblichen Arbeitszeit;
4. Zeit, Ort und Art der Auszahlung der Arbeitsentgelte;
5. Aufstellung allgemeiner Urlaubsgrundsätze und des Urlaubsplans …
6. Einführung und Anwendung von technischen Einrichtungen, die dazu bestimmt sind, das Verhalten oder die Leistung der Arbeitnehmer zu überwachen.
7. Regelungen über die Verhütung von Arbeitsunfällen und Berufskrankheiten …
8. Form, Ausgestaltung und Verwaltung von Sozialeinrichtungen …

10. Fragen der betrieblichen Lohngestaltung, insbesondere die Aufstellung von Entlohnungsgrundsätzen …
11. Festsetzung der Akkord- und Prämiensätze …

§ 95 Auswahlrichtlinien. (1) Richtlinien über die personelle Auswahl bei Einstellungen, Versetzungen, Umgruppierungen und Kündigungen bedürfen der Zustimmung des Betriebsrats. …

§ 102 Mitbestimmung bei Kündigungen. (1) Der Betriebsrat ist vor jeder Kündigung zu hören. Der Arbeitgeber hat ihm die Gründe für die Kündigung mitzuteilen. Eine ohne Anhörung des Betriebsrats ausgesprochene Kündigung ist unwirksam.

4 Betriebsvereinbarungen

DIE GESCHÄFTSLEITUNG INFORMIERT

Kündigung der Betriebsvereinbarung über gleitende Arbeitszeit.

Da sich die geltende Regelung zur gleitenden Arbeitszeit als unzweckmäßig erwiesen hat, haben wir diese Betriebsvereinbarung im Sinne einer besseren Kundenorientierung fristgemäß zum Ende des Jahres gekündigt.

Helga Müller arbeitet in einem Fachversand für Arzt- und Laborbedarf. Auf dem Gang zum Pausenraum entdeckt sie am Schwarzen Brett eine Mitteilung der Geschäftsleitung. Entrüstet stellt Helga fest, dass die Vereinbarung über die gleitende Arbeitszeit gekündigt wurde. Aufmerksam geworden, lesen auch Ralf Schmidt und Martina Neubert die Mitteilung:

Helga: „Das ist doch der Gipfel, jetzt haben die einfach die Betriebsvereinbarung über die gleitende Arbeitszeit abgeschafft. Dafür sollen wir ab sofort im Wechsel bis 20 Uhr arbeiten."

Martina: „Ich kann doch nicht jede zweite Woche abends bis 20 Uhr arbeiten. Wer soll nach den Kindern sehen, wenn mein Mann Spätschicht hat? Nur vormittags, während die Kinder in der Schule sind, war vereinbart. Das geht doch nicht."

Ralf: „‚Kein Problem für Sie, Sie sind doch ledig und ungebunden', wird es bei mir wieder heißen. Was mach ich dann mit dem Training im Verein oder mit dem Computerkurs? Soll ich vielleicht meine Freunde erst abends um neun oder um zehn Uhr treffen? Was glauben die eigentlich? Wofür haben wir eigentlich einen Betriebsrat gewählt?"

Helga: „Ich glaube nicht, dass da was zu machen ist. Die da oben sitzen am längeren Hebel, die bestimmen, was gemacht wird, da kann auch der Betriebsrat nichts erreichen."

Wie beurteilen Sie die Rechtslage?

Beispiel einer Betriebsvereinbarung:

Betriebsvereinbarung über gleitende Arbeitszeit

Zwischen der Geschäftsleitung und dem Betriebsrat wird folgende Betriebsvereinbarung geschlossen:

Die gleitende Arbeitszeit bietet die Möglichkeit, innerhalb festgelegter Grenzen (Gleitzeitspannen) Beginn und Ende der täglichen Arbeitszeit zu wählen.

Der **Arbeitsbeginn** kann zwischen 6.45 Uhr und 8.45 Uhr erfolgen.

Das **Arbeitsende** kann zwischen 15.15 Uhr und 18.00 Uhr erfolgen.

Gleitzeitspanne: der Zeitraum, in dem Arbeitsbeginn bzw. Arbeitsende liegen können, also von 6.45 Uhr bis 8.45 Uhr (Arbeitsbeginn) und 15.15 Uhr bis 18.00 Uhr (Arbeitsende).

Wann die Arbeitnehmer eines Betriebes zu arbeiten hatten und welche Pausenregelung galt, das bestimmte vor gar nicht allzu langer Zeit ausschließlich der Arbeitgeber. In vielen Betrieben, die keinen Betriebsrat haben, ist dies noch heute so.
1972 trat das Betriebsverfassungsgesetz in Kraft. Seitdem haben Arbeitnehmer durch den Betriebsrat beachtliche Mitbestimmungsrechte. Unter anderem handelt er mit der Unternehmensleitung sogenannte Betriebsvereinbarungen aus.

BetrVG § 77

Während Tarifverträge Bestimmungen für ganze Wirtschaftszweige enthalten können, betrifft die **Betriebsvereinbarung** den einzelnen Betrieb. Sie wird zwischen **Betriebsrat** und **Arbeitgeber** eines Betriebes abgeschlossen. Arbeitgeber, Betriebsrat und alle Betriebsangehörigen müssen sich dann daran halten. Betriebsvereinbarungen sind vom Arbeitgeber und vom Betriebsrat zu unterzeichnen und für jeden sichtbar im Betrieb zu veröffentlichen. Wichtige Inhaltspunkte sind Beginn und Ende der täglichen Arbeitszeit und der Pausen, Unfallverhütungsvorschriften, betriebliche Sozialeinrichtungen oder Urlaubspläne.

Die bekannteste Betriebsvereinbarung ist die **Betriebsordnung**. Sie regelt die im Betrieb geltenden Ordnungsvorschriften wie z. B. Rauchverbot, Alkoholgenuss, Arbeitskleidung, Arbeitszeiten, Ruhepausen.
Betriebsvereinbarungen sollen also den Bestimmungen des Tarifvertrages nicht entgegenstehen, sondern ihn ergänzen und den Besonderheiten des einzelnen Betriebes anpassen. Dies bedeutet, dass sie die tariflichen Bestimmungen nur verbessern, nicht jedoch verschlechtern dürfen. Ebenso darf der Einzelarbeitsvertrag niemals schlechtere Bedingungen enthalten als die Betriebsvereinbarung.

Wichtige arbeitsrechtliche Bestimmungen

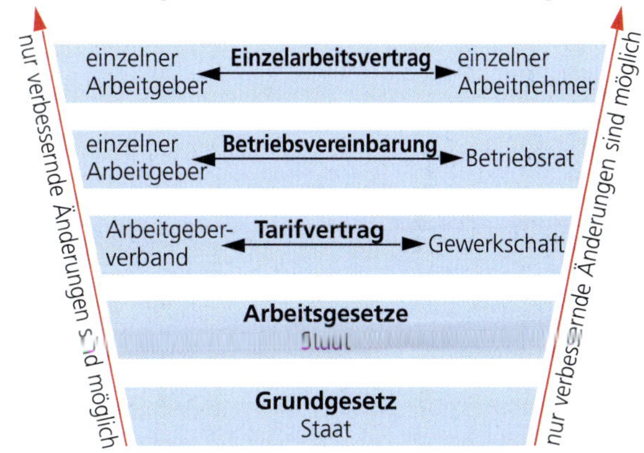

ZUSAMMENFASSUNG

Arbeitgeber → **Betriebsvereinbarung** ← Betriebsrat

Inhalte sind z. B.

- Betriebsordnung
- Arbeitsbeginn, -ende, Pausen
- Urlaubspläne
- betriebliche Sozialeinrichtungen

ARBEITSTEIL

Auszug aus dem Betriebsverfassungsgesetz (BetrVG)

§ 77 Betriebsvereinbarungen. (2) Betriebsvereinbarungen sind von Betriebsrat und Arbeitgeber gemeinsam zu beschließen und schriftlich niederzulegen. …
(4) Betriebsvereinbarungen gelten unmittelbar und zwingend. Werden Arbeitnehmern durch die Betriebsvereinbarung Rechte eingeräumt, so ist ein Verzicht auf sie nur mit Zustimmung des Betriebsrats zulässig. …
(5) Betriebsvereinbarungen können, soweit nichts anderes vereinbart ist, mit einer Frist von 3 Monaten gekündigt werden.

Bearbeiten Sie die folgenden Aufgaben, sofern erforderlich, mithilfe des Gesetzestextes.

1. a) Wer sind die Vertragspartner bei einer Betriebsvereinbarung?
   b) In welchem Gesetz ist der Abschluss von Betriebsvereinbarungen geregelt?
   c) Nennen Sie drei Beispiele für Regelungen, die eine Betriebsvereinbarung enthalten kann.
   d) Erkundigen Sie sich bei anderen Fachangestellten, welche Betriebsvereinbarungen in ihrer Praxis bestehen. Geben Sie außerdem an, welche Regelungen darin getroffen worden sind.
2. Eine MFA erhält laut Arbeitsvertrag 26 Werktage Jahresurlaub. Das Bundesurlaubsgesetz jedoch sieht lediglich 24 Werktage vor. Im entsprechenden Tarifvertrag ist von 25 Tagen die Rede. Außerdem liegt eine Betriebsvereinbarung vor, die 27 Tage Jahresurlaub vorsieht.
   Wie viele Urlaubstage kann die MFA wirklich beanspruchen?
3. Die Medizintechnik GmbH ist in ernsthafte Absatzschwierigkeiten geraten. Der Geschäftsführer verlangt deshalb von den Beschäftigten, dass sie auf das zusätzlich laut Betriebsvereinbarung gewährte Urlaubsgeld verzichten. Um Probleme von vornherein auszuschließen verzichtet er bei dieser Entscheidung auf die Zustimmung des Betriebsrates. Wie beurteilen Sie die Rechtslage?

5 Arbeitsgericht

„Ab zum Arzt und dann Koffer packen“. . .

...lautete der Eintrag, den eine Auszubildende auf Facebook gepostet hatte. Sie ließ sich von ihrem Arzt krankschreiben und meldete sich bei ihrem Arbeitgeber krank. Dann düste sie nach Mallorca, verbrachte dort ihren Urlaub und veröffentlichte ihre Urlaubsfotos auf Facebook. Diese zeigten sie fröhlich feiernd in einer Diskothek. Während ihrer Arbeitsunfähigkeit ließ sie sich auch noch ein Tattoo verpassen. Allerdings hatte sie nicht damit gerechnet, dass nicht nur ihr Freundeskreis, sondern eben auch ihr Arbeitgeber mitliest. Dieser kündigte daraufhin seiner Auszubildenden fristlos mit der Begründung, sie habe ihre Arbeitsunfähigkeit nur vorgetäuscht. Im anschließenden Kündigungsschutzprozess trafen sich die Parteien vor dem Arbeitsgericht Düsseldorf. Dieses gab dem Arbeitgeber recht, schlug jedoch im Gütetermin vom 28.08.2011 (Az.: 7 CA 2591/11) einen Vergleich vor, in dem die Beteiligten sich auf die Beendigung des Ausbildungsverhältnisses einigten.

Welches Gericht hat dieses Urteil erlassen?

Welche Streitigkeiten werden vor diesem Gericht verhandelt?

Arbeitsgerichte sind zuständig für alle Streitigkeiten im Arbeitsleben. Im Einzelnen sind dies Streitigkeiten zwischen

- Arbeitgebern und Arbeitnehmern aus dem Arbeitsvertrag
- Auszubildenden und Ausbildenden aus dem Berufsausbildungsvertrag
- den Tarifvertragsparteien aus dem Tarifvertrag
- Betriebsrat und Arbeitgebern aus dem Betriebsverfassungsrecht.

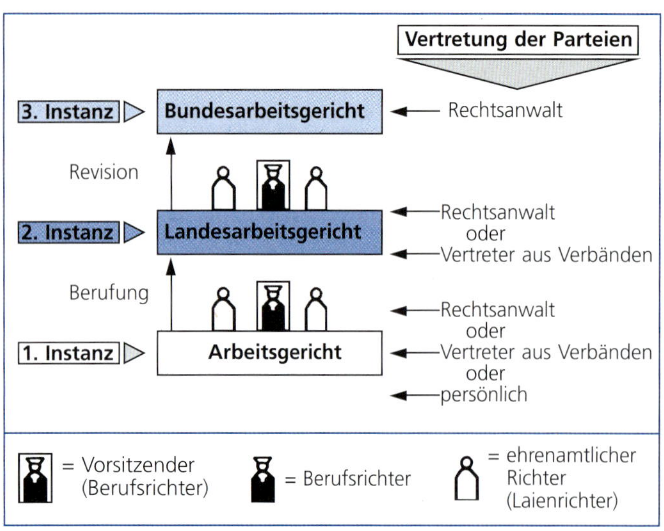

Gerichte in erster Instanz sind die Arbeitsgerichte. Gegen deren Urteil kann bei den **Landesarbeitsgerichten Berufung** eingelegt werden. In der Berufung wird das ganze Verfahren noch einmal durchgeführt, neue Beweise können vorgebracht werden. Die Revisionsinstanz ist das **Bundesarbeitsgericht** in Erfurt. Bei der **Revision** jedoch wird nur geprüft, ob in der vorigen Instanz die Gesetze richtig angewendet wurden. In allen Instanzen sind Berufsrichter und ehrenamtliche Richter (Laienrichter) tätig. Um die Praxis des Arbeitslebens ausgewogen zu berücksichtigen, werden die Laienrichter jeweils von Arbeitnehmer- und Arbeitgebervertretern gestellt. Die Parteien können an den Arbeitsgerichten ihren Rechtsstreit selbst führen oder sich durch Gewerkschaften oder Arbeitgeberverbände vertreten lassen. Ebenso ist die Vertretung durch einen Rechtsanwalt möglich. Vor dem Landesarbeitsgericht und dem Bundesarbeitsgericht herrscht Anwaltszwang.

Die Voraussetzung für eine Verhandlung ist die Klage, die beim zuständigen Arbeitsgericht eingereicht oder mündlich zu Protokoll gegeben werden muss.

In einer **Güteverhandlung** wird zunächst versucht, die Streitigkeiten durch einen Vergleich zu schlichten, um Gerichtskosten und unnötige Arbeit zu sparen.

Die Gerichtskosten sind etwas niedriger als bei normalen Gerichtsverfahren. Sie richten sich nach dem Streitwert, betragen in der ersten Instanz mindestens 70 € und sind je nach Streitwert nach oben offen. Wenn in der Güteverhandlung eine Einigung erzielt wurde, die Klage zurückgezogen wird oder ein Vergleich zustande kommt, fallen überhaupt keine Kosten an. In der ersten Instanz vor dem Arbeitsgericht trägt jede Partei ihre Kosten selbst, auch wenn sie in dem Verfahren gewinnt. Es gilt also nicht das sonst herrschende Prinzip, dass der Verlierer eines Rechtsstreits die Kosten tragen muss.
Die Fristen für die Bearbeitung eines Rechtsstreits beim Arbeitsgericht sind wesentlich kürzer als bei anderen Zivilprozessen.

ZUSAMMENFASSUNG

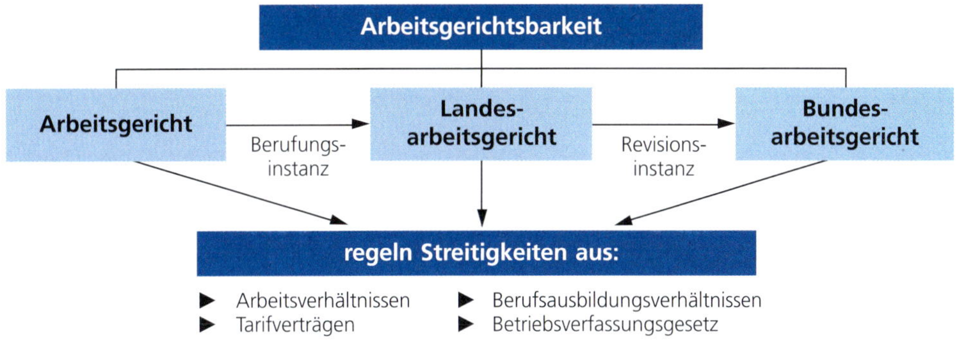

ARBEITSTEIL

1. Welche Streitigkeiten fallen in den Zuständigkeitsbereich der Arbeitsgerichte?
2. Nennen Sie die Instanzen der Arbeitsgerichtsbarkeit.
3. a) Wie ist ein Arbeitsgericht in der ersten Instanz zusammengesetzt?
   b) Begründen Sie diese Zusammensetzung.
4. Überlegen Sie, weshalb die folgenden Regelungen für das Arbeitsgericht getroffen wurden:
   - Die Gerichtskosten sind niedriger als bei normalen Gerichtsverfahren.
   - Die Fristen für die Bearbeitung eines Rechtsstreits sind relativ kurz.
5. Wie unterscheiden sich Berufung und Revision?

PRÜFUNGSAUFGABE

Martin Schneider (21) hat vor einem Jahr seine Ausbildung zum Zahntechniker abgeschlossen. Seit einem Jahr arbeitet er in einem großen zahntechnischen Labor. Eines Morgens kommt er wieder mal zu spät in den Betrieb. Verärgert stellt ihn der Chef zur Rede.

Chef: „Wieso kommen Sie schon wieder zu spät? Haben Sie vergessen, dass wir Ihnen erst vor drei Wochen deswegen eine Abmahnung geschickt haben?"

Martin: „Sorry, aber meinem Wecker ging das Benzin aus. Habe ich inzwischen was verpasst?"

Chef: „Jetzt reicht's! Sie sind fristlos entlassen."
Schimpfend packt Martin seine Sachen zusammen und geht. Abends trifft er seine Freundin Sabine und erzählt ihr den Vorfall.

Martin: „So was Blödes, heute hat mich mein Chef entlassen. Jetzt können wir unseren Urlaub auf Mallorca wohl streichen."

Sabine: „Das musst du dir nicht gefallen lassen. Diese Kündigung ist ungültig. Was sagt denn der Betriebsrat?"

Martin: „Keine Ahnung, ich musste ja gleich gehen."

a) Erläutern Sie, welche Bedeutung die Abmahnung für Martin hatte.

b) Weshalb wird Martins Chef dessen häufiges Zuspätkommen nicht zulassen und ein derartiges Verhalten nicht dulden?

c) Prüfen Sie anhand des Betriebsverfassungsgesetzes (BetrVerfG), ob Sabine recht hat?

d) Welche Rechte räumt das Betriebsverfassungsgesetz in diesem Fall dem Betriebsrat ein?

e) Sabine bedauert, dass Martin nicht zu den Personengruppen gehört, denen fast nicht gekündigt werden kann. Gibt es solche Personengruppen? Wenn ja, nennen Sie diese.

f) Angenommen, Martin würde nicht fristlos gekündigt werden, sondern er einigt sich mit seinem Chef auf eine ordentliche Kündigung. Welche gesetzlichen Kündigungsfristen müssten in diesem Fall eingehalten werden?

g) Martin bewirbt sich inzwischen bei verschiedenen Firmen. Bei jeder Bewerbung wird ein Arbeitszeugnis verlangt. Unterscheiden Sie in diesem Zusammenhang zwischen einem einfachen und einem qualifizierten Zeugnis.

h) Nur auf besonderen Wunsch des Arbeitnehmers muss ein qualifiziertes Zeugnis ausgestellt werden. Aus gutem Grund möchte Martin darauf verzichten; wegen seines Verhaltens rechnet er nämlich mit unklaren und nachteiligen Formulierungen. Halten Sie diesen Entschluss für eine gute Idee? (Begründung)

Auszug aus dem Betriebsverfassungsgesetz (BetrVG)

§ 102 Mitbestimmung bei Kündigungen. (1) Der Betriebsrat ist vor jeder Kündigung zu hören. Der Arbeitgeber hat ihm die Gründe für die Kündigung mitzuteilen. Eine ohne Anhörung des Betriebsrats ausgesprochene Kündigung ist unwirksam.
(2) Hat der Betriebsrat gegen eine ordentliche Kündigung Bedenken, so hat er diese unter Angabe der Gründe dem Arbeitgeber spätestens innerhalb einer Woche schriftlich mitzuteilen. Äußert er sich innerhalb dieser Frist nicht, gilt seine Zustimmung zur Kündigung als erteilt. Hat der Betriebsrat gegen eine außerordentliche Kündigung Bedenken, so hat er diese unter Angabe der Gründe dem Arbeitgeber unverzüglich, spätestens jedoch innerhalb von drei Tagen, schriftlich mitzuteilen …

PRÜFUNGSAUFGABE

Arbeiten, wo andere Urlaub machen

Moderne Gemeinschaftspraxis in Lindau sucht erfahrene

Medizinische/n Fachangestellte/n

für Management und Organisation im Empfangsbereich. Wenn der Patient für Sie Kunde ist, Stress keinen Grund darstellt unfreundlich zu sein und Sekretariatsaufgaben für Sie bereits vertraut sind, stößt Ihre Flexibilität und Fortbildungsbereitschaft bei uns auf Teamgeist und ein angenehmes Arbeitsklima. Sie sind engagiert und zielstrebig? Dann bieten sich beste Zukunftsaussichten und Aufstiegschancen. Vorbildliche Sozialleistungen, 37,5-Std.-Woche, 5-Tage-Woche, 6 1/2 Wochen Jahresurlaub usw. sind für uns selbstverständlich.

Ihre Bewerbung mit den üblichen Unterlagen senden Sie bitte an:

Dr. med. Erwin Schmidt, Hugo-Holzer-Str. 12, 88131 Lindau

Giuseppina Saccardi (19) hat erfolgreich ihre Ausbildung zur MFA abgeschlossen. In einer Fachzeitschrift fällt ihr die oben stehende Anzeige auf.

a) Da die Anzeige sie sehr anspricht, möchte sie sich für die angebotene Stelle bewerben. Welche Unterlagen werden hierzu benötigt?

b) Im Verlauf des Vorstellungsgesprächs erkundigt sich Dr. Schmidt, ob sie als italienische Staatsangehörige denn auch eine Arbeitserlaubnis besitzt. Wird nach EU-Recht eine Arbeitserlaubnis benötigt?

c) Giuseppinas Bewerbung ist erfolgreich verlaufen. Sie muss nur noch ihre Arbeitspapiere abgeben und zum vereinbarten Termin zur Arbeit erscheinen. Welche Unterlagen gehören zu den Arbeitspapieren?

d) Giuseppina hat mit Dr. Schmidt übertarifliche Leistungen vereinbart, vor allem bei der Entlohnung und beim Jahresurlaub. Erläutern Sie, was darunter zu verstehen ist. Geben Sie zusätzlich an, wo diese beiden Punkte tariflich geregelt werden.

e) Nach einigen Wochen stellt sie fest, dass eine Betriebsvereinbarung besteht, die allen Beschäftigten eine zusätzliche Fahrtkostenerstattung einräumt. Als sie Dr. Schmidt darauf anspricht, meint dieser, dass die Betriebsvereinbarung nur gelte, wenn die Regelung auch im Arbeitsvertrag enthalten sei, und dies wäre bei ihr nicht der Fall. Hat sie ebenfalls Anspruch auf eine Fahrtkostenerstattung?

f) Giuseppina arbeitet inzwischen seit 7 Monaten in der Praxis. Zu allen Kollegen hat sie ein sehr gutes Verhältnis. Deshalb wird sie gebeten, sich in den Betriebsrat wählen zu lassen. Kann sie bei den Betriebsratswahlen kandidieren?

Auszüge aus dem Betriebsverfassungsgesetz (BetrVG)

§ 1 Errichtung von Betriebsräten. In Betrieben mit in der Regel mindestens fünf ständigen wahlberechtigten Arbeitnehmern, von denen drei wählbar sind, werden Betriebsräte gewählt. …

§ 7 Wahlberechtigung. Wahlberechtigt sind alle Arbeitnehmer, die das 18. Lebensjahr vollendet haben. …

§ 8 Wählbarkeit. Wählbar sind alle Wahlberechtigten, die sechs Monate dem Betrieb angehören …

g) Giuseppinas Freund Klaus arbeitet in einer großen Metallwarenfabrik. Dort wird gerade für eine Lohnerhöhung gestreikt. Welche Schritte müssen durchlaufen werden, bevor die Gewerkschaften einen Streik ausrufen können?

h) Klaus ist nicht in der Gewerkschaft. Er meint, dies wäre auch nicht erforderlich, da der Tarifvertrag allgemein verbindlich sei. Erläutern Sie, was man unter Allgemeinverbindlichkeit versteht. Überlegen Sie, ob es für Klaus wirklich nicht sinnvoll ist, einer Gewerkschaft anzugehören.

FALLBEISPIEL: ROLLENSPIEL ZUR KÜNDIGUNG

Problemsituation:
Emma ist Auszubildende in Freddys Frisurenstudio. Obwohl sie im 2. Lehrjahr ist, wird sie in den letzten Wochen hauptsächlich mit Hilfsarbeiten beschäftigt. Kaum ist sie von der Post zurück, wo sie Pakete abliefern musste, wird sie erneut fortgeschickt. Jetzt soll sie für den Chef und die Kolleginnen in der nahegelegenen Pizzeria das Mittagessen holen. Emma, die immer ihr eigenes Essen dabei hat, lehnt ab. Als ihr Chef sie nochmals auffordert, weigert sie sich erneut und schreit ihn an. Dieser kündigt ihr daraufhin fristlos.

Arbeitsauftrag:
Führen Sie zu dieser Konfliktsituation ein Rollenspiel durch, bilden Sie für jede Rollenkarte eine Gruppe und legen Sie Ihr Verhandlungsziel fest.*

Rollenkarte für Arbeitsrichter/-in

Der Richter/die Richterin hat folgende Interessen:

- Durchführen der Verhandlung nach den Etappen des Arbeitsgerichtsverfahrens,
- eine gütliche Einigung zu erzielen,
- notfalls auch ein Urteil zu verkünden.

Rollenkarte für Emma

Situation aus der Sicht der Auszubildenden:
„Meine Eltern haben sich bereits beschwert über ausbildungsfremde Arbeiten wie z. B. Essen holen, Schaufenster putzen, Schnee schippen usw. Ich bin jetzt im 2. Lehrjahr und habe noch nie Haare geschnitten, immer nur welche gewaschen. Die meisten Lehrlinge von meinem Chef sind durch die Gesellenprüfung gefallen, weil nicht richtig ausgebildet wird. An diesem Tag sollte ich wieder alles Mögliche machen, nur nichts, was mit meinem Beruf zu tun hat. Da ist mir einfach der Kragen geplatzt."
Verhandlungsziel: Formulieren Sie eine Klageschrift und tragen Sie diese vor Gericht vor. Stützen Sie sich hierbei auf gesetzliche Grundlagen. Entwerfen Sie eine Strategie, die Sie vor Gericht verfolgen können. Stellen Sie fest, welche Forderungen Sie erheben sollten.

Rollenkarte für Emmas Chef

Situation aus der Sicht des Ausbildenden:

„Eigentlich war ich mit Emma immer zufrieden. Nur ganz selten wurde sie zu ausbildungsfernen Arbeiten herangezogen. Das Mittagessen sollte sie nur deshalb holen, weil unsere Hilfsarbeiterin krank war. Alle anderen Fachkräfte bedienten gerade Kunden. Als Chef kann ich es nicht zulassen, dass eine Angestellte mich vor Mitarbeitern anschreit und sich weigert, meine Anweisungen zu befolgen. Auf Kunden wirkt dieses Verhalten abschreckend, bei Mitarbeitern untergräbt es die Disziplin. Da ich ein derartiges Verhalten nicht durchgehen lassen kann, muss ich auf der Kündigung bestehen."
Verhandlungsziel: Formulieren Sie Argumente, wie Sie mit Ihrem Rechtsanwalt die Kündigung begründen können. Stützen Sie sich hierbei auf die rechtlichen Vorschriften.

* kostenloser Download eines Beurteilungsbogens zu diesem Rollenspiel: www.handwerk-technik.de, dann Titel „5896" in Suchmaske eingeben, Titel anklicken, unter „INFO / MATERIAL ZUM TITEL" findet sich das entsprechende PDF.

Öffentliche Abgaben

1 Finanzierung der staatlichen Aufgaben

Anlässlich ihres Geburtstages hat Dennis seine Freundin Bianca zum Mittagessen eingeladen. Im Lokal fällt ihnen sofort die nebenstehend abgebildete Serviette auf. Neugierig geworden, lesen sie den Text.

Bianca: „Ist das nicht unverschämt, was man heutzutage alles zahlen muss? Kein Wunder, dass von meinem Bruttolohn so wenig übrig bleibt."

Dennis: „So darfst du das nicht sehen, der Staat braucht das Geld."

Bianca: „Wofür denn? Außerdem kassiert der Staat noch viel mehr als auf dieser Serviette steht."

Dennis: „Trotzdem, du siehst das etwas einseitig."

Weshalb erhebt der Staat die öffentlichen Abgaben?

Welche Arten von öffentlichen Abgaben sind Ihnen bekannt?

Nachdem wir die Schankerlaubnis-, Getränke-, Vergnügungs-, Mehrwert-, Einkommen-, Grund-, Gewerbe-, Lohn-, Kirchen-, Hunde- und Kapitalertragsteuer bezahlt, Beiträge zur Krankenkasse, Berufsgenossenschaft, Familienausgleichskasse, Renten-, Arbeitslosen-, Pflege-, Lebens-, Feuer-, Einbruchs-, Unfall- und Haftpflichtversicherung, die Gebühren für Gas, Wasser, Elektrizität, Heizung, Müllabfuhr, Schornsteinfeger, Telefon, Zeitungen, Zeitschriften, Radio, Fernsehen, GEMA usw. entrichtet haben, bleibt uns diesen Monat nur das Geld für diese Reklame übrig und Sie zu bitten, unser Unternehmen durch regen Besuch unterstützen zu wollen. Für Ihren Besuch danken Ihnen das zuständige Finanzamt sowie

Ihre Gaststätte

1.1 Notwendigkeit und Verwendung der Staatseinnahmen

Finanzierung öffentlicher Aufgaben

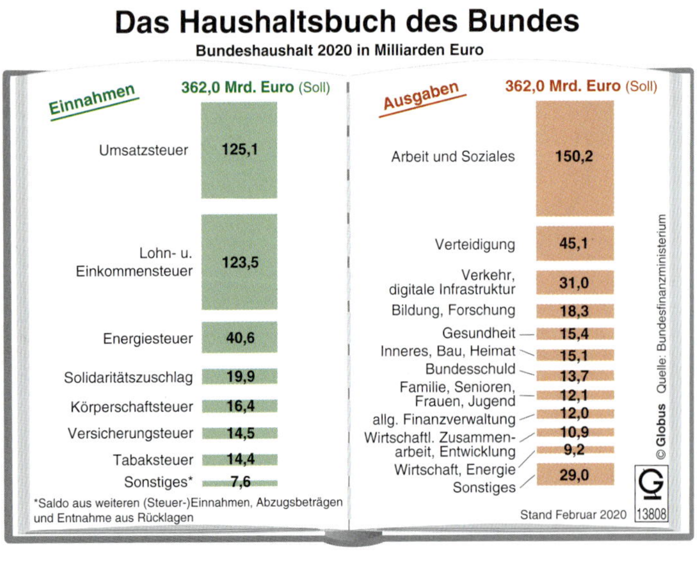

Die öffentliche Hand (Bund, Länder, Gemeinden) kann ihre umfassenden Aufgaben nur erfüllen, wenn sie über entsprechende Gelder verfügt. Ohne öffentliche Abgaben wären viele staatliche Leistungen nicht möglich.

Die größten Ausgabenbereiche des **Bundes** sind die soziale Sicherung, die Verteidigung und das Verkehrswesen.
Die Hauptaufgaben der **Länder** erstrecken sich auf das Bildungswesen, die Polizei und die Justiz.
Wichtige Aufgaben der **Gemeinden** sind u. a. der Straßenbau, der Bau und Unterhalt von Schulen und Krankenhäusern, die Müllabfuhr und die Wasserversorgung.

Beeinflussung der Konjunktur

Steuererhöhungen verkleinern das verfügbare Einkommen von Unternehmern und Verbrauchern und dämpfen somit die Nachfrage. Diese Maßnahme wird vorwiegend in der Hochkonjunktur angewendet. Steuersenkungen werden hingegen in wirtschaftlich schlechter Lage (z. B. Rezession) vorgenommen, da sie den gegenteiligen Effekt bewirken sollen, also eine Erhöhung der Nachfrage.

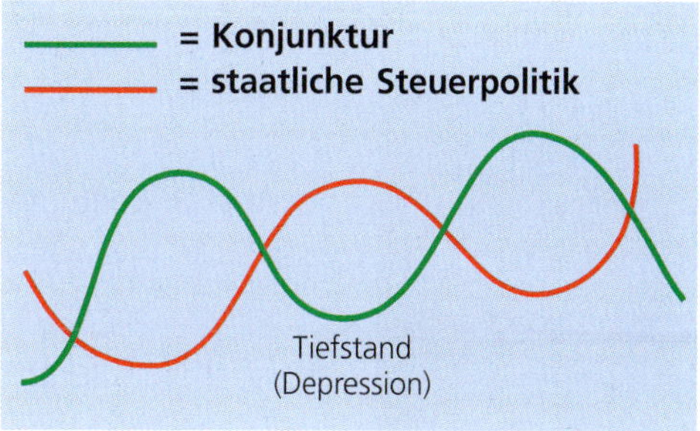

Beeinflussung des Konsumverhaltens

Durch manche Steuererhöhung will der Staat das Verbraucherverhalten beeinflussen. Die Branntwein- und die Tabaksteuer werden beispielsweise erhöht, um den Verbraucher vom Kauf abzuhalten und so seine Gesundheit zu sichern. Durch eine Erhöhung der Energiesteuer soll die Bevölkerung zu sparsamem Energieverbrauch angeregt werden.

Umverteilung von Einkommen und Vermögen

Wer ein höheres Einkommen bezieht, zahlt überdurchschnittlich viel Steuern. Dies wird erreicht durch die sogenannte **Steuerprogression**. In Extremfällen zahlen Kleinverdiener 0 % und Großverdiener bis zu 45 % Steuern bei der Lohn- und Einkommensteuer. Weitere Beispiele der Umverteilung sind Wohnungsbauprämien und die Berücksichtigung des Familienstandes und Alters bei der Steuerhöhe. Auf diese Art versucht der Staat, innerhalb gewisser Grenzen eine Umschichtung des Vermögens zu erreichen.

1.2 Arten der Staatseinnahmen

Damit der Staat seine Aufgaben erfüllen kann, benötigt er (Bund, Länder, Gemeinden) erhebliche Finanzmittel. Eine wichtige Einnahmequelle des Staates sind die Gewinne der Bundesbank und die Gewinne von Unternehmen, die ihm gehören oder an denen er beteiligt ist. Obwohl hier erhebliche Gewinne erwirtschaftet werden, decken diese nur einen geringen Teil der Staatsausgaben ab. Deshalb ist die öffentliche Hand gezwungen, den Großteil ihrer Aufgaben durch **öffentliche Abgaben** zu finanzieren. Es werden drei große Gruppen öffentlicher Abgaben unterschieden:

- **Gebühren** und **Beiträge**
- **Zölle**
- **Steuern**

Gebühren und Beiträge

Gebühren und Beiträge werden für spezielle Gegenleistungen erhoben. Eine **Gebühr** ist eine Abgabe, die ein einzelner Bürger zu entrichten hat, wenn er eine bestimmte staatliche Leistung in Anspruch nimmt.
Beispiele: Führerscheingebühr, Passgebühr, Müllgebühr, Parkgebühr.

Ein **Beitrag** liegt vor, wenn der Staat eine bestimmte Abgabe für eine ganz spezielle Gegenleistung fordert, auch wenn diese Leistung gar nicht gewünscht oder in Anspruch genommen wird.
Beispiele: Sozialversicherungsbeiträge, Grundstückserschließungsbeiträge, Anliegerbeiträge für Kanalisation, Stromversorgung oder Trinkwasser.

Zölle

Zölle sind Abgaben, die erhoben werden, wenn Waren über die Staatsgrenzen gebracht werden.

- **Ausfuhrzölle** fallen an, wenn Waren ausgeführt werden. Die Bundesrepublik Deutschland, die an einer Förderung des Exports interessiert ist, erhebt keine Ausfuhrzölle.
- **Einfuhrzölle** sind die übliche Zollart. Sie werden erhoben, wenn Waren eingeführt werden. Die importierten Produkte werden dadurch verteuert.
- **Finanzzölle** sollen dem Staat zusätzliche Einnahmen verschaffen. Sie werden meist auf begehrte Waren erhoben, die im Inland nicht hergestellt oder angebaut werden, wie z. B. Tee oder Kaffee.
- **Schutzzölle** sollen die inländische Wirtschaft vor ausländischer Konkurrenz schützen. Die niedrigen Weltmarktpreise werden auf das höhere heimische Niveau angehoben, um dadurch Wirtschaftszweige zu erhalten, an denen der Staat ein wirtschaftliches Interesse hat, z. B. die Landwirtschaft, die Textilindustrie oder die Stahlindustrie.

Die Bedeutung der Zölle geht allerdings immer mehr zurück. Innerhalb der EU herrscht Zollfreiheit. Zwar erhebt die Europäische Union gemeinsame Außenzölle, deren Aufkommen in den EU-Haushalt fließt, aber auch diese Zölle sollen weiter abgebaut werden. Die Welthandelsorganisation (WTO) strebt einen weltweiten Zollabbau an, da Zölle den freien Welthandel beeinträchtigen.

Steuern

Steuern sind mit ca. 80 % die Haupteinnahmequelle des Staates. Sie sind Einnahmen ohne spezielle Gegenleistung und werden zwangsweise erhoben.
Bund, Länder und Gemeinden decken ihren Finanzbedarf durch ca. 50 verschiedene Steuern.

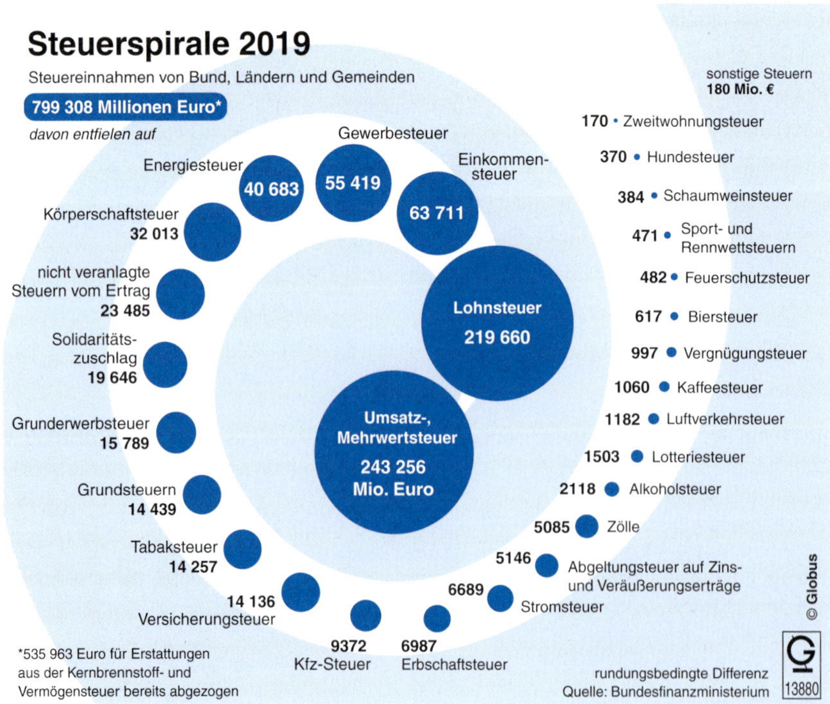

Um angesichts dieser Steuervielfalt eine bessere Übersicht zu erhalten werden Steuern folgendermaßen eingeteilt:

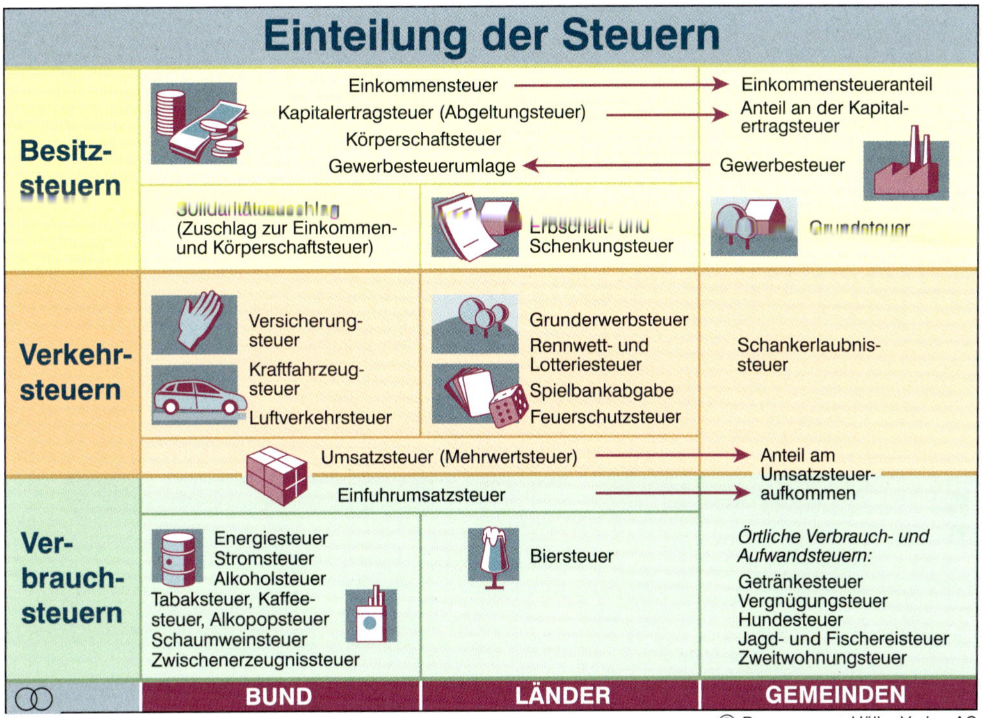

181 111

Einteilung nach der Erhebungsart Bei **direkten Steuern** wird der Steuerzahler unmittelbar besteuert. Derjenige, der die Steuer bezahlen soll, trägt auch die Steuerbelastung. Er kennt die Steuerhöhe und führt die Steuerschuld an das Finanzamt ab.
Beispiele: Einkommensteuer, Grundsteuer, Kfz-Steuer.

Bei **indirekten Steuern** wälzt der Steuerpflichtige die Steuerlast auf den Endverbraucher ab, der sie also indirekt zahlt. Der Unternehmer, der die Steuer abführen muss, gibt sie über den Warenpreis an den Kunden weiter, der sie letztendlich zu tragen hat. Die genaue Steuerbelastung kennt der Kunde selten. Bei Genussmitteln beträgt sie z. B. mehr als 50 %. *Beispiele:* Kaffeesteuer, Energiesteuer, Mehrwertsteuer, Versicherungsteuer.

Einteilung nach dem Steuergegenstand **Besitzsteuern** knüpfen an das Vermögen bzw. das Einkommen an. *Beispiele:* Lohnsteuer, Grundsteuer, Gewerbesteuer, Erbschaftsteuer, Körperschaftsteuer.

Verkehrsteuern belasten bestimmte rechtliche und wirtschaftliche Vorgänge. So unterliegt z. B. der Erwerb von Grundstücken der Grunderwerbsteuer. Weitere *Beispiele:* Mehrwertsteuer, Kfz-Steuer.

Verbrauchsteuern werden auf bestimmte Verbrauchsgüter erhoben. *Beispiele:* Tabaksteuer, Kaffeesteuer, Energiesteuer, Biersteuer, Schaumweinsteuer.

GG Art. 106

Einteilung nach dem Steuerempfänger Zu den **Bundessteuern** zählen vor allem die Verbrauchsteuern und einige Verkehrsteuern.

Die wichtigsten **Ländersteuern** sind die Kfz-Steuer, die Grunderwerbsteuer, die Erbschaftsteuer und die Biersteuer.

Wichtige **Gemeindesteuern** sind die Grundsteuer, die Hundesteuer, die Schankerlaubnissteuer und die Vergnügungsteuer.

Die wichtigsten Steuern sind **Gemeinschaftssteuern**, d.h., sie werden zwischen Bund, Ländern und Gemeinden aufgeteilt; vor allem Lohnsteuer, Mehrwertsteuer, Gewerbesteuer und Einkommensteuer.

Die **Kirchensteuer** beträgt je nach Bundesland 8 oder 9 % der Lohn- bzw. Einkommensteuerschuld.

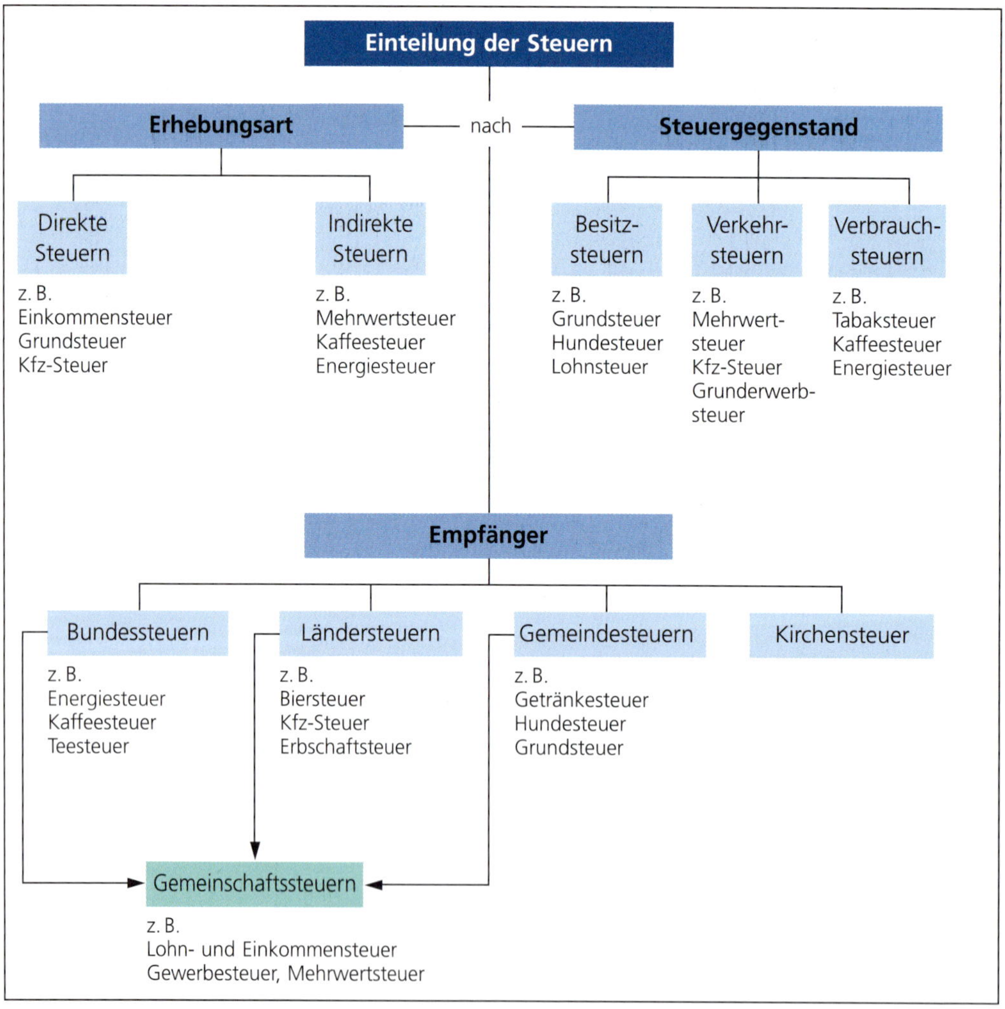

ZUSAMMENFASSUNG

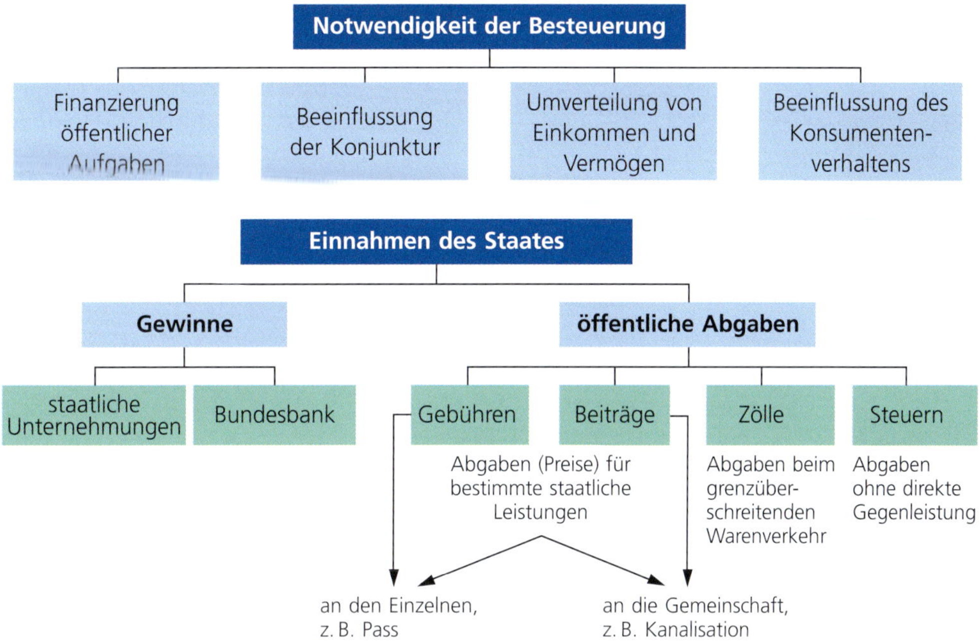

ARBEITSTEIL

1. Der Staat versucht durch die Besteuerung verschiedene Ziele zu erreichen.
   a) Auf welches Ziel weist die nebenstehende Abbildung hin?
   b) Nennen Sie weitere Ziele, die der Staat mit der Steuererhebung verfolgt.

2. Wie wirken sich Steuererhöhungen auf die wirtschaftliche Lage (Konjunktur) aus, welche Auswirkungen haben Steuersenkungen?
3. Über welche Einnahmequellen verfügt der Staat?
4. Unterscheiden Sie zwischen direkten und indirekten Steuern.
5. Nennen Sie jeweils zwei wichtige
   a) Bundessteuern
   b) Ländersteuern
   c) Gemeindesteuern.
6. a) Welche Zollarten werden unterschieden?
   b) Welche Vorteile und welche Nachteile sehen Sie in der Erhebung von Schutzzöllen?
7. Einkommensteuer, Tabaksteuer, Kfz-Steuer, Energiesteuer, Mehrwertsteuer, Kaffeesteuer, Grundsteuer, Erbschaftsteuer, Biersteuer
   a) Welche der oben genannten Steuern sind Besitz-, Verbrauch- oder Verkehrsteuern?
   b) Welche der oben genannten Steuern sind direkte, welche sind indirekte Steuern?

2 Grundzüge der Einkommen- und Lohnsteuer

Michaela hat vor wenigen Tagen ihre Ausbildung als Medizinische Fachangestellte beendet. In einer Buchhandlung entdeckt sie folgendes Schild:

> **Fachbuch der Medizinischen Fachangestellten**
> Der ständige Begleiter für alle MFA,
> die mehr in ihrem Beruf erreichen wollen.
> Einführungspreis **28,90 €**

Schnell entschlossen nimmt sie das Buch und geht damit zur Kasse:

Verkäuferin: „Guten Tag, Sie haben sich für das Einführungsangebot entschlossen? Da sparen Sie mindestens 10 €."

Michaela: „Das hört man gerne. Kann ich mit Girocard bezahlen?"

Verkäuferin: „Selbstverständlich. Reicht Ihnen der Kassenbon oder benötigen Sie einen Beleg fürs Finanzamt?"

Michaela: „Einen Beleg fürs Finanzamt? Wozu?"

Erläutern Sie, weshalb Michaela sich unbedingt einen Beleg ausstellen lassen sollte.

2.1 Besteuerung des Einkommens

Wer Einkünfte erzielt, muss **Einkommensteuer** bezahlen. Die meisten Arbeitnehmer zahlen die Einkommensteuer als **Lohnsteuer**. Obwohl die Lohnsteuer die wichtigste Einnahmequelle des Staates bildet, ist sie keine selbstständige Steuerart, sondern eine besondere Erhebungsform der Einkommensteuer bei Arbeitnehmern. Der Arbeitgeber ist verpflichtet, die Lohnsteuer vom Arbeitslohn einzubehalten und an das Finanzamt abzuführen. Die Einkommensteuer dagegen muss vom Steuerpflichtigen selbst an das Finanzamt abgeführt werden. Außerdem müssen Einkommensteuerpflichtige spätestens am 31. Juli für das abgelaufene Kalenderjahr eine **Einkommensteuererklärung** abgeben. Das Einkommensteuergesetz kennt sieben Einkunftsarten, die besteuert werden:

Einkünfte aus	Beispiele
1. Land- und Forstwirtschaft	Weinbauern, Gärtnereien, Forstbetriebe
2. Gewerbebetrieb	Handwerks-, Handels- und Industriebetriebe
3. selbstständiger Arbeit	Ärzte, Rechtsanwälte, Steuerberater, Architekten
4. nichtselbstständiger Arbeit	Löhne, Gehälter, Ausbildungsvergütungen
5. Kapitalvermögen	Zinsen, Dividenden
6. Vermietung und Verpachtung	Mieteinnahmen, Pachteinnahmen
7. sonstige Einkünfte	Rentenbezüge, Spekulationsgewinne

Nicht alle Einnahmen unterliegen der Einkommensteuer. **Steuerfrei** sind z. B. Arbeitslosengeld I, Arbeitslosengeld II, Sozialgeld, Mutterschaftsgeld, Elterngeld, Wohngeld, Kindergeld oder Lotteriegewinne. Dasselbe gilt für Einkünfte, die den Grundfreibetrag nicht übersteigen, wie z. B. niedrige Ausbildungsvergütungen.

Bei den drei ersten Einkunftsarten ist der erzielte **Gewinn** die Grundlage für die Erhebung der Einkommensteuer. Man erhält ihn, indem man von den **Betriebseinnahmen** die **Betriebsausgaben** abzieht. Betriebseinnahmen sind alle Einnahmen, die mit der Ausübung des Berufes oder des Gewerbes in Zusammenhang stehen, z. B. Einnahmen aus der Behandlung von Patienten. Zu den Betriebsausgaben zählen alle Ausgaben, die durch die Ausübung des Berufes oder des Gewerbes verursacht werden, z. B. Löhne und Gehälter von Angestellten.

Bei den übrigen vier Einkunftsarten werden die Einkünfte ermittelt, indem man von den **Einnahmen** die **Werbungskosten** abzieht. Zu den Werbungskosten gehören alle Aufwendungen, die zum Erwerb, zur Sicherung oder zum Erhalt der Einnahmen dienen. Dies sind bei einer Medizinischen Fachangestellten beispielsweise Fahrtkosten zwischen Wohnung und Arbeitsplatz, Arbeitskleidung oder Fachbücher.
Werden Einkünfte aus mehreren Einkunftsarten bezogen, so werden diese addiert. Verluste aus einer Einkommensart können dabei mit Gewinnen aus einer anderen Einkommensart verrechnet werden.

Ehegatten können zwischen Zusammenveranlagung und getrennter Veranlagung wählen. Bei der Zusammenveranlagung werden die Einkünfte der Ehegatten zusammengezählt und die Steuerschuld nach der **Splittingtabelle** und nicht nach dem **Grundtarif** ermittelt. Die Zusammenveranlagung ist deshalb in der Regel günstiger.

Ermittlung des zu versteuernden Einkommens

Einkünfte aus
1. Land- und Forstwirtschaft
2. Gewerbebetrieb
3. selbstständiger Arbeit

= Betriebseinnahmen jeder Einkunftsart
– Betriebsausgaben jeder Einkunftsart

= Gewinneinkünfte jeder Einkunftsart

Einkünfte aus
4. nichtselbstständiger Arbeit
5. Kapitalvermögen
6. Vermietung und Verpachtung
7. sonstige Einkünfte

= Einnahmen jeder Einkunftsart
– Werbungskosten jeder Einkunftsart

= Überschusseinkünfte jeder Einkunftsart

(+)

= Summe der Einkünfte
– Sonderausgaben
– außergewöhnliche Belastungen
– Freibeträge

= zu versteuerndes Einkommen

Steuerklassen

Grundlage für die Berechnung der Lohnsteuer sind die **Steuerklassen,** in die alle Arbeitnehmer eingeteilt werden. Dadurch sollen persönliche Verhältnisse wie z. B. Familienstand, Verdienstsituation oder Kinderzahl beim Lohnsteuerabzug berücksichtigt werden. In den einzelnen Lohnsteuerklassen ist die Besteuerung deshalb unterschiedlich hoch, obwohl die Höhe des Einkommens gleich ist.

2013 wurde die papiergebundene Lohnsteuerkarte durch eine **„elektronische Lohnsteuerkarte"** ersetzt.
Arbeitnehmer müssen bei Beginn des Arbeitsverhältnisses lediglich ihre **Steuer-Identifikationsnummer** angeben und das Geburtsdatum mitteilen. Damit kann der Arbeitgeber vom Bundeszentralamt für Steuern die Lohnsteuerabzugsmerkmale (Steuerklasse, Freibeträge, Kinderfreibeträge, Konfession) auf seinen PC übertragen und die Lohnsteuer richtig abrechnen.

Wie viel Lohnsteuer einbehalten werden muss, kann aus der **Lohnsteuertabelle** abgelesen werden.

pro Monat in Euro

Lohn/ Gehalt bis Euro	Steuerklasse	Lohn-steuer	ohne Kinderfreibetrag			0,5 Kinderfreibetrag			1,0 Kinderfreibetrag			1,5 Kinderfreibetrag		
			SolZ	Kirchensteuer		SolZ	Kirchensteuer		SolZ	Kirchensteuer		SolZ	Kirchensteuer	
			5,5 %	8 %	9 %	5,5 %	8 %	9 %	5,5 %	8 %	9 %	5,5 %	8 %	9 %
2.099,99	I	195,58	10,75	15,64	17,60	6,19	9,01	10,13	0,00	3,08	3,47	0,00	0,00	0,00
	II	154,41	8,49	12,35	13,89	0,00	5,94	6,68	0,00	0,86	0,96	0,00	0,00	0,00
	III	5,50	0,00	0,44	0,49	0,00	0,00	0,00	0,00	0,00	0,00	0,00	0,00	0,00
	IV	195,58	10,75	15,64	17,60	8,43	12,27	13,80	6,19	9,01	10,13	0,00	5,86	6,59
	V	438,16	24,09	35,05	39,43									
	VI	468,66	25,77	37,49	42,17									
2.102,99	I	196,25	10,79	15,70	17,66	6,23	9,06	10,19	0,00	3,13	3,52	0,00	0,00	0,00
	II	155,00	8,52	12,40	13,95	0,00	5,98	6,73	0,00	0,89	1,00	0,00	0,00	0,00
	III	5,83	0,00	0,46	0,52	0,00	0,00	0,00	0,00	0,00	0,00	0,00	0,00	0,00
	IV	196,25	10,79	15,70	17,66	8,47	12,32	13,86	6,23	9,06	10,19	0,00	5,91	6,65
	V	439,00	24,14	35,12	39,51									
	VI	469,33	25,81	37,54	42,23									

Steuerklasse I für ledige, geschiedene, verwitwete Arbeitnehmer sowie für verheiratete oder verpartnerte Arbeitnehmer, die dauernd getrennt leben.

Steuerklasse II für die in Steuerklasse I genannten Arbeitnehmer, wenn bei ihnen der Entlastungsbetrag für Alleinerziehende zu berücksichtigen ist.

Steuerklasse III für verheiratete oder verpartnerte Arbeitnehmer, deren Ehegatte oder Lebenspartner keinen Arbeitslohn bezieht oder der nach Steuerklasse V besteuert wird.

Steuerklasse IV für verheiratete oder verpartnerte Arbeitnehmer, wenn beide Ehegatten oder Lebenspartner Arbeitslohn beziehen.

Steuerklasse V für Verheiratete oder Verpartnerte, die beide Arbeitslohn beziehen. Wenn ein Ehegatte oder Lebenspartner die Steuerklasse III gewählt hat, erhält der andere die Klasse V.

Steuerklasse VI Für Arbeitnehmer, die nebeneinander von mehreren Arbeitgebern Arbeitslohn beziehen, wird für das zweite oder weitere Arbeitsverhältnis Steuerklasse VI angesetzt. Wenn Arbeitnehmer die elektronischen Lohnsteuerabzugsmerkmale nicht bereitstellen, werden sie ebenfalls nach Klasse VI besteuert.

Damit die Lohnsteuer richtig einbehalten wird, benötigt der Arbeitgeber von seinen Arbeitnehmern sogenannte **elektronische Lohnsteuerabzugsmerkmale (ELStAM),** z. B. Steuerklasse, Zahl der Kinderfreibeträge, Konfession (siehe vorige Seite).

Ehegatten können ihre **Steuerklassen wählen,** entweder die Steuerklasse III/V oder IV/IV. Die Kombination IV/IV ist sinnvoll, wenn beide etwa gleich viel verdienen. III/V empfiehlt sich, wenn ein Ehepartner deutlich mehr Einkommen bezieht. Allerdings kann es bei dieser Kombination zu einer Steuernachzahlung kommen. Deshalb muss bei dieser Steuerklassenkombination später eine Einkommensteuererklärung abgegeben werden. Um Nachzahlungen zu vermeiden, können Ehegatten das **Faktorverfahren** beantragen. Durch die Steuerklassenkombination IV-Faktor zu IV-Faktor soll der monatliche Lohnsteuerabzug gerechter werden. Beispiel: Wer nur 20 Prozent zum gemeinsamen Einkommen beiträgt, soll auch nur 20 Prozent der gemeinsamen Lohnsteuer zahlen.

Wird von den Ehegatten keine Steuerklasse gewählt, dann werden sie von der Gemeindeverwaltung immer in die Klassen IV/IV eingeteilt.

Der Steuertarif

Durch den **Steuertarif** wird die Steuerschuld ermittelt, die sich aus dem zu versteuernden Einkommen ergibt. Die Steuersätze sind unterschiedlich hoch. Grundsätzlich gilt:

> **!** **Je höher das Einkommen, desto höher die Steuerschuld.**

Der Steuertarif unterscheidet 3 Zonen:

- Am Anfang steht der Grundfreibetrag, auch **Nullzone (= steuerfreies Existenzminimum)** genannt. Ledige müssen bis zu einem jährlichen Einkommen von 9.408 € (Verheiratete: 18.816 €) keine Steuern zahlen.
- Danach beginnt die **Progressionszone**. Einkommen, die über der Nullzone liegen, werden mit einem ansteigenden Steuersatz belastet. Der Steuersatz dieser Tarifzone beginnt bei 14 % und erhöht sich ständig, bis er bei einem zu versteuernden Einkommen von 57.050 € (Verheiratete: 114.100 €) den Spitzensteuersatz von 42 % erreicht.
- Der Steuertarif endet mit der **Proportionalzone**. Jeder Euro, der über einem zu versteuernden Einkommen von 57.050 € liegt (Verheiratete: 114.100 €), wird gleichbleibend mit 42 % bis 45 % besteuert.
- Auf private Einkommen über 270.500 € bei Ledigen, 541.000 € bei Verheirateten wird ein Zuschlag von 3 Prozentpunkten auf den Spitzensteuersatz von 42 % erhoben. Für diese Einkommen gilt ein Spitzensteuersatz von 45 %.

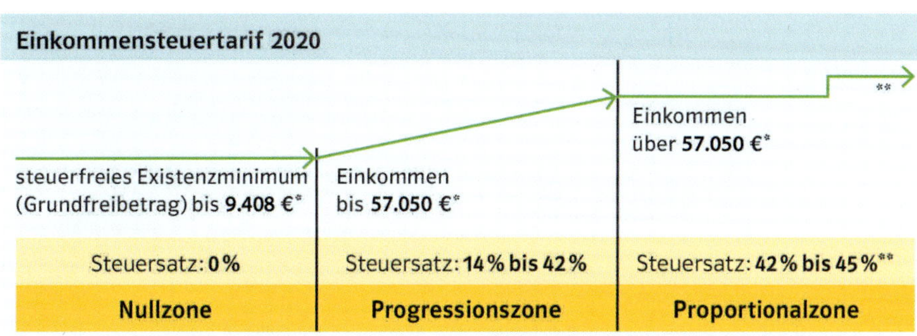

* Die genannten Beträge gelten für Ledige; für zusammenveranlagte Ehepaare gelten die doppelten Summen.

** Für private Einkommen über 270.500 € bei Ledigen, 541.000 € bei Verheirateten wird ein Zuschlag von 3 Prozentpunkten auf den Spitzensteuersatz von 42 % erhoben. Für diese Einkommen gilt ein Spitzensteuersatz von 45 %.

2.2 Grundzüge der Einkommensteuererklärung

Wer als Unternehmer Einkünfte erzielt, muss für das abgelaufene Kalenderjahr beim Finanzamt eine **Einkommensteuererklärung** abgeben. Dasselbe gilt für Arbeitnehmer, die neben ihrem Verdienst weitere Einkünfte (z. B. Mieteinkünfte) über 410 € bezogen haben. Auch zusammenveranlagte Ehegatten, die sich für die Steuerklassenkombination III/V entschieden haben, müssen eine Steuererklärung einreichen. Wer bei ELStAM (Elektronische Lohnsteuerkarte) einen „Freibetrag" eintragen lässt, muss ebenfalls eine Steuererklärung abgeben.

Termin für die Abgabe der Einkommensteuererklärung ist der 31. Juli des folgenden Kalenderjahres; auf Antrag kann die Frist verlängert werden. Arbeitnehmer, die nur ihren Arbeitsverdienst beziehen, brauchen keine Steuererklärung abzugeben. Sie erhalten dann aber auch keine zu viel bezahlten Steuern vom Finanzamt zurück.

Das Formular für die Einkommensteuererklärung besteht aus einem **Mantelbogen** und mehreren **Anlagebögen**, z. B. der Anlage N für Einkünfte aus nicht selbstständiger Arbeit, der Anlage V für Einkünfte aus Vermietung und Verpachtung. Wichtige Daten wie Arbeitslohn, einbehaltene Lohn- und Kirchensteuer können der **Lohnsteuerbescheinigung** entnommen werden. Sie wird am Jahresende sowie beim Ausscheiden aus dem Betrieb vom Arbeitgeber ausgestellt. Da die Lohnsteuerbescheinigung vom Arbeitgeber bereits elektronisch an das Finanzamt übermittelt wurde, muss der Arbeitnehmer nur noch die ausgefüllten Formulare und erforderlichen Belege beim Finanzamt einreichen.

Auszug aus dem Mantelbogen

2019

1 X Einkommensteuererklärung | Festsetzung der Arbeitnehmer-Sparzulage | Eingangsstempel

2 Erklärung zur Festsetzung der Kirchensteuer auf Kapitalerträge | Erklärung zur Feststellung des verbleibenden Verlustvortrags

3 Steuernummer 90876/54321

An das Finanzamt

4 Stuttgart

Bei Wohnsitzwechsel: bisheriges Finanzamt

5

Daten für die mit (e) gekennzeichneten Zeilen liegen im Regelfall vor und müssen, wenn sie zutreffend sind, nicht ausgefüllt werden. – Bitte Infoblatt eDaten / Anleitung beachten –

Allgemeine Angaben

6 Telefonische Rückfragen tagsüber unter Nr.

Steuerpflichtige Person (stpfl. Person), nur bei Zusammenveranlagung: Ehemann oder Person A*) (Ehegatte A / Lebenspartner[in] A nach dem LPartG)

7 Identifikationsnummer (IdNr.) 55908765432 — *) Bitte Anleitung beachten.

8 Name: Pohl — Geburtsdatum: 15.05.2001

9 Vorname: Marina

Religionsschlüssel: Evangelisch = EV, Römisch-Katholisch = RK, nicht kirchensteuerpflichtig = VD, Weitere siehe Anleitung

10 Titel, akademischer Grad

11 Straße (derzeitige Adresse): Zeppelinstraße — Religion: RK

12 Hausnummer: 18 — Hausnummerzusatz — Adressergänzung

13 Postleitzahl: 70437 — Wohnort: Stuttgart

14 Ausgeübter Beruf: Medizinische Fachangestellte

Seit 2020 werden die Daten der Lohnsteuerbescheinigung direkt vom Arbeitgeber übermittelt. Der Steuerpflichtige muss deshalb die Daten nicht mehr eintragen, sollte dies aber tun, wenn er Fehler ausschließen will.

Auszug aus der Anlage N

2019

Anlage N — Jeder Ehegatte / Lebenspartner mit Einkünften aus nichtselbständiger Arbeit hat eine eigene Anlage N abzugeben.

1 Name: Pohl

2 Vorname: Marina

3 Steuernummer 90876/54321 — X stpfl. Person / Ehemann / Person A — Ehefrau / Person B

4 Sofern keine IdNr. vorhanden: eTIN lt. Lohnsteuerbescheinigung(en) — eTIN lt. weiterer Lohnsteuerbescheinigung(en)

Einkünfte aus nichtselbständiger Arbeit — Daten für die mit (e) gekennzeichneten Zeilen liegen im Regelfall vor und müssen, wenn sie zutreffend sind, nicht ausgefüllt werden. – Bitte Infoblatt eDaten / Anleitung beachten – 4

Angaben zum Arbeitslohn		Lohnsteuerbescheinigung(en) Steuerklasse 1–5 (EUR, Ct)		Lohnsteuerbescheinigung(en) Steuerklasse 6 oder einer Urlaubskasse (EUR, Ct)
5 Steuerklasse	168			
6 Bruttoarbeitslohn	110	24.248,–	111	,–
7 Lohnsteuer	140	2.232	141	
8 Solidaritätszuschlag	150	122,76	151	
9 Kirchensteuer des Arbeitnehmers	142	178,56	143	
10 Nur bei Konfessionsverschiedenheit: Kirchensteuer für den Ehegatten / Lebenspartner	144		145	

Grundlage für die Berechnung der Steuerschuld ist das zu **versteuernde Einkommen.** Wie das nebenstehende Schaubild zeigt, wird es bei Arbeitnehmern (= Einkünfte aus nicht selbstständiger Arbeit) ermittelt, indem man folgende Aufwendungen vom Jahresbruttoverdienst abzieht:

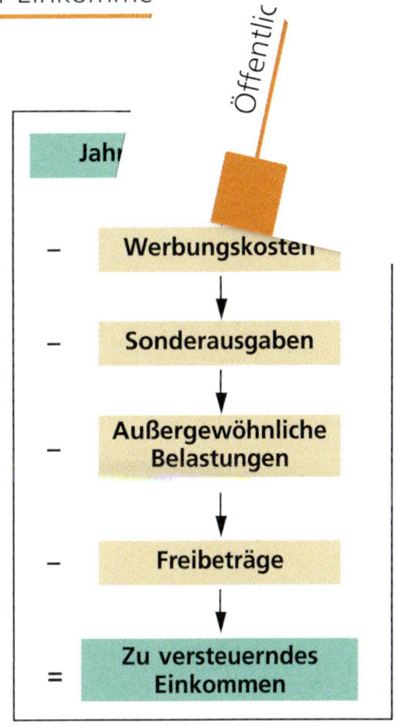

Werbungskosten sind Ausgaben, die entstehen, um die Einnahmen zu erhalten oder zu sichern. Bei Einkünften aus nicht selbstständiger Arbeit sind dies

- Kosten der Berufskleidung
- Fahrtkosten zum Arbeitsplatz (2020: 0,30 € je Entfernungskilometer; 2021: ab dem 21. Kilometer 0,35 €)
  Ab 2021 erhalten Geringverdiener, die gar keine Steuern zahlen, ab dem 21. Kilometer eine **Mobilitätsprämie** von 4,9 Cent, wenn ihre Aufwendungen den Arbeitnehmer-Pauschbetrag übersteigen.
- Beiträge zu Berufsverbänden
- Fachliteratur und sonstige Arbeitsmittel
- Bewerbungskosten
- Umzugskosten bei einem beruflich bedingten Wohnungswechsel
- Aufwendungen für berufliche Fortbildung
- Mehraufwendungen für beruflich bedingte doppelte Haushaltsführung

Für Werbungskosten gibt es derzeit (2020) einen *Arbeitnehmer-Pauschbetrag* von 1.000 €. Dieser Pauschbetrag ist in die Steuertabellen eingearbeitet, d. h., er wird bereits bei der monatlichen Lohnsteuerberechnung berücksichtigt. Sind höhere Werbungskosten entstanden, können diese in der Steuererklärung geltend gemacht werden, sofern sie insgesamt durch Belege nachgewiesen werden.

Sonderausgaben sind private Ausgaben, an denen der Staat ein Interesse hat und die er deshalb steuerlich begünstigt. Man unterscheidet:

- ***Vorsorgeaufwendungen:*** Sie gliedern sich in **Altersvorsorgeaufwendungen,** z. B. Beiträge zur gesetzlichen Rentenversicherung, sowie in **sonstige Vorsorgeaufwendungen,** z. B. Beiträge zu Kranken-, Pflege-, Arbeitslosen-, Unfall- und Haftpflichtversicherungen. Da seit 2010 die Kranken- und Pflegeversicherung nahezu voll abgesetzt werden kann, wirken sich die anderen Versicherungen nur noch bei niedrigen Kranken- und Pflegeversicherungsbeiträgen aus.

Steuernummer, Name und Vorname

Werbungskosten – ohne Beträge lt. Zeile 91 bis 94 – 8

Wege zwischen Wohnung und erster Tätigkeitsstätte / Sammelpunkt / weiträumigem Tätigkeitsgebiet (Entfernungspauschale)

Zeile	Erste Tätigkeitsstätte in (PLZ, Ort und Straße)	vom	bis	Arbeitstage je Woche	Urlaubs- und Krankheitstage
31	71336 Waiblingen, Mörikestr. 200	01.01.	31.12.	5	30
32					
	Sammelpunkt / nächstgelegener Zugang zum weiträumigen Tätigkeitsgebiet (PLZ, Ort und Straße)				
33					
34					

Zeile	Ort lt. Zeile	aufgesucht an Tagen	einfache Entfernung (auf volle Kilometer abgerundet)	davon mit eigenem oder zur Nutzung überlassenem Pkw zurückgelegt	davon mit Sammelbeförderung des Arbeitgebers zurückgelegt	davon mit öffentl. Verkehrsmitteln, Motorrad, Fahrrad o. Ä., als Fußgänger, als Mitfahrer einer Fahrgemeinschaft zurückgelegt	Aufwendungen für Fahrten mit öffentlichen Verkehrsmitteln (ohne Fähr- und Flugkosten) EUR	Behinderungsgrad mind. 70 oder mind. 50 und Merkzeichen „G"
35	31	110 220	111 23 km	112 23 km	113 km	km	114 ,–	115 1 = Ja
36		130	131 km	132 km	133 km	km	134 ,–	135 1 = Ja
37		150	151 km	152 km	153 km	km	154 ,–	155 1 = Ja
38		170	171 km	172 km	173 km	km	174 ,–	175 1 = Ja

Zeile				EUR
39	Arbeitgeberleistungen lt. Nr. 17 und 18 der Lohnsteuerbescheinigung	steuerfrei ersetzt 290 ,–	pauschal besteuert 295	,–
40	Von der Agentur für Arbeit oder dem Jobcenter gezahlte Fahrtkostenzuschüsse		291	,–
	Beiträge zu Berufsverbänden (Bezeichnung der Verbände)			
41	Verband Medizinischer Fachberufe e. V.		310	240 ,–
	Aufwendungen für Arbeitsmittel – soweit nicht steuerfrei ersetzt – (Art der Arbeitsmittel bitte einzeln angeben.)	EUR		
42	Arbeitskleidung	220 ,–		
43	Fachbücher	+ 60 ,–	320	280 ,–
	Aufwendungen für ein häusliches Arbeitszimmer			

2019

Zeile		
1	Name: Pohl	**Anlage Vorsorgeaufwand**
2	Vorname: Marina	
3	**Steuernummer** 90876/54321	Daten für die mit (e) gekennzeichneten Zeilen liegen im Regelfall vor und müssen, wenn sie zutreffend sind, nicht ausgefüllt werden. – Bitte Infoblatt eDaten / Anleitung beachten – 52

Angaben zu Vorsorgeaufwendungen

Zeile	**Beiträge zur Altersvorsorge**		stpfl. Person / Ehemann / Person A EUR		Ehefrau / Person B EUR	
4	Arbeitnehmeranteil lt. Nr. 23 a / b der Lohnsteuerbescheinigung	300	2.255 ,–	400	,–	(e)
5	Beiträge zur landwirtschaftlichen Alterskasse, zu berufsständischen Versorgungseinrichtungen, die den gesetzlichen Rentenversicherungen vergleichbare Leistungen erbringen (abzüglich steuerfreier Zuschüsse lt. Nr. 22 b der Lohnsteuerbescheinigung) – ohne Beiträge, die in Zeile 4 geltend gemacht werden –	301	,–	401	,–	
6	Beiträge zu gesetzlichen Rentenversicherungen – ohne Beiträge, die in Zeile 4 geltend gemacht werden –	302	,–	402	,–	
7	Erstattete Beiträge und / oder steuerfreie Zuschüsse zu den Zeilen 4 bis 6 (ohne Zuschüsse, die von den Beiträgen lt. Zeile 8 abzuziehen sind und ohne Zuschüsse lt. Zeile 9 und 10)	309	,–	409	,–	(e)
8	Beiträge zu zertifizierten Basisrentenverträgen (sog. Rürup-Verträge) mit Laufzeitbeginn nach dem 31.12.2004 (abzüglich steuerfreier Zuschüsse) – ohne Altersvorsorgebeiträge, die in der Anlage AV geltend gemacht werden –	303	,–	403	,–	(e)
9	Arbeitgeberanteil / -zuschuss lt. Nr. 22 a / b der Lohnsteuerbescheinigung	304	2.255 ,–	404	,–	(e)
10	Arbeitgeberanteil zu gesetzlichen Rentenversicherungen im Rahmen einer pauschal besteuerten geringfügigen Beschäftigung (bitte Anleitung beachten)	306	,–	406	,–	
	Beiträge zur inländischen gesetzlichen Kranken- und Pflegeversicherung					
11	Arbeitnehmerbeiträge zu Krankenversicherungen lt. Nr. 25 der Lohnsteuerbescheinigung	320	1.879 ,–	420	,–	(e)
12	In Zeile 11 enthaltene Beiträge, aus denen sich kein Anspruch auf Krankengeld ergibt	322	,–	422	,–	
13	Arbeitnehmerbeiträge zu sozialen Pflegeversicherungen lt. Nr. 26 der Lohnsteuerbescheinigung	323	369 ,–	423	,–	(e)

Vorsorgeaufwendungen werden nur bis zu bestimmten Höchstbeträgen anerkannt. Eine *Vorsorgepauschale,* die von der Einkommenshöhe abhängig ist, wird vom Finanzamt automatisch berücksichtigt, da sie in die Steuertabellen eingearbeitet ist. Da die Berechnung der Höchstbeträge für die Vorsorgeaufwendungen sehr kompliziert ist, empfiehlt es sich, bei der Einkommensteuererklärung immer die gesamten Vorsorgeaufwendungen anzugeben.

- ***übrige Sonderausgaben*** wie z. B. Spenden, Kosten für die eigene Berufsausbildung oder gezahlte Kirchensteuer.
  Für die übrigen Sonderausgaben gilt ein *Sonderausgabenpauschbetrag* von 36 €, bei Ehepaaren 72 €. Höhere Ausgaben können teils voll, teils beschränkt abgezogen werden. So ist z. B. die gezahlte Kirchensteuer unbeschränkt abzugsfähig, Spenden für kirchliche, mildtätige und gemeinnützige Zwecke werden bis zu 20 % der Einkünfte anerkannt.

Außergewöhnliche Belastungen sind z. B. Aufwendungen wegen Körperbehinderung, Kinderbetreuungskosten, Unterstützung bedürftiger Personen, Eigenbeteiligung bei Zahnersatz. Es handelt sich hierbei um Aufwendungen, die nicht jeder Steuerpflichtige hat.

Freibeträge werden nach unterschiedlichen Voraussetzungen gewährt.
Beispiele: Sparer-Pauschbetrag, Kinderfreibetrag, Altersentlastungsbetrag.

Gründe für eine „freiwillige Einkommensteuererklärung" (Antragsveranlagung)

Fast 90 % aller Arbeitnehmer holen mit der Steuererklärung Geld zurück. Das Statistische Bundesamt hat zuletzt für 2015 festgestellt, dass jeder Arbeitnehmer durchschnittlich 1.007 € zu viel bezahlte Steuern zurückerhalten hat.
Die Lohnsteuer ist eine Jahressteuer, die monatlich erhoben wird, der Arbeitgeber behält die auf den monatlichen Arbeitslohn entfallende Steuer ein und führt sie an das Finanzamt ab.
Eine schwankende Höhe des Arbeitslohnes während des Jahres, z. B. durch Gehaltserhöhung, Überstunden oder Arbeitslosigkeit, führt zu unterschiedlichen monatlichen Lohnsteuerbeträgen. Ein Arbeitnehmer wird beispielsweise nach einer Gehaltserhöhung so besteuert, als ob er dieses Gehalt das ganze Jahr bezogen hätte. Diese Benachteiligung wird durch eine „freiwillige Einkommensteuererklärung" (genauer: **Antrag auf Einkommensteuerveranlagung**) nach Ablauf des Kalenderjahres beseitigt. Hier wird die wirkliche Jahreslohnsteuer mit den bereits gezahlten und auf der Lohnsteuerbescheinigung ausgewiesenen Steuerbeträgen verglichen. Zu viel gezahlte Steuer wird zurückerstattet. Weitere Gründe für eine „Antragsveranlagung" können sein:

- Werbungskosten und Sonderausgaben übersteigen die vorgesehenen Pauschalbeträge.
- Außergewöhnliche Belastungen sind entstanden.
- Die Heirat des Steuerpflichtigen und eine dadurch erfolgte Änderung der Steuerklasse können die Steuerbelastung mindern.
- Vorsorgeaufwendungen übersteigen die in die Tabellen eingearbeiteten Pauschalen.
- Eine Arbeitnehmersparzulage wird beantragt.

Der Antrag auf Durchführung einer Einkommensteuerveranlagung ist zusammen mit der Lohnsteuerkarte bis spätestens 31. Dezember des vierten Jahres beim Finanzamt einzureichen. Dort liegen auch die benötigten Formulare aus.

ZUSAMMENFASSUNG

Einkommensteuer

Einkunftsarten
Einkommensteuerpflichtig sind die Einkünfte aus den 7 Einkunftsarten.

Lohnsteuer
Sie ist eine besondere Erhebungsform der Einkommensteuer bei Arbeitnehmern.

Lohnsteuerklasse
Sie berücksichtigt die persönlichen Verhältnisse beim Steuerabzug.

Steuertarif
Er bestimmt, wie viel Einkommensteuer zu zahlen ist.

Einkommensteuerberechnung

Zu versteuerndes Einkommen
Grundlage für die Berechnung der Einkommensteuer. Es ergibt sich nach Abzug von Werbungskosten, Sonderausgaben und außergewöhnlichen Belastungen.

Einkommensteuerveranlagung
Sie dient der Festsetzung der Steuerschuld durch das Finanzamt.

Gründe für eine „freiwillige" Einkommensteuererklärung

Vom Arbeitgeber einbehaltene Lohnsteuer

- Überzahlung wegen **schwankender Einkommenshöhe** → –
- Die **tatsächlichen Werbungskosten** übersteigen den Arbeitnehmerpauschbetrag → –
- Die **tatsächlichen Sonderausgaben** übersteigen die Pauschbeträge → –
- **Außergewöhnliche Belastungen** sind entstanden → –

zu erstattende Lohnsteuer	wirklich zu zahlende Lohnsteuer

ARBEITSTEIL

1. Welche Einkünfte unterliegen der Einkommensteuer?
2. Unterscheiden Sie Einkommensteuer und Lohnsteuer.
3. Weshalb werden bei der Lohnsteuererhebung einzelne Steuerklassen gebildet?
4. Teilen Sie die folgenden Arbeitnehmer den entsprechenden Steuerklassen zu:
   a) ein verheirateter Arbeitnehmer, dessen Frau nicht arbeitet
   b) ein lediger Arbeitnehmer.
5. Sofort nach der bestandenen Gesellenprüfung haben Ingo und Anja geheiratet. Sie arbeiten in derselben Firma und beziehen jeweils einen Bruttolohn von rund 2.100 €.
   a) Welche Steuerklassen können beide wählen?
   b) Ermitteln Sie mithilfe des Auszugs aus der Steuertabelle von S. 330 die sinnvollste Wahlmöglichkeit.
   c) Wie viel € „spart" die richtige Wahl der Steuerklasse jeden Monat? Gehen Sie bei der Berechnung von 8 % Kirchensteuer aus.
6. a) Der Steuertarif setzt sich aus verschiedenen Zonen zusammen. Nennen Sie diese und geben Sie die entsprechenden Steuersätze dieser Zonen an.
   b) Begründen Sie, weshalb es im Steuertarif eine Nullzone gibt.
   c) Preissteigerungen werden durch Lohnsteigerungen aufgefangen. Der Arbeitnehmer erleidet also keinen Einkommensverlust. Stimmt diese Aussage auch unter Berücksichtigung des Steuertarifs?
7. Erläutern Sie den Begriff „zu versteuerndes Einkommen".
8. a) Erläutern Sie, was man unter Werbungskosten versteht, und geben Sie zusätzlich zwei Beispiele dafür an.
   b) Einem Arbeitnehmer sind im vergangenen Jahr 900 € Werbungskosten entstanden. Wie wirkt sich dieser Betrag in seiner Einkommensteuererklärung aus?
   c) Einem Arbeitnehmer sind im vergangenen Jahr 1.500 € Werbungskosten entstanden. Welchen Betrag erhält er hierfür bei seiner Einkommensteuererklärung zurückerstattet, wenn sein durchschnittlicher Steuersatz 28 % beträgt?
9. a) Überlegen Sie, weshalb der Staat entstandene Sonderausgaben steuerlich begünstigt.
   b) Nennen Sie vier Beispiele für Sonderausgaben.
10. Nennen Sie Beispiele für außergewöhnliche Belastungen.
11. a) Weshalb wird von vielen Arbeitnehmern eine „freiwillige" Einkommensteuererklärung (= Antragsveranlagung) durchgeführt?
    b) Nennen Sie drei Fälle, in denen eine „freiwillige" Einkommensteuererklärung sinnvoll ist.
12. Welche Angaben kann der Arbeitgeber anhand der Steueridentifikationsnummer des Arbeitnehmers bei der Steuerverwaltung abrufen?
13. Wovon hängt die Höhe der Lohnsteuer ab?

3 Grundzüge der Umsatzsteuer

Die Auszubildende Michaela darf zum ersten Mal eine Privatliquidation abrechnen. Stolz zeigt sie Dr. Sorg das Ergebnis:

Michaela: „Alles erledigt, war gar nicht so schwierig, ich habe alles genauso gemacht, wie Sie es erklärt haben. Übrigens haben Sie die Umsatzsteuer vergessen. War aber kein Problem, ich habe sie noch schnell ausgerechnet und dazugezählt."

Dr. Sorg: „Sie haben die Umsatzsteuer dazugezählt?"

Michaela: „Klar, oder hätte ich das nicht tun sollen?"

Welche Antwort wird Michaela von Dr. Sorg wohl bekommen?

Das System der Umsatzsteuer

Die Umsatzsteuer (USt) – oft auch als Mehrwertsteuer bezeichnet – ist mit einem Steueraufkommen von mehr als 243 Milliarden € (2019) die wichtigste Einnahmequelle des Staates. Rechtlich gesehen ist die Umsatzsteuer eine **Verkehrsteuer,** weil sie insbesondere Verkehrsvorgänge besteuert. Des Weiteren ist sie eine **indirekte Steuer,** da sie zwar vom Verbraucher mit dem Kaufpreis bezahlt, vom Unternehmer jedoch an das Finanzamt abgeführt wird. Die gesetzliche Basis für die Erhebung der Umsatzsteuer ist das **Umsatzsteuergesetz.**

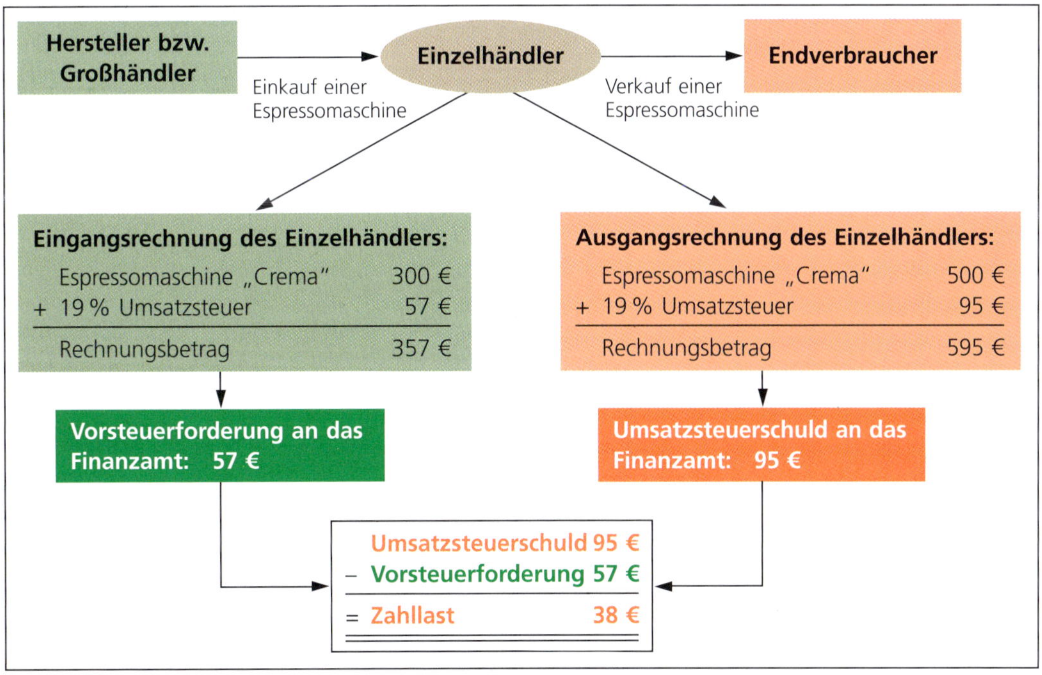

Wie das Schaubild auf S. 337 zeigt, wird die Umsatzsteuer letztlich vollständig vom Endverbraucher getragen. Des Weiteren führt der Unternehmer nicht die gesamte Steuer an das Finanzamt ab, sondern er zieht die von ihm bezahlte Umsatzsteuer, die sogenannte **Vorsteuer,** ab. Den Rest **(Zahllast)** muss er bis zum 10. des folgenden Monats an das Finanzamt zahlen.
Die Umsatzsteuer wird auch als Mehrwertsteuer bezeichnet, weil sie auf jeder Produktions- oder Handelsstufe nur die Wertschöpfung, den Mehrwert, besteuert.

Steuerpflichtige Umsätze

- Lieferungen und Leistungen, die ein Unternehmen im Inland gegen Entgelt ausführt
- Entnahmen von Waren oder sonstigen Leistungen für private Zwecke
- Einfuhr von Gegenständen aus dem Ausland

Steuerbefreit sind z. B.

- Umsätze von Ärzten, Zahnärzten, Heilpraktikern, Hebammen und ähnlichen Berufen
- Vermietung und Verpachtung von Grundstücken
- Bankgeschäfte
- Käufe und Verkäufe von Immobilien

Steuersätze Der *allgemeine Steuersatz* beträgt zurzeit 19 %. Ein *ermäßigter Steuersatz* von 7 % gilt für fast alle Lebensmittel, Verlagserzeugnisse, land- und forstwirtschaftliche Erzeugnisse, Theateraufführungen und Konzerte.
Die Einnahmen der Tierärzte sind grundsätzlich mit dem allgemeinen Steuersatz zu versteuern.
Bei Zahnärzten wird ein Teil der Einnahmen mit dem ermäßigten Steuersatz von 7 % besteuert, nämlich die Lieferung oder Wiederherstellung von Zahnprothesen oder kieferorthopädischen Apparaten, sofern diese Arbeiten im Labor des Zahnarztes erledigt worden sind.
Bezieht der Zahnarzt diese Leistungen von einem Dentallabor, dann gibt er die vom Labor in Rechnung gestellte Umsatzsteuer an den Patienten weiter.

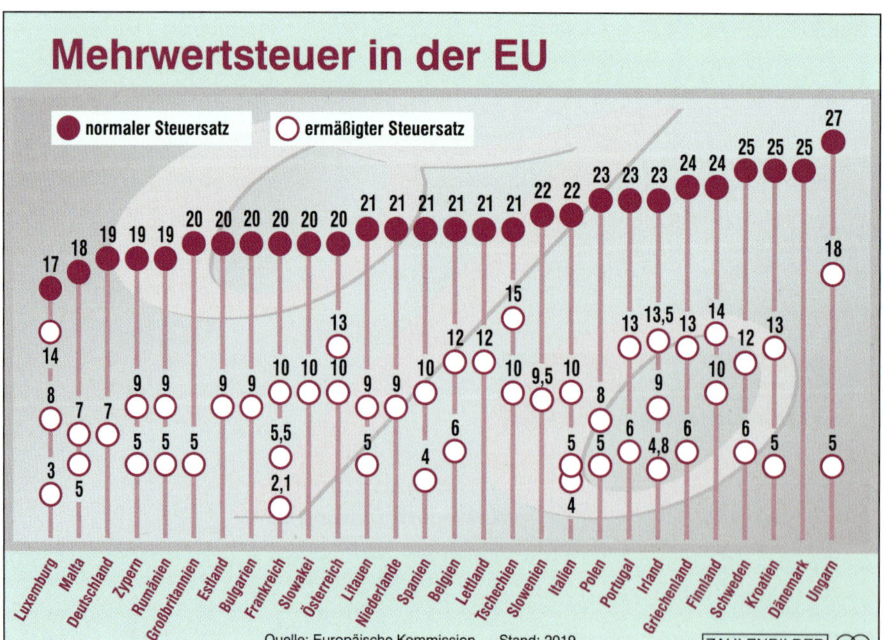

725 270

ZUSAMMENFASSUNG

Umsatzsteuer

Steuerpflichtig
- Lieferungen und Leistungen im Inland
- Eigenverbrauch
- Einfuhr aus dem Ausland

Steuerbefreit
- Bankgeschäfte
- Käufe und Verkäufe von Immobilien
- Heilberufe

Steuersätze
- allgemein: 19 %
- ermäßigt: 7 %

ARBEITSTEIL

1. Wer bezahlt die Mehrwertsteuer?
2. Erläutern Sie folgende Begriffe:
   a) Vorsteuer
   b) Zahllast.
3. Ein Großhändler liefert Waren für 480 € zuzüglich Umsatzsteuer an einen Einzelhändler. Der Einzelhändler verkauft diese weiter an den Endverbraucher für 700 €.
   a) Wie viel Umsatzsteuer muss insgesamt an das Finanzamt abgeführt werden?
   b) Ermitteln Sie die Zahllast des Einzelhändlers.
4. Welche Umsätze eines Zahnarztes sind
   a) umsatzsteuerfrei
   b) umsatzsteuerpflichtig?
5. Nennen Sie drei Beispiele, wo der ermäßigte Steuersatz angewendet wird.

PRÜFUNGSAUFGABE

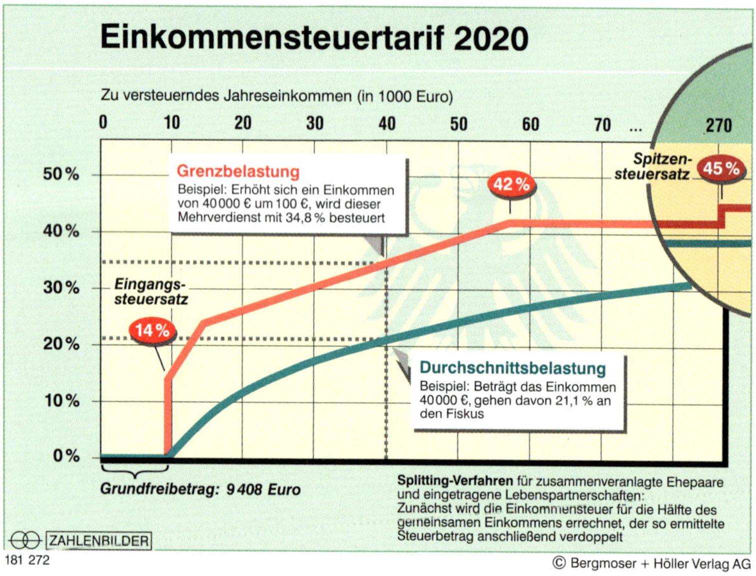

a) In der Grafik beträgt der Grundfreibetrag 9.408 €. Erklären Sie die Bedeutung des Grundfreibetrages am Beispiel eines Auszubildenden, der 8.400 € im Jahr verdient.

b) Berechnen Sie mithilfe des Schaubildes, wie viel Steuer die ledige Tina Brendle zu zahlen hat, wenn sie ein zu versteuerndes Jahreseinkommen von 30.000 € hat.

c) Welchen Familienstand und wie viel Kinder hat Tinas Kollege Martin Zöllner, wenn er Lohnsteuerklasse III/1 hat?

d) Tina Brendle will bei ihrer Einkommensteuererklärung folgende Ausgaben geltend machen:

1. Spende an die Welthungerhilfe,
2. Beiträge für private Rentenversicherung,
3. Fahrtkosten für die Fahrt zwischen Wohnung und Arbeitsstelle,
4. Kosten der Arbeitskleidung,
5. Gewerkschaftsbeitrag.

Ordnen Sie die Ausgaben den Begriffen „Werbungskosten" bzw. „Sonderausgaben" zu.

e) Weshalb gewährt der Staat z. B. für die Beiträge zu einer privaten Unfallversicherung Steuervorteile?

f) Das Einkommensteuergesetz unterscheidet sieben Einkunftsarten. Welche Einkünfte erzielt Tina Brendle, wenn sie Eigentümerin einer vermieteten Eigentumswohnung ist und wenn sie erhebliche Sparbeträge angelegt hat?

FALLBEISPIEL: EINKOMMENSTEUERERKLÄRUNG ERSTELLEN

Timo Pfeiffer, wohnhaft in 78713 Schramberg, Tannenweg 85, hat von seinem Freund Sven erfahren, dass es viel einfacher sei, wenn man seine Steuererklärung am PC oder Laptop erstellt. Er hat sich deshalb entschlossen, seine Steuererklärung ebenfalls mit dem Laptop zu erledigen.

Timo Pfeiffer, geboren am 1.1.1998, ist ledig, kinderlos und evangelisch. Er hat die Steuerklasse I und arbeitet als Kfz-Mechatroniker in 12345 Musterstadt, Musterstr. 1. Sein Finanzamt befindet sich in Rottweil.

Unterlagen für die Steuererklärung

Bruttojahresverdienst	35.000,00 €
Spende für die Aktion „Deutschland hilft"	100,00 €
Fachbücher	88,00 €
Fahrtkosten je 22 km an 220 Tagen	?
Eigenanteil Fortbildung	580,00 €
Berufsunfähigkeitsversicherung	540,00 €
Unfallkosten (auf dem Weg zur Arbeitsstelle, nicht durch Versicherung abgedeckt)	890,00 €
Bewerbungskosten	170,00 €
Arbeitskleidung	108,00 €
Gewerkschaftsbeitrag	350,00 €
Weitere Angaben können der Lohnsteuerbescheinigung auf der Folgeseite entnommen werden.	

Arbeitsauftrag:

1. Die Finanzverwaltung stellt das Programm **ElsterFormular** zur Verfügung unter www.elster.de/eportal/infoseite/elsterformular. Laden Sie das kostenlose Programm herunter.

2. Wählen Sie nach dem Programmstart Ihr Bundesland und das zuständige Finanzamt aus. **Klicken Sie an, dass Sie keine aktuelle Steuernummer haben. Verwenden Sie zu Ihrer Sicherheit im Unterricht keinesfalls eigene Daten!**
3. Entscheiden Sie, welche Ausgaben Werbungskosten und welche Sonderausgaben sind. Geben Sie anschließend die Beträge in das Programm ein, um zu berechnen, welche Steuerrückerstattung Timo voraussichtlich erhält. Sind ganze Beträge einzutragen, darf aufgerundet werden.
4. Drucken Sie die Steuerberechnung von Elster aus. **Versenden Sie die Steuererklärung auf keinen Fall!**
5. Timo möchte die Erklärung nicht online versenden. Er will die Angaben in die amtlichen Formulare eintragen und seine Steuererklärung persönlich abgeben.
   Besorgen Sie sich beim örtlichen Finanzamt oder der Gemeindeverwaltung die benötigten (s. u.) Formulare. Unter www.formulare-bfinv.de finden Sie diese auch zum Ausfüllen. Benötigte Formulare (abgebildet auf der folgenden Seite) für 2019 sind:
   - Mantelbogen (Hauptvordruck)
   - Anlage N
   - Anlage Vorsorgeaufwand
   - Anlage Sonderausgaben

Bearbeitungshinweis:
Sie können die Steuererklärung auch mit einem käuflich zu erwerbenden Programm erstellen.

FALLBEISPIEL: EINKOMMENSTEUERERKLÄRUNG ERSTELLEN

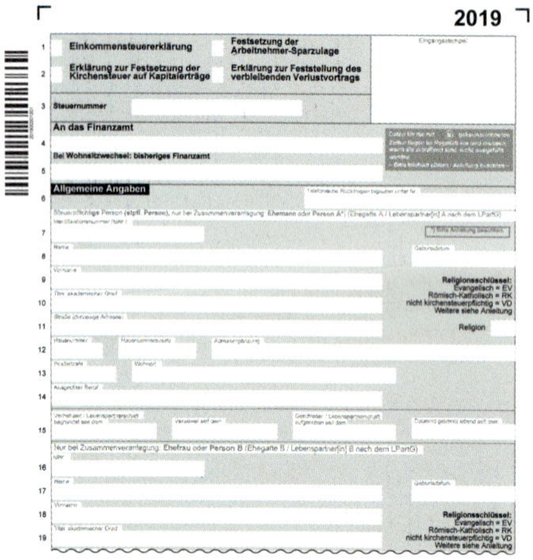

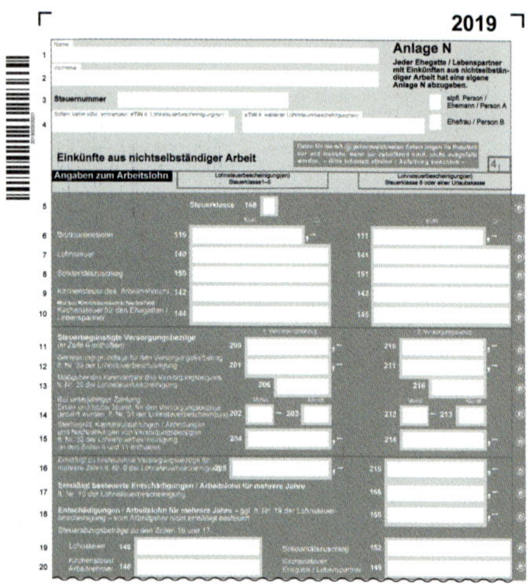

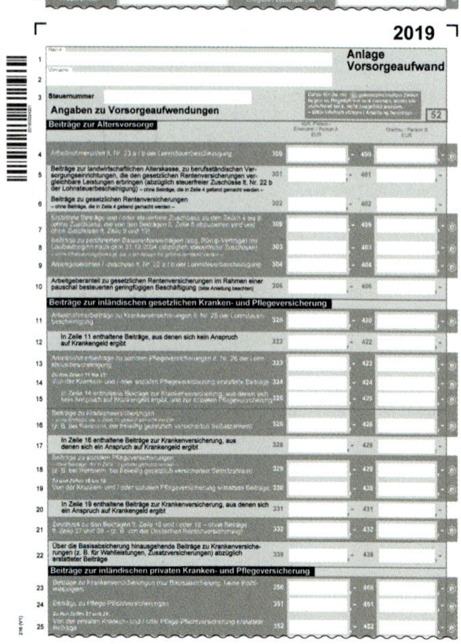

Timo Pfeiffers Lohnsteuerbescheinigung 2019 (Auszug)

1. Bescheinigungszeitraum		vom - bis 01.01.-31.12.	
2. Zeiträume ohne Anspruch auf Arbeitslohn		Anzahl „U"	
Großbuchstaben (S, M, F)			
		EUR	Ct
3. Bruttoarbeitslohn einschl. Sachbezüge ohne 9. und 10.		35.000	00
4. Einbehaltene Lohnsteuer von 3.		4.767	00
5. Einbehaltener Solidaritätszuschlag von 3.		262	18
6. Einbehaltene Kirchensteuer des Arbeitnehmers von 3.		381	36
7. Einbehaltene Kirchensteuer des Ehegatten/Lebenspartners von 3. (nur bei Konfessionsverschiedenheit)			
8. In 3. enthaltene Versorgungsbezüge			
9. Ermäßigt besteuerte Versorgungsbezüge für mehrere Kalenderjahre			
10. Ermäßigt besteuerter Arbeitslohn für mehrere Kalenderjahre (ohne 9.) und ermäßigt besteuerte Entschädigungen			
11. Einbehaltene Lohnsteuer von 9. und 10.			
12. Einbehaltener Solidaritätszuschlag von 9. und 10.			
13. Einbehaltene Kirchensteuer des Arbeitnehmers von 9. und 10.			
14. Einbehaltene Kirchensteuer des Ehegatten/Lebenspartners von 9. und 10. (nur bei Konfessionsverschiedenheit)			
15. (Saison-)Kurzarbeitergeld, Zuschuss zum Mutterschaftsgeld, Verdienstausfallentschädigung (Infektionsschutzgesetz), Aufstockungsbetrag und Altersteilzeitzuschlag			
16. Steuerfreier Arbeitslohn nach	a) Doppelbesteuerungsabkommen (DBA)		
	b) Auslandstätigkeitserlass		
17. Steuerfreie Arbeitgeberleistungen für Fahrten zwischen Wohnung und erster Tätigkeitsstätte			
18. Pauschal besteuerte Arbeitgeberleistungen für Fahrten zwischen Wohnung und erster Tätigkeitsstätte			
19. Steuerpflichtige Entschädigungen und Arbeitslohn für mehrere Kalenderjahre, die nicht ermäßigt besteuert wurden - in 3. enthalten			
20. Steuerfreie Verpflegungszuschüsse bei Auswärtstätigkeit			
21. Steuerfreie Arbeitgeberleistungen bei doppelter Haushaltsführung			
22. Arbeitgeber-anteil/-zuschuss	a) zur gesetzlichen Rentenversicherung	3.255	00
	b) an berufsständische Versorgungs-einrichtungen		
23. Arbeitnehmer-anteil	a) zur gesetzlichen Rentenversicherung	3.255	00
	b) an berufsständische Versorgungs-einrichtungen		
24. Steuerfreie Arbeitgeber-zuschüsse	a) zur gesetzlichen Krankenversicherung		
	b) zur privaten Krankenversicherung		
	c) zur gesetzlichen Pflegeversicherung		
25. Arbeitnehmerbeiträge zur gesetzlichen Krankenversicherung		2.730	00
26. Arbeitnehmerbeiträge zur sozialen Pflegeversicherung		533	75
27. Arbeitnehmerbeiträge zur Arbeitslosenversicherung		437	50
28. Beiträge zur privaten Kranken- und Pflege-Pflichtversicherung oder Mindestvorsorgepauschale			
29. Bemessungsgrundlage für den Versorgungsfreibetrag zu 8.			

Entlohnung der Arbeit

1 Lohnformen

Wie kann ein Arbeitgeber solche Leistungsunterschiede vermeiden?

Wie werden die beiden Arbeitnehmerinnen derzeit wohl entlohnt?

1.1 Der Zeitlohn

Der Zeitlohn ist die älteste und am häufigsten verwendete Lohnform. Maßgebend für die Entlohnung ist die im Betrieb aufgewandte Arbeitszeit und nicht die geleistete Arbeitsmenge. Arbeitnehmer erhalten ihn als Stundenlohn oder als monatlich festes Gehalt. Auch bei schlechter Arbeitsleistung muss der Arbeitgeber den Lohn ausbezahlen. Der Zeitlohn kann nach folgender Formel leicht berechnet werden:

> !
> **Bruttolohn** = Arbeitsstunden x Stundenlohn

Beispiel: 2.025 € = 162 Std. x 12,50 €/Std.

Eine Bezahlung nach Zeitlohn ist üblich, wenn

- Sorgfalt, Gewissenhaftigkeit und Qualität wichtiger sind als die Arbeitsmenge
- das Arbeitsergebnis nicht oder nur schwer zu messen ist, z. B. bei Bürotätigkeiten oder bei Beratungsberufen
- unterschiedliche Arbeitsmengen anfallen, z. B. bei Verkäuferinnen oder bei Reparaturarbeiten
- der Arbeitnehmer das Arbeitstempo nicht beeinflussen kann, z. B. am Fließband.

Vorteile des Zeitlohns	Nachteile des Zeitlohns
▶ Der Hauptvorteil besteht darin, dass der Zeitdruck im Vergleich zu anderen Lohnarten geringer ist. ▶ Arbeitnehmer werden vor körperlicher Überforderung und Stress bewahrt. ▶ Die Anzahl der Arbeitsunfälle geht zurück; Maschinen können schonender behandelt und gepflegt werden.	▶ Der Leistungsanreiz ist geringer, denn eine höhere Arbeitsleistung hat keinen höheren Lohn zur Folge. ▶ Die Folge ist Unzufriedenheit bei leistungsfreudigen Arbeitnehmern. ▶ Zur Überwachung der Leistung werden Kontrollen durchgeführt. ▶ Die Lohnkosten sind bei Angebotskalkulationen schwer abzuschätzen.

1.2 Der Leistungslohn

Durch den Leistungslohn wird die tatsächlich geleistete Arbeit bezahlt. Wer mehr leistet, erhält einen höheren Lohn. Zum Leistungslohn gehören:

- der **Akkordlohn**
- der **Prämienlohn.**

Akkordlohn

Beim Akkordlohn erhält der Arbeitnehmer für eine genau festgelegte Einzelleistung (z. B. Löcher stanzen, Schaltungen löten) ein genau bestimmtes Entgelt. Er kann also durch persönlichen Einsatz die Arbeitsmenge steigern und dadurch seinen Lohn erhöhen.

Damit Akkord gearbeitet werden kann, muss ein Arbeitsplatz folgende Voraussetzungen erfüllen:

- Der Arbeitsgang muss exakt festgelegt werden können.
- Die Arbeitsgänge müssen gleich sein und sich ständig wiederholen.
- Der Arbeitnehmer muss das Arbeitstempo beeinflussen können.
- Durch Arbeitszeitstudien muss die für einen Arbeitsgang notwendige Bearbeitungszeit **(Vorgabezeit)** vorher ermittelt werden.

Der Akkordlohn bietet dem Arbeitnehmer die Möglichkeit, durch Mehrleistung seinen Lohn zu steigern. Andererseits kann aus persönlichen Gründen die Leistung sinken. Deshalb ist der Akkordlohn heute durch einen garantierten Mindestlohn (Zeitlohn) nach unten abgesichert. Der Akkordlohn setzt sich wie folgt zusammen:

Tariflicher Mindestlohn	+	**Akkordzuschlag** ca. 15–20 %
z. B. 13,00 € ↓		↓ z. B. 20 % = 2,60 €

Grundlohn (auch Akkordrichtsatz genannt)

z. B. 15,60 € = Stundenverdienst bei Normalleistung

Die **Normalleistung** ist die Leistung, die ein durchschnittlicher Arbeitnehmer ohne besondere körperliche Beanspruchung erbringt. Sie entspricht 100 %.
Auch wenn die Arbeitsleistung erheblich unter der Normalleistung liegt, bekommt der Arbeiter seinen garantierten Mindestlohn, in diesem Fall 13 € ausbezahlt. Andererseits erhält er eine höhere Vergütung, wenn er die Normalleistung übertrifft.

Stückgeldakkord Beim Stückgeldakkord wird für das Stück bzw. den einzelnen Arbeitsgang bezahlt. Der Bruttolohn wird ermittelt, indem man die produzierte Menge (Stückzahl) mit dem Stückgeldakkord (Lohnsatz je Stück) multipliziert.

> **!** **Bruttolohn** = Stückzahl x Stückgeldakkordsatz

Beispiel: 148,50 € = 198 Stück x 0,75 €/Stück

Will man den tatsächlichen Stundenlohn ermitteln, so teilt man den Bruttolohn durch die geleisteten Arbeitsstunden. *Beispiel:* 148,50 € : 8 Std. = 18,56 €/Std.

Der Stückgeldakkord verliert heute immer mehr an Bedeutung, da bei Lohnerhöhungen alle Stückgeldakkordsätze eines Betriebes neu berechnet werden müssen, was bei größeren Betrieben einen enormen Aufwand darstellt. Deshalb wird er vorwiegend für Heimarbeit gezahlt. Auch in der Bauindustrie findet er noch Verwendung.

Stückzeitakkord Hier wird für das einzelne Stück bzw. den einzelnen Arbeitsgang eine **Vorgabezeit** festgelegt. Diese Zeit wird jeweils vergütet. *Beispiel:* 2,5 Minuten Vorgabezeit für ein bestimmtes Werkstück. Der Grundlohn wird in Minutenlohn umgerechnet. Dies ist der **Minutenfaktor**. *Beispiel:* 18,00 € Akkordrichtsatz (Grundlohn) geteilt durch 60 Minuten ergibt einen Minutenfaktor (Minutenlohn) von 0,30 € je Vorgabezeitminute.

Multipliziert man die produzierte Menge von 198 Stück mit der Vorgabezeit (auch Stückzeit genannt), so erhält man die Zeit, die dem Arbeitnehmer vergütet wird. Der Bruttolohn ergibt sich durch Multiplikation der Arbeitszeit mit dem Minutenfaktor (Minutenlohn).

Minutenfaktor $= \frac{\text{Grundlohn}}{\text{60 min}}$ *Beispiel:* $0{,}30\ € = \frac{18{,}00\ €}{\text{60 min}}$

> **!** **Bruttolohn** = Stückzahl x Stückzeit x Minutenfaktor

Beispiel: 148,50 € = 198 Stück x 2,5 min x 0,30 €/min

* Um besser und genauer rechnen zu können, verwenden viele Betriebe sogenannte Dezimalstunden (= 100 Minuten) und Dezimalminuten (= 100 Sekunden).

Gegenüber dem Stückgeldakkord bietet der Stückzeitakkord den Vorteil, dass man bei einer Lohntarifänderung nicht alle Stückgeldakkordsätze neu durchkalkulieren muss. Es genügt, die Minutenfaktoren neu zu berechnen. Die Vorgabezeiten, die durch Arbeitszeitstudien einmal ermittelt worden sind, bleiben unverändert.

Dieser Lohn ist vorwiegend in der Industrie und im produzierenden Gewerbe anzutreffen.

Vorteile des Akkordlohns	Nachteile des Akkordlohns
▶ Der Hauptvorteil des Akkords ist der größere Leistungsanreiz, denn eine höhere Arbeitsleistung hat einen höheren Lohn zur Folge. ▶ Arbeitskontrollen sind weitgehend überflüssig. ▶ Die Entlohnung wird leistungsgerecht, da Mehrleistungen berücksichtigt werden. ▶ Einfache Kalkulation, da die Lohnkosten feststehen.	▶ Der Arbeitnehmer, der möglichst viel verdienen will, arbeitet mit Höchstleistung. Überanstrengung und Gesundheitsschäden können die Folge sein. ▶ Maschinen und Werkzeuge werden nicht so schonend behandelt, weniger gewartet und gepflegt, da hierfür verwendete Zeit den Lohn verringert. ▶ Die Qualität der Produkte kann abnehmen und der Materialverbrauch (Ausschuss) wird steigen. ▶ Arbeitsunfälle nehmen zu, weil unvorsichtig und hastig gearbeitet wird.

Prämienlohn

Beim Prämienlohn wird zusätzlich zum Grundlohn (normalerweise Zeitlohn, manchmal Akkordlohn) für besondere Leistungen eine Prämie gezahlt. Je nach Art der besonderen Leistung unterscheidet man verschiedene Leistungsprämien. Qualitativ gute Arbeit kann z. B. mit einer Qualitätsprämie vergütet werden, die mengenmäßige Mehrleistung mit einer Mengenprämie. Weitere Beispiele sind: Materialeinsparungsprämie, Termineinhaltungsprämie, Vermittlungs- und Umsatzprämie.

Grundlohn (i. d. R. Zeitlohn) + **Prämie**

= **Prämienlohn**

Der Prämienlohn soll die Leistungsbereitschaft erhöhen und so die Arbeitsproduktivität steigern. Während man den Zeitlohn vorwiegend für Qualitätsarbeiten verwendet und der Akkordlohn für mengenmäßige Leistungen herangezogen wird, versucht man, mit dem Prämienlohn die Nachteile der anderen beiden Lohnarten zu mindern.

Der Arbeitnehmer kann beim Prämienlohn leistungsgerecht entlohnt werden, ohne dass dadurch eine Überanstrengung herausgefordert wird, denn bei Prämienlöhnen sind in der Regel Obergrenzen festgelegt. Das ist anders als beim Akkordlohn. Neben diesem Gesichtspunkt hat die vielfältige Anwendbarkeit den Prämienlohn zu einem beliebten Mittel unternehmerischer Lohngestaltung gemacht.

1.3 Der Beteiligungslohn

Für seine Arbeitsleistung erhält der einzelne Arbeitnehmer Lohn bzw. Gehalt. Manche Unternehmen beteiligen ihre Beschäftigten zusätzlich noch am Erfolg des Unternehmens. Dieser **Beteiligungslohn** erfolgt als Zuschlag zur normalen Bezahlung. Die häufigsten Varianten sind:

- Die **Kapitalbeteiligung**: Der Beteiligungslohn wird nicht ausbezahlt, sondern verbleibt im Betrieb als Darlehen oder in Form von Belegschaftsaktien.
- Die **Gewinnbeteiligung**: Die Arbeitnehmer erhalten einen Teil des Reingewinns der Unternehmung ausbezahlt. Sie können über den ausgezahlten Betrag frei verfügen.

Der Beteiligungslohn soll das Interesse der Arbeitnehmer am Unternehmenserfolg wecken und somit die Leistung steigern. Der Hauptvorteil des Unternehmens liegt in der Steuerersparnis und unter Umständen in einem erhöhten Investitionskapital, da die gezahlten Lohnbestandteile den steuerpflichtigen Gewinn mindern. Eine Mehrleistung der Arbeitnehmer erhöht den Unternehmenserfolg und somit ihren Beteiligungslohn.
Allerdings sind die Gewinne von Unternehmung zu Unternehmung unterschiedlich hoch und somit auch die Beteiligungslöhne. Manche Unternehmen, z. B. öffentliche, erwirtschaften keine Gewinne. Häufig wird auch gefordert, dass die Arbeitnehmer im Falle einer Gewinnbeteiligung an eventuellen Verlusten ebenso beteiligt werden sollen.

ZUSAMMENFASSUNG

Lohnformen

- **Zeitlohn**
  Entlohnung nach Arbeitszeit
- **Leistungslohn**
  - **Prämienlohn**
    Grundlohn + Prämie für besondere Leistungen, z. B. Qualitätsprämie
  - **Akkordlohn**
    - **Stückgeldakkord**
      Geld für ein Stück
    - **Stückzeitakkord**
      Zeitgutschrift für ein Stück
- **Beteiligungslohn**
  Erfolgsbeteiligung durch
  – Gewinnbeteiligung (Auszahlung)
  – Kapitalbeteiligung (z. B. Aktien)

ARBEITSTEIL

1. a) Für welche Tätigkeiten bietet sich eine Entlohnung nach Zeitlohn besonders an?
   b) Welchen Hauptnachteil hat der Zeitlohn jeweils für den Arbeitnehmer und den Arbeitgeber?
   c) Welche Vorteile sehen Sie in einer Bezahlung nach Zeitlohn?
2. Unterscheiden Sie zwischen Stückgeld- und Stückzeitakkord.
3. Ein Arbeitnehmer produziert an einem Arbeitstag von 8 Stunden 76 Werkstücke, der Stückgeldakkordsatz beträgt 1,58 €.
   a) Berechnen Sie den Tagesverdienst.
   b) Berechnen Sie den Stundenlohn.
   c) Jedem fertigen Werkstück muss der Arbeiter den abgebildeten Zettel beilegen. Erläutern Sie die Bedeutung dieses Zettels.

Kontroll-Nr.
10
Bei Reklamationen bitte einsenden

4. Martina hat in ihrem Betrieb einen Auftrag zu fertigen. Folgende Daten liegen vor:
   Grundlohn 15,60 €, Vorgabezeit 12 min/Stück, Auftragsmenge 150 Stück, tatsächlich für den Auftrag benötigte Zeit: 28 Stunden.
   a) Nennen Sie die Voraussetzungen für das Arbeiten im Akkord.
   b) Beschreiben Sie die Vorteile, die der Akkordlohn für den Arbeitnehmer und den Arbeitgeber hat.
   c) Berechnen Sie die Auftragszeit in Minuten und Stunden.
   d) Wie hoch sind der Akkordrichtsatz und der Minutenfaktor?
   e) Ermitteln Sie die Lohnkosten für den Auftrag.
   f) Berechnen Sie den Akkordstundenlohn für die Istleistung (tatsächliche Arbeitsleistung).
5. Eine Akkordarbeiterin liegt erheblich unter der Normalleistung. Welchen Lohn erhält sie ausbezahlt?
6. a) Geben Sie zwei Beispiele für die Anwendung des Prämienlohnes.
   b) Inwiefern mindert der Prämienlohn die Nachteile von Zeitlohn und Akkordlohn und verbindet deren Vorteile?
7. a) Nennen Sie zwei Möglichkeiten für die Gewährung eines Beteiligungslohnes.
   b) Welche Gründe können einen Arbeitgeber veranlassen, seine Mitarbeiter am Unternehmenserfolg zu beteiligen?
   c) Führen Sie zwei Gründe an, wonach die allgemeine Einführung eines Beteiligungslohnes Probleme bereitet.

2 Die gerechte Entlohnung

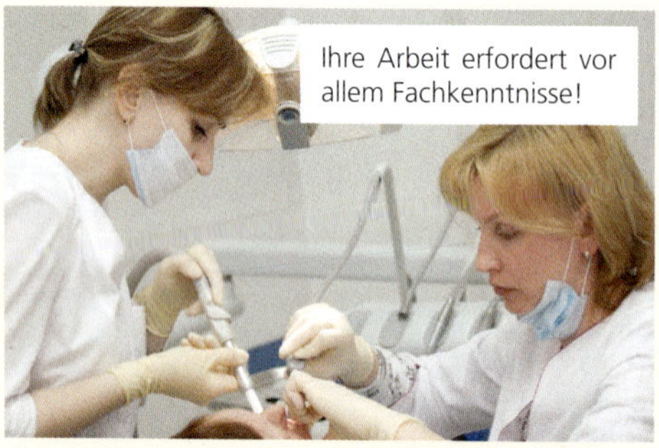

Wie können derart unterschiedliche Arbeitsplätze gerecht entlohnt werden?

Wie können so unterschiedliche Anforderungen gerecht berücksichtigt werden?

2.1 Arbeitsbewertungsverfahren

Ein grundsätzliches Problem aller Lohnsysteme ist die Festsetzung der „gerechten" Lohnhöhe. Voraussetzung dabei ist die Bewertung der Arbeitsleistung. Wer eine höhere Arbeitsleistung erbringt, soll auch einen höheren Lohn erhalten. Für gleiche Leistungen kann man zwar die gleichen Löhne festsetzen – aber wie verfährt man bei unterschiedlichen Leistungen?
Dieses Problem kann nur durch ein Bewertungssystem gelöst werden, das z. B. die Schwierigkeit einer Arbeit, die notwendigen Fachkenntnisse, die Verantwortung und andere Anforderungsarten berücksichtigt. Unter Einbeziehung dieser Anforderungen bildet man verschiedene **Lohngruppen**. Die Lohngruppen werden von den Tarifpartnern ausgehandelt und in Manteltarifverträgen übernommen. Ähnliche Arbeiten oder Arbeitsplätze werden denselben Lohngruppen zugeordnet. Meistens werden die Bedingungen für die Eingruppierung und für die Arbeitsbewertung in den Manteltarifverträgen festgelegt.

Man unterscheidet grundsätzlich zwei Systeme der **Arbeitsbewertung**:

- die **summarische Arbeitsbewertung**
- die **analytische Arbeitsbewertung**

Die summarische Arbeitsbewertung

Bei der **summarischen Arbeitsbewertung** werden die einzelnen Anforderungsarten einer Arbeit pauschal als Ganzes (summarisch) bewertet. Man fasst Anforderungen zusammen und bringt die so erhaltenen Tätigkeitsbeispiele in eine Rangordnung. In der Praxis erfolgt dies durch die Einteilung in **Lohngruppen** (Gehaltsgruppen), die den Tarifverträgen zugrunde liegen. Ausschlaggebend für die Zuordnung einzelner Arbeitsplätze zu bestimmten Lohngruppen sind die erforderliche Ausbildung, die Berufserfahrung, das fachliche Können und die Verantwortung. Folglich werden in Lohngruppe 1 Arbeitsplätze eingruppiert, die nur einfache Arbeiten mit geringer Belastung erfordern und die ohne Vorkenntnisse nach kurzer Einweisung erledigt werden können. Da für solche Tätigkeiten der niedrigste Lohn bezahlt wird, bezeichnet man Gruppe 1 auch als Leichtlohngruppe.
Die summarische Arbeitsbewertung wird allerdings als ungenau angesehen, weil sie die besonderen Anforderungen des einzelnen Arbeitsplatzes nicht genügend berücksichtigen kann.
In Tarifverhandlungen wird normalerweise nur über die Höhe des **Ecklohns** verhandelt. Das ist der Lohn eines 21-jährigen Facharbeiters. Diese Lohngruppe wird gleich 100 % gesetzt. Die anderen Lohngruppen werden durch feststehende prozentuale Zu- oder Abschläge ermittelt. Sie betragen z. B. 85 % oder 130 % des Ecklohns.

Auszug aus der Lohngruppeneinteilung eines Tarifvertrages

Gruppe 3
Arbeiten einfacher Art, die ohne vorherige Arbeitskenntnisse nach kurzer Anweisung ausgeführt werden können.

Gruppe 4
Arbeiten, die ein Anlernen von 4 Wochen erfordern.

Gruppe 5
Arbeiten, die ein Anlernen von 3 Monaten erfordern.

Gruppe 6
Arbeiten, die eine abgeschlossene Anlernausbildung in einem anerkannten Anlernberuf oder eine gleichwertige betriebliche Ausbildung erfordern.

Gruppe 7
Arbeiten, deren Ausführung ein Können voraussetzt, das erreicht wird durch eine entsprechende ordnungsgemäße Berufsausbildung (Facharbeiten). Arbeiten, deren Ausführung Fertigkeiten und Kenntnisse erfordert, die Facharbeiten gleichzusetzen sind.

Gruppe 8
Arbeiten schwieriger Art, deren Ausführung Fertigkeiten und Kenntnisse erfordert, die über jene der Gruppe 7 wegen der notwendigen mehrjährigen Erfahrung hinausgehen.

Die analytische Arbeitsbewertung

Mithilfe der **analytischen Arbeitsbewertung** wird versucht, ein möglichst genaues Bild der Arbeitsanforderungen zu ermitteln, indem man den Arbeitsplatz nach verschiedenen Anforderungen untersucht und bewertet. Die Bewertung erfolgt in etwa wie die Notengebung in der Schule. Für jede Anforderungsart wird durch Vergleich mit dem möglichen Höchstwert eine Wertzahl vergeben. Die Summe der Wertzahlen ergibt den Arbeitsplatzwert. Je höher die Wertzahlensumme, desto höher die Lohngruppe.
Selbstverständlich ist es möglich, die einzelnen Anforderungen in anderer Art und Weise zu gewichten (siehe nachfolgendes Beispiel).

Anforderungsarten		höchstmögliche Wertzahlen	verteilte Wertzahlen
Können	1. Fachkenntnisse, Berufsausbildung, Berufserfahrung	16	**6**
Belastung	2. Körperliche Geschicklichkeit	13	**7**
	3. Muskelbelastung	9	**4**
	4. Aufmerksamkeit, Konzentration	8	**3**
	5. Nachdenken	10	**2**
Verantwortung	6. Verantwortung für die eigene Arbeit	6	**2**
	7. Verantwortung für die Arbeit anderer	6	**0**
	8. Verantwortung für Arbeitsmittel	4	**1**
Umgebungseinflüsse	9. z. B. Temperatur, Feuchtigkeit, Schmutz, Gase, Lärm, Unfallgefahr	8	**5**
Summe der Teilarbeitswerte		80	**30**

Lohntafel zum analytischen System			
Arbeitswerte	**Lohngruppe**	**Stundenlohn**	in % des tariflichen Grundgehalts
0–22	I	10,80	80 %
23–30	II	11,48	85 %
31–40	III	12,15	90 %
41–48	IV	13,50	100 %
49–59	V	14,85	110 %
60–68	VI	15,53	115 %
69–75	VII	17,55	130 %
76–80	VIII	20,25	150 %

= Ecklohn

2.2 Soziale Aspekte der Entlohnung

Bei älteren Arbeitnehmern kann die Arbeitsleistung abnehmen, andererseits verfügen gerade diese über ein Höchstmaß an Berufserfahrung. Würde man jedoch nur die Leistung beachten, könnte dies zu Benachteiligungen führen. Eine gerechte Entlohnung berücksichtigt deshalb neben der Leistung auch **soziale Gesichtspunkte**:

- Alter: In Tarifverträgen oder Betriebsvereinbarungen können Alterszuschläge zum Grundlohn oder Grundgehalt vorgesehen werden.
- Familienstand: Verheiratete Arbeitnehmer und Arbeitnehmer mit Kindern erhalten unter Umständen Zuschläge.
- Dauer der Betriebszugehörigkeit: Arbeitnehmer, die länger dem Betrieb angehören, erhalten in der Regel ein höheres Weihnachts- und Urlaubsgeld sowie einen höheren Beteiligungslohn.

Einen wesentlichen Beitrag zum familiengerechten Lohn leistet der Staat, indem er den Familienstand durch die Lohnsteuerklassen bei der Besteuerung berücksichtigt, um Alleinverdiener in der Familie zu unterstützen. Mit der gleichen Zielsetzung zahlt er Kinder-

geld und Wohngeld, fördert das vermögenswirksame Sparen und gewährt Arbeitnehmersparzulagen.
Jüngere Arbeitnehmer, welche die gleiche Arbeitsleistung wie ältere Kollegen erbringen, fühlen sich benachteiligt, wenn der soziale Aspekt der Entlohnung zu stark betont wird. Ein **„gerechter Lohn"** sollte deshalb Leistung und soziale Gesichtspunkte in angemessenem Verhältnis berücksichtigen.

ZUSAMMENFASSUNG

Arbeitsbewertung

Summarisches Verfahren

Die Arbeitsaufgabe wird pauschal als Ganzes bewertet.

Analytisches Verfahren

Die Arbeitsaufgabe wird nach einzelnen Anforderungen bewertet.

Ziel

leistungsgerechter Lohn + **soziale Aspekte**

z. B. hohe Stückzahlen, Qualitätsarbeit

z. B. Alter, Familienstand

„gerechter Lohn"

ARBEITSTEIL

1. Unterscheiden Sie zwischen
   a) summarischer Arbeitsbewertung und
   b) analytischer Arbeitsbewertung.
2. Ein Kranführer und ein Packer streiten sich, wem wohl der höhere Lohn zusteht. Mit welchem Verfahren könnte man den anforderungsgerechten Lohn am besten ermitteln?
3. a) Bewerten Sie die vier Arbeitsplätze auf Seite 350, indem Sie für jeden die Summe der Arbeitswerte mithilfe des Schemas auf Seite 352 ermitteln.
   b) Vergleichen Sie das Ergebnis mit dem Ihrer Mitschüler.
   c) Kann man aufgrund Ihrer Vergleiche sagen, dass die analytische Arbeitsbewertung ein vollkommen objektives Verfahren ist?
4. Erläutern Sie, was man unter dem Ecklohn versteht.
5. a) Begründen Sie, warum soziale Gesichtspunkte die Lohnhöhe beeinflussen sollten.
   b) Nennen Sie Beispiele für soziale Bestandteile des Lohns.

3 Grundsätze der Gehaltsabrechnung

Nadine Vogel erhält ihre erste Gehaltsabrechnung als ausgelernte Medizinische Fachangestellte. (Nadine ist ledig, hat keine Kinder und hat einen vermögenswirksamen Sparvertrag über 35 € abgeschlossen.)
Sehr enttäuscht entdeckt Nadine nach längerem Suchen, wie viel € sie netto ausgezahlt bekommt. Am nächsten Tag trifft sie ihren Freund Anton:

Nadine: „Eigentlich wollte ich dich groß einladen von meinem ersten richtigen Gehalt nach der bestandenen Prüfung. Aber von dem tollen Gehalt sind nach den Abzügen nur noch 911,61 € übrig geblieben. Da habe ich als Auszubildende fast genauso viel verdient. Wenn ich dann noch die Kreditrate für das neue Auto bezahlt habe, bleibt ja fast nichts mehr übrig."

Anton: „911,61 €, das erscheint mir etwas wenig. Du bist doch jetzt als gelernte Medizinische Fachangestellte eingestellt, sogar noch über Tarif. Hast du eigentlich schon mal überprüft, ob dein neuer Chef das Gehalt auch richtig berechnet hat?"

Nadine: „Nein, ich war so fertig, dass ich daran noch gar nicht gedacht habe. Aber du hast recht, so ganz geheuer kommt mir die Abrechnung nicht vor."

Firmen-Nummer	Kostenstelle	Personal-Nummer	Abr.-Monat	Steuer-klasse	Zahl der Ki.-Freibetr.	Kinder-Zahl	Konfession	Sozialvers.-Schlüssel	PV	Krankenk.	Steuer-Tage	Sozialvers.-Tage
	1234	54321	07/20	I	0,0	--	ev.	111	1	AOK	30	30

Krankheitstage bezahlt	Krankheitstage unbezahlt	Urlaubstage des Monats normal	Urlaubstage des Monats Schwerb.	Urlaubstage des Monats Sonder	Resturlaub normal	Resturlaub Schwerb.	Steuerfreibetrag (volle DM) monatlich	Steuerfreibetrag (volle DM) jährlich	Journal-Pausch.	Std.-Satz	Tarifgruppe	Urlaub Vorjahr	Urlaub lfd. Jahr
				15									

Stunden	Lohnsatz	Prozentsatz	Steuerpflichtig	Sozialvers.-pflichtig	Betrag	Lohnarten-Bezeichnung	L.-Art	Monat
			2.220,00	2.220,00	2.220,00	Gehalt/Monatslohn		
			15,00	15,00	15,00	Sonst. Bezüge (VWL AG)		
			2.235,00	2.235,00	2.235,00	Bruttolohn		
					226,16	Lohnsteuer		
					12,43	Solidaritätszuschlag		
					18,09	Kirchensteuer (8 %)		
					881,71	SV-Beiträge AN		
					1.096,61	Nettolohn		
					35,00	Abf. Verm. Leistungen		
					150,00	Vorschuss		
					911,61	Auszahlungsbetrag		

Arbeitgeberanteile monatlich				
Rentenversicherung	Krankenversicherung	Arbeitslosenvers.	Pflegeversicherung	Vers.-Werk Presse
415,71	344,19	53,64	68,17	

Welche Abzüge haben das Gehalt von Nadine so vermindert?
Überprüfen Sie überschlägig, ob die Abrechnung fehlerhaft sein könnte.

3.1 Gehaltsabzüge

Es ist die Pflicht des Arbeitgebers, seinen Beschäftigten schriftliche Gehaltsabrechnungen auszuhändigen, aus denen Arbeitsentgelt und **Gehaltsabzüge** ersichtlich sind.
Das in Tarif- oder Arbeitsverträgen festgelegte **Bruttogehalt** wird folgendermaßen ermittelt:

Grundgehalt	
+ Zulagen	z. B. Schmutzzulage (in €, z. B. 40 €)
+ Zuschläge	z. B. Sonntagsarbeit, Überstunden (in %, z. B. 25 %)
+ sonstige finanzielle Leistungen	z. B. Weihnachtsgeld, Urlaubsgeld, vermögenswirksame Leistungen
= Bruttogehalt	

Die Arbeitnehmer erhalten nicht das **Bruttogehalt** ausgezahlt, sondern das **Nettogehalt**. Es ergibt sich, wenn man das Bruttogehalt um die **gesetzlichen Abzüge** vermindert:

!

Bruttogehalt – gesetzliche Abzüge = Nettogehalt

Häufig ist das **ausbezahlte Gehalt** geringer als das Nettogehalt, weil von diesem noch **sonstige Abzüge** einbehalten werden.

Gesetzliche Gehaltsabzüge

Lohnsteuer, Solidaritätszuschlag und **Kirchensteuer** werden anhand der Lohnsteuertabelle ermittelt. Der Solidaritätszuschlag soll helfen, die Vereinigung Deutschlands zu finanzieren. Er wird bis 2021 erhoben (2020 beträgt er 5,5 % der Lohn- oder Einkommensteuer, bei niedrigen Einkommen sogar weniger; ab 2021 fällt er nur noch bei höheren Einkommen an). Der Kirchensteuer unterliegen die Mitglieder der einzelnen Religionsgemeinschaften. Der Steuersatz beträgt in Bayern und Baden-Württemberg 8 % der Lohn- bzw. Einkommensteuerschuld, in allen anderen Bundesländern 9 %.
Die **Sozialversicherungsbeiträge** werden zur Hälfte vom Arbeitnehmer aufgebracht. Dies sind 2020 in der Rentenversicherung 9,3 % Arbeitnehmeranteil, in der Krankenversicherung 7,3 % (je nach Krankenkasse kann noch ein Zusatzbeitrag anfallen, z. B. 0,4 %), in der Arbeitslosenversicherung 1,2 % und 1,525* % in der Pflegeversicherung. Kinderlose Arbeitnehmer, die älter als 23 Jahre alt sind, zahlen 1,775 % Beitragssatz für die Pflegeversicherung. Der Arbeitgeber führt die Beiträge an die Krankenkasse ab, die sie an die einzelnen Versicherungsträger weiterleitet. Siehe auch S. 356: Erstellung der Gehaltsabrechnung.

Sonstige Abzüge

Sonstige Abzüge werden in der Regel vertraglich vereinbart. *Beispiele:* Mietzahlungen für Betriebswohnungen, Sparbeiträge im Rahmen eines Vertrages über vermögenswirksame Leistungen oder die Einbehaltung von ausgezahlten Vorschüssen.
Darüber hinaus können Abzüge auch gerichtlich angeordnet werden infolge einer Lohnpfändung oder eines Vollstreckungsbefehls.

* Ausnahme: Sachsen

ZUSAMMENFASSUNG

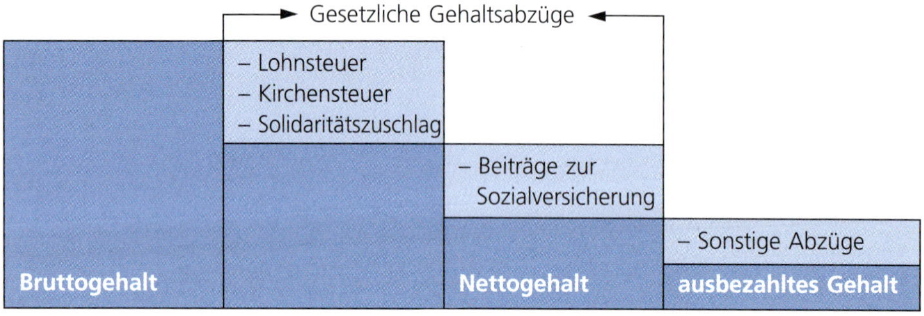

3.2 Erstellung der Gehaltsabrechnung

Um die Gehaltsabrechnung durchzuführen, benötigen die Arbeitgeber Abrechnungsformulare, die Lohnsteuertabelle und die Sozialversicherungstabelle. Die meisten Unternehmen setzen spezielle Computerprogramme ein, mit deren Hilfe die Abrechnung erheblich erleichtert wird.

Monat (Euro)

Lohn/ Gehalt bis Euro	Steuerklasse	Lohnsteuer	ohne Kinderfreibetrag			0,5 Kinderfreibetrag			1,0 Kinderfreibetrag			1,5 Kinderfreibetrag			2,0 Kinderfreibetrag			2,5 Kinderfreibetrag			3,0 Kinderfreibetrag		
			SolZ	Kirchensteuer		SolZ	Kirchensteuer		SolZ	Kirchensteuer		SolZ	Kirchensteuer		SolZ	Kirchensteuer		SolZ	Kirchensteuer		SolZ	Kirchensteuer	
			5,5 %	8 %	9 %	5,5 %	8 %	9 %	5,5 %	8 %	9 %	5,5 %	8 %	9 %	5,5 %	8 %	9 %	5,5 %	8 %	9 %	5,5 %	8 %	9 %
2.300,99	I	**240,33**	13,21	19,22	21,62	8,51	12,38	13,92	0,00	5,96	6,70	0,00	0,87	0,98	0,00	0,00	0,00	0,00	0,00	0,00	0,00	0,00	0,00
	II	**197,83**	10,88	15,82	17,80	6,31	9,18	10,33	0,00	3,23	3,63	0,00	0,00	0,00	0,00	0,00	0,00	0,00	0,00	0,00	0,00	0,00	0,00
	III	**34,50**	0,00	2,76	3,10	0,00	0,00	0,00	0,00	0,00	0,00	0,00	0,00	0,00	0,00	0,00	0,00	0,00	0,00	0,00	0,00	0,00	0,00
	IV	**240,33**	13,21	19,22	21,62	10,82	15,74	17,71	8,51	12,38	13,92	6,26	9,11	10,25	0,00	5,96	6,70	0,00	3,17	3,56	0,00	0,87	0,98
	V	**497,83**	27,38	39,82	44,80																		
	VI	**529,83**	29,14	42,38	47,58																		
2.303,99	I	**241,08**	13,25	19,28	21,69	8,54	12,42	13,97	0,00	6,00	6,75	0,00	0,90	1,01	0,00	0,00	0,00	0,00	0,00	0,00	0,00	0,00	0,00
	II	**198,50**	10,91	15,88	17,86	6,34	9,23	10,38	0,00	3,26	3,67	0,00	0,00	0,00	0,00	0,00	0,00	0,00	0,00	0,00	0,00	0,00	0,00
	III	**34,83**	0,00	2,78	3,13	0,00	0,00	0,00	0,00	0,00	0,00	0,00	0,00	0,00	0,00	0,00	0,00	0,00	0,00	0,00	0,00	0,00	0,00
	IV	**241,08**	13,25	19,28	21,69	10,86	15,80	17,77	8,54	12,42	13,97	6,29	9,16	10,30	0,00	6,00	6,75	0,00	3,21	3,61	0,00	0,90	1,01
	V	**498,83**	27,43	39,90	44,89																		
	VI	**530,66**	29,18	42,45	47,75																		

Sozialversicherungsbeitragssätze
(Stand 2020)

Krankenversicherung	14,6 %*
Rentenversicherung	18,6 %
Arbeitslosenversicherung	2,4 %
Pflegeversicherung	3,05 %**

* Krankenkasse kann Zusatzbeiträge verlangen (derzeit 0 – 2,7 %)
** Kinderlose Arbeitnehmer über 23 Jahre zahlen zusätzlich zu ihrem Anteil 0,25 %.

Alle Sozialversicherungsbeiträge sind gesetzlich festgelegt. Die Krankenkassenbeiträge betragen bei allen Krankenkassen einheitlich 14,6 %. Kommt eine Krankenkasse mit dem Beitragssatz nicht aus, dann kann sie einen Zusatzbeitrag verlangen, z. B. 0,9 %. Die nebenstehende Tabelle enthält die derzeit geltenden Sozialversicherungsbeitragssätze. Davon trägt die Hälfte der Arbeitnehmer. Der Arbeitgeber übernimmt die andere und führt die gesamten Beiträge an die Krankenkasse ab, die sie weiterleitet. Abgaben auf sogenannte **Minijobs** (siehe S. 49) erhält die Bundesknappschaft. Eine besondere Regelung gilt für die **Niedriglohnjobs**, d. h. für Einkommen zwischen 450,01 und 1.300 €. Hier entrichtet der Arbeitgeber weiterhin die Hälfte des regulären Sozialversicherungsbeitragssatzes. Der Arbeitnehmer dagegen zahlt einkommensabhängig einen ermäßigten Beitragssatz, der langsam ansteigt und zwischen 10 und 21 % liegt. Berechnet wird dieser Beitragssatz anhand einer komplizierten Formel. Jeder Arbeitgeber kann diese Beiträge entweder seinem Computerprogramm entnehmen oder sogenannte Gleitzonenrechner nutzen, die von jeder Krankenkasse entweder online oder zum Download zur Verfügung gestellt werden.

Beispiel einer monatlichen Gehaltsabrechnung
Martina Gruber hat Steuerklasse I, sie ist alleinstehend ohne Kind und hat ein Alter von 20 Jahren. Ihr Monatsgehalt beträgt 2.275,00 €, von den vermögenswirksamen Leistungen in Höhe von 35,00 € pro Monat übernimmt ihr Arbeitgeber 27,00 €. Ihre Krankenkasse verlangt einen Zusatzbeitrag von 0,8 %, der Kirchensteuerersatz beträgt 9 %.

Grundgehalt		2.275,00 €
+ vermögenswirksame Leistungen des Arbeitgebers		27,00 €
= **Bruttogehalt**		**2.302,00 €**
– Lohnsteuer (siehe Tabelle S. 356)	241,08 €	
– Solidaritätszuschlag (siehe Tabelle S. 356)	13,25 €	
– Kirchensteuer (siehe Tabelle S. 356)	21,69 €	
– Sozialversicherungsbeiträge (siehe Tabelle S. 356)		
Krankenversicherung *(Arbeitnehmeranteil 7,3 % + 0,4 %)*	177,25 €	
Rentenversicherung *(Arbeitnehmeranteil 9,3 %)*	214,09 €	
Arbeitslosenversicherung *(Arbeitnehmeranteil 1,2 %)*	27,62 €	
Pflegeversicherung *(Arbeitnehmeranteil 1,525 %)**	35,11 €	730,09 €
= **Nettogehalt**		**1.571,91 €**
– vermögenswirksame Leistungen		35,00 €
= **ausbezahltes Gehalt**		**1.536,91 €**

*(Ausnahme: Sachsen 2,025 %)

3.3 Lohnzusatzkosten

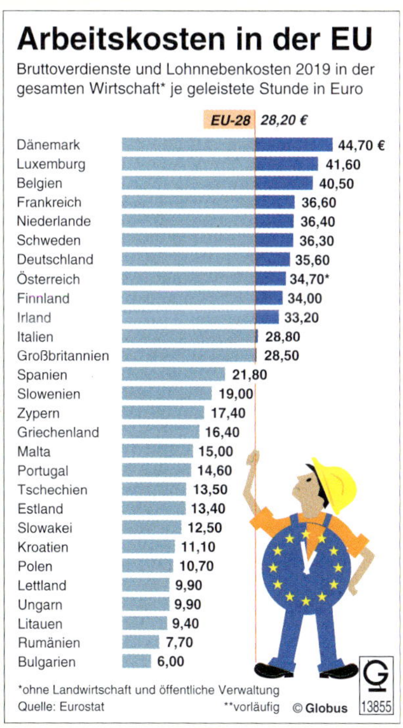

Welches Land hat die höchsten Lohnkosten?

Wie können sich diese unterschiedlichen Lohnkosten auf den Wirtschaftsstandort Deutschland auswirken?

Eine besondere Stärke im internationalen Wettbewerb waren bisher die Motivation und die Qualifikation der deutschen Arbeitnehmer. Allerdings machen die hohen Lohnkosten

zusammen mit den Lohnzusatzkosten die deutschen Arbeitnehmer beinahe zu den teuersten Beschäftigten der Welt. Die hohen Lohnkosten beeinträchtigen die Wettbewerbsfähigkeit der Unternehmen, vor allem auf den Weltmärkten. Deutsche Produkte werden teurer, vielfach zu teuer. Sofern dem nicht andere Gründe, wie beispielsweise eine besondere Wertschätzung, entgegenstehen, kann die Nachfrage abnehmen. Wegen des hohen Exportanteils der deutschen Wirtschaft hätte eine derartige Entwicklung schlimme Folgen, unter anderem eine Zunahme der Arbeitslosigkeit. Glücklicherweise werden deutsche Erzeugnisse nach wie vor als Qualitätsprodukte angesehen, die auch bei relativ hohen Preisen ihre Käufer finden.
Aber die Unternehmer und ihre Verbände sind sehr besorgt, denn auch die anderen Kosten wie z. B. die Grundstückspreise sind in Deutschland besonders hoch. Wegen des starken Kostendrucks werden deutsche Produkte vielfach gar nicht mehr in Deutschland hergestellt. Dies könnte auf längere Sicht dazu führen, dass der Absatz unserer Waren zurückgeht, weil sie nicht mehr dieselbe Wertschätzung erfahren. Man erachtet es deshalb als sehr wichtig, die Lohnzusatzkosten in Deutschland zu senken, damit die Unternehmen im internationalen Wettbewerb ihre Produkte zu konkurrenzfähigen Preisen anbieten können.

Zwar hat Westdeutschland im internationalen Vergleich die dritthöchsten Lohnkosten, die deutschen Arbeitnehmer jedoch bekommen nicht die dritthöchsten Löhne in der Welt. Nicht die Lohnkosten, sondern die **Lohnzusatzkosten** machen unsere Produkte so teuer. Zu diesen **Lohnzusatzkosten** gehören im Einzelnen:

- **Entgeltfortzahlung** für Urlaub, Feiertage und Krankheit
- **Arbeitgeberanteile zur Sozialversicherung**, d. h., der Arbeitgeber trägt die Hälfte der Beiträge zur Kranken-, Renten-, Arbeitslosen- und Pflegeversicherung (die Unfallversicherung bezahlt er zu 100 %)
- **Sonderzahlungen** wie 13. Monatslohn, Urlaubs- und Weihnachtsgeld
- **vermögenswirksame Leistungen**, die von vielen Arbeitgebern ganz oder teilweise übernommen werden

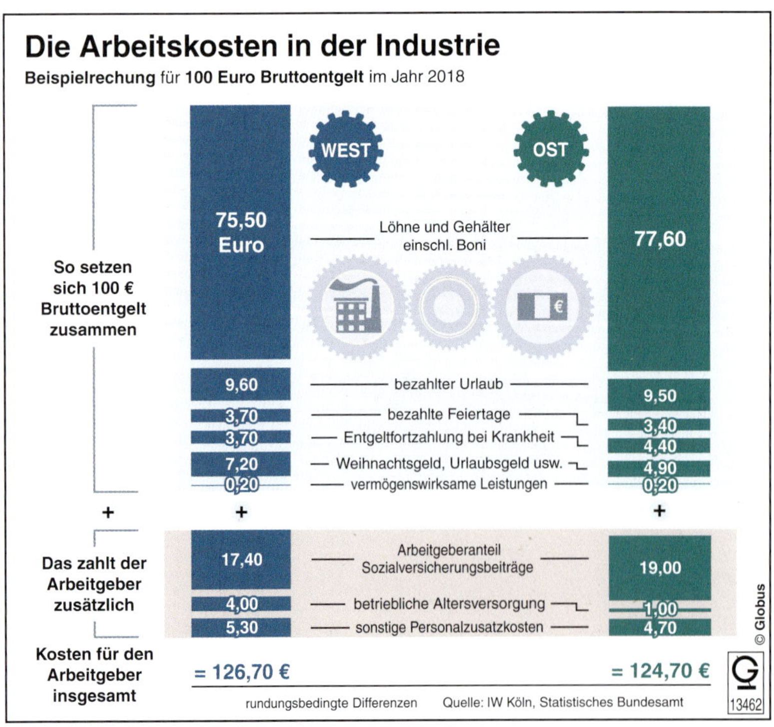

Oftmals werden die Lohnzusatzkosten auch als **Lohnnebenkosten** oder als **Personalzusatzkosten** bezeichnet.

Der Anteil der Lohnzusatzkosten ist in Deutschland höher als in den meisten anderen Ländern. Die Folge: Aufgrund der höheren Lohnzusatzkosten wird in Deutschland ein geringerer Nettolohn als im Ausland ausbezahlt, gleichzeitig müssen die Unternehmen mit deutlich höheren Lohnkosten kalkulieren.

ZUSAMMENFASSUNG

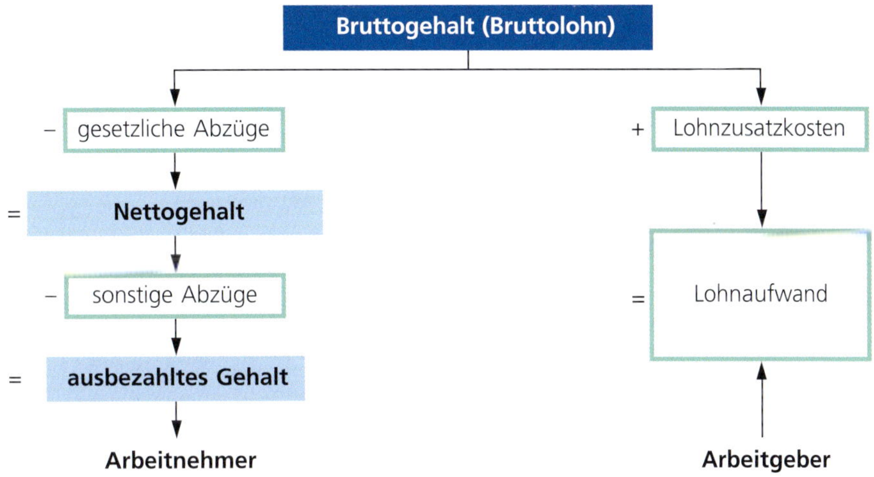

ARBEITSTEIL

1. a) Unterscheiden Sie zwischen Bruttogehalt und Nettogehalt.
   b) Unterscheiden Sie zwischen Nettogehalt und ausbezahltem Gehalt.
   c) Welche Gehaltsabzüge sind gesetzlich vorgeschrieben?
   d) Neben den gesetzlichen Abzügen können auch sonstige Abzüge anfallen. Geben Sie hierzu drei Beispiele an.
2. Eine MFA erhält ein Gehalt von 2.025,00 €. Außerdem bekommt sie einen Zuschuss von 30,00 € zu den vermögenswirksamen Leistungen.
   a) Berechnen Sie das Bruttogehalt.
   b) Berechnen Sie das Nettogehalt und berücksichtigen Sie dabei folgende Abzüge: Arbeitnehmeranteile zur Sozialversicherung 19,825 %, Lohnsteuer 186,33 €, Kirchensteuer 9 % der Lohnsteuer, Solidaritätszuschlag 5,5 % der Lohnsteuer.
   c) Wie hoch ist der auszuzahlende Betrag, wenn zusätzlich vermögenswirksame Leistungen in Höhe von 35,00 € zu berücksichtigen sind?
3. Erläutern Sie, was man unter Lohnzusatzkosten versteht.
4. a) Welche Länder innerhalb der Europäischen Union kommen als „Billiglohnländer" für Investoren infrage?
   b) Überlegen Sie, ob selbst diese „Billiglohnländer" innerhalb von Europa ihre Konkurrenten haben.
   c) Informieren Sie sich darüber, welche bekannten deutschen Hersteller bereits im Ausland produzieren.
   d) Welche Problematik sehen Sie bei einer Senkung der Lohnzusatzkosten?

PRÜFUNGSAUFGABE

Martin Bauer (Auszubildender): „Sobald ich die Lehre hinter mir habe, wird erst mal **Akkord** gearbeitet, damit auch die Kasse stimmt. Ist sicher nicht so schlimm, wie immer behauptet wird."

Gabi Gruber (MFA): „Da lob ich mir meinen **Zeitlohn**. 2.075 € brutto, da kann man nicht meckern."

a) Erklären Sie die hervorgehobenen Begriffe.

b) Welche Voraussetzungen müssen vorliegen, damit Akkord gearbeitet werden kann?

c) Wie würden Sie sich entscheiden? Was spricht für und was gegen die von Ihnen gewählte Lohnform?

d) Welche Lohnart wird in den folgenden Beispielen angewendet?
- Eine Näherin erhält für geringen Ausschuss einen zusätzlichen Betrag.
- Für jedes produzierte Stück werden einem Heimarbeiter 1,25 € bezahlt.
- Der Lohn eines Monteurs beträgt 15 € in der Stunde.

e) Gabi, die ihre Wohnung renovieren lassen möchte, berichtet entrüstet vom Kostenvoranschlag eines Malers: „Stell dir vor, der verlangt für einen Gesellen 52 € Stundenlohn und für einen Auszubildenden 39 €. Bei dem kostet ein Auszubildender mehr als ich verdiene." Erklären Sie Gabi, weshalb ein Handwerker so hohe Stundensätze verlangt.

f) Berechnen Sie den Bruttostundenlohn von Gabi. Gehen Sie davon aus, dass Gabi durchschnittlich 167 Stunden im Monat arbeitet.

g) Worauf müssen Sie achten, wenn Sie anhand der nachfolgenden Sozialversicherungsbeitragssätze Gabis Sozialversicherungsbeiträge ermitteln wollen?

Monat (Euro)

Lohn/ Gehalt bis Euro	Steuerklasse	Lohnsteuer	ohne Kinderfreibeträge SolZ 5,5 %	Kirchensteuer 8 %	Kirchensteuer 9 %
2.072,99	I	**189,66**	10,43	15,17	17,06
	II	**148,66**	8,17	11,89	13,37
	III	**2,16**	0,00	0,17	0,19
	IV	**189,66**	10,43	15,17	17,06
	V	**430,33**	23,66	34,42	38,72
	VI	**460,66**	25,33	36,85	41,45
2.075,99	I	**190,25**	10,46	15,22	17,12
	II	**149,25**	8,20	11,94	13,43
	III	**2,50**	0,00	0,20	0,22
	IV	**190,25**	10,46	15,22	17,12
	V	**431,33**	23,72	34,50	38,81
	VI	**461,50**	25,38	36,92	41,53
2.078,99	I	**190,91**	10,50	15,27	17,18
	II	**149,91**	8,24	11,99	13,49
	III	**2,83**	0,00	0,22	0,25
	IV	**190,91**	10,50	15,27	17,18
	V	**432,00**	23,76	34,56	38,88
	VI	**462,33**	25,42	36,98	41,60
2.081,99	I	**191,58**	10,53	15,32	17,24
	II	**150,58**	8,28	12,04	13,55
	III	**3,16**	0,00	0,25	0,28
	IV	**191,58**	10,53	15,32	17,24
	V	**433,00**	23,81	34,64	38,97
	VI	**463,16**	25,47	37,05	41,68

h) Berechnen Sie mithilfe der abgebildeten Tabellen den Nettostundenlohn, den Gabi bekommt. Gabi ist 22 Jahre alt, ledig und hat keine Kinder. Die Kirchensteuer beträgt 9 %.

Sozialversicherungsbeitragssätze (Stand 2020)

Krankenversicherung	14,6 %*
Rentenversicherung	18,6 %
Arbeitslosenversicherung	2,4 %
Pflegeversicherung	3,05 %**

* Gabis Krankenkasse verlangt einen Zusatzbeitrag von 0,9 %. Ihr Arbeitnehmeranteil beträgt somit 7,75 %.
** Kinderlose Arbeitnehmer über 23 Jahre zahlen zusätzlich zu ihrem Anteil 0,25 %.

FALLBEISPIEL: LOHNABRECHNUNG

Tina Matthes hat ihre Berufsausbildung zur Medizinischen Fachangestellten erfolgreich beendet. Obwohl ihr Chef sie nach ihrer guten Abschlussprüfung gerne übernehmen würde, will sie zunächst Neues kennenlernen.
In einer Fachzeitschrift sieht sie zwei Stellenanzeigen von Ärzten in Oberbayern, die auch eine Wohngelegenheit anbieten. Da sie im Winter gerne Ski fährt und es liebt, im Sommer die Berge zu Fuß und mit dem Bike zu erforschen, ist sie begeistert. Sie will dort arbeiten, wo andere Urlaub machen.

Tina Matthes träumt von einem Arbeitsvertrag im Urlaubsparadies. Doch bevor es losgehen kann, muss sie noch ein wenig kalkulieren.

Dr. Leitner, Garmisch-Partenkirchen

- Der Bruttoverdienst beträgt 2.100,00 € pro Monat.
- Die Unterbringung in einer Einzimmerwohnung wird pauschal mit 350,00 € pro Monat berechnet.
- Von den vermögenswirksamen Leistungen übernimmt Dr. Leitner 30,00 € pro Monat.
- Tina will vermögenswirksam sparen.

Dr. Neumann, Oberammergau

- Der Bruttoverdienst beträgt 11,25 € pro Stunde bei ca. 168 Stunden im Monat.
- Die Unterbringung in einer Einzimmerwohnung wird nicht berechnet.*
- Von den vermögenswirksamen Leistungen übernimmt Dr. Neumann 20,00 € pro Monat.
- Tina will vermögenswirksam sparen.

*Die Unterbringung ist ein sogenannter Sachbezug und als solcher steuer- und sozialversicherungspflichtig. Die Folge: Der hier unterstellte Wert von 350,00 € erhöht entsprechend den Bruttolohn. Anschließend wird der Betrag vom Nettolohn abgezogen.

Arbeitsauftrag:

1. Wer zahlt insgesamt den höchsten Bruttoverdienst?
2. Ermitteln Sie mit einem Gehaltsrechner aus dem Internet den Nettoverdienst für die Stelle mit dem höchsten Bruttoverdienst. Tina ist 20 Jahre alt und evangelisch, ihre Krankenkasse verlangt 1,1 % Zusatzbeitrag. Alternativer Lösungsweg: Ermitteln Sie den Nettoverdienst anhand der auf der folgenden Seite abgebildeten Tabellenauszüge.
3. Welchen Bruttoverdienst muss Tina verlangen, um mindestens 1.600,00 € netto zu erhalten? Verwenden Sie einen Gehaltsrechner im Internet.
4. In der gleichen Fachzeitschrift hat Tina auch die Anzeige einer Ärztin aus Tirol in Österreich gesehen. Die Ärztin bietet monatlich 2.280,00 € brutto und verlangt für die Unterbringung in einer Einzimmerwohnung 320,00 €. Suchen Sie im Internet einen Gehaltsrechner für Österreich und ermitteln Sie den Nettoverdienst.
5. Tina hat gehört, das Leben in Österreich sei teuer. Um zu erfahren, wo man von seinem Nettoeinkommen besser lebt, hat sie sich im Internet einen Kaufkraftvergleich heruntergeladen (s. a.: Grafik „Wie viel ist der Euro wert?“ auf der folgenden Seite). Stellen Sie fest, wo Tina mehr von ihrem Nettoverdienst hat: in Deutschland oder in Österreich?

Suchhilfen:
Geben Sie in einer **Suchmaschine** Stichworte ein wie *Gehaltsrechner, Nettolohnrechner, brutto-netto, Netto-Bruttorechner, Deutschland, Österreich.*

FALLBEISPIEL: LOHNABRECHNUNG

pro Monat in Euro

Lohn/ Gehalt bis Euro	Steuerklasse	Lohn-steuer	ohne Kinderfreibetrag			0,5 Kinderfreibetrag			1,0 Kinderfreibetrag		
			SolZ	Kirchensteuer		SolZ	Kirchensteuer		SolZ	Kirchensteuer	
			5,5 %	8 %	9 %	5,5 %	8 %	9 %	5,5 %	8 %	9 %
2.258,99	I	**230,91**	12,70	18,47	20,78	8,02	11,66	13,12	0,00	5,32	5,98
	II	**188,66**	10,37	15,09	16,97	5,05	8,50	9,56	0,00	2,69	3,02
	III	**28,00**	0,00	2,24	2,52	0,00	0,00	0,00	0,00	0,00	0,00
	IV	**230,91**	12,70	18,47	20,78	10,32	15,01	16,88	8,02	11,66	13,12
	V	**485,16**	26,68	38,81	43,66						
	VI	**516,83**	28,42	41,34	46,51						
2.261,99	I	**231,58**	12,73	18,52	20,84	8,05	11,71	13,17	0,00	5,36	6,03
	II	**189,33**	10,41	15,14	17,03	5,16	8,54	9,61	0,00	2,73	3,07
	III	**28,50**	0,00	2,28	2,56	0,00	0,00	0,00	0,00	0,00	0,00
	IV	**231,58**	12,73	18,52	20,84	10,35	15,06	16,94	8,05	11,71	13,17
	V	**486,16**	26,73	38,89	43,75						
	VI	**517,66**	28,47	41,41	46,58						

Sozialversicherungsbeitragssätze 2020	
Krankenversicherung	14,6 %*
Rentenversicherung	18,6 %
Arbeitslosenversicherung	2,4 %
Pflegeversicherung	3,05 %**

* Krankenkassen können Zusatzbeiträge verlangen (derzeit 0 % – 2,7 %)
** Kinderlose Arbeitnehmer über 23 Jahre zahlen zusätzlich zu ihrem Anteil 0,25 %

Wieviel ist der Euro wert?

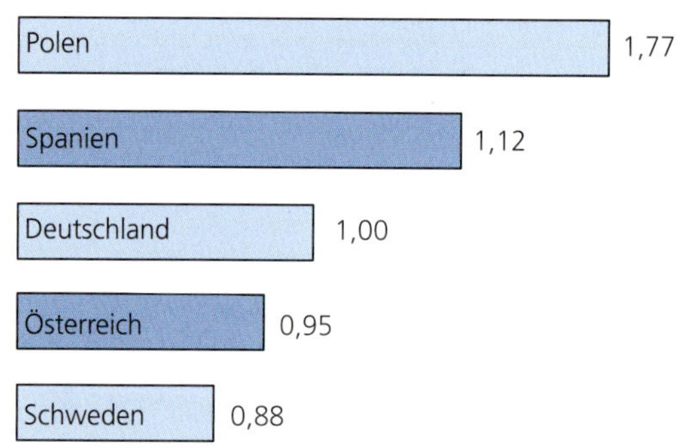

Quelle: OECD – Monthly comparative price levels, Stand Januar 2020

Soziale Marktwirtschaft

1 Grundlagen wirtschaftlichen Handelns

„Ich kann mir nicht vorstellen, dass es einen Menschen gibt, der nicht immer neue Bedürfnisse hat."

Ludwig Erhard (1897-1977)
Bundesminister für Wirtschaft 1949-1963
Bundeskanzler 1963-1966

„Die Welt hat genug für jedermanns Bedürfnisse, aber nicht für jedermanns Gier."

Mahatma Gandhi (1868-1948)
Führer der indischen Unabhängigkeitsbewegung, bis heute Vorbild für gewaltloses Handeln

Beurteilen Sie die Zitate der beiden Politiker. Welche Arten von Bedürfnissen kennen Sie?

1.1 Bedürfnisse

Bedürfnisse sind der Ausgangspunkt wirtschaftlichen Handelns. Ein **Bedürfnis** ist das Empfinden eines **Mangelgefühls,** das man beseitigen will. Jeder Mensch hat Bedürfnisse. Damit er nicht verhungert, muss er Nahrung zu sich nehmen; um nicht zu erfrieren, muss er sich kleiden; als Schutz vor Hitze oder Kälte benötigt er eine Wohnung. Kein Mensch kann existieren, wenn diese grundlegenden Bedürfnisse nicht befriedigt werden. Sie werden deshalb **Existenzbedürfnisse** genannt.
Jeder Mensch hat täglich verschiedene Bedürfnisse. Neben den Existenzbedürfnissen kann er vielleicht seine Bildung als mangelhaft empfinden. Um dem abzuhelfen, hat er den Wunsch, verschiedene Bücher zu lesen. Eventuell will er seinen körperlichen oder seelischen Zustand verbessern, z. B. durch Kino, Fernsehen, Radio oder durch eine Reise. All diese Bedürfnisse bezeichnet man als **Kulturbedürfnisse.**
Der Lebensstandard in Deutschland ist in den letzten Jahren ständig gestiegen, d. h., neben den Existenzbedürfnissen und Kulturbedürfnissen konnten sich die Einwohner zunehmend **Luxusbedürfnisse** leisten. Diese werden nicht unbedingt zum Leben benötigt. Sie bieten entbehrliche Annehmlichkeiten, z. B. teure Genussmittel, ein Sportwagen, ein privater Swimmingpool oder kostbarer Schmuck.
Die genaue Abgrenzung zwischen Existenz-, Kultur- und Luxusbedürfnissen ist schwierig. So kann das Bedürfnis nach einer teuren Musikanlage für einen Diskothekenbesitzer ein Existenzbedürfnis darstellen, in bestimmten Bevölkerungsschichten ein Kulturbedürfnis und für viele sogar ein Luxusbedürfnis sein. Auch der technische Fortschritt und das Einkommen beeinflussen die Einteilung der Bedürfnisse. In einem abgelegenen Dorf eines unterentwickelten Landes ist ein Fernsehgerät ein Luxusbedürfnis, in modernen Ländern dagegen längst ein Kulturbedürfnis.

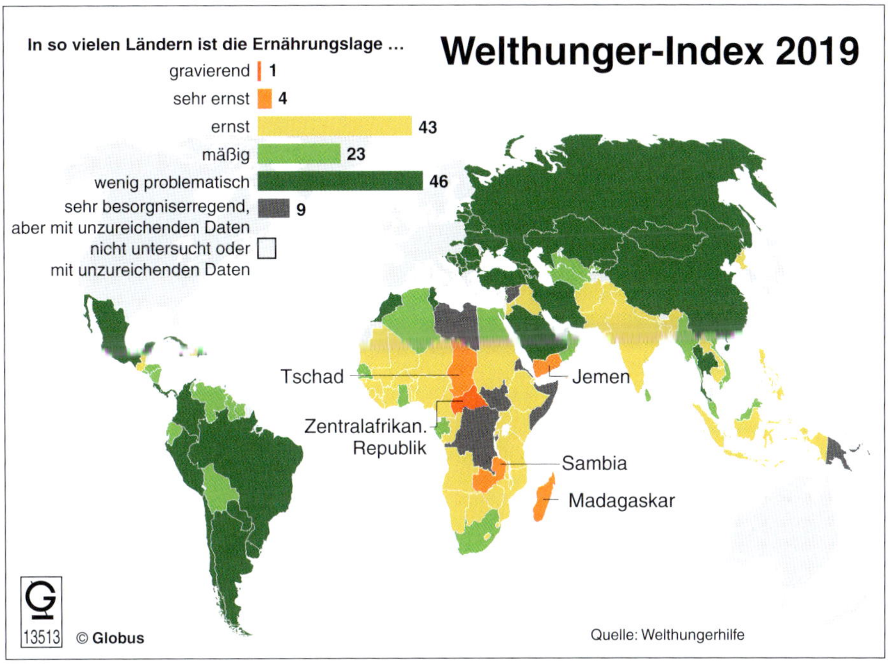

Die abgebildete Weltkarte unterscheidet in Industriestaaten, in denen die Menschen gut und überernährt sind, sowie in Länder, wo man die Ernährungslage als wenig problematisch einschätzt oder solche, wo sie mäßig ist und schließlich in Länder, deren Ernährungslage man als ernst oder sogar als gravierend bezeichnen muss. Betrachtet man die Karte, so stellt man fest: In Deutschland ist eine einfache Mahlzeit ein Existenzbedürfnis. Viele Einwohner, z. B. von Sambia, dem Tschad, Indien, Madagaskar oder der Zentralafrikanischen Republik, würden das gleiche Nahrungsangebot als Luxusbedürfnis ansehen.

All die Existenz-, Kultur und Luxusbedürfnisse, die jeder Mensch hat, kann der einzelne selbst befriedigen, vorausgesetzt, er hat das Geld dazu und die gewünschten Leistungen werden angeboten. Bedürfnisse des Einzelnen bezeichnet man auch als **Individualbedürfnisse.**

Daneben gibt es Bedürfnisse, die nicht der Einzelne, sondern nur die Gesellschaft als Ganzes befriedigen kann. Sie werden **Kollektivbedürfnisse** genannt. Dazu zählen z. B. der Wunsch nach einem modernen Krankenhaus, einer Schule, die Versorgung mit Strom oder der Ausbau des Verkehrsnetzes.

Aus Bedürfnissen wird erst dann ein **Bedarf,** wenn diese mit Kaufkraft (Geld) ausgestattet sind.

Beispiel: Jemand hat das dringende Bedürfnis, einen rasanten Sportwagen zu fahren, bedauerlicherweise fehlt aber das nötige Geld. Aus diesem Bedürfnis kann kein Bedarf entstehen.

Der Bedarf der Menschen äußert sich als **Nachfrage** am Markt. Dies ist erst dann der Fall, wenn von zahlungsbereiten Käufern die entsprechenden Güter tatsächlich verlangt werden.
Beispiel: Nach Unterrichtsende empfindet ein Schüler Durst (= Existenzbedürfnis). Mit einem Blick in seine Geldbörse überzeugt er sich davon, dass er noch genügend Geld besitzt (= Bedarf). Er geht in einen Supermarkt und kauft eine Limonade (= Nachfrage).

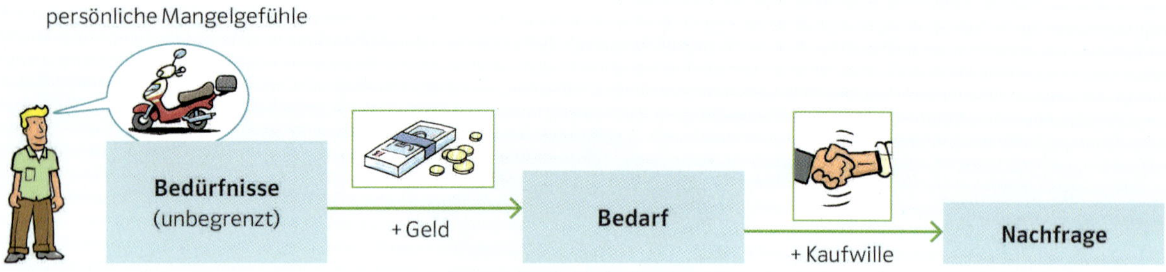

In modernen Industriegesellschaften ist das Wachstum der Bedürfnisse häufig geringer als die Produktionskapazitäten vieler Unternehmungen. Absatzschwierigkeiten verbunden mit Arbeitslosigkeit können die Folge sein. Um ihren Absatz zu sichern, versuchen Unternehmen durch Werbung immer neue Bedürfnisse bei den Verbrauchern zu wecken.

1.2 Güter

Güter sind die Mittel, mit denen die Menschen ihre Bedürfnisse befriedigen. Stehen sie kostenlos und unbegrenzt zur Verfügung, dann werden sie als freie Güter bezeichnet. Typische **freie Güter** sind z. B. Luft, Sonnenenergie, Sand in der Wüste oder Wasser im Meer. Freie Güter gibt es heutzutage immer weniger. So zählen z. B. sauberes Wasser und frische Luft durch zunehmende Umweltbelastung nur noch sehr begrenzt zu den freien Gütern. Zwar kann man in Flüssen kostenlos baden; sauberes Wasser, das aus der Leitung kommt, muss man allerdings bezahlen. Das an sich freie Gut Wasser wird zum wirtschaftlichen Gut.
Alle anderen Güter sind knapp; man erhält sie nur unter Einsatz von Kosten, d. h., ihre Gewinnung oder Herstellung setzt zielgerichtetes wirtschaftliches Handeln voraus. Daher werden diese Güter nur gegen Bezahlung auf dem Markt angeboten. Knappe Güter bezeichnet man deshalb auch als **wirtschaftliche Güter**.

Wirtschaftliche Güter werden unterschieden in **Sachgüter** sowie **Rechte** und **Dienstleistungen**. Sachgüter **(materielle Güter)** sind als Gegenstände vorhanden, z. B. Möbel, Lebensmittel, Kleidungsstücke oder Maschinen. Rechte und Dienstleistungen dagegen kann man nicht anfassen, da sie nicht als Gegenstände vorhanden sind. Man nennt sie deshalb **immaterielle Güter**. Dienstleistungen erbringen z. B. Ärzte, Rechtsanwälte, Taxifahrer oder Friseure. Zu den Rechten zählen u. a. Patente, Mietverträge, Marken, Lizenzen oder Wegerechte.

Werden Güter zur unmittelbaren Befriedigung von Bedürfnissen verwendet, spricht man von **Konsumgütern**. Beispiele: Haushaltsgeräte, Lebensmittel, Kleidungsstücke. Setzt man sie hingegen zur Herstellung anderer Güter ein, dann werden sie **Produktionsgüter** genannt. Beispiele: Maschinen, Werkzeuge, Rohstoffe.

Ob man ein Gut zu den Konsumgütern oder zu den Produktionsgütern zählt, hängt davon ab, wer darüber verfügt. Wird eine Nähmaschine in einem Privathaushalt eingesetzt, ist sie ein Konsumgut, für einen Schneider dagegen ein Produktionsgut.

Hinsichtlich ihrer Nutzungsdauer unterscheidet man **Gebrauchs- und Verbrauchsgüter**. Gebrauchsgüter wie Kühlschränke, Fernsehgeräte, Maschinen können über einen längeren Zeitraum genutzt werden. Verbrauchsgüter dagegen lassen nur eine einmalige Nutzung zu, sie werden verbraucht. Typische Verbrauchsgüter sind Rohstoffe, Benzin, Strom oder Lebensmittel.

1.3 Ökonomisches Prinzip

Jeder Mensch hat eine große Anzahl von Bedürfnissen: das Bedürfnis nach Brot, um den Hunger zu stillen, das Bedürfnis nach einer Wohnung oder das Bedürfnis nach einem Auto usw. Die Bedürfnisse des Menschen sind unbegrenzt. Er wird aber sehr bald feststellen, dass seine Mittel zur Bedürfnisbefriedigung knapp sind. Dies zwingt den Menschen dazu, mit den vorhandenen Gütern sparsam umzugehen, also zu wirtschaften, sodass er möglichst viele seiner Bedürfnisse befriedigen kann. Wer so handelt, verfährt nach dem sogenannten wirtschaftlichen oder **ökonomischen Prinzip**.

Ökonomisches Prinzip

Der wirtschaftliche Umgang mit den Gütern kann durch das Maximalprinzip oder das Minimalprinzip erfolgen.

Nach dem **Maximalprinzip** handelt, wer mit den vorhandenen Mitteln den größtmöglichen (maximalen) Erfolg erzielen möchte.

Beispiel: Die Leucht AG verfügt über Produktionsstätten, Arbeitskräfte, Maschinen, Werkzeuge, Transportmittel, Rohstoffe usw. Das Maximalprinzip verlangt, die vorhandenen Mittel so einzusetzen, dass die größtmögliche (maximale) Gütermenge damit erzeugt wird.

Maximalprinzip

Nach dem **Minimalprinzip** handelt, wer ein vorgegebenes Ziel mit dem geringstmöglichen (minimalen) Einsatz von Mitteln erreichen will. Beispiel: Für die Produktion von Lampen benötigt die Leucht AG Messingrundstäbe in einer bestimmten Qualität. Das Minimalprinzip besteht nun darin, denjenigen Lieferanten auszuwählen, bei dem die benötigten Rundstäbe am günstigsten zu erhalten sind.

Minimalprinzip

Das ökonomische Prinzip ist die Richtschnur für sinnvolles wirtschaftliches Handeln. Es gilt nicht nur für den betrieblichen, sondern auch für den privaten Bereich.

Beispiel: Lea möchte ein Smartphone kaufen. Sie hat sich für ein ganz bestimmtes Modell eines bekannten Herstellers entschieden. Da sie wirtschaftlich handelt, fragt sie verschiedene Händler nach ihren Verkaufspreisen. Sie kauft das Gerät schließlich bei dem billigsten Anbieter. Wenn Lea derartig handelt, verfährt sie nach dem Minimalprinzip.

Beispiel: Nach dem Maximalprinzip würde Lea verfahren, wenn sie versucht, für einen bestimmten Geldbetrag (z. B. 20 €) von ihrer Lieblingslimonade so viele Flaschen wie möglich zu kaufen. Holt sie diese in dem Geschäft, wo sie für ihr Geld die meisten Flaschen bekommt, dann hat sie wirtschaftlich gehandelt.

ZUSAMMENFASSUNG

Bedürfnisse

- **Individualbedürfnisse**
  - **Existenzbedürfnisse**
    z. B.
    - Nahrung
    - Kleidung
  - **Kulturbedürfnisse**
    z. B.
    - Bücher
    - Theater
  - **Luxusbedürfnisse**
    z. B.
    - Sportwagen
    - Genussmittel
- **Kollektivbedürfnisse**
  z. B.
  - Krankenhäuser
  - Schulen

Güter

- **freie Güter**
  z. B.
  - Sonnenenergie
  - Luft
- **wirtschaftliche Güter**
  - **materielle Güter**
    - **Sachgüter**
      - **Konsumgüter**
        - **Gebrauchsgüter**
          z. B.
          - Radio
          - Möbel
        - **Verbrauchsgüter**
          z. B.
          - Lebensmittel
          - Benzin
      - **Produktionsgüter**
        - **Gebrauchsgüter**
          z. B.
          - Werkzeuge
          - Maschinen
        - **Verbrauchsgüter**
          z. B.
          - Strom
          - Rohstoffe
  - **immaterielle Güter**
    - **Dienstleistungen**
      z. B.
      - Haarschnitt
      - ärztliche Behandlung
    - **Rechte**
      z. B.
      - Lizenzen
      - Patente

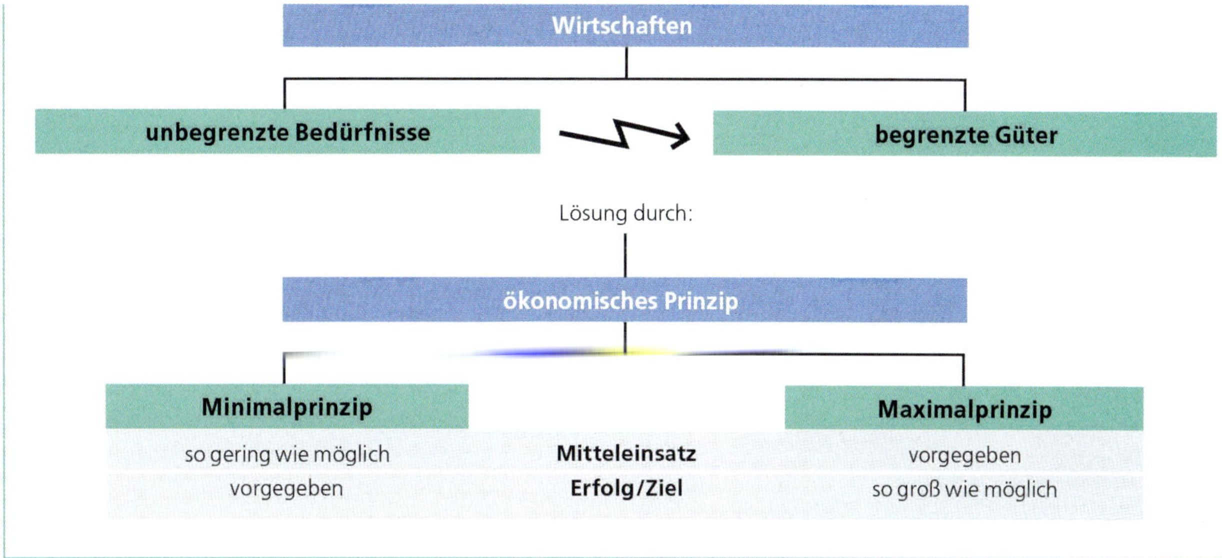

ARBEITSTEIL

1. Wie können Bedürfnisse eingeteilt werden? Nennen Sie je Bedürfnisart zwei Beispiele.
2. Erklären Sie die Begriffe
   a) Kollektivbedürfnisse,
   b) Individualbedürfnisse.
3. Warum werden Bedürfnisse auch als „Motor der Wirtschaft" bezeichnet?
4. Wovon können Bedürfnisse des Einzelnen abhängen? Zählen Sie verschiedene Faktoren auf.
5. Erklären Sie den Begriff „freie Güter" und geben Sie zwei Beispiele an.
6. Können freie Güter auch knapp werden? Begründung!
7. Nennen Sie zwei Dienstleistungen.
8. Tragen Sie in der folgenden Einteilung in jedes freie Kästchen jeweils zwei Beispiele ein.

	Konsumgüter	Produktionsgüter
Gebrauchsgüter		
Verbrauchsgüter		

9. Ordnen Sie folgende Güter allen (!) Ihnen bekannten Güterarten zu:
   a) Fabrikhalle
   b) Benzin für den privaten Pkw
   c) telefonische Rechtsberatung
10. Erläutern Sie, was man unter dem ökonomischen Prinzip versteht.
11. Unterscheiden Sie
    a) das Minimalprinzip und
    b) das Maximalprinzip.
12. Geben Sie an, ob in den folgenden Beispielen nach dem Minimalprinzip oder nach dem Maximalprinzip gehandelt wird.
    a) Kauf eines möglichst guten Tablet-PCs für 200 €.
    b) Kauf eines bestimmten Musikplayers für möglichst wenig Geld.
    c) Lackieren einer vorgegebenen Fläche mit möglichst wenig Farbverbrauch.
    d) Ein Autofahrer versucht, mit einer Tankfüllung möglichst viele Kilometer zurückzulegen.
    e) Sophia hat ihre Berufsausbildung erfolgreich abgeschlossen. Jetzt sucht sie eine eigene Wohnung, die monatlich 300 € kostet und möglichst groß ist.
    f) Tim verkauft sein altes Mountainbike meistbietend bei eBay.

2 Markt als Koordinator von Angebot und Nachfrage

Schreinermeister mit Frau u. Kind sucht 4-Zimmer-Wohnung in Stgt.-West Tel. [redacted]

S-Heumaden, 3½-Zi.-DG-Whg., 86 m², 2 Badezi., Balk., Stellpl., KM 890,– + Kt. ✉ erb. unter Z [redacted] an den Verlag

20-jähr. Koch su. dringend WG-Zimmer oder Wohnung in S-Weilimdorf, Tel. [redacted] v. 18–20.30 Uhr

Willkommen im Team!
Fester Arbeitsvertrag, faire Bezahlung, gute Sozialleistungen, abwechslungsreiche Arbeit und nette Kollegen für
Löterinnen
Rufen Sie uns an: [redacted]

Industriehelfer/innen für sofort gesucht. Tel. [redacted]

Putzstelle gesucht. Tel. [redacted]

Kippfahrer, Kl. C/CE, sucht feste Arbeit. Tel. [redacted]

Zur Unterstützung unseres Architekturbüros in Remseck/N. suchen wir eine/n engagierte/n
Bauzeichner/in
mit Berufserfahrung u. CAD-Kenntnissen. Erfahrung in Bauleitung und AVA von Vorteil. Bewerbungen mit Gehaltsvorstellungen erbeten unter Z [redacted] an den Verlag.

Fiat Punto, Bj. 15, Radio mit CD-Player, 98 000 km, regelmäßiger Kundendienst, 3.800,– Tel. [redacted]

C 180 T, JW, 7 500 km, Klima, azuritblau, Extras, Preis VS, Tel. [redacted]

Erläutern Sie anhand der Abbildungen, was man unter einem Markt versteht.

Welche gegensätzlichen Ziele haben Anbieter und Nachfrager auf einem Markt?

Welche Marktarten sind durch die Abbildungen jeweils angesprochen?

Ein **Markt** bildet sich immer dann, wenn **Angebot** und **Nachfrage** nach einem Gut zusammentreffen. Dies kann auf dem Marktplatz sein, am Telefon, im Büro, im Supermarkt oder bei einer Versteigerung.

Anbieter und Nachfrager treten auf dem Markt grundsätzlich mit gegensätzlichen Interessen auf. Während die Anbieter möglichst viele Güter zu einem möglichst hohen Preis verkaufen möchten, um so einen maximalen Gewinn zu erzielen, streben die Nachfrager genau das Gegenteil an. Sie wollen möglichst niedrige Preise bezahlen, damit sie mit ihrem Einkommen möglichst viele Güter kaufen können. Im **Marktpreis** ergibt sich schließlich ein Ausgleich der entgegengesetzten Einstellungen; er ist ein Kompromiss aus den Preisvorstellungen der Anbieter und denen der Nachfrager.

2.1 Marktarten

Nach der *Art der gehandelten Güter* unterscheidet man verschiedene **Marktarten** wie z. B.:

Marktarten	Gegenstand des Marktes
Konsumgütermarkt	Handel mit Gütern für die Endverbraucher, wie z. B. Nahrungsmittel oder Fernsehgeräte
Investitionsgütermarkt	Handel mit Gütern, die zur Herstellung von anderen Gütern verwendet werden, wie z. B. Maschinen
Geldmarkt	Bereitstellung von kurzfristigen Krediten durch Banken, Sparkassen und Privatpersonen
Kapitalmarkt	Bereitstellung von langfristigen Krediten durch Banken, Sparkassen und Privatpersonen
Arbeitsmarkt	menschliche Arbeitskraft wird angeboten bzw. nachgefragt
Immobilienmarkt	Handel mit Grundstücken und Gebäuden
Devisenmarkt	Handel mit ausländischen Währungen (Devisen)
Sonstige Märkte	Handel mit Rohstoffen, Gebrauchtwagen, Kunstgegenständen usw.

Diese Märkte gliedern sich wiederum in eine Vielzahl weiterer **Teilmärkte**. So lässt sich beispielsweise der Konsumgütermarkt in einen Gebrauchsgütermarkt und einen Verbrauchsgütermarkt unterteilen. Innerhalb des Gebrauchsgütermarktes gibt es unter anderem einen Pkw-Markt. Selbst den Pkw-Markt müsste man weiter in einen Markt für Kleinwagen, Mittelklassewagen, Luxuswagen, aber auch für Neu- und Gebrauchtwagen einteilen.
Märkte werden nicht nur nach den gehandelten Gütern eingeteilt, sondern auch nach räumlichen Gesichtspunkten wie dem Markt einer Gemeinde, der EU oder der Welt. Auch nach Funktionen kann eingeteilt werden. Man unterscheidet hierbei den Beschaffungsmarkt und den Absatzmarkt.

Gliederung der Märkte		
Beispiel **Automarkt**		
sachlich	**räumlich**	**nach Funktionen**
– Pkw	– Welt	▶ Beschaffungsmärkte – Importmarkt – Binnenmarkt
– Lkw	– EU	
– Mittelklassewagen	– Bundesrepublik	▶ Absatzmärkte – Exportmarkt – Binnenmarkt
– Gebrauchtwagen	– Bezirk	
– Sportwagen	– Gemeinde	

Des Weiteren kennt man organisierte Märkte wie Wochenmärkte, Messen oder Börsen und nichtorganisierte Märkte wie beispielsweise das zufällige Zusammentreffen von Käufern und Verkäufern im Ladengeschäft. Nichtorganisierte Märkte sind die häufigste Form.

2.2 Marktformen – Verhalten der Marktteilnehmer

Das Verhalten der Marktteilnehmer auf einem Markt hängt entscheidend davon ab, wie viele Anbieter und Nachfrager es für ein Gut gibt. Je nachdem, wie viele Anbieter und wie viele Nachfrager teilnehmen, werden drei verschiedene **Marktformen** unterschieden: **Polypol**, **Oligopol** und **Monopol**.

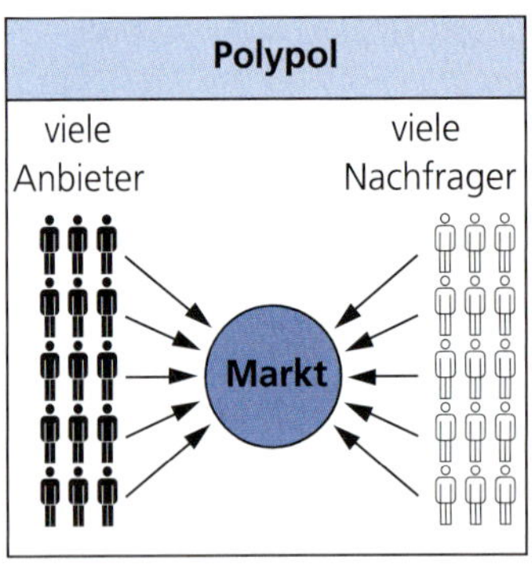

Polypol

Wenn auf einem Markt viele Nachfrager auf viele Anbieter treffen, so spricht man von einem **Polypol**. Dieser Zustand wird auch als **„vollständige Konkurrenz"** bezeichnet, da keiner der Marktteilnehmer groß genug ist, um den Marktpreis zu beeinflussen. Verlangt zum Beispiel ein Anbieter einen höheren Preis, so wechseln sofort alle Nachfrager zur Konkurrenz über. Fordert er dagegen einen niedrigeren Preis, dann könnte er die gesamte Nachfrage, die bei ihm entstehen würde, in keinem Falle befriedigen. Hierzu wäre sein Marktanteil zu klein. Das Gleiche gilt für den Nachfrager. Polypole, also vollständige Konkurrenz, findet man vor allem an den Wertpapierbörsen.

Oligopol

Eine Marktform, die in den Industriegesellschaften besonders häufig vorkommt, ist das **Angebotsoligopol**. Hier stehen sich wenige Anbieter und viele Nachfrager gegenüber. *Beispiele:* Automarkt, Zigarettenmarkt oder Benzinmarkt.
Wenn jedoch vielen Anbietern nur wenige Nachfrager gegenübertreten, bezeichnet man dies als **Nachfrageoligopol**. *Beispiele:* Vielen Landwirten stehen wenige Molkereien gegenüber. Bürger, die Polizisten werden wollen, können nur zwischen dem Bund und den Ländern wählen.

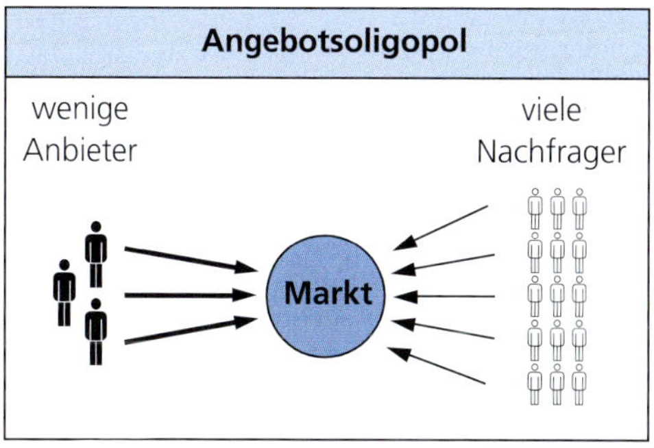

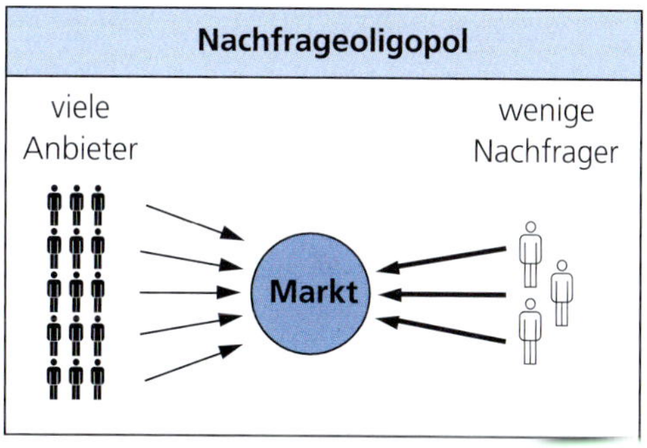

Bei Angebotsoligopolen herrscht oft eine starke gegenseitige Abhängigkeit unter Oligopolisten. Dies sieht man z. B. sehr deutlich auf dem Benzinmarkt. Erhöht oder senkt ein Anbieter seine Preise, so werden die anderen Oligopolisten ebenfalls entsprechend reagieren. Im Extremfall kann ein äußerst scharfer Wettbewerb entstehen mit dem Ziel, den Mitbewerber auszuschalten oder die Marktführerschaft zu erreichen. Andererseits besteht auch die Gefahr, dass die Anbieter sich absprechen und so den Wettbewerb ausschalten. Derartige Abmachungen sind aber nach dem Gesetz gegen Wettbewerbsbeschränkungen verboten.

Monopol

Bei einem **Monopol** gibt es für eine Ware entweder nur einen Anbieter oder nur einen Nachfrager auf dem Markt. Dementsprechend unterscheidet man das **Angebotsmonopol** und das **Nachfragemonopol**. So hatte in der Vergangenheit die Deutsche Bahn AG als Nachfrager nach Lokomotiven oder Eisenbahnwagen die seltene Stellung eines Nachfragemonopolisten. Das Gleiche gilt für die Bundeswehr als Nachfrager nach Schützenpanzern.

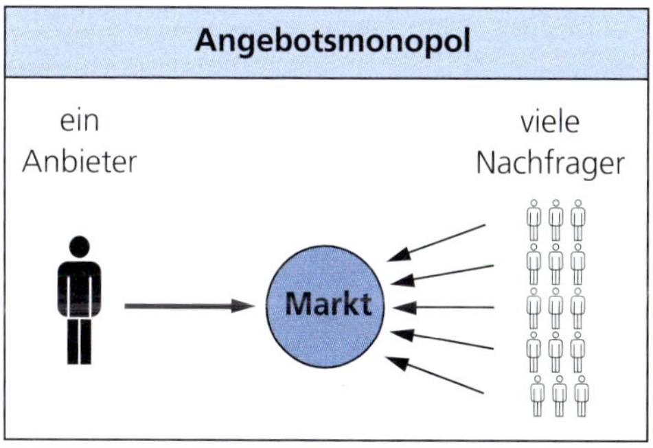

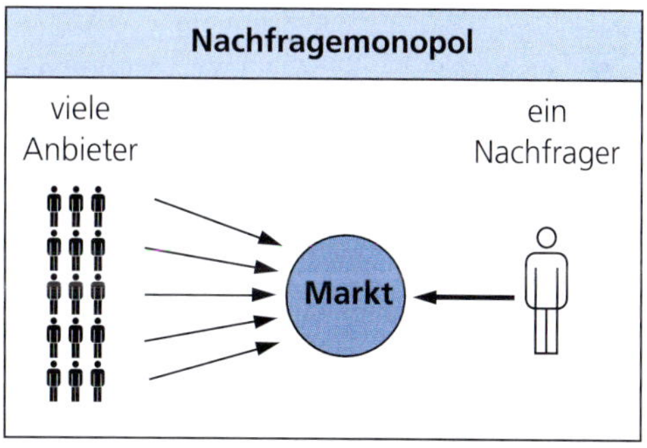

Auf der Angebotsseite sind z. B. die Wasserwerke konkurrenzlos. Ein weiteres bekanntes Angebotsmonopol hatte die Deutsche Post AG bis Ende 2007 im überregionalen Briefverkehr. Aber auch private Unternehmer, die eine patentierte Erfindung vermarkten, sind in diesem Bereich Angebotsmonopolisten.
Besitzt ein Anbieter eine Monopolstellung, dann muss er auf keinen Konkurrenten Rücksicht nehmen, d. h., er kann die Preishöhe weitgehend selbst festlegen. Aber auch der Monopolist wird feststellen, dass bei höheren Preisen die Nachfrage zurückgeht, während sie bei einem niedrigeren Preis sehr groß sein wird. Setzt er den Preis zu hoch an, riskiert er, dass die Nachfrager sich einschränken oder auf Ersatzgüter umsteigen. Ein privater Monopolbetrieb wird danach streben, den größtmöglichen Gewinn zu erzielen. Dies wird bei dem Preis der Fall sein, wo der Unterschied zwischen Einnahmen und Kosten am größten ist.

2.3 Preisbildung unter Wettbewerb

Die Preisbildung bei vollständiger Konkurrenz

Auf einem Markt treffen die gegensätzlichen Interessen von Anbietern und Nachfragern zusammen. Der Anbieter möchte einen hohen Preis erzielen, der Nachfrager so wenig wie möglich bezahlen. Können sich beide auf einen gemeinsamen Preis einigen, so spricht man von Preisbildung.
Jedes Frühjahr kann man beobachten, dass die Erdbeerpreise zunächst sehr hoch sind, während der Haupterntezeit sinken und schließlich wieder ansteigen. Diese Schwankungen hängen offensichtlich mit der angebotenen Menge zusammen. In der Haupterntezeit ist das Angebot von Erdbeeren so groß, dass die Anbieter ihre Preise senken müssen, wenn sie hierfür genügend Käufer finden wollen. Andererseits ist außerhalb der Saison das Erdbeerangebot gering. Da die Nachfrage aber auch in dieser Zeit unvermindert hoch ist, können die Verkäufer ihre Preise heraufsetzen. Sie werden dies so weit tun, dass es gerade noch genügend Nachfrager für ihre Produkte gibt. Aus diesen Verhaltensweisen lässt sich folgende Erkenntnis gewinnen: Angebot und Nachfrage bestimmen den Preis eines Gutes.

Angebot und Nachfrage bestimmen den Preis

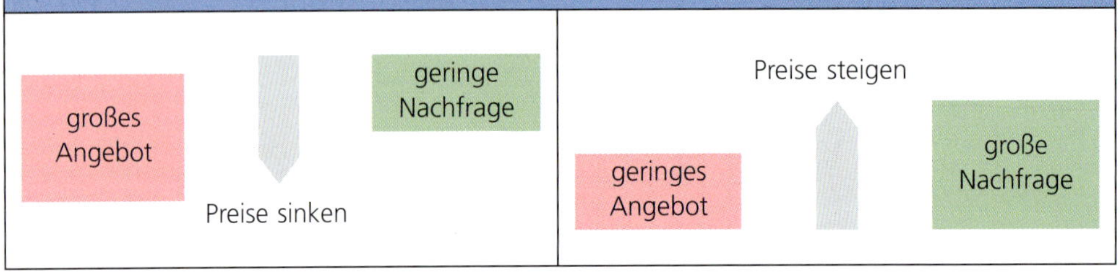

Der Preis wirkt sich jedoch auf Angebot und Nachfrage aus. Können die Anbieter einen hohen Preis erzielen, dann wird das Angebot zunehmen. In unserem Fall werden die Erzeuger, die durch den Erdbeeranbau Gewinne erzielt haben, ihre Produktion steigern. Andere Produzenten werden nun ebenfalls Erdbeeren anbauen und somit das Angebot vergrößern. Das nunmehr gestiegene Angebot wird den Marktpreis sinken lassen.

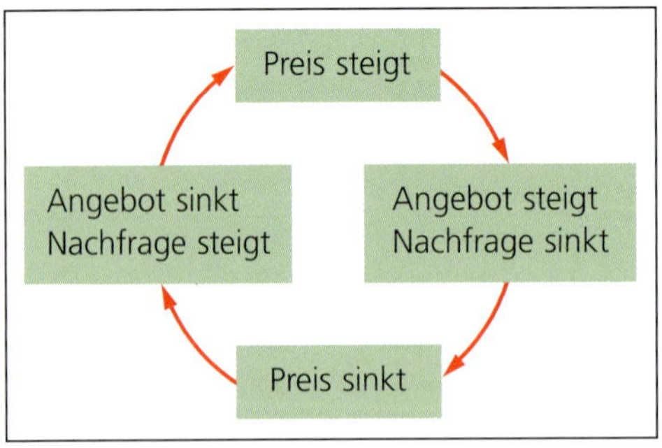

Den niedrigeren Preis können zwar immer mehr Nachfrager bezahlen, aber andererseits werden immer weniger Anbieter bereit sein, zu diesem Preis zu verkaufen. Das Angebot wird wieder zurückgehen, die Preise werden wieder steigen. So verändert sich der Preis für ein Gut fortlaufend, bis annähernd gleich viele Anbieter und Nachfrager vorhanden sind, die sich auf einen gemeinsamen Preis einigen können. Diesen Preis nennt man Gleichgewichtspreis. Zum Gleichgewichtspreis verkaufen fast alle Anbieter ihre Ware, und fast alle Nachfrager werden bei diesem Preis zufriedengestellt, d. h., bei diesem Preis wird der größte Umsatz erzielt. Man sagt: „Der Markt ist geräumt."

Anhand von Angebot und Nachfrage nach Erdbeeren einer bestimmten Güteklasse soll dieser Zusammenhang verdeutlicht werden.
Das Schaubild unten zeigt, dass sich der Marktpreis bei 3 € einpendelt. Hier sind die angebotene und die nachgefragte Menge gleich groß. Nur bei diesem Preis, dem Gleichgewichtspreis, wird die größte Menge umgesetzt. Wäre die Ware billiger, dann müssten viele Nachfrager leer ausgehen: So würde beim Preis von 2 € eine Nachfrage von 320 kg nicht befriedigt werden. Wenn die Anbieter dagegen mehr als 3 € verlangen würden, dann könnten sie einen Teil ihrer Erzeugnisse nicht mehr absetzen. Allerdings haben alle Anbieter eine sogenannte **Preisuntergrenze**, die sich aus ihren Selbstkosten ergibt. Ohne Insolvenzrisiko kann kein Betrieb diese Grenze für längere Zeit unterschreiten.

Preis in € je kg	Angebot in kg	Nachfrage in kg	Differenz	
1,00	250	1000	750	Nachfrageüberschuss
2,00	430	750	320	
3,00	570	570	–	**Gleichgewichtspreis**
4,00	680	470	210	Angebotsüberschuss
5,00	770	380	390	
6,00	850	310	540	
7,00	920	250	670	
8,00	1000	190	810	
9,00	1070	150	920	

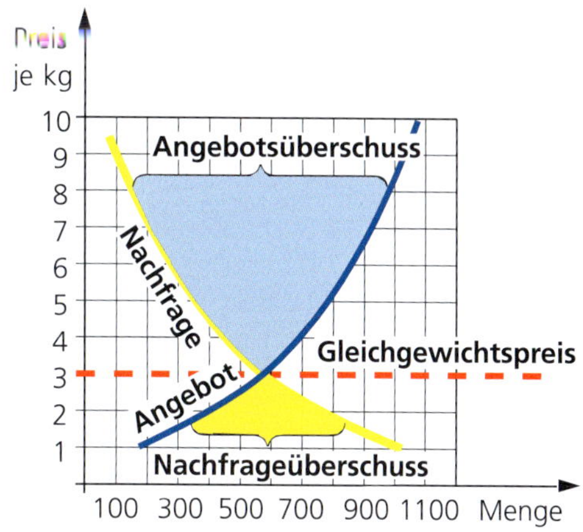

!

Zusammenfassend lassen sich also folgende Erkenntnisse gewinnen:

- Der Preis eines Gutes wird bestimmt durch Angebot und Nachfrage.
- Wenn die Nachfrage größer ist als das Angebot, dann steigt der Preis.
- Wenn das Angebot größer ist als die Nachfrage, dann sinkt der Preis.
- Beim Gleichgewichtspreis wird die größte Warenmenge umgesetzt, Angebot und Nachfrage sind ausgeglichen.
- Bei einem hohen Preis wird mehr produziert, bei einem niedrigen Preis vermindern die Hersteller ihre Produktion.
- Die Selbstkosten sind die langfristige Preisuntergrenze einer Unternehmung.

Die bisher geschilderte Preisbildung ist modellhaft, d. h., sie kommt so in der Praxis nicht vor. Unser bisheriges Modell geht davon aus, dass jeder Anbieter, der mit seinem Preis über dem Gleichgewichtspreis liegt, auf seinen Waren sitzen bleibt. Ein Nachfrager, der weniger bezahlen möchte, würde leer ausgehen. In Wirklichkeit jedoch werden unterschiedliche Preise verlangt und auch bezahlt. Dies kann daran liegen, dass die Waren eine unterschiedliche Qualität haben (nicht alle Erdbeeren haben die gleiche Güte) oder dass aufgrund persönlicher Beziehungen manche Kunden immer beim gleichen Erzeuger kaufen. Vielfach besitzen die Marktteilnehmer einfach keine Übersicht über die unterschiedlichen Preise und Eigenschaften der angebotenen Produkte.
Nur die **Börsen** kommen dem Modell der Preisbildung nahe. Neben der erforderlichen Marktform, dem Polypol, sind auch die anderen Voraussetzungen gegeben. So werden gleichartige Güter, z. B. Aktien, gehandelt, alle Marktteilnehmer können schnell reagieren und niemand wird bevorzugt, weder zeitlich noch räumlich oder persönlich.

Preisbildung bei eingeschränkter Konkurrenz (beim Angebotsoligopol)

Aufgrund der zunehmenden Unternehmenskonzentration entstehen **Angebotsoligopole** immer häufiger. Hier werden die Absatzmöglichkeiten nicht nur vom Verhalten der Nachfrager, sondern auch von den Aktionen und Reaktionen der anderen Oligopolisten bestimmt. Bei der Preisbildung können die Anbieter folgende Strategien anwenden:

- Durch sogenannte **„ruinöse Konkurrenz"** versucht ein Anbieter die anderen vom Markt zu verdrängen, indem er die Preise seiner Mitbewerber unterbietet. Dadurch will er die Verbraucher dazu bewegen, bei ihm und nicht bei der Konkurrenz zu kaufen. Dies lassen die Mitanbieter nicht zu und senken ebenfalls ihre Preise, oft sogar unter die Selbstkosten. In diesem Falle haben die Nachfrager den Vorteil von billigen Preisen. Allerdings besteht die Gefahr, dass durch den Konkurrenzkampf ein Teil der Anbieter vom Markt ausscheiden muss und ein Monopol entsteht, bei dem danach die Preise wieder angehoben werden.

- Häufig erfolgen **Preisabsprachen** unter den wenigen Anbietern, um möglichst hohe Preise zu erzielen. Benachteiligt sind hier die Nachfrager. Allerdings können die Anbieter ihre Preise nicht beliebig erhöhen. Sonst versuchen die Verbraucher sich so weit wie möglich einzuschränken oder sie steigen um auf Ersatzgüter (Tee statt Kaffee, Margarine statt Butter). Da Preisabsprachen den Wettbewerb ausschalten, sind sie in der Bundesrepublik Deutschland nach dem Gesetz gegen Wettbewerbsbeschränkungen grundsätzlich verboten.

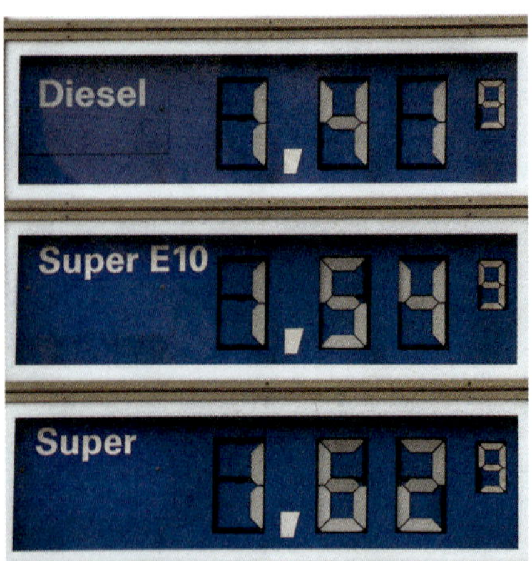

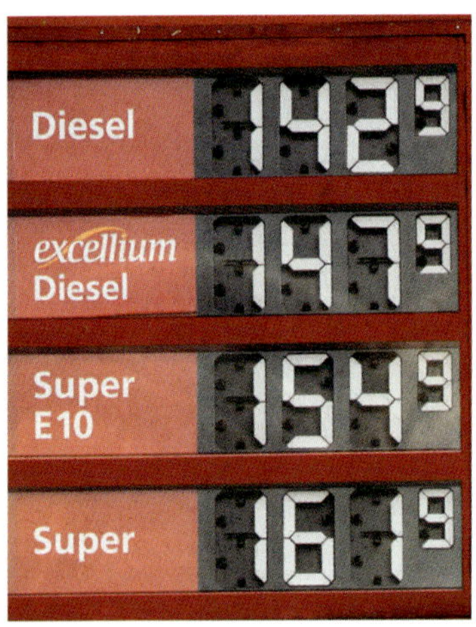

- Oftmals übernimmt auch ein Anbieter die **Preisführung**. Wenn z. B. in einer Stadt mit drei Großbetrieben der Betrieb A 3/4 des Marktes beliefert und B und C zusammen nur einen Marktanteil von 1/4 haben, so liegt es nahe, dass A die Preise bestimmt und die anderen ihm folgen. Würden B oder C versuchen, sein Verhalten zu behindern, so müssten sie mit existenzbedrohenden Maßnahmen von A rechnen. Deshalb verzichten sie darauf.

- Vielfach verlagern die Konkurrenten den Wettbewerb auf die **Qualität**, die Werbung und die Aufmachung ihrer Erzeugnisse und vermeiden so eine gegenseitige Herausforderung durch die Preise.

ZUSAMMENFASSUNG

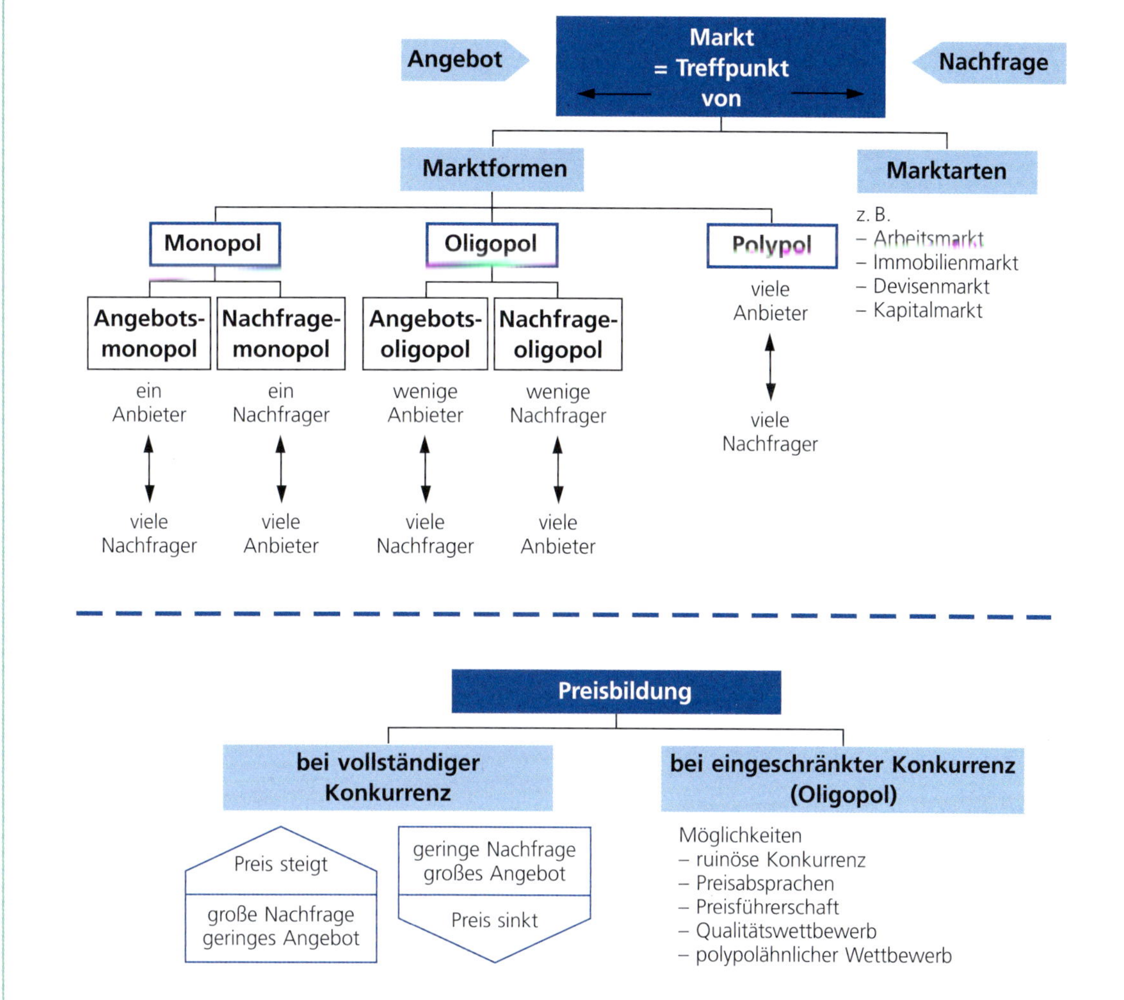

ARBEITSTEIL

1. Erklären Sie den Begriff „Markt“.
2. Zeigen Sie am Beispiel des Fahrradmarktes, wie Märkte räumlich, sachlich und funktional gegliedert werden können.
3. Um welche Märkte (Marktarten) handelt es sich bei den folgenden Beispielen?
   a) Ein Tourist benötigt für seinen Urlaub ausländisches Geld.
   b) Frau Weller erhält im Haarstudio Löckle eine neue Dauerwelle.
   c) Für Investitionen möchte eine Unternehmung einen langfristigen Kredit aufnehmen.
   d) Das Modehaus Schicki stellt seine neue Sommerkollektion vor.
4. Nennen Sie zwei Beispiele für nichtorganisierte Märkte.

5. a) Welche Marktform liegt bei den nebenstehenden Abbildungen vor?
   b) Nennen Sie zwei weitere Beispiele für diese Marktform.
   c) Begründen Sie anhand von zwei Beispielen, dass man beim Automarkt von einer eingeschränkten Konkurrenz sprechen kann.

6. Nennen Sie das wesentliche Merkmal eines
   a) Angebotsmonopols und geben Sie zusätzlich zwei Beispiele an.
   b) Polypols und geben Sie ebenfalls zusätzlich zwei Beispiele an.

7. Welche Gefahren können durch Monopole und Oligopole für die Verbraucher entstehen?

8. a) Kann der Monopolist die Preise beliebig festsetzen? Begründen Sie.
   b) Überlegen Sie, weshalb sich der Staat in manchen Bereichen ein Monopol vorbehält.

9. An der Stuttgarter Aktienbörse werden täglich die Aktienkurse ermittelt. Für den heutigen Börsentag liegen die nebenstehenden Aufträge vor.
   a) Stellen Sie den Verlauf von Angebot und Nachfrage in einem Koordinatensystem dar. Verwenden Sie folgenden Maßstab:
      x-Achse: 500 Stück = 1 cm,
      y-Achse: 5 € = 1 cm.
   b) Ermitteln Sie den Gleichgewichtspreis.
   c) Erläutern Sie, was man unter dem Gleichgewichtspreis versteht.
   d) Beschreiben Sie die Marktsituation bei einem Preis von 145 €.
   e) Welcher Zusammenhang besteht zwischen dem Preis und der Höhe von Angebot und Nachfrage?

Kurs in €	Verkaufsaufträge in Stück	Kaufaufträge in Stück
120	1.150	5.000
125	2.150	3.750
130	2.850	2.850
135	3.400	2.350
140	3.850	1.900
145	4.250	1.550
150	4.600	1.250
155	5.000	900

10. a) Für welche Marktform sind Preiskriege, wie sie dieser Zeitungsausschnitt schildert, typisch?
    b) Welches Ziel versuchen die Anbieter durch derartige Preisnachlässe zu erreichen?
    c) Hat dieses Verhalten der Anbieter nur Vorteile für die Verbraucher oder sehen Sie auch Gefahren darin?
    d) Neben einem Preiskrieg sind für diese Marktform bei der Preisbildung noch andere Verhaltensweisen der Anbieter typisch. Beschreiben Sie diese.

Preiskampf im Lebensmittelhandel verschärft sich erneut

Die Schlacht um die Preishoheit bei Markenartikeln zwischen Aldi und Lidl geht mit unverminderter Härte in eine neue Runde. Senkt Aldi seinen billigen Preis, unterbietet Lidl – oder umgekehrt. Edeka, Rewe, Penny, Netto, Kaufland und Norma ziehen nach. Bauer-Joghurt für 17 Cent, die 1,25-Liter-Flasche Cola für 77 Cent, die Wagner-Pizza für 1,44 Euro – der Preisrutsch hat die gesamte Branche erfasst. Ein Ende scheint nicht absehbar.

vgl.: „Der Preiskampf im Lebensmittelhandel flammt wieder auf" (dpa-Meldung vom 11.03.2019)

11. Beim Polypol (vollständige Konkurrenz) versuchen die Hersteller eines gleichartigen Gutes häufig, die Marktübersicht der Verbraucher zu beeinträchtigen.
    a) Weshalb sind Hersteller an dieser Situation interessiert?
    b) Wie können solche Versuche erfolgen?
    c) Nennen Sie Beispiele für solche Märkte.

12. In unserer sozialen Marktwirtschaft richtet sich der Preis nicht immer nach Angebot und Nachfrage. Suchen Sie hierzu zwei Beispiele und begründen Sie Ihre Überlegungen.

3 Wettbewerbsstörungen

Bundeskartellamt erlaubt Fusion Plus und Netto

Das Bundeskartellamt untersagt Übernahme von 6 Breitbandkabel-Regionalgesellschaften durch US-Medienkonzern Liberty Media

Tchibo übernimmt Eduscho

Bundeskartellamt untersagt Krankenhausfusion

Facebook im Visier des Bundeskartellamtes

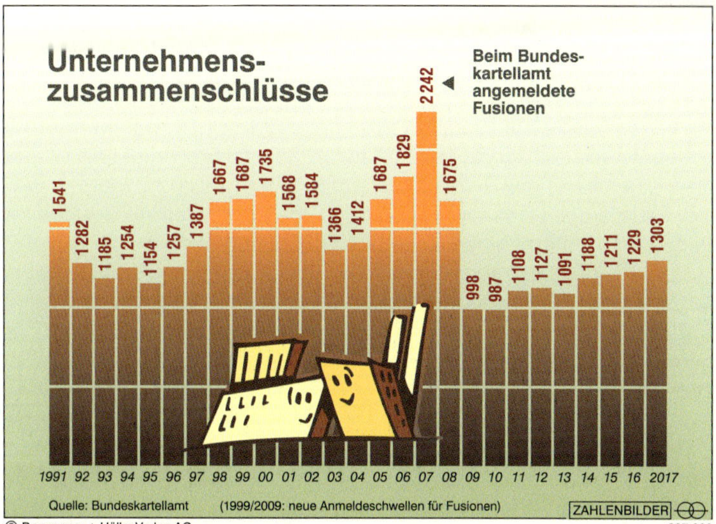

 227 003

Beschreiben Sie die Entwicklung bei den Unternehmenszusammenschlüssen.

Weshalb schließen sich Unternehmen zusammen?

Wie beurteilen Sie diese Entwicklung?

3.1 Kartelle

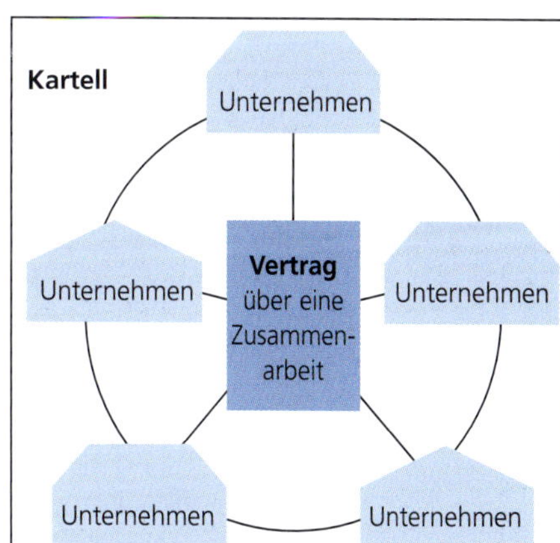

Kartelle entstehen durch vertragliche Abmachungen von Unternehmungen der gleichen Branche, die auf diese Weise den **Wettbewerb** untereinander ausschließen oder zumindest einschränken wollen. Hierbei bleiben die Kartellmitglieder rechtlich vollkommen selbstständig, ihre wirtschaftliche Selbstständigkeit jedoch wird durch die Zusammenarbeit der beteiligten Firmen erheblich eingeschränkt.

Die Kartellabsprachen, die mündlich oder schriftlich festgelegt werden können, enthalten beispielsweise Vereinbarungen über Preise, Marktaufteilung oder Lieferbedingungen. Da Kartelle den Wettbewerb unter den Anbietern einschränken, können die Verbraucher durch solche Herstellerabsprachen benachteiligt werden. Deshalb verbietet das zuletzt 2013 neugefasste **Gesetz gegen Wettbewerbsbeschränkungen (Kartellgesetz)** grundsätzlich die Bildung von Kartellen. Dieses Verbot gilt unter anderem für Kartellarten in der Übersicht auf der folgenden Seite.

§ 1 GWB

Verbotene Kartellarten – eine Auswahl	
Preiskartell	Die Mitglieder vereinbaren die gleichen Preise.
Quotenkartell	Jedem Unternehmen wird eine bestimmte Produktionsmenge zugeteilt, um über die Angebotsmenge den Preis zu beeinflussen.
Kalkulationskartell	Die beteiligten Firmen vereinbaren den gleichen Aufbau ihrer Kalkulation, um zu gleichen Preisen zu gelangen.
Gebietskartell	Jedem Unternehmen wird ein bestimmtes Absatzgebiet zugeteilt, um in diesen Gebieten den Wettbewerb auszuschließen.
Rabattkartell	Die Mitglieder legen eine einheitliche Rabattgewährung fest.
Konditionenkartell	Einheitliche Lieferungs-, Zahlungs- und Geschäftsbedingungen wie Öffnungszeiten werden vereinbart.

In bestimmten Fällen sind Ausnahmen vom Kartellverbot möglich, z. B. **bei mangelnder Spürbarkeit**. Da das Verbot nicht jede unbedeutende Bagatellbeschränkung erfassen soll, betrachtet man Vereinbarungen zwischen Wettbewerbern als nicht spürbar, wenn deren gemeinsamer Marktanteil 10 % nicht übersteigt. Ebenso werden Absprachen zwischen kleinen und mittleren Unternehmen als nicht spürbar angesehen.

GWB § 2

Ausnahmsweise sind auch wettbewerbsbeschränkende Vereinbarungen vom Kartellverbot freigestellt, sofern sie die Warenerzeugung oder Warenverteilung der Mitglieder verbessern oder wenn sie den technischen oder wirtschaftlichen Fortschritt fördern. Allerdings darf dies nicht dazu führen, dass der Wettbewerb für einen wesentlichen Teil des Marktes ausgeschaltet wird.

GWB § 3

Ausdrücklich erleichtert ist die Zusammenarbeit im Bereich des Mittelstands **(Mittelstandskartelle)**. Kleineren und mittleren Unternehmen gestattet dies viele Formen der Kooperation, um zum Zweck der Rationalisierung zusammenzuarbeiten, sofern dies deren Wettbewerbsfähigkeit verbessert und den Wettbewerb nicht wesentlich beeinträchtigt.

Bundeskartellamt ermittelt:
Wurstkartell
Bierkartell
„Klokartell"
Matratzenkartell

Alle **freigestellten Kartelle** unterliegen der **Missbrauchaufsicht**. Zuständig hierfür sind die Landesbehörden betroffener Bundesländer, länderübergreifend das **Bundeskartellamt in Bonn**. Verstöße gegen das Kartellgesetz gelten als Ordnungswidrigkeit und können mit erheblichen Bußgeldern belegt werden.

Freigestellte Kartellarten – eine Auswahl	
Rationalisierungskartell	Es wird rationalisiert, indem die Produktion auf bestimmte Typen beschränkt wird.
Normen- und Typenkartell	Die Mitglieder beschließen die einheitliche Anwendung von Normen und Typen.
Mittelstandskartell	Zusammenarbeit kleiner und mittelständiger Unternehmen zum Zweck der Rationalisierung, um die Wettbewerbsfähigkeit zu verbessern.
Sonstige Kartelle	Zusammenarbeit von Unternehmen z. B. zur Verbesserung der Entwicklung, Forschung, Erzeugung, Verteilung, Beschaffung, Rücknahme oder Entsorgung von Waren.

Syndikat

Eine besondere Kartellform ist das Syndikat. Hier vertreiben oder beschaffen die Kartellmitglieder Produkte über eine gemeinsame Einkaufs- oder Verkaufsgesellschaft, die meist die Rechtsform einer GmbH, Genossenschaft oder AG hat. Syndikate sind unter bestimmten Voraussetzungen vom Kartellverbot freigestellt.

3.2 Unternehmenskonzentration

Konzern

Im Vergleich zu Kartellen sind **Konzerne** eine wesentlich engere Form des Zusammenschlusses. Hier werden rechtlich selbstständige Unternehmen unter einer einheitlichen Leitung wirtschaftlich zusammengefasst. Die Konzernbildung erfolgt meist über kapitalmäßige Beteiligungen. Besitzt ein Unternehmen die Aktienmehrheit eines anderen, so kann es damit einen entscheidenden Einfluss ausüben. Unternehmen, welche andere beherrschen, werden als **Muttergesellschaften** bezeichnet, die abhängigen als Tochtergesellschaften.

Von **Schwestergesellschaften** spricht man, wenn Unternehmungen gegenseitig maßgeblich an ihrem Kapital beteiligt sind. Schwestergesellschaften bleiben rechtlich selbstständig, ihre wirtschaftliche Unabhängigkeit wird jedoch dadurch eingeschränkt, dass jede Unternehmung durch ihre Kapitalbeteiligung auf die andere Einfluss ausüben kann.

Häufig steht an der Spitze eines Konzerns eine Dachgesellschaft, eine sogenannte **Holding-Gesellschaft**, die alle Konzernunternehmungen kapitalmäßig beherrscht. Die Holding-Gesellschaft selbst produziert in der Regel nicht, vielmehr ist sie eine reine Verwaltungs- und Finanzierungsgesellschaft.

Konzerne, die in mehreren Ländern Tochtergesellschaften besitzen, werden als multinationale Konzerne **(Multis)** bezeichnet.

Je nach Art der Konzernunternehmung unterscheidet man:

- **horizontale Konzerne**, eine Verbindung von Unternehmen, die sich auf der gleichen Produktionsstufe befinden. *Beispiel:* verschiedene Brauereien
- **vertikale Konzerne**, wenn sich Unternehmungen vorgelagerter und nachgelagerter Produktionsstufen zusammenschließen. *Beispiel:* Erzgrube – Stahlwerk – Stahlhändler
- **anorganische Konzerne**, einen Zusammenschluss von Unternehmen aus völlig verschiedenen Wirtschaftszweigen. *Beispiel:* zum Oetker-Konzern gehören Puddingpulverfabriken, Eiscremefabriken, Konservenfabriken, Brauereien, Banken, Luxushotels, eine Hochseeflotte u. a.

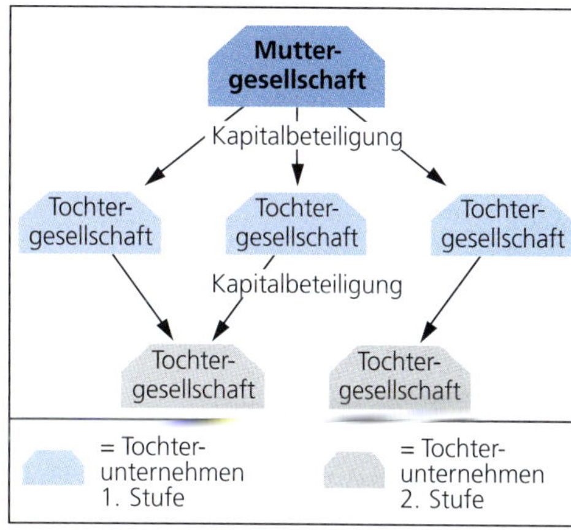

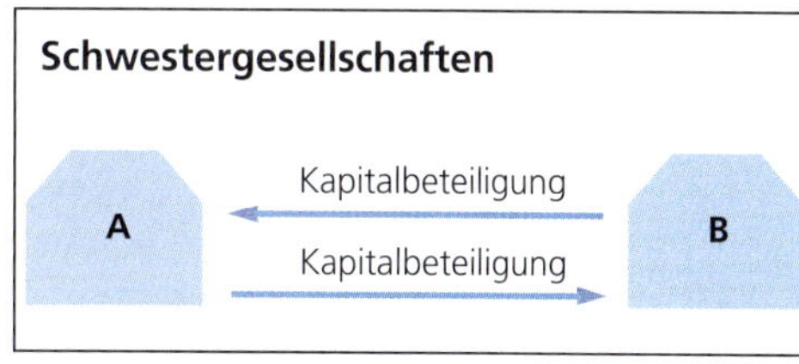

Volkswagen AG – Eine Holdinggesellschaft

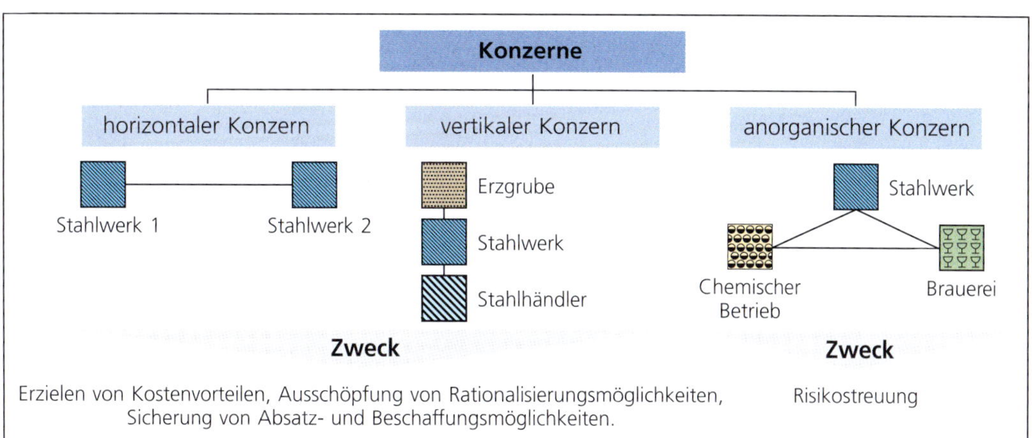

Trust

Diese Form des Zusammenschlusses war früher vorwiegend in den USA verbreitet. Mittlerweile sind Trusts auch in Deutschland durchaus üblich. Hier verlieren die beteiligten Unternehmen sowohl ihre rechtliche als auch ihre wirtschaftliche Selbstständigkeit, sie werden zu einer neuen Firma verschmolzen. Man bezeichnet diesen Vorgang auch als **Fusion**.

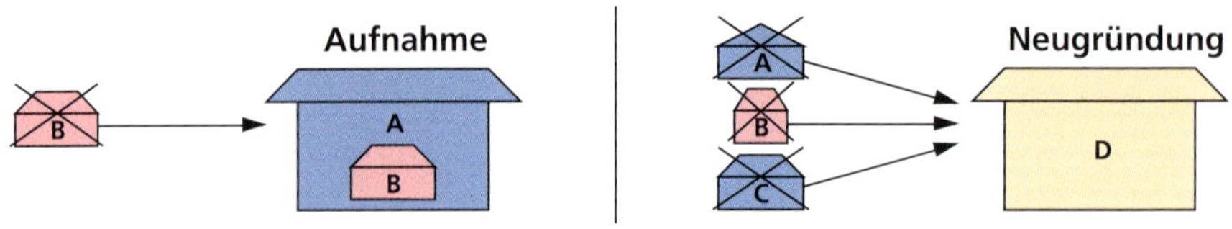

Ein **Trust** kann entstehen, indem ein Unternehmen die anderen aufnimmt (Aufnahme) oder es wird eine neue Gesellschaft gegründet, in der alle aufgehen (Neugründung). Beispiele: Aufnahme der Dresdner Bank in die Commerzbank, Aufnahme der Plusmärkte in die Nettomärkte, Verschmelzung der Gmünder Ersatzkasse mit der Barmer Ersatzkasse zur Barmer GEK.

Ursachen und Auswirkungen der Unternehmenskonzentration Unternehmenszusammenschlüsse können die wirtschaftliche und technische Entwicklung fördern. Andererseits können durch Kartelle, Konzerne oder Trusts marktbeherrschende Positionen oder sogar Monopole entstehen.

Vorteile der Unternehmenskonzentration	Nachteile der Unternehmenskonzentration
▶ Kostenersparnis in der Produktion ▶ Preissenkungen, wenn die Unternehmen ihre Kostenersparnis im Preis weitergeben. ▶ Eine größere Kapitalkraft ermöglicht umfangreichere Forschungs- und Entwicklungsvorhaben. ▶ Durch eine größere Marktmacht können sich die Unternehmen im internationalen Wettbewerb besser behaupten. ▶ Durch Normung und Typisierung ist der Einsatz von kostensenkender Massenproduktion möglich.	▶ Überhöhte Preise, wenn kein ausreichender Wettbewerb stattfindet. ▶ Der Schutz rückständiger Betriebe hemmt technischen Fortschritt. ▶ Unwirtschaftliche Produktionsweisen werden beibehalten und führen zu überhöhten Preisen. ▶ Konzern- bzw. Trustbildung kann marktbeherrschende Unternehmen oder Monopole entstehen lassen, was den Wettbewerb ausschalten würde. ▶ Fehlentscheidungen solcher Großunternehmen können die gesamte Wirtschaft stören.

Verhängte Bußgelder des Bundeskartellamtes 2018

Branche	in Mio. €
Edelstahl	291,7
Tageszeitungen	16,0
Kartoffelverpacker	13,2
Asphalthersteller	1,4
übrige Bußgelder	53,5

Schließen sich Unternehmen zu Kartellen, Konzernen oder Trusts zusammen, kann dies dazu führen, dass einzelne Firmen eine marktbeherrschende Stellung erreichen, dass der Wettbewerb gestört wird oder dass manche Waren nur noch von wenigen Unternehmen angeboten werden. Um derart nachteilige Folgen zu verhindern wurde das **Gesetz gegen Wettbewerbsbeschränkungen (Kartellgesetz)** geschaffen. Zuständig für seine Einhaltung ist das **Bundeskartellamt** in Bonn. Seine Aufgaben:

- **Missbrauchsaufsicht:** Marktbeherrschende Unternehmen werden überwacht. Missbrauchen sie ihre Stellung, indem sie z. B. Konditionen vorschreiben oder überhöhte Preise verlangen, kann das Kartellamt dies untersagen.
- **Kartellaufsicht:** Das Bundeskartellamt achtet darauf, dass keine verbotenen Kartelle entstehen oder dass genehmigungspflichtige Kartelle beantragt werden.

Bundeskartellamt

- **Fusionskontrolle:** Ab bestimmten Größenordnungen müssen beabsichtigte Fusionen angemeldet werden. Führen Zusammenschlüsse zu einer Marktbeherrschung, kann das Bundeskartellamt sie untersagen.

Das Kartellgesetz verbietet auch die „Preisbindung der zweiten Hand", d. h., der Hersteller darf dem Handel den Endverkaufspreis nicht vorschreiben. Eine Ausnahme besteht nur bei Verlagserzeugnissen.
Bei Verstößen gegen das Kartellgesetz kann das Bundeskartellamt Bußgelder in Millionenhöhe verhängen.
Schließen sich Unternehmen innerhalb der EU zusammen, unterliegen sie der Aufsicht des EU-Kartellausschusses in Brüssel. Er achtet darauf, dass auf europäischer Ebene der Wettbewerb nicht beeinträchtigt wird.

3.3 Staatliche Eingriffe

Der Staat greift vielfach in das Wirtschaftsgeschehen ein, meistens um den Wettbewerb zu fördern, oft aber auch wettbewerbsstörend. Störend wirkt z. B. die Erhebung von **Einfuhrzöllen**, um die einheimische Wirtschaft vor ausländischer Konkurrenz zu schützen.
Zuschüsse (Subventionen) wie Wohngeld sollen z. B. die Mietbelastung der Haushalte senken und sicherstellen, dass Vermieter marktgerechte Mieten erzielen und neue Wohnungen bauen. Aus ähnlich verständlichen Gründen werden unter anderem die Landwirtschaft, der Bergbau oder der Schiffbau unterstützt.
Staatlich verordnete **Monopole**, wie das Leitungsmonopol der Wasserwerke, sollen eine gleichmäßige Versorgung der Bevölkerung sichern.
Schließlich kann der Staat direkt in das Marktgeschehen eingreifen, indem er **Höchstpreise** oder **Mindestpreise** festsetzt. Höchstpreise sollen die Verbraucher vor überhöhten Preisen schützen, vor allem bei lebensnotwendigen Gütern. Da Höchstpreise unter dem Gleichgewichtspreis liegen, werden mehr Waren nachgefragt als angeboten. Viele Käufer sind jedoch bereit, mehr zu zahlen. Die Folge: Es entstehen Schwarzmärkte. Der Staat muss reagieren, er muss die Waren rationieren und die Märkte überwachen. Genauso problematisch ist es, wenn Mindestpreise festgesetzt werden. Dies zeigt sich besonders deutlich am Agrarmarkt der Europäischen Union.

Schwarzmarkt
mit Zigaretten, Alkohol, Waffen und vielem mehr ...
... schädigt uns alle!
Anonymes Telefon 0800 – 9966399
Zollfahndungamt Stuttgart

EU-Agrarmarkt

Die Erinnerung an die Lebensmittelknappheit und den Hunger nach dem Zweiten Weltkrieg sowie der immer noch herrschende Mangel an Nahrungsmitteln in Europa beeinflusste 1957 das Denken vieler europäischer Politiker bei der Gründung der Europäischen Wirtschaftsgemeinschaft. Denn in Krisenzeiten verzichtet man leicht auf Kameras aus Japan, nicht jedoch auf Grundnahrungsmittel. Die Anbaubedingungen innerhalb der EU und in der Welt sind sehr unterschiedlich, so sind beispielsweise die meisten landwirtschaftlichen Weltmarktpreise unter den Produktionskosten der EU. Nicht-EU-Länder könnten den deutschen und den EU-Markt mit billigen Produkten überschwemmen; die Bauern in Deutschland und in der EU würden leer ausgehen. Deshalb sollte die **Gemeinsame Agrarpolitik** (Landwirtschaftspolitik) die landwirtschaftliche Produktion steigern, den Landwirten ein angemessenes Einkommen sichern und die Verbraucher zu vernünftigen Preisen ausreichend mit Nahrungsmitteln versorgen. Um dies zu erreichen, wurde der Agrarmarkt folgender gemeinsamer Regelung unterstellt:

- Alle wichtigen Erzeugnisse wie Getreide, Milch, Rindfleisch wurden zu **garantierten Preisen** abgekauft, es bestand **Abnahmegarantie.**
- Gegenüber Nicht-EU-Ländern besteht **Außenschutz.** Ist der Weltmarktpreis niedriger, verbilligt die EU die Ausfuhr (Export) landwirtschaftlicher Erzeugnisse, indem sie den Unterschied zwischen billigerem Weltmarktpreis und höheren EU-Preisen erstattet.

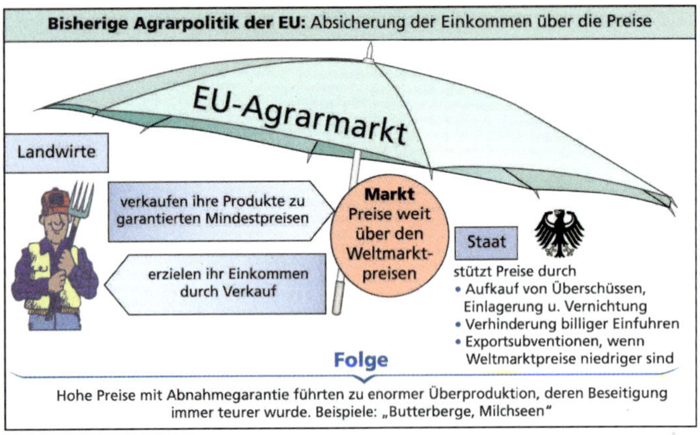

Umgekehrt verhindert sie, dass die EU auf Kosten der Landwirte mit billigen Importen (Einfuhren) überflutet wird. Importe werden deshalb durch einen Zuschlag künstlich verteuert.

Die Eingriffe in den Agrarmarkt wurden wegen ihrer Folgen heftig kritisiert, denn die Bauern der EU produzierten enorme Überschüsse, z.B. bei Milch, Wein, Getreide, Fleisch oder Obst. Da Abnahme und Preis garantiert waren, stiegen die Produktionsmengen immer mehr. Riesige Überschüsse mussten aufgekauft und eingelagert, zum Teil sogar vernichtet werden. Beispielsweise wurden rund 54 % der griechischen Pfirsichernte in den 90er-Jahren vernichtet. Auch Blumenkohl wurde über Jahre hinweg vernichtet. Paradoxerweise erhöhte sich dennoch Jahr für Jahr die Blumenkohlanbaufläche. Direkt für die Vernichtung zu produzieren erwies sich für viele Produzenten als lohnend, was alle Bürger empörte. Vernichtungsprämien wurden nicht nur für Obst und Gemüse, sondern auch für Tiere gezahlt, z.B. Abschlachtprämien für Milchkühe. In den 80er-Jahren entfielen nahezu zwei Drittel des EU-Haushalts auf den Agrarbereich.

Trotz dieser enormen Zuschüsse reichten die Einkommen der kleineren und mittleren Betriebe nicht aus. Großbetriebe dagegen konnten durch stärkere Rationalisierung und bessere Maschinenauslastung billiger erzeugen. Sie wurden von der damaligen Landwirtschaftspolitik begünstigt. Die Folge: Seit den 60er-Jahren ging die Zahl der Betriebe in Deutschland um 80 % zurück, von 1,6 Mio. auf heute rund 320.000. Zugleich wurden die verbliebenen Betriebe immer größer und produktiver. Vereinfacht ausgedrückt: 1950 ernährte ein Landwirt mit seiner Ernte nur rund 10 Menschen, mittlerweile sind es bereits 135. Dieser enorme Produktivitätszuwachs bewirkte eine stetige Zunahme der Überschüsse.

Um weitere Überschüsse zu vermeiden, wurde seit 1992 in mehreren Schritten verstärkt auf marktwirtschaftliche Elemente gesetzt. So wurden die Stützpreise für landwirtschaftliche Produkte wie Rindfleisch, Getreide oder Milch erheblich gesenkt und Ackerflächen stillgelegt. Als Ausgleich erhielten die Landwirte **Direktzahlungen.** Außerdem wurden **Quoten** eingeführt, um die Produktionsmenge der einzelnen landwirtschaftlichen Erzeuger zu regeln. Beispiel: **Milchquote.** Diese Mengenbegrenzung richtete sich nach der Menge, die ein Erzeuger vor der Reform produzierte. Landwirte, die mehr produzierten als ihnen zustand, wurden mit Preisabschlägen bestraft.

Reform der gemeinsamen Agrarpolitik

Bereits 2003 begann die Europäische Union die Direktzahlung von der Produktion zu entkoppeln. Um die Zahlungen in voller Höhe zu erhalten, müssen die Landwirte seither Auflagen im Umweltschutz, Tier- und Pflanzenschutz erfüllen sowie bei der Tiergesundheit, beim Boden- und Gewässerschutz und bei der Lebensmittelsicherheit. Die Direktzahlungen orientieren sich also mehr am Dienst, den die Landwirte der Öffentlichkeit erweisen. **Zukünftig** sind folgende Reformvorschläge geplant:

- **Reduzierung** der landwirtschaftlichen **Emissionen,** um den Kampf gegen den Klimawandel zu unterstützen.
- **Sicherung der Nahrungsmittelversorgung** angesichts einer rapide anwachsenden Weltbevölkerung.

- **Direktzahlungen** an Landwirte sind weiterhin deren Einkommensgrundlage, allerdings gelten Obergrenzen.
- **Benachteiligte Gebiete** werden besser gefördert, d. h., wer auf Hängen oder schlechten Böden wirtschaftet, erhält mehr Geld.
- **Naturschutz** beeinflusst die Höhe der Direktzahlungen. Landwirte müssen künftig Monokulturen vermeiden, Grünland ausweisen usw.
- **Jungbauern** erhalten eine höhere Flächenprämie, um dem Höfesterben entgegenzuwirken.
- **Exportsubventionen** gleichen weiterhin den Unterschied zu billigeren Weltmarktpreisen aus.

ZUSAMMENFASSUNG

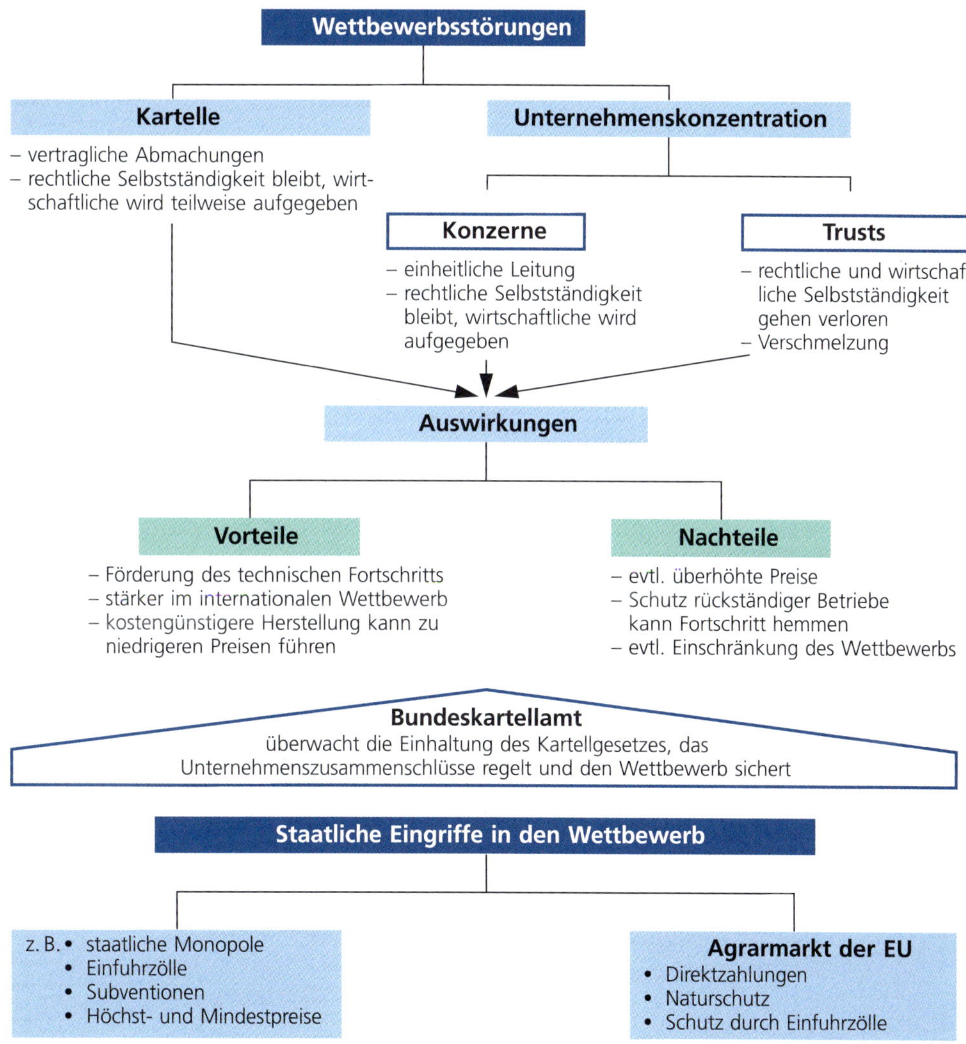

ARBEITSTEIL

1. Erläutern Sie, was man unter folgenden Unternehmenszusammenschlüssen versteht:
   a) horizontal b) vertikal c) anorganisch

Kaffeestaaten halten an Ausfuhrbeschränkung fest

LONDON (rtr). Die Organisation der Kaffee exportierenden Staaten (ACPC) hat ihre Quotenregelung für die Begrenzung der Kaffeeausfuhr um ein weiteres Jahr verlängert. Die 14 Staaten würden in den zwölf Monaten ab Juli die Ausfuhr auf 52,75 Millionen Sack (je 60 Kilogramm) beschränken, teilte die ACPC mit. Ziel sei, die Preise auf dem derzeitigen Niveau zu halten. Die Preise für ungeröstete Kaffeebohnen waren seit Januar um 80 bis 100 Prozent gestiegen. Händler erklären dies mit leeren Lagern und knapper Versorgung mit Arabica-Kaffee aus Lateinamerika.

2. a) Nennen Sie fünf verschiedene Kartellarten. Geben Sie dabei an, ob diese verboten oder freigestellt sind.
   b) Welche Kartellart liegt im nebenstehenden Zeitungsartikel vor? Wie wirkt sich dieses Kartell aus?
   c) Die Erdöl exportierenden Länder haben sich in einem Kartell (OPEC) zusammengeschlossen. Welche Kartellart liegt bei diesem Zusammenschluss vor? Begründen Sie Ihre Meinung.
   d) Welcher Unterschied besteht zwischen Konzernen und Kartellen?

EDEKA

KAISER'S TENGELMANN

Aus Tengelmann wird Edeka.

3. Geben Sie an, welcher Unternehmenszusammenschluss in der nebenstehenden Mitteilung vorliegt.

4. Erläutern Sie, was man unter Muttergesellschaften, Schwestergesellschaften und Tochtergesellschaften versteht.

5. Bei welchen Unternehmenszusammenschlüssen
   a) bleiben die beteiligten Unternehmen nur rechtlich selbstständig,
   b) verlieren die beteiligten Unternehmen ihre rechtliche und wirtschaftliche Selbstständigkeit?

6. a) Welche Ziele strebt die EU durch ihre Agrarpolitik an?
   b) Um diese Ziele (Frage a) zu erreichen, griff die EU in der Vergangenheit sehr stark in den Agrarmarkt ein. Welche Probleme ergaben sich durch solche Eingriffe?
   c) Die Weltmarktpreise für landwirtschaftliche Produkte unterscheiden sich zum Teil erheblich von dem EU-Preisniveau. Wie gleicht die EU solche Preisunterschiede aus?
   d) Zählen Sie wichtige Schritte der geplanten Reform des EU-Agrarmarktes auf.

7. a) Beurteilen Sie die Entwicklung der Unternehmenszusammenschlüsse am Beispiel des Lebensmittelhandels.
   b) Welche Vorteile und welche Gefahren bringen solche Zusammenschlüsse?

8. a) Welche Behörde sichert den Wettbewerb, indem sie Unternehmenszusammenschlüsse überwacht?
   b) Unter welchen Voraussetzungen kann sie die Fusion zweier Unternehmungen verbieten?
   c) Nennen Sie weitere Aufgaben dieser Behörde.

„Kleine Händler sterben aus" – Lebensmitteleinzelhandel in Deutschland

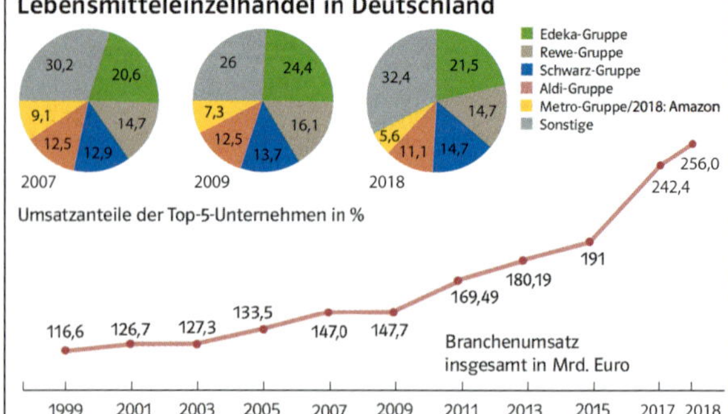

4 Der Verbraucherschutz

4.1 Die Verbraucherberatung

Verbraucher haben Rechte
Was tun, wenn die gerade im Elektromarkt gekaufte Waschmaschine defekt ist und die „AGB“ im Vertrag Rätsel aufgeben? Wenn der Onlineshop die bereits bezahlte Jacke nicht liefert. Oder wenn das „kostenlose“ Online-Angebot plötzlich ein teures Abo sein soll?
Sie haben Rechte, in der digitalen Welt wie auch im „richtigen“ Leben! Benötigen Sie Rat oder wollen Sie sich informieren? Dann kommen Sie zu unserem Vortragsabend „Verbraucherrechte? – verstanden!“. Nächster Termin: Montag, 23. Oktober (19 Uhr), Teilnachmegebühr: 5 €. Verbraucherschutzinitiative Stuttgart, Kauferstr. 1, 70179 Stuttgart

Braucht der „mündige“ Verbraucher überhaupt Beratung?

In welchen Bereichen beraten die Verbraucherzentralen?

Gibt es noch andere Organisationen, die Verbraucher beraten?

4.1.1 Organisationen der Verbraucherberatung

Jeder, der heute einen Computer kaufen möchte, muss sich entscheiden zwischen zahlreichen Anbietern und noch mehr verschiedenen Computertypen in ganz unterschiedlichen Preisklassen. Selbst Fachleute haben Probleme diesen Markt zu überschauen.
Alle Verbraucher gehen ständig Verträge ein wie Mietverträge, Kreditverträge oder Lebensmittelkäufe. Über mögliche Rechtsfolgen, die sich dadurch ergeben, sind sich die meisten Verbraucher im Unklaren.
Wie diese wenigen Beispiele zeigen, benötigen viele deshalb die kompetente und objektive Beratung von Fachleuten. Häufig geraten Konsumenten in Rechtsstreitigkeiten mit unredlichen Geschäftsleuten. Auch hier bieten die Fachleute der Verbraucherberatung einen gewissen Schutz. Es gibt eine Reihe von Einrichtungen, die dem Verbraucher helfen können,

- seine Rechte zu erkennen,
- vorteilhaft zu verhandeln,
- diese Rechte auch durchzusetzen.

Verbraucherzentralen

Die **Verbraucherzentralen** der Bundesländer vertreten auf Landesebene die Verbraucherinteressen. In größeren Städten unterhalten sie ihre Außenstellen, die **Verbraucherberatungsstellen.** Hier wird jeder Bürger unabhängig beraten. Da die Bundesländer die Arbeit der Verbraucherzentralen durch Zuschüsse unterstützen, sind sie weder auf Werbeeinnahmen noch auf Industriegelder angewiesen und somit völlig unabhängig.

verbraucherzentrale
Baden-Württemberg

Beratung durch Verbraucherberatungsstellen

Rechtsberatung

Verbraucherberater informieren über Verbraucherschutzgesetze bei Streitigkeiten mit Händlern, Vermietern usw.

Geräteberatung

Verbraucherberatungsstellen besitzen wichtige Informationen über die meisten Geräte. Material über Energieverbrauch, Testergebnisse, Preisvergleiche usw. kann man hier entweder kostenlos oder gegen geringe Gebühr erhalten.

Budgetberatung

Die Zahl der Familien, die mit ihrem Geld nicht mehr zurechtkommen, nimmt vor allem durch die Arbeitslosigkeit ständig zu. Verbraucherberater helfen beim Aufstellen von Ausgabenplänen oder beim Umschuldungsverfahren.

Ernährungsberatung

Verbraucherberatungsstellen informieren über Schadstoffe in Lebensmitteln und über eine gesunde Ernährung.

Energieberatung

Bei der Verbraucherberatung erhält man Informationen, wie man die Strom-, Heizöl- oder Gasrechnung senken kann.

Die Aufgaben der Verbraucherberatungsstellen sind vielfältig. Sie

- führen Beratungsgespräche in den Bereichen von Ernährung, Gartenbau, Energieeinsparung, Wohnen, Recht im Alltag
- halten Informationsschriften für interessierte Verbraucher zu den genannten Themen bereit
- informieren durch Pressemitteilungen und Veröffentlichungen
- führen Erhebungen und eigene Untersuchungen (z. B. über Kontoführungsgebühren und Kreditkosten) durch
- setzen sich auf regionaler und überregionaler Ebene für die Interessen der Verbraucher ein.

Verbraucherzentrale Bundesverband (vzbv)

Verbraucherschutz und Verbraucherberatung sind vor allem die Aufgabe des **Verbraucherzentrale Bundesverbandes** (vzbv), dem 25 verbraucherorientierte Verbände und 16 Verbraucherzentralen angehören, unter anderem:

- die Verbraucherzentralen der Bundesländer
- der Deutsche Mieterbund e. V.
- DHB-Netzwerk Haushalt
- Berufsverband der Haushaltsführenden e. V.
- die Stiftung Warentest
- RAL – Deutsches Institut für Gütesicherung und Kennzeichnung e. V.

Nach ihrer Satzung strebt der vzbv folgende Ziele an:

- Sie will zur Information des Verbrauchers beitragen; entweder durch eigene Einrichtungen oder durch Förderung und Koordination der verbraucherberatenden Mitgliedsorganisationen.
- Sie möchte die Interessen der Verbraucher vertreten, indem sie auf staatliche Stellen (Gesetzgebung, Verwaltung) und private Wirtschaftsorganisationen einwirkt.

Diese Ziele werden erreicht durch:

- Produktinformationen
- Preisvergleichslisten für bestimmte Produkte
- regelmäßig erscheinende Veröffentlichungen wie z. B. die Verbraucherrundschau
- Interessenvertretung für Verbraucher bei Gesetzesvorbereitungen (Hearings) der Ministerien.

Mieterschutzvereine

In jeder größeren Stadt gibt es einen Mieterschutzverein, der die Interessen der Mieter vertritt. Mieterschutzvereine beraten ihre Mitglieder in allen Fragen des Mietrechts wie z. B. Mieterhöhungen, Kündigung, Nebenkostenabrechnung, Schönheitsreparaturen usw. Des Weiteren wirken sie bei gerichtlichen Auseinandersetzungen oder beim Aufstellen von Mietspiegeln mit. Auch beim **Deutschen Mieterbund (DMB)** in Köln kann man Ratschläge und Informationen einholen. Zu allen Problemen des Mietrechts hat der DMB Informationsmaterial veröffentlicht.
Ebenso wie bei den Mieterschutzvereinen muss man im Deutschen Mieterbund Mitglied sein, wenn man beraten werden möchte.

4.1.2 Verbraucherberatung in den Medien

Gebühren sparen beim Girokonto

Regelmäßig nimmt die Zeitschrift „Finanztest" Girokonten unter die Lupe. Im September 2019 untersuchte sie 290 Angebote von Banken und Sparkassen. Dabei fand sie 22 Konten, die ohne Bedingungen konstenlos sind. Wer für sein Girokonto im Jahr mehr als 60 € zahlt, sollte einen Wechsel prüfen. Bei manchen Anbietern kann man noch eine kostenlose Kreditkarte erhalten. Allerdings geht der Trend eindeutig Richtung höhere Gebühren. Wegen der Niedrigzinspolitik sind die Banken verstärkt auf Gebühren angewiesen, um Erträge zu erzielen.

Kostenlos bedeutet, für Girocard einschließlich Kontoführung werden keine Gebühren verlangt und auf weitere Vorgaben verzichtet.

Häufig wird die Kostenfreiheit an bestimmte Bedingungen geknüpft. Verbraucher müssen deshalb sehr genau hinschauen, unter welchen Voraussetzungen die Kontoführung kostenlos ist. --Kunden müssen z. T. monatlich 600–3.000 € bringen. Fehlt der geforderte Geldeingang, sind Gebühren fällig.

Kostenloses Bargeld ist wichtig. Am Automaten der kontoführenden Bank ist Geldabheben immer kostenlos. Neben dem Preis ist bei einem neuen Konto wichtig, dass der Kunde ohne großen Aufwand kostenlos an Bargeld kommt. Deshalb haben sich Banken mit kleinem Automatennetz zu Verbünden zusammengetan, damit ihre Kunden bessere Möglichkeiten haben, sich kostenlos Bargeld zu besorgen. Hebt ein Kunde jedoch an Geldautomaten außerhalb seines Bankenverbundes ab, werden jedes Mal zwischen 1,95 € und 10 € fällig.

Der Wechsel ist zwar einfach, aber das ideale Girokonto wird immer seltener. Es soll eine kostenlose Girocard und Kreditkarte sowie viele Geldautomaten haben. Deshalb sollte jeder seinen persönlichen Kontocheck mit drei Fragen machen: Wie teuer ist mein Konto im Vergleich zu anderen Angeboten? Welche Bedingungen werden verlangt; kann ich sie erfüllen? Gibt es genügend Geldautomaten für kostenloses Bargeld?

Überlegen Sie anhand dieses Artikels, ob es sich für Verbraucher lohnt, die Verbraucherberatung in den Medien zu beachten.

Wie können Sie die Untersuchungsergebnisse der Stiftung Warentest erhalten?

Wer veröffentlicht noch Verbrauchertipps?

Veröffentlichungen der Stiftung Warentest

Die Stiftung Warentest wurde von der Bundesregierung als Stiftung des privaten Rechts gegründet. Sie ist gemeinnützig und darf keinen Gewinn erzielen. Jeden Monat gibt sie die Zeitschrift **test** heraus. Hier findet der interessierte Verbraucher Warentests, aktuelle Verbrauchertipps und Verbrauchernachrichten.

Bluetooth-in-Ohr-Kopfhörer **11/2018**

Produkt	Mittlerer Preis ca. (Euro)	Ton 55 %	Störeinflüsse 5 %	Tragekomfort und Handhabung 25 %	Bluetooth 10 %	Haltbarkeit 5 %	Schadstoffe 0 %	test-QUALITÄTSURTEIL 100 %
Komplett kabellos (true wireless)								
Apple Airpods	168	+	○	+	+	++	++	GUT (2,0)
Bose SoundSport Free Wireless	184	+	○	+	○	++	++	GUT (2,0)
Jabra Elite Active 65t	162	+	++	+	+	++	++	GUT (2,2)
Bang & Olufsen Beoplay E8	265	+	++	+	○	++	+	GUT (2,3)
Jaybird Run	161	○	++	+	+	++	++	GUT (2,3)
Samsung Gear IconX (2018)	168	+	++	+	○	+	++	GUT (2,3)
Bragi The Dash Pro	330	○	++	+	○	+	++	GUT (2,4)
Sony WF-SP700N	184	○	++	+	⊖*)	+	++	BEFRIEDIGEND (2,6)
Pioneer SE-C8TW	93	○	+	○	○	++	++	BEFRIEDIGEND (2,8)
Mit Kabel zwischen den Hörern (wireless)								
Bose SoundSport Wireless	135	+	+	+	+	+	++	GUT (1,9)
Beats by Dr. Dre Powerbeats3 Wireless	139	+	+	+	+	+	++	GUT (2,3)
Plantronics Backbeat Fit 305	100	○	○	+	+	++	++	GUT (2,5)
JBL Endurance Jump	77	○	+	○	+	+	++	BEFRIEDIGEND (2,6)
Sennheiser CX Sport	127	○	+	+	+	++	++	BEFRIEDIGEND (2,6)
Panasonic RP-BTS35E-K	76	○	○	○	○	+	+	BEFRIEDIGEND (2,7)
Sony WI-SP500	78	○	+	○	+	⊖*)	++	BEFRIEDIGEND (3,1)
Vivanco Sport Air Fitness	24	⊖*)	⊖	○	+	+	++	BEFRIEDIGEND (3,2)
Mediamarkt-Saturn Isy IBH-3500-BK	30 1)	⊖*)	⊖	○	○	+	++	AUSREICHEND (4,0)

Bewertungsschlüssel der Prüfergebnisse: ++ = Sehr gut (0,5–1,5). + = Gut (1,6–2,5). ○ = Befriedigend (2,6–3,5). ⊖ = Ausreichend (3,6–4,5). — = Mangelhaft (4,6–5,5). **Bei gleichem Qualitätsurteil Reihenfolge nach Alphabet.**
***) Führt zur Abwertung.**
1) Preis laut Anbieter-Webseite. **Einkauf der Prüfmuster:** Juni 2018.

Zusammenfassungen der durchgeführten Tests eines Jahres werden in „test-Jahrbüchern" angeboten. Darüber hinaus werden laufend Sonderhefte zu besonderen Themen veröffentlicht wie z. B. Umweltschutz, Kosmetik, Foto usw.
Die Zeitschrift **Finanztest** vergleicht und bewertet Finanzdienstleistungen wie Geldanlagen, Versicherungen, Baufinanzierungen. Außerdem gibt sie Rechts- und Steuertipps.
Bei Tests von Gütern werden in verschiedenen Geschäften mehrere Produkte zumeist einer gleichen Preis- und Güteklasse gekauft. Von Herstellern direkt werden keine Produkte angenommen. Untersuchungen im Auftrag der Industrie werden nicht durchgeführt. Untersucht werden alle Produkte grundsätzlich bei unabhängigen Spezialinstituten nach neuesten Untersuchungsmethoden und -techniken.

Andere Medien des Verbraucherschutzes

Des Weiteren gibt es Broschüren und Hefte von **Verbraucherzentralen** und Verbraucherverbänden wie z. B. dem Deutschen Mieterbund.

Die entsprechenden **Ministerien von Bund und Ländern** haben ebenfalls zahlreiche Informationsschriften zu Verbraucherproblemen herausgegeben wie z. B.:

www.bmelv.de

- Tipps für Verbraucher
- Wegweiser für Verbraucher
- Dein Recht als Mieter
- Mehr Schutz vor den Tücken des „Kleingedruckten".

Bundesministerium für Ernährung und Landwirtschaft

In fast jeder **Tageszeitung oder Zeitschrift** findet der Verbraucher Informationen und Tipps. Aktuelle Urteile von deutschen Gerichten zu Fragen des Kaufvertragsrechts oder zum Mieterschutz gehören ebenso dazu wie kritische Informationen über neue Produkte und Anleitungen zu verbraucherbewusstem Verhalten. Daneben gibt es noch zahlreiche **Fachzeitschriften**, auf die ein Verbraucher zurückgreifen kann.
Wie die folgenden Beispiele zeigen, bieten **Fernsehen** und **Hörfunk** in verschiedenen Programmen regelmäßig Verbrauchersendungen an:

Fernsehen	Hörfunk
1. Programm ARD – Wirtschaftsmagazin Plusminus	**Südwestrundfunk** – Arbeitsplatz (SWR 1) – Informationen und Hintergründe aus Politik, Wirtschaft und Kultur in SWR 1
2. Programm ZDF – WISO (Wirtschaft und Soziales) Volle Kanne – Servicemagazin	
3. Programm, z. B. SWR – Marktcheck – Verbrauchermagazin	**Mitteldeutscher Rundfunk usw.**

ZUSAMMENFASSUNG

Verbraucherberatung

- Verbraucherzentralen mit ihren Außenstellen, den Verbraucherberatungsstellen und dem ständigen Telefonansagedienst
- Verbraucherzentrale Bundesverband e. V.
- Stiftung Warentest mit Zeitschrift „test"
- Massenmedien
  - Zeitungen
  - Fernsehen
  - Hörfunk
  - Internet

ARBEITSTEIL

1. Clemens möchte sich einen neuen Bluetooth-In-Ohr-Kopfhörer kaufen. Das Angebot ist riesig und Clemens ist verwirrt. Welches Gerät soll er nun kaufen?
   a) Wie kann sich Clemens einen Überblick über das Angebot an Bluetooth-In-Ohr-Kopfhörern verschaffen?
   b) Welche Gesichtspunkte könnten neben dem Preis beim Kauf eine Rolle spielen?
   c) Bei welchen Institutionen könnte er sich Informationen verschaffen?
   d) Die Stiftung Warentest hat Geräte getestet. Erklären Sie die Aufgabe der Stiftung Warentest.
   e) Beschreiben Sie die Vorgehensweise der Stiftung Warentest beim Testen von Geräten.
   f) Zu welchem Bluetooth-In-Ohr-Kopfhörer würden Sie Clemens raten, wenn Sie die Testergebnisse der Stiftung Warentest (S. 390) zugrunde legen?
2. Begründen Sie die Notwendigkeit einer Verbraucherberatung aus der Sicht der Verbraucher.
3. Worin sehen Sie die Bedeutung einer Verbraucherberatung durch die Massenmedien?
4. Nehmen Sie Stellung zu folgender Aussage: „Eine Verbraucherberatung durch die Hersteller und den Fachhandel ist vollkommen ausreichend."

4.2 Verbraucherschutzgesetze – die Warenkennzeichnung

Kaufen nach Gütezeichen?

Firmen schmücken ihre Produkte gerne mit Prüfzeichen. Da gibt es das GS-Zeichen für geprüfte Sicherheit, den Blauen Engel für umweltfreundliche Produkte und etliches mehr. Lassen Sie sich bei der Kaufentscheidung davon beeinflussen?

Dirk König, Gärtner
Wenn ich die Wahl zwischen zwei Produkten habe, ziehe ich das mit dem Gütezeichen vor. In meiner Sparte gibt es für Baden-Württemberg das Qualitäts- und Herkunftszeichen. Für den Verbraucher ist das hilfreich. Zu viele Gütezeichen sind aber verwirrend. Man könnte da vereinfachen.

Albert Schmidt, Beamter
Wenn ich's mir leisten kann und es der Gesundheit zuträglich ist, kaufe ich auch mal etwas mit Gütesiegel. Bei mir zählen aber die vertrauensvolle Empfehlung und Erfahrung von Bekannten mehr als irgendwelche Aufkleber. Auf die kann man sich nicht immer verlassen.

Waltraud Essig, Apothekenhelferin
Beim Kauf von Elektroartikeln achte ich auf das GS-Zeichen und bei chemischen Produkten auf den Blauen Engel. Viel mehr Zeichen kenne ich nicht. Sehr wichtig wäre mir die Kennzeichnung von genmanipulierten Lebensmitteln.

Henrik Wagner, Student
In den meisten Fällen achte ich nicht auf irgendwelche Gütezeichen oder Qualitätssiegel. Mein wichtigstes Kriterium ist der Preis, denn ich habe nicht so viel Geld, um mir immer das beste Produkt zu kaufen.

Stefanie Konrad, Hausfrau
Nein, eigentlich achten wir nicht auf Gütezeichen. Ich kenne ihre Bedeutung nicht, da wir längere Zeit im Ausland waren. Beim Einkauf von Lebensmitteln schauen wir auf das Herkunftsland und auf die Inhaltsstoffe, da wir uns gesundheitsbewusst ernähren.

Sebastian Zaiser, Schüler
Ich achte auf Preis und Qualität der Ware. Für mich sind die vielen Gütezeichen verwirrend. Ich weiß oft nicht, welche Bedeutung sie im Einzelnen haben. Zum besseren Verständnis sollte in den Läden eine Informationstafel aufgestellt sein.

Birgit Feierling, Mediengestalterin
Vor einiger Zeit habe ich neue Matratzen gekauft, da habe ich mich vorher bei der Stiftung Warentest informiert. Auch auf GS- und TÜV-Zeichen achte ich normalerweise. Natürlich muss trotz Siegel auch der Preis stimmen. Die Bedeutung anderer Zeichen kenne ich nicht.

Michaela Kurz, Speditionskauffrau
Ich achte auf den Blauen Engel und bei Elektrogeräten darauf, dass sie wenig Energie verbrauchen. Man muss aber schon genau hinschauen, denn es wird viel Schindluder mit ähnlich aussehenden Produkten getrieben.

ILLUSTRIERTE WOCHENZEITUNG

Wie hätten Sie auf die Umfrage geantwortet?

Welche gesetzlichen Warenkennzeichnungsvorschriften kennen Sie?

Auf welche Güte- und Prüfzeichen achten Sie beim Kauf?

4.2.1 Die gesetzliche Warenkennzeichnung

Ein durchschnittlicher Supermarkt hat heute zwischen 2.000 und 40.000 Artikel im Sortiment; beim Kauf eines Fotoapparates kann man unter mehreren hundert Modellen wählen. Bereits diese Beispiele zeigen: Der einfache Verbraucher kann das riesige Angebot kaum noch überschauen; er steht vor einem Auswahlproblem, das er allein nicht lösen kann. Ihm fehlt die Marktübersicht und oft auch das nötige Fachwissen, um die für ihn richtigen Kaufentscheidungen zu treffen. Um den Verbraucher vor einer Übervorteilung zu schützen, gibt es eine Reihe von Gesetzen und Verordnungen sowie zahlreiche Informations- und Beratungsmöglichkeiten.

Eine wichtige Hilfe bei der Kaufentscheidung ist die Warenkennzeichnung. Die gesetzlich vorgeschriebene und die freiwillige Warenkennzeichnung sollen den Käufer bei der Warenauswahl unterstützen.

Damit Vorschriften auch eingehalten werden, können Gerichte oder zuständige Behörden bei einem Verstoß Bußgelder, Freiheitsstrafen oder Berufsverbote verhängen. Eine Strafverfolgung kann durch die Strafanzeige eines geschädigten Verbrauchers oder durch eine Behörde (z. B. Eichamt, Ordnungsamt) veranlasst werden.

Die Lebensmittelinformations-Verordnung

Die meisten Lebensmittel werden durch das Vordringen von Supermärkten nur noch in verpacktem Zustand angeboten. Auf solchen Fertigpackungen müssen in der gesamten EU (Europäischen Union) folgende Angaben aufgedruckt sein:

- die Verkehrsbezeichnung
- die Anschrift des Herstellers
- das Verzeichnis der Zutaten (Inhaltsstoffe) in der Reihenfolge des Mengenanteils
- die allergenen Stoffe
- die Füllmenge
- das Mindesthaltbarkeitsdatum
- die Nährwerttabelle bzw. Nährwertkennzeichnung

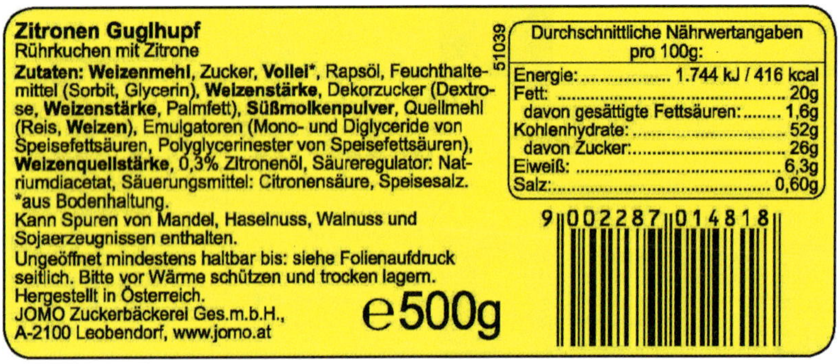

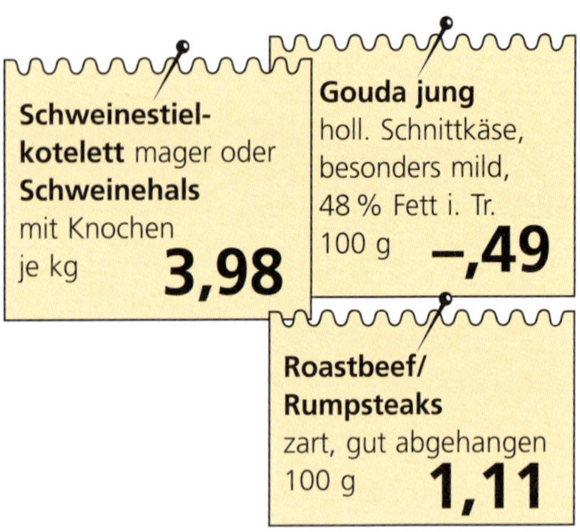

Mess- und Eichgesetz

Auf der Grundlage des **Mess- und Eichgesetzes** wurden etliche Rechtsverordnungen erlassen, wie beispielsweise die Lebensmittelinformationsverordnung. Dadurch werden Hersteller zu eindeutigen Mengenangaben verpflichtet. Bei „krummen Gewichten" (nicht standardisierten Mengen), z. B. abgepacktem Hackfleisch, muss neben dem Endpreis zusätzlich der Grundpreis, d. h. der Preis für ein Kilogramm oder einen Liter angegeben werden, bei kleinen Mengen der Preis für 100 Gramm oder 100 Milliliter. Nur so kann der Käufer ohne umständliches Rechnen richtige Preisvergleiche vornehmen.

Fertigverpackungen, die eine größere Füllmenge vortäuschen (sogenannte **Mogelpackungen**), sind verboten. Dies sind z. B. Verpackungen mit doppelten Böden, Umkartons oder dicken Wandungen bei Töpfen, Tiegeln oder Gläsern.

Preisangabenverordnung

Die Vorschriften der **Preisangabenverordnung** sollen dem Verbraucher auf einfache Art Preisvergleiche ermöglichen. So müssen

- ausgestellte Waren deutlich ersichtlich mit einer Preisangabe versehen werden
- die angegebenen Preise Endpreise sein, d. h. einschließlich Mehrwertsteuer
- für Waren, die noch abgewogen werden, die Preise immer für 1.000 g oder 100 g angegeben werden
- die Kraftstoffpreise bei Tankstellen für heranfahrende Kraftfahrer deutlich lesbar sein
- die Preise für angebotene Dienstleistungen (z. B. beim Friseur oder in Gaststätten) im Schaufenster oder Schaukasten ausgehängt sein
- alle Kreditinstitute und Darlehensvermittler den „effektiven Jahreszins" für alle Kredite angeben *(siehe auch S. 274)*.

EU-Textilkennzeichnungsverordnung

Textilerzeugnisse dürfen laut EU-**Textilkennzeichnungsverordnung** EU-weit nur unter Angabe des Rohstoffgehalts (nach Art und Gewichtsanteilen) der verwendeten textilen Rohstoffe verkauft werden. Die Kennzeichnung erfolgt an der Ware selbst, und zwar leicht lesbar und dauerhaft mit einheitlichem Schriftbild z. B. auf eingenähten Etiketten, Webkanten oder auf der Verpackung. Wurden zusätzlich Bestandteile tierischen Ursprungs (z. B. Perlmutt oder Leder) verwendet, dann ist folgender Zusatz auf dem Etikett vorgeschrieben: *„enthält nichttextile Teile tierischen Ursprungs"*.
Manche Hersteller ergänzen auf freiwilliger Basis die gesetzliche Rohstoffkennzeichnung durch Pflegehinweise.

gesetzliche Rohstoffkennzeichnung

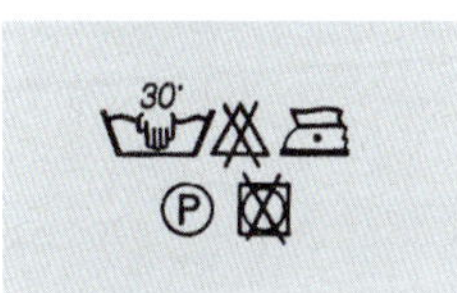

freiwillige Rohstoffkennzeichnung

gesetzliche Rohstoffkennzeichnung

freiwillige Rohstoffkennzeichnung

Qualitätsklassen

Alle wichtigen Obst- und Gemüsesorten müssen vom Handel entsprechend nationalen oder EU-Normen nach **Qualitätsklassen (Handelsklassen)** gekennzeichnet werden.

Handelsklassen

„Extra"
Höchste bzw. hervorragende Qualität
Sortentypisch in Form, Entwicklung und Färbung; besondere Einheitlichkeit im Reifegrad, frei von allen Mängeln.

„I"
Gute Qualität
Sortentypische Merkmale wie in Klasse „Extra". Vollkommen gesundes Fruchtfleisch. Leichte Form-, Entwicklungs- und Farbfehler in begrenztem Umfang zulässig. Oberflächliche Hautfehler, die allgemeines Aussehen und Haltbarkeit nicht beeinträchtigen, sind in begrenztem Umfang zugelassen.

„II"
Marktfähige Qualität
Die in Klasse I zugelassenen Fehler sind in großem Umfang gestattet, dazu stärkere Abweichungen hinsichtlich der Gleichmäßigkeit. Die Ware muss in jedem Fall genussfähig sein.

„III"
Stärkere Mängel
Größere Mängel sind erlaubt, jedoch muss das Erzeugnis zum Verzehr oder zur Verarbeitung geeignet sein.

Milcherzeugnisse: Butter muss nach Handelsklassen gekennzeichnet sein, z. B. als Markenbutter oder Molkereibutter; Käse muss nicht, kann aber so gekennzeichnet sein.

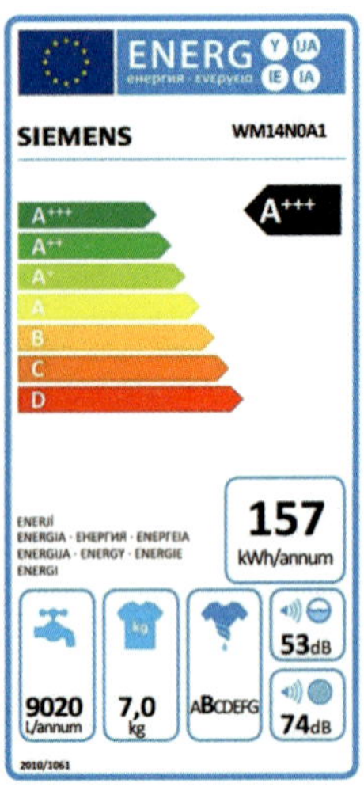

Das EU-Energielabel muss deutlich sichtbar am Gerät angebracht sein (hier z. B. an einer Waschmaschine). Auch im Onlinehandel sind diese Informationen vorgeschrieben.

Produktinformation

Die Produktinformation ist eine Form der informativen Warenkennzeichnung, die mittlerweile bei einer Reihe von technischen Geräten gesetzlich vorgeschrieben ist. Sie soll den Verbraucher durch Etiketten am Gerät und standardisierte Angaben in den Prospekten über wesentliche, objektiv nachprüfbare und durch Kontrollen gesicherte Warenmerkmale unterrichten und ihm damit eine vergleichende Beurteilung erleichtern.
Bei einer Waschmaschine sind solche Angaben z. B. der Energieverbrauch, der Wasserverbrauch, das Fassungsvermögen. Der Produktinformation eines Kühlschranks wären beispielsweise der Nutzungsinhalt, der Energieverbrauch oder die Abtauvorrichtung zu entnehmen.

4.2.2 Die freiwillige Warenkennzeichnung

Zusätzlich zu der gesetzlich vorgeschriebenen Warenkennzeichnung versehen viele Hersteller ihre Produkte freiwillig mit Zeichen oder Symbolen, die auf die Qualität und die Sicherheit der Erzeugnisse hinweisen sollen.

Gütezeichen

Sie sollen einen genau festgelegten **Qualitätsstandard** verbürgen, indem sie eine bestimmte Mindestqualität garantieren. Nur wenn ihre Waren genau festgelegten Qualitätsanforderungen entsprechen, dürfen Hersteller diese Zeichen verwenden. Träger eines Gütezeichens ist jeweils eine Gütegemeinschaft, in der sich Hersteller gleichartiger Produkte zusammenschließen. Sie legen die Qualitätsanforderungen für die Vergabe des Zeichens fest. Die Gütesicherung wird aufseiten der Wirtschaft insbesondere vom RAL (Deutsches Institut für Gütesicherung und Kennzeichnung e. V.) wahrgenommen.

Beispiele für Gütezeichen		
Die technischen Güteanforderungen und Prüfungen der gesundheitlichen und ökologischen Unbedenklichkeit von Wandbekleidungen (Tapeten) werden durch das RAL-Gütezeichen Tapete bestätigt.	Das RAL-Gütezeichen Döner stellt hohe Anforderungen u. a. an die Herstellung und den Verkauf von Dönerfleischgerichten.	Kennzeichnung für Deutsche Markenbutter und Deutschen Markenkäse. Herstellung und Qualität unterliegen strengen gesetzlichen Anforderungen.

Prüfzeichen (Sicherheitszeichen)

Sie sollen einen genau festgelegten **Sicherheitsstandard** verbürgen.

Beispiele für Prüfzeichen	
	Abkürzung für „Deutsches Institut für Normung e. V." mit Sitz in Berlin: DIN steht für die Einhaltung bestimmter Normen wie z. B. bei Abmessungen (Schrauben, Papier), Qualitätsmerkmalen, Untersuchungs- und Messverfahren sowie Sicherheitsanforderungen. DIN-Normen sind Empfehlungen und enthalten Mindestanforderungen. International bemüht sich vor allem die ISO (Internationale Organisation für Standardisierung) um eine weltweite Förderung der Normung.
	VDE = Verband Deutscher Elektrotechniker Elektrogeräte mit diesem Prüfzeichen wurden geprüft und entsprechen den Anforderungen im Bereich der Funktionsfähigkeit und elektrischen Sicherheit.
	GS = geprüfte Sicherheit Technische Geräte mit dem GS-Zeichen entsprechen den Sicherheitsanforderungen des Produktsicherheitsgesetzes.
	CE = Communautées Européennes = Europäische Gemeinschaften Die CE-Kennzeichnung wird seit 1995 für Konsumgüter und technische Produkte eingeführt, die innerhalb der EU-Länder auf den Markt kommen. Sie müssen den in europäischen Richtlinien festgelegten Mindestanforderungen an die Sicherheit entsprechen.

Umweltzeichen

Das von den Umweltministern von Bund und Ländern geschaffene Umweltzeichen wird von einer unabhängigen Jury an solche Produkte verliehen, die sich durch besondere Umweltfreundlichkeit auszeichnen. Dabei darf weder die Gebrauchstauglichkeit noch die Sicherheit beeinträchtigt sein.

Deutsches Biosiegel und EU-Biosiegel

www. bio-siegel.de

Zunehmend wollen Verbraucher Lebensmittel, die aus ökologischer Landwirtschaft stammen. Sie können sich darauf verlassen: „Wo **Bio** draufsteht, ist auch **Bio** drin." Denn nur Erzeuger und Hersteller, die sich an die Bestimmungen der EU-Öko-Verordnung halten und den vorgeschriebenen Kontrollen unterziehen, dürfen ihre Produkte als Bio- oder Ökoware verkaufen und mit dem **Biosiegel** kennzeichnen. Bis Januar 2020 haben 5.488 Unternehmen die Nutzung des deutschen Biosiegels für 81.877 Produkte angezeigt. Um das begehrte Siegel zu bekommen, müssen Produzenten zahlreiche **Verbote** einhalten, wie z. B. das Verbot der Bestrahlung von Öko-Lebensmitteln, das Verbot gentechnisch veränderter Organismen, den Verzicht auf Pflanzenschutz mit chemisch-synthetischen Mitteln oder den Verzicht auf leicht lösliche mineralische Dünger.

Darüber hinaus müssen die Erzeuger zahlreiche **Anforderungen** erfüllen, wie z. B. abwechslungsreiche und weite Fruchtfolgen, flächengebundene und artgerechte Tierhaltung oder die Fütterung mit ökologisch produzierten Futtermitteln ohne Zusatz von Antibiotika und Leistungsförderern. Das staatliche Siegel gilt in der Biobranche als Mindeststandard. So erlaubt es beispielsweise 47 Zusatzstoffe, das Siegel Bioland nur 25 und bei Demeter gibt es gar keine.

Seit 2010 müssen Bio-Produkte aus der Europäischen Union das **EU-Biosiegel** tragen. Das gilt europaweit und macht es einfacher, ausländische Bioprodukte zu erkennen und von unseriösen Verwirrsiegeln zu unterscheiden – gleichgültig, ob im Urlaub in Spanien oder beim italienischen Feinkosthändler um die Ecke. Für das EU-Bio-Logo gelten dieselben Richtlinien wie für das deutsche Biosiegel, das weiterhin zusätzlich verwendet werden darf.

EU-Biosiegel

ZUSAMMENFASSUNG

Warenkennzeichnung

gesetzlich	freiwillig
festgelegt durch Gesetze oder Verordnungen, z. B. – Lebensmittelinformations-Verordnung – Mess- und Eichgesetz – Preisangabenverordnung – EU-Textilkennzeichnungsveordnung – EG-Qualitätskassen (Handelsklassen) – Produktionformation	festgelegt durch die jeweilige Gütegemeinschaft; diese legt auch die Qualitätsanforderungen fest, z. B. – Güte-und Prüfzeichen (Wollsiegel, DIN, VDE-, GS-Zeichen) – Umweltzeichen – Bio-Siegel

bessere Marktübersicht und mehr Produkttransparenz

ARBEITSTEIL

1. Nennen Sie fünf gesetzliche Warenkennzeichnungsvorschriften.
2. Welche Angaben müssen Fertigverpackungen nach der Lebensmittelinformations-Verordnung enthalten?
3. Nennen Sie drei Regelungen der Preisangabenverordnung.
4. Wozu verpflichtet die EU-Textilkennzeichnungsverordnung die Hersteller?
5. Weshalb ist Ihrer Meinung nach auf abgepackten Waren der Grundpreis für 1.000 oder 100 Gramm angegeben? Geben Sie außerdem an, welches Gesetz diese Angaben vorschreibt.
6. a) Untersuchen Sie verschiedene Waren auf Gütezeichen und erklären Sie deren Bedeutung.
   b) Welche Garantie erhält der Käufer eines mit Gütezeichen versehenen Erzeugnisses?
   c) Überlegen Sie, weshalb die Industrie verstärkt Gütegemeinschaften einrichtet.
7. a) Welche Anforderungen werden an ein Produkt gestellt, das mit dem Umweltzeichen ausgezeichnet werden soll?
   b) Wer verleiht dieses Zeichen?
   c) Wie erklären Sie sich, dass immer mehr Produkte mit dem Umweltzeichen versehen sind?
8. a) Nennen Sie drei Prüfzeichen.
   b) Welchen Vorteil bietet der Kauf eines Gerätes mit dem GS-Zeichen für den Verbraucher?
9. Während Verbraucherverbände eine verstärkte gesetzliche Warenkennzeichnungspflicht verlangen, will die Industrie eine verstärkte freiwillige Kennzeichnung. Wie erklären Sie sich diese unterschiedlichen Auffassungen?

4.3 Weitere Verbraucherschutzgesetze

Mogelei des Monats

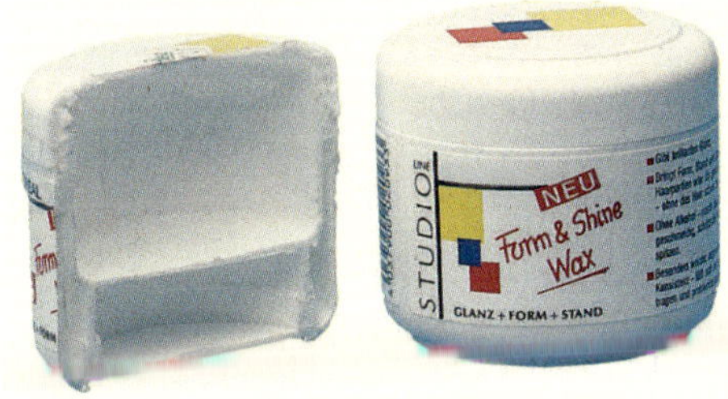

Verbot von Mogelpackungen gemäß § 43 Abs. 2 Mess- und Eichgesetz: Es ist verboten, Fertigpackungen herzustellen, herstellen zu lassen, [...], in Verkehr zu bringen [...], wenn sie ihrer Gestaltung und Befüllung nach eine größere Füllmenge vortäuschen als in ihnen enthalten ist.

aus: Stiftung Warentest

Neben dem Eichgesetz gibt es eine Reihe weiterer Verbraucherschutzgesetze.

Welche sind Ihnen bekannt?

4.3.1 Wettbewerbsrechtliche Regelungen

Bei einem gut funktionierenden **Wettbewerb** kann der Verbraucher seine Ware unter den Angeboten vieler Anbieter auswählen. Eine große Zahl von Anbietern wetteifert um die Kunden, indem sie versuchen, ihre Konkurrenten durch immer bessere und immer preisgünstigere Waren zu übertreffen. Wird der Wettbewerb dagegen eingeschränkt, dann nimmt die Produktauswahl ab und der Verbraucher muss überhöhte Preise zahlen. Um den Wettbewerb zwischen den Unternehmen sicherzustellen hat der Staat deshalb verschiedene Gesetze erlassen.

Gesetz gegen den unlauteren Wettbewerb (UWG)

Das **UWG** schützt Anbieter und Verbraucher vor wettbewerbswidrigem Verhalten einzelner Anbieter. Es wendet sich gegen Handlungen, die zwar zum Zweck des Wettbewerbs erfolgen, die aber **unlauter** und somit unzulässig sind. Nach dem UWG sind dies beispielsweise Werbemaßnahmen, **UWG § 4**

- die beim Käufer Angst verursachen, z. B. „Grippe überrollt Ulm. Sofort Grippex kaufen!?"
- die Konkurrenten anschwärzen und verunglimpfen
- bei denen die Teilnahme an einem Gewinnspiel von einem Kauf abhängt
- die fremde Geschäfts-, Waren-, oder Firmenzeichen benutzen.

Des Weiteren verbietet das UWG **irreführende Werbung** wie z. B.

- irreführende Angaben über angebotene Waren wie Ursprung, Herstellungsart und Preise. *Beispiel:* Ein Bäcker vertreibt industriell gefertigte Teigwaren als eigene Erzeugnisse. **UWG § 5**
- irreführende Angaben über den Verkaufsanlass. *Beispiel:* Ein Räumungsverkauf wegen Umbaus wird angekündigt, obwohl nur eine Wand gestrichen wird.
- Mondpreiswerbung, d. h., für eine unangemessen kurze Zeit wird ein besonders hoher Preis angesetzt, nur um ihn dann mit viel Getöse schnell wieder herabzusetzen.
- Lockvogelangebote. Sie liegen vor, wenn die beworbene Ware nicht mindestens zwei Tage vorrätig ist.
- Werbung mit Selbstverständlichkeiten wie „Bei uns gibt es zwei Jahre Garantie".

UWG § 6 **Vergleichende Werbung** ist nur zulässig, wenn keine Mitbewerber herabgesetzt werden. Für die meisten Verstöße sieht das UWG den Anspruch auf **Unterlassung** vor, d. h., man kann von dem betreffenden Anbieter verlangen, dass er diese Handlung unterlässt. Daneben sind auch **Schadenersatzforderungen** vorgesehen, z. B. für den Geschäftsmann, den sein Konkurrent bei den Kunden angeschwärzt hat. Besonders extreme Verstöße können sogar mit Geldbußen oder Freiheitsentzug geahndet werden.

UWG § 10 „Unrecht soll sich nicht lohnen!" Deshalb können **Gewinne abgeschöpft** werden, die unlautere Wettbewerber zulasten einer Vielzahl von Personen erzielt haben, z. B. als „0900er-Abzocker" oder „Füllmengenunterschreiter".

UWG § 7 **Unzumutbar belästigende Werbung** ist ausdrücklich verboten, wenn erkennbar ist, dass der Empfänger diese Werbung nicht wünscht, z. B. durch Briefkastenaufkleber. Generell verboten ist daher auch Werbung durch Telefon, E-Mail, Telefax oder SMS, wenn der Beworbene einer solchen Werbung zuvor nicht zugestimmt hat. Genauso wenig ist das Zusenden unbestellter Waren gestattet. Belästigend sind auch unangemeldete Hausbesuche, ebenso das Ansprechen auf der Straße, wenn der Werbende nicht sofort als solcher zu erkennen ist. Für E-Mail-Werbung gilt eine Ausnahme. Hat der Unternehmer die E-Mail Adresse durch eine Bestellung erhalten, darf er Kunden eine Werbemail für ähnliche Produkte schicken. Allerdings kann ein Verbraucher nicht selbst gegen einen Anbieter vorgehen. Dies können nur Konkurrenten, Verbraucherverbände, Kammern oder gewerbliche Interessenverbände wie z. B. der Einzelhandelsverband. Ein Verbraucher, der Verstöße festgestellt hat, wendet sich deshalb am besten an eine Kammer oder einen Verbraucherverband.

Unser Rat

Werbeanrufe ohne Einwilligung sind verboten. Melden Sie die Anrufer den Verbraucherzentralen und der Bundesnetzagentur. Den Firmen drohen Bußgelder bis zu 300 000 €.

Rufnummernunterdrückung. Werbeanrufe mit unterdrückter Rufnummer sollten Sie der Bundesnetzagentur melden. Kann sie die Anrufer ermitteln, droht ein Extrabußgeld bis 100 000 €. Auf ihrer Homepage (www.bundesnetzagentur.de) ist ein spezielles Formular eingestellt. („Anzeige über Erhalt unerlaubter Telefonwerbung").

Finanztest 10/2009 aktualisiert

Gesetz gegen Wettbewerbsbeschränkungen (Kartellgesetz)

Ausgewählte Höchstbußgelder des Bundeskartellamtes

Jahr	Kartellverfahren	verhängte Bußgelder in Euro
2018	Edelstahl	291.700.000
2017	Industriebatterien	27.662.500
2015	Automobilzulieferer	89.700.000
2014	Bier	338.000.000
2014	Wurst	338.500.000
2014	Zucker	281.700.000
2013	Schienen-DB	134.500.000
2010	Brillengläser	115.000.000
2009	Kaffee	159.000.000
2008	Tondachziegel	188.081.000
2007	Flüssiggas	249.000.000
2003	Zement	396.000.000

www.bundeskartellamt.de

Bei einem gut funktionierenden Wettbewerb konkurrieren die Anbieter um die Kunden. Diese Konkurrenz kann mit dem Preis, mit der Qualität, mit dem Service, mit den Geschäftsbedingungen, mit der Werbung und vielem mehr ausgetragen werden. Wettbewerb ist die Antriebskraft unserer sozialen Marktwirtschaft. Er sorgt dafür, dass die Anbieter sich um die Kunden bemühen und dass diese unter vielen unterschiedlichen Angeboten auswählen können. Verständlicherweise gefällt starker Wettbewerb nicht allen Unternehmen. Immer wieder versuchen deshalb einige den Wettbewerb auszuschließen, indem sie z. B. gemeinsame Absprachen treffen, d. h. Kartelle bilden. Leidtragende solcher Absprachen sind die Kunden, da sie durch den Wegfall der Konkurrenzsituation schlechter bedient werden. Auf der anderen Seite ist es genauso wenig im Interesse der Verbraucher, wenn durch übermäßigen Wettbewerb ein Großteil der Unternehmen einer Branche vom Markt verdrängt wird. So sind z. B. die Tante-Emma-Läden fast völlig verschwunden, statt dessen haben sich wenige Handelsriesen mit großer Marktmacht durchgesetzt. Das **Gesetz gegen Wettbewerbsbeschränkungen**, auch als Kartellgesetz bezeichnet, soll diesen Entwicklungen entgegenwirken. Nach diesem Gesetz sind Kartelle grundsätzlich verboten. Des Weiteren können Unternehmenszusammenschlüsse untersagt werden, wenn sie zu einer marktbeherrschenden Stellung führen würden (siehe auch S. 379 *Kartelle* und S. 379/380 *Kartellgesetz*).

4.3.2 Allgemeine Geschäftsbedingungen

BGB § 305ff.

Ein Verkäufer, der bei jedem Kaufvertrag die Bedingungen einzeln aushandeln und danach schriftlich festhalten würde, müsste dafür sehr viel kostbare Zeit aufbringen. Daher verwenden die meisten Kaufleute die sogenannten **allgemeinen Geschäftsbedingungen (AGB)**.
Dies sind vorformulierte Vertragsklauseln, die für alle Kaufverträge gelten, welche der betreffende Kaufmann abschließt. Das BGB (Bürgerliche Gesetzbuch) verhindert, dass Geschäftsleute durch diese AGB die gesetzlichen Bestimmungen zu ihren Gunsten abändern und so die Käufer übervorteilen.
Um die Kunden zu schützen, schreibt das BGB deshalb unter anderem vor:

- AGB werden nicht automatisch Vertragsbestandteil, sondern nur, wenn der Kunde darauf hingewiesen wurde und sie in angemessener Weise zur Kenntnis nehmen kann.
- Das „Kleingedruckte" muss mühelos lesbar und verständlich sein.
- Überraschende Klauseln sind unzulässig.
- Unangemessen lange Lieferfristen sind unzulässig.
- Preiserhöhungen können frühestens 4 Monate nach Vertragsabschluss erfolgen.
- Die gesetzlichen Fristen zur Sachmangelhaftung dürfen nicht verkürzt werden.
- Bei mangelhafter Lieferung gelten grundsätzlich die Regelungen des BGB. Eine Beschränkung auf Nacherfüllung ist nicht zulässig.

4.3.3 Produkthaftung

Das **Produkthaftungsgesetz (ProdHaftG)** soll Verbraucher vor fehlerhaften Waren schützen. Werden durch den Fehler eines Produktes Personen- oder Sachschäden verursacht, dann ist der Hersteller der Ware verpflichtet den entstandenen Schaden zu ersetzen. Dabei ist es in der Regel unerheblich, ob ein Verschulden des Fabrikanten vorliegt oder nicht. Die verschuldensunabhängige Haftung nach dem Produkthaftungsgesetz erstreckt sich nur auf das Privatleben. Schäden in Gewerbebetrieben werden davon nicht abgesichert. Des Weiteren gilt dieses Gesetz nicht für Arzneimittel. Tritt ein Schadensfall ein, dann kann die Haftung bis zu 82 Mio. € betragen. Bei Sachschäden entfällt auf den Geschädigten eine Selbstbeteiligung von 500 €.

4.3.4 „Haustürgeschäfte" (Außerhalb von Geschäftsräumen geschlossene Verträge)

BGB §§ 312, 355 f.

Plötzlich klingelt es an der Tür. Man öffnet und steht überrascht einer jungen Dame gegenüber, die einem die neueste Entwicklung auf dem Gebiet der Teppichreinigung anbietet. Man bummelt durch die Fußgängerzone und wird von Mitarbeitern eines Buchklubs angesprochen, die ein besonderes Angebot unterbreiten, sofern man sofort unterschreibt. Durch das **BGB (Bürgerliche Gesetzbuch)** haben die Verbraucher die Möglichkeit, unbedacht abgeschlossene Verträge **innerhalb von 14 Tagen** mündlich, schriftlich oder per E-Mail zu **widerrufen**. Dieses Widerrufsrecht erstreckt sich auf Geschäfte, die durch mündliche Verhandlungen am Arbeitsplatz, an der Haustür, in der Wohnung, bei Verkaufsfahrten oder durch überraschendes Ansprechen auf der Straße zustande gekommen sind, also **außerhalb der Geschäftsräume**. Die zweiwöchige Frist beginnt in dem Augenblick, wo der Kunde eine **deutliche Belehrung** über das Widerrufsrecht erhalten und gesondert unterschrieben hat. Unterbleibt die Widerrufsbelehrung, dann verlängert sich das Widerrufsrecht um 1 Jahr. Kein Widerrufsrecht besteht jedoch, wenn der Kunde den Vertreter selbst ins Haus bestellt hat oder wenn ein Bagatellgeschäft (unter 40 €) vorliegt. Für abgeschlossene **Versicherungsverträge** gilt nach dem **Versicherungsvertragsgesetz** ein spezielles Widerrufsrecht von 14 Tagen, sofern der Vertrag länger als ein Jahr laufen soll.

Geschäfte nach mündlichen Verhandlungen am Arbeitsplatz, in der Wohnung, auf Kaffeefahrten oder auf der Straße

Widerrufsrecht
innerhalb von
14 Tagen

4.3.5 Teilzahlungsgeschäfte

Bei größeren Anschaffungen können viele Käufer den Kaufpreis nicht sofort bezahlen. Vereinbaren daraufhin Kunde und Händler, dass der Kaufpreis in Raten beglichen werden soll, dann handelt es sich um ein **Teilzahlungsgeschäft**, auch **Ratenkauf** genannt. Durch das **BGB (Bürgerliche Gesetzbuch)** werden die Käufer vor einer Übervorteilung geschützt, denn für Ratenkäufe gelten besonders strenge Schutzvorschriften. Das BGB (Bürgerliche Gesetzbuch) gilt für **alle Verbraucherkredite (Konsumentenkredite) über 200 €.**

BGB § 491ff.
EBGB Art. 247 § 3

Seine wichtigsten Bestimmungen:

- Ein Ratenkauf muss **schriftlich** abgeschlossen werden. Eine Kopie davon erhält der Käufer.
- Der Vertrag muss folgende Bestandteile enthalten:
  - den Barzahlungspreis und den Teilzahlungspreis
  - die Anzahl, Höhe und Fälligkeit der Raten
  - den Nominalzins und alle Nebenkosten
  - den **effektiven Jahreszins**
  - eine deutliche Belehrung (2. Unterschrift), dass der Vertrag **innerhalb von 14 Tagen** ohne Angabe von Gründen **widerrufen** werden kann.
- Werden Teilzahlungskäufe von Banken oder Sparkassen finanziert, dann kann man bei mangelhafter Ware die Mängel auch dem Kreditinstitut entgegenhalten und die Raten (vorerst) zurückbehalten.

Durch diese Angaben sieht der Käufer, wie viel teurer ein Ratenkauf gegenüber einem Barkauf wird und ob ein Bankkredit nicht billiger wäre. Allgemein sollte der Käufer bedenken, dass er beim Ratenkauf einen höheren Preis bezahlen muss. Außerdem erhält er keinen Barzahlungsnachlass (Skonto).

BGB § 495, 355

Fehlt die Belehrung über das Widerrufsrecht, dann verlängert sich die 14-tägige Widerrufsfrist um 1 Jahr, d. h., der Käufer kann den Vertrag innerhalb von 1 Jahr und 14 Tagen nach Vertragsschluss widerrufen. Sicherheitshalber erfolgt ein Widerruf durch Einschreibebrief. So kann der Käufer jederzeit beweisen, dass er den Widerruf rechtzeitig innerhalb der Widerrufsfrist von 14 Tagen abgeschickt hat. Um von pfiffigen Vertretern nicht hinters Licht geführt zu werden, achtet man bei der Unterschrift genau auf das eingetragene Datum. Windige Vertreter bringen den Käufer durch Zurückdatieren um sein Rücktrittsrecht.

Zur Sicherheit liefert der Händler meist unter **Eigentumsvorbehalt**. Der Kunde wird also nur Besitzer der Ware. Bis zur vollständigen Bezahlung bleibt sie das Eigentum des Verkäufers. Falls der Käufer die Raten nicht mehr zahlt, hat der Händler ein Rücknahmerecht. **BGB § 449**

Die Schutzvorschriften des Bürgerlichen Gesetzbuches (BGB) gelten auch für Verträge mit wiederkehrenden Leistungen wie Zeitschriftenabonnements oder den Vertrag mit einem Buchklub. **BGB §§ 505, 312**

Elektro Burger
Elektrogeräte, Radio, Fernsehen
Kücheneinrichtungen

70180 Stuttgart
Schlossstraße 4

Teilzahlungs-Kaufvertrag

Die Firma Elektro-Burger (Verkäufer), 70180 Stuttgart, Schlossstr. 4, schließt mit
Herrn/Frau Herbert Leybold (Käufer)
in 72622 Nürtingen, Europastr. 34 einen
Teilzahlungs-Kaufvertrag über die nachstehend aufgeführten Gegenstände:

Stückzahl	Gegenstand	€
1	Musikanlage, Weltklang 3000	998,–
2	Frontlautsprecherboxen GX 86	638,–
3	Surroundlautsprecher und Subwoofer	380,–
	Gesamtbetrag/Barzahlungspreis	2016,–
	Teilzahlungspreis	2157,36

Die Kaufsumme wird in 12 Raten zu je 179,78 € zurückbezahlt. Die erste Rate ist am 19.05.2020 fällig, die nächstfolgende jeweils einen Monat später. Der jährliche Teilzahlungszuschlag beträgt 8,95 %, die Vermittlungsgebühr 2 %. Dies ergibt einen effektiven Jahreszins von 13,47 %. Für die Vermittlungsgebühr wurde ein zusätzlicher Vermittlungsvertrag geschlossen.

Bis zur vollständigen Bezahlung des Kaufpreises bleibt die Ware trotz Übergabe an den Käufer das Eigentum des Verkäufers. Der Käufer verpflichtet sich für die Dauer des Eigentumsvorbehaltes zu einer sachgemäßen Lagerung. Mündliche Nebenabreden haben keine Gültigkeit.

Besondere Vereinbarungen: ____________________

Stuttgart, den 19.04.2020

(Verkäufer) (Käufer)

Widerrufsrecht
Der Käufer erklärt, dass er ausdrücklich darauf hingewiesen wurde, dass er das Recht hat, diesen Vertrag innerhalb von 14 Tagen schriftlich zu widerrufen.

Stuttgart, den 19.04.2020

(Käufer)

4.3.6 Fernabsatzverträge und E-Commerce

BGB §§ 312 b–d

Man sitzt daheim bequem auf seiner Couch und bestellt mit seinem Tablet-PC im Internet. Es ist nicht mehr nötig, zu verschiedenen Geschäften zu fahren und sich an deren Öffnungszeiten zu halten. Man muss nicht im Gedränge voller Verkaufsräume warten, bis ein Verkäufer endlich Zeit hat. Zu Hause können die Angebote von verschiedenen Händlern problemlos verglichen werden. Nach getätigter Bestellung wird die Ware innerhalb weniger Tage bequem an die Haustür geliefert. Doch welche Rechte hat man als Verbraucher, wenn einem die bestellte Ware nach Erhalt gar nicht mehr gefällt, weil sie auf dem Bild viel ansprechender aussah?

Privatkäufer, die per Katalog, Fax, Brief, Telefon oder im Internet bestellt haben, werden durch das BGB (Bürgerliche Gesetzbuch) besonders geschützt, denn Firmen müssen Waren, die dem Käufer nicht gefallen, innerhalb von 14 Tagen zurücknehmen.

Ein **Fernabsatzvertrag** liegt vor, wenn zwischen einem Unternehmer und einem Verbraucher ein Vertrag über die Lieferung einer Ware oder die Erbringung einer Dienstleistung abgeschlossen wurde – und zwar unter **ausschließlicher Verwendung** von **Fernkommunikationsmitteln**. Vertragsverhandlungen und Vertragsabschluss müssen also per Internet, E-Mail, Brief, Fax, Katalog oder Telefon erfolgen.

Die **Regelungen** für Fernabsatzverträge **gelten nicht**, wenn der Vertragsabschluss nicht im Rahmen eines speziell für den Fernabsatz organisierten Systems erfolgt. Nehmen Verkäufer ausnahmsweise eine Bestellung am Telefon an und wickeln sie mit Postversand ab, liegt **kein Fernabsatzvertrag** vor.

Widerrufsrecht

BGB §§ 312 g, 357

Bei einem Fernabsatzgeschäft kann der Verbraucher die gekaufte Ware nicht begutachten und testen, wie es im Geschäft vor Ort möglich wäre. Deshalb wird ihm durch das Gesetz ein besonderes Widerrufsrecht eingeräumt. Firmen müssen Waren, die dem Käufer nicht gefallen, innerhalb von 14 Tagen zurücknehmen, und zwar zum vollen Preis einschließlich der Versandkosten. Fehlt die Belehrung über die Widerrufsmöglichkeit, dann verlängert sich die Frist um 1 Jahr. Sie beträgt dann 1 Jahr und 14 Tage.

Geschäfte, die per Katalog, Fax, Telefon, Brief oder im Internet abgeschlossen wurden

Widerrufsrecht

14 Tage, bei fehlender oder falscher Widerrufsbelehrung: 1 Jahr und 14 Tage

Die **14-tägige Widerrufsfrist** beginnt:
- an dem Tag, an dem die Ware dem Käufer zugestellt wurde.
- bei einer Teillieferung an dem Tag, an dem die letzte Lieferung eingetroffen ist.
- bei einem Abonnement, z. B. von Zeitschriften, am Tag der ersten Lieferung.

Der Käufer muss den Widerruf ausdrücklich erklären, es genügt nicht, wenn er die Ware nur zurücksendet. Dafür kann der Widerruf auch telefonisch oder per E-Mail erfolgen. Der Händler muss sogar ein Formular für den Widerruf bereitstellen. Viele Onlinehändler sind sehr kundenfreundlich und verzichten auf eine schriftliche Widerrufserklärung. Häufig reicht es, wenn der Käufer die bestellte Ware innerhalb der Widerufsfrist zurückschickt. Die Verbraucherzentralen empfehlen jedoch, nicht per E-Mail oder mündlich, sondern auf dem traditionellen Weg schriftlich per **Einschreiben** und Rückschein zu widerrufen.

Kein Widerrufsrecht besteht bei
- der Lieferung von Speisen und Getränken, z. B. von einem Pizzaservice
- entsiegelten Audio, Video- und Softwareträgern

- versiegelten Waren, die aus Hygienegründen nicht zurückgenommen werden können, nachdem die Versiegelung entfernt wurde, z. B. Kosmetik
- Sonderanfertigungen, z. B. einem Maßanzug
- leichtverderblichen Waren wie Lebensmitteln.

Allerdings gilt das Widerrufsrecht auch für Finanzdienstleistungen wie Kontoeröffungen und Kredite.
Für Versicherungen gibt es ebenfalls eine 14-tägige Widerrufsfrist, bei Lebensversicherungen sind es sogar 30 Tage. Geregelt sind diese Fristen im Versicherungsvertragsgesetz.

Informationspflichten des Anbieters

Es genügt nicht, wenn der Anbieter den Kunden nur über sein Widerrufsrecht informiert. Da der Verbraucher die Ware vor dem Kauf nicht begutachten und testen kann, ist der Anbieter verpflichtet, ihn umfassend zu informieren. Zu diesen Informationspflichten gehören folgende Angaben:

- die wesentlichen Merkmale der Ware oder Dienstleistung
- der Gesamtpreis der Ware oder Dienstleistung einschließlich Steuern und Versandkosten
- die Zahlungs- und Lieferbedingungen
- das Bestehen des 14-tägigen Widerrufsrechts
- die Anschrift des Unternehmens (Kontaktdaten).

Unterlässt der Händler diese Angaben, dann verlängert sich das Widerrufsrecht des Kunden um 1 Jahr.

E-Commerce (elektronischer Geschäftsverkehr)

Werden Verträge auf elektronischem Weg (in der Regel im Internet) abgeschlossen, dann sind die Kunden durch das BGB besonders geschützt. Im **elektronischen Geschäftsverkehr (E-Commerce)** muss der Unternehmer dafür sorgen, dass

- die Bestellsituation so gestaltet wird, dass der Verbraucher sich mit seiner Bestellung ausdrücklich zur Zahlung verpflichtet,
- Schaltflächen gut lesbar sind und nur mit Wörtern wie „zahlungspflichtig bestellen" beschriftet sind, wenn die Bestellung damit erfolgt,
- Eingabefehler vor der Bestellung erkannt und berichtigt werden können,
- der Kunde Vertragstext und Verhaltensrichtlinien nicht nur am Bildschirm abrufen, sondern auch problemlos auf seinen PC überspielen und ausdrucken kann,
- der Eingang einer Bestellung unverzüglich mit elektronischer Post bestätigt wird.

Verstößt der Händler gegen eine der Bedingungen, dann verlängert sich das 14-tägige Widerrufsrecht um 1 Jahr, d. h., der Kunde kann innerhalb von 1 Jahr und 14 Tagen den Vertrag widerrufen.

Kosten der Hin- und Rücksendung

Die **Kosten der Rücksendung** trägt grundsätzlich der Verbraucher, sofern er vom Händler vor Vertragsabschluss darauf hingewiesen wurde. Der Unternehmer hat jedoch die Möglichkeit, die Kosten der Rücksendung freiwillig zu übernehmen, was die meisten Internethänder auch tun.
Die **Kosten der Hinsendung** (Versandkosten zum Verbraucher) dagegen muss der Händler bei einem Widerruf zurückerstatten.

4.3.7 Verbraucherinformationsgesetz

VIG § 1

Pferdefleisch in der Lasagne, in Würstchen, Gammelfleisch im Döner, neue Etiketten auf altem Hackfleisch, Pestizide in Babynahrung – die letzten Jahre waren geprägt von zahlreichen Lebensmittelskandalen. Das 2008 in Kraft getretene **Verbraucherinformationsgesetz (VIG)** soll unseren täglichen Konsum mittels einer verbesserten gesundheitsbezogenen Verbraucherinformation besonders schützen.

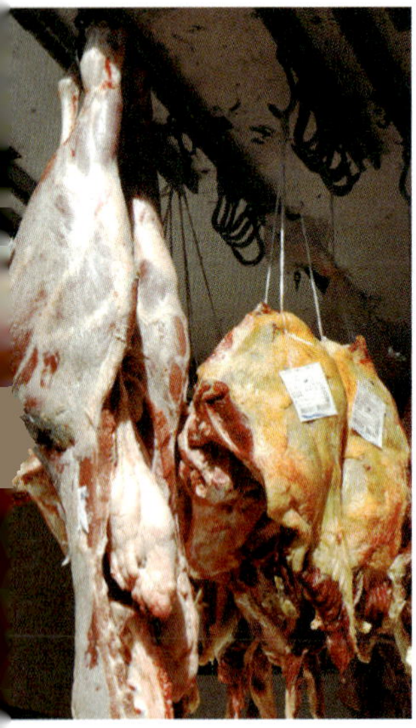

Als Konsequenz aus mehreren Gammelfleischskandalen werden die Behörden dazu verpflichtet, die Bevölkerung zu informieren und den Namen der Firma und des Produktes zu veröffentlichen, auch wenn die Ware bereits verkauft ist.
Nach dem VIG sind die Verbraucher zu informieren

- über Gesundheitsgefahren
- das Inverkehrbringen von ekelerregenden Lebensmitteln
- schwerwiegende Verbrauchertäuschungen
- Rechtsverstöße.

Darüber hinaus haben die Verbraucher erstmals das Recht, auf Informationen zuzugreifen, die bei Behörden vorliegen. Beispielsweise können sie bei den zuständigen Ämtern nachfragen, wie die Pestizidbelastung von bestimmten Gemüsesorten ist oder welche allergenen Stoffe ihr Shampoo enthält. Da die Behörden nun „Ross und Reiter" nennen müssen, haben die Verbraucher eine Entscheidungsgrundlage, ob sie noch die Produkte einer bestimmten Firma kaufen wollen.
Der Anwendungsbereich des Verbraucherinformationsgesetzes erstreckt sich auf Lebensmittel, Futtermittel, Wein, Kosmetika und Bedarfsgegenstände wie z. B. Bekleidung, Lebensmittelverpackungen oder Reinigungsmittel.

ZUSAMMENFASSUNG

Verbraucherschutzgesetze

Wettbewerbsrechtliche Regelungen

- **Gesetz gegen den unlauteren Wettbewerb**
  verbietet irreführende und unlautere Werbung
- **Kartellgesetz**
  verbietet Kartelle und marktbeherrschende Unternehmenszusammenschlüsse

Verbraucher sollen bei ihrer Kaufentscheidung nicht wettbewerbswidrig beeinflusst werden

Gesetze zum Schutz von Verbraucherrechten

- **Produkthaftungsgesetz**
  Hersteller haften für fehlerhafte Produkte
- **Bürgerliches Gesetzbuch (BGB)**
  Es regelt:
  - **Verbraucherkredite** und schützt vor Übervorteilung bei Kreditverträgen
  - **Fernabsatzverträge** und schützt bei Bestellungen im Versandhandel
  - **„Haustürgeschäfte"** und schützt bei Verträgen an der Haustür usw.
  - **Allgemeine Geschäftsbedingungen** und schützt vor dem Kleingedruckten
- **Verbraucherinformationsgesetz**
  Verbesserung der gesundheitsbezogenen Verbraucherinformation

Verbraucher sollen vor übereiltem Vertragsabschluss und Übervorteilung geschützt werden

ARBEITSTEIL

1. Nennen Sie drei wichtige Verbraucherschutzgesetze.
2. a) Welche Absichten verfolgt das Gesetz gegen den unlauteren Wettbewerb?
   b) Nennen Sie zwei Beispiele für unlautere Werbung.
3. Beurteilen Sie folgende Situationen. Gegen welche Vorschrift wird verstoßen?
   a) Ein Elektrohändler preist in seiner Werbung einen Herd als „absolute Luxusausführung" an, obwohl das Gerät keine Spitzenausstattung aufweist.
   b) In einem Supermarkt hängt folgendes Angebotsplakat:

   Unser Knüller
   Schweinefilet 500 g **9.99** €

   c) Jemand erhält unbestellt ein Buch im Wert von 50 € zugesandt.
4. Das BGB (Bürgerliche Gesetzbuch) regelt den Abschluss von Fernabsatzverträgen. Welches besondere Recht kann ein Verbraucher dadurch in Anspruch nehmen?
5. a) Welche Aussagen enthält der Zeitungsartikel?

   > **[...] Sektflasche explodiert:**
   > **Hersteller zu Schadenersatz und Schmerzensgeld verurteilt**
   >
   > Explodiert eine Sektflasche in der Hand eines Kunden, so kann sich der Sekthersteller nicht einfach darauf berufen, dass es möglicherweise erst nach dem Verkauf zu einer Beschädigung der Flasche gekommen sein könnte.
   > Geklagt hatte [...] eine Lehrerin. Diese war auf einer Dienstbesprechung verletzt worden, als der Schulrektor den 21 Lehrern des Kollegiums jeweils eine 0,2 Liter Flasche Piccolo überreicht hatte. Beim Übergeben einer der Flaschen explodierte diese in der Hand des Rektors. Die Klägerin wurde von umherfliegenden Glassplittern am rechten Auge getroffen und verletzt. Sie verklagte daraufhin den Sekthersteller und Flaschenabfüller sowie den Hersteller der Glasflasche auf Schadenersatz sowie auf Schmerzensgeld von mindestens 50 000 Euro. [...]
   >
   > *http://www.kostenlose-urteile.de/OLG-Muenchen_5-U-315810_Sektflasche-explodiert-Herstelller-zu-Schadenersatz-und-Schmerzensgeld-verurteilt. news11628.htm (letzter Zugriff 15.10.2012)*

   b) Für welche Produkte gilt dieses Gesetz nicht?
6. a) Weshalb regelt das BGB die „AGB" (allgemeinen Geschäftsbedingungen)?
   b) Warum verwenden viele Geschäftsleute „allgemeine Geschäftsbedingungen"?
7. a) Weshalb müssen die Verbraucher beim Abschluss von Haustürgeschäften besonders geschützt werden?
   b) Nennen Sie drei Beispiele für „Haustürgeschäfte".
   c) Nennen Sie drei Geschäfte, die nicht unter den Schutz des BGB fallen.
8. a) Welches besondere Recht haben Kunden, die Haustürgeschäfte oder Ratenkäufe abschließen?
   b) Welche Formvorschrift besteht für den Abschluss von Kreditverträgen bzw. Ratenkäufen?

9. Zählen Sie vier wesentliche Regelungen auf, die das BGB zur Regelung der „allgemeinen Geschäftsbedingungen" (AGB) enthält.

10. Vier Wochen nach der Lieferung eines Teppichbodens erscheint der Händler bei Frau Krause, um den Teppichboden zu reinigen. Als diese sich weigert, erklärt er, dass er aufgrund seiner allgemeinen Geschäftsbedingungen berechtigt sei, monatlich eine vergütungspflichtige Reinigung durchzuführen.
Wie beurteilen Sie den Fall?

11. Martina hat im Internet bei verschiedenen Händlern Waren bestellt:

a) Beim Modeversandhaus Bruch hat sie ein Paar Schuhe bestellt. Bei der Bestellung wurde sie nicht über ihr Widerrufsrecht informiert. Nachdem die Schuhe bei der Anprobe regelrecht drücken, will sie die Ware nach sechs Wochen zurückgeben. Das Versandhaus weigert sich, die Schuhe zurückzunehmen und verweist auf die 14-tägige Widerrufsfrist. Ist das rechtens?

b) Bei einem Musikanbieter hat sie eine CD geordert, die sie mit intakter Versiegelung nach einer Woche zurückschickt, weil sie die gleiche CD inzwischen zum Geburtstag bekommen hat. Der Anbieter lehnt die Rücknahme ab, weil CDs grundsätzlich nicht zurückgenommen würden. Ist der Händler hierzu berechtigt?

c) Bei einem weiteren Händler hat sie nach ihren speziellen Maßen eine Bluse anfertigen lassen. Nachdem diese ihrem Freund nicht gefällt, will sie die Bluse nach 10 Tagen zurückschicken. Der Händler meint, dass sie die Ware behalten muss. Hat der Händler recht?

d) Schließlich bestellte sie eine Handtasche, die sie innerhalb der 14-tägigen Widerrufsfrist zurückschickt. Als der Händler den Kaufpreis zurückerstattet, stellt sie fest, dass er die Versandkosten und die Kosten der Rücksendung vom Kaufpreis abgezogen hat. Ist der Händler hierzu berechtigt?

5 Das System der sozialen Marktwirtschaft

Wie hätten Sie auf die Umfrage über die soziale Marktwirtschaft geantwortet?

Begründen Sie Ihre Antwort.

Infratest

Die Wirtschaft der Bundesrepublik Deutschland funktioniert anders als die der Volksrepublik China. In Guatemala herrschen andere wirtschaftliche Rahmenbedingungen als in Schweden. Obwohl zwischen den verschiedenen Volkswirtschaften zahlreiche Unterschiede bestehen, lassen sich alle auf zwei verschiedene Wirtschaftsordnungen zurückführen. Entweder kann der Staat keinerlei Einfluss auf den Wirtschaftsablauf nehmen oder er kann alles bis ins Detail regeln. Dementsprechend unterscheidet man zwei völlig gegensätzliche Modelle:

- die **freie Marktwirtschaft**
- die **Zentralverwaltungswirtschaft**

Die freie Marktwirtschaft

Adam Smith (1723-1790)

Die **freie Marktwirtschaft** war die Wirtschaftsordnung der Industriestaaten des 19. Jahrhunderts. In reiner Form kommt sie heute nicht mehr vor. Zu ihren bekanntesten Vertretern zählte der Schotte Adam Smith. Er ging davon aus, dass alle Menschen nur ihren Vorteil suchen. Darum wollen Unternehmer möglichst hohe Gewinne, Arbeitnehmer hohe Löhne und Käufer preiswerte Waren. Deshalb müssen Unternehmer immer kostengünstiger produzieren, wenn sie im Wettbewerb bestehen wollen. Durch Angebot und Nachfrage soll sich die Wirtschaft selbst steuern, denn wer Waren anbietet, die zu teuer sind oder die von den Kunden nicht geschätzt werden, scheidet aus. Deshalb verzichtet der Staat auf jegliche Eingriffe in den Wirtschaftsablauf. Er sichert lediglich die **Vertragsfreiheit**, garantiert das **Privateigentum**, sorgt für den persönlichen Schutz, regelt das Geldwesen, ermöglicht die Bildung und übernimmt die Rechtspflege. Sämtliche wirtschaftlichen Entscheidungen überlässt er dem einzelnen Bürger.

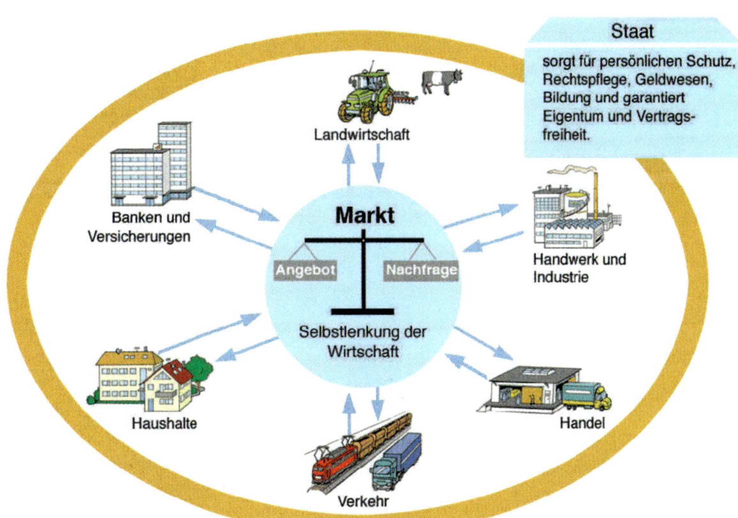

Probleme der freien Marktwirtschaft Zum Nachteil der Schwächeren wurde die wirtschaftliche Macht missbraucht. Die Vertragsfreiheit ermöglichte Preisabsprachen, ruinöse Konkurrenz führte zu Monopolbetrieben. Die Verbraucher waren stark benachteiligt. Menschliche Arbeit wurde gehandelt wie eine Ware. Lange Arbeitszeiten, Kinderarbeit, unmenschliche Arbeitsbedingungen, Hunger und Krankheit beherrschten den Alltag, soziale Sicherung gab es nicht. Da der Staat das Wirtschaftsgeschehen nicht beeinflusste, ergaben sich starke Konjunkturschwankungen mit großer Arbeitslosigkeit und Elend.

Die Zentralverwaltungswirtschaft

Die freie Marktwirtschaft brachte den Arbeitnehmern große Not und soziales Elend. Diese Missstände veranlassten Karl Marx und Friedrich Engels, eine neue Wirtschaftsordnung zu fordern. Sie verlangten die **Sozialisierung** (d. h. **die Verstaatlichung der Produktionsmittel**) sowie eine zentrale Planung und Steuerung der Wirtschaft durch den Staat. Die Lenkung der gesamten Volkswirtschaft erfolgte dabei so, als wäre sie nur ein einziges riesiges Unternehmen. Ebenso waren Arbeitsplätze und Berufswahl zentral zu steuern. Staatliche Planbehörden bestimmten:

- welche Güter jeder Betrieb zu produzieren hat
- welche Rohstoffe verwendet werden
- woher diese Rohstoffe bezogen werden müssen
- welche Löhne die Beschäftigten erhalten
- wem die Waren geliefert werden
- wie viel ein Betrieb herstellen muss
- welche Preise dafür verlangt werden
- was ein- und ausgeführt werden darf

Karl Marx (1818–1883)

Nachteile der Zentralverwaltungswirtschaft Eine abgewandelte Form der Zentralverwaltungswirtschaft war die Wirtschaftsordnung der sozialistischen Staaten. Dort hat sich gezeigt, dass auch diese Wirtschaftsordnung erhebliche Mängel aufwies. Denn je umfangreicher eine Wirtschaft geplant wird, desto häufiger treten Planungsfehler auf. Dabei konnten kleine Fehler ein großes Gefüge zum Stillstand bringen. Betriebe, die starr an Planvorgaben gebunden waren, ein riesiger Verwaltungsapparat und mangelnde Versorgung gehörten zum Alltag der Bevölkerung. Ebenso hat sich gezeigt, dass auch in der Planwirtschaft die Arbeitnehmer nur dann zu Höchstleistungen bereit sind, wenn sie einen persönlichen Gewinn erzielen. Die Einsatzbereitschaft für das Gemeinwohl hält sich dagegen in Grenzen. Orden und Ehrenzeichen wie „Held der Arbeit" waren ein zu geringer Leistungsanreiz.

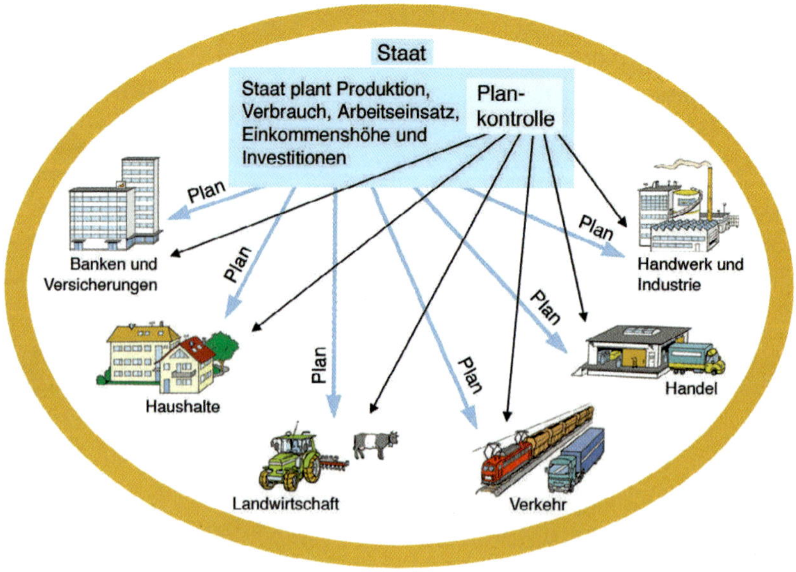

Die soziale Marktwirtschaft

Ludwig Erhard (1897–1977), Bundesminister für Wirtschaft 1949–1963, Bundeskanzler 1963–1966

Die freie Marktwirtschaft und die Zentralverwaltungswirtschaft kommen in reiner Form nicht vor. Überall dort, wo sie in abgewandelter Form anzutreffen sind, lassen sie schwerwiegende Mängel erkennen. Nach dem II. Weltkrieg wurde deshalb heftig über die zukünftige Wirtschaftsordnung diskutiert. Letztlich entschieden jedoch die Siegermächte darüber. So wurde in der späteren DDR die Zentralverwaltungswirtschaft eingeführt. Im Westen drängten vor allem die USA auf die Einführung der Marktwirtschaft. Allerdings war die Rolle des Staates zunächst umstritten. Aufgrund der Erfahrungen der Weltwirtschaftskrise (1929-1933) forderten viele einen stärkeren Einfluss des Staates. Andererseits waren die Folgen des starken Staatseinflusses während der Hitlerzeit nicht vergessen.

Aus diesen gegensätzlichen Haltungen entwickelte der damalige Wirtschaftsminister Ludwig Erhard eine neue Wirtschaftsordnung, die **soziale Marktwirtschaft**. Sie sollte die Vorteile der Marktwirtschaft ermöglichen, gleichzeitig aber deren Nachteile vermeiden. So wird versucht, auf der einen Seite ein hohes Maß an persönlicher Freiheit zu ermöglichen, andererseits sollen die sozialen Missstände der freien Marktwirtschaft abgewendet werden. Um dies zu erreichen greift der Staat zugunsten der wirtschaftlich Schwachen in den Wirtschaftsablauf ein.

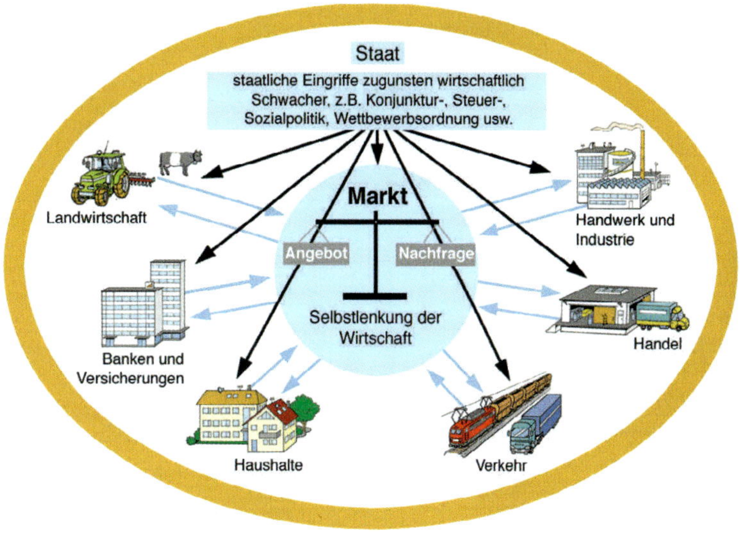

In der sozialen Marktwirtschaft laufen die wirtschaftlichen Aktivitäten wie in der freien Marktwirtschaft ab; z.B. regeln Angebot und Nachfrage den Wirtschaftsablauf, sind Produktionsmittel Privateigentum oder können sich alle Wirtschaftsteilnehmer frei betätigen. Es herrscht Gewerbefreiheit, Vertragsfreiheit, freie Arbeitsplatzwahl, freie Berufswahl, freier Handel usw. Allerdings werden einige Rechte eingeschränkt, wie die folgenden Beispiele zeigen:

- Der Staat unterstützt das Privateigentum; es soll aber zugleich dem „Wohl der Allgemeinheit dienen". Dies schließt eine vollständig freie Verfügbarkeit aus, da beispielsweise Vorschriften für Lärmschutz, Arbeitszeiten oder Umweltschutz bestehen.
- Die Vertragsfreiheit ist eingeschränkt, wenn Unternehmen Preisabsprachen treffen wollen.
- Um Handwerksbetriebe zu eröffnen, sind Meisterprüfung bzw. Berufspraxis erforderlich.

Grundgesetz Art. 14

(1) Das Eigentum und das Erbrecht werden gewährleistet. Inhalt und Schranken werden durch die Gesetze bestimmt.

(2) Eigentum verpflichtet. Sein Gebrauch soll zugleich dem Wohle der Allgemeinheit dienen.

(3) Eine Enteignung ist nur zum Wohle der Allgemeinheit zulässig. Sie darf nur durch Gesetz oder aufgrund eines Gesetzes erfolgen, das Art und Ausmaß der Entschädigung regelt. Die Entschädigung ist unter gerechter Abwägung der Interessen der Allgemeinheit und der Beteiligten zu bestimmen. Wegen der Höhe der Entschädigung steht im Streitfalle der Rechtsweg vor den ordentlichen Gerichten offen.

Grundgesetz Art. 20

(1) Die Bundesrepublik Deutschland ist ein demokratischer und sozialer Bundesstaat.

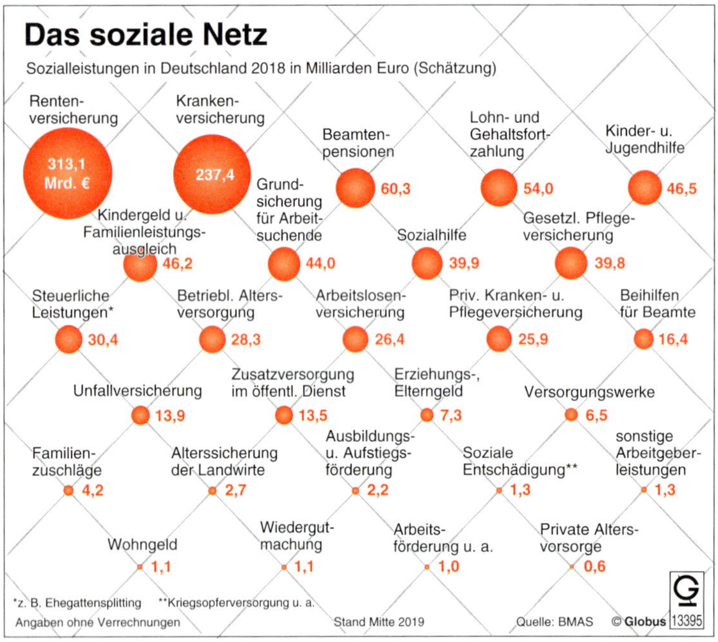

Artikel 20 des Grundgesetzes verpflichtet den Staat auf demokratische und soziale Prinzipien. Um diesen Anspruch zu verwirklichen, bedient er sich vorwiegend der folgenden Instrumente:

Sozialpolitik Wer in Not gerät, kann auf die Hilfe der Gemeinschaft zählen. Das System der **Sozialversicherungen** hilft bei Krankheit, Arbeitsunfällen, Arbeitslosigkeit und abnehmender Schaffenskraft. Reichen die Leistungen der Sozialversicherung nicht aus, dann springen Sozialgeld und Sozialhilfe ein. Damit auch wirtschaftlich Schwache sozial geschützt und gesichert sind, unterstützt sie der Staat durch Kindergeld, Wohngeld, Sozialwohnungsbau, Ausbildungsförderung usw.

Arbeitsschutzbestimmungen sollen menschenunwürdige und gesundheitsschädigende Arbeitsbedingungen verhindern. *Beispiele:* Kündigungsschutzgesetz, Arbeitszeitgesetz, Mutterschutzgesetz, Jugendarbeitsschutzgesetz, Schwerbehindertenrecht im Sozialgesetzbuch (SGB) 9, Gewerbeordnung.

Einkommens- und Vermögenspolitik Damit eine gerechte Einkommens- und Vermögensverteilung erreicht wird, zahlt derjenige, der mehr verdient, sowohl absolut (in Euro) als auch prozentual mehr Steuern (**Steuerprogression**). Die Einteilung in Steuerklassen soll die besonderen Verhältnisse der einzelnen Steuerpflichtigen berücksichtigen. Zusätzlich werden innerhalb bestimmter Einkommensgrenzen verschiedene soziale Leistungen gewährt, z. B. die **Spar- und Bausparförderung**.

Wettbewerbspolitik Unternehmen versuchen häufig, den Wettbewerb einzuschränken, indem sie beispielsweise vereinbaren, gleiche Preise zu verlangen. Vielfach schließen sie sich auch zu Großunternehmen zusammen und schränken dadurch den Wettbewerb ein. Dies führt fast immer zu Nachteilen für die Verbraucher. Durch das Gesetz gegen Wettbewerbsbeschränkungen (Kartellgesetz) verbietet der Staat Kartelle, kontrolliert und überwacht Unternehmenszusammenschlüsse. Des Weiteren kontrolliert er die Preisgestaltung marktbeherrschender Unternehmen. Weitere Gesetze zur Ordnung des Wettbewerbs und zum Schutze des Verbrauchers sind z. B. das Produkthaftungsgesetz, das Lebensmittelrecht, das Mess- und Eichgesetz, die Preisangabenverordnung.

Konjunkturpolitik Wirtschaftskrisen können zu Konkursen und großer Arbeitslosigkeit führen. Um dies zu verhindern beeinflusst der Staat die wirtschaftliche Lage (Konjunktur), indem er seine **Steuern und Staatsausgaben** erhöht oder senkt. Siehe auch Seiten 427/428.

Strukturpolitik Nicht alle Gebiete unseres Landes haben den gleichen Lebensstandard und die gleichen Beschäftigungsbedingungen. Um allen Bürgern gleiche Entwicklungschancen zu ermöglichen, fördert der Staat wirtschaftlich schwache Regionen, indem er Zuschüsse und günstige Kredite für die Neugründung und Erweiterung von Betrieben zur Verfügung stellt. Auch bestehende oder existenzgefährdete Betriebe werden unterstützt, wenn dadurch Arbeitsplätze gesichert werden können oder wenn der Staat wichtige Wirtschaftszweige erhalten möchte. So erhalten z. B. die Landwirtschaft, der Bergbau und die Eisen- und Stahlindustrie staatliche Unterstützungen **(Subventionen).**

Öffentliche Unternehmen Damit die Bevölkerung gleichmäßig mit wichtigen Gütern und Dienstleistungen versorgt wird, werden diese häufig von öffentlichen Unternehmen angeboten. Dazu zählen Wasserwerke, Schulen, Hochschulen, Theater, Krankenhäuser und andere wichtige öffentliche Einrichtungen. Beispielsweise würde ein privater Verkehrsbetrieb jede unrentable Strecke im Personennahverkehr sofort einstellen.

ZUSAMMENFASSUNG

Soziale Marktwirtschaft

Selbstlenkung der Wirtschaft durch Angebot und Nachfrage
– Gewerbefreiheit – Vertragsfreiheit – freie Preisbildung – Privateigentum

↓ ↓ ↓ Jedoch ↓ ↓ ↓

Staatliche Eingriffe in den Wirtschaftsablauf

Sozialpolitik	**Wettbewerbspolitik**	**Einkommenspolitik**	**Strukturpolitik**	**Konjunkturpolitik**	**öffentliche Unternehmen**
z. B.: Sozialversicherungen	z. B.: Kartellgesetz	z. B.: Steuerprogression	z. B.: Subventionen	z. B.: öffentliche Ausgaben	z. B.: Verkehrsbetriebe
Ziel:	Ziel:	Ziel:	Ziel:	Ziel:	Ziel:
Unterstützung Bedürftiger	Sicherung des Wettbewerbs	Gerechte Verteilung von Vermögen	Unterstützung schwacher Gebiete und Wirtschaftszweige	Beeinflussung der Konjunktur	Sicherstellung der Versorgung der Bevölkerung

→ Die wirtschaftlich Schwachen sollen geschützt werden.

ARBEITSTEIL

ⓐ

Blech-Lob *für 25 Jahre Plankommission*

Edelstahl *für verdiente Eisenbahner*

Die goldene Kuh *für Milchviehproduzenten*

ⓑ

ⓒ

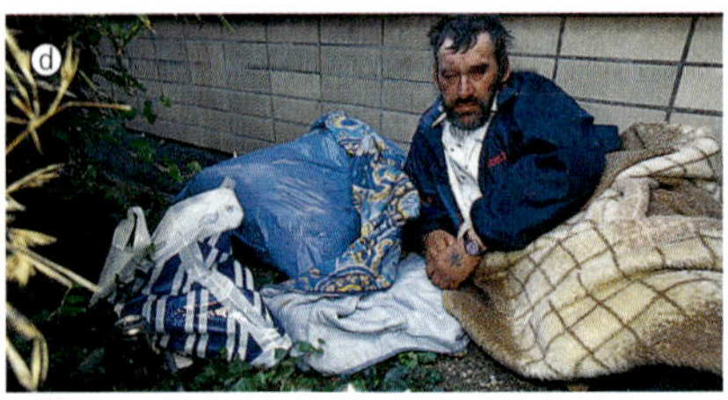

ⓓ

1. Geben Sie an, für welche Wirtschaftsordnung die Abbildungen jeweils typisch sind.
2. Welche Probleme waren charakteristisch für die freie Marktwirtschaft, welche für die Zentralverwaltungswirtschaft?
3. Erläutern Sie, wie es nach dem Zweiten Weltkrieg zur Einführung der sozialen Marktwirtschaft in Westdeutschland kam.
4. a) Wie unterscheidet sich die soziale Marktwirtschaft von der freien Marktwirtschaft?
   b) Zeigen Sie Gemeinsamkeiten zwischen der freien Marktwirtschaft und der sozialen Marktwirtschaft.
5. Nennen Sie einen Grundsatz der sozialen Marktwirtschaft, der
   a) aus der freien Marktwirtschaft
   b) aus der Zentralverwaltungswirtschaft stammt.
6. Auf welche Bereiche erstrecken sich in unserer sozialen Marktwirtschaft die Maßnahmen des Staates?
7. Welche staatlichen Maßnahmen dienen der sozialen Sicherung?
8. Nennen Sie zwei Gründe, weshalb der Staat die Wirtschaftsstruktur fördert.
9. Welche Aufgabe haben die öffentlichen Unternehmungen in einer sozialen Marktwirtschaft?

5.1 Grenzen der sozialen Sicherung

Aus der Tageszeitung „Die Welt"

Welches Problem der sozialen Sicherung deutet die Abbildung an?

Kennen Sie weitere Probleme der sozialen Sicherung?

Das soziale Netz erstreckt sich nahezu auf alle Lebensbereiche. Finanziert wird dieses Netz durch Steuern und Sozialversicherungsbeiträge von Arbeitnehmern und Arbeitgebern, deren Abgabenbelastung zunehmend steigt. So müssen in der **Rentenversicherung** immer weniger Arbeitnehmer immer mehr Rentner versorgen. Schätzungen gehen davon aus, dass es im Jahr 2040 fast so viele Rentner wie Beitragszahler geben wird. Deshalb werden allen Beteiligten Opfer abverlangt. Unter anderem musste deshalb das **Rentenalter** (Lebensarbeitszeit) **erhöht** werden. Gleichzeitig fielen Rentenerhöhungen geringer aus, **wurden höhere Staatszuschüsse** gezahlt und wurde das zukünftige **Rentenniveau gesenkt**. Inzwischen beträgt der Beitragssatz der Rentenversicherung 18,6 % des Bruttoverdienstes, dass er weiter steigen wird, ist abzusehen. Ebenso ist ersichtlich, dass in Zukunft die **Renten** wohl noch stärker **gesenkt** werden müssen.

Teilrenten sollen die Rentenkasse entlasten. Seit 1992 dürfen Rentenberechtigte wählen, ob sie eine Vollrente oder eine Teilrente beziehen wollen. Sie können nun einerseits einen Teil ihrer Altersrente in Anspruch nehmen und andererseits hinzuverdienen.

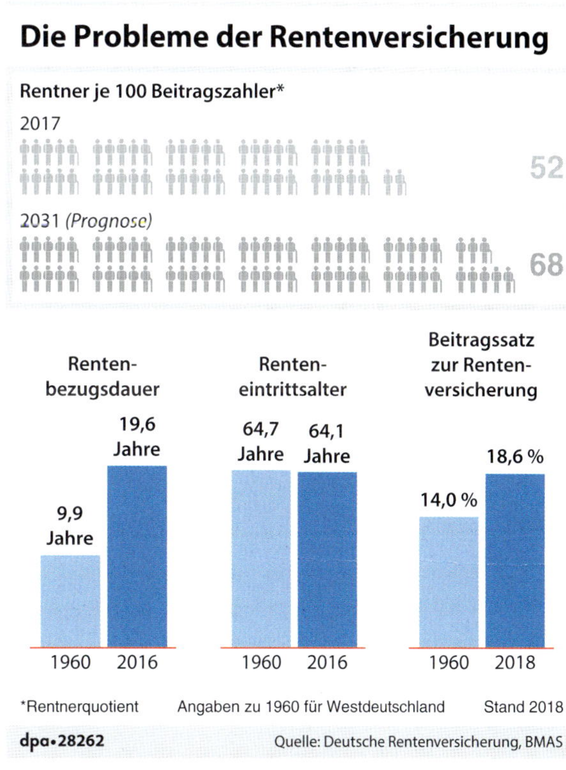

Sichere Renten für die Älteren und bezahlbare Beiträge für die jüngere Generation sind das Ziel der 2001 vom Deutschen Bundestag beschlossenen **Rentenreform**. Dies soll erreicht werden durch ein niedrigeres **Rentenniveau**, das nur einen Mindestlebensstandard sichert. Die gesetzliche Rente reicht künftig als Alterssicherung nicht mehr aus. Deshalb muss jeder Arbeitnehmer seit dem Jahr 2002 eigenverantwortlich durch eine zusätzliche **private Versicherung** diese Lücke schließen (sog. Riester-Rente). Die **private Vorsorge ist freiwillig**, wird jedoch vom Staat durch Zulagen und Steuervergünstigungen gefördert. Die Höhe der Förderung ist abhängig von Kinderzahl, Familienstand und Einkommenshöhe (siehe auch S. 58: private Rentenversicherung/Riesterrente).

Ein späterer Rentenbeginn wirkt sich jedoch negativ auf den Arbeitsmarkt aus. Die Folge: Die Belastung der **Arbeitslosenversicherung** nimmt zu.

Auch die **Krankenversicherung** hat in den letzten Jahren eine wahre Kostenexplosion erlebt. Neben steigenden Beiträgen hat dies unter anderem zur Folge, dass ständig Leistungen gekürzt werden müssen (z. B. Eigenanteil bei Zahnersatz).

Durch die Überalterung der Bevölkerung sind weitere Kostensteigerungen zu erwarten, sowohl in der Krankenversicherung als auch in der **Pflegeversicherung**.

Wegen des gesunkenen Anteils der Arbeitnehmer an der Gesamtbevölkerung sinken Steuereinnahmen des Staates und Beitragseinnahmen der Sozialversicherungen. Gleichzeitig steigt die Zahl derjenigen, die Sozialgeld, Wohngeld oder Arbeitslosenunterstützung erhalten. Arbeitslosenversicherung, Gemeinden und Bundeshaushalt geraten in starke Finanznöte. Denn **staatliche Leistungen** wie Kindergeld, Arbeitslosengeld II, Sozialgeld, Wohngeld oder Ausbildungsförderung setzen entsprechend hohe Staatseinnahmen voraus (im Dezember 2018 erhielten rund 7,2 Mio. Bürger in Deutschland soziale Mindestsicherung wie Arbeitslosengeld II, Sozialhilfe oder Sozialgeld). Da diese nicht ausreichen, müssen andauernd Leistungen gekürzt werden. Trotzdem können zahlreiche Leistungen nur noch durch eine erhebliche Staatsverschuldung finanziert werden.

Es wird deutlich: Sozialversicherungen und Staat erreichen bald die Grenzen ihrer Leistungsfähigkeit; weitere schmerzliche Einschnitte im „sozialen Netz" sind zu erwarten. Zwar wird es auch in Zukunft eine soziale Sicherung geben, allerdings auf einem deutlich niedrigeren Niveau, zudem muss die **Eigenverantwortung** der Bürger zunehmen.

ZUSAMMENFASSUNG

Probleme der sozialen Sicherung

Situation →	Ursachen →	Folgen
Renten-, Kranken-, Arbeitslosen-, Pflegeversicherung, Sozialgeld usw. erreichen die Grenze der Finanzierbarkeit	Zunahme der Leistungsempfänger, Abnahme der Leistungsträger	– Leistungskürzungen – Beitragserhöhungen – mehr Eigenverantwortung

ARBEITSTEIL

1. Die Gemeinden klagen über eine explosionsartige Kostenerhöhung für soziale Bereiche.
   a) Wie erklären Sie sich diese Entwicklung? Nennen Sie mögliche Gründe.
   b) Nehmen Sie Stellung zu der Aussage:
   „Unser soziales Netz ist zur sozialen Hängematte geworden!"
   c) Nennen Sie drei Beispiele für den Missbrauch sozialer Leistungen und suchen Sie nach Lösungen zur Verhinderung dieses Missbrauchs.
   d) Welche Auswirkungen hätte die Abschaffung des Sozialgeldes?
2. a) Welches Problem kennzeichnet die Zukunft der Rentenversicherung?
   b) Welche Lösungsvorschläge werden hierzu diskutiert?
3. Zunehmend wird eine stärkere Eigenbeteiligung bei der Krankenversicherung gefordert. Überlegen Sie, welche Vorteile und welche Nachteile diese Regelung bringen würde.

6 Sozialprodukt als gesamtwirtschaftliche Messgröße

Wenn früh am Morgen die Werksirene dröhnt
und die Stechuhr beim Stechen lustvoll stöhnt,
in der Montagehalle die Neonsonne strahlt,
und der Gabelstapelführer mit der Stapelgabel prahlt.

Refrain:
Ja dann wird wieder in die Hände gespuckt,
wir steigern das Bruttosozialprodukt,
jajaja jetzt wird wieder in die Hände gespuckt

Die Krankenschwester kriegt 'nen Riesenschreck:
schon wieder ist ein Kranker weg.
Sie amputierten ihm sein letztes Bein,
und jetzt kniet er sich wieder mächtig rein. ...

Refrain:

Wenn sich Opa am Sonntag auf sein Fahrrad schwingt
und heimlich in die Fabrik eindringt,
dann hat Oma Angst, dass er zusammenbricht,
denn Opa macht heut wieder Sonderschicht....

Refrain:

A-A-A-An Weihnachten liegen alle rum und sagen Buhuhuu.
Der Abfalleimer geht schon wieder nicht mehr zuhuhu.
Die Gabentische werden immer bunter,
und am Mittwoch kommt die Müllabfuhr und holt den
ganzen Plunder. . . .

Worüber informiert das Bruttosozialprodukt?

Weshalb wird die Steigerung des Bruttosozialproduktes für so wichtig erachtet?

Wie stehen die Verfasser dieses Textes dazu?

6.1 Das Sozialprodukt

Die Leistung unserer Wirtschaft verändert sich jedes Jahr. Um die Wirtschaftskraft eines Staates zu messen, rechnet man alle Sachgüter und Dienstleistungen zusammen, die innerhalb eines Jahres erzeugt wurden. Als einheitlicher Maßstab wird hierfür der Marktpreis verwendet. Das Ergebnis dieser Addition nennt man **Sozialprodukt**.
Der Marktpreis bezieht sich auf Endprodukte. Um Doppelzählungen zu vermeiden, berücksichtigt man auf jeder Produktionsstufe nur die entstandene Wertschöpfung. Beispiel: Mit dem Gesamtpreis eines Brotes soll der Wert des Mehls, das der Bäcker zugekauft hat, nur einmal in das Sozialprodukt eingehen.

	Landwirt →	Müller →	Bäcker →	Gesamt
Produktionswert	5.000 €	14.000 €	30.000 €	49.000 €
– Vorleistungen	–	–5.000 €	–14.000 €	–19.000 €
– Wertschöpfung	**5.000 €**	**9.000 €**	**16.000 €**	**30.000 €**

Für das Sozialprodukt werden verschiedenen ermittelte Werte verwendet: Zum einen gibt es das **Bruttoinlandsprodukt (BIP)**, das den Wert aller Dienstleistungen und Sachgüter einer Volkswirtschaft kennzeichnet, der innerhalb der **Landesgrenzen** in einem Jahr entstanden ist. Diese können auch von Ausländern erbracht worden sein. Davon wird das **Bruttonationaleinkommen (früher: Bruttosozialprodukt)** unterschieden, das den Wert der Dienstleistungen und Sachgüter zusammenfasst, der von **Inländern** in einem Jahr erwirtschaftet worden ist, gleichgültig, ob die Werte im In- oder Ausland entstanden sind. Die beiden Maßstäbe unterscheiden sich in ihrer Höhe nicht stark. Als Gradmesser für den Wohlstand einer Nation wird, vor allem wegen der internationalen Vergleichbarkeit, in letzter Zeit in Deutschland das BIP verwendet.

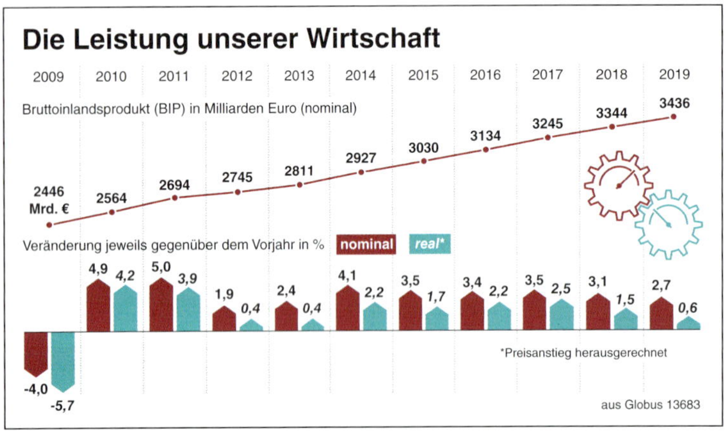

Aus dem Schaubild ist zu ersehen, dass das Bruttoinlandsprodukt der Bundesrepublik Deutschland jährlich angestiegen ist. Allerdings muss dies nicht unbedingt bedeuten, dass die Güterproduktion entsprechend zugenommen hat.

Ein Anstieg kann u. a. auf Preissteigerungen zurückzuführen sein, denn steigen die Preise, so steigt auch das sogenannte **nominale Bruttoinlandsprodukt** (nominal = betragsmäßig), obwohl nicht mehr Güter produziert worden sind. Vermindert man das nominale Bruttoinlandsprodukt um die Inflationsrate, so erhält man das **reale Bruttoinlandsprodukt** (real = tatsächlich). Erst dieses ermöglicht eine klare Aussage über die Wirtschaftsleistung eines Landes und deren Veränderungen.

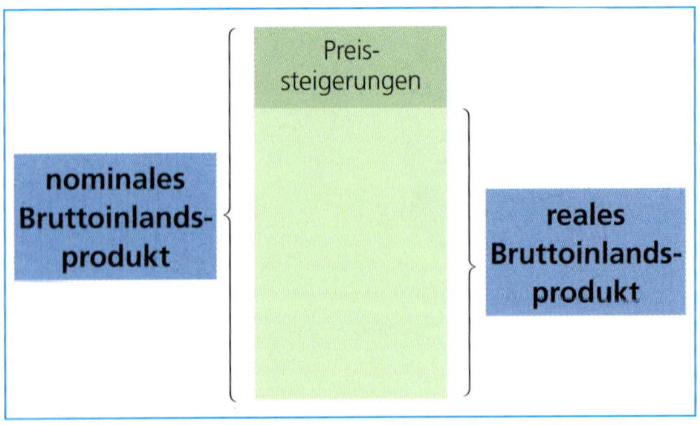

In der Bundesrepublik Deutschland hat es jedes Jahr einen nominalen Anstieg des Bruttoinlandsproduktes gegeben. Real betrachtet war diese Zunahme jedoch wesentlich geringer. Teilweise ist das reale Bruttoinlandsprodukt im Vergleich zum Vorjahr etwas zurückgegangen.

Aussagekraft des Bruttoinlandsproduktes

Der Lebensstandard einer Bevölkerung wird meist an der Höhe des Bruttoinlandsproduktes gemessen. Allerdings ist dies sehr umstritten. So bringt eine Zunahme des realen Bruttoinlandsproduktes nicht automatisch einen höheren Lebensstandard mit sich. Nur wenn das reale **Bruttoinlandsprodukt pro Kopf der Bevölkerung** steigt, führt dies auch zu einem wachsenden Wohlstand. Denn nur dann stehen jedem Einwohner mehr Güter und Dienstleistungen zur Verfügung. Wächst dagegen die Bevölkerung schneller als das Bruttoinlandsprodukt, so hat das eine Verschlechterung des Lebensstandards zur Folge; ein Problem, das sich bei vielen Entwicklungsländern beobachten lässt.

Weitere Schwächen in der Aussagekraft des Bruttoinlandsproduktes:

- Sehr viele Leistungen sind nicht enthalten, z. B. die unbezahlte Arbeit der **Hausfrauen** oder die ehrenamtliche Vereinstätigkeit. Der Wert dieser Leistungen beträgt mehr als 1.000 Mrd. €.
- Auch **Schwarzarbeit** ist nicht genau erfasst. Schätzungen gehen davon aus, dass sie im Jahre 2019 etwa 319 Milliarden € (ca. 9,1 %) betragen wird.
- Das Bruttoinlandsprodukt enthält auch Leistungen, die den Lebensstandard vermindern. Enorme Beträge werden für die **Beseitigung von Schäden** verwendet (Umweltschäden, Unfallschäden usw.). So beschäftigt z. B. ein Verkehrsunfall Ärzte, Krankenhäuser, Versicherungen, Werkstätten, Autohersteller usw. Dadurch wird das Sozialprodukt erhöht, aber der Wohlstand vermindert.
- Der **Staat** kann einen großen Teil des Sozialproduktes verbrauchen, z. B. für die Verwaltung oder die Rüstung.
- Über die **ungleiche Verteilung** des Wohlstands gibt das Bruttoinlandsprodukt ebenfalls keine Auskunft.

6.2 Entstehung, Verwendung und Verteilung des Bruttoinlandsproduktes

Das Bruttoinlandsprodukt (und auch das Sozialprodukt) wird auf drei verschiedene Arten ermittelt. Man kann errechnen, wo es entstand, wie es verwendet wurde und wie es verteilt wurde. Dementsprechend unterscheidet man:

- die **Entstehungsrechnung**
- die **Verwendungsrechnung**
- die **Verteilungsrechnung.**

Die Entstehungsrechnung

An der Entstehung des Bruttoinlandsproduktes sind alle Wirtschaftsbereiche beteiligt. Um es zu berechnen, wird von allen Bereichen der Wert der erbrachten Güter und Dienstleistungen zusammengezählt.

Quelle: Stat. Bundesamt, Januar 2020

Die Entstehungsrechnung gibt also Auskunft darüber, wo das Bruttoinlandsprodukt erarbeitet wurde. Den größten Beitrag leistet der Dienstleistungsbereich, dessen Anteil in den letzten Jahren immer mehr zugenommen hat. An zweiter Stelle folgt das produzierende Gewerbe (Industrie und Handwerk). Der land- und forstwirtschaftliche Anteil beträgt hingegen nur noch 0,9 %.

Die Verwendungsrechnung

Verbraucht werden die produzierten Güter und Dienstleistungen von den privaten Haushalten, von den Unternehmen sowie vom Staat.

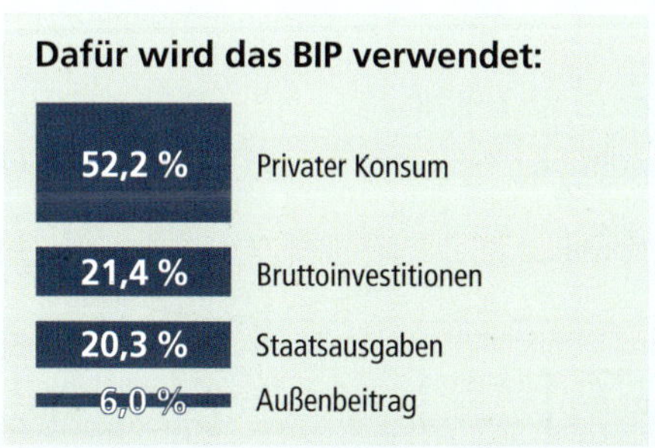

Quelle: Stat. Bundesamt, Januar 2020

Die Verwendung des Bruttoinlandsproduktes ist von großer Bedeutung für den Lebensstandard einer Bevölkerung. *Beispiele:* Ist der private Verbrauch besonders hoch, so werden die Investitionen entsprechend verringert, ein weiteres Wirtschaftswachstum und zukünftiger Lebensstandard sind gefährdet. Verbraucht der Staat selbst einen großen Anteil für zivile oder militärische Zwecke, dann können die Unternehmen entsprechend weniger investieren und die privaten Haushalte entsprechend weniger verbrauchen.

Werden der private Verbrauch, der Staatsverbrauch und die Investitionen zusammengezählt, erhält man den Teil des Sozialproduktes, der im Inland verwendet wird. Da das Bruttoinlandsprodukt die im Inland erzeugten Werte enthält, müssen die Güter, die ins Ausland ausgeführt werden (Export), hinzugezählt und die Güter, die aus dem Ausland eingeführt werden (Import), abgezogen werden. Die Differenz zwischen Export und Import bezeichnet man als **Außenbeitrag**.

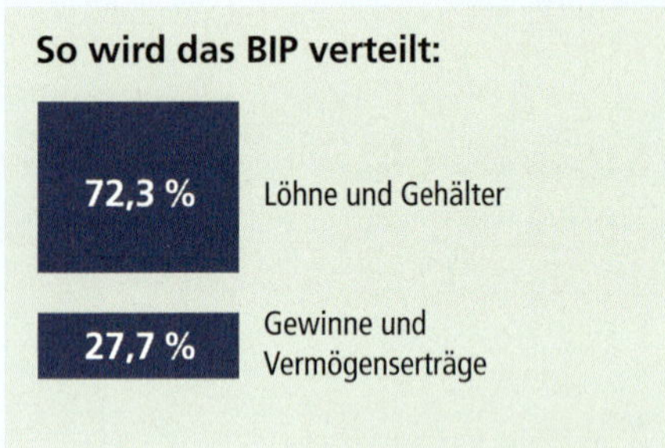

Quelle: Stat. Bundesamt, Januar 2020

Die Verteilungsrechnung

Die erzeugten Güter und Dienstleistungen wurden mit Geld bezahlt. Durch die Verteilungsrechnung erfährt man, wer dieses Geld erhalten hat, also ob es in Form von Löhnen und Gehältern an die Arbeitnehmer ausbezahlt wurde oder ob es als Gewinne und Zinsen den Unternehmern bzw. Kapitalanlegern zugeflossen ist.
Allerdings kann nicht das ganze Geld verteilt werden. Ein Teil davon muss für Ersatzinvestitionen **(Abschreibungen)** verwendet werden. Dies sind Aufwendungen, um jene Güter zu ersetzen, die wegen der Produktion abgenutzt wurden. Des Weiteren müssen die Unternehmen indirekte Steuern wie die Mehrwertsteuer an den Staat abführen. Der verbleibende Betrag, das **Volkseinkommen**, wird zwischen Unternehmern und Arbeitnehmern aufgeteilt. Das Volkseinkommen ist also geringer als das Bruttoinlandsprodukt.
Der Anteil der Arbeitnehmer am Volkseinkommen wird als **Lohnquote** (2019: 72,3 %) bezeichnet. **Gewinnquote** (2019: 27,7 %) nennt man den Anteil der Unternehmer und Kapitalgeber. Die Verteilung des Volkseinkommens, also die Höhe von Lohnquote und Gewinnquote, ist ein häufiger Streitpunkt in Tarifverhandlungen.

ZUSAMMENFASSUNG

Bruttoinlandsprodukt

= Wert aller erbrachten Güter und Dienstleistungen einer Volkswirtschaft innerhalb eines Jahres

nominales Bruttoinlandsprodukt

= Sozialprodukt zu bestehenden Preisen

reales Bruttoinlandsprodukt

= nominales Sozialprodukt vermindert um Preissteigerungen

Entstehungsrechnung

Wo entstanden?
- Dienstleistungsbereich
- Produzierendes Gewerbe
- Handel
- Landwirtschaft

Verwendungsrechnung

Wofür verwendet?
- Privatverbrauch
- Staatsverbrauch
- Investitionen
- Außenbeitrag

Verteilungsrechnung

Wie verteilt?
- Löhne (Lohnquote)
- Gewinne und Zinsen (Gewinnquote)

ARBEITSTEIL

1. Erläutern Sie, was man unter dem Bruttoinlandsprodukt versteht.
2. Unterscheiden Sie zwischen nominalem und realem Bruttoinlandsprodukt.
3. a) Gibt das reale Bruttoinlandsprodukt allein eine verlässliche Auskunft darüber, ob der Lebensstandard einer Bevölkerung gestiegen ist? Begründen Sie.
   b) Ein Arbeiter fährt mit dem Auto 30 km zur Arbeit. Wie wirkt es sich aus, für ihn und das Bruttoinlandsprodukt, wenn er in drei Minuten zu Fuß zur Arbeit gehen könnte?
4. Welche Aussage über das Wirtschaftswachstum eines Landes ist möglich, wenn
   a) das nominale Bruttoinlandsprodukt steigt, das reale stagniert?
   b) das nominale Bruttoinlandsprodukt steigt, das reale zurückgeht?
5. Weshalb ist das Volkseinkommen geringer als das Bruttoinlandsprodukt?
6. a) Nennen Sie die wichtigsten Bereiche, in denen das Sozialprodukt entsteht.
   b) Wofür wird das Sozialprodukt verwendet?
7. Erklären Sie folgende Begriffe:
   a) Volkseinkommen
   b) Lohnquote
   c) Gewinnquote
8. Welche Gefahr sehen Sie in einer erheblichen Steigerung der Lohnquote?
9. Erläutern Sie, was man unter dem Außenbeitrag versteht.
10. Welchen Zusammenhang sehen Sie zwischen dem Wachstum des Sozialproduktes einerseits und einer lebenswerten Umwelt andererseits?

TEURE SCHWARZARBEIT

Jährliche Beitrags- und Steuerausfälle für 10.000 Arbeitsplätze (Westdeutschland), die durch Schwarzarbeit verloren gehen (in €):

Rentenversicherung	**51 Mio.**
Krankenversicherung	**36 Mio.**
Arbeitslosenversicherung	**17 Mio.**
Pflegeversicherung	**4 Mio.**
Unfallversicherung	**4 Mio.**
Lohnsteuer	**46 Mio.**

Quelle: Deutscher Bundestag, Drucksache 13/5498 vom 06.09.1996

11. Die Handwerksorganisationen schätzen, dass allein im Handwerk rund 600 000 Arbeitsplätze durch Schwarzarbeit verloren gehen.
    a) Ermitteln Sie für diese 600 000 Arbeitsplätze anhand der nebenstehenden Zahlen den jährlichen Einnahmeausfall durch Schwarzarbeit für
       - die Rentenversicherung
       - die Krankenversicherung
       - die Arbeitslosenversicherung
       - die Unfallversicherung
       - den Staat wegen der Lohnsteuer.
    b) Weshalb wird Ihrer Meinung nach so viel „schwarz" gearbeitet?
    c) Wie könnte Ihrer Meinung nach die Schwarzarbeit eingedämmt werden?
    d) Neben der Schwarzarbeit gibt es weitere Tätigkeiten, die nicht vom Sozialprodukt erfasst werden. Nennen Sie zwei solcher Tätigkeiten.

7 Ziele der Wirtschaftspolitik

Welche Ziele und Probleme der Wirtschaftspolitik deuten die Abbildungen an?

Kennen Sie weitere Ziele und Probleme?

7.1 Stabilitätsgesetz

Wirtschaftskrisen können zu großer Not für weite Teile der Bevölkerung führen. Um dies zu verhindern, beeinflusst der Staat das Wirtschaftsgeschehen. Die Hauptziele der staatlichen Wirtschaftspolitik wurden 1967 im **Stabilitätsgesetz** festgelegt (genauer: im „Gesetz zur Förderung der Stabilität und des Wachstums der Wirtschaft"). Im Einzelnen sind dies: **Preisstabilität, Vollbeschäftigung, angemessenes Wirtschaftswachstum** und **außenwirtschaftliches Gleichgewicht**.

In der wirtschaftlichen Praxis ist es jedoch sehr schwierig, alle vier Ziele gleichzeitig zu erfüllen. Vielfach behindern Maßnahmen, die der Erfüllung des einen Zieles dienen sollen, das Erreichen eines anderen. Da es nahezu magische Kräfte erfordert, sie gleichzeitig zu erreichen, spricht man bei der staatlichen Wirtschaftspolitik vom **magischen Viereck**.

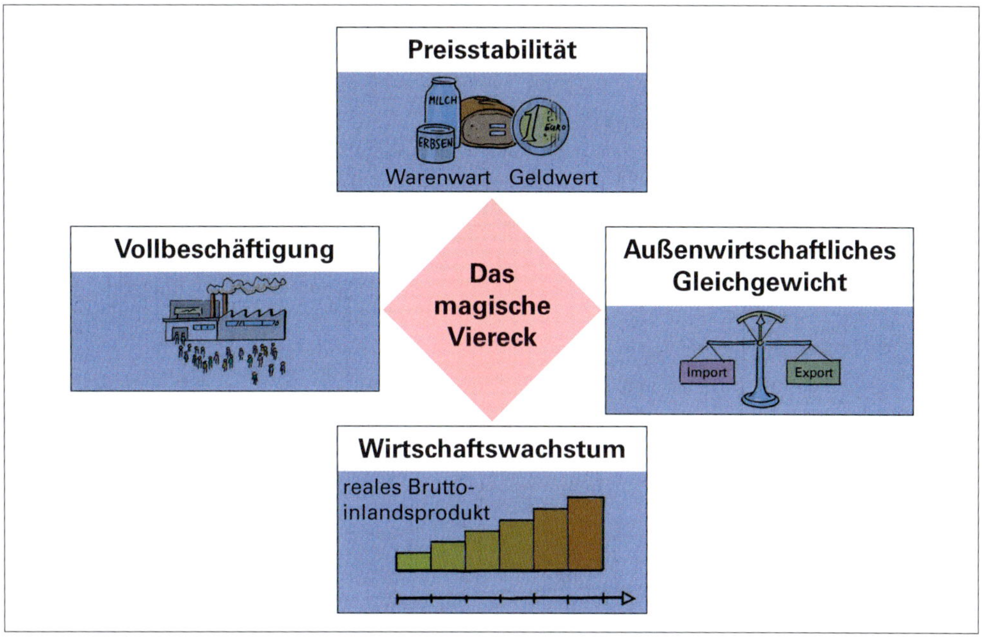

Preisstabilität

Durch Inflationen nach dem Ersten und Zweiten Weltkrieg verloren Millionen von Sparern ihr Vermögen. Größere Preissteigerungen verteuern unsere Produkte auf dem Weltmarkt und verschlechtern dadurch unsere internationale Wettbewerbsfähigkeit. Stabile Preise sind daher eine wichtige Voraussetzung für Vollbeschäftigung und angemessenes Wirtschaftswachstum. Absolut stabile Preise gibt es in einem marktwirtschaftlichen System nicht. Man spricht von **Preisstabilität**, wenn die Preissteigerungsrate 2 % nicht übersteigt.

Preisstabilität

↓

Die Preissteigerungsrate beträgt höchstens 2 %.

Vollbeschäftigung

Die Arbeitslosenquote beträgt höchstens 2 %.

Vollbeschäftigung

Arbeitslosigkeit führt bei den betroffenen Arbeitnehmern zu verminderten Einkommen und zu einer Einschränkung des Lebensstandards. Für den Staat bedeuten hohe Arbeitslosenzahlen geringere Staatseinnahmen bei gleichzeitig zusätzlichen Ausgaben durch Unterstützungszahlungen (z. B. Sozialhilfe). Vollbeschäftigung ist daher ein wichtiges Ziel staatlicher Wirtschaftspolitik. Absolute Vollbeschäftigung gibt es in einer Volkswirtschaft nicht. Denn aus unterschiedlichen Gründen wird immer eine bestimmte Anzahl von Personen ohne Arbeit sein. *Beispiele:* körperliche Behinderung, Kündigung, Arbeitsunwilligkeit, Wohnortwechsel, saisonale Arbeitslosigkeit (z. B. Bauwirtschaft im Winter). Die Vollbeschäftigung gilt als erreicht, wenn die Arbeitslosenquote 2 % nicht übersteigt. Beträgt sie mehr als 2 %, spricht man von Unterbeschäftigung, von Überbeschäftigung, wenn sie unter 1 % liegt.

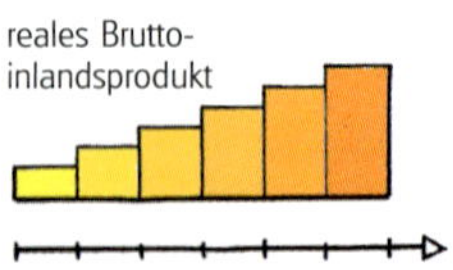

Angemessenes Wirtschaftswachstum

Das Bruttoinlandsprodukt steigt um 3–4 %.

Angemessenes Wirtschaftswachstum

Nur durch eine zunehmende Güterproduktion steigt auch der Lebensstandard eines Staates. Dieses Wirtschaftswachstum wird u. a. auch benötigt, damit Arbeitnehmer, die durch den technischen Fortschritt freigesetzt wurden, an anderer Stelle wieder eingesetzt werden können.

Das Wachstum einer Volkswirtschaft wird gemessen am Anstieg des realen Bruttoinlandsproduktes. Ein **angemessenes Wirtschaftswachstum** gilt als erreicht, wenn das Bruttoinlandsprodukt um 3 bis 4 % steigt.

Außenwirtschaftliches Gleichgewicht

Die Leistungsbilanz ist ausgeglichen

Außenwirtschaftliches Gleichgewicht

Die Wirtschaft der Bundesrepublik Deutschland ist in besonderem Maße von anderen Ländern abhängig, da sie die meisten Rohstoffe vom Ausland beziehen muss. Sie ist daher gezwungen, einen großen Teil der daraus erzeugten Waren wieder in andere Länder zu verkaufen, um diese Rohstoffe bezahlen zu können. Werden deutsche Produkte vom Ausland verstärkt gekauft, so lässt der höhere Export die inländische Gütermenge abnehmen, gleichzeitig steigt durch die Verkaufserlöse die Geldmenge an. Dies führt zu Preissteigerungen und Inflation. Bietet das Ausland seine Waren günstiger an, so wird in Deutschland die Nachfrage nach diesen Produkten steigen. Die Einfuhren (Importe) nehmen zu, gleichzeitig vermindern sich die Ausfuhren (Exporte). Der Absatz der deutschen Hersteller geht zurück. Betriebsstilllegungen und große Arbeitslosigkeit können die Folge sein. Der Wert von Ausfuhren und Einfuhren sollte daher möglichst gleich groß sein. Ist dieser Idealzustand erreicht, so spricht man von **außenwirtschaftlichem Gleichgewicht**.

Genauer gesagt: Ein außenwirtschaftliches Gleichgewicht liegt vor, wenn die **Leistungsbilanz** ausgeglichen ist. Die Leistungsbilanz erfasst vor allem die Importe und Exporte von Gütern. Sie enthält aber auch sogenannte Übertragungen zwischen In- und Ausland, denen kein Güterverkehr zugrunde liegt, z. B. die Überweisungen von Gastarbeitern in ihre Heimatländer, den Auslandsurlaub vieler Deutscher oder die Entwicklungshilfe.

Weitere Ziele der Wirtschaftspolitik

Umweltschutz Vollbeschäftigung und Wirtschaftswachstum belasten unsere Umwelt erheblich. Ein wichtiges Ziel jeder Wirtschaftspolitik muss deshalb sein, Wirtschaftswachstum und Vollbeschäftigung nur noch durch solche Maßnahmen zu fördern, die unsere ohnehin stark gefährdete Umwelt nicht noch zusätzlich belasten. *Beispiele:* Manche bisherigen Produktionsverfahren verursachen Luftverschmutzung und Waldsterben. In vielen Bereichen ist die Beseitigung gefährlicher Abfälle nur unbefriedigend gelöst.

Gerechte Einkommens- und Vermögensverteilung Derzeit bestehen in der Bundesrepublik Deutschland teilweise noch große Unterschiede bei den Einkommens- und Vermögensverhältnissen. Durch eine Vielzahl von Maßnahmen versucht der Staat eine Besserung zu erreichen. *Beispiele:* höhere Steuersätze für Spitzenverdiener, Förderung der vermögenswirksamen Leistungen, Wohngeld, Sozialwohnungen, Ausbildungsförderung usw.
Um die Ziele Umweltschutz und gerechte Einkommensverteilung gebührend zu berücksichtigen hat man das magische Viereck zum **magischen Sechseck** erweitert.

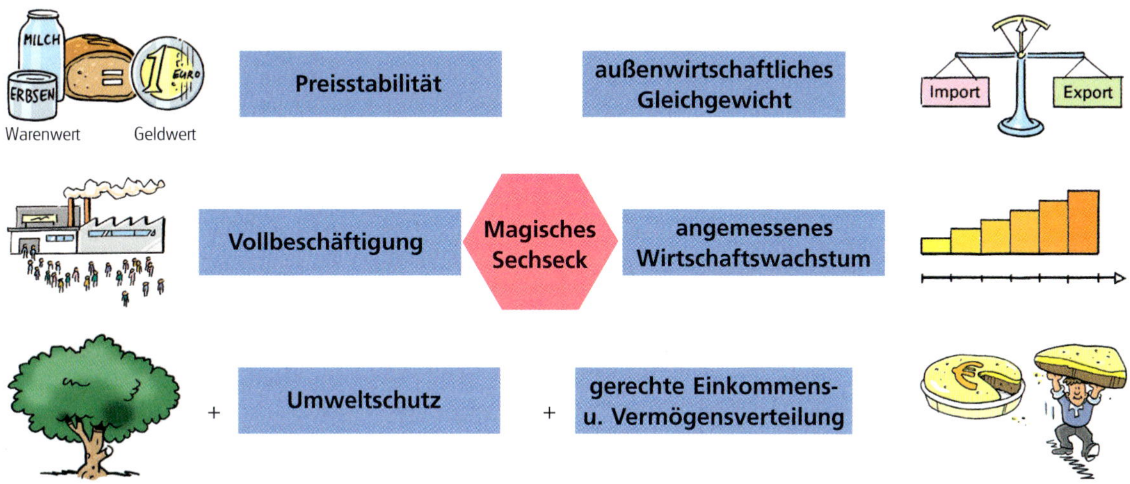

7.2 Zielkonflikte

Zwischen den einzelnen Zielen der Wirtschaftspolitik bestehen verschiedenartige Beziehungen. So können diese Ziele sich gegenseitig ergänzen. *Beispiel:* Maßnahmen, die das Wirtschaftswachstum fördern, kommen auch der Vollbeschäftigung zugute, da zum Wirtschaftswachstum Arbeitskräfte benötigt werden.
Meistens jedoch behindert das Erreichen des einen Zieles die Erfüllung eines anderen. Man spricht dann von einem **Zielkonflikt**, da die gleichzeitige Verwirklichung beider Vorstellungen Probleme bereitet:

- Maßnahmen, die der Vollbeschäftigung dienen, gefährden die Preisstabilität.
- Stabile Preise erfordern preisdämpfende Maßnahmen, die wiederum Vollbeschäftigung und Wirtschaftswachstum infrage stellen können.
- Ein starkes Wirtschaftswachstum kann Probleme beim Umweltschutz verursachen.

Da alle Hauptziele der staatlichen Wirtschaftspolitik (magisches Viereck bzw. Sechseck) nicht gleichzeitig zu erreichen sind, versucht man sie zumindest in Einklang zu bringen. In der Praxis bedeutet dies: Man wird zunächst die Ziele anstreben, die aktuell am wenigsten erreicht sind.

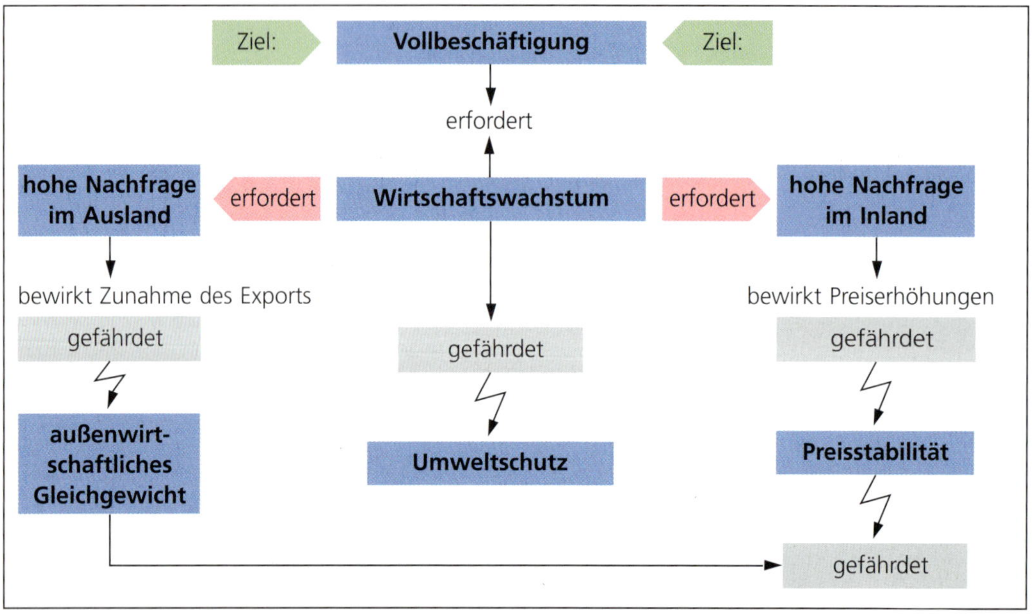

7.3 Staatliche Konjunkturpolitik

Konjunkturzyklen

Die wirtschaftliche Lage eines Landes verändert sich laufend. Es gibt Zeiten, in denen Produktion, Nachfrage und Beschäftigung ansteigen, und Zeiten, in denen sie zurückgehen. Diese ständige Veränderung der Wirtschaftslage bezeichnet man als **Konjunktur**. Untersuchungen haben ergeben, dass sich bestimmte Phasen des Wirtschaftsablaufes andauernd wiederholen, d. h., es gibt einen typischen **Konjunkturverlauf**. Dieser erfolgt wellenförmig und wiederholt sich in der Regel alle 4-5 Jahre. Vier Konjunkturphasen können unterschieden werden:

- **Tiefstand (Depression)**
- **Aufschwung (Expansion)**
- **Hochkonjunktur (Boom)**
- **Abschwung (Rezession)**.

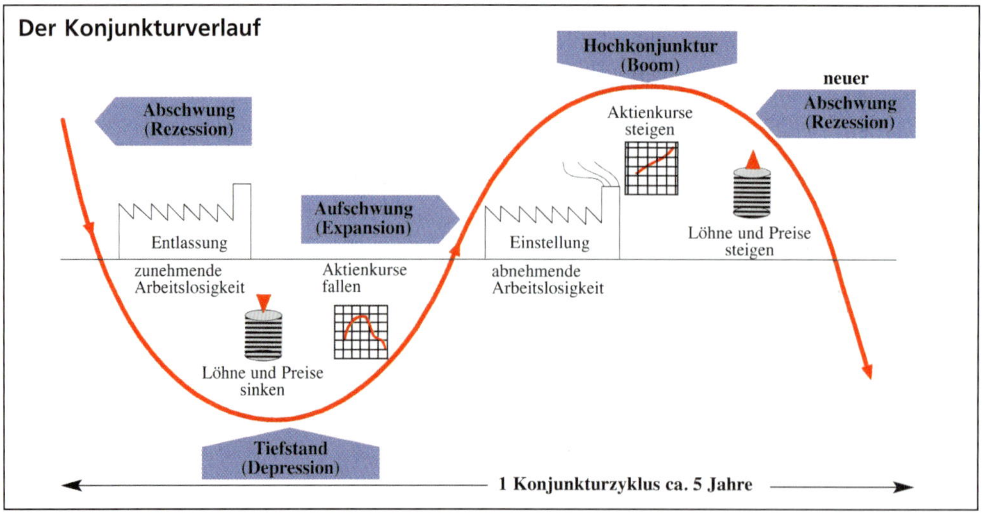

Während des **Tiefstandes (Depression)** haben die Unternehmer aufgrund mangelnder Nachfrage große Absatzschwierigkeiten. Die Produktion erreicht ihren Tiefstand. Daher ist die Investitionsbereitschaft gering. Preise und Aktienkurse sinken. Dies hat zur Folge, dass statt Gewinnen vorwiegend Verluste erwirtschaftet werden. Produktionskapazitäten werden verringert, die Arbeitslosigkeit erreicht ihren Höchststand, Einkommen und Löhne gehen zurück.

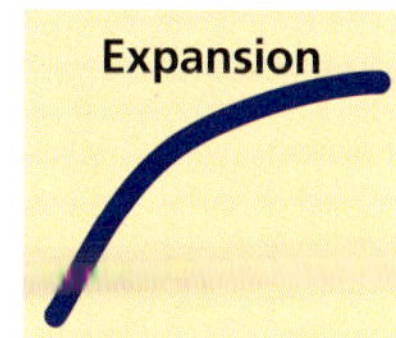

Ein **Aufschwung (Expansion)** setzt ein, wenn die Nachfrage zunimmt. Denn dadurch erhöht sich die Produktion, wodurch wiederum mehr Arbeitskräfte benötigt werden. Dieser größere Bedarf an Arbeitnehmern lässt die Löhne steigen. Höhere Löhne bewirken eine größere Nachfrage, die ihrerseits die Preise ansteigen lässt. Da nun die Gewinne der Unternehmungen wachsen, lohnen sich Investitionen wieder. Die Aktienkurse steigen in dieser Phase.

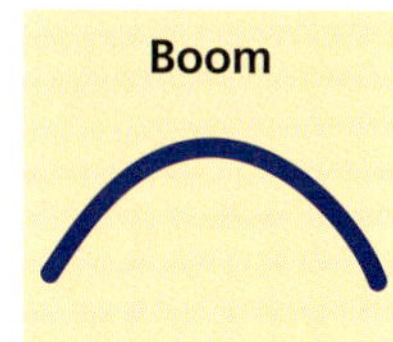

Diese Entwicklung setzt sich fort bis zur **Hochkonjunktur (Boom).** Hier erreichen die Lohnsteigerungen und die Nachfrage ihren Höhepunkt. Die Kapazitäten der Unternehmen sind voll ausgelastet. An den Aktienbörsen erklimmen die Aktien Höchststände. Die Arbeitslosigkeit nimmt ab. Wegen fehlender Fachkräfte und um Kosten zu sparen rationalisieren viele Betriebe, was wiederum über Kredite finanziert wird. Die Zinsen steigen. Gestiegene Kosten werden auf die Preise abgewälzt.

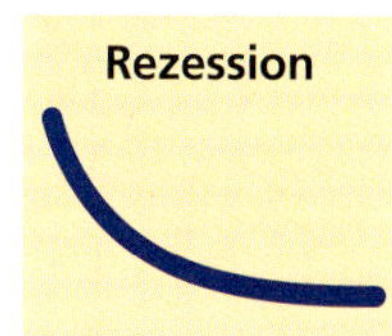

Viele Unternehmen wollen das Risiko zu hoher Kosten für Produktionserweiterungen nicht eingehen, die Investitionen verringern sich. Andere Betriebe können die gestiegenen Kosten nicht mehr tragen und müssen ihre Tätigkeit einstellen. Arbeitskräfte werden entlassen. Die Nachfrage nimmt weiterhin ab. Der **Abschwung (Rezession)** setzt ein. Die Produktion wird weiterhin verringert. Betriebsschließungen mehren sich, große Arbeitslosigkeit entsteht. Die ersten Anzeichen einer erneuten Depression sind in Sicht, ein Konjunkturzyklus ist beendet, ein neuer beginnt.

7.4 Instrumente des Staates zur Beeinflussung der Wirtschaft (Fiskalpolitik)

Durch staatliche Konjunkturpolitik soll starken **Konjunkturschwankungen** entgegengewirkt werden. So kann der Staat bei einer beginnenden Rezession (Abschwungphase) konjunkturbelebende Maßnahmen ergreifen, um ein Abgleiten in die Depression (Tiefstand) zu verhindern. Während der Hochkonjunktur hingegen wird er versuchen durch seine Eingriffe die Konjunktur zu dämpfen: Die staatlichen Maßnahmen wirken dem Konjunkturzyklus entgegen; daher spricht man auch von **antizyklischer Fiskalpolitik.** Die Konjunkturpolitik des Staates kann grundsätzlich auf zwei Arten erfolgen, nämlich über seine **Einnahmen** oder seine Ausgaben. Beide sollen nach dem Stabilitätsgesetz antizyklisch sein, d.h., in der Hochkonjunktur soll der Staat konjunkturdämpfend handeln, indem er seine Einnahmen durch Steueranhebungen erhöht und somit Kaufkraft abschöpft; während der Rezession hingegen wird er konjunkturbelebend einwirken und seine Ausgaben ausweiten. Im Einzelnen betrifft dies die Steuerpolitik, die Geldpolitik und die Sozialpolitik.

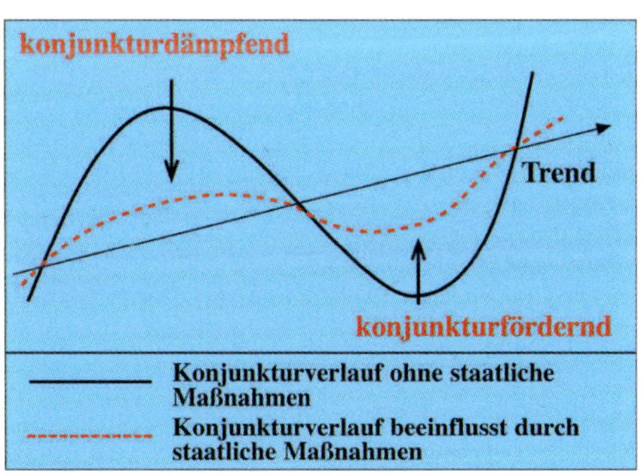

Konjunkturbelebende Maßnahmen des Staates

Während einer **Rezession (Abschwungphase)** versucht der Staat, die Konjunktur durch geeignete Mittel zu fördern (**„anzukurbeln"**). Im Einzelnen:

Staatsaufträge zur Konjunkturbelebung

- Die Regierung erhöht die Staatsaufträge. *Beispiel:* Der Staat lässt Straßen und Brücken bauen. Damit sinkt die Arbeitslosigkeit in der Bauindustrie und bei den Zulieferern.
- Die Verringerung der Sparförderung (Sparprämien) soll die Verbraucher dazu bewegen, ihr Geld auszugeben und so die Wirtschaft zu beleben.
- Verbesserte Abschreibungsmöglichkeiten vermindern den steuerpflichtigen Gewinn der Unternehmen. Diese Steuerersparnisse sollen die Investitionsbereitschaft anregen.
- Steuersenkungen sollen das verfügbare Einkommen vergrößern, dadurch die private Nachfrage erhöhen und die Unternehmen zu Investitionen veranlassen.
- Gezielte Wirtschaftshilfen (Subventionen) für private Haushalte und bestimmte Wirtschaftszweige sollen die Wirtschaft beleben. *Beispiele:* Landwirtschaft, Wohnungsbau.

Konjunkturdämpfende Maßnahmen des Staates

In der **Hochkonjunktur** wird der Staat versuchen, die bereits bekannten Maßnahmen gegenteilig einzusetzen, um die Konjunktur zu dämpfen (**„bremsen"**). Im Einzelnen:

- Bereits beschlossene Staatsaufträge werden vermindert.
- Die Sparförderung wird erhöht, um Geld abzuschöpfen.
- Abschreibungsmöglichkeiten werden gekürzt, um die Investitionsbereitschaft der Unternehmer zu verringern.
- Steuererhöhungen sollen die private Nachfrage und die Investitionsneigung dämpfen.
- Subventionen werden gekürzt oder abgebaut.

Probleme der staatlichen Konjunktursteuerung

Die staatliche Konjunkturbeeinflussung ist in der Praxis häufig sehr problematisch. So soll der Staat z. B. während des Konjunkturabschwunges zusätzliche Ausgaben vornehmen und Steuern senken; andererseits sind gerade in dieser Phase die Staatseinnahmen durch rückgehende Steuereinnahmen ohnehin schon gering. Die gewünschten zusätzlichen Staatsausgaben können jetzt nur durch zusätzliche Verschuldung finanziert werden. Auch die Verminderung von Staatsausgaben während einer Expansion ist nur in beschränktem Umfang möglich. Denn ein erheblicher Teil dieser Ausgaben sind Personalkosten oder ist gesetzlich vorgeschrieben. Zudem leidet die Bevölkerung unter der Einschränkung öffentlicher Leistungen.

Instrumente der Geldpolitik

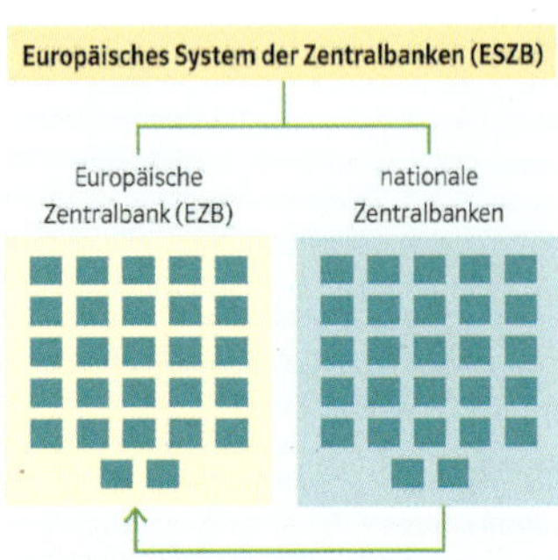

Seit dem 1. Januar 1999 wird die Geldpolitik nicht mehr von der Deutschen Bundesbank wahrgenommen, sondern von der **Europäischen Zentralbank (EZB)**. Während die staatliche Wirtschaftspolitik versucht, durch konjunkturdämpfende und konjunkturbelebende Maßnahmen die Konjunkturschwankungen möglichst gering zu halten, verfolgt die **EZB** vorrangig ein anderes Ziel: Sie will die Preisstabilität erhalten. Um die Preisstabilität zu sichern versucht sie die **Geldmenge** im **Eurowährungsraum** zu steuern. So wird die EZB z. B. bei hohen Preissteigerungen die Geldmenge verringern, um den Geldwert zu stabilisieren. Zur Beeinflussung der Geldmenge wird sie vermutlich folgende Maßnahmen anwenden:

Refinanzierungsgeschäfte (Offenmarktgeschäfte) Durch Refinanzierungsgeschäfte (Offenmarktgeschäfte) versorgt die Europäische Zentralbank die Privatbanken mit zusätzlichem Geld. Gegen die Verpfändung von Sicherheiten wie festverzinsliche Wertpapiere oder Wechsel können sie sich im Europäischen Zentralbankensystem Geld besorgen. Durch die Veränderung des Zinssatzes für diese Kredite kann die EZB die Geldmenge beeinflussen. Je höher der Zins ist, desto uninteressanter ist es für die Banken, sich bei der EZB Geld zu besorgen. Verpfänden die Banken wegen einer Zinserhöhung weniger Wertpapiere und Wechsel, so ist die Geldmenge insgesamt geringer. Umgekehrt kann die EZB den Zinssatz auch senken, sodass die Geldmenge steigen wird. Mittlerweile gilt der **Refinanzierungssatz** – ähnlich wie früher der Diskontsatz der Bundesbank – als **Leitzinssatz** für andere Zinsen. Steigt er, so erhöhen sich in der Regel auch die Zinsen für Sparguthaben und für Kredite. Dadurch verändert sich das Sparverhalten und die Neigung Kredite aufzunehmen. Damit wird wiederum auch die Geldmenge beeinflusst.

Mindestreserven Die Europäische Zentralbank kann von den Privatbanken verlangen, dass diese einen bestimmten Prozentsatz ihrer Kundeneinlagen als verzinste Mindestreserven bei den nationalen Zentralbanken hinterlegen (in Deutschland bei der Bundesbank). Erhöht die EZB diesen Satz, dann können die Banken weniger Kredite vergeben, die Geldversorgung der Wirtschaft wird eingeschränkt und Kredite werden entsprechend verteuert, die Wirtschaft wird gedämpft. Das Umgekehrte passiert bei einer Verminderung des Mindestreservesatzes.

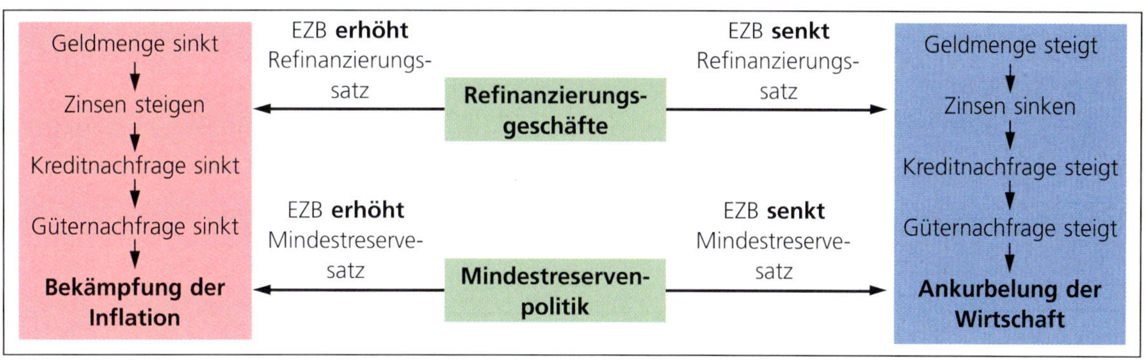

ZUSAMMENFASSUNG

Ziele der staatlichen Wirtschaftspolitik

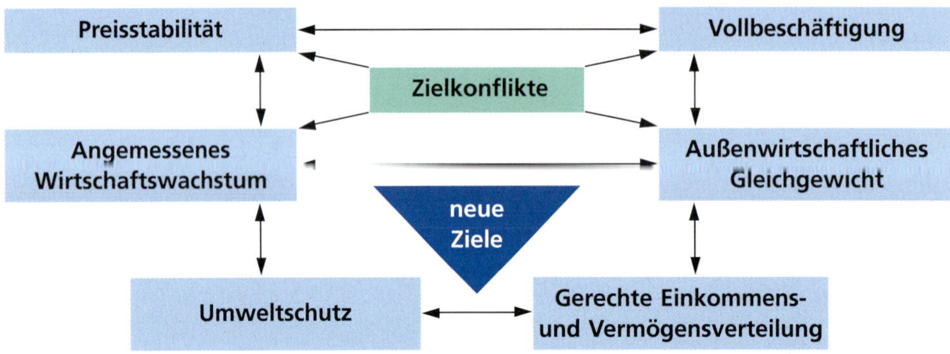

Staatliche Konjunkturpolitik = antizyklische Wirtschaftspolitik

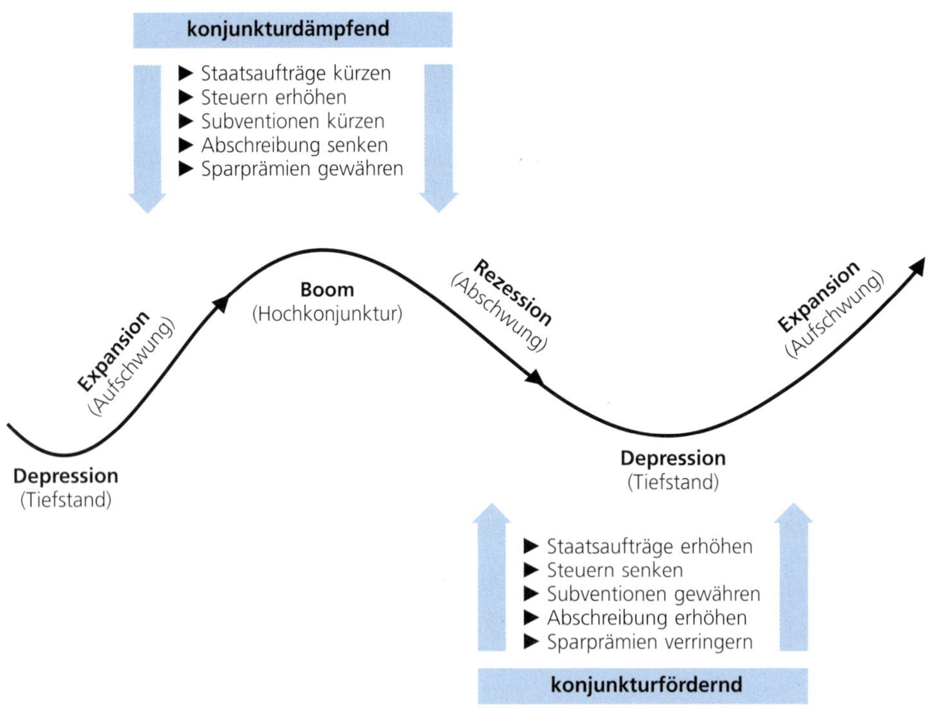

ARBEITSTEIL

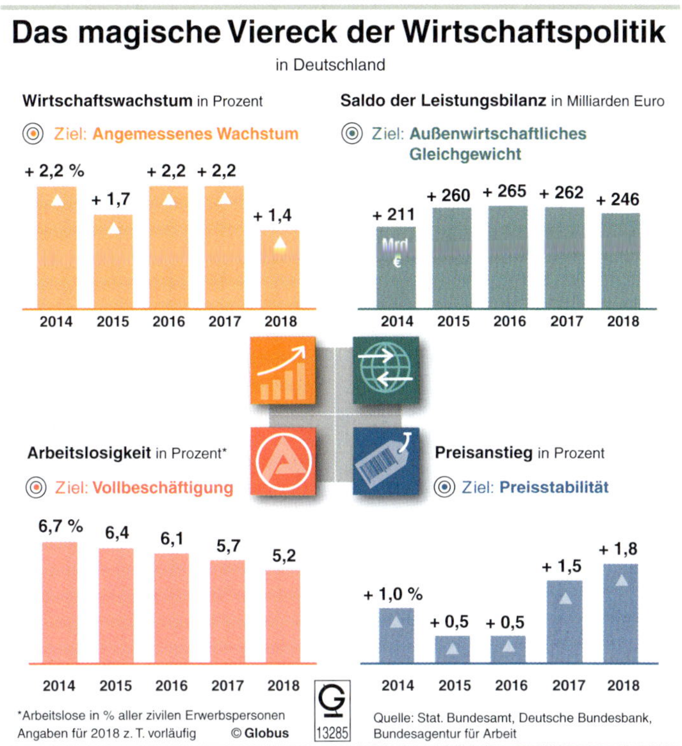

1. a) Entnehmen Sie dem Schaubild, welche wirtschaftspolitischen Ziele der Staat nach dem Stabilitätsgesetz anstreben muss.
   b) Welche Ziele wurden 2018 erreicht, welche nicht?
   c) Welche weiteren Ziele versucht die Wirtschaftspolitik zu erreichen?
   d) Weshalb spricht man bei der staatlichen Wirtschaftspolitik auch vom magischen Viereck?
2. Geben Sie an, wie sich die folgenden Vorgänge auf die Leistungsbilanz auswirken:
   a) Geldüberweisungen von ausländischen Arbeitnehmern in ihr Heimatland.
   b) Ein Betrieb exportiert einen Großteil seiner Produktion nach Frankreich.
   c) Deutschland bezieht Erdgas aus Russland.
3. Beschreiben Sie das Verhalten folgender wirtschaftspolitischer Ziele zueinander:
   a) Preisstabilität und außenwirtschaftliches Gleichgewicht
   b) Vollbeschäftigung und Preisstabilität
   c) Wirtschaftswachstum und Umweltschutz.
4. Weshalb muss Vollbeschäftigung ein wichtiges Ziel staatlicher Wirtschaftspolitik sein? Denken Sie dabei an die Folgen der Arbeitslosigkeit für Arbeitnehmer und Gesellschaft.
5. Inwieweit sind Umweltschutz und Wirtschaftswachstum miteinander vereinbar? Begründen Sie Ihre Meinung anhand eines Beispieles.
6. a) Aus welchen Phasen besteht ein Konjunkturzyklus?
   b) Welche Konjunkturphase ist gekennzeichnet durch besonders große Arbeitslosigkeit?
   c) Durch welche Verhaltensweisen wird eine Rezession verursacht?
   d) Nennen Sie drei wichtige Merkmale der Hochkonjunktur.
   e) Wie lange dauert in der Regel ein Konjunkturzyklus?
7. Welche Maßnahmen kann der Staat anwenden, um die Wirtschaft in einer
   a) Hochkonjunktur zu „bremsen"
   b) Rezession „anzukurbeln"?
8. Wie kann die Europäische Zentralbank (EZB) die Wirtschaftspolitik beeinflussen?
9. Wie können Unternehmen und Haushalte in einer Depression antizyklisch handeln?

PRÜFUNGSAUFGABE

Wichtige Mitteilung an alle Besitzer eines [redacted] T8 Kaffeeautomaten Typ 468.

An Glaskannen der [redacted] T8 Kaffeeautomaten Typ 468 (Typenbezeichnung auf der Unterseite des Gerätes) wurde ein Fabrikationsfehler entdeckt.

Es handelt sich hierbei um Kaffeeautomaten, die nach dem 1. November 2005 hergestellt wurden. Das Fabrikationsdatum Ihres Kaffeeautomaten ermitteln Sie anhand der 5 Ziffern unter dem Gerät. Die beiden ersten Ziffern bezeichnen den Tag, die beiden weiteren den Monat und die letzte Ziffer das Jahr. 01111 bedeutet demnach 1. November 2015.

Wurde Ihr T8 Kaffeeautomat Typ 468 nach dem 1. November 2015 gefertigt, bittet Sie [redacted] aus Sicherheits- und Qualitätsgründen, die **Glaskanne** umzutauschen. Es besteht die Möglichkeit, dass sich der Handgriff von der Kanne löst. Der Umtausch erfolgt selbstverständlich kostenlos.

Rufen Sie gebührenfrei montags bis samstags von 8.30 Uhr bis 17.30 Uhr unter der Telefonnummer [redacted] an, um den Umtausch Ihrer Glaskanne zu veranlassen.

[redacted] entschuldigt sich bei Ihnen für die entstandenen Unannehmlichkeiten und bedankt sich für das entgegengebrachte Vertrauen.

a) Weshalb veranstalten Hersteller derart „unangenehme" bzw. „peinliche" Rückrufaktionen?

b) Welches Gesetz verpflichtet die Hersteller einer Ware für Schäden zu haften, die ein fehlerhaftes Produkt verursacht hat?

c) Frau Saubermann hat die abgebildete Kaffeemaschine gekauft. Aufgrund des Materialfehlers löst sich der Kannengriff und der Inhalt ergießt sich über das teure Lederkostüm ihrer Bekannten. Für 60 € muss das Kostüm nun in einer Spezialreinigung gesäubert werden. Welche Ansprüche hat Frau Saubermann an den Hersteller der Kaffeemaschine, welchen Anspruch hat sie an den Händler, der ihr die Maschine verkauft hat?

d) Jemand sagt: „Wir haben heute den aufgeklärten Verbraucher. Schaffen wir doch diese wettbewerbsregelnden und verbraucherschützenden Gesetze ab." Nehmen Sie Stellung.

e) In der sozialen Marktwirtschaft greift der Staat in das Wirtschaftsgeschehen ein. Erläutern Sie in diesem Zusammenhang die Karikatur.

f) Zeichnen Sie einen Konjunkturzyklus und beschriften Sie die einzelnen Phasen. Ordnen Sie anschließend die beiden Bildteile den entsprechenden Phasen zu.

g) Nennen Sie zwei Möglichkeiten, wie der Staat in der rechten Bildhälfte eingreifen kann. Geben Sie zusätzlich die beabsichtigte Wirkung dieser Maßnahmen an.

h) Im Stabilitätsgesetz sind die Ziele festgelegt, die der Staat bei seiner Wirtschaftspolitik erreichen soll. Nennen Sie diese Ziele.

FALLBEISPIEL: PREISBILDUNG – MARKTFORMEN – WIRTSCHAFTSORDNUNGEN

Milch im Überfluss – Landwirte protestieren

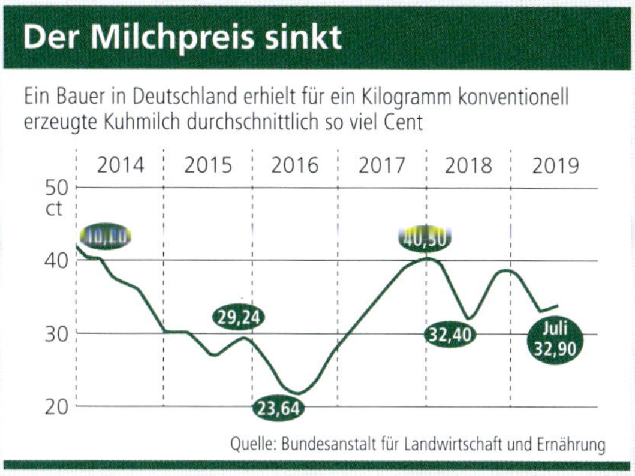

Milch ist derzeit extrem billig, weil die Bauern zu viel produzieren. Deshalb kannte der Milchpreis seit 2014 zunächst nur eine Richtung – nach unten – und fiel nach einem Zwischenhoch Ende 2017 erneut. Zwischen 60 und 70 Cent kostet derzeit der Liter Milch im Supermarkt. Es ist ein Preis, der Milchbauern große Sorgen bereitet. Erhielten sie im Jahr 2013 noch 42 Cent von den Molkereien für einen Liter, sind es 2019 nur noch rund 33 Cent. Die Bauern sagen, dass sie mindestens 42 Cent benötigen, um kostendeckend zu arbeiten.

Die Molkereien stehen unter enormem Druck durch die großen Handelsketten. 120 Molkereien stehen nur sechs bis acht große Einzelhandelskonzerne gegenüber. Bei der jüngsten Verhandlungsrunde hätten die Ketten die Frischmilchpreise um rund 10 Prozent gedrückt, klagt der deutsche Bauernverband. Danach senkten die Discounter Anfang Mai die Preise für Milch und Milchprodukte teils erheblich. Für höhere Milchpreise in der Verhandlungsrunde und gegen die Markmacht der großen Lebensmittelketten demonstrierten die Milchbauern in ganz Deutschland. Sie blockierten teilweise die Zufahrten zu Auslieferungslagern von Lebensmittelketten und großen Milch verarbeitenden Betrieben. „Wir müssen dieser Marktmacht etwas entgegensetzen", meinten die Teilnehmer der Protestaktion.

Arbeitsauftrag:

1. Gegen welches Verhalten der großen Lebensmittelketten protestieren die Landwirte im abgebildeten Zeitungsartikel?
2. Welche Marktform liegt bei dem beschriebenen Markt für Mich vor? Begründen Sie Ihre Antwort.
3. Begründen Sie, für welche Marktteilnehmer das Verhalten der Lebensmittelketten von Vorteil ist.
4. Wodurch ist der Preisverfall bei Milch eingetreten? Recherchieren Sie hierzu evtl. im Internet.
5. Milchbauer Karl Breuer hat sich eine weitere Einnahmequelle geschaffen. Er produziert seinen eigenen „Bergbauernkäse". Auf dem Großmarkt ergibt sich folgende Angebots- und Nachfragesituation:

Preis in € je kg	angebotene Menge in kg	nachgefragte Menge in kg
10	80	290
15	140	240
20	200	200
25	260	160
30	320	120

Zeichnen Sie ein Koordinatensystem und stellen Sie die Preisbildung grafisch dar. Beschriften Sie die einzelnen Achsen und Kurven.

6. Erstellen Sie eine Tabelle, in der Sie den Umsatz bei den verschiedenen Preisen ermitteln. Benennen Sie den Gleichgewichtspreis.
7. Zunehmend fordern Landwirte staatlich garantierte Mindestpreise. Beurteilen Sie diese Forderung, indem Sie Vor- und Nachteile abwägen.
8. Tragen Sie in das Koordinatensystem einen Mindestpreis von 30 € ein und einen Höchstpreis von 10 €. Beurteilen Sie die Auswirkung beider Preise auf den Markt.
9. In Lebensmittelgeschäften einer Großstadt wird der Liter Frischmilch zwischen 0,69 € und 1,29 € angeboten. Nennen Sie Gründe, weshalb nicht alle Kunden ihre Milch im billigsten Geschäft kaufen.
10. Welche der nachfolgenden Abbildungen ist typisch für Mindestpreise, welche für Höchstpreise?

A

B

Lösung von rechtlichen Problemfällen unter Verwendung von Rechtstexten

Im privaten und beruflichen Leben kommt es häufig zu Streitigkeiten, die sehr oft gerichtlich geklärt werden müssen. Daher ist es von Vorteil, Einblicke in juristisches Denken und in die Arbeit mit Rechtstexten zu bekommen. Wichtige und wesentliche Gesetzesinhalte sollen erkannt und verstanden werden, damit man sich im „Paragrafendschungel" zurechtfindet.

Gesetze können nicht jeden Einzelfall lösen. Sie stellen nur allgemeine Richtlinien dar. Diese müssen dann auf den speziellen Fall übertragen werden.

Da es unterschiedliche Problemstellungen bzw. Streitfälle gibt, sind zur Lösung immer zuerst die **„4 W-Fragen"** zu stellen:

= **Wer** (Anspruchs-steller) will **was** (Anspruch) von **wem** (Anspruchs-gegner) **woraus?** (Anspruchs- oder Gesetzesgrundlage)

Bei der Problemlösung wird immer nach dem gleichen Prinzip vorgegangen. Im Folgenden wird die **Methode der Fallbearbeitung** vorgestellt:

1. Schritt

Lesen und Verstehen

Der zu lösende Fall muss zu Beginn **mehrmals sorgfältig** durchgelesen werden. Dabei sollten wichtige sowie auch unbekannte Begriffe farbig markiert bzw. unterstrichen werden. (Dies ist in den nachfolgenden Fällen bereits erfolgt.) Klären Sie die unbekannten Begriffe.

Beim Lesen ist besonders auf **Zahlenangaben** zu achten. Zeit- oder Datumsangaben deuten oft auf Fristen oder Verjährung hin und Altersangaben auf fehlende Geschäfts- oder Deliktsfähigkeit.

Werden im Fall keine konkreten Angaben gemacht, geht man vom normalen Verlauf der Dinge aus, z. B., dass es sich um volljährige Personen handelt – ohne Sonderregelung.

2. Schritt

Analyse des Problems

Formulieren der Fallfrage: Wer will was von wem?

Beteiligte und Ansprüche der Beteiligten erkennen:

Wer von wem?
Beteiligte können u. a. folgende Parteien sein:

Schuldner und Gläubiger, Besitzer und Eigentümer, Käufer und Verkäufer, Arbeitnehmer und Arbeitgeber, Mieter und Vermieter, Dritte ...

will was?
Welche Willenserklärungen gaben die Beteiligten ab?
Welche Ansprüche werden gestellt?

Es dürfen keine Dinge in den Sachverhalt hineininterpretiert werden. Nur feststehende Tatsachen sind zu berücksichtigen.

3. Schritt

Ansprüche bzw. gesetzliche Regelungen finden

Woraus werden die Ansprüche abgeleitet?

Dieser Schritt ist die eigentliche Schwierigkeit bei der Arbeit mit Gesetzestexten.

Einige gesetzliche Regelungen beschäftigen sich mit **Ansprüchen.** Diese erkennt man an der Formulierung: Jemand wird verpflichtet, etwas zu tun, zu unterlassen, zu verlangen oder herauszugeben.

Daneben enthalten die Gesetze aber auch **Einwendungen** gegen die Ansprüche.

Werden Sie mit einem Fall konfrontiert, zu dem Ihnen die Gesetzesgrundlagen nicht gegeben sind, hilft Ihnen das Sachverzeichnis am Ende des Gesetzbuches weiter. Bei der Suche sollte man sich ein Schlagwort überlegen, welches zum Sachverhalt passt.

4. Schritt

Vergleich

Die gefundenen Paragrafen sind in ihre einzelnen Bestandteile zu zerlegen und mit den Angaben im gegebenen Fall zu vergleichen.
Nur beim tatsächlichen Vorliegen **aller** gesetzlichen Voraussetzungen ist ein Anspruch entstanden.

5. Schritt

Formulieren der Lösung

Wie lautet die entsprechende Rechtsfolge? Das Ergebnis des 4. Schritts wird mit Verweis auf Gesetzesangaben zu Papier gebracht.

Wie ist die Rechtslage in folgenden Fällen?

Lösen Sie die nachfolgenden Fälle unter Zuhilfenahme der jeweils abgedruckten Gesetzesauszüge.
Wenden Sie dabei die einzelnen **Schritte der Fallbearbeitung** an.

Mehrarbeit, die sich lohnt!

1. Schritt

Lesen und Verstehen

Paulina (16 Jahre), Auszubildende zur Medizinischen Fachangestellten, zeigt in der Berufsschule stolz ihren Tablet-PC. Ihre Mitschülerin Anna fragt sie neidvoll, wie sie sich eine Wohnung und derart teure Anschaffungen leisten kann. Paulina antwortet, dass sie neben ihrer vertraglich vereinbarten Ausbildungsvergütung von monatlich rund 700,00 Euro netto noch ca. 350 Euro mehr ausbezahlt bekommt. Sie begründet dies mit einer zwischen ihr und der ausbildenden Ärztin, Frau Dr. Schmidt, zusätzlich getroffenen Vereinbarung, wonach eine tägliche Mehrarbeit von 1,5 Stunden und die Ableistung des ärztlichen Notdienstes an einem Samstag im Monat festgehalten worden sind. Außerdem verzichtet sie während ihrer Ausbildungszeit jährlich auf 8 Tage ihres Urlaubs gegen Auszahlung. Anna zweifelt die Rechtmäßigkeit dieser Vereinbarung an.

Zu Recht?

2. Schritt

Analyse des Problems

Wer will was von wem?

Frau Dr. Schmidt (Wer?) vereinbart mit ihrer Auszubildenden Paulina (von wem?) während der Dauer der Berufsausbildung Folgendes (will was?):

- eine tägliche Mehrarbeit von 1,5 Stunden
- Samstagsarbeit einmal monatlich
- einen jährlichen Verzicht auf 8 Tage des Urlaubs gegen Auszahlung.

3. Schritt

Ansprüche bzw. gesetzliche Regelungen finden

Woraus werden die Ansprüche abgeleitet?

Zunächst handelt es sich um Parteien des Privatrechts. Da Paulina aber erst 16 Jahre alt ist und eine Berufsausbildung absolviert, ist speziell das Jugendarbeitsschutzgesetz (JArbSchG) bei der Falllösung heranzuziehen. Hinsichtlich der Auszahlung des anteiligen Jahresurlaubs muss das Bundesurlaubsgesetz (BUrlG) zur Hilfe genommen werden.

§ 1 JArbSchG – Geltungsbereich
(1) Dieses Gesetz gilt für die Beschäftigung von Personen, die noch nicht 18 Jahre alt sind,
1. in der Berufsausbildung, […]

§ 8 JArbSchG Dauer der Arbeitszeit
(1) Jugendliche dürfen nicht mehr als acht Stunden täglich und nicht mehr als 40 Stunden wöchentlich beschäftigt werden. […]
(2a) Wenn an einzelnen Werktagen die Arbeitszeit auf weniger als acht Stunden verkürzt ist, können Jugendliche an den übrigen Werktagen derselben Woche achteinhalb Stunden beschäftigt werden. […]

§ 15 JArbSchG – Fünf-Tage-Woche

Jugendliche dürfen nur an fünf Tagen in der Woche beschäftigt werden. Die beiden wöchentlichen Ruhetage sollen nach Möglichkeit aufeinanderfolgen.

§ 16 JArbSchG – Samstagsruhe

(1) An Samstagen dürfen Jugendliche nicht beschäftigt werden.

(2) Zulässig ist die Beschäftigung Jugendlicher an Samstagen nur [...]

10. im ärztlichen Notdienst, [...]

Mindestens zwei Samstage im Monat sollen beschäftigungsfrei bleiben.. [...]

(3) Werden Jugendliche am Samstag beschäftigt, ist ihnen die 5-Tage-Woche (§ 15) durch Freistellung an einem anderen berufsschulfreien Arbeitstag derselben Woche sicherzustellen. [...]

§ 19 JArbSchG – Urlaub

(1) Der Arbeitgeber hat Jugendlichen für jedes Kalenderjahr einen bezahlten Erholungsurlaub zu gewähren.

(2) Der Urlaub beträgt jährlich [...]

2. mindestens 27 Werktage, wenn der Jugendliche zu Beginn des Kalenderjahrs noch nicht 17 Jahre alt ist, [...]

§ 7 BUrlG – Zeitpunkt, Übertragbarkeit und Abgeltung des Urlaubs [...]

(3) Der Urlaub muss im laufenden Kalenderjahr gewährt und genommen werden. Eine Übertragung des Urlaubs auf das nächste Kalenderjahr ist nur statthaft, wenn dringende betriebliche oder in der Person des Arbeitnehmers liegende Gründe dies rechtfertigen. [...]

(4) Kann der Urlaub wegen Beendigung des Arbeitsverhältnisses ganz oder teilweise nicht mehr gewährt werden, so ist er abzugelten.

4. Schritt

Vergleich

Paulina ist 16 Jahre alt und wird zur Berufsausbildung beschäftigt. Das Jugendarbeitsschutzgesetz ist anzuwenden (§ 1 JArbSchG).

Gemäß § 8 JArbSchG dürfen Jugendliche nicht mehr als 8 Stunden täglich bzw. 40 Stunden wöchentlich beschäftigt werden. Demzufolge ist die tägliche Mehrarbeit Paulinas von 1,5 Stunden unzulässig, da die maximale Wochenarbeitszeit von 40 Stunden überschritten wird.

§ 15 JArbSchG regelt, dass Jugendliche nur an 5 Tagen in der Woche zu beschäftigen sind. Nach § 16 JArbSchG ist eine Beschäftigung samstags grundsätzlich nicht erlaubt. Ausnahmen sind in bestimmten Berufszweigen möglich (§ 16 Absatz 2 Nr. 10 JArbSchG). Dazu zählt der ärztliche Notdienst. Daher ist es vorerst zulässig, dass Paulina an einem Samstag pro Monat beschäftigt wird.

§ 16 Absatz 3 JArbSchG besagt weiterhin, dass bei einer samstäglichen Beschäftigung trotzdem die 5-Tage-Woche einzuhalten ist.

Da Paulina zu Beginn des Kalenderjahres noch keine 17 Jahre alt ist, steht ihr gemäß § 19 JArbSchG ein Jahresurlaub von 27 Werktagen zu. Des Weiteren ist geregelt, dass das Bundesurlaubsgesetz auch für Jugendliche in Beschäftigung anzuwenden ist. § 7 Absatz 3 BUrlG legt fest, dass dem Beschäftigten sein Jahresurlaub gewährt werden muss. Der Arbeitnehmer hat diesen auch in Anspruch zu nehmen. Ausnahmen sind nur zulässig, wenn der Arbeitnehmer das Arbeitsverhältnis beendet (§ 7 Absatz 4 BUrlG).

5. Schritt

Formulieren der Lösung

Die zwischen der Auszubildenden Paulina und Frau Dr. Schmidt geschlossene Vereinbarung ist nach §§ 8, 15 JArbSchG sowie 7 BUrlG unzulässig. Paulina ist eine tägliche Mehrarbeit von 1,5 Stunden nicht gestattet. Die jährliche Auszahlung von 8 Tagen ihres Urlaub ist ebenfalls rechtlich nicht zulässig.

Irren ohne Folgen? (komplex)

1. Schritt

Lesen und Verstehen

Maler Klecks verkauft dem Elektromeister Schmidt für 1.200 Euro ein Gemälde, welches in einer Woche übereignet und bezahlt werden soll.
Im Vertrauen auf diese Absprache erwirbt Herr Schmidt einen in sein Büro passenden Bilderrahmen. Da das Gemälde Sondermaße hat, musste er den gewünschten Rahmen vom Tischler anfertigen lassen (Preis 200 Euro).
Eine Woche später will Herr Schmidt wie verabredet das Gemälde abholen und bezahlen. Dabei stellt Herr Klecks fest, dass er sich beim Kaufpreis im Kaufvertrag verschrieben hat. Das Bild sollte eigentlich 2.100 Euro kosten. Klecks erklärt, er fechte den Kaufvertrag an. Elektromeister Schmidt hält die Anfechtung für unwirksam und besteht auf Erfüllung des Kaufvertrags. Sollte die Anfechtung jedoch wirksam sein, fordert Herr Schmidt vom Maler Klecks den Betrag von 200 Euro für den schon gekauften Bilderrahmen, der dann überflüssig wäre.

Hat Herr Schmidt einen Anspruch auf Übergabe des Gemäldes?

2. Schritt

Analyse des Problems

Wer will was von wem?

Elektromeister Schmidt als Käufer (= Wer?) will die Übereignung des Gemäldes zum Kaufpreis von 1.200 Euro (= will was?) von Maler Klecks (= von wem?).

3. Schritt

Ansprüche bzw. gesetzliche Regelungen finden

Woraus werden die Ansprüche abgeleitet?

Es handelt sich um Parteien des Privatrechts, demnach ist das BGB heranzuziehen.

§ 145 BGB – Bindung an den Antrag
Wer einem anderen die Schließung eines Vertrags anträgt, ist an den Antrag gebunden, es sei denn, dass er die Gebundenheit ausgeschlossen hat.

§ 433 BGB – Vertragstypische Pflichten beim Kaufvertrag
(1) Durch den Kaufvertrag wird der Verkäufer einer Sache verpflichtet, dem Käufer die Sache zu übergeben und das Eigentum an der Sache zu verschaffen. Der Verkäufer hat dem Käufer die Sache frei von Sach- und Rechtsmängeln zu verschaffen.
(2) Der Käufer ist verpflichtet, dem Verkäufer den vereinbarten Kaufpreis zu zahlen und die gekaufte Sache abzunehmen.

Maler Klecks hält den Kaufvertrag aufgrund seiner Anfechtung für nichtig.

§ 142 BGB – Wirkung der Anfechtung

(1) Wird ein anfechtbares Rechtsgeschäft angefochten, so ist es als von Anfang an nichtig anzusehen.

(2) Wer die Anfechtbarkeit kannte oder kennen musste, wird, wenn die Anfechtung erfolgt, so behandelt, wie wenn er die Nichtigkeit des Rechtsgeschäfts gekannt hätte oder hätte kennen müssen.

§ 143 BGB – Anfechtungserklärung

(1) Die Anfechtung erfolgt durch Erklärung gegenüber dem Anfechtungsgegner.

(2) – (4) [...]

§ 119 BGB – Anfechtbarkeit wegen Irrtums

(1) Wer bei der Abgabe einer Willenserklärung über deren Inhalt im Irrtum war oder eine Erklärung dieses Inhalts überhaupt nicht abgeben wollte, kann die Erklärung anfechten, wenn anzunehmen ist, dass er sie bei Kenntnis der Sachlage und bei verständiger Würdigung des Falles nicht abgegeben haben würde.

(2) Als Irrtum über den Inhalt der Erklärung gilt auch der Irrtum über solche Eigenschaften der Person oder der Sache, die im Verkehr als wesentlich angesehen werden.

§ 121 BGB – Anfechtungsfrist

(1) Die Anfechtung muss in den Fällen der §§ 119, 120 ohne schuldhaftes Zögern (unverzüglich) erfolgen, nachdem der Anfechtungsberechtigte von dem Anfechtungsgrund Kenntnis erlangt hat. Die einem Abwesenden gegenüber erfolgte Anfechtung gilt als rechtzeitig erfolgt, wenn die Anfechtungserklärung unverzüglich abgesendet worden ist.

(2) Die Anfechtung ist ausgeschlossen, wenn seit der Abgabe der Willenserklärung zehn Jahre verstrichen sind.

4. Schritt

Vergleich

Ein Kaufvertrag ist ein zweiseitiges Rechtsgeschäft und kommt nach § 145 BGB durch zwei übereinstimmende Willenserklärungen (Antrag und Annahme) zustande. Herr Schmidt ist der Meinung, dass der zwischen ihm und Maler Klecks geschlossene Kaufvertrag rechtsgültig ist. Mit Kaufvertrag haben sich Klecks und Schmidt über den Verkauf des Gemäldes zum Kaufpreis von 1 200 Euro geeinigt, sodass zunächst der Erfüllungsanspruch von Schmidt entstanden ist. Daraufhin verlangt er gemäß § 433 BGB die Übergabe des Gemäldes und verpflichtet sich zur Zahlung des vereinbarten Kaufpreises von 1 200 Euro.

Beim Abschluss des Kaufvertrags hat sich Maler Klecks jedoch bei der Höhe des Kaufpreises verschrieben und befand sich nach § 119 BGB im Erklärungsirrtum, welcher zur Anfechtung berechtigt. Gemäß § 143 Absatz 1 BGB i. V. m. § 121 BGB hat Klecks die Anfechtung gegenüber Schmidt unverzüglich und ausdrücklich erklärt, nachdem ihm sein Irrtum (Zahlendreher beim Kaufpreis) aufgefallen ist. Somit beruft sich Klecks auf die Nichtigkeit des Kaufvertrags. Die Voraussetzungen für eine wirksame Anfechtung nach § 142 BGB durch Klecks sind erfüllt.

5. Schritt

Formulieren der Lösung

Aufgrund der Anfechtung durch Klecks gem. § 119 BGB ist der geschlossene Kaufvertrag zwischen Maler Klecks und Elektromeister Schmidt rückwirkend nichtig. Die Wirkung der Anfechtung ist gem. § 142 BGB rechtsvernichtend. Herr Schmidt hat keinen Erfüllungsanspruch nach § 433 BGB. Er kann daher keine Übereignung des Gemäldes verlangen und muss keinen Kaufpreis zahlen.

Nachdem Herr Schmidt nun erkennen musste, dass der Kaufvertrag nicht wirksam geworden ist, möchte er seinen Anspruch auf Erstattung der ihm entstandenen Kosten in Höhe von 200 Euro durch Maler Klecks überprüfen.

2. Schritt

Analyse des Problems

Wer will was von wem?

Elektromeister Schmidt als Geschädigter (= Wer?) will die Kostenübernahme in Höhe von 200 Euro für die Anfertigung des nun überflüssigen Bilderrahmens als entstandener Schaden (= will was?) vom Schadenverursacher Maler Klecks (= von wem?).

3. Schritt

Ansprüche bzw. gesetzliche Regelungen finden

Woraus werden die Ansprüche abgeleitet?

§ 122 BGB – Schadensersatzpflicht des Anfechtenden
(1) Ist eine Willenserklärung nach § 118 nichtig oder aufgrund der §§ 119, 120 angefochten, so hat der Erklärende, wenn die Erklärung einem anderen gegenüber abzugeben war, diesem, andernfalls jedem Dritten den Schaden zu ersetzen, den der andere oder der Dritte dadurch erleidet, dass er auf die Gültigkeit der Erklärung vertraut, jedoch nicht über den Betrag des Interesses hinaus, welches der andere oder der Dritte an der Gültigkeit der Erklärung hat.
(2) Die Schadensersatzpflicht tritt nicht ein, wenn der Beschädigte den Grund der Nichtigkeit oder der Anfechtbarkeit kannte oder infolge von Fahrlässigkeit nicht kannte (kennen musste).

Keine Einwendungen sind erkennbar. Hinsichtlich der Höhe der Kosten könnte es unter Umständen zu Streitigkeiten kommen.

4. Schritt

Vergleich

Herr Schmidt als Geschädigter kannte den Grund der Anfechtung bei Vertragsabschluss nicht und konnte auf die Gültigkeit des Vertrages vertrauen. Er hat daraufhin einen Bilderrahmen für 200 Euro anfertigen lassen. Durch die Anfechtung des Kaufvertrages wegen Erklärungsirrtums nach § 119 BGB durch Maler Klecks wurde der Kaufvertrag nichtig. Herrn Schmidt ist dadurch ein Schaden von 200 Euro entstanden. Die Kosten für den Bilderrahmen erscheinen wegen der notwendigen Sonderanfertigung angemessen.

5. Schritt

Formulieren der Lösung

Elektromeister Schmidt kann von Maler Klecks nach § 122 Absatz 1 BGB die Zahlung von 200 Euro als Schadenersatz verlangen.

Auswertung von Statistiken/Schaubildern

Statistiken und Schaubilder stellen eine wichtige Grundlage für wirtschaftliche Entscheidungen dar. Wer sie richtig lesen kann, ist in der Lage, sich schnell über Sachverhalte zu informieren und sich eine **fundierte Meinung** zu bilden. Schaubilder können mehr aussagen als ein langer Text. Allerdings können sie auch in die Irre führen, wenn man voreilige Schlüsse zieht. Um Fehlinterpretationen zu vermeiden, müssen sie **sorgfältig und kritisch ausgewertet** werden.
Dabei ist wie folgt vorzugehen:

1. Schritt

Erfassen

Hier erfolgt noch KEINE Bewertung!

Eine Statistik informiert, indem sie Daten und Zahlen als Tabelle oder Diagramm verbildlicht. Hierbei gibt es keine einheitliche Leserichtung.
Bei einem Schaubild werden die statistischen Angaben zusätzlich durch Bilder unterstützt.

Verschaffen Sie sich einen **ersten Überblick über die Inhalte:**
- Lesen Sie die Überschrift. Sehen Sie sich die Bildelemente genau an. Klären Sie unbekannte Begriffe.
- Um welche Darstellungsform handelt es sich (Tabelle, Diagrammart)?
- Handelt es sich um absolute Zahlen, um Prozentzahlen, um Mengenangaben oder Größenangaben?
- Woher stammen die Daten und wer hat sie ermittelt (Quelle, Erhebungszeitraum, Gebiet)?
- Wer hat das Schaubild erstellt/veröffentlicht und wie glaubwürdig ist die Herkunft der Daten?

2. Schritt

Beschreiben

Stellen Sie die **zentralen Aussagen** kurz zusammen:
- Wie verlaufen die Daten (gleichmäßig, sprunghaft ...)?
- Lassen sich Trends erkennen?
- Welche Vergleiche der Angaben sind möglich (Minimal-, Maximalwerte)?
- Fallen bestimmte Werte besonders auf?
- Sind Zusammenhänge sichtbar?
- In welchem Zusammenhang wurden die Daten veröffentlicht?

3. Schritt

Beurteilen

Hier erfolgt die **abschließende kritische Bewertung:**
- Ist die Überschrift eindeutig und passt sie zum Inhalt?
- Ist die Darstellungsform angemessen?
- Können die Daten überprüft werden? Ist die Quelle seriös?
- Sind die Daten aktuell, aussagekräftig und miteinander vergleichbar?
- Gibt es Widersprüche/Fehler oder bleiben Fragen unbeantwortet?
- Wirken die Bildelemente im Schaubild illustrierend oder manipulierend?
- Lässt sich aus der Darstellungsart eine bestimmte Absicht erkennen?
- Kann die Veröffentlichung der Daten jemandem nutzen oder schaden?

Analyse von Karikaturen

Karikaturen „auf den Grund gehen“

Karikaturen (italienisch caricare = überladen, übertreiben) sind übertriebene Zeichnungen menschlicher Schwächen und/oder gesellschaftlicher Zustände und Probleme. Diese werden verkürzt, mit einfachen grafischen Mitteln und auf ironische Weise dargestellt. Ziel ist es, den Betrachter nachdenklich zu machen und zu einer **eigenen Meinungsbildung** herauszufordern.
Es ist nicht immer leicht, Karikaturen zu entschlüsseln und einzuordnen. Bei der Analyse kann immer nach dem gleichen Prinzip vorgegangen werden.
Dabei sind **5 Fragen zu stellen:**

1. Schritt

WAS ist zu sehen?

Hier erfolgt noch KEINE Deutung!

Beschreiben Sie die abgebildeten
- Figuren (Kleidung, Gestik/Mimik, Größenverhältnisse ...)
- Hintergründe
- Symbole
- Farben
- Texte, Überschriften ...
- Gibt es Auffälligkeiten?

2. Schritt

WER sind die handelnden Figuren?

Sofern die Karikatur mehrere Figuren zeigt, sind die Hauptdarsteller zu benennen.

3. Schritt

WEN stellen diese dar?

Hier findet die **erste Deutung** statt. Die Figuren können zum Beispiel sein:
Arbeitnehmer, Arbeitgeber, Unternehmer, Käufer, Verkäufer, Politiker ...
Es erfolgt ein erster Situationsbezug.

4. Schritt

WIE lautet die Kernaussage der Karikatur?

Dieser Schritt ist die eigentliche Herausforderung bei der Analyse von Karikaturen. Durch das schrittweise Beantworten der Fragen 1 bis 3 gelangt man zur **Absicht des Zeichners**.
- Was kritisiert er?
- Wofür ergreift er Partei?
- ...

5. Schritt

WELCHE Meinung vertreten Sie? Begründung!

Hier erfolgt die **abschließende Bewertung** der Karikatur und ihrer Kernaussage.
Worin stimmen Sie zu, worin entgegen?
Sie sollen selbst Stellung beziehen und Ihre Ansicht begründen!

Durchführung eines Rollenspiels

Im Betrieb gelten andere Regeln als in der Schule oder zu Hause. Deshalb ist die Gefahr groß, in Konfliktsituationen falsch zu reagieren. Man kann sich zu viel gefallen lassen, sich Feinde machen oder bei Vorgesetzten unangenehm auffallen. Richtiges Verhalten bei Konflikten kann man üben. Rollenspiele sollen Situationen aus dem Alltagsleben ins Klassenzimmer übertragen. Sie bieten die Möglichkeit, Problemsituationen spielerisch zu lösen und verschiedene Lösungswege auszuprobieren, ohne dabei etwas zu riskieren.

Beispiele für Rollenspiele:
- Arbeitgeber und Gewerkschaft führen Tarifverhandlungen.
- Arbeitgeber und Arbeitnehmer vertreten ihre Position vor dem Richter beim Arbeitsgericht.
- Ein Bewerbungsgespräch zwischen Arbeitgeber und Bewerber wird geübt.
- Ein Meister kritisiert eine Auszubildende, sie sei unzuverlässig.

Gesprächsregeln:
- Hören Sie Gesprächspartnern ohne Hektik zu.
- Versuchen Sie deren Argumente zu verstehen.
- Fassen Sie sich kurz.
- Unterlassen Sie persönliche Angriffe.
- Erkennen Sie bessere Argumente möglichst an.
- Akzeptieren Sie Ihre Gesprächspartner, gehen Sie auf deren Aussagen bewusst ein.
- Halten Sie Blickkontakt.
- Überzeugen Sie durch eine aufrechte Körperhaltung.

1. Schritt

Einführen in die Konfliktsituation

Lesen Sie die Situationsbeschreibung. Klären Sie, worin das Problem besteht.
Besorgen Sie nötiges Material.

2. Schritt

Vorbereiten

Bilden Sie Gruppen für die verschiedenen Rollen.
Bearbeiten Sie die Ihre Rollenkarte:
- Worin besteht der Konflikt aus der Sicht der Rolle?
- Wie sollte der Konflikt aus Ihrer Sicht gelöst werden?
- Überlegen Sie mögliche Argumente für Ihre Position.
- Überlegen Sie Gegenargumente und wie Sie darauf antworten.
- Sind Zusammenhänge sichtbar?
- Besprechen Sie Ihre Vorgehensweise.
- Wählen Sie den Spieler für die Rolle aus.

3. Schritt

Durchführen des Rollenspiels

Spieler: Spielen Sie Ihre Rolle, wie in der Gruppe geplant. Beachten Sie die nebenstehenden Gesprächsregeln.
Andere Gruppenmitglieder: Beobachten Sie die Spieler, notieren Sie Auffälligkeiten im Verhalten und in der Argumentation.

4. Schritt

Auswerten

Fassen Sie die Argumente der Spieler zusammen und beurteilen Sie deren Gesprächsverhalten. Bewerten Sie das Spielergebnis.

Tarifverhandlung

Problemsituation:

Die Tarifverhandlungen zwischen der Industriegewerkschaft Metall (IG Metall) und dem Arbeitgeberverband Metall sind gescheitert. Nun soll in einem Schlichtungsverfahren versucht werden, doch noch zu einem Vertragsabschluss zu kommen, mit dem beide Seiten leben können. Um den Druck auf die anderen Verhandlungspartner zu erhöhen, haben die Parteien unterschiedliche Arbeitskampfmittel, nämlich den Streik und die Aussperrung. Während des Schlichtungsverfahrens sind diese jedoch verboten.

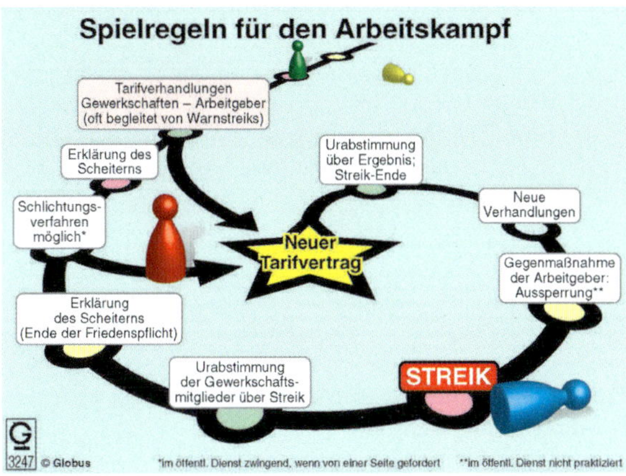

Arbeitsauftrag:

Führen Sie zu dieser Konfliktsituation ein Rollenspiel durch, bilden Sie für jede Rollenkarte eine Gruppe und legen Sie Ihr Verhandlungsziel fest.*

Rollenkarte für unabhängige/n Schlichter/-in

Der Schlichter hat folgende Interessen:
Er wurde als Unparteiischer gebeten, ein Schlichtungsverfahren durchzuführen, um einen drohenden Arbeitskampf zu vermeiden sowie einen Kompromiss zu finden, mit dem beide Seiten leben können.

Rollenkarte für Vertreter/-in der Industriegewerkschaft Metall (IG Metall)

Die Arbeitnehmer haben folgende Interessen:
Eine deutliche Erhöhung der Tariflöhne, weil die tarifliche Arbeitszeit verlängert und der Jahresurlaub gekürzt wurde. Seit der letzten Tariflohnerhöhung sind die Lebenshaltungskosten um mehr als 4 % gestiegen. Vor allem gestiegene Sozialversicherungsbeiträge, Strompreise, Mietnebenkosten und Benzinkosten machen das Leben teurer.
Verhandlungsziel: deutliche Lohnerhöhung
Mindestziel: ...% mehr Lohn pro Monat sowie … € Einmalzahlung

Rollenkarte für Vertreter/-in des Arbeitgeberverbandes Metall

Die Arbeitgeber haben folgende Interessen:
Die Lohnkosten sollen niedrig gehalten werden, um die gestiegenen Preise der Zulieferer, z.B. Eisen und Stahl, Kunststoffe usw., auszugleichen. Außerdem sind die Transportkosten und Energiekosten rasant gestiegen. Auch der Mindestlohn verteuert die Produktion erheblich. Man sieht die Wettbewerbsfähigkeit gefährdet durch günstige Anbieter aus dem Ausland.
Verhandlungsziel: minimale Lohnerhöhung
Äußerste Kompromissgrenze:... % Lohn pro Monat sowie eine Einmalzahlung von ...€

* kostenloser Download eines Beurteilungsbogens zu dieser Methode: www.handwerk-technik.de, dann Titel „5896" in Suchmaske eingeben, Titel anklicken, unter „INFO / MATERIAL ZUM TITEL" findet sich das entsprechende PDF.

Präsentation und Visualisierung von Arbeitsergebnissen

Eine Präsentation ist ein Vortrag unter Nutzung von Visualisierungen. Ob eine Präsentation gelingt, hängt auch davon ab, wie anschaulich, originell und überzeugend Inhalte vermittelt werden.

Visualisieren bedeutet **„sichtbar machen"**. Bilder bleiben besser im Gedächtnis als Worte. Bei den Zuhörern steigen Aufmerksamkeit und Konzentration. Informationen werden besser behalten.

Eine gute Visualisierung soll keinen gesprochenen Vortrag ersetzen, sondern sinnvoll ergänzen. **Bildliche Informationen** werden durch das Ansprechen mehrerer Sinne besser und schneller aufgenommen und bringen Abwechslung in einen Vortrag.

1. Schritt

Vorüberlegen

Vor jeder Präsentation müssen folgende Fragen geklärt werden:

- Wie lautet das Thema der Präsentation?
- Was soll erreicht werden?
- Wer sind die Zuhörer und welche Vorkenntnisse sind vorhanden?
- Welche technischen Mittel und Räumlichkeiten stehen zur Verfügung?
- Wie sind die Zeitvorgaben für die Präsentation?

2. Schritt

Beschaffen, Strukturieren und Reduzieren der Informationen

Wesentliche Inhalte zur Thematik sind zu sammeln und zu analysieren. Dabei sind Zusammenhänge herzustellen. Die Inhalte sind in eine logische Reihenfolge zu bringen, eine **Gliederung** muss erstellt werden. Wichtig ist, dass der Vortragende inhaltlich „sattelfest" und sicher ist. Nur so kann man Schwerpunkte setzen und entscheiden, was wichtig/unwichtig ist. Daher sollte man sich **vorher** intensiv Fachwissen zur Thematik aneignen.

3. Schritt

Material und Technik auswählen

Es sollte eine Abstimmung zwischen Vortragen und Zeigen bestehen. Was soll nur gesagt bzw. gezeigt werden? Ein Bild sagt oft mehr als tausend Worte.

Der Materialeinsatz einer Präsentation muss ausgewogen sein, das heißt: Zu wenig Material wirkt langweilig und monoton; zu viele Materialien lenken zu sehr ab. Daher sind nur wichtige Inhalte der Präsentation zu visualisieren:

- Thema,
- Gliederung,
- Kernaussagen,
- wichtige Hintergrundinformationen und
- schwierige Zusammenhänge.

Folgende Visualisierungsmöglichkeiten bieten sich an:

- Liste
- Tabelle
- Strukturskizze/Organigramm
- Grafik/Bild/Foto/Illustration
- Diagramme
- Symbole
- Mindmap
- Video

Liste

- Kundennähe
- Konkurrenz
- Kosten
- Verkehrsanbindung
- Arbeitskräfte
- Behördliche Auflagen

Symbole

Tabelle

Ausgewählte Mehrwertsteuersätze in der EU	
Ungarn	27 %
Schweden	25 %
Finnland	24 %
Griechenland	24 %
Irland	23 %
Italien	22 %
Spanien	21 %
Frankreich	20 %
Deutschland	19 %
Luxemburg	17 %

Strukturskizze oder Organigramm

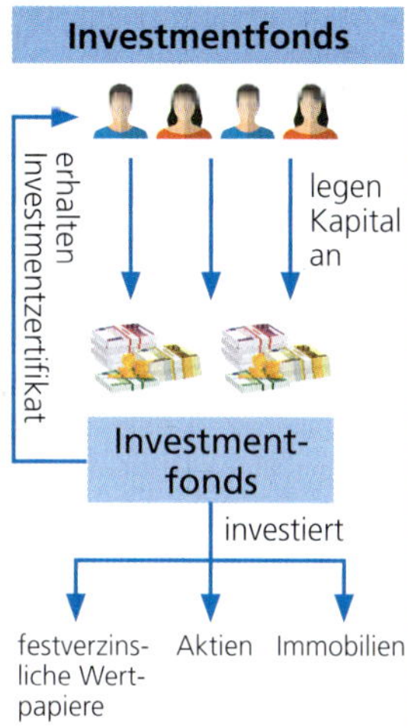

Grafik

Arbeitslosenquote in %

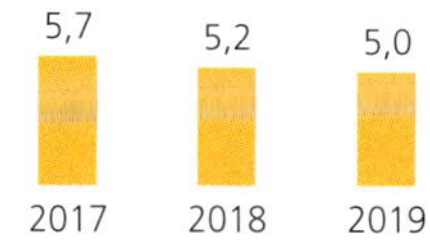

Wertpapierdepot – Zusammensetzung

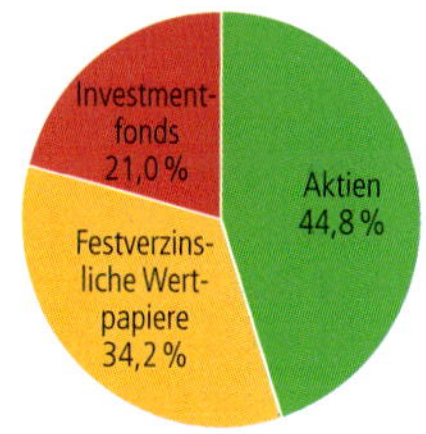

Außerdem muss klar sein, welche technischen Mittel zur Verfügung stehen. Diese sollten leicht zu bedienen sein. Wichtig: Vor der Präsentation muss deren Funktionsfähigkeit unbedingt überprüft werden.

4. Schritt

Präsentation durchführen

Für eine gelungene Präsentation sollte Folgendes umgesetzt werden:

- selbstbewusstes Auftreten, offene Gestik, freundliche Mimik, ruhiger Blick,
- auf ein gepflegtes Äußeres achten,
- langsam, laut, deutlich und möglichst frei sprechen,
- kurze und verständliche Sätze bilden,
- Blickkontakt mit den Zuhörern aufnehmen und halten,
- wesentliche Inhalte am Ende des Vortrags zusammenfassen,
- auf komplizierte Begriffe und Fremdwörter verzichten.

Karteikärtchen mit Stichpunkten helfen, den „roten Faden" nicht zu verlieren und Wichtiges nicht zu vergessen.

5. Schritt

Präsentation auswerten

Nach der Präsentation ist vor der nächsten Präsentation. Unter diesem Motto ist zu prüfen:

- Was war gut/schlecht und warum?
- Sind die Teilnehmer mit der Präsentation zufrieden?
- Was kann beim nächsten Mal besser gemacht werden?

Internetrecherche

Im Netz suchen, aber bitte richtig!

Recherchen (frz. recherche: (Nach-)Forschung, Suche) gehören heute zu unserem Alltag. Eine gute Möglichkeit, gezielt (aktuelle) **Informationen zu beschaffen**, bietet das Internet. Um schnell und erfolgreich zum Ziel zu kommen, ist wie folgt vorzugehen:

1. Schritt

Suchbegriffe finden

Zunächst sollte die Fragestellung eingegrenzt werden. Es sind die **zentralen Suchbegriffe** zu sammeln. Auch schon bekannte Internet-Adressen werden notiert.

2. Schritt

Suche durchführen

Zuerst ruft man eine bekannte Suchmaschine (z. B. Google, Bing) oder ein **Online-Lexikon** auf und gibt geeignete **Suchbegriffe** (z. B. Wikipedia) ein. Dabei ist auf die richtige Schreibweise zu achten – vor allem die Punkte müssen an der richtigen Stelle sein! Es ist zu prüfen, ob die eingegebenen Suchbegriffe zu brauchbaren Seiten führen. Meist ist das Suchergebnis aufgrund der Informationsflut im world wide web (www) erneut einzugrenzen – die Suche muss verfeinert werden, damit sich die Anzahl der Einträge verringert. Suchmaschinen können über die Option „erweiterte Suche" und „Sucheinstellung" nach unterschiedlichen Kriterien eingestellt werden.

Weiterhin ist es ratsam, mehrere Links zu sichten, denn **nicht immer sind die ersten angezeigten Ergebnisse auch die besten**. Die Treffer in der Suchmaschine geben keine inhaltliche Wertung hinsichtlich Vertrauenswürdigkeit und Qualität der gefundenen Informationen ab. Oft hilft eine neue Suche mit einem anderen passenden Such- oder Oberbegriff. Manchmal reicht es auch schon, Suchbegriffe in anderer Reihenfolge einzugeben.

3. Schritt

Suchergebnisse inhaltlich bewerten

Die Inhalte müssen grob erfasst werden, damit entschieden werden kann, ob sie zum Thema passen. Sie dürfen auf keinen Fall ungeprüft bleiben, denn nicht alles stimmt auch immer! Deshalb müssen **Quellen kritisch geprüft** werden:
- Wer betreibt die Internetseite (siehe Impressum auf der Startseite der Homepage)?
- Wann wurde die Seite zum letzten Mal aktualisiert?
- Welche Quellen und Autoren werden innerhalb der Seite angegeben?
- Gibt sich der Autor des Textes selbst zu erkennen?
- Ist der gefundene Text logisch und widerspruchsfrei oder bestehen Interessenkonflikte?
- In welchem Zusammenhang wird der gefundene Text veröffentlicht?

4. Schritt

Ergebnisse dokumentieren

Die **Suchergebnisse** sind **schriftlich festzuhalten**. Es ist empfehlenswert, eine Linksammlung zur Thematik zwecks späterer Rekonstruktion der Recherche anzulegen. Sofern Texte oder Textauszüge verwendet werden, muss der Link mit Datumsangabe zitiert werden (Urheberrecht beachten!!). Wichtige Seiten sollten ausgedruckt und/oder gespeichert werden.

Eine Linksammlung sollte folgende Informationen über die Internetseite enthalten:
- Namen, Vornamen der Autoren
- Titel der Seite (Datum der Veröffentlichung)
- in: Titel des Internetauftritts, wenn sich dieser vom Titel der Seite unterscheidet
- im Internet: Adresse der Internetseite
- letzter Zugriff: Datum des letzten Aufrufs.

Beispiel: Nuding, Helmut; Haller, Josef: Üben weitere Rechtfälle (2012), in: Wirtschaftskunde-Online, im Internet: http://www2.klett.de/sixcms/ list.php?page=lehrwerk_extra&extra=Wirtschaftskunde-Online&_titelfamilie=&inhalt=klett71prod_1.c.1682671.de&modul=inhaltsammlung&_kapitel=168465 (letzter Zugriff: 02.05.2017)

5. Schritt

Ergebnisse auswerten

Hier sollen die festgehaltenen **Ergebnisse geordnet** und **ausgewertet** werden:
- Welche Suchergebnisse sind für die Beantwortung des Arbeitsauftrages hilfreich?
- Reichen die Ergebnisse aus oder muss eine speziellere Suche erfolgen?

Sachwortverzeichnis

LERNFELDKOMPASS FÜR DEN BERUF MEDIZINISCHE(R) FACHANGESTELLTE(R)

Der bundesweit gültige Rahmenlehrplan (KMK) für den Ausbildungsberuf **Medizinische Fachangestellte/ Medizinischer Fachangestellter** ist in 12 Lernfelder und nicht mehr in Fächer gegliedert.

Zu Ihrer Orientierung und Unterstützung im Lernfeldunterricht sind im Folgenden die Lernfelder mit betriebs- und wirtschaftskundlichen Inhalten aufgelistet sowie die entsprechenden Kapitel des Buches, die diese Lernfelder behandeln.

Nr.	Lernfelder	Inhalte	Behandelt in Kapitel
1	Im Beruf und Gesundheitswesen orientieren	Berufsorganisationen Berufsbildungsgesetz Berufsausbildungsvertrag Arbeitsschutz Jugendarbeitsschutz, Mutterschutz Haftung und strafrechtliche Verantwortung	**Eintritt in das Berufsleben im Gesundheitsdienst** 2.3 Berufsständische Organisationen S. 17 1.1 Zuständigkeit für die Berufsausbildung S. 10 1.2 Ausbildungsberufe, Berufsfelder S. 11 3 Berufsausbildungsvertrag S. 21 6.1 Notwendigkeit des Arbeitsschutzes S. 38 6.3 Der soziale Arbeitsschutz S. 40 **Der Behandlungsvertrag** 6 Haftung S. 144
2	Patienten empfangen und begleiten	Gesprächsführung Konfliktlösungsstrategien Grundlagen des Vertragsrechts Behandlungsvertrag Versichertennachweis Versichertengruppen, Kostenträger Karteiführung Formulare (Arbeitsunfähigkeits-bescheinigung, Arzneiverordnung) Einzel- und Mehrplatzsystem	**Praxisabläufe organisieren** 3.4 Betriebswirtschaftliche und menschliche Faktoren S. 163 3.4 Betriebswirtschaftliche und menschliche Faktoren S. 163 **Grundlagen des Vertragsrechts** S. 64 **Der Behandlungsvertrag** S. 120 5.3 Zahlungspflicht S. 142 5.3 Zahlungspflicht S. 142 **Praxisabläufe organisieren** 7 Karteiverwaltung S. 180 **Der Behandlungsvertrag** 2.2 Entbindung von der Schweigepflicht S. 126 4.3 Anzeigepflicht, Meldepflicht S. 135 **Praxisabläufe organisieren** 1 Aufbau einer Arztpraxis S. 152
3	Praxishygiene und Schutz vor Infektionskrankheiten organisieren	Meldepflicht	**Der Behandlungsvertrag** 4.3 Anzeigepflicht – Meldepflicht S. 135
6	Waren beschaffen und verwalten	Bezugsquellenermittlung Kaufvertrag Schlechtleistung, Zuspätlieferung (Mangelhafte Lieferung, Lieferungsverzug) Sprechstundenbedarf	**Grundlagen des Vertragsrechts** 3.1 Waren beschaffen – Bezugsquellen S. 74 3 Der Kaufvertrag S. 74 4 Pflichtverletzungen bei der Erfüllung von Kaufverträgen S. 90 **Praxisabläufe organisieren** 4 Medizinproduktebuch und Bestandsverzeichnis S. 167
7	Praxisabläufe im Team organisieren	Qualitätssicherung Dienst-, Urlaubs-, Terminplanung Erscheinungsbild der Praxis	**Praxisabläufe organisieren** 3 Die patientenorientierte Praxis S. 160 5.1 Dienstplan S. 170 5.2 Arbeitsplan S. 171 5.3 Urlaubsplan S. 172 5.4 Terminplan S. 172 3.1 Die Gestaltung des Empfangs S. 160 3.2 Der Empfang des Patienten S. 161 3.3 Leistungsangebot und Leistungserweiterung S. 161

Nr.	Lernfelder	Inhalte	Behandelt in Kapitel
11	Patienten bei der Prävention begleiten	Früherkennungsuntersuchungen Recall	**Praxisabläufe organisieren** 3.3 Leistungsangebot und Leistungserweiterung S. 161 3.3 Leistungsangebot und Leistungserweiterung S. 161
12	Berufliche Perspektiven entwickeln	Bewerbung Arbeitsvertrag Arbeitszeugnis Tarifverträge Arbeitsgerichtsbarkeit Vermögensbildung Einkommensteuertarif Private Alterssicherung	**Grundlagen des Arbeitsrechts** 1.1 Einzelarbeitsvertrag – Anbahnung und Abschluss S. 286 1.2 Arbeitsvertrag – Form und Inhalt S. 288 1.4 Arbeitszeugnis S. 281 2 Tarifverträge S. 300 5 Arbeitsgericht S. 316 **Sparen und Kredit** 1 Sparen S. 266 **Öffentliche Abgaben** 2 Grundzüge der Einkommen- und Lohnsteuer S. 328 **Eintritt in das Berufsleben im Gesundheitswesen** 8 Private Zusatzversicherungen S. 56

LERNFELDKOMPASS FUR DEN BERUF ZAHNMEDIZINISCHE(R) FACHANGESTELLTE(R)

Der bundesweit gültige Rahmenlehrplan (KMK) für den Ausbildungsberuf **Zahnmedizinische Fachangestellte/ Zahnmedizinischer Fachangestellter** ist in 13 Lernfelder und nicht mehr in Fächer gegliedert.

Zu Ihrer Orientierung und Unterstützung im Lernfeldunterricht sind im Folgenden die Lernfelder mit betriebs- und wirtschaftskundlichen Inhalten aufgelistet sowie die entsprechenden Kapitel des Buches, die diese Lernfelder behandeln.

Nr.	Lernfelder	Inhalte	Behandelt in Kapitel
1	Im Beruf und Gesundheitswesen orientieren		**Eintritt in das Berufsleben im Gesundheitsdienst**
		Formelle und informelle Organisationen	2.3 Berufsständische Organisationen S. 17
			Praxisabläufe organisieren
		Führungsstile, Kompetenzen	3.4 Betriebswirtschaftliche und menschliche Faktoren S.163
			Eintritt in das Berufsleben im Gesundheitsdienst
		Berufe und Zweige des Gesundheitswesen	2.1 Bereiche des Gesundheitswesens S. 15 2.2 Berufe des Gesundheitswesens S. 16
		Berufsorganisationen	2.3 Berufsständische Organisationen S. 17
		Zahnärztliche Organisationen	2.3 Berufsständische Organisationen S. 17
			Praxisabläufe organisieren
		Leistungsangebot	3.3 Leistungsangebot und Leistungserweiterung S. 161
			Eintritt in das Berufsleben im Gesundheitsdienst
		Arbeitssicherheit	6 Schutzvorschriften in der Arbeitswelt S. 38
		Berufsausbildungsvertrag	3 Berufsausbildungsvertrag S. 21
		Berufsbildungsgesetz	1.1 Zuständigkeit für die Berufsausbildung S. 10 1.2 Ausbildungsberufe, Berufsfelder S. 11
		Jugendarbeitsschutz	6.3 Der soziale Arbeitsschutz S. 40
			Grundlagen des Arbeitsrechts
		Arbeitsvertrag	1.2 Arbeitsvertrag – Form und Inhalt S. 268
		Arbeitsgerichtsbarkeit	5 Arbeitsgericht S. 316
			Eintritt in das Berufsleben im Gesundheitsdienst
		Sozialversicherung	7 Sozialversicherungen S. 45
		Private Absicherung	8 Private Zusatzversicherungen S. 56
			Entlohnung der Arbeit
		Gehaltsabrechnung	3 Grundsätze der Gehaltsabrechnung S. 354
2	Patienten empfangen und begleiten		**Praxisabläufe organisieren**
		Gestaltung des Empfangs- und Wartebereichs	2 Der Aufbau einer Zahnarztpraxis S. 156 3.1 Die Gestaltung des Empfangs S. 160
		Verbale und nonverbale Kommunikation	3.4 Betriebswirtschaftliche und menschliche Faktoren S. 163
		Grundlagen des Vertragsrechts	**Grundlagen des Vertragsrechts** S. 64
		Behandlungsvertrag	**Der Behandlungsvertrag** S. 120
		Versichertennachweis	5.3 Zahlungspflicht S. 142
		Versichertengruppen, Kostenträger	5.3 Zahlungspflicht S. 142
			Praxisabläufe organisieren
		Karteiführung	7 Karteiverwaltung S.180
3	Praxishygiene organisieren		**Der Behandlungsvertrag**
		Meldepflichtige Krankheiten	4.3 Anzeigepflicht – Meldepflicht S. 135
			Grundlagen des Vertragsrechts
		Wartungsvertrag	5 Weitere wichtige Verträge S. 97
			Praxisabläufe organisieren
		Praxiskosten	10 Praxiskosten S. 211

Nr.	Lernfelder	Inhalte	Behandelt in Kapitel
6	Praxisabläufe organisieren	 Ablauforganisation Terminvergabe Sozialgesetzbuch V Praxisteam Konfliktmanagement Telefonnotiz, Praxisinformation Schriftgutablage Besondere Versendungsarten	**Praxisabläufe organisieren** 2 Der Aufbau einer Zahnarztpraxis S. 156 5.4 Terminplan S. 172 **Eintritt in das Berufsleben im Gesundheitsdienst** 7 Sozialversicherungen S. 45 **Praxisabläufe organisieren** 3.4 Betriebswirtschaftliche und menschliche Faktoren S. 163 9 Telekommunikation S. 202 7.5 Altablage S. 187 8.3 Wichtige Sendungsarten S. 193 8.4 Zusatzleistungen S. 195 8.6 Versand von medizinischem Untersuchungsmaterial S. 197
7	Zwischenfällen vorbeugen und in Notfällen Hilfe leisten	 Karteiführung	**Praxisabläufe organisieren** 7 Karteiverwaltung S. 180
9	Waren beschaffen und verwalten	 Bezugsquellenermittlung Informationsbeschaffung, Anfrage Angebotsvergleich Skontoberechnung und Zinsrechnung Kaufvertrag Sprechstundenbedarf Mangelhafte Lieferung, Lieferungsverzug Umgang mit Belegen Gerätebuch und -verzeichnis Grundsätze der Lagerhaltung	**Grundlagen des Vertragsrechts** 3.1 Bezugsquellen S. 74 3.2 Anfrage und Angebot S. 76 3.2 Anfrage und Angebot S. 76 3.2 Anfrage und Angebot S. 76 3.3 Abschluss und Erfüllung des Kaufvertrags S. 83 3.5 Besondere Arten des Kaufvertrags S. 86 **Praxisabläufe organisieren** 4 Medizinproduktebuch und Bestandsverzeichnis S. 167 **Grundlagen des Vertragsrechts** 4 Pflichtverletzungen bei der Erfüllung von Kaufverträgen S. 90 **Umgang mit Geld** 2.2 Belege S. 242 **Praxisabläufe organisieren** 4 Medizinproduktebuch und Bestandsverzeichnis S. 167 11 Waren verwalten – Lagerorganisation S. 216
11	Prophylaxe-maßnahmen planen und durchführen	 Recall	**Praxisabläufe organisieren** 3.3 Leistungsangebot und Leistungserweiterung S. 161
12	Prothetische Behandlungen begleiten	 Gewährleistung Außergerichtliches Mahnverfahren Gerichtliches Mahnverfahren Verjährung	**Soziale Marktwirtschaft** 4.3.3 Produkthaftung S. 401 **Grundlagen des Vertragsrechts** 6.1 Außergerichtliches Mahnverfahren S. 104 6.2 Gerichtliches Mahn- und Klageverfahren S. 106 7 Die Verjährung von Forderungen S. 112
13	Praxisprozesse mitgestalten	 Gütekriterien, Praxisziele Haftung und strafrechtliche Verantwortung Mitarbeiterführung Dienstplan Urlaubsplan Arbeitsschutzgesetze Bewerbungsgespräch	**Praxisabläufe organisieren** 3.4 Betriebswirtschaftliche und menschliche Faktoren S. 163 **Der Behandlungsvertrag** 6 Haftung S. 144 7 Strafrechtliche Folgen bei Gesetzesverstößen S. 147 **Praxisabläufe organisieren** 3.4 Betriebswirtschaftliche und menschliche Faktoren S. 163 5.1 Dienstplan S. 170 5.3 Urlaubsplan S. 172 **Eintritt in das Berufsleben im Gesundheitswesen** 6 Schutzvorschriften in der Arbeitswelt S. 38 **Grundlagen des Arbeitsrechts** 1.1 Einzelarbeitsvertrag – Anbahnung und Abschluss S. 286